Handbuch Coaching

Schriftenreihe

Innovatives Management

herausgegeben von

Siegfried Greif, Osnabrück

Handbuch Coaching

herausgegeben von

Christopher Rauen

 Hogrefe

Göttingen • Bern • Toronto • Seattle

Handbuch
Coaching

herausgegeben von

Christopher Rauen

2., überarbeitete und erweiterte Auflage

 Hogrefe

Göttingen • Bern • Toronto • Seattle

Dipl.-Psych. Christopher Rauen ist als freiberuflicher Berater für Profit- und Non-Profit-Organisationen tätig. Er ist Lehrbeauftragter der Universitäten Hannover und Osnabrück, Autor verschiedener Fachbücher und Artikel und Herausgeber des Online-Dienstes „Coaching-Report" (www.coaching-report.de). Sein Arbeitsschwerpunkt ist das Einzel-Coaching von Führungskräften.

Weitere Informationen finden Sie im Internet unter:
http://www.handbuch-coaching.de

Die Deutsche Bibliothek - CIP-Einheitsaufnahme

Ein Titeldatensatz für diese Publikation ist bei Der Deutschen Bibliothek erhältlich

© by Hogrefe-Verlag, Göttingen • Bern • Toronto • Seattle 2000 und 2002
Rohnsweg 25, D-37085 Göttingen

http://www.hogrefe.de
Aktuelle Informationen • Weitere Titel zum Thema • Ergänzende Materialien

Umschlaggrafik: Dierk Kellermann, Wallenhorst
Gesamtherstellung: Hubert & Co., Göttingen
Printed in Germany
Auf säurefreiem Papier gedruckt

ISBN 3-8017-1477-2

Inhaltsverzeichnis

TEIL II: KONZEPTE

TEIL III: PRAXIS

Vorwort

Im Vorwort zur ersten Auflage (2000) wurde die Erwartung geäußert, dass das Handbuch Coaching ein unentbehrliches Standardnachschlagewerk für Wissenschaftler(innen) und Studierende wird, ebenso wie für Praktiker(innen), die sich einen übergreifenden theoretischen, methodischen und praktischen Überblick verschaffen wollen. Diese Erwartung hat sich sehr schnell und überzeugend erfüllt, wie Buchbesprechungen in Fachzeitschriften und Zitate in wirtschaftsnahen Zeitungen zeigen. Die erste Auflage hat sich so schnell verkauft, dass schon nach weniger als einem Jahr mit der Planung der zweiten Auflage begonnen werden musste.

Mit diesem ersten interdisziplinären und richtungsübergreifenden Handbuch wird Coaching systematisch erschlossen und als allgemeines Konzept etabliert. Coaching ist kein Nischenkonzept mehr, das nur von Außenseitern und Protagonisten getragen wird, sondern eine disziplinenübergreifende professionelle Beratungsmethode. Im Handbuch Coaching bringen 20 bekannte Autorinnen und Autoren ganz unterschiedlicher theoretischer und praktischer Richtungen ihr Wissen in einem strukturierten, gemeinsamen Werk zusammen, in der zweiten Auflage um wichtige neue Themen erweitert.

Zum Inhalt:

Das Buch gliedert sich in die drei Teile *„Grundlagen", „Konzepte" und „Praxis"*. Wer eine kurze systematische Einführung braucht, findet sie im *Teil I (Grundlagen)* in einem Kapitel einer empirisch gestützten Darstellung über die Bedeutung und den praktischen Erfolg von Coaching. In einem neuen Kapitel werden der Begriff und die Erwartungen an Coaching aus der Sicht von Führungskräften (unter Berücksichtigung empirischer Daten) analysiert. Anschließend werden verschiedene Varianten des Coachings vorgestellt. Als weiteres Grundlagenthema werden Alternativen, Anlässe und Voraussetzungen zum Coaching in einem Kapitel über präventive Interventionen behandelt.

Teil II (Konzepte) nimmt diese Themen genauer auf und vertieft sie. Eingehend behandelt werden in Einzelkapiteln das gebräuchliche Einzel-Coaching, das Gruppen-Coaching und das Konflikt-Coaching. In einem neuen Kapitel wird interkulturelles Coaching als Möglichkeit zur Verbesserung der Kommunikation und Kooperation in multikulturellen Teams und bei Auslandsentsendungen vorgestellt. Ein Kapitel beschäftigt sich mit den Grundlagen, Themen und Methoden beim Coaching auf konstruktivistischem Hintergrund. Eine Darstellung über den Ablauf eines Coaching-Prozesses schließt den Teil.

Im *Teil III (Praxis)* werden exemplarische praktische Empfehlungen und Erfahrungen vermittelt. Ein neues Eingangskapitel setzt sich mit der Frage auseinander, wie man den richtigen Coach finden kann. Für das kritische erste Coaching-Gespräch wird ein Leitfaden vorgestellt. Die Frage, welche praktischen Anforderungen an die Person des Coachs zu stellen sind, wird in einem Kapitel über Coaching-Kompetenz bearbeitet. Meister in der Industrie gelten als eine besonders schwierige Zielgruppe. Die im Kapitel über Coaching von Schichtleitern wiedergegebenen praktischen Erfahrungen zeigen, wie diese Schwierigkeiten bewältigt werden können. NLP (Neurolinguistisches Programmieren) und die neuere Systemtheorie haben eine große Bedeutung als theoretische Grundlagen zum Coaching. In einem Kapitel wird an einem Beispiel gezeigt, wie die gemeinsame „Reise durch das Gebiet des Kunden" im Rahmen eines Coaching-Prozesses auf der Grundlage von NLP und in einem anderen nach der systemischen Theorie praktisch ablaufen kann. In einem weiteren Kapitel werden Visualisieren und Inszenario-Techniken als Handwerkszeug für die Alltagspraxis vorgestellt. Neu aufgenommen wurde ein Kapitel über Coaching im Top-Management.

Im gesamten Handbuch finden die Leser eine Fülle von Hinweisen über Erfolge und Schwierigkeiten des Konzepts. Für Leser(innen), die nach praktischen Beispielen suchen oder für Coachs sind die Praxiskonzepte im Teil III besonders instruktiv. Vor dem Hintergrund der unterschiedlichen Ansätze wird Coaching plastisch und nachvollziehbar.

Abgerundet wird das Werk durch sehr systematisch organisierte Suchbegriffe, die es gezielt erlauben, zu speziellen Themen und Problemen nach aktuellen Informationen zu suchen. Hervorzuheben ist auch das ausgezeichnete Glossar mit seinen klaren Erläuterungen der Fachbegriffe in diesem Feld.

Das Handbuch stellt fundiertes Wissen praxisorientiert dar, sowohl für Praktiker als auch für Wissenschaftler, die sich einen fachübergreifenden methodischen und praktischen Überblick verschaffen wollen. Auch die sonst oft vernachlässigten Problembereiche, wie z.B. Risiken beim Coaching, Anforderungen an Coachs oder die Auswahl geeigneter Coachs, werden nicht vernachlässigt, sondern – soweit möglich – mit praktisch nachvollziehbaren Lösungswegen bearbeitet. Das Handbuch Coaching liefert auf mehreren gedanklichen Plattformen sorgfältig abwägende Darstellungen, die bei aller Vollständigkeit übersichtlich bleiben.

Was ist Coaching?

Über den Begriff Coaching ist viel geschrieben worden. Mit der folgenden Diskussion über den Begriff und die Prozesse beim Coaching möchte ich nicht nur versuchen, unter Berücksichtigung der Definitionen der Autoren dieses Handbuchs vorweg zur Klärung des Coaching-Begriffs beizutragen, sondern zugleich auch einen Orientierungsrahmen für eine zukünftige theorie- und praxisorientierte empirische Forschung in diesem Feld skizzieren.

Coaching wird oft unscharf umschrieben oder sehr abstrakt definiert. Wer nicht bereits weiß, was Coaching ist, versteht solche Definitionen nicht.

Eine sehr verständliche Definition finden wir bei Wahren (1997, S. 9):

> *„Coaching ist die individuelle Beratung von einzelnen Personen oder Gruppen in auf die Arbeitswelt bezogenen, fachlich-sachlichen und/oder psychologisch-soziodynamischen Fragen bzw. Problemen durch den Coach."*

Nach Wahren ist die Beratung von Personen oder Gruppen der Kern der Definition. Beraten werden Fragen und Probleme, die auf die Arbeitswelt bezogen sind. Es kann sich dabei sowohl um fachliche oder sachliche Themen handeln, als auch um psychologische (individuelle Wahrnehmung, Denken, Erleben und Verhalten, wie Wahren erläutert) oder soziodynamische (gemeint sind damit Beziehungen und Kommunikationen zwischen mehreren Personen). Auch in anderen Definitionen wird Coaching als Sammelbegriff für eine spezielle Form der personenzentrierten Beratung gesehen (vgl. das Stichwort „Coaching" im Glossar des Handbuchs oder im Coaching-Report von Christopher Rauen im Internet, siehe www.coaching-report.de, siehe auch die Internet-Seite zum Handbuch: www.handbuch-coaching.de).

Coaching wird von fast allen Autor(inn)en ausdrücklich von *Psychotherapie unterschieden*. Die Psychotherapie ist eine Behandlung psychischer oder psychisch bedingter Störungen. Coaching dient nicht zur Therapie psychischer Störungen mit Krankheitswert, wie sie durch den Diagnoseschlüssel ICD-10 der WHO (1993) definiert werden. Im Unterschied zum Coaching erfordert eine Psychotherapie eine größere Problemtiefe bei der Bearbeitung emotionaler Probleme und kann auch mit Personen durchgeführt werden, deren Selbstregulationsfähigkeiten gering sind (Rauen, 2001, S. 68). Eine Psychotherapie darf nur von approbierten psychologischen oder ärztlichen Psychotherapeut(inn)en durchgeführt werden. Allerdings führen Psychotherapeut(inn)en durchaus auch Beratungen durch, die sich nicht nur auf psychische Störungen beziehen, sondern z.B. auf eine Förderung der Selbstentdeckung (siehe Schlippe & Schweitzer, 1996).

Coaching und Psychotherapie lassen sich nicht lediglich durch Verweis auf den beruflichen Gegenstand der Beratung beim Coaching voneinander abgrenzen (bei Wahren z.B. auf Probleme der Arbeitswelt). Psychisch bedingte Störungen können auch aus Problemen in der Arbeitstätigkeit (z.B. durch Mobbing am Arbeitsplatz) entstehen oder können sich im Arbeitsverhalten und -prozessen (z.B. Leistungsbeeinträchtigungen), in Konflikten mit Kolleg(inn)en oder in der beruflichen Entwicklung (z.B. plötzlicher Ausstieg trotz erfolgreicher Karriere) zeigen. Die erforderliche scharfe Abgrenzung ist aber durch eine Unterscheidung von Fragen und Problemen möglich, die mit psychischen Störungen verbunden sind – hier wären psychotherapeutische Methoden erforderlich – und solchen ohne Verbindung zu psychischen Störungen – hier wären Beratungsmethoden einzusetzen. Ein Coach sollte diese Unterscheidung treffen können und wissen, wann er einem Klienten gegebenenfalls raten sollte, lieber eine Psychotherapie zu beginnen. Im ersten Vorgespräch wird zwischen Coach und Klienten vereinbart, auf welche Bereiche und Ziele sich das Coaching beziehen soll. Erforderliche Veränderungen dieser Vereinbarungen sollen möglichst eingehend besprochen und neu festgelegt werden.

Wenn Coaching als *personenzentrierte Beratung* verstanden wird, ist die naheliegende Frage, was denn nun aber „Beratung" bedeutet. *Beratung* kann als *„ein vom Berater nach methodischen Gesichtspunkten gestalteter Problemlöseprozess"* verstanden werden, *„durch* *den die Eigenbemühungen des Ratsuchenden unterstützt/optimiert bzw. seine Kompetenzen zur Bewältigung der anstehenden Aufgabe/des Problems verbessert werden"* (Dorsch 1998, S. 113). Ähnlich hat Rauen (2001, S. 161ff.) den Coaching-Prozess im Kern als *Problemlöseprozess* beschrieben. In der Hauptphase geht es darum, Ziele und Lösungswege zu erarbeiten, die Lösungswege zu erproben und zu überprüfen, ob die Ziele erreicht wurden. Die Ziele und Lösungen werden im Beratungsprozess erarbeitet und nicht vom Coach, sondern von den zu beratenden Personen bestimmt. Coaching wird deshalb oft auch als *'Hilfe zur Selbsthilfe'* oder Förderung des Selbstmanagements charakterisiert.

Brauchen wir wirklich Coaching? Genügt es nicht, hin und wieder eine Stunde mit einem Freund oder mit einem erfahrenen Mentor (Mentoring) zu reden, Ziele und Lösungen zu erörtern und dem „guten Rat" dieser Personen zu folgen? Wäre das nach der obigen Definition nicht bereits als Coaching zu bezeichnen? Diese Frage ist theoretisch und praktisch nicht einfach zu beantworten. Sie zwingt uns genauer zu spezifizieren, worum es beim Coaching im *Unterschied zu Problemlösegesprächen im Alltag* geht. Worin unterscheidet sich die „Beratung durch Freunde" oder der typische eigeninitiierte Zielsetzungs- und Problemlöseprozess vom professionellen Coaching? Im Alltag setzen sich Menschen ja ständig irgendwelche Ziele und sind natürlich auch ohne professionellen Coach in der Lage, erfolgreich Wege und Möglichkeiten zu finden, ihre Ziele zu erreichen oder ihre Kompetenzen zu verbessern. Wäre das dann bereits als „Selbst-Coaching" zu bezeichnen? In der Tat gibt es solche inflationären Verwendungen des Coaching-Begriffs. Ich halte wenig davon. Dadurch würden wir nur einen neuen Begriff für Alltagsgespräche verwenden und Coaching wäre nicht mehr abgrenzbar. Wie könnte man aber diese alltäglichen zielbezogenen Beratungsprozesse von professionellem Coaching unterscheiden?

Zugegeben, hier gibt es sicherlich fließende Übergänge. Aber im Allgemeinen sollte sich der Prozessablauf beim professionellen Coaching durch Berater von Alltagsgesprächen unterscheiden, weil er *systematischer organisiert* abläuft. Charakteristisch sind *differenziertere und intensivere Reflexionsprozesse*, insbesondere über eigene kurz- und langfristige Ziele und Gefühle, über die situativen Bedingungen, über das Verhalten, Ziele und Erwartungen der beteiligten anderen Personen sowie über die Möglichkeiten und Mittel zur Verbesserung der Zielerreichung.

Professionelles Coaching sollte sich im Ergebnis demnach vom alltäglichen Nachdenken über Ziele und Mittel dadurch auszeichnen, dass es die gecoachten Personen oder Gruppen zu intensiveren, differenzierteren und systematischeren Reflexionen aktiviert. Unter Bezug auf psychologische Grundlagentheorien kann man genauer die *empirisch prüfbare Hypothese* aufstellen, dass professionelles Coaching im Vergleich zum Nachdenken im Alltag häufiger einen Zustand besonders intensiver *Selbstaufmerksamkeit* auslöst, dass Reflexionsprozesse aktiviert und dass dadurch schließlich *nachhaltige Selbstveränderungen ermöglicht* werden, wie sie eher selten durch andere Methoden erreicht werden können (vgl. Greif, 2000). Im Unterschied zum Nachdenken im Alltag ist Coaching ein *mehrstündiger Prozess*, der sich über *mehrere Sitzungen* erstreckt. Dieser aufwendige und kostspielige Prozess sollte bei besonders wichtigen und komplexen Fragen, Problemen und Zielen *bewusst geplant* initiiert werden. Es ist nicht sinnvoll und auch nicht nützlich, ständig über alles zu reflektieren, nicht nur, weil das zu viel Zeit kosten würde, sondern auch weil dadurch die Möglichkeiten der effizienten intuitiven Handlungssteuerung gehemmt werden (vgl. Greif, 2000). Wer beim Handeln ständig über jeden Schritt reflektiert, stolpert leicht und kann nicht schnell reagieren, wenn dies erforderlich ist.

Wenn man Coaching an der intensiven und systematischen Reflexion über Ziele, Situationen und Möglichkeiten sowie an der nachhaltigen Selbstveränderung festmacht, ist das ein *hoher Anspruch an den Coaching-Prozess* (an den Coach und an die zu coachende Person). Es gibt auch Programme zum *Selbst-Coaching*, in denen die zu coachenden Personen ohne einen Coach durch Aufgaben und Leittexte in mehreren Sitzungen zur systematischen Reflexion ihrer Ziele, Situation und Möglichkeiten zur erfolgreichen Zielerreichung angeleitet werden sollen. Nur wenn diese Programme tatsächlich zu Selbstreflexions- und -veränderungsprozessen führen, die denen nach persönlichem Coaching ähneln, sollte man solche Methoden nach diesem Verständnis von Coaching als „Selbst-Coaching" bezeichnen.

Zusammengefasst ließe sich Coaching definieren als eine *Aktivierung von intensiven, differenzierten und systematischen Reflexionsprozessen bei Personen oder Gruppen. Typische Bereiche sind die Arbeitstätigkeiten, die berufliche oder persönliche Entwicklung. Reflektiert werden dabei jeweils kurz- und langfristige Ziele und Gefühle, situative Bedingungen, Verhalten, Ziele und Erwartungen der beteiligten anderen Personen sowie Möglichkeiten und Mittel zur Verbesserung der Zielerreichung. Die Reflexionsprozesse können durch Fragen und Hinweise stimuliert werden, die von einem Berater oder Coach im Gespräch formuliert oder durch ein Programm vorgegeben (z.B. mit Leitfragen und Leittexten) werden und zielen auf eine nachhaltige Selbstveränderung zur Erweiterung oder Verbesserung der Möglichkeiten zur Erreichung wichtiger Ziele ab. Coaching ist ein geplanter Prozess, der sich über mehrere Stunden und Sitzungen erstreckt. Ausgeklammert werden Fragen und Probleme, die mit psychischen Störungen verbunden sind.*

Mehr wissenschaftliche Forschung!

Das Handbuch trägt zur Enttabuisierung und Professionalisierung von Coaching bei, weil es in vielfältiger Weise darstellt, bei welchen Aufgaben Coaching nützlich sein kann und die Methoden oder Coaching-Prozesse sehr konkret anhand von Beispielen praxisnah erläutert. Coaching, wie es hier im Handbuch richtungsübergreifend und mit hohen Standards an die professionelle Praxis aufgearbeitet wird, ist auf einem guten Weg. Aber für eine nachhaltige Enttabuisierung und Professionalisierung genügt es nicht, Methoden und Prozesse zu beschreiben und Erhebungen über die Zufriedenheit und Erwartungen der Kunden durchzuführen. Mehr Forschung über Coaching-Prozesse und zur Evaluation der Ergebnisse beim Coaching mit unterschiedlichen Zielgruppen und Methoden ist erforderlich. Ohne Überprüfung durch methodisch sorgfältige wissenschaftliche Untersuchungen besteht die Gefahr, dass Coaching ein Praxiskonzept bleibt, über dessen Nützlichkeit oder mögliche Risiken und Nebenwirkungen wir lediglich spekulieren können.

Es ist nicht einfach, Führungskräfte und andere Personen oder Gruppen zur Mitarbeit an Untersuchungen über die Ergebnisse und Prozesse beim Coaching zu gewinnen. Welche empirisch prüfbaren Hypothesen zur Wirkung des Verhaltens beim Coaching können aufgestellt werden, wenn die Ziele und Probleme der gecoachten Personen oder Gruppen individuell sehr verschieden sind? Mit welchen Methoden und durch welche Kriterien lassen sich Wirkungen nachweisen? Um mehr Forschungsarbeiten in diesem Feld anzuregen, spreche ich kurz erste Untersuchungen aus meinem Fachgebiet an, auch wenn es sich vorwiegend noch um erste, unveröffentlichte Diplomarbeiten handelt.

Offermanns (1998) hat in einer Diplomarbeit an sieben Projektleiter(inne)n die hypothetischen Wirkungen von systemischen Frage- und Analysemethoden (Neutralität, Fokussierungen und Perspektiven-Erweiterungen, vgl. Schlippe & Schweitzer, 1996) auf die Übernahme von Implikationen, Veränderung der Bewertung und Verbesserung der Lösungsstrategien sowie einer positiven Veränderung der eigenen Gefühle untersucht. Sie erarbeitet dazu ein reliables Kategoriensystem zur Beobachtung des Verhaltens des Coachs. Die Neutralität zeigt nicht die erwarteten Zusammenhänge. Fokussierende und parteiische Äußerungen des Coachs können anscheinend genauso prozessförderlich sein, wie erweiternde und neutrale Äußerungen. Personen, bei denen sich starke Veränderungen in der Bewertung der bearbeiteten Probleme zeigen, entwickeln auch konkretere Lösungsstrategien. Bähre (2001) bestätigt diese Ergebnisse in einer Folgearbeit an sechs Führungskräften. Ihre Ergebnisse belegen die Annahme, dass die eingesetzten systemischen Frage- und Analysemethoden zwar aus der Sicht der gecoachten Personen sehr aufwendig aber auch sehr nützlich sind. Nach den Ergebnissen aktivieren die beim Coaching eingesetzten Frage- und Analysemethoden die Selbstreflexion der Führungskräfte. Konflikte werden differenzierter beschrieben und neue Lösungsmöglichkeiten können erarbeitet und erfolgreich umgesetzt werden. – Weitere laufende Forschungsarbeiten beschäftigen sich mit dem Vergleich von Einzel-Coaching durch ausgebildete Coachs und Selbst-Coaching. In einer Längsschnitt-Fallstudie wird Projekt-Coaching untersucht. (Zusammenfassungen und Kontaktadressen zu diesen und anderen Forschungsarbeiten sind im Internet, im oben erwähnten Coaching-Report in der Rubrik „Forschung & Wissenschaft" zu finden.)

Meine Hoffnung ist, dass in den nächsten Jahren an vielen Orten, auch von Praktiker(inne)n empirische Untersuchungen zur Analyse der Prozesse und Ergebnisse folgen werden. Vielleicht wird dann in der – in einigen Jahren fälligen Neuauflage dieses Handbuchs – ein Review über den Stand dieser wissenschaftlichen Forschung enthalten sein.

Osnabrück   Siegfried Greif

Januar 2002

Literatur

Bähre, M. (2001). *Coaching – Das systemische Konfliktgespräch.* Unveröffentlichte Diplomarbeit am Fachgebiet Arbeits- und Organisationspsychologie der Universität Osnabrück.

WHO (Hrsg.). (1993). *Internationale Klassifikation Psychischer Störungen – 10* (ICD-10), Kap. V (F). Bern: Huber (2. Aufl.).

Greif, S. (2000). *Selbstorganisierende Prozesse beim Lernen und Handeln – Neue Erkenntnisse aus der Grundlagenforschung und ihre Bedeutung für die Wissensgesellschaft.* Manuskript (http://www.psycho.uni-osnabrueck.de/fach/aopsych/www/profil.htm).

Häcker, H. & Stapf, K.H. (Hrsg.). (1998). *Dorsch Psychologisches Wörterbuch.* Bern: Huber (13. Aufl.).

Offermanns, M. (1998). *Das systemische Konfliktgespräch – Ein Personalentwicklungsinstrument für Leiter von Veränderungsprojekten.* Unveröffentlichte Diplomarbeit am Fachgebiet Arbeits- und Organisationspsychologie der Universität Osnabrück.

Rauen, Ch. (2001). *Coaching. Innovative Konzepte im Vergleich.* Göttingen: Verlag für Angewandte Psychologie.

Schlippe, A. von & Schweitzer, J. (1996). *Lehrbuch der systemischen Therapie und Beratung.* Göttingen: Vandenhoeck & Ruprecht (2. Aufl.).

Wahren, H.-K. (1997). *Coaching.* Eschborn: Rationalisierungs-Kuratorium der Deutschen Wirtschaft.

TEIL I:
GRUNDLAGEN

Coaching: Der Siegeszug eines Personalentwicklungs-Instruments. Eine 10-Jahres-Bilanz

Uwe Böning

1 Vom Besonderen zum Normalen

Jeder hat es schon mal gehört – und sei es nur beim Sport: Doch was verbirgt sich eigentlich hinter dem geheimnisvoll klingenden Begriff „Coaching"? Auch wenn wir die Antwort an dieser Stelle noch nicht gegeben haben, eines jedenfalls steht fest: Coaching ist auf dem besten Wege, ein ganz normales Instrument zu werden, das Unternehmen sehr erfolgreich dabei unterstützt, ihre Führungskräfte den neuen, sich immer schneller verändernden Anforderungen entsprechend weiterzuentwickeln.

Coaching: Ein normales Führungskräfte-entwicklungs-Instrument

Wie sehr sich Coaching inzwischen in Deutschland bereits etabliert hat, belegen Ergebnisse einer aktuellen Untersuchung, die Böning-Consult im Frühjahr 1998 durchgeführt hat. Doch dazu später mehr. Zunächst einige allgemeine Betrachtungen und Zusammenfassungen.

Galt es vor 12 bis 15 Jahren in manchen Kreisen noch als exotisch, einen Coach zu haben, so heißt die Frage heute nur noch: Wer ist ein guter und erfahrener Berater? Das *Ob* steht außer Frage, es geht nur noch um das *Wer*, *Wie* und *Was*.

Bei Coaching handelt es sich heute um einen Sammelbegriff, hinter dem sich sehr verschiedene Ansätze verbergen. Gleichwohl ist Coaching an sich, wie auch immer es angewandt wird, unverwechselbar, und es setzt sich immer mehr durch.

Coaching ist ein Sammelbegriff

So nutzt die Mehrzahl der von uns befragten Unternehmen Coaching inzwischen bei den unterschiedlichsten Anlässen, für eine ganze Reihe von Zielen und für verschiedene Zielgruppen.

Verschiedene Ziele und Zielgruppen

Fokus: Entwicklungs- ziele in Unter- nehmen

Dabei ist eine interessante Trendwende zu verzeichnen: Während Coaching noch vor zehn Jahren hauptsächlich aus Gründen der Entwicklung einzelner Personen betrieben wurde, so sind es heute vor allem aktuelle Entwicklungsziele der Unternehmen, für die das Coaching verstärkt und ganz gezielt eingesetzt wird.

Anders als noch vor einem Jahrzehnt ist Coaching heute ein hochgradig differenziertes Instrument, das in den Unternehmen zwar in unterschiedlicher Form, aber effektiv angewandt wird. Das belegen unsere Untersuchungsergebnisse eindeutig.

Es gibt viele Coaching- Varianten

Die Zahl der unterschiedlichen Coaching-Varianten ist dabei nicht kleiner, sondern fast unüberschaubar groß geworden. Die Entwickler von Führungskräften haben sich daher zunehmend darüber verständigt, welche unterschiedlichen Formen es gibt und wie sie in der Praxis angewandt werden können. Damit stieg der Bekanntheitsgrad der unterschiedlichen Ansätze.

Sechs Entwick- lungsphasen

Wenn man die verschiedenen Coaching-Varianten nach Art und Entwicklung systematisch analysiert, so ergeben sich nach meiner Auffassung insgesamt sechs Entwicklungsphasen. Dabei ist eines festzustellen: Der Begriff wurde von Stufe zu Stufe immer populärer und das Coaching in der Praxis zugleich immer professioneller und differenzierter.

Doch warum ist Coaching überhaupt entstanden? Welchen Nutzen hat es? Und was lässt sich damit erreichen?

Coaching liegt im Trend

Erstens liegt Coaching „im Trend" – es entspricht dem Zeitgeist. Im Zeitalter der Psychologie und allgegenwärtigen Medienpräsenz, in dem unermüdlich alles beleuchtet, besprochen und bewertet wird, werden professionelle Berater zur persönlichen Entwicklung und Leistungssteigerung immer gefragter. Das gilt bei Führungskräften wie bei Leistungssportlern gleichermaßen: Kein entscheidender Wettkampf ohne professionelle Unterstützung.

Verhalten und Einstellung wer- den geändert

Nicht zufällig kommt das Wort Coach aus dem Sport und bedeutet ursprünglich „persönlicher Trainer", „Betreuer". Zweitens ist Coaching auf der Führungsebene ein wirksames psychologisches Instrument, mit dem persönliches Verhalten und Einstellung wirksam beeinflusst und nachhaltig geändert werden können. Besonders in sensiblen Team-Konstellationen, schwierigen Konfliktfällen und bei Projekten, die für den Erfolg des Unternehmens besonders wichtig sind, bewährt sich das Instrument des Coachings. Gerade wenn Märkte und damit Unternehmen sich dramatisch verändern, etwa bei strategischen Neuausrichtungen, Restrukturierungen, Fusionen oder Übernahmen, kommt dem Coaching eine prägnante Funktion im Management zu: Nicht nur Strukturen und Arbeitsprozesse müssen gravierend verändert werden, sondern auf allen Ebenen des Unternehmens muss eine neue mentale Grundorientierung, eine neue „Philosophie" geschaffen werden, als dauerhafte Basis für das veränderte Verhalten. Das Coaching schafft in solch turbulenten Situationen persönliche Unterstützung sowie Freiraum zur Reflexion (s. Glossar) des Tagesgeschäfts, und es gibt Impulse für die strategische Bewältigung der Herausforderungen.

Ich bin fest davon überzeugt, dass Coaching künftig noch weiter an Bedeutung gewinnen wird. Denn die Herausforderungen, denen sich Manager und Unternehmen in den nächsten Jahren werden stellen müssen, wachsen rasant und unaufhaltsam.

Die Bedeutung von Coaching nimmt zu

2 Wie hat sich Coaching methodisch und konzeptionell entwickelt?

1994 fragten wir in einem Artikel: „Ist Coaching eine Modeerscheinung?" Damals war der Begriff Coaching zwar schon in aller Munde. Dies bedeutete aber keineswegs, dass jeder darunter auch das gleiche verstand. Vielmehr war der Begriff Coaching „etwas Neues, beansprucht etwas Besonderes, signalisiert etwas Differenziertes (...)" (ebda). Kurzum: Coaching hatte einen leicht mystischen Beigeschmack.

Der Coaching-Mythos

Seit Coaching im Management angewandt wird, hat sich vieles getan. Um den Grundansatz verständlich zu machen, wollen wir einige der großen Entwicklungslinien nachzeichnen.

Ausgehend von den Ursprüngen des Begriffs wollen wir skizzieren, welche unterschiedlichen Entwicklungsstadien es gab und welche Varianten des Coachings daraus hervorgingen.

Dass Coaching seit etwa Mitte der 80er Jahre in deutschen Unternehmen unaufhaltsam Einzug hielt, ist auf mehrere gesellschaftliche Entwicklungstendenzen zurückzuführen. Technik, wirtschaftliches Handeln, Organisationsabläufe, ja das ganze alltägliche Leben wurde immer komplexer. Dies hieß für die Menschen und vor allem Führungskräfte nichts anderes, als dass sie auf turbulente Veränderungen immer schneller, effektiver, flexibler und professioneller reagieren mussten – und das in ständiger Ungewissheit. Führungsfähigkeiten wurden damit immer wichtiger, gleichzeitig stiegen die Anforderungen.

Einzug Mitte der 80er Jahre

Die Pluralisierung, der Zerfall und die rapide Veränderung von Einstellungen, Werten und Verhaltensweisen in allen Lebensbereichen verlangten plötzlich, sich ständig neu zu orientieren.

**Psychologisie-
rung der
Gesellschaft**

In den 70er Jahren wurden weite Lebens- und Gesellschaftsbereiche zudem von neuen psychologischen Erkenntnissen durchdrungen. Wie Menschen wirtschaftlich und gesellschaftlich handeln, wurde mit wissenschaftlicher Methodik ergründet. Die Psychologie fand Einzug in Therapie, Schule, Wirtschaft, Politik und Weiterbildung. Das „Jahrhundert der Psychologie" war endgültig angebrochen.

**Übertragung
psychologischer
Erkenntnisse in
die Wirtschaft**

Psychologische Erkenntnisse wurden ganz konkret in Wirtschaft und Gesellschaft angewandt: von Psychologen und Psychotherapeuten, aber auch Personal- und Organisationsentwicklern in den Firmen. Gleichzeitig verlangten die zunehmende Professionalisierung im Management und die wachsende Erwartung von Hochleistung gerade in Wirtschaftsunternehmen nach immer neuen Methoden der persönlichen Fortentwicklung und Professionalität.

**Weiche Faktoren
werden bedeut-
samer**

Effiziente Führung und Zusammenarbeit wurden für eine Firma unerlässlich, wenn sie Erfolg haben und ihre Möglichkeiten optimal ausschöpfen wollte. Neben der oft genannten Hardware (Produkte, Organisation, etc.) wurden Führung und Zusammenarbeit als „Software" zu anerkannten Faktoren für den Erfolg von Unternehmen.

**Eingehen auf
den Menschen
als Individuum**

Zugleich wurde das öffentliche wie auch das private Leben der Menschen immer individueller, „zerfielen" Gesellschaft und Wirtschaft in immer spezialisiertere Gruppen, Interessen und Anforderungen. All diesen veränderten Bedingungen kam das Coaching entgegen: Kein anderes Führungsinstrument kann so individuell auf den einzelnen Menschen, seine Persönlichkeit und Situation eingehen. Keine Teamentwicklung, keine Projektarbeit kann besser gefördert werden als mit Coaching. Denn Arbeit und ihre psychologische Aufarbeitung greifen wie nie zuvor ineinander. Coaching sieht den einzelnen oder eine Gruppe hier nicht als beliebigen Bestandteil des „Mainstreams", sondern nimmt ihre Individualität ernst und geht gleichsam ganzheitlich auf sie ein.

**Gestiegene
Nachfrage**

All dies hat dazu beigetragen, dass der Bedarf nach intensiver, persönlichkeitsbezogener Beratung in den vergangenen 15 Jahren rapide gestiegen ist. Abbildung 1 zeigt, wie vielfältig der Begriff „Coaching" in seiner bisherigen Entwicklung war und bis heute ist.

**Coaching als
Sammelbegriff**

Coaching ist im Laufe der Zeit zu einem Sammel- und Überbegriff geworden – einem Container gleich, der sehr viel Verschiedenes enthalten kann. Was Coaching im einzelnen bedeuten kann, wollen wir daher im Folgenden versuchen zu klären.

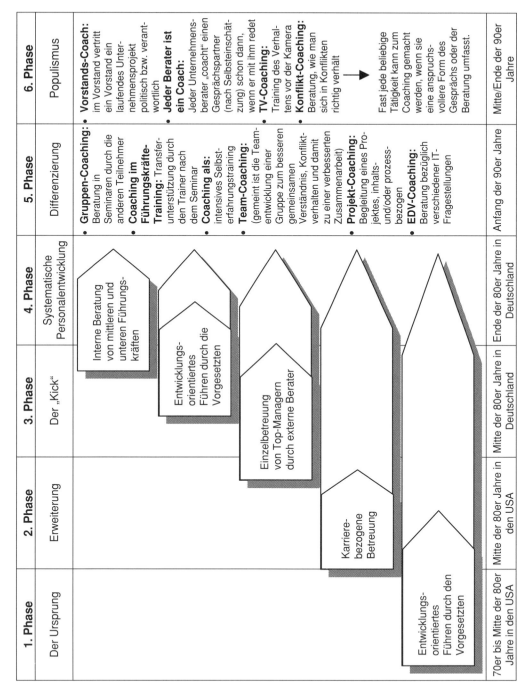

1. Phase	2. Phase	3. Phase	4. Phase	5. Phase	6. Phase
Der Ursprung	Erweiterung	Der „Kick"	Systematische Personalentwicklung	Differenzierung	Populismus

5. Phase – Differenzierung:

- **Gruppen-Coaching:** Beratung in Seminaren durch die anderen Teilnehmer
- **Coaching im Führungskräfte-Training:** Transfer-unterstützung durch den Trainer nach dem Seminar
- **Coaching als:** intensives Selbst-erfahrungstraining
- **Team-Coaching:** (gemeint ist die Teamentwicklung einer Gruppe zum besseren gemeinsamen Verständnis, Konflikt-verhalten und damit zu einer verbesserten Zusammenarbeit)
- **Projekt-Coaching:** Begleitung eines Projektes, inhalts- und/oder prozess-bezogen
- **EDV-Coaching:** Beratung bezüglich verschiedener IT-Fragestellungen

6. Phase – Populismus:

- **Vorstands-Coach:** im Vorstand vertritt ein Vorstand ein laufendes Unter-nehmensprojekt politisch bzw. verant-wortlich
- **Jeder Berater ist ein Coach:** Jeder Unternehmens-berater „coacht" einen Gesprächspartner (nach Selbsteinschät-zung) schon dann, wenn er mit ihm redet
- **TV-Coaching:** Training des Verhal-tens vor der Kamera
- **Konflikt-Coaching:** Beratung, wie man sich in Konflikten richtig verhält

Fast jede beliebige Tätigkeit kann zum Coaching gemacht werden, wenn sie eine anspruchs-vollere Form des Gesprächs oder der Beratung umfasst.

Interne Beratung von mittleren und unteren Führungs-kräften

Entwicklungs-orientiertes Führen durch die Vorgesetzten

Einzelbetreuung von Top-Managern durch externe Berater

Karriere-bezogene Betreuung

Entwicklungs-orientiertes Führen durch den Vorgesetzten

| 70er bis Mitte der 80er Jahre in den USA | Mitte der 80er Jahre in den USA | Mitte der 80er Jahre in Deutschland | Ende der 80er Jahre in Deutschland | Anfang der 90er Jahre | Mitte/Ende der 90er Jahre |

Abbildung 1:   Die Entwicklung des Coaching-Begriffs

3   Die Entwicklungsphasen des Coachings

1. Phase: Der Ursprung

**Mitarbeiter-
führung durch
Vorgesetzte**

Ursprünglich bedeutete Coaching im amerikanischen Management bis Anfang der 80er Jahre nichts anderes als eine zielgerichtete und entwicklungsorientierte Mitarbeiterführung durch Vorgesetzte. Jeder Mitarbeiter entwickelt sich dabei in seiner Arbeit nach seiner jeweiligen fachlichen und persönlichen Reife.

**Persönlichkeits-
und motivations-
bezogene
Führungs-
komponente**

Dies klingt in unseren heutigen Ohren selbstverständlich, wenn nicht gar altbacken, sollte in seiner damaligen Bedeutung aber nicht unterschätzt werden. Denn wichtig war in den USA, die rein fachliche Führung durch eine persönlichkeits- und motivationsbezogene Komponente zu ergänzen und so einzelne Mitarbeiter gezielt zu fördern. Und das ging zur damaligen Zeit durchaus über die herkömmliche Führungsrolle hinaus.

2. Phase: Erweiterung

Mitte der 80er Jahre verknüpfte sich der Begriff Coaching zunehmend mit einer weiteren Bedeutung, die ebenfalls nicht grundsätzlich neu war, aber in dieser Zeit ein verstärktes Gewicht erhielt: Coaching als eine karrierebezogene Betreuung von Führungskräfte-Nachwuchs. Die Ausbildung von vielversprechendem Nachwuchs sollte immer weniger dem Zufall überlassen werden. Möglichst früh sollten Kandidaten auf ihrem Karriereweg begleitet und in die gewünschte Richtung gelenkt werden – es ging darum, ihnen beim Klettern auf dem Weg nach oben hilfreich unter die Arme zu greifen: durch hochpositionierte Manager, die keinesfalls die direkten Vorgesetzten sein müssen. Diese Mentoren (s. Glossar) waren die Förderer von begabten Nachwuchstalenten, die unter den persönlichen Fittichen des Mentors mehr oder weniger systematisch in ihrer Karriere gefördert wurden. Diese Variante des Coachings heißt daher Mentoring (s. Glossar). Dieser Begriff konnte sich allerdings bisher nicht durchsetzen.

**Betreuung des
Führungskräfte-
Nachwuchses**

**Wettbewerb
erfordert neue
Qualifikationen**

Sowohl das entwicklungsorientierte Führen als auch die karrierebezogene Betreuung als zwei Coaching-Varianten machen deutlich, welchen Stellenwert die verschiedenen Ansätze einer systematischen Führungskräfte- und Personalentwicklung (s. Glossar) seit Ende der 70er, Mitte der 80er Jahre im Management bekamen. Denn der verschärfte Wettbewerb verlangte nach neuen Qualifikationen der Führungskräfte.

3. Phase: Der „Kick"

Was in den USA auf der mittleren Hierarchieebene begann, verwandelte sich beim Import in Deutschland in mehrerlei Hinsicht: Zum einen konzentrierte sich das Coaching hier überwiegend auf das Top-Management. Zum anderen wurde aus dem Coaching durch den Vorgesetzten nun die Beratung der Spitzenmanager durch firmenexterne Consultants. Themen waren dabei zum Beispiel Konflikte auf der Top-Ebene, eigene Führungsprobleme, Strategiefragen, aber auch persönliche Belange wie Eheprobleme oder die eigene Wirkung auf andere. Der Coach sollte seinem Klienten Wahrnehmungs-, Verhaltens- und Kommunikationsmuster bewusst machen.

Konzentration auf das Top-Management

Die erlesene Themenpalette und der Hauch der Exklusivität bescherten dieser Coaching-Variante viel Aufmerksamkeit in der Beratungsbranche und in der Öffentlichkeit. All dies hatte zur Folge, dass der Grundgedanke des Coachings enorm populär wurde.

Hohe Aufmerksamkeit

Es war die Pionierphase des Coachings in Deutschland. Sie wirkte zurück ins Ursprungsland USA, wo diese Variante erstaunlicherweise so gar nicht bekannt war, nun aber gleichsam reimportiert wurde.

Pionierphase

4. Phase: Systematische Personalentwicklung

In ständiger Auseinandersetzung mit externen Coachs beschäftigten sich fast zeitgleich interne Führungskräfte- und Personalentwickler mit dem Thema Coaching. Die Themenführerschaft wurde wechselseitig beansprucht und gegenseitig bestritten (siehe z.B. die Diskussion, an der sich führend u.a. die folgenden Autoren beteiligten: Sattelberger, Looss, Schreyögg, Horak, Hamann, Reichle, Rückle und Böning).

Diskussionen externer und interner Personalentwickler

Die Personalentwickler in den Firmen definierten ihre eigenen Themen, Einflussgebiete und Vorgehensweisen. Wenn sie Coaching selbst durchführten, konzentrierten sie sich auf die mittleren und unteren Führungskräfte (z.T. auf Kurzinterventionen) sowie darauf, Coaching systematisch zum entwicklungsorientierten Führen durch die Vorgesetzten im Rahmen einer allgemeinen systematischen Personalentwicklung einzusetzen.

Interne Entwicklungen

Schließlich einigten sich die externen Consultants und die Personalentwickler in den Unternehmen auf eine meist friedliche Koexistenz. Sie sicherte dem Coaching in seinen unterschiedlichen Varianten und Vorgehensweisen einen festen Platz in der sich etablierenden systematischen Führungskräfteentwicklung in den Unternehmen. Gerade für obere Füh-

Friedliche Koexistenz

rungskräfte und das Top-Management wurde das Einzel-Coaching (und z.T. auch das Team-Coaching) zu einem wichtigen Instrument in der Führungskräfteentwicklung.

Welche Themen man wählt, zu welchen Anlässen, mit welcher Vorgehensweise sowie wer als Coach und wer als zu Coachender in Frage kommt: all dies wurde allmählich identifiziert und systematisch eingesetzt. Die Entwicklung von Führungskräften ist seither um ein kreatives und problemorientiertes sowie sehr individualisiertes, zielorientiertes und spezifisches Instrument bereichert.

5. Phase: Differenzierung

Einsatz in verschiedenen Settings

Nachdem die ersten „Schlachten" um Konzept, Methode, Themenführerschaft, Richtung und Herkunft geschlagen waren, nachdem das Coaching nachweisbare Erfolge und einen hohen Aufmerksamkeitsgrad erreicht hatte, begannen viele Anwender im Führungskräfteentwicklungsbereich das Coaching-Konzept in verschiedenen Settings einzusetzen, etwa zur individuellen Unterstützung der Teilnehmer von Führungskräfte-Seminaren. Das Gruppen-Coaching in Seminaren etwa bedeutete, die „Kraft" der versammelten Gruppe zur intensiven Beratung einzelner Teilnehmer durch das gemeinsame Feedback (s. Glossar) zu nutzen. Und jedes intensive Selbsterfahrungsseminar konnte fortan, ganz dem Zeitgeist entsprechend, Coaching oder Selbst-Coaching genannt werden. Das klang gut, adelte das eigene Vorgehen und gab jedem, der mitmachte, ein Gefühl der Erhabenheit.

Team-Coaching

Im Laufe der sich verstärkenden Organisationsentwicklung (s. Glossar), bei der aus Betroffenen Beteiligte, aus passiven Befehlsempfängern aktive Mitwirkende wurden, die offen über alles reden, entwickelte sich schließlich das „Team-Coaching": Arbeitsgruppen werden durch offene Kommunikation und Feedback zu „echten" Teams weiterentwickelt.

So war es schließlich nicht verwunderlich, dass irgendwann Fach-Projekte, die nicht nur fachlich, sondern auch bezüglich der zwischenmenschlichen Prozesse, Akzeptanzfragen, Hindernisse und Konflikte begleitet wurden, im Verständnis der Handelnden „gecoacht" wurden.

Umsetzungs-unterstützung

Coaching wurde also Ausdruck einer allgemeinen und vertieften, psychologisch ausgerichteten Beratungsmethodik. In vielen personenbezogenen Einzelfällen oder auch verstärkt bei größeren Veränderungsprozessen in Unternehmen wurde Coaching zur Unterstützung in der Phase der Umsetzung genutzt. In dieser Phase verbreiteten sich Anwendungsgebiete und eingesetzte Methoden fast selbstverständlich ganz erheblich.

6. Phase: Populismus

Nachdem Coaching nun breit akzeptiert war und selbst Top-Manager „Coaching" nicht mehr mit „Couching" (s. Glossar) verwechselten, nachdem Coaching nachweislich Erfolge und den Anwendern einen höheren Status einbrachte, wurde der Begriff erstaunlich schnell zu einem inflationären „Container"-Wort, das für alles und jedes verwandt wurde.

Inflationärer Wortgebrauch

Vorstände, die ein Projekt im Vorstand verantwortlich oder politisch vertraten, wurden flugs zu „Projekt-Coachs", obwohl sie nichts anderes als vorher machten. Selbst klassische Unternehmensberater, denen üblicherweise eine vertiefte psychologische Arbeitsweise wie dem Teufel das Weihwasser vorkommt, behaupten nun, dass sie ihre Gesprächspartner coachen, auch wenn sie nicht mehr tun, als ein fachliches Gespräch zu führen und dabei die Ungeheuerlichkeit begehen, dem Gesprächspartner auch ein persönliches Feedback zu geben. Wenn Fernsehjournalisten Manager im richtigen Umgang mit der Kamera trainieren, coachen sie heute selbstverständlich. Und jeder, der die Besonderheit seiner Beratung herausstellen will, kann dies als „XY-Coaching" bezeichnen (z.B. EDV-Coaching, TV-Coaching, Krisen-Coaching, usw.).

Jede Fachberatung mutiert zum Coaching

Diese letzte Phase ist dadurch gekennzeichnet, dass der Begriff „Coaching" breit akzeptiert ist und einen hohen Status vermittelt – vermeintlich oder tatsächlich.

Alle Coaching-Varianten haben indes eines gemein: sie sehen eine leistungsorientierte, längerfristige psychologische Beratung vor und bedeuten konkretes Lernen auf dem Gebiet, auf dem die Führungskräfte oder Teams arbeiten.

Leistungsorientierte psychologische Beratung

Verhalten und Einstellungen werden individuell oder teambezogen weiterentwickelt. Coaching charakterisiert immer eine sehr situationsspezifische Vorgehensweise und eine klare Orientierung auf Problemlösung und Ziele. Handeln und Denken werden immer wieder persönlich reflektiert und der eigene Standort durch ständiges Feedback bestimmt. Und dies alles auf der Basis der Selbstverantwortung.

Förderung von Reflexion und Selbstverantwortung

Und auch die Kernziele sind bei allen Varianten dieselben: die zwischenmenschliche Kommunikation, soziale Kompetenz (s. Glossar) und emotionale Intelligenz (s. Glossar) sowie das Führungsverhalten sollen beständig verbessert, Probleme oder Konflikte im Arbeits- oder Führungsalltag gelöst werden. Oder aber es geht darum, ein wichtiges Projekt durch Coaching so zu begleiten, dass es leistungsorientiert betrieben wird und dass aufziehende Krisen bewältigt werden.

Kernziele sind gleich

So unterschiedlich wie die Aufgaben sind auch die Vorgehensweisen. Einige private Institute sowie einige wenige Standesorganisationen versuchen zur Zeit, verbindliche Qualitätsstandards und sonstige professionelle

Schaffen von Qualitätsstandards

Zugangskriterien festzulegen. Dadurch soll das Coaching „sauber" professionalisiert und von populistischen Selbstattributen unterschieden werden, die mit dem eigentlichen Coaching nichts zu tun haben. Allmählich werden auch akzeptable systematische Ausbildungsgänge geschaffen, die dafür sorgen, dass die Methodik weiter ausgebaut wird.

Coaching ist etabliert

Fazit: Coaching ist heute fachlich etabliert und beginnt überzugehen in die Phase der öffentlich verwalteten Professionalisierung.

4   Ergebnisse unserer zweiten Coaching-Untersuchung: Wie wird Coaching in deutschen Unternehmen angewendet?

Böning-Consult befragte im Frühjahr 1998 109 Unternehmen aus 11 Branchen telefonisch zur aktuellen Anwendungspraxis von Coaching (vgl. Tabelle 1).

Elektro	8
Versicherungen	7
Mischkonzerne	3
Automobil- und Luftfahrtindustrie	6
Chemie	8
Banken	7
Medien und Kommunikation	6
Papier / Holz / Glas / Keramik	5
Energie und Rohstoffe	9
Handel	6
EDV und Nachrichtentechnik	6
Gesamtzahl:	**71**

Tabelle 1: Branchen, aus denen die Unternehmen an der Befragung teilgenommen haben

Die Befragung erfolgte nach dem gleichen Ansatz wie die 1989/1990 von Böning-Consult durchgeführte Untersuchung, bei der eine vergleichbare Stichprobe befragt wurde (107 Unternehmen aus 8 Branchen).

Die Unternehmen wurden unter den jeweils 10 erfolgreichsten ihrer Branche ausgewählt.

Als Ansprechpartner in den einzelnen Unternehmen wurden jeweils die Verantwortlichen für Führungskräfteentwicklung, Personalentwicklung oder Managemententwicklung angesprochen, die sich im Rahmen ihrer Tätigkeit intensiv mit dem Einsatz von Personalentwicklungsinstrumenten im Unternehmen beschäftigen (vgl. Abbildung 2).

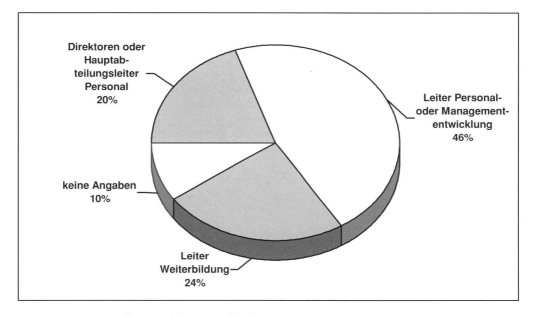

Abbildung 2:   Statistische Daten zur Befragung

Von den 109 angesprochenen Unternehmen erklärten sich insgesamt 71 bereit, Informationen über den aktuellen Stand der Coaching-Praxis in ihrem Unternehmen zur Verfügung zu stellen. Die im Folgenden dargestellten Ergebnisse beziehen sich auf diese 1998 befragten 71 Unternehmen.

Was ist Coaching?

Coaching wird immer bekannter und in einer zunehmend größeren Zahl von Unternehmen praktiziert (vgl. Abbildung 3). 84,5% der 1998 befragten Personen gaben an, Coaching aus eigener Erfahrung zu kennen (1989 waren es nur 19%). 1989 kannte der größere Teil der befragten Unternehmen den Begriff Coaching nur aus der Fachpresse. **Coaching wird immer bekannter**

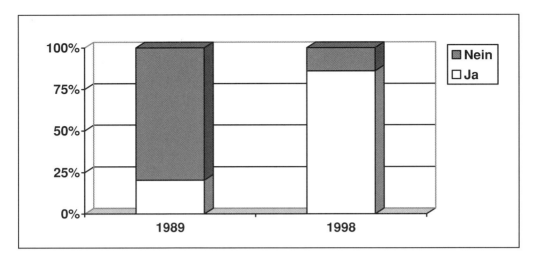

Abbildung 3:   Die Nutzung von Coaching in den einzelnen Unternehmen

Gleiches
Verständnis
vom Coaching

Kaum verändert hat sich hingegen im letzten Jahrzehnt das grundsätzliche Verständnis von Coaching. Der Kern dessen, was man unter Coaching versteht, hat sich im Rahmen der Führungskräfteentwicklung fest etabliert (vgl. Abbildung 4).

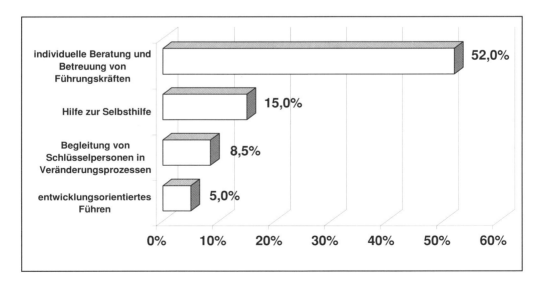

Abbildung 4:   Grundverständnis von Coaching

Auch hat die Frage, was Coaching eigentlich ist, entsprechend seiner Entwicklung deutlich an Aktualität verloren. Im Vordergrund steht heute, wie Unternehmen den Nutzen von Coaching definieren.

Welche Coaching-Formen werden unterschieden?

Die Antwort auf die Frage, ob und welche Coaching-Arten unterschieden werden, belegt diese Aussage. Die befragten Personen sollten anhand einer Liste angeben, welche Formen des Coachings in ihrem Unternehmen unterschieden werden. Die am häufigsten praktizierte Coaching-Form ist Einzel-Coaching, wobei zwischen internem und externem Einzel-Coaching nicht differenziert wird (vgl. Tabelle 2). Die Entwicklung der Variante „Top-Management als Coach eines Projektes" wurde von Böning-Consult schon im Jahre 1989 vorausgesehen; die vorhergesagte Entwicklung hat sich bestätigt.

Projekt-Coaching durch das Top-Management

Im Durchschnitt wurden in der aktuellen Untersuchung je befragtem Unternehmen zwei Coaching-Varianten unterschieden. Um Computer-based-training, Abteilungs-Coaching, fachliches Coaching/Verhaltens-Coaching und Organisationsentwicklung wurden die Listen von den Praktikern erweitert. Letzteres lässt sehr gut die permanente Erweiterung des Begriffs „Coaching" erkennen, die stattgefunden hat.

Erweiterung des Coaching-Begriffs

Einzel-Coaching	78
Team- bzw. Gruppen-Coaching	22
Vorgesetzten-Coaching	17
Prozess- bzw. Projekt-Coaching	14
Top-Management als Coach eines Projektes	8
System-Coaching	5
Mentoring	4
Weitere selbstgenannte: Verhaltens- vs. Fachliches Coaching	3
CBT	1
Abteilungs-Coaching	1
OE	1
Keine Nennung	13

Tabelle 2: In den einzelnen Unternehmen angewandte Coaching-Formen

Was sind die häufigsten Anlässe/Ziele für Coaching?

**Neuer Trend
bei den Zielen
im Coaching**

Hinsichtlich der Anlässe für Coaching hat eine deutliche Trendwende stattgefunden (vgl. Abbildung 5)! Wurde 1989 vor allem dann gecoacht, wenn „einfach" individuelle Persönlichkeitsentwicklungen angestrebt wurden, so ist es heute im Wesentlichen die Unterstützung von (zahlreichen) individuellen Persönlichkeitsentwicklungen im Rahmen von Veränderungsprozessen in Unternehmen, bei denen Coaching eingesetzt wird. Die Vielzahl verschiedener Anlässe/Ziele für Coaching zeigt, wie breit das Spektrum für Coaching inzwischen geworden ist.

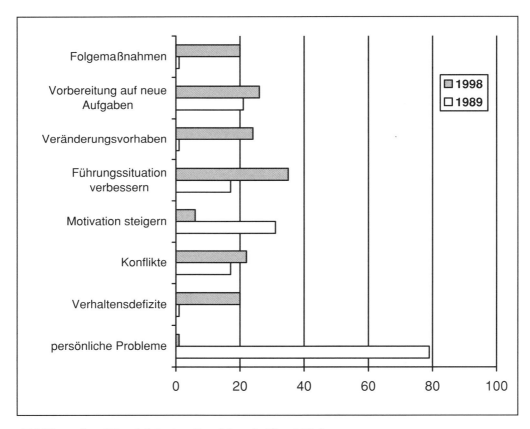

Abbildung 5:   Die wichtigsten Coaching-Anlässe/-Ziele

**Begleitung
von Folgemaß-
nahmen**

Auffallend ist der relativ hohe Stellenwert von Coaching als Begleitung im Rahmen von Folgemaßnahmen. Dies zeigt das klare Ziel der Nachhaltigkeit bei der Umsetzung von persönlichen Verbesserungen. Das

Thema Konflikte hat im Zusammenhang mit Coaching leicht an Bedeutung verloren. Es ist aber deshalb nicht davon auszugehen, dass Konflikte im Unternehmen keine Rolle mehr spielen. Vielmehr hat ein Kulturwandel stattgefunden: Die Kompetenz, mit Konflikten produktiv umzugehen, ist vermutlich leicht gestiegen, auch wenn an dieser Stelle noch viel getan werden muss.

Wer wird gecoacht?

Gecoacht werden vorwiegend Führungskräfte (87%). Auf welche Ebenen sich die Coaching-Maßnahmen im Einzelnen beziehen, ist von Unternehmen zu Unternehmen unterschiedlich (vgl. Abbildung 6). Zu vermuten ist, dass Coaching überwiegend als individuelle Maßnahme durchgeführt wird. Nur in einem Unternehmen wird Team-Coaching ausdrücklich genannt.

Hauptsächlich Führungskräfte werden gecoacht

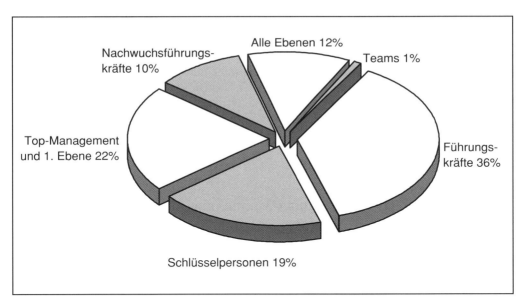

Abbildung 6:   Personen, die gecoacht werden

Wie lange und wie oft wird gecoacht?

Hinsichtlich des faktischen Zeitrahmens von Coaching-Maßnahmen kann gesagt werden: Coaching ist keine Standardmaßnahme. Je nach Anlass, Zielsetzungen und Teilnehmerkreis dauert eine einzelne Coaching-

Sitzung zwischen einer Stunde bis zu einem ganzen Tag. Auch die Frequenz, in der in den Unternehmen gecoacht wird, ist sehr unterschiedlich. Manche empfehlen einen 14-täglichen Rhythmus, andere legen zwar die Anzahl der Sitzungen fest – oder auch nur den Zeitraum der Gesamtmaßnahme. Ein Unternehmen nutzt Coaching als regelmäßige Unterstützungsmaßnahme 2–3 mal jährlich, andere machen nach fünf Sitzungen eine Zielkontrolle und legen ein Maximum von 15 Sitzungen fest.

**Große Spann-
breite bei Dauer
und Frequenz**

Der längste Coaching-Zeitraum, der genannt wurde, umfasste drei Jahre, der kürzeste drei Sitzungen. Als Durchschnittswert lässt sich feststellen: Die Durchführung von 3–4 einstündigen Coaching-Sitzungen in einem regelmäßigen Abstand über einen definierten Zeitraum hinweg hat sich als besonders günstig erwiesen. Eine Ausnahme bildet das Team-Coaching: Dort kann ein Coaching-Termin bis zu 2 Tagen dauern.

Die große Bandbreite lässt vermutlich den folgenden Schluss zu: Coaching wird inzwischen in deutschen Unternehmen sehr flexibel und bedarfsgerecht eingesetzt.

Wer führt das Coaching durch?

74% der Unternehmen, die Coaching nutzen, beauftragen externe Berater. Interne Berater nutzen 56% der Firmen. Mit anderen Worten: Ein großer Teil setzt sowohl interne als auch externe Berater ein. Nicht verbreitet allerdings ist die Arbeit mit mehreren Coachs (ein Unternehmen nannte diese Coaching-Variante). Vorgesetzten-Coaching nutzen nur drei Unternehmen explizit.

Ziele von Coaching-Maßnahmen

**Leistungs-
fähigkeit und
Effizienz**

Ein Großteil der Befragten erwartet, dass Coaching relativ direkt zur Leistungsfähigkeit und Effizienz des Unternehmens beiträgt (vgl. Abbildung 7).

Explizit werden dabei die Leistungen der Führungskräfte angesprochen: diese sollen ihre Performance verbessern, Potenziale entfalten oder Ziele schneller erreichen. Gerade Schlüsselpersonen in Veränderungsprozessen sollen aus Sicht der Auftraggeber unterstützt werden. Während 61% der Aussagen in Richtung Ausbau der Führungskompetenz gehen, zeichnet sich gleichzeitig eine Ausdifferenzierung der Aufgaben ab, die im Coaching möglich sein werden. Einige Unternehmen verfolgen mit dem Coaching sehr spezifische Zielsetzungen, z.B. die Ausbildung von Projektleitern oder auch die Motivation von älteren Mitarbeitern, die bislang nur begrenzt in die Personalentwicklung einbezogen waren. Führungskräfte zum Coach auszubilden, ist noch für drei Unternehmen eine wichtige Aufgabe. Ein Unternehmen möchte mit Hilfe von Coaching seine Strategiekompetenz ausbauen. Drei Unternehmen definieren keine explizite Zielsetzung, sondern erklären, diese würde in der Coaching-Situation zwischen Klient und Coach ausgehandelt.

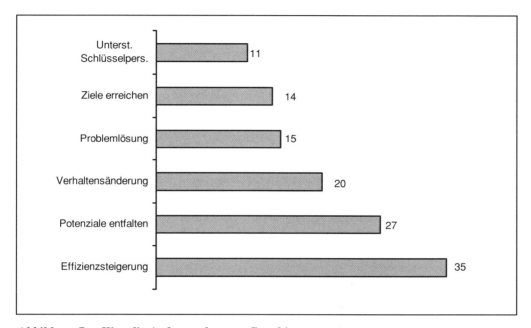

Abbildung 7:   Was die Auftraggeber von Coaching erwarten

Themen in Coaching-Maßnahmen

Viele der im Coaching angesprochenen Verhaltens- und Persönlichkeitsthemen sind auf die Ziele ausgerichtet, die im Unternehmen erreicht werden sollen. Im Vordergrund steht das Lernen im eigenen Aufgabenbereich. Die Lernfortschritte werden an den Aufgabenstellungen der eigenen Position gemessen. **Lernen im eigenen Aufgabenbereich**

Besonders wesentlich scheint für die Auftraggeber zu sein, dass im Coaching Rollen- und Beziehungsfragen, Ängste und Befürchtungen, Erfolg und Misserfolg, Gefühle und Wahrnehmungen reflektiert werden können. Dies sind Bereiche, die ausschließlich im Coaching angesiedelt sind und auf die persönlichkeitsorientierte Tiefendimension des Coachings verweisen, die wir weiter oben beschrieben haben. Aber immerhin 10% der Befragten verwiesen darauf, dass ihnen die Themenstellungen **Reflexion von Gefühlen, Rollen und Beziehungen**

nicht bekannt sind, denn Coaching ist eine Vertrauens- und Vertraulich-
keitsangelegenheit. Allein die Führungskraft selbst meldet in der Regel an
das Unternehmen zurück, welche Felder bearbeitet werden sollen oder
bearbeitet wurden. Angesichts der doch sehr persönlichen Themen, die
von beruflichen Schwierigkeiten bis zu konkreter Lebenshilfe gehen kön-
Sachfragen sind   nen, verwundert dies nicht. Eine Ausnahme bezüglich der Themenstel-
Schwerpunkt   lungen bildet das Projekt-Coaching. Dort werden in der Regel Sachfra-
im Projekt-   gen, die das Projekt betreffen, oder aber auch die zwischenmenschlichen
Coaching   Prozess- und Teamfragen angesprochen, nicht jedoch die tieferen persön-
lichkeitsrelevanten Fragestellungen.

Erfolgserwartung bzgl. Coaching-Maßnahmen

Ein Schwerpunkt unserer Befragung beschäftigte sich mit der Frage nach
der Bewertung des Nutzens von Coaching. Wir wollten natürlich wissen,
wie das Instrument im Vergleich zu anderen Maßnahmen eingeordnet
wird und welche spürbaren Ergebnisse mit Coaching im Unternehmen tatsächlich erzielt werden.

Hohe Erfolgs-   Insgesamt 75% der befragten Unternehmen schätzen den Erfolg von Coa-
schätzung   ching hoch oder sogar sehr hoch ein (vgl. Abbildung 8).

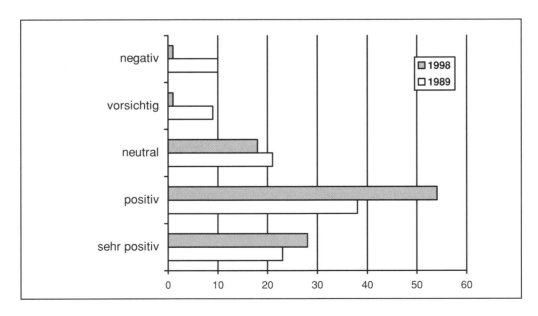

Abbildung 8:   Die Beurteilung von Coaching-Maßnahmen

Berechnet man die Zahl derer, die Coaching nutzen, dann sind es sogar 87%. Begründet wird diese hohe Bewertung insbesondere mit dem Nutzen, den Coaching für die Leistungs- und Effizienzsteigerung im Unternehmen hat (vgl. Abbildung 9). Dabei werden Verbesserungen benannt, die sowohl das individuelle Verhalten bzw. die Kompetenzen Einzelner betreffen, als auch solche, die die Zusammenarbeit betreffen bzw. die nur gemeinsam mit anderen zu erreichen sind.

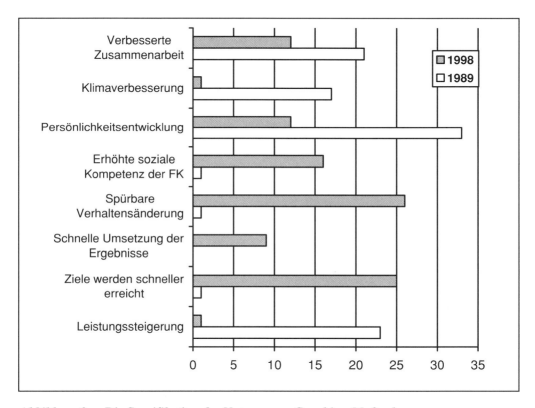

Abbildung 9: Die Spezifikation des Nutzens von Coaching-Maßnahmen

Ebenfalls häufig steht der konkrete Nutzen für das Unternehmen im Mittelpunkt: Ziele werden schneller erreicht, die Problemlösekompetenz wächst, Krisen werden schneller erkannt und bewältigt. Dazu kommen Nutzenaspekte wie die Verbesserung von Prozessen, die schnellere Bewältigung von Aufgaben usw. Einzeln lassen sich die Ergebnisse der Untersuchungen aus den Jahren 1989 und 1998 nicht direkt miteinander vergleichen. Dies ist nur auf einer höher aggregierten Daten-Ebene möglich.

Hoher Nutzen für das Unternehmen

Coaching im Vergleich zu anderen Instrumenten

Förderung der Persönlichkeitsentwicklung

Zusätzlich finden sich in den Anworten Hinweise darauf, wodurch sich Coaching von anderen Personalentwicklungs-Instrumenten unterscheidet. Von den Befragten wird es als das einzige Instrument benannt, das Persönlichkeitsentwicklung fördern könne. Coaching ermögliche die zeitnahe Bearbeitung sehr aufgaben- bzw. personenbezogener Lösungsansätze. Belegt wird der hohe Nutzen auch durch den Vergleich von Coaching mit anderen Fördermaßnahmen. 45% der Befragten antworten auf diese Frage, dass sie Coaching für nicht mit anderen Instrumenten vergleichbar halten und ihm einen besonderen Stellenwert beimessen.

Eigenständige Rolle in der Führungskräfteentwicklung

Festzuhalten bleibt, dass Coaching eine eigenständige Rolle in der Führungskräfteentwicklung einnimmt. Die Frage lautet nicht, ob sinnvollerweise ein Training, ein Einarbeitungsprogramm oder ein Auslandseinsatz durchgeführt werden soll, vielmehr wird eine intensive und integrierte Förderung der Führungskräfte durch die Kombination verschiedener Maßnahmen angestrebt.

Coaching bei Veränderungsprozessen

Schnellere Umsetzung von Veränderungsvorhaben

Für 76% der Unternehmen hat Coaching bei Veränderungsprozessen einen besonders hohen Stellenwert. Dabei wird vor allem auf den großen Nutzen von Coaching für die schnellere Umsetzung von Veränderungsvorhaben verwiesen. Die Qualität des Coachings liegt – so meinen 23% der Unternehmen – vor allem darin, dass die Veränderung von Einstellungen und Verhaltensweisen gefördert wird. Auch bei der Unterstützung von Schlüsselpersonen, die in Veränderungsprozessen sehr oft sowohl die treibende als auch die steuernde Kraft sind, ist Coaching eine wichtige Maßnahme. In diesem Fragenkomplex wird von acht Unternehmen ausdrücklich auf die hohe Effizienz von Coaching verwiesen, da der Einsatz individuell gestaltet werden kann.

Diese Anworten lassen schlicht vermuten, dass das Bewusstsein dafür, dass mit Unternehmensveränderungen Schwierigkeiten und mentale Widerstände einhergehen, deutlich gewachsen ist. Veränderungsvorhaben scheitern schnell, wenn nicht auch die Menschen mit ihren Einstellungen sich verändern.

Unsere Einschätzung, dass Coaching gerade bei unternehmensumgreifenden Veränderungsvorhaben entscheidend ist (vgl. Böning & Fritschle, 1997), wird in diesen Untersuchungsergebnissen deutlich bestätigt. Veränderungsmanagement ist eine Herausforderung an diejenigen, die diese Ablösungs-, Neuorientierungs- und Durchsetzungsprozesse kontinuierlich in Gang setzen, gestalten und am Leben erhalten sollen: die Unternehmer und Führungskräfte. Wer im Kontext einer immer unübersichtlicher werdenden Marktsituation, eines immer schärfer werdenden Wettbewerbs und eines immer schnelleren technischen Wandels Verantwortung übernimmt, ist gefordert, seine Potenziale effizient zu entwickeln – und zwar sein persönliches wie sein berufliches Potenzial.

Entwicklung persönlichen und beruflichen Potenzials

Es kann außerordentlich nützlich sein, sich in turbulenten Situationen bewusst Ruhe und Zeit zum Reflektieren zu nehmen und mit der Unterstützung eines erfahrenen Coachs den Verlauf, die Wirkung und Resonanz des eigenen Tuns zu prüfen und neu zu planen. Das Coachen von Schlüsselpersonen kann die Verbindlichkeit von Zielsetzungen und deren Umsetzung in konkretes Verhalten deutlich fördern. Coaching motiviert nachhaltig, an sich selbst zu arbeiten, und ermöglicht eine zeitnahe Erfolgskontrolle. Gerade wenn Change-Projekte verunsichern und Orientierung gesucht wird – und das ist bei Veränderungen ganz natürlich – bietet Coaching einen Rahmen für gefahrloses Probe-Handeln, Probe-Denken und Probe-Fühlen. Bei der erfolgreichen Umsetzung in die Realität werden dann wieder Brücken geschlagen zum Alltag und zur Unternehmenswirklichkeit.

5 Wohin geht die Entwicklung?

Natürlich wollten wir in unserer Untersuchung abschließend auch wissen, wie die Personalfachleute und Führungskräfteentwickler die zukünftige Entwicklung einschätzen und fragten deshalb: Welchen Stellenwert wird Coaching in Zukunft haben?

Insgesamt sind 80% der Befragten der Ansicht, dass Coaching noch an Bedeutung gewinnen wird! Die Gründe für diese Einschätzung konzentrieren sich auf zwei große Themenbereiche:

Coaching wird weiter an Bedeutung gewinnen

• die starken und häufigen strukturellen Veränderungen in den Unternehmen sowie

• die Vorteile, die Coaching als flexibel und spezifisch einsetzbares Instrument mit sich bringt.

Diejenigen 20%, die eher keinen Bedeutungszuwachs sehen, verweisen auf die Hemmschwelle, die Coaching immer noch in ihrem Unternehmen zu überwinden hat. Zwar, so wird argumentiert, biete Coaching eine optimale Kosten-Nutzen-Relation, aber die große Welle sei schon zu Ende – Coaching würde schon wieder unmodern. Ganz am Rande stößt man noch auf Reste des therapeutischen Images von Coaching und auf grundsätzliche Vorbehalte gegen das Instrument selbst. Trotzdem hat insgesamt ein Klärungsprozess bezüglich des Coachings stattgefunden und seine Anwendung kann als ein bemerkenswerter Erfolg bezeichnet werden.

Vereinzelte Hemmschwellen

**Pauschalmaß-
nahmen sind
am Ende**

Eine weitere allgemeine Tendenz wird in der Untersuchung unterstrichen: Die Zeit der Pauschalmaßnahmen innerhalb der Führungskräfteentwicklung ist vorbei. Die Ansprüche, die an ein modernes Personal- oder auch Führungskräfteentwicklungs-Instrument gestellt werden, sind heute klarer aber auch höher als noch vor zehn Jahren. Damit einher geht die Tendenz, die einzelne Führungskraft stärker als bisher auch zum Manager ihrer eigenen Entwicklung zu machen.

Fazit

**Coaching hat
sich durchgesetzt**

Coaching als Instrument hat sich im letzten Jahrzehnt erfolgreich durchgesetzt. Die Erfolgsquote ist hoch. Es ist ein Indiz für ein verändertes Selbst- und Führungsverständnis der Führungskräfte. Es dient nicht nur der Weiterentwicklung von emotionaler Intelligenz (s. Glossar) und sozialer Kompetenz (s. Glossar) einzelner Führungskräfte. Als Einzel- oder Teammaßnahme dient es heute primär der verhaltensbezogenen und mentalen Weiterentwicklung von Schlüsselpersonen im Rahmen von weitreichenden oder umfassenden Veränderungsprozessen in Unternehmen (strategische Neuausrichtung, Umstrukturierungen, Fusionen usw.). Oder es dient konkreten arbeitsbezogenen Problemlösungen in der Zusammenarbeit mit anderen. Auch wichtige oder kritische Projekte können prophylaktisch oder krisenbezogen begleitet werden.

**Unterstützung
von Hochleistern**

Das Konzept „Coaching" ist weitgehend entpathologisiert und hat seine Therapieassoziationen fast ganz verloren. Im Rahmen einer differenzierten und effizienten Führungskräfteentwicklung hat sich das Grundverständnis verbreitet: Hochleister werden bei der Bewältigung herausfordernder Aufgaben unterstützt. Als Impulsgeber und Soundingboard ist das Coaching sehr gut geeignet, das Selbstwertgefühl der Top-Leute aufzubauen und soziale Lernprozesse zu ermöglichen.

Literatur

Angermeyer, Ch. (1997). Coaching – eine spezielle Form der Beratung. *zfo*, 2, S. 105–108.

Benker, S. (1999). Coaching im Wandel – Ein diskreter Partner in allen Lebenslagen. *HB* 23/24.07.99, S. K2.

Böning, U. (1989). Coaching: Zur Rezeption eines Führungsinstrumentes... *Personalführung*, 12, S. 1149–1151.

Böning, U. (1990). System-Coaching contra Einzel-Coaching: Hilfe zur Selbsthilfe. *Gablers Magazin*, 4, S. 22–25.

Böning, U. (1994). Ist Coaching eine Modeerscheinung? In L. M. Hofmann & E. Regnet (Hrsg.), *Innovative Weiterbildungskonzepte* (S. 171–185). Göttingen: Verlag für Angewandte Psychologie.

Böning, U. (1998). Coaching – ein zentrales Instrument der Führungskräfteentwicklung. In: P. Knauth & A. Wollert (Hrsg.), *Human Resource Management*. (Kapitel 7.4, S. 1–16). Köln: Verlagsgruppe Deutscher Wirtschaftsdienst.

Böning, U. (1999). Coaching für Manager. In L. v. Rosenstiel, E. Regnet & M. Domsch (Hrsg.), *Führung von Mitarbeitern – Handbuch für erfolgreiches Personalmanagement* (4. Aufl.). (USW-Schriften für Führungskräfte. Band 20) (S. 255–264). Stuttgart: Schäffer-Poeschel.

Böning, U. & Fritschle, B. (1997). Veränderungsmanagement auf dem Prüfstand. Freiburg: Haufe.

Covey, S. R. (1996). *Die sieben Wege zur Effektivität. Ein Konzept zur Meisterung Ihres beruflichen und privaten Lebens*. (3. Aufl.). München: Wilhelm Heyne Verlag GmbH & Co. KG.

Doppler, K. (1992). Coaching: Mode oder Notwendigkeit. Was und wie ein Coach wirklich sein sollte. *Gablers Magazin*, 4, S. 36–41.

Hamann, A. & Huber, J. J. (1998). *Coaching. Der Vorgesetzte als Trainer. Die lernende Organisation*, Bd. 11, 3., aktualisierte und erweiterte Auflage. Leonberg: Rosenberger Fachverlag.

Lenz, G., Ellebracht, H. & Osterhold, G. (1998): *Vom Chef zum Coach: der Weg zu einer neuen Führungskultur*. Wiesbaden: Gabler.

Leber, W. (1994): Energien bündeln. *Personalführung*, 4, S. 25–29.

Looss, W. (1991*): Coaching für Manager – Problembewältigung unter vier Augen*. Landsberg/Lech: Verlag Moderne Industrie.

Rauen, Ch. (1999): *Coaching: Innovative Konzepte im Vergleich*. Göttingen: Verlag für Angewandte Psychologie.

Rosenstiel, L. v., Regnet, E. & Domsch, M. (Hrsg.). (1991). *Führung von Mitarbeitern – Handbuch für erfolgreiches Personalmanagement*. USW-Schriften für Führungskräfte, Band 20, Schaefer-Poeschel.

Rückle, H. (1992): *Coaching*. Düsseldorf: Econ.

Sattelberger, Th. (Hrsg.). (1991). *Innovative Personalentwicklung – Grundlagen, Konzepte, Erfahrungen*. Wiesbaden: Gabler.

Coaching in der Sicht von Führungskräften – eine empirische Untersuchung

Markus Jüster, Claus-Dieter Hildenbrand, Hilarion G. Petzold

1 Einleitung

Die Literatur zum Thema Coaching ist in den letzten Jahren genauso wie die Anzahl der Coachs und der Coaching-Ausbildungen angewachsen. Ein schulenübergreifendes theoretisches Leitgerüst zum Thema Coaching hat sich jedoch noch nicht allgemein etablieren können. Ziel der folgend zusammengefassten Studie[1] war es, zu präzisieren, was Personen, die (möglicherweise) ein Coaching beanspruchen würden, darunter verstehen. Diese Vorstellungen beeinflussen als eine die Nachfrage steuernde Größe den Coaching-Markt und somit auch die inhaltliche Gestaltung der angebotenen Coaching-Prozesse. Eine sich gegenseitig bedingende Verhaltenserwartung kann das gemeinsame Bild von Coaching im Feld der Personalentwicklung verfestigen.

Coaching boomt

Was verstehen potenzielle Kunden/Klienten unter Coaching?

Die Erwartung der Klientel ist allerdings nicht die einzige Größe, die das Bild vom Begriff und von der Methode des Coachings prägt: funktionale Parameter, wie Verhaltensattributionen und Aufgabenstellungen an Führungskräfte, Marktbedingungen in denen Organisationen agieren und technische Innovationen sind Größen, welche die Erwartungen und somit den Begriff in eine erkennbare Form bringen.

Einflussfaktoren

---

[1] Es handelt sich bei dem Text um die Essenz einer Untersuchung der Autoren im Studiengang Supervision und Organisationsentwicklung an der VU Amsterdam (2001). Die komplette Untersuchung kann bei dem Autor Hildenbrand angefordert werden (Kontaktdaten s. Anhang).

Die folgenden Untersuchungsergebnisse spiegeln die Konnotation des Begriffes „Coaching" und seine kollektiven Attributions-, Sinn- und Deutungsmuster in drei unterschiedlichen Branchen (Finanzdienstleistungs-, Nahrungs- und Genussmittel- und Elektrobranche) wider.

2   Der Begriff Coaching: Vorstellungen und Leitorientierungen

Verbesserung von Leistung und beruflicher Zufriedenheit

Beim Begriff Coaching handelt es sich inzwischen um einen geläufigen Terminus zur Bezeichnung eines Instruments der Personalentwicklung.[2] Dieser wird vielseitig umschrieben, unterliegt verschiedensten Erwartungen und beinhaltet oftmals mannigfaltigste Vorgehensweisen, doch das Ziel des Coachings scheint relativ klar umrissen: Verbesserung der Qualität der beruflichen Leistung und Zufriedenheit.

Sieht man sich die Begriffsbildung aus Sicht der Arbeitsbedingung von Führungskräften an, so gibt es folgende Parameter:

- Bedürfnisse der Führungskraft

- Anforderungen der betrieblichen Gegebenheiten

- Anforderungen der gesellschaftlichen Wirklichkeit

Aspekte des Coachings

Vergleicht man ferner Konzepte und Definitionen (z.B. Stähle, 1999, S. 950; Looss, 1999, S. 105, S. 109; Schreyögg, 1996, S. 47; Rauen, 2000, S. 42) werden einige Aspekte deutlich, die den Vorstellungsrahmen vieler Autoren von Coaching konvergieren lassen:

- Coaching ist ein Personalentwicklungsinstrument

- Coaching wendet sich an Führungskräfte (Entscheidungsträger)

- Anlässe für ein Coaching können in der Person des zu coachenden oder aber in dessen beruflichem und auch privatem Umfeld liegen

- Ziel eines Coachings ist die Verbesserung der Arbeitsqualität und -leistung bei gleichzeitiger Steigerung der Arbeitszufriedenheit

---

[2] Looss (1999) schreibt hierzu: „*Werfen wir hierzu einen kurzen Blick ins Internet: Anfang 1998 zeigte eine beliebige Suchmaschine zum Thema »Coaching und Management« weltweit 7887 Nennungen, im deutschsprachigen Teil des Netzes noch 847. Eine große internationale Online-Buchhandlung listet bereits 47 englischsprachige Titel auf.*" Im März 2001 fanden die Autoren unter dem Suchbegriff „Coaching und Management" in der Suchmaschine Google international 387.000 Einträge, in Deutschland waren es 22.400, deutschsprachige Buchtitel gab es 62.

- Die Anlässe für Coaching-Prozesse sind jeweils individuell gegeben, aber auch z.T. betrieblich bedingt

Aus den vorab dargestellten Ansätzen wurden letztlich folgende Leitfragen für die Untersuchung verdichtet:

1. Welche Vorstellung hat jeweils ein Kunde/Klient vom Coaching?

2. Welche Anlässe – intern wie extern – führen zu einem Coaching?

3. Welche Eigenschaftsmerkmale werden einem Coach zugeordnet?

Leitfragen der Untersuchung

3 Coaching aus individueller Perspektive

Die individuelle Perspektive eines Kunden/Klienten ist natürlich durch seine Person, wie auch durch sein privates sowie berufliches Umfeld bestimmt. Betrachtet man die bisherigen Beschreibungen von Coaching, ist eine deutliche Hinwendung zu beruflichen Fragestellungen zu erkennen, die jedoch auch durch außerberufliche Themen ergänzt werden kann. Für die weitere Betrachtung sind als mögliche Themenstellungen eines Coachings daher personale (intrinsische) und soziale (extrinsische) sowie private und berufliche Aspekte voneinander getrennt dargestellt.

Personale, private und berufliche Aspekte

Unterstellt man als individuelle Motivation für einen Coaching-Prozess grundlegend einen Veränderungswunsch, so kann dieser in zwei Richtungen gehen: zum einen dient es der Behebung einer Krise oder aber zum anderen der Entwicklung von Perspektiven.

Prävention oder Krisenmanagement?

So ergeben sich auf zwei Ebenen der Persönlichkeit (private/berufliche) jeweils zwei Perspektiven (Krisen/Potenziale):

a. Coaching als Instrument der Personalentwicklung sieht die Person im Zentrum der Bemühung um Entwicklung. Diese individuelle Entwicklungsförderung fokussiert die berufliche Situation des Kunden/Klienten, kann und soll allerdings nicht den Menschen und seine Persönlichkeit vernachlässigen. Folglich ergeben sich auf der persönlichen Ebene Themenstellungen für einen Coaching-Prozess, die auch aus dem privaten Umfeld erwachsen und sehr bedeutsam für die berufliche Leistung sein können. Betrachtet man diese der privaten Person nahen Faktoren und die Aspekte Krisen und Potenziale zusammmen, so lassen sie sich mit den Schlagworten „Krise im persönlichen Umfeld" sowie „Verbesserung der Lebensqualität" darstellen.

Perspektiven der privaten Person

b. Sieht man sich im Bereich der persönlichkeitsorientierten Aspekte die Steigerung beruflicher Leistungsfähigkeit an, so lassen sich diese in der Motivation (emotionaler und volitiver Aspekt), der fachlichen

Kompetenz (kognitiver Aspekt) und der praktischen Performanz (Handlungsaspekt) beschreiben.

Berufliche Her-ausforderungen

Fokussiert man die Seite der Krise bzw. Belastung, lassen sich die Elemente „Konflikte und deren Lösung im allgemeinen" sowie aber auch „Job-Stress und dessen Langzeitauswirkung in Form von Burnout" (s. Glossar) benennen.[3] Beide Faktoren sollen für die weitere Betrachtung eine Rolle spielen. Auf Seiten der Entwicklungsorientierung geht es um Veränderung und Verbesserung (der Arbeitsergebnisse und -zufriedenheit), es geht um Potenzialentwicklung. Dieser Aspekt lässt sich in folgende Bereiche trennen:

- Innovation
- Karriereplanung
- Führungstraining
- Performance-Optimierung
- Arbeitsqualität

Die folgende Untersuchung wird die Darstellung der genannten zwei Ebenen und zwei Blickrichtungen nutzen, um die Bedeutung individueller Themen als Anlass eines Coachings zu erfassen.

4   Coaching vor dem Hintergrund betrieblicher Anforderungen

Trennung der Faktoren für die Untersuchung

Sieht man sich nun den Hintergrund betrieblicher Anforderungen an, so kann man diese auch wiederum in verschiedene Ebenen trennen, wir wollen das hier in organisationsinterne wie -externe Faktoren tun.

Da Veränderungen im Umfeld des eigenen Arbeitsplatzes als Herausforderung/Chance oder als Belastung/Krise begriffen werden können, ist es hier schwieriger, die zuvor getätigte Unterscheidung in diese beiden Leitorientierungen durchzuhalten.[4]

---

[3] Schreyögg (1996) trennt diese beiden Begriffe. Da hier u.E. oftmals die Trennschärfe in beruflicher Praxis nicht gegeben ist, wollen wir im Folgenden beide Formen im allgemeinsprachlichen Begriff der Belastung/Überlastung (kurz- wie langfristige) gemeinsam in der Befragung evaluieren.

[4] Sicher werden Veränderungen jeweils unterschiedlich – d.h. individuell – konnotiert, innerhalb der vorgelegten Untersuchung fokussieren wir stärker die Art der Einflüsse, insofern es sich primär um Veränderungen handelt. Die Krise als akutes Phänomen wurde in den Fragekatalog aufgenommen.

4.1   Organisationsinterne Faktoren

Interne Faktoren ergeben sich aus der Organisation des Betriebes, daraus folgend aus der Aufgabenstellung (besonders Art und Weise des Auftrages) und der Zuordnung in der Hierarchie (Ordnung und Freiheitsgrad), aus der Form der Wertschöpfung (Produktionsablauf), zunehmend auch aus dem zeitlichen Druck (Produktionszyklen) und der internen Form der Kommunikation (Philosophie und Kultur eines Unternehmens). Folgende Faktoren erscheinen uns daher in einer Befragung als sinnvoll:

Faktoren der Befragung

Veränderung des Arbeitsauftrages: Hier kann eine Erweiterung der Aufgabenstellungen, aber auch eine Veränderung der Arbeitsabläufe (Innovation) und neue Schwerpunktsetzungen Inhalt eines Coachings sein.

Veränderung des Arbeitsfeldes: Dies bedeutet eine weitreichende Veränderung, die oftmals gänzlich neue Aufgaben bergen kann.

Krise im Arbeitsumfeld: Wir haben Krise als alltagssprachlichen Sammelbegriff von Störungen in erprobten Handlungsroutinen und im Wohlbefinden – aber auch in der Wertschöpfung – genutzt und auf feinere Abstufungen verzichtet. Dies war unseres Erachtens sinnvoll, da wir oft in Coaching-Prozessen das Fehlen einer eindeutigen Beschreibung von Krisen und deren Wurzeln als Ursache des Unbehagens erleben.

Veränderung der Firmenstrategie: Veränderungen der Firmenstrategien sind oft mit Veränderungen in der Organisation des Betriebes verbunden und sind bei nicht eindeutiger und transparenter Kommunikation oftmals Anlass zu Phantasien, die ebenso Wünsche wie Befürchtungen auslösen können.

Veränderung der Firmenphilosophie: Dies hat oftmals einen direkten Einfluss auf die Firmenkultur, die Formen des Miteinander-Umgehens und der Kommunikation in Betrieben zur Folge und wirkt sich so auch unmittelbar auf Führungskräfte aus.

Innovationsbedarf: Da wir in zwei Voruntersuchungen (Pilot- bzw. Pre-Test) eine starke Betonung entwicklungsorientierter Fragestellungen an das Coaching sahen, war es uns wichtig, den Aspekt der Innovation als mögliches Anliegen eines Coachings mit zu evaluieren. Während im Bereich der individuellen Fragestellungen das Thema Innovation (als persönlicher Wunsch) schon vorhanden ist, interessierte uns hier der Innovationsbedarf einer Firma als Coaching-Thema. Hierin spiegelt sich für uns ein Wunsch nach Weiterentwicklung wider, der als Differenz zwischen Möglichkeitshorizont und derzeitigem Prozessablauf in einem Betrieb gesehen wird.

4.2 Organisationsexterne Faktoren

Der Markt mit Kunden und Konkurrenz

Als organisationsexterner Faktor ist der Markt zu nennen, auf dem sich Mitanbieter (Konkurrenten) ebenso wie Kunden bewegen, denen eine Leistung oder ein Gut angeboten wird. Veränderungen betreffen sowohl Krisen als auch Potenziale der folgenden äußeren Faktoren:

Veränderungen im Firmenumfeld: Als Veränderungen im Firmenumfeld werden alle „nahen" Veränderungen erlebt, die konkret erfassbar sind und in Form direkter Erfahrungen als Argumente für Handlungen dienen.

Neue Technologien (Know-How-Transfer): Dies sind vorhandene Möglichkeiten (Potenziale) zur Produktentwicklung, Arbeitsorganisation oder Vermarktung und Vertrieb. Diese Möglichkeiten sind adaptiert, aber noch nicht in die Organisation integriert.

Marktveränderungen: Betrifft den Absatz von Produkten ähnlich wie die Zulieferung von Rohstoffen und Produkten und somit die Gewinnerwartung.

5 Soziale Interaktion und Erwartungshaltungen im Coaching-Prozess

Diffuse Erwartungshaltung

Coaching wird von allen vorgestellten Autoren als sehr intimer Prozess der persönlichen Beratung im beruflichen Umfeld beschrieben. Dieser persönliche Austausch geschieht zwischen Menschen, die mit einer – oftmals – diffusen Erwartungshaltung aufeinander zugehen. Teil dieser Erwartungshaltung kann der Wunsch nach Wissenstransfer, Unterstützung, Ermutigung oder aber Herausforderung sein. In der „face-to-face-Situation" eines Coachings erwartet der Kunde/Klient ein Gegenüber, welches ihm dieses Anliegen als sozialer Interaktionspartner erfüllt. Um es verkürzt zu sagen: Der Kunde/Klient erwartet natürlich auch einen gewissen Typ von Coach.

Dieser Verbindung zwischen inhaltlicher Gestaltung eines Coaching-Prozesses und Form sozialer Interaktion sind wir anhand bestimmter typisierter Bilder und Vorstellungen nachgegangen.

Das Bild des Coachs

Zu Beginn unserer Untersuchung nutzten wir die Darstellung von Looss (1999), um sie im Pilot- und Pre-Test zu überprüfen. Die genannten Darstellungen („Hofnarr", „Weichspüler" etc.) erhielten jedoch nur marginale Resonanz. Neben diesen „Metaphern" fanden sich für den Bereich Führung[5] Leitbilder, die von Hilb (1999, S. 30) beschrieben werden.

---

[5] Den Bereich Führung sahen wir als zentral an, da sich unsere Umfrage in erster Linie an Führungskräfte richtet und wir auch eine „Spiegelfunktion" im Coaching sehen, d.h. dass

Zusätzlich zu diesen Leitbildern erschien es uns sinnvoll, weitere Orientierungen in unsere Befragung aufzunehmen, die u.E. erhebliche Bedeutung in der Performance-Entwicklung haben und zum Teil auch in ihrem Selbstverständnis dicht neben dem Coaching-Begriff angesiedelt werden können bzw. in Konkurrenz dazu auftreten. Es sind die Begrifflichkeiten „Mentor", „Supervisor", „Know-How-Experte" und „Therapeut".[6]

6 Ergebnisse der Untersuchung

In drei Untersuchungen (Pilot-, Pretest und Hauptuntersuchung) wurden insgesamt 174 Führungskräfte mit einem differenzierten Erhebungsinstrument befragt. Die Hauptuntersuchung wurde bei Führungskräften in drei Branchen (Finanzdienstleistung, Nahrungs- und Genussmittel und Elektro) durchgeführt und erzielte einen Rücklauf von insgesamt 96 Fragebögen.[7] Damit liegt hier eine der wenigen sozialwissenschaftlich fundierten Untersuchungen zum Thema Coaching vor. Ihre Ergebnisse bestätigen einige der in der Literatur vorfindlichen Konzepte, andere werden allerdings in Frage gestellt und machen Umorientierungen erforderlich.

6.1 Begriffliche Vorstellungen zum Coaching

Ohne vorhergehende Antwortmöglichkeiten zur Verfügung zu stellen wurde erfragt, welche spontanen begrifflichen Vorstellungen assoziativ zum Thema Coaching genannt werden können. Im besondern Maße fanden sich Begriffe zu den Themen „Training", „Führung", „Begleitung", „Motivation", „Beratung" und „Förderung" am häufigsten in den Antworten der Befragten.

Häufige Assoziationen

Nahezu alle Antworten zielen auf eine Form berufsorientierter sozialer Interaktion, bei der der Coach die Entwicklung des Klienten fördert (Potenzialentwicklung), ohne an fertigen Vorgaben oder Passungen direkt interessiert zu sein.

Berufsorientierte soziale Interaktion

---

vom Coach auch erwartet wird, bestimmte Eigenschaftsmerkmale zu repräsentieren, die für Führungskräfte notwendig sind. Hier steht der Coach dann natürlich auch in „Vorbildfunktion".

[6] Gerade das Verständnis vom Berufsbild des Therapeuten kann u.E. zu sehr polarisierenden Assoziationen führen. In unserem Pre-Test war jedoch nur eine nachrangige Neigung zu persönlichen und krisenbehafteten Themen und dem Sinnbild des Coachs als Therapeut erkennbar.

[7] Es wurden 250 Fragebögen ausgesandt, die Rücklaufquote lag somit bei 38%.

6.2   Anlässe für Coaching

Potenzialorientierung, Problemlösung, Überforderung

Abbildung 1 zeigt, dass potenzialorientierte Themen als Anlässe für Coaching favorisiert werden, gefolgt von Themen der Problemlösung und der persönlichen Überforderung. Die Themen der Performance-Optimierung und der Konfliktlösung werden gleich stark gewichtig erlebt, daran anschließend folgt das Thema der Verbesserung der Arbeitsqualität. So scheint uns – trotz seiner Favorisierung – nicht alleinig die Potenzialorientierung das übermächtige Thema des Coachings zu sein, vielmehr gilt es auch lösungsorientiert an Konflikte und Probleme heranzutreten.

Coaching als Führungstraining

Herausragend wird das Führungstraining eingestuft. Wenn man darunter insbesondere die gelungene Führung von Mitarbeitern als zentrale Aufgabe versteht, erkennt man soziale Interaktion im beruflichen Kontext somit als Kernthema von Coaching.[8] Dieses spielt in unserer Umfrage eine wesentlich bedeutsamere Rolle als z.B. die Förderung der Eigenmotivation oder gar die Karriereplanung.

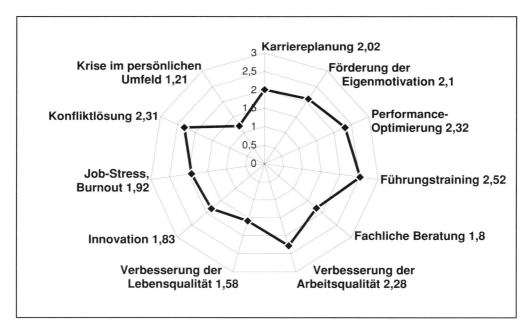

Abbildung 1: Coaching-Anlässe

Die Skalierung basiert auf den Punktwerten voll (3), weniger (2), kaum (1) und nicht (0) zutreffend.

---

[8]   Dies deckt sich mit den praktischen Erfahrungen der Autoren: Führungskräfte fragen häufig eine Reflexion ihrer Führungskompetenz an. Die Themen Führung und Führungsstil werden in Unternehmen oftmals sehr sensibel gehandhabt.

Erstaunlich ist auch, dass fachliche Beratung und Innovation weniger bedeutsam eingeschätzt wurden. Coaching wird folglich weniger als Mittel der Wissensvermittlung angesehen. Ebenso auffallend ist, dass gerade die Bereiche Verbesserung der Lebensqualität und Krise im persönlichen Umfeld stark in der Skalierung abfallen.

Kaum Wissensvermittlung

Coaching wird eindeutig als Maßnahme berufsbezogener Unterstützung verstanden. Persönliche Themen werden nicht als Argument für einen Coaching-Auftrag herangezogen. Dies deckt sich mit den Ergebnissen von Böning (2000). Zentrales Anliegen der Nachfragenden ist das Führungstraining, gefolgt von lösungsorientierten Ansätzen der beruflichen Weiterentwicklung.

Berufsbezogene Unterstützung

6.3   Umfeldveränderungen als Anlass eines Coachings

Am stärksten werden Veränderungen des Arbeitsfeldes und des Arbeitsauftrages als Faktoren für einen Coaching-Auftrag bewertet (s. Abbildung 2). Bei der Frage nach den Umfeldfaktoren, die für ein Coaching sprechen, haben die befragten Führungskräfte den Themen „Innovationsbedarf", „Veränderungen der Firmenphilosophie" und „Veränderungen im Firmenumfeld" relativ geringe Bedeutung zugemessen. Auch „Marktveränderungen" und „Neue Technologien" wurden als weniger zutreffende Faktoren gewertet.

Veränderungen im unmittelbaren Arbeitsfeld führen zum Coaching

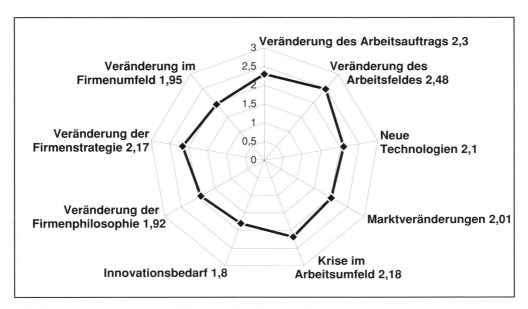

Abbildung 2: Zum Coaching führende Umfeldveränderungen
Die Skalierung basiert auf den Punktwerten voll (3), weniger (2), kaum (1) und nicht (0) zutreffend.

Von außen an die Mitarbeiter herangetragene Veränderungen – die mittelbar oder unmittelbar – das eigene Arbeitssetting verändern, spielen somit eine größere Rolle für ein Coaching, als Veränderungen im Gesamtkontext des Unternehmens.

6.4   Die Rolle des Coachs

**Berater,
Förderer,
Mentor**

Die Beantwortung der Frage nach den Begrifflichkeiten (Bildern, Vorstellungen), die man als „Eigenschaftsbündel" mit der Rolle des Coachs assoziiert, ergab die höchste Volatilität in der Antwortskalierung. So wurden deutlich die Begriffe „Berater", „Förderer" und „Mentor" bevorzugt und die des „Produzenten", „Controller" und „Trouble Shooter" zurückgesetzt (s. Abbildung 3). Dies lässt auch auf eine Form sozialer Interaktion schließen, die auf bewusster Eigenverantwortung des Klienten beruht und den Coach als wohlwollenden und nicht direktiv strukturierenden Partner sieht.

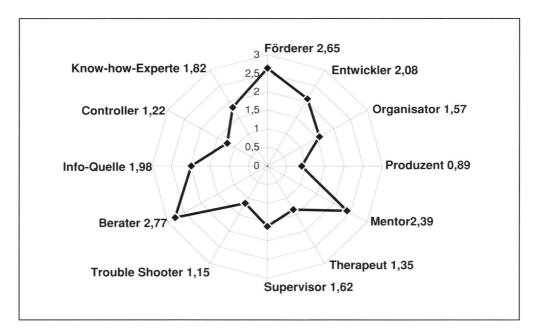

Abbildung 3: Die Rolle des Coachs
Die Skalierung basiert auf den Punktwerten voll (3), weniger (2), kaum (1) und nicht (0) zutreffend.

6.5 Das ideale Alter des Coachs

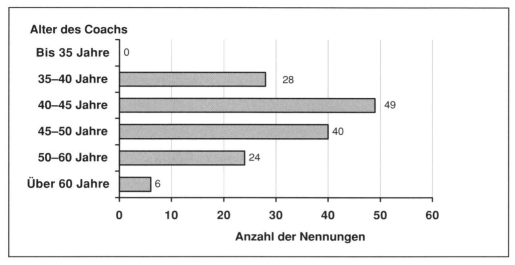

Abbildung 4: Ideales Alter eines Coachs

Mehrfachnennungen waren möglich

Bei der Frage nach dem idealen Alter wurde das „Mittlere Alter" der 35– 50 jährigen stark bevorzugt. Es ist folglich weder ein „Senioritätsprinzip" noch eine deutliche Hinwendung zur „jugendlichen Dynamik" erkennbar. Die Altersvorstellung für den Coach entspricht auch ungefähr dem eigenen Alter der Kunden/Klienten.

Kunden-/ Klientenalter ≈ Coachalter

6.7 Erfahrungen des Coachs

Präferiert wurden bei der Möglichkeit zu einer frei formulierbaren Antwort die Erfahrungen des Coachs in folgenden Bereichen:

• Soziale Interaktion

• Fachliche Erfahrung

• Führungserfahrung

Will man eine erste Hypothese wagen, so sieht man hier die erste Grobstruktur einer Anforderung an einen guten Coach: Er soll Wissen aus dem Feld mitbringen (Feldkompetenz), den Bereich Führung vermitteln können (Erfahrung in zielgruppenspezifischen Themenstellungen) und über Kompetenzen im Bereich Sozialpsychologie verfügen.

6.8   Risiken und Nebenwirkungen von Coaching

Die Frage nach den „Risiken und Nebenwirkungen" eines Coachings wurde von nahezu allen Befragten sehr ausführlich beantwortet.

Manipulation und Abhängigkeit

Stark hervorgehoben wurden Bedenken, die in Richtung von Manipulation und Abhängigkeit zielten. Einige Äußerungen zielten auch auf die besondere Stellung des Klienten in der Firma (Neid und Missgunst), ebenso wie das Thema der Verantwortung des Coachs bei der Hilfe zur Entscheidungsfindung erwähnt wurde.

6.9   Inanspruchnahme von Coaching

35 der befragten Personen gaben an, Coaching bereits in Anspruch genommen zu haben, 61 Personen verneinten dies. Von den 35 gecoachten Personen gaben 30 an, von einem Mann gecoacht worden zu sein, 3 Personen von einer Frau und 2 der Befragten gaben an, dass sie von einer Frau und einem Mann gecoacht wurden.

6.10   Persönlicher Nutzen

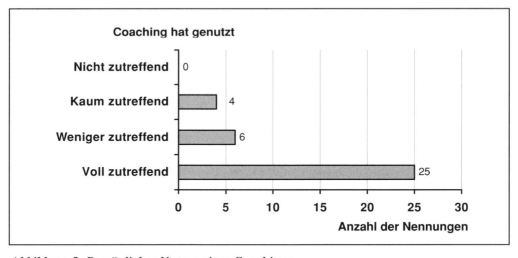

Abbildung 5: Persönlicher Nutzen eines Coachings
Mehrfachnennungen waren möglich

Beeinflussung unerwünscht

Zwei der vier Personen, die angaben, kaum oder keinen persönlicher Nutzen aus dem Coaching gewonnen zu haben, begründeten dies mit Beeinflussung bzw. mit einem zu geringen konkreten Wert ihres Coachings.

6.11 Kriterien zur Bewertung eines Coaching-Prozesses

Der Nutzen und die Umsetzbarkeit der Coaching-Ergebnisse fanden den höchsten Anklang in der Beantwortung dieser Frage, Coaching wird also anhand konkreter Erfolge beurteilt.

Nutzen und Umsetzbarkeit

Dies geht auch aus der Beantwortung der Frage hervor, anhand welcher Kriterien ein Coach und der Coaching-Prozess bewertet wird. Hier gaben eine große Anzahl der Befragten (persönlichen) Nutzen, Entwicklung und Erfolg als Stichworte an. Hinweise, die eher weniger pragmatischer Natur (wie etwa Sinnfindungsfragen, etc.) sind, fanden sich nicht in der Beantwortung der Fragen.

6.12 Qualifikation und praktische Erfahrungen des Coachs

Drei wesentliche Berufsgruppen lassen sich als Coachs ausmachen, so die der technischen Fachrichtungen, der Betriebswirtschaft und die des Psychologen/Pädagogen. Berufliche Erfahrung ist jeweils in hohem Maße vorhanden.

Drei Berufsgruppen

Dies ist gerade daran zu erkennen, dass z.B. im Bereich der Finanzdienstleister eine hohe Anzahl der Coachs selbst Betriebswirte oder gar Bankbetriebswirte sind, während in der Elektrobranche eine Reihe von Ingenieuren als Coach arbeitet. So sind zwischen Arbeitsfeld des Coachs und seinen Vorerfahrungen deutliche Verbindungen ersichtlich.

Verbindung zwischen Arbeitsfeld und Vorerfahrung des Coachs

6.13 Zwischenfazit: Begriffsbildung und erlebte Wirklichkeit

Die Frage nach Professionalisierung wird unmittelbar an die Erwartungshaltung von Coaching gebunden sein, welches „Produkt" stellt sich hier vor, was ist von ihm zu erwarten und wem nutzt es?

Unsere Arbeit zielte darauf, Klienten und potenzielle Klienten nach ihrem Bild für den Begriff Coaching zu befragen. Das Ergebnis der Befragung zeigt viele Parallelen zu dem, was eine ganze Reihe von Autoren auch als Coaching bezeichnet.

Parallelen zu den bisherigen Veröffentlichungen

Allerdings hatten wir bei der Durchsicht der Ergebnisse im Abgleich mit der Literatur feststellen können, dass oftmals die jeweilige Literatur nur Segmente eines möglichen Coaching-Prozesses zeigt, dass Interaktionsformen oder Anlässe eines Coachings besprochen, Krisen oder Potenzialentwicklung thematisiert und dass hierbei immer wieder der *Blickwinkel des Coachs* auf den Coaching-Prozess dargestellt wurde. Der Blick des Kunden/Klienten auf den Coaching-Prozess wurde dabei oft vernachlässigt.

Im Folgenden wollen wir drei Unterscheidungsebenen einführen, die helfen sollen, die Auswertung unserer Studie prägnant wie präzise vorzunehmen, wir fokussieren unseren Blick auf den

- Feld- oder Fachbezug,

- den beruflichen Kontext des Klienten (Hintergrundanalyse),

- die Form der Interaktion im Coaching-Prozess (Initiierung von Reflexionsprozessen, Spiegelfunktion).

Der Feldbezug des Coachings

Die Kenntnis des jeweiligen Feldes wird von vielen der Befragten als ein Kernkompetenzbereich des Coachs bewertet. Die Berufserfahrung und profundes Fachwissen werden vom Coach erwartet. Stärkeren Aufschluss bietet auch die Beantwortung der Frage nach dem Grundberuf des Coachs, der gerade in den Branchen Elektro und Finanzdienstleistung deutlich in Verbindung mit dem Feld auffällt: In der Elektrobranche arbeiten eine Reihe von Ingenieuren als Coach, während in der Finanzdienstleistungsbranche Bankkaufleute diese Tätigkeit ausführen. Der Coach verfügt somit über Kenntnisse des Feldes aus eigener Berufserfahrung.

Der Coach hat Feldkompetenz

Die Bewertung des Coachs als Informationsquelle wie auch die des Know-How-Experten ist – verglichen an den anderen Antwortmöglichkeiten – recht gering bewertet worden. Eine thematisch orientierte inhaltliche Ausrichtung des Coachings scheint also weniger treffend zu sein.

Kaum Know-How-Expertentum

So erscheint es uns auf der Hand liegend, dass ein Verständnis des Feldes, von speziellen markt- und organisatorischen Rahmenbedingungen eine Voraussetzung für das Verstehen der Arbeitssituation des Kunden/Klienten ist. Dieses Verstehen der beruflichen Situation des Kunden/Klienten ist zentrale Rahmenbedingung für das Gelingen eines Beratungsprozesses, der allerdings nicht primär auf eine fachliche Beratung zielt. Die Feldkenntnis dient somit zum Verstehen des Kontexts, nicht aber zur Lösung inhaltlicher Fragestellungen.

Den Kunden/Klienten verstehen können

Auffällig ist die hohe Übereinstimmung zwischen den beruflichen Ausbildungen der im Feld arbeitenden und den beruflichen Grundausbildungen der jeweiligen Coachs. Dies spricht auch für einen Werdegang der Coachs, der von der eigenen Tätigkeit im Feld hin zu einer beratenden Position wechselt. So sind häufig felderfahrene Experten als Coachs tätig, denen eventuell auch eher ein entsprechender „Stallgeruch" zugetraut wird.

Insgesamt kann also davon ausgegangen werden, das Coachs aus dem Feld mit entsprechender Berufserfahrung bevorzugt werden. Diese können sich – auch in kurzer Zeit – ein klares Bild von der beruflichen Situation des Kunden/Klienten verschaffen. Fachliche Inhalte werden im Coaching-Prozess nachrangig bearbeitet, das Arbeitsfeld jedoch bildet sich als Kontextvariable immer wieder im Beratungsprozess ab.

Berufserfahrung ist wichtig

Der berufliche Kontext des Kunden/Klienten

Coaching wird von den meisten Autoren als Personalentwicklungsinstrument für Führungskräfte beschrieben und unsere Umfrage fand auch unter dieser Zielgruppe statt. So verwundert es nicht, dass das Thema „Führung" auch einen hohen Stellenwert in der Beantwortung der Fragen eingenommen hat.

Führung und Führungstraining

Der Begriff Führung und Führungstraining wurde mehrfach genannt, auch die Berufsangaben der Befragten lassen eine Tätigkeit in Führungspositionen erkennen.

So bildet sich ein ganz bestimmtes Segment der beruflichen Aufgabenstellung der (potenziellen) Klienten als Thema auch im Coaching-Prozess ab: Führen und Leiten.

Neben dieser sich abbildenden äußeren Anforderung bestimmt auch ein intrinsisch geformtes Kriterium die Aussagen in der Umfrage: die der eigenen Potenzialentwicklung und Karriereförderung.

Während Aussagen zur Potenzialentwicklung häufig genannt werden und Führungstraining eine herausragende Rolle spielt, wird die Karriereplanung selbst nachrangig bewertet.[9] Der Förderer, der Mentor und der Berater sind die vorrangigen Rollen des Coachs. Somit steht die eigene Potenzialentwicklung neben der Führungsrolle im Mittelpunkt der benannten Themen.

Potenzialentwicklung steht im Vordergrund

Zusätzlich kommt ein weiteres Thema hinzu: Konfliktlösung und Job-Stress/Burnout/Belastung. Diese entwicklungshemmenden Themen beruflichen Alltags spiegeln sich natürlich im Coaching-Prozess mit hoher Bedeutung wider, werden aber gegenüber den potenzialorientierten Themenstellungen zurückgestellt. Dies zeigt auch die hohe Konnotation funktionaler Parameter im Coaching-Prozess, der sich – zumindest in den vorliegenden Äußerungen – von problemzentrierter Interaktion klar absetzt.

Konfliktlösung und Belastung

---

[9] Es lässt sich vermuten, dass die Karriereplanung selbst als eher diskretes Thema bewertet wird, welches weniger öffentlich verhandelt wird.

**Private Anliegen
sind selten**

Insgesamt stehen private Anliegen deutlich im Hintergrund der Bewertung. Sie werden ebenso nachrangig angesehen, wie auch die Nähe zu psychotherapeutischen Fragestellungen nicht auftaucht. So gesehen ziehen die Befragten eine deutliche Linie zwischen Coaching und privatem oder gar familiärem Leben.[10]

Im Coaching-Prozess soll sich zwar nicht allein der berufliche Kontext selbst wiederfinden, vielmehr ist es jedoch ein Anliegen der Klienten, die Ergebnisse des Coachings als förderliche Aspekte in den beruflichen Alltag integrieren zu können.

**Coaching
soll nützen**

So ist auch aus den Antworten der Befragten deutlich abzulesen, dass sie als primäres Kriterium zur Evaluation (s. Glossar) eines Coaching-Prozesses seinen Nutzen für den beruflichen Alltag benennen. Coaching ist klar Nutzenorientiert.

Coaching als Interaktions- und Reflexionsprozess

Da Coaching keine Fachberatung ist, gilt es zu beantworten, was Coaching dann ist und worin seine Kernaufgaben bestehen. Bei näherer Betrachtung der Untersuchungsergebnisse fällt auf, dass das Feld des Coachings die berufliche Tätigkeit, der Gegenstand des Coachings primär

**Förderung
interaktionaler
Kompetenz und
Performanz**

Führung, Leitung und Konfliktlösung ist. Was aber ist dann der Inhalt des Beratungsprozesses? Will man diese Frage kurz beantworten, so kann man dies als „Weiterentwicklung interaktionaler Kompetenzen (Fähigkeiten) und Performanzen (Fertigkeiten) zur Verbesserung der beruflichen Situation" beschreiben. Es geht um gelungene Kommunikation, Interaktion, Führung und Leitung zum Nutzen des Kunden/Klienten und seiner Firma.

**Der Coach gibt
Unterstützung**

Damit sind der Inhalt und das Ziel eines Coachings klar dargestellt, die Frage nach der methodischen Umsetzung dieser Aufgabe – in einem Coaching-Prozess – schließt sich unmittelbar an. Es geht um Beraten, Fördern, Führen und Betreuen, der Coach wird als Förderer, Mentor und Berater angesehen. Diese Begrifflichkeiten zielen auf eine Form der Unterstützung, die den Ort der Kontrolle (locus of control) beim Klienten belässt. Dieser wünscht sich weder einen Controller noch einen Produzenten. Das Bild des Interaktionspartners ist nicht das des „Allmächtigen",

---

[10] Dies kann sich natürlich in der Praxis ganz anders darstellen und es ist zu vermuten, dass hohe berufliche Belastung nicht ohne Auswirkung auf das eigene Wohlbefinden sowie die familiäre und soziale Interaktion bleibt. Themen- und Fragestellung mit hoher Nähe zum emotionalen Wohlbefinden werden sich kaum vom beruflichen Kontext abbinden lassen, es stellt sich dann nur die Frage, in welchem Beratungssetting sie dann Bearbeitung finden.

vielmehr das des Unterstützers, der die Entscheidung über Ziel, Weg und Geschwindigkeit letztlich dem Klienten überlässt.

Diese positive, kritische und konstruktive Begleitung kann dann auch in eine Interaktionsform münden, die wir als „koreflexive Spiegelfunktion" bezeichnen möchten. Der Coach wird zum „Reflexions- und Diskurspartner" für die Bearbeitung beruflicher Fragestellungen. **„Spiegeln" des Klienten**

Hier sehen wir eine Klammer im Zusammenhalt des Coaching-Begriffes, es geht um die Stärkung der interaktionalen Kompetenzen und Performanzen, die in erlebnisaktivierender Form vermittelt wird. Aus dieser Sicht lässt sich dann auch die Kernkompetenz eines Coachs beschreiben: Er muss mit Hilfe geeigneter Lernformen in der Lage sein, folgende Fähigkeiten zu vermitteln: **Fähigkeiten vermitteln**

- Kommunizieren
- Interagieren
- Reflektieren/Metareflektieren
- Führen und Leiten

Der Coaching-Prozess kann hier als initiierter „Entwicklungsort" verstanden werden, der zum Erkennen des eigenen Handlungsrepertoires dient und dieses durch Reflexion einer Bearbeitung und Erweiterung öffnet. **Erkennen und Erweitern des Handlungsrepertoires**

7   Begriffsbildung und Professionalisierung des Coachings

Coaching ist ein Begriff, der oftmals vieles verspricht, aber wenig über seine eigene Substanz sagt. Als Trainingstechnologie für eine „fitte" Gesellschaft vermittelt er auch so etwas wie einen sportiven Flair für eine dynamische Berufsgesellschaft. Durch seine assoziative Nähe zum Sport und zur Höchstleistung eignet er sich sehr gut als Formel für individuelle Beratung, die den Leistungsanspruch und das Gewinnen-Wollen des Klienten begrifflich ausdrückt. Coaching ist modern und der Klient ein leistungsbereiter Mitspieler, der sich auf den Wettkampf freut. So – oder so ähnlich – könnte man Coaching auch umschreiben. **Individuelle Beratung mit Leistungsanspruch**

Dieses Bild würde sich dann weit entfernt von der oft propagierten Darstellung des Coachings als Beistand bei beruflichem Leid, bei Burnout, Mobbing (s. Glossar), Stress und Überforderung positionieren. **Weniger Defizitorientierung**

**Heimliche
Seelenmassage?**

Oder ist Coaching gar bewusst der „semantische Flüchtling" (Looss, 1999), das „Chamäleon", welches vorgibt Höchstleistungen anzutrainieren und dann doch im „stillen Kämmerlein" die großen und kleinen Leiden des (beruflichen?) Alltags bearbeitet?

Von all dem wird Einiges richtig sein. Im Bereich der Kernaussagen der Führungskräfte in dieser Untersuchung liegen diese Auffassungen aber nicht. Um Coaching als professionelles Beratungssetting zu etablieren, ist es aus unserer Sicht wichtig, Klarheit und damit auch Kommunizierbarkeit für den Begriff und das Programm „Coaching" zu gewinnen. Kurz gesagt, muss ein potenzieller Kunde/Klient wissen, was Coaching ist. Er muss dieses Produkt, seine Einsatzmöglichkeiten und seinen Nutzen abschätzen können, um es dann bei Gelegenheit einzukaufen.

Unser Anliegen war es, zu dieser Klarheit ein wenig beizutragen, zu schauen, was uns die Literatur zum Thema anbietet und was die (potenziellen) Kunden/Klienten vom Coaching erwarten.

**Coaching-
Definitionen in
der Literatur**

Die Durchsicht der Literatur zeigte verschiedene Darstellungen, Schwerpunkte und Sichtweisen, im Kern waren sich aber alle prominenten Autoren darüber einig, dass Coaching ein

- Personalentwicklungsinstrument ist,

- welches sich an Führungskräfte wendet mit

- dem Ziel der Verbesserung der Arbeitsqualität und welches

- potenzialorientiert individuell arbeitet.

Dabei ist noch nicht geklärt welche Mittel im Einzelnen einzusetzen sind, ob die Schwerpunkte der Entwicklung von Arbeitsqualität und persönlicher Entwicklung primär in der Förderung der Talente oder dem Überwinden von Krisen zu suchen ist und welche Rolle betriebliche Interessen beim Coaching spielen.

**Übereinstim-
mungen in der
Sichtweise**

Sieht man sich die Aussagen der (potenziellen) Kunden/Klienten an, so verbinden viele mit dem Begriff Coaching Begleitung, Beratung, Förderung und Führung. Somit lässt sich eine gewisse Kongruenz (s. Glossar) aus beiden Blickwinkeln auf das gleiche Instrument feststellen.

Über die Art der Potenzialentwicklung gibt es auch erste Aussagen, so wurden für den Bereich der Erfahrungen (Kompetenzen) des Coachs immer wieder Formen sozialer Interaktion genannt.

Ein weiterer Punkt ist der immer wiederkehrende Ausdruck des Souveränitätswunsches des Klienten im Coaching-Prozess, der sich in der Bewertung der Bilder (starke Abwahl des Produzenten und des Controllers) äußert.

Will man diese Ergebnisse zusammenfassen, so kann man – in Ergänzung und Korrektur von Kernaussagen der bisherigen Coaching-Literatur – festhalten, dass der Kunde/Klient den Coach als

Der Coach aus Kunden-/ Klientensicht

- Förderer seiner eigenen beruflichen Wünsche und Leistungen ansieht,

- welcher als Interaktionspartner

- zur Reflexion/Metareflexion und Bearbeitung

- der beruflichen Situation

dient.

In den Fokus beider Darstellungen gerät dann folglich der Coaching-Prozess selbst, wie wird gefördert, geführt, entwickelt und beraten? Ist Coaching eine spezielle Form der Gesprächsführung, der Arbeit mit kreativen Medien, der Soziometrie, des Psychodramas (s. Glossar), systemischer oder analytischer Verfahren? Steht also neben der oft erwähnten Feld- und Fachkompetenz ein zweiter Kompetenzrahmen, der den Coach als Fachmann für Personalentwicklung ausweist?

Was ist der Coaching-Prozess?

Vieles spricht dafür, dass es genau darum geht. Will ein Klient seine berufliche Situation in einem qualitativ hochwertigen Setting bearbeiten, muss der Coach über Fähigkeiten verfügen, die es dem Klienten erlauben, seine eigenen Handlungsweisen zu reflektieren, sein Interaktionspotenzial zu erweitern und es ihm ermöglichen, sich zielorientiert auch durch Krisen zu bewegen. Die Förderung des Erwerbs dieser Fähigkeiten ist Aufgabe des Coaching-Prozesses.

Reflexion, Potenzialerweiterung, zielorientiertes Handeln

Für die Professionalisierung des Coachings bedeutet dies, dass grundlegende Kenntnisse in den Bereichen des

Notwendige Kenntnisse des Coachs

- mehrperspektivischen Verstehens von Handlung,

- der Kommunikation,

- sozialen Interaktion,

- der Reflexion/Metareflexion und des

- Wissens um organisatorische Zusammenhänge

notwendig sind, um eine Entwicklung von Interaktionspotenzialen in Gang zu setzen. Dies kann dann eine bindende Klammer sein, die als Qualitätsrahmen den Standard von Coaching branchenübergreifend darstellt.

Da die Gesellschaft und ihre Teilsysteme – so auch das Produktionssystem Wirtschaft – immer komplexer wird, ist anzunehmen, dass zukünftig neben den Allroundern zunehmend dann auch Spezialisten ins Feld drän-

Spezialisierung und Professionalisierung

gen, die ihre individuellen Angebote speziell vermarkten. Anzunehmen ist weiterhin, dass Coaching – will es überleben – sich einem größeren Professionalisierungs- und damit auch Formalisierungsdruck gegenüber sieht.

Kühl (2001) hat im Rückgriff auf Petzold (1998) eine Reihe von Aussagen diesbezüglich für den OE-Markt getroffen, die auch für den Coaching-Markt Bedeutung haben könnten.[11]

Etablierung von Standards

Gerade in der Etablierung von Rahmenrichtlinien, Qualitätsstandards und einer einheitlich geregelten Ausbildung – zu einem mehrperspektivischen Methodenrepertoire – kann eine Chance liegen, nicht nur den Begriff mit kongruenten Vorstellungen zu befüllen, sondern eine Professionalisierung in Gang zu setzen, die Fachlichkeit zu einer Kernaussage des Coachings macht.

8 Abschluss und Ausblick

Unser Anliegen war es, etwas über die Vorstellungen (potenzieller) Kunden/Klienten von dem Begriff „Coaching" in Erfahrung zu bringen. Hierzu befragten wir in drei Phasen insgesamt 174 Führungskräfte aus verschiedenen Branchen.

In einer zusammenfassenden Darstellung der Ergebnisse kann man folgende Begriffsumschreibung für „Coaching" anbieten:

Coaching ist ein PE-Instrument für Führungs- und Fachkräfte

Coaching ist ein Personalentwicklungsinstrument für Führungs- und qualifizierte Fachkräfte, welches im Rahmen des beruflichen Kontextes eine intensive und in der Passung stimmige Potenzialentwicklung in Kommunikations-, Interaktions- und Entscheidungsprozessen anbietet. Dies geschieht in Reflexions-/Metareflexionsprozessen, die kooperativ gestaltet und deren Ziele gemeinsam vereinbart werden und deren Vorge-

---

[11] Kühl (2001, S. 7):
  1. *Tätigkeit wird zu einer Vollzeitbeschäftigung*
  2. *Etablierung von Trainings- und Ausbildungseinrichtungen mit standardisierten oder teilstandardisierten Ausbildungsgängen*
  3. *Weiterentwicklung der wissenschaftlichen Grundlagen an eigenen Universitätslehrstühlen mit integrierter Ausbildung und Forschung*
  4. *Herausgabe eigener Fachzeitschriften*
  5. *Bildung lokaler berufsspezifischer Zusammenschlüsse*
  6. *Gründung nationaler und internationaler Berufsverbände*
  7. *Tätigkeit wird als Beruf staatlich anerkannt und der Zugang zum Beruf von den Berufsverbänden kontrolliert*
  8. *Ausbildung eines formalen Ethik-Code*

hen methodisch fundiert auf mehrperspektivischem[12] Wissen der Sozial-psychologie und der Organisationswissenschaften beruht.

Ein Grund für die steigende Nachfrage nach Coaching ist u.E. in der rasanten Entwicklung der globalisierten Weltwirtschaft zu sehen, die sich in akzellerierten Innovationszyklen äußert. So wird sich Coaching als bedarfs- und nutzenorientiertes Angebot im Markt weiter etablieren und profilieren, weil es eine individuell zugeschnittene Unterstützung bietet, die in fundierter Form Reflexivität im Sinne einer Koreflexivität mit einem Diskurspartner anbietet. Damit einhergehend werden wohl die bisher angebotenen rezeptartigen Managementtechniken und –methoden (-Seminare) zunehmend an Bedeutung verlieren.[13]

Coaching wird sich weiter profilieren

Vorausblickend kann man sagen, dass sich das Coaching weg vom alleinigen Bild des durch charismatische Wegbereiter weitergegebenen „Geheimwissens" um Karriere, hin zu einem methodisch fundierten Instrument der Personalentwicklung bewegen wird, welches den Klienten in Kommunikations-, Interaktions- und Entscheidungsprozessen kontext- und zielorientiert unterstützt, neue, eigene Lösungen zu finden.

Coaching wird methodisch fundierter

Literatur

Böning, U. (1989). Coaching. Zur Rezeption eines Führungsinstrumentes, in *Personalentwicklung* 12/1989, S. 1149–1151.

Böning, U. (2000). Coaching: Der Siegeszug eines Personalentwicklungs-Instrumentes, in Ch. Rauen (Hrsg.), *Handbuch Coaching*. Göttingen: Verlag für Angewandte Psychologie.

Fatzer, G. (Hrsg.). (1999). *Qualität und Leistung von Beratung: Supervision, Coaching, Organisationsentwicklung*. Köln: Edition Humanistische Psychologie.

Fuchs, M. (2000). *Coaching als Instrument zur Integration der Human Resources bei Mergers & Aquisitions*. Dissertationsschrift der European Business School, Schloß Reichartshausen.

Geissler, J. & Günther, J. (1986). Coaching: Psychologische Hilfe am wirksamsten Punkt. *Blick durch die Wirtschaft*, 53, 17.03.86, S. 3.

Gottschall, D. (1989). Ein Partner für alle Fälle. *Manager Magazin*, 2, S. 116–121.

Hilb, M. (1999). *Integriertes Personalmanagement*. Neuwied: Luchterhand.

Hilmer, F. G. (1997). *Jenseits der Managementmythen*. Landsberg/Lech: Verlag Moderne Industrie.

---

[12] An dieser Stelle bietet sich das Modell der Integrativen Supervision mit den Gedanken der Mehrperspektivität als Leitorientierung an (Petzold, 1998, S. 135f.).

[13] Hilmer schreibt hierzu (1997, S. 223f.): „*Gutes Management ist zu komplex, als dass es in ein vorgefertigtes Programm oder in eine Universalrezeptur gepresst werden könnte... Der Manager muß daher primär daran interessiert sein; Einzigartigkeit zu schaffen und zu erhalten... Aber Einzigartigkeit resultiert nicht aus der Anwendung von Techniken, als wären sie Kochrezepte für gutes Management.*"

Holtbernd, T. & Kochanek, B. (1999). *Coaching: Die zehn Schritte der erfolgreichen Managementbegleitung.* Köln: Wirtschaftsverlag Bachem.

Kühl, S. (2001). Organisationsentwicklung – der gescheiterte Versuch, aus ihr eine Profession zu machen. *Organisationsentwicklung*, 1/2001, S. 4–19.

Lippitt, G. & Lippitt, R. (1995). *Beratung als Prozeß. Was Berater und ihre Kunden wissen sollten.* Leonberg: Rosenberg.

Looss, W. (1986). Partner in dünner Luft. *Manager Magazin*, 8, S. 136–140.

Looss, W. (1999). Qualitätsentwicklung beim Einsatz von Coaching: In G. Fatzer (Hrsg.), *Qualität und Leistung von Beratung. Supervision, Coaching, Organisationsentwicklung.* (S. 105–132). Köln: Edition Humanistische Psychologie.

Mertens, U. & Visbeck, G. (2000). Biografien von Coacherinnen. Bewusste und unbewusste Aspekte der Berufslaufbahnentwicklung. *OSC* 01/00, S. 81–94.

Moscovici, S. (2001). *Social Representations. Explorations in Social Psychology*, New York: New York University Press.

Petzold, H.G. (1998). *Integrative Supervision, Meta-Consulting & Organisationsentwicklung. Modelle und Methoden reflexiver Praxis.* Paderborn: Junfermann.

Rauen, Ch. (Hrsg.). (2000). *Handbuch Coaching.* Göttingen: Verlag für Angewandte Psychologie.

Rauen, Ch. (2001). *Coaching. Innovative Konzepte im Vergleich.* Göttingen: Verlag für Angewandte Psychologie.

Rückle, H. (2000). *Coaching. So spornen Manager sich und andere zu Spitzenleistungen an.* Landsberg/Lech: Verlag Moderne Industrie.

Schreyögg, A. (1996). *Coaching. Eine Einführung für Praxis und Ausbildung.* Frankfurt/M.: Campus.

Schreyögg, A. (2001). Was ist beim Frauencoaching zu bedenken? Einige Thesen. *OSC*, 2/01, S. 135–141.

Sievers, B. (1991). Mitarbeiter sind keine Olympioniken. Organisatorische Rollenberatung statt Coaching. *Personalführung*, 4, S. 272–274.

Stroebe, W., Hewstone, M. & Stephenson, G. (1997). *Sozialpsychologie. Eine Einführung.* Berlin: Springer.

Thönneßen, J. (1999). Mitarbeiter beurteilen ihre Chefs – das Beispiel Bayer,. *Harvard Business Manager*, 5/1999.

Trebesch, K. (Hrsg.). (2000). *Organisationsentwicklung: Konzepte, Strategien, Fallstudien.* Stuttgart: Klett-Cotta.

Vogelauer, W. (2000). *Methoden-ABC im Coaching. Praktisches Handwerkszeug für den erfolgreichen Coach.* Neuwied: Luchterhand.

Waldroop, J. & Butler, T (2001). Leistungsstars mit schwierigen Charakter. *Harvard Business Manager*, 2/2001, S. 99–110.

Whitmore, J. (1995). *Coaching für die Praxis – Eine klare, prägnante und praktische Anleitung für Manager, Trainer, Eltern und Gruppenleiter.* Frankfurt/M.: Campus.

Varianten des Coachings im Personalentwicklungsbereich

Christopher Rauen

1 Coaching oder nicht Coaching?

Auf Grund der verwirrenden Vielfalt von Coaching-Begriffen sollte zunächst unterschieden werden, ob es sich bei der jeweiligen dahinterliegenden Begriffsbedeutung um eine reelle Variante des Coachings handelt oder nicht. Im Einzelfall kann der Versuch einer Unterscheidung schwierig sein. Als Grundlage für derartige Entscheidungen werden im Folgenden bekannte und fundierte Varianten und Definitionen vorgestellt.

Mehrere Arten von Coaching

Generell können die vorhandenen Begriffe wie folgt eingeteilt werden:[1]

- Lediglich „umetikettierte", klassische Beratungs- bzw. Trainingsmaßnahmen. Unter einer neuen Bezeichnung werden hier bekannte Verfahren neu vermarktet. Darauf beruht teilweise auch der Ruf des Coachings als „alter Wein in neuen Schläuchen".

- Dubiose „Neuentwicklungen", die oftmals nur ein Sammelsurium aus nahezu beliebig zusammengesuchten Techniken darstellen und kein schlüssiges Konzept aufweisen können.

- Bekannte und etablierte Coaching-Maßnahmen. Diese haben auf Grund zahlreicher populärer Veröffentlichungen die eigentliche Bekanntheit des Coachings begründet (s. Kapitel 1).

- Innovative Coaching-Maßnahmen, die hinsichtlich ihres Hintergrunds und Konzepts einerseits zum Coaching zu zählen sind, andererseits aber Neu- bzw. Weiterentwicklungen darstellen (z.B. Coaching-Maßnahmen für bestimmte Zielgruppen oder Themen).

---

[1] Hier ist natürlich der Modellcharakter derartiger Einteilungen zu berücksichtigen, d.h. in der Praxis existieren zahlreiche „Zwischenstufen".

Die Varianten, die den letzten beiden Einteilungen zugeordnet werden können, sollten als ernsthafte Formen des Coachings angesehen werden.

2   Definition

Prozessberatung auf der persönlichen Ebene

Unter dem Begriff „Coaching" kann eine Kombination aus individueller, unterstützender Problembewältigung und persönlicher Beratung auf Prozessebene für unterschiedliche berufliche und private Anliegen verstanden werden. Ein Grundziel des Coachings ist – hier besteht allgemein ein breiter Konsens – die Hilfe zur Selbsthilfe und zur Selbstverantwortung.[2] Somit muss (und kann) der Coach[3] nicht für seine Aufgabe allwissend sein. Letztendlich muss die Problembewältigung vom Klienten selbst geleistet werden. Der Coach versucht dabei, Prozesse so zu steuern, dass sich die Ressourcen des Gecoachten bestmöglich entwickeln, damit neue Wahlmöglichkeiten erkannt und genutzt werden können. Ziel eines Coaching-Prozesses ist somit immer, Wahrnehmung, Erleben und Verhalten des Gecoachten zu verbessern bzw. zu erweitern.[4]

Hilfe zur Selbsthilfe

Beziehung zum Gecoachten

Der Coach arbeitet im gesamten Prozess transparent und im Rahmen zuvor vereinbarter „Spielregeln", die der Gecoachte – wie das gesamte Coaching – freiwillig akzeptiert. Grundlage der Beratung ist die auf Vertrauen basierende, persönliche Beziehung zu dem oder den Gecoachten.

Interaktive Zusammenarbeit

Coaching ist kein einseitiger, nur vom Coach ausgehender Prozess, sondern hat einen interaktiven Verlauf. Der Coach greift nicht aktiv in das Geschehen ein, in dem er dem Gecoachten eine Aufgabe abnimmt; sondern er berät ihn, wie diese effektiv(er) zu lösen ist. Dabei darf der Coach auf keinen Fall dem Gecoachten seine eigenen Ideen und Meinungen aufdrängen, sondern sollte stets eine unabhängige Position einnehmen (vgl. Looss, 1997; Rückle, 2000; Doppler, 1992).

Der Klient ist kein „Coachee"

Wie aus dieser Beschreibung hervorgeht, agiert im Coaching-Prozess nicht allein der Coach. Daher wird von Looss (1991, S. 93) auch von der Verwendung der Bezeichnung „Coachee"[5] (s. Glossar) abgeraten, da diese wie z.B. das Begriffspaar „Trainer – Trainee" ein Beziehungsgefälle impliziert, in welchem ein Coach den aktiven Part verkörpert und eine Tätigkeit am Coachee vollzieht. Dieser einsichtigen Überlegung folgend

---

[2] Vgl. Böning, 1990; Jung, 1991, S. 139; Czichos, 1991, S. 67; Rückle, 1992, S. 70; Leigers & Weikert, 1993, S. 24; Brinkmann, 1994, S. 5; Bayer, 1995, S. 93.

[3] Gemeint sind hier stets männliche und weibliche Coachs, da bisher keine überzeugende Lösung für eine geschlechtspezifische Bezeichnung dieses Begriffs vorhanden ist.

[4] Dient ein Coaching vornehmlich der Prävention, so kann bereits das Aufrechterhalten der entsprechenden Fähigkeiten das gewünschte Ziel darstellen.

[5] Vgl. Hauser, 1991; Domsch, 1993b; Brinkmann, 1994; Zimmermann, 2000.

wird daher im weiteren generell der Begriff „Klient" bzw. die Bezeichnung „Gecoachter"[6] verwendet.

Zusammengefasst kann der Begriff „Coaching" anhand der folgenden Charakteristika definiert werden:

Charakteristika

- Coaching ist ein *interaktiver, personenzentrierter Beratungs- und Betreuungsprozess*, der berufliche und private Inhalte umfassen kann (individuelle Beratung auf der Prozessebene).

  Prozessorientierung

- Coaching findet auf der Basis einer tragfähigen und durch *gegenseitige Akzeptanz* und *Vertrauen* gekennzeichneten, *freiwillig* gewünschten *Beratungsbeziehung* statt.

  Beziehungsbasis

- Coaching zielt immer auf eine (auch präventive) Förderung von *Selbstreflexion* (s. Glossar) und *-wahrnehmung, Bewusstsein* und *Verantwortung*, um so Hilfe zur Selbsthilfe zu geben.

  Implizite Ziele

- Coaching arbeitet mit *transparenten Interventionen* und erlaubt keine manipulativen Techniken, da ein derartiges Vorgehen der Förderung von Bewusstsein prinzipiell entgegenstehen würde.

  Transparenz

- Coaching setzt ein ausgearbeitetes *Coaching-Konzept* voraus, welches das Vorgehen des Coachs erklärt und festlegt, welche Interventionen und Methoden der Coach verwendet, wie angestrebte Prozesse ablaufen können und welche Wirkzusammenhänge zu berücksichtigen sind. Zudem sollte das Konzept dem Gecoachten soweit transparent gemacht werden, dass Manipulationen ausgeschlossen werden können.

  Konzept

- Coaching findet in *mehreren Sitzungen* statt und ist *zeitlich begrenzt*.

  Dauer

- Coaching richtet sich an eine *bestimmte Person* [Gruppen-Coaching: für eine *genau definierte Gruppe* von Personen] mit Führungsverantwortung und/oder Managementaufgaben.

  Zielgruppe

- Coaching wird praktiziert durch Beraterinnen und Berater mit *psychologischen und betriebswirtschaftlichen Kenntnissen* sowie *praktischer Erfahrung* bezüglich der Anliegen des oder der Gecoachten (um die Situation fundiert einschätzen und qualifiziert beraten zu können).

  Qualifikation

Ziel ist immer die (Wieder-)Herstellung und/oder Verbesserung der *Selbstregulationsfähigkeiten* des Gecoachten, d.h. der Coach soll sein Gegenüber derart beraten bzw. fördern, dass der Coach letztendlich nicht mehr benötigt wird.

Ein Coach macht sich überflüssig

---

[6] Auch dieser Begriff ist auf Grund seiner implizierten Passivität („derjenige, der gecoacht wird") nicht optimal. Beim organisationsinternen Coaching wären aber Begriffe wie „Klient" oder „Kunde" unangebracht.

3   Etablierte Coaching-Varianten

**Art und
Herkunft der
Coachs**

Bei den etablierten Varianten des Coachings[7] lassen sich bezüglich Art und Herkunft der Coachs und der Anzahl und Anliegen der Klienten mehrere Formen unterscheiden. Als Coachs fungieren i.d.R. drei Personengruppen:

- Selbstständige oder in einer Unternehmensberatung angestellte Berater, die meist hauptberuflich als Coach für verschiedene Organisationen arbeiten („organisationsexterne Coachs").

- In einer Organisation fest angestellte Stabs-Coachs (s. Glossar), die sich auf diese Aufgabe spezialisiert haben und ebenfalls hauptberuflich coachen.

- Vorgesetzte, deren Coaching-Aufgaben Teil ihrer Führungsfunktion sind und daher nur einen Teil ihrer Tätigkeit ausmachen. Ihre „Klientel" ist i.d.R. auf die ihnen unterstellten Mitarbeiter beschränkt. Diese Vorgesetzten werden auch als „Linien-Coach" bezeichnet.

Bedingt durch die Zugehörigkeit zu der Organisation, in der sie coachen, sind die letzten beiden Personengruppen zu den organisationsinternen Coachs zu zählen.

**Coaching-
Settings**

Abhängig von dem bzw. den Klienten und der Auftragstellung finden sich folgende Settings, innerhalb derer ein Coaching möglich ist:

- Einzel-Coaching: Hier wird eine Person durch einen Coach beraten. Der Coach kann dabei aus den oberen drei Personengruppen stammen. Typische Klienten sind i.d.R. Personen mit Führungsverantwortung und Managementaufgaben, sowie Selbstständige. Beim Einzel-Coaching als Führungsaufgabe („Vorgesetzten-Coaching") werden Mitarbeiter von ihrem Vorgesetzten entwicklungsorientiert geführt. Themen und Inhalte sind durch die vorgegebene, i.d.R. starre Rollenverteilung stark eingeschränkt.[8]

- Gruppen-Coaching bedeutet, dass sich der Coaching-Prozess auf eine Gruppe von Personen bezieht, die in keinem bestimmten Funktionszusammenhang stehen müssen.

---

[7] „Das Coaching" gibt es nicht, es ist als Überbegriff für verschiedene Varianten zu verstehen, die durch die Art des Beraters, die Anzahl und ggf. Zusammensetzung der Klienten und deren Anliegen bestimmt werden (s. Rauen 2001).

[8] Oft wird – fälschlicherweise – unter dem Begriff „Einzel-Coaching" ausschließlich Coaching für hochrangige Manager durch einen organisationsexternen Coach verstanden („Manager-Coaching"). Entsprechendes gilt für die Begriffe „Single-Coaching" und „Individual-Coaching".

- Das Team-Coaching (teilweise auch „System-Coaching" genannt) ist ein Spezialfall des Gruppen-Coachings. Hier wird eine bestimmte in einem Funktions- oder Systemzusammenhang stehende Gruppe von Personen (z.B. eine komplette Führungsetage oder Abteilung) – meist in ihrem verhaltensrelevanten Umfeld – gecoacht.

- Das Projekt-Coaching ist wiederum ein Spezialfall des Team-Coachings. Hier helfen Coachs bei der Durchführung von Projekten und arbeiten oft mit mehreren in einen Funktionszusammenhang stehenden Personen zusammen. Dies kann in Form von Einzel- und Gruppen-Coaching geschehen und ist von dem jeweiligen Projekt und den Anforderungen der Projekt-Mitglieder abhängig. Daher werden im Rahmen vom Projekt-Coaching auch verschiedene Settings kombiniert, z.B. Coaching-Maßnahmen die in Zusammenarbeit von externen und internen Spezialisten konzipiert und durchgeführt werden.

Die verschiedenen Arten von Coachs und die möglichen Settings sind nicht unabhängig voneinander. Bestimmte Kombinationen sind nicht **Kombinationen** sinnvoll bzw. werden nicht praktiziert. In der Tendenz lässt sich erkennen, dass ranghöhere Zielgruppen eher von externen bzw. unabhängigen Coachs beraten werden (s. Tabelle 1).

Setting ／ Art des Coachs	Einzel-Coaching	Gruppen–Coaching
Externer Coach	Verbreitete und etablierte Variante, z.B. als Coaching für (Top-)Führungskräfte oder Freiberufler	Verbreitete und etablierte Variante für die Zusammenarbeit von Gruppen, z.B. als begleitende Maßnahme bei Teamentwicklungsprozessen
Interner Stabs-Coach	Beliebter werdende Variante der internen Personalentwicklung für Führungskräfte der mittleren bis unteren Ebene	Sich weiterentwickelnde Variante, da hier z.B. interne und externe Coachs zusammenarbeiten, insbesondere bei größeren oder vielen Gruppen.
Vorgesetzter als Coach (Linien-Coach)	Ursprüngliche Variante, als Teil der entwicklungsorientierten Führungsaufgabe kommen nur rangniedere Mitarbeiter als Zielgruppe in Frage	Gehört i.d.R. nicht zu den Aufgaben einer Führungskraft, da es die Kompetenz und den Zeitrahmen übersteigt.

Tabelle 1: Art des Coachs und mögliche Settings

Funktionen von Coaching

Führungskräften fehlt Feedback

Dass Führungskräfte Coaching in Anspruch nehmen, wird insbesondere dann verständlich, wenn man sich die Situation so mancher hochrangiger Entscheidungsträger bewusst macht: Bei Schwierigkeiten jeder Art – und auch bei privaten Sorgen – sind sie meist von in die Problematik involvierten Mitarbeitern, konkurrierenden Kollegen und Erfolg erwartenden Vorgesetzen umgeben (vgl. Looss, 1991, S. 74ff.). Sie stehen daher unter Druck und bekommen selten eine realistische Rückmeldung ihres eigenen Verhaltens (Feedback, s. Glossar). Ein notwendiger, offener Austausch mit anderen Personen ist oftmals kaum noch gegeben. Ehepartner und Freunde sind meist überfordert, da ihnen für eine kompetente Beratung das betrieb(swirtschaft)liche und psychologische Fachwissen fehlen (vgl. Lamparter, 1988, S. 105; Baisch, 1989, S. 36; Deneke, 1989; Kuhlmann, 1989). Hinzu kommt, dass insbesondere der Ehepartner „geschont" werden soll und somit über das eigentliche Ausmaß der eigenen Probleme nicht informiert wird – im Gegenteil: Schnell kommt die Gefahr auf, hier nur noch eine Rolle zu spielen.

Misstrauen und Angst

Selbst wenn sich im privaten Umkreis urteilsfähige Gesprächspartner finden, wird deren Meinung kaum konstruktiv aufgenommen: Kritik wird als persönliche Beleidigung missverstanden, Lob als nicht ernst zu nehmende Schmeichelei abgetan (Baisch, 1988). Hinzu kommt als weiterer Hemmfaktor für klärende Gespräche die Angst, vor Kollegen, Freunden und Bekannten Schwächen einzugestehen oder „das Gesicht zu verlieren", weil man seine Aufgaben nicht mehr allein lösen kann (vgl. Hauser, 1991; Schreyögg, 1995).

Keine Offenheit in Gruppen

Ritualisierte Seminare

Gruppenveranstaltungen wie Seminare oder Diskussionen bieten in diesen Fällen keine echte Alternative, da hier i.d.R. nicht auf *individuelle* Bedürfnisse tiefer eingegangen und keinerlei Diskretion gewährleistet werden kann. Oft finden Weiterbildungsveranstaltungen – auch die organisationsinternen – nur noch in Form von Ritualen statt, in denen den anderen Teilnehmern die eigene Überlegenheit präsentiert werden soll (vgl. Looss, 1986). Auch in den von Top-Managern beliebten externen Seminaren werden i.d.R. nur sachlich-fachliche und keine persönlichen Themen behandelt (vgl. Böning, 1994).

Unrealistische Selbstbilder werden entzerrt

Als Folge dieser Isolation, des fehlenden Feedbacks und mangelnder Gesprächsmöglichkeiten kommt es zu Verzerrungen der eigenen (Selbst-)Wahrnehmung, die in einem unrealistischen Selbstbild und „Betriebsblindheit" (s. Glossar) münden. Aufgabe des Coachs ist es, dem entgegenzuwirken: Als unvoreingenommener und neutraler „sozialer Spiegel" gibt er dem Klienten ein fundiertes Feedback und verbessert so Selbstreflexion und -management (vgl. Lemmer 1988; Heibutzki, 1989; Felderer, 1990; Weber, 1990; Hauser, 1991; Jung, 1991; Rückle, 1992).

Einsamkeit und mangelndes Feedback beschränkt sich aber nicht auf das Top-Management: Nahezu alle Führungskräfte kennen Gefühle der Isolation und Abkapselung. Auch Freiberufler, die in keine feste Organisation eingebunden sind, können eine „Freiberufler-Blindheit" (Schreyögg, 1995) entwickeln. Somit kann festgehalten werden, dass Personen mit Managementaufgaben zur Zielgruppe des Coachings zu zählen sind.

Vielen Personen fehlt Feedback

Es muss jedoch berücksichtigt werden, dass nicht jeder Ausgangspunkt für ein Coaching in einem akuten Problem begründet sein muss. Coaching dient nicht nur der Lösung von Krisen, sondern auch deren Prävention sowie der (weiteren) Verbesserung von unproblematischen Zuständen und der individuellen Leistungsfähigkeit.

Coaching zur Prävention

Unabhängig von der Ausgangslage sollte der Coach stets beachten, dass er nicht die Probleme des Klienten direkt löst, sondern ihm hilft, seine Probleme selbst zu lösen.[9] Als *Prozessberater*[10] unterstützt der Coach die systematische Klärung von Prozessen – ein Vorhaben, dass vom Klienten allein nur unzureichend bewältigt werden kann. Bei Führungskräften ist i.d.R. schon aus Zeitnot eine derartige Aufarbeitung schwer möglich (vgl. Czichos, 1991, S. 61). Dies bedeutet nicht, dass jegliches Selbstmanagement sinnlos ist, sondern dass es immer Situationen gibt, in denen fundierte Hilfe angeraten ist – z.B. wenn aufgeschobene Probleme durch ein Coaching endlich angegangen und bewältigt werden sollen. Durch seine andere Perspektive kann der Coach „blinde Flecken" des Klienten erkennen und ansprechen. Das daraus resultierende Feedback kann bereits der Ausgangspunkt für erste Lösungsansätze sein.

Hilfe zur Selbsthilfe

Blinde Flecken erkennen

Der Coach sollte dabei beachten, dass es stets um die Förderung von Selbstreflexion und –management des Klienten geht, was ein transparentes Vorgehen im Coaching voraussetzt. Ziel ist nicht, den Klienten an das Coaching zu gewöhnen, sondern sich in letzter Konsequenz überflüssig zu machen.

Überflüssig werden

Das Coaching dient daher nicht nur der Bearbeitung sichtbarer Probleme, sondern auch zur Lösung der zum Problem führenden Prozesse. Diese werden im Coaching – oft erstmalig – aufgedeckt. Erst dies sichert den Anspruch eines Coachings, echte Hilfe zur Selbsthilfe zu leisten. Ansonsten ist es nur eine Frage der Zeit, bis Probleme erneut auftauchen, weil sie von dem Klienten oder der Organisation weder in der Ursache erkannt noch in der Auswirkung gelöst werden können.

Ursachen identifizieren

---

[9] Bei schweren Problemen, die therapeutische Hilfe erfordern, ist ein Coaching nicht angeraten. Coaching-Maßnahmen erfordern immer die Fähigkeit des Klienten, sich noch selbst helfen zu können – wenn auch unter Mithilfe des Coachs.

[10] Der Coach kann genau genommen nicht lehren oder direkt beraten, sondern muss Bedingungen schaffen, die seinen Klienten veranlassen, selbst die erforderlichen Entscheidungen zu treffen und Handlungen einzuleiten (Looss, 1986, S. 139).

4 Coaching durch den organisationsexternen Coach

Externer Experte

Unter dem Coaching durch den organisationsexternen Coach können die Maßnahmen zusammengefasst werden, die von externen Coachs durchgeführt werden. Dabei ist es möglich, dass ein Klient einen Coach rein privat engagiert, ohne dass andere Personen davon wissen bzw. wissen sollen. Natürlich können organisationsexterne Coachs auch ganz offiziell als von außen hinzugezogene Experten für organisations*interne* Coaching-Maßnahmen, z.B. zur Unterstützung laufender Personalentwicklungsprogramme, tätig werden (vgl. Schreyögg, 1995, S. 204ff.). Innerhalb solcher Maßnahmen ist auch eine Zusammenarbeit von internen und externen Beratern möglich und sinnvoll.

Intensive Beratungs- beziehung

Spezialisierung

Ein Vorteil des organisationsexternen Coachs ist insbesondere die Möglichkeit, eine sehr intensive Beratungsbeziehung zu hohen Führungskräften aufbauen zu können. Da der externe Coach mit keiner festen Rolle „vorbelastet" ist, stehen ihm im Vergleich zu seinen organisationsinternen Kollegen bei seiner Arbeit die meisten formalen Settings zur Verfügung; d.h. neben Einzel-Coaching auch die diversen Varianten des Gruppen-Coachings und mögliche Mischformen. Allerdings sind organisationsexterne Coachs teilweise auf bestimmte Settings und Themen spezialisiert. Dies schränkt zwar ihren Einsatzbereich ein, verbessert aber die Beratungsqualität bei entsprechenden Anliegen des Klienten.

Sichtweisen von außen

Ein weiterer Vorteil ist die durch die externe Herkunft eines Coachs bedingte andere Sichtweise verschiedener (Problem-)Zusammenhänge. Da die „blinden Flecken" des Coachs nicht an den gleichen Stellen liegen sollten, wie bei dem Klienten, können im Dialog von Coach und Klient neue Einsichten gewonnen werden. Zudem bringt der Coach als Außenstehender neue Ideen mit in die Organisation bzw. die Lebenswelt des Klienten ein. Und nicht zuletzt ist der externe Coach eher geeignet, neutral zu bleiben, da er i.d.R. ausschließlich den Interessen des Klienten verpflichtet ist bzw. sein muss. Ist dies dem Klienten bewusst, so wirkt diese Haltung des Beraters vertrauensbildend und ermöglicht eine größere Offenheit des Klienten, was für eine fundierte Beratung unerlässlich ist.

Coaching nur durch externe Berater?

Auf Grund der dargestellten Vorteile von organisationsexternen Coachs gab und gibt es Diskussion, ob Coaching-Maßnahmen prinzipiell *ausschließlich* von organisationsexternen Beratern durchgeführt werden können bzw. sollten. Hauptargumente dafür sind die Faktoren Unabhängigkeit, Diskretion und Vertrauen (z.B. Geissler & Günther 1986). Im Widerspruch dazu sollte jedoch berücksichtigt werden, dass die ursprüngliche Bedeutung des Coachings ein entwicklungsorientiertes Führen von Mitarbeitern durch ihren Vorgesetzten gewesen ist. Außerdem haben sich Stabs-Coachs mit ihrem Wissen über organisationsspezifische Abläufe als interne Berater bewährt. In der interne Berater bewährt. In der Praxis stellt sich daher nicht mehr die Frage, ob auch interne Berater Coachs sein können. Ob ein interner oder externer Coach in Anspruch genommen wird, orientiert sich vielmehr an verschiedenen Ausgangssituationen und Zielsetzungen.[11] So ist ein organisationsexterner Coach vor allem dann zu bevorzugen, wenn auf die Geheimhaltung und die Intimität besonderer Wert gelegt wird und wenn innovative Effekte erreicht werden sollen, die organisationsintern zunächst zu unüblich wären. Der organisationsinterne Coach wiederum hat seine Stärken in der genauen Kenntnis der organisationalen Gegebenheiten, die bei der Bearbeitung von Problemen hilfreich sein können (Schreyögg 1995, S. 190f.).

Vor- und Nachteile interner und externer Coachs

5 Internes Coaching im Rahmen organisationaler Personalentwicklung

Wie bereits oben dargestellt lassen sich beim organisationsinternen Coaching in Abhängigkeit von der Art des Coachs zwei Coaching-Varianten unterscheiden: zum einen das Coaching von Mitarbeitern durch den (Linien-)Vorgesetzten im Rahmen seiner Führungsaufgaben. Zum anderen finden sich komplexere Coaching-Maßnahmen, die von einem fest angestellten (Stabs-)Coach durchgeführt werden. Wie beim Coaching durch organisationsexterne Coachs kommen hier verschiedene Varianten von Einzel- und Gruppen-Coaching zum Einsatz. Der interne Coach ist somit vielseitiger als der coachende Vorgesetzte (vgl. Hauser 1991, S. 222ff.).

Linien- und Stabs-Coachs

Feste Rollen beschränken die Möglichkeiten

Dennoch sind auch seine Möglichkeiten, vertrauliche Beziehungen herzustellen, eingeschränkt: Dem „Klienten" ist ja bewusst, dass der Coach Angestellter der Organisation ist, was ggf. Zweifel an seiner Neutralität (s. Glossar) – und somit Misstrauen – aufkommen lässt. Da die Beziehung zum Gecoachten eine wesentliche Grundlage des Coaching-Prozesses darstellt, liegen die Maßnahmenschwerpunkte beim organisationsinternen Coaching prinzipiell auf einer anderen Ebene: Es überwiegen fachlich orientierte Lernpartnerschaften, in denen größtenteils junge Führungskräfte – z.B. im Rahmen von Projekten –betreut und gefördert werden (vgl. Sattelberger in Hohr 1989, S. 1170).

Zweifel des „Klienten"

Generell ist die Zielgruppe organisationsinterner Coaching-Maßnahmen im mittleren und unteren Führungsbereich anzusiedeln. Hohe Führungskräfte empfinden einen angestellten Stabs-Coach eher selten als gleichgestellten Partner, von dem sie eine Beratung akzeptieren. Die Linien-

Eingeschränkte Zielgruppe

---

[11] Bei Anlässen, die einen großen Beratungsaufwand erwarten lassen, entscheiden sich Organisationen zunehmend für beide Formen der Beratung. Durch die Zusammenarbeit von internen und externen Spezialisten sollen deren jeweiligen Stärken genutzt werden.

Vorgesetzen coachen generell „nach unten", so dass auch von ihnen nur mittlere bis untere Führungskräfte beraten werden können (Looss, 1991, S. 39; Böning, 1990, S. 22).

Anforderungen an die Personalkultur

Im Gegensatz zu einzelnen bzw. isolierten Maßnahmen von externen Coachs stellen die organisationsinternen Varianten hohe Anforderungen an die Personalkultur für einen guten Start und den langfristigen Erfolg eines internen Coaching-Programms. Bei umfassenden Projekten, z.B. internem Coaching im Rahmen von Personalentwicklungsmaßnahmen, sind Informationsveranstaltungen über Sinn und Zweck des Coachings für alle beteiligten Mitarbeiter unerlässlich. Wird dies versäumt, so ist mit einer mangelnden Akzeptanz zu rechnen, da z.B. die Gefahr besteht, dass das

Coaching als Stigma

Coaching als „Nachhilfe für Leistungsschwache" stigmatisiert wird. Vielmehr sollte den Mitarbeitern vermittelt werden, dass Coaching eine Maßnahme zur Leistungssteigerung darstellt. Als Konsequenz daraus sollten Coaching-Maßnahmen nicht nur „hilfsbedürftigen" Mitarbeitern offenstehen, sondern generell und freiwillig von den Mitarbeitern genutzt werden. Dies geschieht nicht von allein, dafür sollte aktiv *geworben* werden – z.B. schon während der Informationsveranstaltungen.[12]

Keine Leistungsbeurteilung

Weiterhin muss davor gewarnt werden, Beurteilungsgespräche und Coaching zusammenzulegen, um Zeit zu sparen. Dies kann nicht funktionieren, da so die notwendige Offenheit unmöglich gemacht wird: Der Mitarbeiter weiß um seine Beurteilung und wird kritische Punkte kaum von sich aus thematisieren. Es sei daher ausdrücklich darauf hingewiesen, dass Coaching keine Leistungsbeurteilung, sondern Beratung ist! Beide Bereiche müssen – auch für die Mitarbeiter deutlich – voneinander getrennt werden. Die Inhalte eines Coachings dürfen nicht zur Beurteilung des Mitarbeiters verwendet werden, denn sie unterliegen selbstverständlich absoluter Diskretion. Jeder Coach muss Offenheit und gegenseitiges Vertrauen glaubhaft vorleben, um als Berater effektiv handeln zu können.

5.1   Der Vorgesetzte als Coach

Führungsaufgaben des Vorgesetzten

Diese häufig „Vorgesetzten-Coaching"[13] genannte Coaching-Variante ist die ursprüngliche und auch heute noch im angloamerikanischen Raum vorherrschende Praxis des Coachings im Managementbereich. Der (meist direkte) Vorgesetzte fungiert als Coach aus der Linie, indem er seine Mitarbeiter im Rahmen eines klar definierten Personalentwicklungskonzepts

---

[12] Hier sei besonders auf die Vorbildfunktion der Führungskräfte hingewiesen, die mit einem Vorleben und der Inanspruchnahme von Coaching positive Zeichen setzen können.

[13] Böning (1989, S. 1151; 1990, S. 22) bezeichnet das Vorgesetzten-Coaching als „Mentoring". Mit dieser Bedeutung hat sich der Begriff „Mentoring" allerdings bisher nicht allgemein durchsetzen können.

zielgerichtet und entwicklungsorientiert führt. Ein häufig gesetzter Schwerpunkt liegt hier in der Führung und Betreuung neu in die Organisation eingetretener (Nachwuchs-)Führungskräfte. Dennoch hat der Vorgesetzte diese Führungsaufgabe generell allen Mitarbeitern gegenüber wahrzunehmen und i.d.R. ist seine Coaching-Funktion auch nicht zeitlich begrenzt (Rückle, 1992, S. 30, S. 50).

Unbegrenzte Betreuung

Der Vorteil bzw. die Notwendigkeit eines Coachings durch Vorgesetzte wird hauptsächlich darin gesehen, dass es zu den Aufgaben der Führungskräfte gehört, bei Problemen ihrer Mitarbeiter unterstützend einzugreifen (Rückle, 1992, S. 23). Die dazu notwendige Beziehung zwischen dem Vorgesetzten und dem gecoachten Mitarbeiter kann als Grundvoraussetzung für jegliche konstruktive Führungsarbeit gesehen werden. Wird diese Beziehung zum Mitarbeiter vernachlässigt, ist weder ein effektives Führen noch ein Coaching möglich. Dadurch wird der Führungskraft einerseits ihre Verantwortung für die Mitarbeiter verdeutlicht und andererseits die Bedeutsamkeit einer tragfähigen Beziehung zu den Mitarbeitern als Grundlage für die Führungsaufgabe hervorgehoben.

Unterstützung der Mitarbeiter

Dennoch wird das Coaching durch den Vorgesetzen sehr kritisch diskutiert und teilweise sogar grundsätzlich abgelehnt. Folgende Einwände werden dabei geltend gemacht:

Kritik

- Das Konzept des Coachings durch den Vorgesetzten stammt aus den USA und kann nicht direkt auf andere Kulturen übertragen werden. Die Beziehung der amerikanischen Vorgesetzten zu ihren Mitarbeitern ist prinzipiell anders als im deutschsprachigen Raum, da dort die Betreuung viel weiter in persönliche Belange hineinreicht, als es in Deutschland – schon bedingt durch die Gesetzeslage – möglich wäre (Looss, 1991, S. 149; vgl. Huck, 1989, S. 419).

Kulturelle Unterschiede

- Hinsichtlich der formalen Anordnung – hier wirkt u.a. das stets vorhandene Beziehungsgefälle – ist diese Variante des Coachings stark eingeschränkt: Komplizierte persönliche Probleme werden kaum bzw. generell nicht thematisiert, die Mitarbeiter werden überwiegend für bestimmte Aufgaben qualifiziert, angeleitet und motiviert, abschließend findet eine rückmeldende Kontrolle statt. Es bleibt fraglich, ob ein solches Vorgehen als Beratung angesehen werden kann.

Starke inhaltliche Beschränkungen

- Die starr vorgegebene Rollenverteilung verursacht Zwänge: Es muss bezweifelt werden, dass der Mitarbeiter ohne Folgen ein Coaching von sich aus beenden kann. Dies stellt die für die Beratungssituation des Coachings notwendige Voraussetzung der Freiwilligkeit praktisch stark in Frage.

Freiwilligkeit

- Die Beschäftigung mit persönlichen Bereichen des Mitarbeiters kann die Arbeitsbeziehung zum Vorgesetzten belasten – hinzu kommen hier

**Offenheit
geht verloren**

ethische und rechtliche Gründe, die das Besprechen derartiger Themenbereiche verbieten. Da aber persönliche Probleme oftmals mit der beruflichen Situation verwoben sind (und umgekehrt), macht ein Auslassen dieser Bereiche eine effektive Beratung ggf. schwer möglich. Selbst das Beraten über fachliche Probleme ist nicht ohne weiteres realisierbar, da es auch Aufgabe des Vorgesetzten ist, den Mitarbeiter zu beurteilen und zu kontrollieren. Somit besteht die Gefahr, dass die Mitarbeiter die für den Prozess notwendige Offenheit vermissen lassen werden. In der Konsequenz kann ein derartiges Vorgehen die Beziehung zum Vorgesetzten eher belasten, da die Mitarbeiter sich unter dem „Deckmantel" der Beratung zusätzlich kontrolliert fühlen (vgl. Looss, 1991, S. 152f.).

**Fachliche
Betreuung**

- Wenn sich die Inhalte eines Coachings durch den Vorgesetzten auf eher einfache fachliche Aspekte beschränken, wäre es hingegen sicherlich durchführbar. In diesem Fall stellt sich aber die berechtigte Frage, ob eine derartige fachliche Betreuung von Mitarbeitern nicht selbstverständlich von jeder Führungskraft erwartet werden kann, ohne dies ausdrücklich „Coaching" zu nennen (Looss, 1991, S. 80, S. 149f.).

Rollenkonflikte

- Oft ist unklar, warum der Vorgesetzte eigentlich zum Coach seiner Mitarbeiter werden soll bzw. welche Ziele mit dem Coaching verfolgt werden. Die – im normalen Rahmen legitime – unternehmenszielorientierte Beeinflussung des Verhaltens der Mitarbeiter ist ja keine Beratung bzw. Coaching. In der Folge kann es hier zu einer Rollenkonfusion beim Vorgesetzten kommen, der sowohl der Organisation als auch dem gecoachten Mitarbeiter verpflichtet ist. Im Zweifelsfall ist die Neutralität des Coachs damit stark gefährdet – ein Umstand, dessen sich die Mitarbeiter natürlich bewusst sind, was eine echte Beratung nahezu unmöglich machen dürfte. Ob derartige Schwierigkeiten

**Reichen die
Kompetenzen?**

durch Kompetenzsteigerungen des Vorgesetzten behoben werden können, sollte bezweifelt werden. Der Aufwand, den der Vorgesetzte mit einer Ausdifferenzierung seiner Beziehung zum Mitarbeiter treiben müsste, um eine echte Beratung zu ermöglichen, wäre wohl zu

**Verweigerung
der Coaching-
Aufgabe**

groß. Als Folge dieser Problematiken sieht Looss (1991, 1997) den Versuch des Vorgesetzten, sich der ungeliebten Aufgabe zu entziehen (z.B. durch „Zeitmangel") oder den thematischen Rahmen des Coachings möglichst so eng zu halten, dass dann kaum noch von einer Beratung gesprochen werden kann.

**Abhängigkeits-
und Beziehungs-
probleme**

- Sogar wenn das Coaching durch den Vorgesetzten diese Probleme erfolgreich löst, kann es langfristig kontraproduktiv wirken: Eine andauernde Beratung kann auch hoch befähigte Mitarbeiter eher abhängig machen, als zum selbstständigen Denken und eigenverantwortlichen Handeln zu motivieren (Schreyögg, 1995, S. 200).

Fazit: Obwohl das entwicklungsorientierte Führen und Beraten durch den Vorgesetzten die ursprüngliche Bedeutung des Begriffs „Coaching" war, hat es sich so weiterentwickelt, dass es gute Gründe gibt, es eher als eine „besonders differenzierte Führungshaltung" (Schreyögg, 1995, S. 199) anzusehen. Im Einzelfall bleibt es der Kompetenz des coachenden Vorgesetzten und den konkreten organisationalen Rahmenbedingungen überlassen, ob von einem Coaching gesprochen werden kann.

Differenziertes Führen

5.2 Der organisationsinterne Coach

Insbesondere in größeren und innovativ ausgerichteten Organisationen hat sich ein internes (Stabs-)Coaching als Alternative zum coachenden Vorgesetzten der Linie etabliert und gewinnt zunehmende Verbreitung. Das Coaching durch Stäbe wird von einem oder mehreren – vorwiegend nur für diese Aufgabe fest angestellten – Coachs durchgeführt. Diese internen Prozessberater ergänzen bzw. unterstützen die weiteren, i.d.R. bereits vorhandenen Personalentwicklungsmaßnahmen. So kann der Stabs-Coach z.B. Einzel-Coachings für Führungskräfte im Rahmen der Qualifizierungsangebote der Personalentwicklung durchführen. Da er seiner Tätigkeit hauptberuflich nachgeht, ist er oft soweit qualifiziert, dass er nicht nur auf Einzel-Coaching festgelegt ist, sondern auch verschiedene Varianten des Gruppen-Coachings (s.u.) unternehmensintern anbieten kann. Unter Berücksichtigung dieses breiteren Spektrums an Möglichkeiten ähnelt der Arbeitsbereich des Stabs-Coachs dem eines organisationsexternen Coach. Allerdings beschränkt sich die Zielgruppe des organisationsinternen Coach i.d.R. auf Organisationsmitglieder, die aus dem mittleren und unteren Management stammen. Die Statushöhe des Stabs-Coachs ist meist nicht für höhere Managementebenen ausreichend, ein Beziehungsgefälle mit allen negativen Folgen unvermeidbar (Looss, 1991, S. 202f.; vgl. Schreyögg, 1995, S. 200; Hohr, 1990, S. 872).

Interne Spezialisten

Mittleres Management als Zielgruppe

Die zunehmende Bedeutung eines organisationsinternen Stabs-Coachs lässt sich im Wesentlichen durch folgende Argumente erklären:

- Ist der Bedarf an Beratung relativ groß und anhaltend, so sind die durch die Stabsstelle verursachten *Kosten i.d.R. geringer* als z.B. sämtliche Coaching-Maßnahmen durch externe Spezialisten durchführen zu lassen.

Vorteile

- Durch die hauptberufliche Konzentration auf das Coaching steht dem Stabs-Coach genügend *Zeit* für seine Aufgabe zur Verfügung.

- Idealerweise ist der Stabs-Coach als *Prozessberater und professioneller „Beziehungsarbeiter"* ausgebildet.

- Die Aktivitäten des Stabs-Coachs erweitern das vorhandene Personal-entwicklungsangebot um die Komponente der *individuellen Beratung*.

- Die speziellen *Kenntnisse von den spezifischen Gegebenheiten* und Zusammenhängen in der Organisation („Insiderwissen") können den Einstieg in ein Coaching, die Problemdiagnose und die Entwicklung von Lösungen vereinfachen.

- Das Coaching kann i.d.R. *freiwillig* in Anspruch genommen werden. Bei mehreren internen Coachs kann zudem zwischen den Beratern ausgewählt werden. Dies fördert die Offenheit in der Beratung.

- Das Coaching kann vom Gecoachten relativ *problemlos beendet* wer-den, ohne direkte Folgen befürchten zu müssen. Dadurch werden Hemmschwellen reduziert.

- Im Gegensatz zum coachenden Vorgesetzten hat der Stabs-Coach *keine Kontroll- und Bewertungsfunktion*.

In welche Abteilung gehört der interne Coach?

Gerade unter Berücksichtigung des letzten Aspekts ist die formale Plat-zierung eines Stabs-Coachs in einer Organisation von grundlegender Be-deutung: Wird die Stelle des Stabs-Coachs der Personalabteilung zuge-ordnet, so besteht die Gefahr, dass Coaching als verkapptes Instrument der Personalauswahl und -beurteilung angesehen wird. Ein derartiges Misstrauen ist ein denkbar schlechter Ausgangspunkt für eine Beratung – daher erhält der interne Coach idealerweise eine neu zu schaffende Positi-on (d.h. eine Stabsabteilung), die Unabhängigkeit demonstriert. Notwen-dig bleibt natürlich die Koordination der Aktivitäten des Stabs-Coachs mit denen der Personalabteilung, die nach wie vor in Zusammenarbeit mit den Vorgesetzten für die Personalentwicklung zuständig ist. Daher sollte ein Coaching immer die Kenntnis und Einwilligung des Vorgesetzten voraussetzen, natürlich ohne die Vertraulichkeit der Inhalte des Coa-chings in Frage zu stellen (Hauser 1991, S. 222ff.).

Unabhängigkeit ist notwendig

Probleme bei der Einführung

Neben der Position der Stabs-Coachs in einer Organisation sind bei der Einführung eines organisationsinternen Coachings verschiedene Aspekte unbedingt zu beachten: damit die Inanspruchnahme von Coaching nicht als ungerechtfertigtes Indiz von Unfähigkeit ausgelegt wird, ist insbeson-dere der (leistungs-)fördernde Aspekt der Beratung in den Vordergrund zu stellen; Coaching sollte primär als Möglichkeit zur individuellen Leis-tungsverbesserung angesehen werden und nicht als „Eingeständnis" per-sönlichen Versagens. Dies kann z.B. dadurch umgesetzt werden, dass das interne Coaching-Angebot zunächst thematisch begrenzt wird, z.B. auf die Unterstützung neuer Organisationsmitglieder (Schreyögg, 1995, S. 201f.). Auf jeden Fall sind rechtzeitige und umfassende Informationsver-anstaltungen für alle betroffenen Mitarbeiter sinnvoll. Diese Veranstal-

Offene Informa-tionspolitik ist notwendig

tungen dienen der Erläuterung der internen Coaching-Maßnahmen; dabei sind auch die ernstzunehmenden Bedenken der Mitarbeiter offen anzusprechen und – sofern möglich – auszuräumen.

Auch in der täglichen Arbeit gibt es für den Stabs-Coach strukturell bedingte Bewährungsproben, die seine Tätigkeit in Frage stellen können. So bleibt es für den internen Coach ein fortwährendes Problem, seine Verpflichtungen gegenüber der Organisation und gleichzeitig gegenüber dem gecoachten Mitarbeiter glaubhaft zu verbinden. Hier ist der Coach stets in seiner Neutralität gefährdet, er muss einen derartigen Konflikt offen mit dem Mitarbeiter klären. In der Konsequenz bedeutet dies, dass das Coaching inhaltlich auf Ziele begrenzt ist, die sowohl im Interesse der Organisation liegen als auch vom Mitarbeiter akzeptiert werden (Looss, 1991, S. 201). **Neutralität wahren**

Ohne diese Akzeptanz des Mitarbeiters ist ein Coaching sinnlos. Offensichtlich wird dies z.B., wenn ein Coaching „von oben" angeordnet wird und nun Ergebnisse von dem Mitarbeiter erwartet werden. Dies verwandelt das Coaching in eine *Bestrafung*, die nicht nur abschreckende Wirkung auf andere Mitarbeiter hat, sondern auch das Coaching generell unmöglich macht: Der Wegfall der freiwilligen Teilnahme und die offensichtliche Leistungskontrolle schließen jede ernsthafte Beratung aus. Der interne Stabs-Coach darf sich nicht als Erfüllungsgehilfe für derartige Vorgehensweisen benutzen lassen, sondern muss noch vor Beginn seiner Tätigkeit diese Schwierigkeiten thematisieren und entsprechende Freiräume für seine Aufgabe einfordern. Ansonsten scheitert er auch bei besten Absichten. **Coaching darf nicht verordnet werden** **Freiräume**

Abschließend sei darauf hingewiesen, dass einige Kritiker grundsätzlich organisationsinternes Coaching ablehnen, da sie davon ausgehen, dass der interne Coach als Teil des Systems das System selbst nicht in Frage stellen kann (z.B. Geissler in Hauser, 1991, S. 224). **Totale Ablehnung**

6   Einzel-Coaching

Wird von „dem Coaching" gesprochen, so ist damit häufig nicht der Sammel- bzw. Oberbegriff gemeint, sondern das Einzel-Coaching. Diese Fehlannahme ist offenbar darin begründet, dass besonders das Einzel-Coaching im deutschsprachigen Raum durch zahlreiche Veröffentlichungen qualitativ unterschiedlicher Art sehr populär geworden ist. Hinzu kommt, dass manche Experten davon ausgehen, nur das Einzel-Coaching stelle die einzig „wahre" Coaching-Variante dar – insbesondere wenn es von organisationsexternen Coachs durchgeführt wird (Hauser, 1991, S. 212; vgl. Looss, 1991). **Das einzig „wahre" Coaching?**

Intensive Beratung

Das Einzel-Coaching zeichnet sich dadurch aus, dass eine Person von einem Coach beraten wird.[14] Sofern die Position und Qualifikation eines Coachs es zulassen, können in dieser Zweierinteraktion auch tiefergehende persönliche und berufliche Angelegenheiten thematisiert werden.[15] In solchen Fällen intensiver Zusammenarbeit besteht die Beratungsbeziehung oft zu einem externen Experten, da dies von organisationsinternen Coachs nur bedingt geleistet werden kann – ihre Rolle wird i.d.R. als „nicht neutral genug" angesehen.

Berufliche und privater Themen

Vielfältige Einsatzmöglichkeiten

In der Beratungsbeziehung des Einzel-Coachings können die Anliegen des Gecoachten umfassend und – sofern gewünscht – auch langfristig bearbeitet werden. Da berufliche und private Themen oft nicht zu trennen sind bzw. sich gegenseitig beeinflussen, reichen die Maßnahmen des Coachs dabei auch in den privaten Bereich hinein, wenn dies notwendig erscheint und gewollt ist. Das Einzel-Coaching bietet als Arbeitsform für externe Coachs auch die Möglichkeit, Verhalten und Einstellung selbst hochrangiger Führungskräfte „on the job" zu verändern. Die individuelle, intensive und vertrauliche Arbeit ermöglicht auch kurzfristige Ergebnisse und bietet zudem genügend Freiraum für unterschiedliche Konzepte. Somit kann es sehr individuellen Bedürfnissen gerecht werden (Böning, 1990, S. 25).

Prozessberater

Hilfe zur Selbsthilfe

Inhaltlich agiert der Coach hauptsächlich als Prozessberater; seine Aufgaben bestehen dabei im Geben von Feedback und im Erkennen und Bearbeiten von Verhaltens- und Wahrnehmungseinschränkungen (Huck, 1989). Um auf der Prozessebene erfolgreich arbeiten zu können, benötigt der Coach neben seinem methodischen Können auch Kenntnisse und Erfahrungen in den vom Gecoachten thematisierten Aufgabenfeldern, z.B. Führung von Mitarbeitern. Die Weiterentwicklung des Gecoachten und die Förderung von Selbstreflexion und Eigenverantwortung steht dabei stets im Mittelpunkt, da das Ziel des Coachings die Hilfe zur Selbsthilfe und nicht die Abhängigkeit vom Coach ist. Diesem Ziel entsprechend hat der Coach in seiner Arbeit auch transparent vorzugehen – schon um den Anschein von Manipulationen vorzubeugen, die generell im Coaching abzulehnen sind.

Beziehungsgefälle sind hinderlich

Auf Grund der Zweierinteraktion des Einzel-Coachings kommt der Gleichwertigkeit der Position von Coach und Gecoachtem hier eine zentrale Bedeutung zu: Es sollte zwischen beiden möglichst kein Beziehungsgefälle geben, da dies die gegenseitige Akzeptanz erschwert bzw. sogar unmöglich macht, wenn der Berater als „weiter unten" angesehen wird.

---

[14] Auf Grund der individuellen Beratung wird das Einzel-Coaching vereinzelt auch als „Individual-Coaching" (z.B. Hohr, 1989) bezeichnet.

[15] Dennoch ist das Einzel-Coaching nicht mit (Psycho-)Therapie zu verwecheln. Hier bestehen weiterhin klare definierte Unterschiede (Rauen, 1999, S. 67f.)

Besonders betont wird dieser Aspekt im Zusammenhang mit dem Coaching von ranghohen Managern, die keine Berater akzeptieren, deren Status bzw. Kompetenz sie nicht als mindestens gleichwertig empfinden (Looss, 1991).

Während früher fast ausschließlich derartige Top-Manager als Zielgruppe für Einzel-Coaching gesehen wurden, werden mittlerweile entsprechende Beratungsmaßnahmen auch für mittlere und untere Führungskräfte angeboten und zunehmend nachgefragt. Die Erfolge sind auch hier recht vielversprechend (vgl. Grün & Dorando, 1994). Auch Freiberufler nehmen meist infolge mangelnder Austauschmöglichkeiten diese Art der Beratung in Anspruch (Schreyögg, 1995). Das Einzel-Coaching ist daher grundsätzlich nicht (mehr) auf bestimmte Zielgruppen beschränkt, sondern steht allen Personen mit Managementaufgaben zur Verfügung.

Zielgruppe hat sich stark vergrößert

Trotz seiner Stärken bietet das Setting des Einzel-Coachings im Vergleich zu anderen Coaching-Varianten jedoch nicht ausschließlich Vorteile: Es werden beim Einzel-Coaching i.d.R. nur die Ziele des Gecoachten berücksichtigt und gefördert. Die Ziele der Umwelt werden möglicherweise vernachlässigt, was in der Folge bereits kurzfristig zu Problemen führen kann. Dies trifft insbesondere dann zu, wenn der Coach die (privaten und organisationsbedingten) Probleme seines Gegenübers nur aus „zweiter Hand" erfährt und auf die subjektive Wahrnehmungen und Interpretationen des Gecoachten beschränkt bleibt (Böning, 1990).[16]

Probleme durch Informationen aus „zweiter Hand"

So kommt Czichos (1991, S. 61) zu dem Schluss, dass Einzel-Coaching für Führungskräfte nur dann in Betracht zu ziehen ist, wenn es mit einem Gruppen-Coaching verbunden wird. Andernfalls sei damit zu rechnen, dass das Einzel-Coaching zu einer Methode der elitären Förderung der „hierarchischen Durchsetzungsmacht" einzelner Führungskräfte verkommt.

Durchsetzung von elitären Einzelinteressen?

Generell ist der Coach daher gut beraten, die Möglichkeit von Wahrnehmungsbeschränkungen des Gecoachten nie außer Acht zu lassen. Daher sollten die Ziele des Coachings präzise herausgearbeitet werden, da eine unangemessene Wahrnehmung auch unangemessene Zielvorstellungen produzieren kann. Derartige Probleme sind möglichst früh im Coaching zu thematisieren.

Subjektive Wahrnehmung beachten

Darüber hinaus besteht durch die intensive Arbeitsform des Einzel-Coachings die Gefahr, dass die eigenen Feedback-Mechanismen des Gecoachten verkümmern können. Der Coach sollte stets umsichtig darauf bedacht sein, dass das Ziel der Beratung darin besteht, sich entbehrlich zu machen (Looss, 1991).

Eigenes Feedback darf nicht verkümmern

---

[16] Dies gilt vor allem dann, wenn die Diskretion es erfordert, das Coaching nicht im verhaltensrelevanten Umfeld der gecoachten Person stattfinden zu lassen.

7   Gruppen-Coaching

**Coaching
für mehrere
Personen**

Unter dem Oberbegriff „Gruppen-Coaching" lassen sich alle Coaching-Varianten zusammenfassen, bei denen mehrere Personen gleichzeitig gecoacht werden. Daher gelten auch Coaching-Maßnahmen für kleinere Teams, Abteilungen oder Projektgruppen zunächst als Formen des Gruppen-Coachings. Im einzelnen haben sich aber z.B. für die Beratung von Teams und Projekten weitere Begriffe (Team-Coaching, Projekt-Coaching) etabliert.

**Maximal
15 Personen**

Um eine Gruppe zu coachen, sollte diese sinnvollerweise nicht mehr als 15 Personen umfassen – zumindest, wenn der Coach allein arbeitet (vgl. Schreyögg, 1995, S. 213). Größere Gruppen sollten demzufolge aufgeteilt oder von mehreren Coachs beraten werden. Ansonsten besteht die Gefahr der Überforderung des Coachs, was eine Situation, in der Fortschritte erhofft werden, extrem verschärfen kann.

Hemmschwellen

Das Setting des Gruppen-Coachings ermöglicht im Vergleich zum Einzel-Coaching selten die Arbeit an vertraulich-persönlichen Themen, da hier wesentlich größere Hemmschwellen existieren. Auch die Intensität der Beratungsbeziehung zu den einzelnen Gruppenmitgliedern ist geringer; dies schränkt wiederum die Anzahl der Interventionsmöglichkeiten ein.

Synergieeffekte

Vorteile bietet das Gruppen-Coaching jedoch als Instrument der Personalentwicklung, wenn es dem Coach gelingt, eine Arbeitsatmosphäre zu schaffen, in der die Gruppenmitglieder ihre unterschiedlichen Kenntnisse und Erfahrungen einbringen. Dieses umfangreiche Erfahrungswissen kann z.B. bei der Entwicklung von Problemlösungen die Grundlage für Synergieeffekte darstellen. Zudem besteht beim Gruppen-Coaching weniger die Gefahr, durch die Wahrnehmung nur einer einzigen Person unangemessene Schlussfolgerungen zu ziehen oder einseitige Interessen zu verfolgen.

**Zweifel am
Konzept**

Teilweise wird das Konzept des Gruppen-Coachings samt seiner Unterformen aber sehr kritisch gesehen. Während es von einigen Experten sogar abgelehnt wird, da sie Coaching generell als einen Einzelberatungsprozess bzw. eine Zweierbeziehung definieren (Hauser, 1991, S. 212), beschränken sich andere auf die Beschreibung möglicher Probleme beim Gruppen-Coaching (Bayer, 1995, S. 141). Die Kritik stützt sich im Wesentlichen auf folgende Argumente (Looss 1991, S. 155ff.):

**Unterschied zu
etablierten Ver-
fahren ist unklar**

• Der Unterschied des Gruppen-Coachings zu bereits vorhandenen Formen der gruppenbezogenen Beratungs- bzw. Arbeitsweise, wie z.B. Seminar, Teamsupervision, Gruppentraining, Teamentwicklungsworkshop u.ä., ist nicht ersichtlich.

- Wird unter dem Gruppen-Coaching eine über die Teamentwicklung hinausgehende Lern-Maßnahme verstanden, so stellt sich hier die Frage nach der Notwendigkeit eines derartigen Prozesses, der ein solches intensives Lernen in der Gruppe erfordert.[17]

  Keine Notwendigkeit?

- Die Zielgruppe eines Gruppen-Coachings könnte zwar durchaus eine auf Kooperation angewiesene Organisationseinheit darstellen. Denkbare Themen wären dann z.B. die Zusammenarbeit der Gruppenmitglieder oder Führungsprobleme der Gruppenmitglieder. Für diese Anliegen existieren jedoch bereits andere etablierte Beratungsansätze.

  Andere Beratungsvarianten sind vorhanden

- Eine der charakteristischen Eigenschaften des Coachings ist die besondere Qualität der Beziehung zwischen Coach und Gecoachtem, die sich u.a. durch Intimität und Neutralität auszeichnet. In einer Gruppe von Personen ist der Coach jedoch einer vollkommen anderen Beziehungssituation ausgesetzt: *Alle* Anwesenden wollen verstanden und beraten werden. Solange nicht klar ist, was die Beziehungsqualität einer „Coaching-Gruppe" ausmacht, ist die Verwechslungsgefahr mit anderen Verfahren praktisch immer vorhanden. Aus der Unklarheit einer solchen Situation entsteht im schlimmsten Fall ein Einzel-Coaching „unter Zeugen" (Looss, 1991, S. 157). Jegliche Diskretion wäre dann in Frage gestellt, der daraus resultierende Mangel an Offenheit und Akzeptanz würde jedes Coaching sinnlos machen, da die Grundbedingungen für eine Beratung nicht mehr gegeben wären.

  „Einzel-Coaching unter Zeugen"

- Beim Coaching werden i.d.R. individuelle Themen bearbeitet. Im Gruppen-Coaching kämen somit viele unterschiedliche Anliegen zusammen. Es müsste daher gewährleistet werden, dass die Teilnehmer sich nicht schon durch ihre Anwesenheit gegenseitig beim Lernen behindern. Dies wird zusätzlich dadurch erschwert, dass ein Coaching bei Problemen helfen soll, die allein nicht bewältigbar scheinen; die anwesenden Personen dürften sich also eher unsicher fühlen.

  Gegenseitige Behinderung

  Um in einer derart komplexen Situation überhaupt ein konstruktives Lernklima schaffen zu können, müsste eine lange und intensive Beziehungsarbeit mit allen Beteiligten stattfinden. Erschwerend kommt nach Looss (1991) hinzu, dass der Rahmen einer solchen Veranstaltung nur gegeben wäre, sofern es gelänge, eine Gruppe von Personen mit gleichen Anliegen zusammenzustellen, in der die Rollengefährdung möglichst minimiert ist. Der außerordentliche Aufwand für jedes einzelne Mitglied einer solchen Gruppe widerspricht aber genau einer der wichtigsten Eigenschaften des Coachings, nämlich der niedrigschwelligen Verfügbarkeit einer personenzentrierten Beratungsleistung.

  Enormer Aufwand

---

[17] Looss (1991, S. 159) verweist hier ironisch auf die extrem aufeinander angewiesenen Mitglieder der Besatzung einer Raumstation als potenzielle Zielgruppe.

7.1   Team-Coaching

Unterformen des Gruppen-Coachings

Das Team-Coaching, zuweilen auch System-Coaching[18] (s. Glossar) genannt, ist eine Sonderform des Gruppen-Coachings: Hier wird nicht eine beliebige Gruppe von Menschen ohne fest umrissene Beziehung zueinander beraten, sondern eine im beruflichen Funktionszusammenhang stehende Gruppe[19] wird in ihrem organisationalen Umfeld in persönlichkeits- und aufgabenbezogenen Themen gecoacht. Um individuelle und persön-

Kombinationen

lichkeitsbezogene Themen bearbeiten zu können, wird das Team-Coaching oft mit Einzel-Coaching für die Team-Mitglieder verknüpft. Ist dies nicht möglich oder nicht gewünscht, so kann der private Bereich der Team-Mitglieder auch ausgeklammert werden (vgl. Baisch, 1988, S. 36; Huck, 1989, S. 418; Hohr, 1990, S. 872; Buchner, 1995).

Zielgruppe

Zielgruppe für ein Team-Coaching waren früher zunächst meist hochrangige Organisationseinheiten wie z.B. Vorstände, Geschäftsführungen, Aufsichtsräte, Betriebsleitungen u.ä. Mittlerweile wird diese Coaching-Variante aber auch von mittleren und unteren Ebenen nachgefragt. Daher kann dieses Setting auch von organisationsinternen Coachs praktiziert werden.

Zielsetzungen

Entwicklung von Teams

Ursachen-behandlung

Großer Einfluss des Coachs

Ein Aufgabenschwerpunkt beim Team-Coaching liegt in dem Bereich der Teamentwicklung – insbesondere der Förderung von Kommunikation, Motivation und Kooperation. Ziel ist i.d.R. die Verbesserung des Führungs- und Leistungsverhaltens, z.B. durch die Klärung von Konflikten innerhalb des Teams. Im Mittelpunkt aller Maßnahmen bleibt – wie beim Einzel-Coaching – zudem stets die Förderung bzw. der Erhalt der Selbststeuerungsfähigkeit des Teams: Das Team muss seine Aufgaben selbst erfolgreich lösen, der Coach fungiert als Analytiker und Prozessberater bei den Treffen und Besprechungen des Teams. Seine Aufgabe konzentriert sich nicht auf die Behandlung von Symptomen, sondern auf das Klären von den dahinterliegenden Ursachen. In der Konsequenz bedeutet dies, dass ein Team durch die Interventionen des Coachs in Zukunft allein Problemursachen rechtzeitig erkennen und beheben kann (vgl. Doppler, 1992, S. 41). Um dies leisten zu können, muss dem Coach eine Rolle zugestanden werden, in der er nicht als Erfüllungsgehilfe angesehen wird, sondern auch grundsätzliche Sachverhalte in Frage stellen kann. Der Coach kann daher großen Einfluss auf ein Team haben und sollte damit verantwortungsvoll umgehen. In diesem Setting ist der Erfolg des Coa-

---

[18] Der Begriff „System-Coaching" ist nicht mit dem „systemischen Coaching" (Gester, 1991) zu verwechseln, das formal ein Einzel-Coaching darstellt, welches auf den Grundprinzipien der systemischen Therapie beruht.

[19] Da derartige Gruppen auch als „Systeme" bezeichnet werden, entstand der Begriff „System-Coaching". Im Folgenden wird eine im festen Funktionszusammenhang stehende Gruppe von Personen als „Team" bezeichnet.

chings daher davon abhängig, dass auch *alle* Teammitglieder den Coach und seine Methoden akzeptieren.

Generell ist das Team-Coaching nicht auf reine Teamentwicklungs-maßnahmen beschränkt. Idealerweise zeichnet es sich durch die Arbeit auf unterschiedlichen Ebenen aus, die von der persönlichen bis zur organisationalen Ebene reichen. Einzel-Coaching, Teamtrainings und der Aufbau bzw. die Weiterentwicklung von Unternehmenskultur sind daher gängige Inhalte, die ein Team–Coaching ausmachen bzw. begleiten können (vgl. Böning, 1990, S. 23).

Agieren auf mehreren Ebenen

Eine derartige Beratungstätigkeit fordert von einem Coach umfangreiches methodisches Können auf einem hohen Niveau – ein Umstand, der dazu führt, dass wenige Coachs diese Variante kompetent durchführen können. Zuweilen arbeiten sogar mehrere Coachs gleichzeitig mit einem Team, um den teilweise sehr komplexen Anforderungen des Beratungsprozesses gerecht zu werden.

Anforderungen an den Coach

Ein Vorteil des Team-Coachings liegt darin, mit mehreren beteiligten Personen an verschiedenen Aufgaben und Problemen zu arbeiten und die unterschiedliche Sichtweise der Teammitglieder dabei zu berücksichtigen. Hinzu kommt, dass der Coach nicht in einem isolierten Raum agiert, sondern dort arbeiten kann, wo Probleme auftreten: im realen Arbeitsumfeld. Dadurch können systembedingte Probleme und Zusammenhänge besser erkannt werden, eine „ökologische" Beratung, die die Rahmenbedingungen der Beteiligten und ihrer Handlungen berücksichtigt, wird so wahrscheinlicher. Das Miteinbeziehen dieser recht umfassenden Gesichtspunkte in die Beratung ermöglicht es auch, durch Team-Coaching gezielt die Organisationskultur weiterzuentwickeln.

Arbeitsumfeld wird beachtet

Kultur-entwicklung

Zu den Nachteilen des Team-Coachings ist zu zählen, dass der Aufbau einer vertrauensvollen Beziehung zu den Team-Mitgliedern natürlich mit wachsender Anzahl der Beteiligten ungleich schwieriger wird als beim Einzel-Coaching. Der Ablauf des Team-Coachings ist zudem bedingt durch die teilweise enorme Komplexität systembedingter Zusammenhänge mit zahlreichen Schwierigkeiten versehen und entsprechend nur bedingt vorhersehbar. Ein weiterer Nachteil besteht darin, dass der „Team-Coach" von den Teammitgliedern, aber auch von der Organisation bei seiner Arbeit beobachtet wird. Zwar braucht ein seriös agierender Coach prinzipiell keine Beobachtung zu scheuen; jedoch kann die damit einhergehende Aufmerksamkeit den Beratungsprozess durchaus beeinflussen, z.B. indem der Erfolgsdruck für das gecoachte Team wächst oder die individuelle Bereitschaft zur Offenheit gehemmt wird (vgl. Böning, 1989, S. 1151; 1990, S. 23ff.; Doppler, 1992, S. 40; Rückle, 1992, S. 30f.).

Aufbau von Vertrauen

Hohe Komplexität

Arbeit unter Beobachtung

Da Team-Coaching als eine Sonderform des Gruppen-Coachings angesehen werden kann, gelten hier auch die für das Gruppen-Coaching be-

Modewelle?

reits erwähnten Kritikpunkte. Daher wird auch am Team-Coaching beanstandet, dass es sich dabei lediglich um die Neuentdeckung von Teamberatungen im Zuge einer Coaching-Mode handelt (z.B. Bayer, 1995, S. 95).

Projekt-Coaching

Projekt-Coaching

Als weitere Sonder- bzw. Unterform des Team-Coachings ist das sogenannte „Projekt-Coaching" (s. Glossar) zu verstehen. Es dient zur Vorbereitung, Einführung und Betreuung von Projekt-Teams. Ein oder mehrere Coachs beraten bezüglich fachlicher und persönlicher Anliegen (Böning, 1994, S. 181). Das Projekt-Team besteht dabei i.d.R. aus Personen, die zeitlich begrenzt für eine spezielle Aufgabe zusammenarbeiten. Insbesondere diese stark leistungs- und zielorientierte Projektarbeit über mehrere Hierarchieebenen hinweg macht eine Beratung sinnvoll, da in solchen Konstellationen vielfältige Probleme entstehen bzw. offenbar werden können.

8   Weitere Coaching-Varianten

8.1   Selbst-Coaching

Selbstgesteuerte Analyse und Optimierung

Unter dem Begriff „Selbst-Coaching" werden i.d.R. Vorgehensweisen verstanden, die eine Person in die Lage versetzen sollen, sich die Vorteile eines Coachings ohne die Hilfe eines Coachs zu erschließen. Innerhalb dieser Vorgehensweisen bilden Techniken zur Analyse und zur Verbesserung der eigenen Kompetenz auf der Beziehungs- und Verhaltensebene den Schwerpunkt. Ein Berater bzw. eine Beratung soll also durch entsprechende Selbstlernmethoden ersetzt werden. Ziel des Selbst-Coachings ist vorwiegend eine selbstgesteuerte, persönliche Kompetenzerweiterung.

NLP-Selbstmanagementtechniken

Um diese gewünschte Kompetenzerweiterung zu ermöglichen, bedient sich das Selbst-Coaching diverser Selbstmanagementmethoden, die zur Aktivierung bzw. optimierten Nutzung des eigenen Leistungsvermögens geeignet sein sollen. Oft sind die entsprechenden Methoden dem „Neurolinguistischen Programmieren" (NLP) zuzuordnen (Besser-Siegmund & Siegmund, 1991; Weiß, 1993; vgl. Schaffelhuber, 1993).

Erproben von Coaching-Methoden

Weiterhin kann das Selbst-Coaching die Funktion haben, sich so mit Coaching-Methoden näher vertraut zu machen, um sie später bei anderen Personen besser anwenden zu können. Diese lernvertiefende Selbsterfahrung kann als eine Voraussetzung für die Qualifikation von Coachs angesehen werden (vgl. Whitmore, 1994, S. 11).

Die Fähigkeit zum Selbst-Coaching kann aber auch als Ergebnis eines guten Coachings durch einen Coach gesehen werden. Selbst-Coaching bedeutet dann, dass es gelungen ist, die Selbstregulation eines Gecoachten so zu stärken, dass eine echte Hilfe zur Selbsthilfe geleistet wurde (Rückle, 1992, S. 243).

Ergebnis eines guten Coachings

Gegenüber den zuvor dargestellten Coaching-Varianten hat Selbst-Coaching den Vorteil, dass eine Manipulation durch eine externe Person nicht möglich ist. Zudem kann auf die Fähigkeit bzw. Technik des Selbst-Coachings jederzeit zurückgegriffen werden und es erlaubt auch anderen Berufsgruppen als Managern, sich einiger Vorteile des Coachings zu bedienen. Dieser Aspekt des Selbst-Coachings ist im Hinblick darauf besonders bedeutsam, dass der Erfolg einer Organisation ja nicht ausschließlich von der Führungsebene abhängt, sondern ebenso von den Fähigkeiten der Personen unterhalb der Führungsebene.

Keine Fremd-Manipulation

Breite Zielgruppe

Dennoch gibt es berechtigte Kritik an der Praxis des Selbst-Coachings, wenn sich z.B. dahinter lediglich bekannte Zeitmanagement-Techniken u.ä. verbergen (vgl. Böning, 1994, S. 171). Ob die in diversen Veröffentlichungen vorgeschlagenen Techniken im Einzelfall tatsächlich geeignet sind, sich selbst effektiv zu coachen, bleibt daher ungeklärt. Und auch wenn diese Techniken nützlich sind, ist es ein bestehendes Problem, wie die entsprechenden Techniken erlernt werden können. Es widerspräche ja prinzipiell der Idee des Selbst-Coachings, sich hier von anderen Personen abhängig zu machen – sofern das Selbst-Coaching eben nicht als Ergebnis eines (herkömmlichen) Coachings gesehen wird.

Kritik

Die wesentliche Schwäche des gesamten Ansatzes ist jedoch die Subjektivität der eigenen Wahrnehmungs- und Diagnosemöglichkeiten. Es ist nicht möglich, die Fähigkeiten und Erfahrungen eines Coachs und dessen Sichtweise zu nutzen.[20] Gerade in herausfordernden Situationen oder in Phasen überwältigend scheinender Probleme kann die selbstkritische Reflexion (s. Glossar) sinnvoll sein und ist teilweise unverzichtbar. Hier kann eine fundierte Beratung sehr wertvolle Dienste leisten. Besteht z.B. ein Problem eben in der Wahrnehmung einer Person („Betriebsblindheit"), so kann dies durch selbstbezogene Grübelei sogar noch verstärkt werden. Allein das Erkennen bzw. Ernstnehmen dieser impliziten Subjektivität ist schon eine Schwierigkeit für sich. Genau das ist ja ein Grund, aus dem die Entwicklung des Coachings wegweisende Impulse erhalten hat. Daher bleibt die Frage offen, ob das Selbst-Coaching zu den Coaching-Varianten im engeren Sinne gezählt werden kann.

Selbst-Coaching bleibt subjektiv, neues Feedback fehlt

Problemverschlimmerung

---

[20] Vertreter des Selbst-Coachings auf der Basis von NLP-Techniken behaupten, durch entsprechende Maßnahmen ein Höchstmaß an eigenen Fähigkeiten freizusetzen und die Wahrnehmung zu verbessern, um so dieses Problem – zumindest in einem gewissen Rahmen – ausgleichen zu können (Weiß, 1993).

8.2   Kombinationen von Coaching-Varianten

**Internes und ex-
ternes Coaching**

Um die jeweiligen Vorteile der organisationsexternen und -internen Varianten des Coachings nutzen zu können, werden Kombinationen von diversen Varianten zunehmend beliebter. So ist es möglich, dass externe
Coachs mit internen Beratern einer Organisation und der Personalentwicklungsabteilung zusammenarbeiten. Die präzise Koordination der
einzelnen Maßnahmen und eine Klärung der Rahmenbedingungen ist hier
unerlässlich. Dazu muss zuvor ein genaues und durchschaubares Konzept
von den internen und externen Experten entwickelt werden. Die einzelnen

**Individuelles
Vorgehen**

Aufgaben können dabei sehr individuell zwischen den verschiedenen Beratern aufgeteilt werden. Planung und Ablauf eines derartigen Prozesses
sind nur individuell möglich, da viele unterschiedliche Anforderungen
und Maßnahmen zusammentreffen können. Daher kann der entstehende
Entwicklungs- und Steuerungsaufwand ein Nachteil solcher Beratungs-
kombinationen sein.

Oft sind es Umstrukturierungsprozesse oder innovative Projekte, die als
Anlässe für derartige Kombinationen aus internem und externem Coaching dienen. Dies kann insbesondere dann eine elegante Lösung sein,

Anlässe

wenn die interne Personalentwicklung auf Grund ihrer Größe entsprechende Anforderungen nicht allein effizient bewältigen kann (Schreyögg,
1995, S. 204ff.). Voraussetzung bleibt jedoch für die Glaubwürdigkeit der
organisationsexternen Coachs, dass diese neutral bleiben können und in
ihrem Vorgehen ausschließlich dem Gecoachten verpflichtet sind (Looss,
1991, S. 170).

**Typische
Maßnahmen**

Arbeitet ein organisationsexterner Coach im Rahmen einer internen
Personalentwicklung, so sind seine Aufgaben meist die Unterstützung
neuer Mitarbeiter bei der Orientierung, Entwicklung und Durchführung
von Förderungsmaßnahmen, Beratung entlassener Mitarbeiter, personelle
Veränderungen und persönliche Probleme (Looss, 1991, S. 169ff.). Das
Beratungsangebot sollte dabei für die Organisationsmitglieder generell

**Freiwilligkeit
ist wichtig**

freiwillig bleiben, da ein „verordnetes" Coaching keine Beratung ist und
zudem durch einen derartigen Zwang Ablehnung und mangelnde Offenheit geradezu provoziert werden.

8.3   Coaching mit mehreren Coachs

Für größere Teams, die nicht getrennt werden sollen, werden auch Coachings mit mehreren Coachs angeboten (vgl. Böning, 1994). Diese Vari-

**Mehrere
Coachs
für Teams**

ante empfiehlt sich speziell in komplexen Situationen, in denen ein Coach
allein überfordert wäre. Neben den bekannten Problemen des Gruppen-
bzw. Team-Coachings erfordert ein derartiges Setting die reibungslose
Zusammenarbeit der beteiligten Coachs auf der Basis eines von allen
getragenen Konzepts. Zudem müssen die Coachs einzeln und als Team

tragenen Konzepts. Zudem müssen die Coachs einzeln und als Team von allen Beteiligten akzeptiert werden.

Neben dieser Form des Team-Coachings existiert noch – wenn auch seltener – eine weitere Variante des Coachings mit mehreren Coachs: die Betreuung einzelner Führungskräfte durch zwei Coachs (Gottschall, 1989, S. 118). Hier geben sich hochrangige Manager nicht mit der Kompetenz eines einzelnen Coachs zufrieden, insbesondere wenn das familiäre Umfeld mit in die Beratung einbezogen wird.

Mehrere Coachs für einen Klienten

Grundsätzlich gilt daher beim Coaching mit mehreren Coachs, dass die Coachs im Vorgehen und Konzept sehr gut aufeinander abgestimmt sein sollten und sich in ihrer Kompetenz idealerweise zum Vorteil des oder der Gecoachten ergänzen.

Abstimmung zwischen den Coachs

8.4 Tele-Coaching, Online-Coaching, E-Mail-Coaching

Im Zuge der flächendeckend vorhandenen Infrastruktur neuer Kommunikationsmedien gewinnt das Tele-Coaching (s. Glossar) als Hilfsform der diversen Coaching-Varianten an Bedeutung. Beim Tele-Coaching findet das Aufeinandertreffen von Coach und Klient nicht direkt, sondern durch Zuhilfenahme von (Mobil-)Telefon, Fax, E-Mail und diversen anderen Internet-Diensten (z.B. Diskussionsforen oder Chats) oder gar mittels einer Videokonferenz „online" statt.[21]

Hilfsform des Coachings

Obwohl beispielsweise das Telefon-Coaching und das E-Mail-Coaching zunehmend als eigenständige Dienstleistungen angeboten werden, dienen diese Formen des Tele-Coachings in erster Linie zur Unterstützung bzw. als Ergänzung der etablierten Coaching-Varianten (vgl. Rückle, 2000, S. 33). So ist es z.B. im Rahmen eines laufenden Einzel-Coachings möglich, per Mobiltelefon kurzfristig und situationsbezogen auf aktuelle Anliegen des Gecoachten einzugehen. Grundlage für eine vertrauensvolle Zusammenarbeit bleibt dabei aber i.d.R. die tragfeste Beratungsbeziehung, was ein persönliches Kennenlernen bzw. Gespräch erfordert.

Zusätzliche Unterstützung im Coaching

Das Argument, gerade die Anonymität der verschiedenen Formen des Tele-Coachings würde es ermöglichen, Probleme offener zu schildern, ist zwar teilweise nachvollziehbar. Dennoch lässt sich daraus nicht ableiten, dass so ein eigenständiges Coaching ersetzt werden kann, da komplexe Anliegen eines Klienten nicht allein schriftlich oder fernmündlich vermit-

Komplexe Probleme sind kaum aufzuarbeiten

---

[21] Eine Vielzahl von (qualitativ sehr unterschiedlichen) Anbietern entsprechender Dienstleistungen kann im Internet über eine Suchmaschinenabfrage (z.B. bei www.google.de) mit den Stichworten „E-Mail-Coaching" oder „Online-Coaching" usw. ausfindig gemacht werden.

telbar sind; und einfache Anliegen des Klienten bedürfen wiederum kaum eines Coachings.

Hilfsform des Coachings

Im Sinne einer fundierten Beratung kann das Tele-Coaching den direkten Kontakt nicht vollkommen ersetzen, es als eine sinnvolle Ergänzung zu verstehen ist jedoch allgemein akzeptierte Praxis. Somit kann das Tele-Coaching nicht als eigenständige Variante, sondern eher als eine Hilfsform des Coachings betrachtet werden.

Literatur

Bading, G. (2001). *Vorgesetztencoaching*. Books on Demand.

Bayer, H. (1995). *Coaching-Kompetenz: Persönlichkeit und Führungspsychologie*. München: Reinhardt.

Benker, S. (1999). Ein diskreter Partner in allen Lebenslagen. *Handelsblatt*, 22.07.99, S. K2.

Böning, U. (1989). Coaching: Zur Rezeption eines neuen Führungsinstrumentes ... *Personalführung*, 12, S. 1149–1151.

Böning, U. (1990). System-Coaching contra Einzel-Coaching: Hilfe zur Selbsthilfe. *Gablers Magazin*, 4, S. 22–25.

Böning, U. (1994). Ist Coaching eine Modeerscheinung? In L. M. Hofmann & E. Regnet (Hrsg.), *Innovative Weiterbildungskonzepte* (S. 171–185). Göttingen: Verlag für Angewandte Psychologie.

Böning, U. (2000). Bedarf an persönlicher Beratung wächst. *Management & Training*, 4, S. 10–15.

Czichos, R. (1991). *Coaching = Leistung durch Führung*. München: Reinhardt.

Dehner, U. (1999). Vom Spielführer zum Coach. *ManagerSeminare*, 34, S. 42–53.

Deneke, W. (1989). Was halten Sie vom Coaching? *Absatzwirtschaft*, 5, S. 18–22.

Doppler, K. (1992). Coaching: Mode oder Notwendigkeit. Was und wie ein Coach wirklich sein sollte. *Gablers Magazin*, 4, S. 36–41.

Echter, D. (2000). Stichwort Coach. *Handelsblatt* 10./11.03.2000, Karriere und Management, S. K2.

Fatzer, G., Rappe-Giesecke, K. & Looss, W. (1999). *Qualität und Leistung von Beratung: Supervision, Coaching, Organisationsentwicklung*. Köln: Edition Humanistische Psychologie.

Felderer, C. (1990). Erste Coaching-Fachtagung im deutschsprachigen Raum: Meeting der Hofnarren. *Gablers Magazin*, 4, S. 34–35.

Geissler, J. & Günther, J. (1986). Coaching: Psychologische Hilfe am wirksamsten Punkt. *Blick durch die Wirtschaft*, 53, 17.03.86, S. 3.

Gloger, A. (2000). Hilfe für High Potentials. Der Coach kommt! *ManagerSeminare*, 42, S. 70–78.

Gottschall, D. (1989). Ein Partner für alle Fälle. *Manager Magazin*, 2, S. 116–121.

Grün, J. & Dorando, M. (1994). In der Werkstatt: Meistercoaching. *Management Zeitschrift IO*, 2, S. 69–72.

Hauser, E. (1991). Coaching: Führung für Geist und Seele. In W. Feix (Hrsg.), *Personal 2000 – Visionen und Strategien erfolgreicher Personalarbeit* (S. 207–236). Wiesbaden: Gabler.

Hauser, E. (1993). Coaching von Mitarbeitern. In L. v. Rosenstiel, E. Regnet & M. Domsch (Hrsg.), *Führung von Mitarbeitern – Handbuch für erfolgreiches Personalmanagement* (2. Aufl.). (USW-Schriften für Führungskräfte. Band 20) (S. 223- 236). Schaefer.

Heibutzki, H. J. (1989). Coaching – durch ehrliches Feedback zur Spitzenleistung. *Congress & Seminar*, 5, S. 5.

Hohr, K.-D. (1989). Coaching – Herausforderung für die Personalverantwortlichen. *Personalführung*, 12, S. 1169–1170.

Hohr, K.-D. (1990). Coaching im Zielrahmen der Personalentwicklung. *Personalführung*, 12, S. 872–873.

Holtbernd, T. & Kochanek, B. (1999). *Coaching: Die zehn Schritte der erfolgreichen Managementbegleitung*. Köln: Wirtschaftsverlag Bachem.

Huck, H. H. (1989). Coaching. In: H. Strutz (Hrsg.), *Handbuch Personalmarketing* (S. 413–420). Wiesbaden: Gabler.

Jung, W. (1991). Coaching in Unternehmen – Beratung zwischen Therapie und Training. In A. Papmehl & I. Walsh (Hrsg.), *Personalentwicklung im Wandel* (S. 134–140). Wiesbaden: Gabler.

Kuhlmann, T. (1989). Coaching. Persönliche Beratung bei strukturellen Veränderungen und Führungskräfteförderung. *Personalführung*, 6, S. 592–597.

Lamparter, D. H. (1988). Karrierestillstand. Vergessene Manager. *Management Wissen*, 9, S. 99–111.

Lamparter, D. H. (1990). Coaching. Die Menschliche Komponente. *Management Wissen*, 1, S. 85–89.

Lemmer, R. (1988). Coaching: Ein Hofnarr für den Chef. *Wirtschaftwoche*, 16, S. 64–66.

Looss, W. (1986). Partner in dünner Luft. *Manager Magazin*, 8, S. 136–140.

Looss, W. (1990). Der Umgang mit Coaches. *Gablers Magazin*, 4, S. 32–33.

Looss, W. (1991). *Coaching für Manager – Problembewältigung unter vier Augen*. Landsberg/Lech: Verlag Moderne Industrie.

Looss, W. (1992). Coaching ist keine Psychotherapie. *Capital*, 10, S. 274.

Looss, W. (1997). *Unter vier Augen*. Landsberg/Lech: Verlag Moderne Industrie.

Petzold, H.G. (1999). *Integrative Supervision, Meta-Consulting & Organisationsentwicklung. Modelle und Methoden reflexiver Praxis*. Paderborn: Junfermann.

Rauen, Ch. (2001). *Coaching. Innovative Konzepte im Vergleich*. (2., aktual. Aufl.). Göttingen: Verlag für Angewandte Psychologie.

Rückle, H. (1992). *Coaching*. Düsseldorf: Econ.

Rückle, H. (2000). *Coaching. So spornen Manager sich und andere zu Spitzenleistungen an*. Landsberg/Lech: Verlag Moderne Industrie.

Schreyögg, A. (1993). Supervision: Der lange Weg in die Wirtschaft. *Wirtschaft & Weiterbildung*, 6, S. 60–62.

Schreyögg, A. (1995). *Coaching. Eine Einführung für Praxis und Ausbildung*. Frankfurt/M.: Campus.

Volk, H. (2000). Die Angst vor Neuem überwinden. *FAZ*, 15.05.2000.

Wahren, H.-K. E. (1997). *Coaching*. Eschborn: RKW.

Waldroop, J. & Butler, T. (1997). Der Vorgesetzte als Coach. *Harvard Business Manager*, 2, S. 9–17.

Weber, D. (1990). In lockeren Socken. *Management Wissen*, 6, S. 90–95.

Weiß, J. (1993). *Selbst-Coaching. Persönliche Power und Kompetenz gewinnen*. (4. Aufl.). Paderborn: Junfermann.

Weßling, M., Barthe, O. & Lubbers, B.-W. (1999). *Coaching von Managern. Konzepte – Praxiseinsatz – Erfahrungsberichte*. Berlin: Berlin Verlag A. Spitz.

Whitmore, J. (1994). *Coaching für die Praxis – Eine klare, prägnante und praktische Anleitung für Manager, Trainer, Eltern und Gruppenleiter*. Frankfurt/M.: Campus.

Zimmermann, T. (2000). Coaching: Motivationsgekreisch für Manager – oder mehr? *Psychologie heute*, 7, S. 40–45.

Präventive Interventionen vor einem Coaching

Heinz-Kurt E. Wahren

1 Alternativen zum Coaching

Spezifika des Coachings

In vielen Bereichen gibt es zwischenzeitlich Dienstleister, die Unternehmen in der Bewältigung von Problemen mit ihrem spezifischen Fachwissen unterstützen: Wirtschaftsprüfer, (Fach-)Anwälte, Technologieberater, Marketingberater, Berater für Organisations- und Personalangelegenheiten usw. Relativ neu in diesem Spektrum ist der Coach. Das spezifische an seiner Tätigkeit ist, dass in die Beratung neben der Behandlung von sachlich-fachlichen Aspekten immer auch psychologische und/oder sozialpsychologische Aspekte einbezogen werden. Auf einen kurzen Nenner gebracht könnte man sagen:

Fachliche und psychologische Aspekte

Coaching ist die individuelle Beratung von einzelnen Personen oder Gruppen in auf die Arbeitswelt bezogenen, fachlich-sachlichen und/oder psychologisch-soziodynamischen Fragen bzw. Problemen durch einen Coach.[1]

Individuelle Beratung

Betrachtet man diese Definition etwas näher, kann man feststellen, dass zwei Parteien beteiligt sind: auf der einen Seite steht ein Berater, den wir als Coach bezeichnen, auf der anderen Seite steht der zu Beratende, wobei dies in Unternehmen einzelne Personen, mehrere zusammenwirkende Personen bzw. Gruppen (z.B. Führungsteams oder Arbeitsgruppen) oder die gesamte Organisation sein können.

Zwei Parteien sind beteiligt

---

[1] Siehe Wahren (1997, S. 9ff.).

Bedürfnis nach präventiven Interventionen

Alternativen zum Coaching sind sinnvoll

Auch wenn das Coaching mittlerweile fast schon zum Alltag von Unternehmen gehört, gibt es doch Aspekte, die es angeraten sein lassen, über alternative Interventionen nachzudenken. Aspekte, die den Einsatz eines Coachs erheblich einschränken, sind die relativ hohen Kosten sowie die Tatsache, dass ein Coaching tief in die Gewohnheiten von Personen, Gruppen oder Organisationen eingreift. Schon aus diesen Gründen wird ein Coach nur eingesetzt, wenn Probleme eine gewisse Tragweite haben bzw. einen entsprechenden Leidensdruck verursachen. Aus vorgenannten Gründen besteht in der betrieblichen Praxis sicherlich ein erheblicher Bedarf an präventiven Interventionen, die bei Problemen geringerer Schwere bzw. Tragweite eingesetzt werden können.

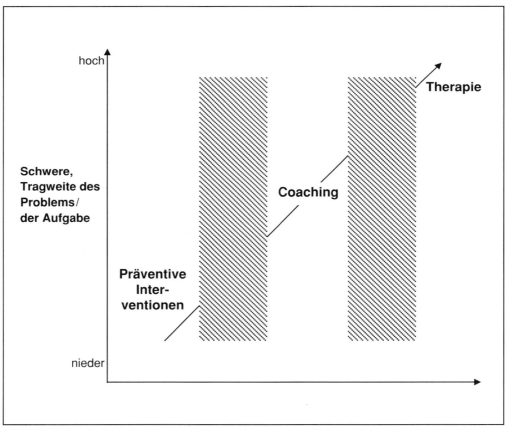

Abbildung 1:   Präventive Interventionen, Coaching und Therapie

Wie in Abbildung 1 dargestellt, konzentriert sich das Coaching vorrangig auf mittelschwere und schwerere Probleme. Kleinere Störungen, Probleme und Aufgaben wären hiernach Gegenstand von präventiven Interventionen, während sehr bedeutsame Probleme Gegenstand einer Therapie sind. Die Schraffuren sollen andeuten, dass es zwischen diesen Bereichen sicherlich keine eindeutigen Trennungen gibt, die Übergänge also eher fließend sind.

Coaching zielt auf mittelschwere Probleme

Die Durchführung eines Coachings ist zu empfehlen, wenn Probleme über längere Zeit bestehen, sich zunehmend verschärfen, innerhalb der Organisation eine größere Tiefen- bzw. Breitenwirkung erreicht haben und bisherige Versuche fehlgeschlagen sind, diese mit Maßnahmen, die dem Bereich der präventiven Interventionen zuzuordnen sind, zu beheben. In weniger schweren Fällen wird es sinnvoll sein, zunächst über den Einsatz von präventiven Maßnahmen nachzudenken, wie sie in Abschnitt 3 in geraffter Form dargestellt sind.

Wann sind präventive Interventionen sinnvoll?

Gliederung der präventiven Interventionen

So vielfältig Coaching-Formen[2] zwischenzeitlich sind, sind auch die Formen von präventiven Interventionen. Wie in Abbildung 2 dargestellt, kann man präventive Interventionen zunächst in allgemeine und spezifische Formen gliedern. Zum Bereich der allgemeinen Interventionen zähle ich das Gespräch mit sich selbst, das Lesen und das Hören von Musik sowie die verschiedenen Formen von körperzentrierten Interventionen (so z.B. das autogene Training, das Biofeedback, meditative Techniken und die progressive Muskelrelaxation). Kennzeichen dieser Interventionen ist, dass sie unspezifisch bzw. methodenorientiert sind: So können meditative Techniken oder das Lesen bei verschiedenen Anlässen hilfreich sein. Im Vergleich hierzu setzen spezifische Techniken an einem konkreten Problem (z.B. einem Konflikt innerhalb einer Arbeitsgruppe) an, wobei man – in Anlehnung an die übliche Gliederung von Coaching-Interventionen – auch hier zwischen einer intrapersonalen, interpersonalen und organisationalen Ebene unterscheiden kann.

Präventive Interventionen sind vielfältig

Wie beim Coaching geht es auch bei präventiven Interventionen darum, eine adäquate Lösung für ein Problem zu finden. So sollen vorhandene Störungen, Behinderungen, Konflikte oder Ängste durch präventive Maßnahmen reduziert, Antworten auf spezifische Fragen oder konkrete Verhaltensmöglichkeiten für spezifische Anlässe gefunden werden.

Lösungen sollen gefunden werden

---

[2] Siehe z.B. Fatzer (1993, 1996), Looss (1997), Schreyögg (1996) und Wahren (1997).

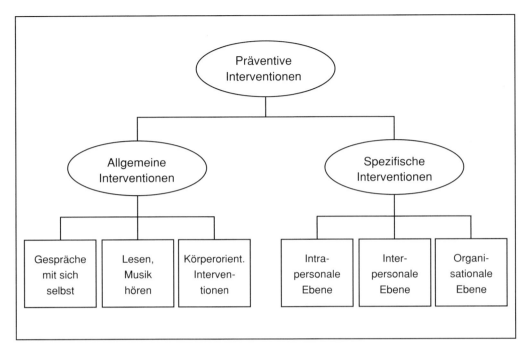

Abbildung 2:   Präventive Interventionen

Interventionen ohne Coach

Ein wesentliches Charakteristikum von präventiven Interventionen ist, dass diese von den Klienten weitgehend selbst – also ohne externen Coach – realisiert werden. Dies bedeutet jedoch nicht, dass die (Mit-)Hilfe „Dritter" ausgeschlossen wäre. So gibt es präventive Interventionen, bei denen z.B. Führungskräfte in Bezug auf spezifische Zielgruppen aktiv werden (so z.B. beim Vorgesetzten-Coaching, bei dem Führungskräfte ihre Mitarbeiter – in ganz spezifischen Angelegenheiten – coachen). Außerdem wird man bei einigen Interventionen Hilfe von „Dritten" beanspruchen. So ist es bei Interventionen im körperlichen Bereich sicherlich ratsam, wenn man spezifische Seminare oder Trainings besucht, in denen das notwendige Wissen und Können vermittelt wird.

Unterstützung durch andere Personen

2   Anlässe für präventive Interventionen

„Leid" und „Freud" als Ansatzpunkte für präventive Interventionen

Schaut man sich die in Organisations- und Qualitätshandbüchern gesam-
melten Stellenbeschreibungen, Organisationspläne und Ablaufregelungen
an, scheint in Unternehmen alles wohl geordnet zu sein: Jeder hat seinen
klar definierten Aufgabenbereich, Verantwortung und Kompetenzen sind
eindeutig geregelt, das von den Organisationsmitgliedern geforderte Verhalten ist in Führungsphilosophien beschrieben, wesentliche Vorgänge
werden durch Anweisungen geregelt, so dass das Ganze eigentlich reibungslos funktionieren sollte. Erfahrungen zeigen aber, dass die Begriffe
„Mülleimer" oder „organisierte Anarchien" die Wirklichkeit in Unternehmen viel treffender beschreiben als die Schimäre „reibungslos funktionierende Organisation".

Reibungslose Abläufe in Organisationen finden sich nur in der Theorie

Die meisten Unternehmen sind deshalb auch mit Problemen, die Ansatzpunkte für ein Coaching oder präventive Interventionen sein könnten,
reichlich „gesegnet": Geschäftsführer liegen miteinander im Clinch, Führungskräfte demotivieren durch ihr Verhalten Mitarbeiter, wichtige Mitarbeiter verlieren – aus zunächst unerklärbaren Gründen – an Leistungsfähigkeit, psychologische Spiele und mikropolitische Taktiken verhindern
ein sinnvolles Zusammenwirken, notwendige Veränderungen werden
durch einzelne Personen oder hierarchische Schichten subkutan boykot-
tiert. Jede Organisation hat – so könnte man resümieren – ihre „Leid"-
bzw. „Schatten"-Seiten in Form von individuellen, zwischenmenschlichen und/oder kollektiven Problemen (s. Abbildung 3), die ein besseres
Vorankommen behindern, und die, wie ich im weiteren Verlauf darstelle,
mittels präventiver Interventionen reduziert, u.U. auch ganz gelöst werden
können.

Die Leiden der Unternehmen sind vielfältig

Neben dieser „Leid"-Seite gibt es eine „Freud"-Seite, bei der das
Wachstum von Individuen, zwischenmenschlichen Beziehungen oder
Kollektiven im Vordergrund steht. Präventive Interventionen werden hier
zur Konzeptionierung und Begleitung von Veränderungsprozessen eingesetzt: Sie unterstützen Führungskräfte und Mitarbeiter bei der Entwicklung ihrer individuellen Kompetenzen oder helfen ihnen in ihren Bemühungen um eine Intensivierung des kooperativen Miteinanders, helfen bei
der Einführung von Gruppen- und Teamarbeit oder bringen Unternehmen
auf den Weg zu einer „lernenden Organisation" (s. Abbildung 3). Auch
wenn bei präventiven Interventionen üblicherweise die Bewältigung von
Störungen oder Problemen im Vordergrund steht, kann man feststellen,
dass immer mehr Unternehmen dazu übergehen, in Bereichen aktiv zu
werden, in denen es gar nicht so schlecht läuft, eine höhere Qualifikation

Wachstum und Entwicklung als Ansätze für präventive Maßnahmen

oder ein besseres Zusammenwirken jedoch zu (noch) besseren Ergebnissen führen.

Ebenen präventiver Interventionen

Es lassen sich 3 Ebenen unterscheiden

Die für präventive Interventionen relevanten Probleme können – wie beim Coaching[3] – nach drei Ebenen unterschieden werden: einer intrapersonalen, einer interpersonalen und einer organisationalen Ebene.

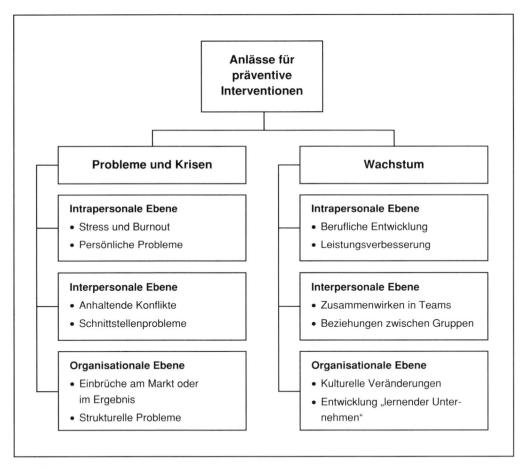

Abbildung 3:   Anlässe für präventive Interventionen

---

[3]   Siehe Wahren (1997, S. 25ff.). Hier werden die einzelnen Ebenen näher beschrieben.

Ausgehend von den zuvor dargestellten Anlässen kann man die in Abbildung 4 dargestellten Formen für präventive Interventionen unterscheiden. In den folgenden Ausführungen werde ich diese kursorisch beschreiben.

Formen der Prävention

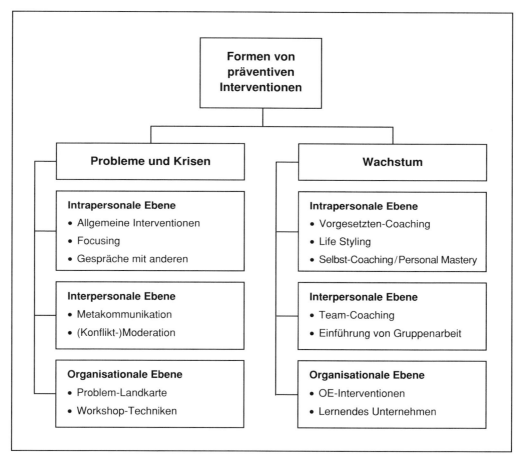

Abbildung 4:   Formen von präventiven Interventionen

3   Formen von präventiven Interventionen

3.1   Einsatz von präventiven Interventionen bei Problemen und Krisen

Probleme und Krisen auf intrapersonaler Ebene

Wandel erfordert Anpassung und verursacht Belastungen

Unternehmen, Führungskräfte und Mitarbeiter sind einem immer stärkeren Wandel ausgesetzt: Erworbene Fähigkeiten werden hinfällig und neue Fähigkeiten müssen erworben werden; Biographien werden durch organisatorische Veränderungen, betrieblich notwendige Versetzungen in Frage gestellt; gesundheitliche Probleme, welche die Leistungsfähigkeit beeinträchtigen, treten auf; Anforderungen werden vielfältiger und können kaum noch bewältigt werden. Typische Symptome, die sich aus diesen Belastungen entwickeln, sind Stress sowie tiefsitzende persönliche Unsicherheiten, Probleme oder gar Krisen. Geeignete präventive Interventionen könnten in diesen Fällen sein: die unterschiedlichen Formen von allgemeinen Interventionen (z.B. ein autogenes Training), das Focusing oder Gespräche mit anderen Personen (z.B. dem Partner, Familienangehörigen, Kollegen oder dem Vorgesetzten). All diese Interventionen haben ihre Vor- und Nachteile; sind je nach Situation und Konstellation unterschiedlich anwend- und einsetzbar. Ihre Realisierung setzt jedoch stets voraus, dass man aus der „Geworfenheit" des täglichen Lebens heraustritt, sich – u.U. mit Hilfe eines „Dritten" – aktiv mit sich selbst und der jeweiligen Umwelt auseinandersetzt, hierbei Wahrnehmungen, Gedanken oder Hoffnungen reflexiv betrachtet, überprüft und gegebenenfalls auch korrigiert.[4] Mit anderen Worten könnte man sagen: Man provoziert bewusst einen „Stop" im Strom des (Er-)Lebens und versucht an anderer, besserer Stelle wieder aufzusetzen. Eine weitere Voraussetzung ist, dass man sich – auch gegenüber sich selbst – öffnet, Zutrauen in die eigenen Kräfte entwickelt und Vertrauen gegenüber anderen Menschen.

Der Umgang mit Belastungen erfordert Abstand

Offenheit ist notwendig

Das Gespräch mit sich selbst

Ein erster, sicherlich naheliegender Ansatz ist, dass man sich mit sich selbst auseinandersetzt: in ein „Gespräch mit sich selbst" tritt, in dem man sich mit seinen Gedanken, Wahrnehmungen, Ängsten und Hoffnungen beschäftigt. Wie das Gespräch mit anderen Menschen erfordert auch das Gespräch mit sich selbst, dass die Dinge, die einem im Kopf durcheinanderwirbeln, gesichtet, geordnet, gewichtet und überprüft werden. Hilfreich hierbei ist, wenn man seine Gedanken – in irgendeiner Form – zu Papier bringt. Auf diesem Weg erhält man eine bessere Ein-„Sicht" in die

---

[4] Zu Aspekten einer reflexiven Aufarbeitung von Erlebnissen bzw. Erfahrungen im beruflichen Umfeld siehe z.B. Schön (1983) und Daudelin (1996).

eigene Gedankenwelt, und eine bessere Über-„Sicht", wie die verschiedenen Aspekte zusammenhängen.[5]

Ein zweiter Ansatzpunkt ist das Lesen: nicht so sehr das Lesen der üblichen „Ratgeber"-Veröffentlichungen, sondern das Lesen von guter Belletristik. So beschreiben z.B. die Romane von Thomas Mann, Lion Feuchtwanger, Franz Kafka, Max Frisch, Martin Walser oder Sten Nadolny – um nur einige Schriftsteller deutscher Sprache zu nennen – die Facetten menschlicher Irrungen, Wirrungen, Hoffnungen, Nöte und Ängste in einer intelligenten, zugleich aber auch lehrreichen Form. Gute Romane bieten deshalb zumeist auch bessere Ansatzpunkte für eine selbstreflexive Auseinandersetzung als die Lektüre von Veröffentlichungen aus der „How to be...-Ecke", bei denen der Heizwert oft größer ist als der Erkenntniswert.

Das Lesen guter Belletristik als Ausgangspunkt für Selbstreflexion

Spezifischere Ansätze für die Bearbeitung von Problemen auf personaler Ebene bietet das Focusing[6], eine Technik zur Selbsthilfe, bei der Probleme nicht nur mit dem Kopf, sondern auch dadurch, dass man seine Aufmerksamkeit bewusst ins Körperinnere lenkt, behandelt werden.

Focusing

Ein wichtiger Ansatzpunkt, Probleme auf der intrapersonalen Ebene anzugehen, ist das Gespräch mit anderen Personen: mit einem Familienmitglied, einem Freund, Kollegen oder Mentor. Der Akt des Sprechens (mit Kleist könnte man auch sagen: die allmähliche Verfertigung der Gedanken beim Reden) zwingt uns, unsere Gedanken zunächst einmal zu ordnen, um sie dann in eine kommunizierbare Form zu bringen. Insbesondere bei diesem Ordnen wird einem vieles klar. Hinderlich ist, wenn man in diesen Gesprächen – z.B. aus einer falsch verstandenen Freundschaft – die eigene, u.U. fragwürdige Meinung bestätigt bekommt oder wenn man die üblichen gut gemeinten Rat-„Schläge" erhält. Wichtig hingegen ist, dass man ein Gegenüber hat, das einem – wie dies auch ein Coach tut – aktiv und vorurteilsfrei zuhört und durch sinnvolle Fragen zu einer tieferen Einsicht in die eigene Gedankenwelt verhilft.[7]

Gespräche mit Anderen dienen der eigenen Orientierung

Ich möchte auf die hier angesprochene „heilende Kraft des Narrativen" noch etwas näher eingehen. Richard Sennett erzählt in „Der flexible Mensch"[8] die Geschichte von fünf Programmierern, die bei der IBM (USA) beschäftigt waren und in einer der Reengineering-Wellen freigesetzt wurden. Nach ihrer Entlassung trafen sie sich über Monate hin re-

Die heilende Kraft des Narrativen

---

[5] Siehe z.B. das von Walter (1996, S. 63ff.) beschriebene „Denkzeichnen".

[6] Siehe Gendlin (1981).

[7] Siehe Looss (1997, S. 66ff.). Looss stellt die Vor- und Nachteile von Gesprächen mit unterschiedlichen Bezugspersonen (Partner, Freund, Kollege...) dar, wobei es in der Praxis sicherlich schwierig sein wird, geeignete Gesprächspartner zu finden. Findet man diese nicht, kann das „miteinander Sprechen" die Dinge durchaus auch – wie Stiebel (1997) darstellt – schlechter machen.

[8] Sennet (1998, S. 169–185).

gelmäßig in einem Café, um in Gesprächen die Gründe für ihr berufliches Scheitern aufzuarbeiten. Der Inhalt dieser Gespräche wird von Sennett in drei Phasen gegliedert: In der ersten Phase sahen sich die Programmierer als passive Opfer, die von Vorgesetzten, Kollegen... „betrogen" wurden. In der zweiten Phase sahen sie den Grund für ihr Scheitern in der Globalisierung. Schuld an ihrer Entlassung waren vor allem „Ausländer", die Programmierarbeiten um jeden Preis übernahmen. In der dritten Phasen erkannten sie, dass ihre Misere vor allem durch ihr eigenes Verhalten verursacht war; dass sie zu lange auf die ihnen vertraute Großtechnologie setzten und sich zu spät mit dem PC beschäftigten. Alle fanden in der Kommunikation mit Gleichgesinnten genügend Ansatzpunkte, um sich aktiv mit ihrer beruflichen Zukunft auseinanderzusetzen. Sennett fasst seine Erfahrungen in der Begleitung dieser Gruppe wie folgt zusammen (S. 184f.):

Über Gespräche Einsicht und Hilfe finden

> „Dennoch, die wichtigste und einfachste Tatsache dieser langen Diskussionen ist die, daß die Programmierer einen Weg gefunden haben, das Scheitern untereinander zur Sprache zu bringen. Sie mußten sich aufeinander einlassen, sich aufeinander verlassen, um das Tabu zu brechen, und im Laufe der Zeit öffneten sie sich einander, unterstützten sich gegenseitig – und kamen auf die Art zu einer zusammenhängenderen Deutung des Geschehens, ihrer eignen Rolle und der Zeit."

Probleme und Krisen auf interpersonaler Ebene

Schwierigkeiten bei der Kooperation verschiedener Individuen

Unternehmen sind darauf angewiesen, dass Menschen kooperativ handeln: sich gegenseitig informieren, miteinander offen kommunizieren, ihre Handlungen möglichst reibungslos koordinieren, gemeinschaftliche Vorstellungen entwickeln wie ein Ereignis zu deuten ist, oder was man in der Zukunft tun will. In all diesen Prozessen treffen immer wieder spezifische Individuen mit ausgeprägten Eigenheiten und Verhaltensweisen, unterschiedlichen Wahrnehmungen, Werten, Weltbildern, Vorstellungen, Zielen und Hoffnungen aufeinander, wobei sich auftretende „Reibungen" schnell zu Konflikten mit negativen Folgen für eine Organisation entwickeln können.

Meta-Kommunikation als Konfliktlöser

Konflikte in zwischenmenschlichen Beziehungen können durch Kommunikation über Kommunikation, also Meta-Kommunikation[9] oder – wenn sie sich noch in einem gemäßigten Anfangsstadium befinden – durch eine sinnvolle (Konflikt-)Moderation[10] reduziert oder gelöst werden. Voraussetzung hierfür ist, dass man sich von der inhaltlich-sachlichen Ebene löst und sich auf eine meta-kommunikative Ebene be-

---

[9] Siehe hierzu Watzlawick et al. (1980) und Wahren (1987, S. 174ff.).
[10] Siehe Glasl (1990, S. 360ff.).

gibt, auf der dann über die Beziehung der Konfliktparteien kommuniziert wird.

So können sich Personen, die in ihrem Zusammenwirken kontinuierlich „Störungen" erleben, zusammensetzen und unter dem Motto: „Was behindert uns (in der Kommunikation) immer wieder?" über ihre jeweils spezifischen Erfahrungen, Wahrnehmungen, Verletzungen und Hoffnungen sprechen. Hierauf aufbauend können dann geeignete, von allen getragene Maßnahmen für zukünftige Veränderungen vereinbart werden.

Offenes Thematisieren von Störungen

Voraussetzungen für das Gelingen sind, dass der Konflikt keine zu tiefen Spuren hinterlassen hat; dass die teilnehmenden Personen den Willen haben, die bestehenden Probleme im kooperativen Miteinander anzugehen; dass die eingeleitete Meta-Kommunikation gut und möglichst neutral (z.B. durch einen „Dritten", der auch ein vom Konflikt nicht betroffener Kollege sein kann) moderiert wird; dass die wesentlichen Inhalte des Gesprächs (z.B. mittels Metaplantechnik) visualisiert werden; dass zum Ende des Gesprächs in kollektiver Form Maßnahmen vereinbart werden, die von allen Teilnehmern akzeptiert werden.

Voraussetzungen für den Erfolg von Meta-Kommunikation

Probleme und Krisen auf organisationaler Ebene

Typische Situationen, die eine Organisation erheblich erschüttern können, sind z.B. Einbrüche am Markt oder ökonomische Krisen. Solche Ereignisse können zu einer kollektiven Orientierungslosigkeit, einem reduzierten Selbstwertgefühl des Gesamtorganismus, kollektiven Ängsten oder einer andauernden Unfähigkeit führen, Probleme zu lösen.

Ökonomische Krisen werden persönliche Krisen

Präventive Interventionen, mit denen sich Probleme dieser Art reduzieren u.U. sogar überwinden lassen, sind Workshops, die Open Space-Technology oder die Future Search-Konferenz.[11] Auch hier versucht man zunächst, aus seiner „Geworfenheit" herauszutreten, sich reflexiv mit Ereignissen der Vergangenheit und Gegenwart auseinanderzusetzen und darauf aufbauend prospektive Zukunftsentwürfe zu entwickeln.

Entwickeln von Zukunftsperspektiven

An dieser Stelle muss darauf hingewiesen werden, dass präventive Interventionen Grenzen haben – ansonsten bräuchte man ja auch keine Coachs. So ist es sicherlich möglich, dass in einem Unternehmen, das über gut ausgebildete Moderatoren verfügt, kleinere Probleme auf organisationaler Ebene im Rahmen eines Workshops mit der Metaplantechnik bearbeitet werden. In einigen Unternehmen mag auch noch die Fähigkeit vorhanden sein, ein Open Space oder eine Future Search-Konferenz (zumindest in einer reduzierten Form) durchzuführen. Im weit größeren Teil

Grenzen präventiver Interventionen

---

[11] Zur Gestaltung von Workshops siehe Klebert et al. (1991) zur Open Space-Technology, Owen (1996) zum Future Search, Weisbord & Janoff (1995).

Mischformen von Coaching und Prävention

der Unternehmen fehlt jedoch das hierfür benötigte spezifische Know how. In solchen Fällen würde es sich anbieten, über Mischformen zwischen einem Coaching und präventiven Interventionen nachzudenken.

3.2   Einsatz von präventiven Interventionen bei Wachstumsbemühungen

Wachstum auf intrapersonaler Ebene

Funktionen eines Coachs

Betrachtet man, wie Coachs im Bereich des Leistungssports agieren, stehen Hilfestellungen im mental-psychologischen Bereich zumeist gleichbedeutend neben leistungsfördernden Maßnahmen. Ganz ähnlich sieht die Funktion des Coachings in Unternehmen aus. So geht es im (Management-)Coaching einerseits um den Transfer von Fach- bzw. Sachwissen, das helfen soll, spezifische Problemsituationen zu bewältigen. Betrachtet man diese Seite des Beratungsprozesses, befindet sich der Coach vorrangig in der Funktion eines Wissen und spezifische Erfahrungen vermittelnden Tutors. Andererseits geht es im Coaching – und innerhalb von präventiven Interventionen – um die Person des Beratenen: um seine Wahrnehmungen und Interpretationen, seine Einstellungen, Verhaltens- und Handlungsweisen, die Art des Zusammenwirkens mit anderen Personen, um seine Normen, Werte, Handlungstheorien, Weltbilder, Wünsche und Hoffnungen, die in reflexiven Prozessen erfasst, gedeutet, hinterfragt und gegebenenfalls in eine neue Richtung gelenkt werden. Ausgehend von diesen Intentionen werden typische Ansatzpunkte für Entwicklungsmaßnahmen auf der intrapersonalen Ebene vor allem aus Programmen zur beruflichen Entwicklung oder zur Erhöhung der Leistungsfähigkeit – z.B. eine höhere fachliche oder soziale Kompetenz (s. Glossar) – bestehen. Geeignete Interventionen können hierbei das Vorgesetzten-Coaching, das Life-Styling sowie Selbst-Coaching-Aktivitäten sein.

Der Beratene steht im Mittelpunkt

Entwicklung und Erhöhung der Leistungsfähigkeit

In den letzten Jahren wird die Idee des Coachings verstärkt mit den Aufgaben einer Führungskraft in Verbindung gebracht. In der Funktion eines Vorgesetzten-Coachs soll die Führungskraft Aufgaben zur Entwicklung der ihr unterstellten Mitarbeiter übernehmen. Das Vorgesetzten-Coaching (s. Glossar) zeichnet sich durch folgende Merkmale aus: (1) Die entwicklungsunterstützenden Handlungen des Vorgesetzten orientieren sich vorrangig an den von den Mitarbeitern zu erfüllenden Aufgaben. (2) In Absprache mit dem Vorgesetzten erhalten die Mitarbeiter neue Aufgaben zugeordnet, mit dem Ziel, ihre fachliche und soziale Kompetenz systematisch zu erproben und zu erweitern. (3) Der Vorgesetzte gibt seinen Mitarbeitern – im Sinne eines Tutors oder Instruktors – ein spezifisches

Der Vorgesetzte als Coach

Ziele des Vorgesetzten-Coachings

Feedback, wie er sie bei der Erfüllung der übertragenen Aufgaben erlebt hat.[12]

Die Maßnahmen des Vorgesetzten-Coachings zielen primär darauf ab, die Leistung sowie die fachliche und soziale Kompetenz der Mitarbeiter in regelmäßigen (z.B. quartalsweisen) Besprechungen zu analysieren und weiter zu entwickeln. In diesem Sinne könnte man das Vorgesetzten-Coaching auch als Kombination der Management-Instrumente: Zielvereinbarung, Mitarbeitergespräch und Personalentwicklung sehen. Das Vorgesetzten-Coaching unterscheidet sich insofern erheblich vom eigentlichen Coaching, da es sich vorrangig auf die berufliche Förderung der Mitarbeiter konzentriert und psychologische, auf ein konkretes Problem hin ausgerichtete Beratungselemente weitgehend ausgeklammert sind.

Konzentration auf berufliche Förderung

Eine spezifische Form fördernden Verhaltens, die mit dem Vorgesetzten-Coaching oft in Beziehung gebracht, mitunter auch gleichgesetzt wird, ist das Mentoring[13]. Im Gegensatz zum Vorgesetzten-Coaching, das sich vor allem auf die mittelfristige, aufgaben- bzw. problemorientierte Entwicklung von Fähigkeiten konzentriert, geht es beim Mentoring um die Entwicklung und Förderung eines Mitarbeiters über eine längere Zeitspanne hinweg. Ein Mentor ist ein Freund oder Partner (zumeist eine erfahrene, ältere Führungskraft), die der ihr zugeordneten (jüngeren) Führungskraft ihr Wissen vermittelt. Kennzeichnend für die Ziele des Mentorings sind die zumeist synonym verwendeten Begriffe: „Patenschaft" und „Sponsoring". Umschreibt man Mentoring als unspezifische, berufsorientierte Lebensberatung, unterscheidet es sich, da auch hier psychologische Beratungselemente fehlen, deutlich vom eigentlichen Coaching.

Mentoring als längerfristige Entwicklungs- und Förderungsmaßnahme

Geht es vor allem darum, das Leistungsvermögen zu erhöhen, indem man z.B. vorhandene Schwächen ab- und Stärken ausbaut, können ein Selbst-Coaching[14] (s. Glossar) zur Erlangung der angestrebten „Personal Mastery" oder Denk-Zeichen-Techniken[15] weiterhelfen. Will man sinnvolle Arbeits-, Berufs- und Lebensziele entwickeln, bieten spezifische Zielsetzungs-Methoden[16] oder ein Life-Styling[17] geeignete Ansatzpunkte. Für all diese Methoden gibt es umfassende schriftliche Informationen mit entsprechenden Arbeitsunterlagen sowie eine Vielzahl von geeigneten Weiterbildungs- bzw. Trainingsveranstaltungen.

Selbst-Coaching

Denk-Zeichen-Techniken, Zielsetzungsmethoden, Life-Styling

---

[12] Siehe z.B. Wildenmann (1994, S. 133ff.).

[13] Siehe Megginson (1988).

[14] Siehe z.B. Heinze & Rinck (1997), Senge et al. (1996, S. 223ff.) die Wege zur „Personal Mastery" aufzeigen, und Wildenmann (1994, S. 31ff.). Letztgenannte Veröffentlichung enthält auch ein PC-Programm zur Analyse des Führungsstils.

[15] Siehe z.B. Walter (1996).

[16] Siehe z.B. das von Buchner (1996) beschriebene „SPEZI-Modell" sowie Heinze & Rinck (1997, S. 59ff.).

[17] Siehe z.B. Hirth, Sattelberger & Stiefel (1981) und Heinze & Rinck (1997, S. 15ff.).

Wachstum auf der interpersonalen Ebene

Kooperation als Erfolgsfaktor

In den letzten Jahren wird zunehmend erkannt, dass der Erfolg von Unternehmen nicht so sehr von den individuellen Stärken oder Schwächen einzelner Personen abhängt, sondern vor allem von der Bewältigung der Prozesse des zwischenmenschlichen Miteinanders: vom kooperativen Zusammenarbeiten einzelner Organisationsmitglieder oder Teams. Ich möchte diese These anhand eines Beispiels verdeutlichen: Bis zum Beginn dieses Jahrzehnts konzentrierten sich die Personalentwicklungsmaßnahmen von Fluggesellschaften fast ausschließlich auf die Förderung individueller Kenntnisse und Fähigkeiten. Als festgestellt wurde, dass 70 Prozent der zwischen 1959 und 1989 erfolgten Flugzeugabstürze auf ein mangelhaftes Zusammenwirken der Flugmannschaften zurückzuführen waren[18], veränderten amerikanische Gesellschaften ihre Ausbildungsmaßnahmen und legten den Schwerpunkt auf das Training eines möglichst reibungslosen Zusammenwirkens in den Crews.

Team-Entwicklungs-Programme

Die „Crews" in Unternehmen unterscheiden sich nicht wesentlich von Cockpit-Crews. Geeignete Ansätze zur Förderung zwischenmenschlicher Beziehungen können hier z.B. sein: Verbesserung des Zusammenwirkens innerhalb von und zwischen Gruppen/Teams z.B. mittels Team-Entwicklungs-Programmen[19] sowie eine Unterstützung bei der Einführung von Gruppenarbeit (z.B. von Problemlösegruppen im Rahmen der Etablierung von Prozessen einer kontinuierlichen Verbesserung [KVP][20]).

Wachstum auf organisationaler Ebene

Auch Organisationen brauchen Wachstum und Entwicklung

Neben einzelnen Personen oder Gruppen können auch Organisationen das Bedürfnis haben, als handelnde, soziale Einheit zu „wachsen". Typische präventive Interventionen zur Entwicklung von Organisationen können sein: (1) Die seit vielen Jahren bekannten, im Rahmen von Coaching-Aktivitäten immer wieder eingesetzten Maßnahmen zur Organisations-Entwicklung (OE-Interventionen), soweit diese ohne Hilfe eines externen Coachs realisiert werden können[21]; (2) die bereits erwähnte Open Space-Technology und die Zukunftskonferenz[22]; (3) Programme zur Forcierung einer Entwicklung in Richtung „lernendes Unternehmen"[23].

---

[18] Daten wurden der Veröffentlichung von Wiener et al. (1993) entnommen. In dieser Veröffentlichung werden auch verschiedene Ansätze zur Team-Entwicklung dargestellt.

[19] Siehe z.B. Buchner (1995), Raab (1997), Scholtes (1995) und Wildenmann (1994).

[20] Siehe z.B. Wahren (1998).

[21] Siehe z.B. Fatzer (1993, 1996).

[22] Siehe 3.1 und Klebert et al. (1991), Owen (1996), Weisbord & Janoff (1995).

[23] Siehe z.B. Wahren (1996).

4   Resümee

Es muss nicht immer ein Coaching sein – mitunter reicht auch eine
präventive Intervention

Wie die vorausgegangenen Ausführungen zeigen, gibt es eine Vielzahl von kleineren Störungen oder Problemen, die sich – vor Einleitung eines Coachings – mit präventiven Interventionen angehen lassen. Die zuvor beschriebenen präventiven Interventionen zeichnen sich dadurch aus, dass sie wesentlich geringere Kosten verursachen und weit weniger tiefe Einschnitte in das Leben einer Person oder in die Abläufe einer Organisation erfordern. So wertvoll präventive Interventionen auch sind, haben sie doch ihre Grenzen. So sollte, wenn die zu bearbeitenden Probleme eine gewisse Tragweite besitzen, immer ein (externer) Coach eingesetzt werden.

Bei kleineren Störungen reichen präventive Maßnahmen

Die notwendigen Voraussetzungen schaffen, neue Arbeitsteilungen
finden

Die Ausführungen zu den Formen von präventiven Interventionen haben erkennen lassen, dass deren Anwendung ein jeweils spezifisches Wissen erfordert. Zu allen Themen gibt es zwischenzeitlich eine Vielzahl von Veröffentlichungen, so dass man sich das benötigte Wissen relativ leicht aneignen kann. Man muss es nur machen, was, wie mir in der Praxis immer wieder auffällt, zumeist ein Problem ist. So haben Führungskräfte oder Personalfachleute in vielen Fällen Kenntnis über „Instrumente", die man im Rahmen von präventiven Interventionen einsetzen könnte, ein ausreichendes Wissen über deren Inhalte ist jedoch in der Regel nicht vorhanden.

Spezifisches Wissen ist notwendig

Viele Möglichkeiten bleiben ungenutzt

Bei den meisten Interventionen kommt es nicht nur auf Wissen, sondern vor allem auf ein spezifisches Können an. Auch dieses Können lässt sich – z.B. im Rahmen von Trainings – erlernen, wobei sich der Erwerb von Können wesentlich zeitaufwendiger und schwieriger gestaltet als der Erwerb von Wissen. Dies dürfte in der Praxis auch das größte Problem bei der Realisierung von präventiven Interventionen sein: dass zu wenig Personen über ein entsprechendes Wissen und Können verfügen; dass zumeist niemand in der Lage ist (oder Zeit hat) einem Kollegen aktiv zuzuhören und ein förderliches Feedback zu geben; dass Führungskräfte in vielen Fällen außerstande sind, Mitarbeiter im Rahmen eines Vorgesetzten-Coachings gezielt zu fördern; dass keine Moderatoren vorhanden sind, die die Fähigkeit haben, die Mitglieder einer Arbeitsgruppe in der Aufarbeitung eines Konflikts (neutral) zu begleiten. Aus diesen Gründen wird es sich in vielen Fällen anbieten, präventive Interventionen mit Coa-

Interventionen erfordern längerfristige Qualifizierung

Sinnvolle Kombinationen

ching-Aktivitäten zu „mixen": dass man Vorgehensweisen mit einem Coach plant und die Realisierung dann weitgehend in Eigenregie – mittels Maßnahmen, die dem Reservoir der präventiven Interventionen entstammen – durchführt.

Literatur

Buchner, D. (1995). *Team-Coaching: Gemeinsam zum Erfolg*. Wiesbaden: Gabler.

Buchner, D. (Hrsg.). (1996). *Manager Coaching: Wie individuelle Ressourcen programmiert werden*. (2. Aufl.). Paderborn: Junfermann.

Daudelin, M.W. (1996). Learning from Experience Through Reflection. *Organizational Dynamics*, Winter 1996, S. 36–48.

Fatzer, G. (Hrsg.). (1993). *Supervision und Beratung: Ein Handbuch*. (4. Aufl.). Köln: EHP.

Fatzer, G. (Hrsg.). (1996). *Organisationsentwicklung und Supervision: Erfolgsfaktoren bei Veränderungsprozessen*. Köln: EHP.

Gendlin, E. T. (1981). *Focusing: Technik der Selbsthilfe bei der Lösung persönlicher Probleme*. Salzburg: Otto Müller.

Glasl, F. (1990). *Konfliktmanagement: Ein Handbuch für Führungskräfte und Berater*. (2. Aufl.). Bern/Stuttgart: Haupt/Verlag Freies Geistesleben.

Heinze, R. & Rinck, E. (1997). *Der Aufschwung beginnt bei mir: Führungskompetenz durch Selbstcoaching*. Zürich: Orell Füssli.

Hirth, R., Sattelberger, T. & Stiefel, R. T. (1981). *Life-Styling: Das Leben neu gewinnen*. Landsberg/Lech: Verlag Moderne Industrie.

Klebert, K., Schrader, E. & Straub, W. (1991). *ModerationsMethode*. (5. Aufl.). Hamburg: Windmühle.

Looss, W. (1997). *Unter vier Augen: Coaching für Manager*. (4. Aufl.). Landsberg/Lech: Verlag Moderne Industrie.

Megginson, D. (1988). Instructor, Coach, Mentor: Three Ways to Helping for Managers. *Management Education and Development*, 1/1988, S. 33ff.

Owen, H. (1996). *Open Space Technology: A User's Guide*. (4. Aufl.). Potomac, ML: Abbott Publishing.

Raab, S. (1997). *Full Power*. Neuwied: Luchterhand.

Schreyögg, A. (1996): *Coaching: Eine Einführung für Praxis und Ausbildung*. (2. Aufl.). Frankfurt/M.: Campus.

Schön, D.A. (1983). *The Reflective Practitioner: How Professionals Think in Action*. New York: Harper Collins Publishers.

Scholters, P. R. (1995). *The Team Handbook*. (24. Ed.). Madison, WI: Joiner.

Senge, P. M. et al. (1996). *Das Fieldbook zur Fünften Disziplin*. Stuttgart: Klett-Cotta.

Sennett, R. (1998). *Der flexible Mensch: Die Kultur des neuen Kapitalismus*. Berlin: Berlin Verlag.

Stiebel, D. (1997). *When talking makes things worse: Resolving problems when communication fails*. Dallas, TX: Whitehall & Nolton.

Wahren, H.-K. E. (1987). *Zwischenmenschliche Kommunikation in Unternehmen: Grundlagen, Probleme und Ansätze zur Lösung*. Berlin/New York: de Gruyter.

Wahren, H.-K. E. (1996). *Das lernende Unternehmen: Theorie und Praxis des organisationalen Lernens*. Berlin/New York: de Gruyter.

Wahren, H.-K. E. (1997). *Coaching*, Eschborn: RKW.

Wahren, H.-K. E. (1998). *Erfolgsfaktor KVP: Mitarbeiter in Prozesse der kontinuierlichen Verbesserung integrieren.* München: C.H.Beck.

Watzlawick, P., Beavin, J. H. & Jackson, D. D. (1980). *Menschliche Kommunikation: Formen, Störungen, Paradoxien.* (5. Aufl.). Bern: Huber.

Walter, H.-J. (1996). *Denk-Zeichnen.* (2. Aufl.). Bayreuth: Josef Schmidt Verlag.

Weisbord, M. R. & Janoff, S. (1995). *Future Search: An Action Guide to Finding Common Ground in Organizations & Communities.* San Francisco: Berrett-Koehler Publishers.

Wiener, E. L., Kanki, B. G. & Helmreich, R. L. (Eds.). (1993). *Cockpit Resource Management.* San Diego, CA: Academic Press.

Wildenmann, B. (1994). *Professionell führen: Empowerment für Manager, die mit weniger Mitarbeitern mehr leisten müssen.* Neuwied: Luchterhand.

TEIL II:
KONZEPTE

Einzel-Coaching – Das Konzept einer komplexen Beratungsbeziehung

Wolfgang Looss und Christopher Rauen

1 Abnutzungserscheinungen

Als Mitte der 80er Jahre die ersten deutschsprachigen Veröffentlichungen die Etablierung des Begriffs „Coaching" in die Managementwelt einläuteten (Geissler & Günther, 1986; Looss, 1986), war noch nicht absehbar, welche Entwicklung das Konzept der Einzelberatung nehmen würde. Mittlerweile hat sich „Coaching" zu einem gängigen Modebegriff gewandelt, dessen Praxis als ausgesprochen bunt bezeichnet werden kann – leider auch im negativen Sinn. So muss eine Abnutzung des Begriffs durch seine Verwendung für nahezu jede Form von Beratung, Training, Schulung usw. konstatiert werden (Rauen, 1999). Dies ist aber nicht ungewöhnlich, denkt man z.B. an andere ins Management importierte Begriffe, deren Aussagekraft im Laufe ihrer Verwendung ebenfalls immer nebulöser wurde wie z.B. „System", „Prozess" oder „Kultur".

Verschleißerscheinungen

Für die an Theorie und Praxis beteiligten Personen kann eine derartige Entwicklung jedoch nicht von Interesse sein, entziehen sich derart verschwommene Begriffe doch leicht dem für die Qualität so wichtigen Gedanken der Evaluation (s. Glossar). In der Konsequenz bedeutet dies, dass die Anwendung des ursprünglichen Coaching-Gedankens ohne hinreichende sprachliche Präzision nahezu zwangsläufig eine Richtung einnimmt, die für jeden ernsthaft Interessierten nicht wünschenswert sein kann.

Ungenügende Genauigkeiten

Somit sollen im Folgenden die leider zuweilen schon in Vergessenheit geratenen Kerngedanken des Coaching-Konzepts dargelegt und anhand der Erfahrungen mit der bisherigen Entwicklung von seriöser und fundierter Beratung erläutert werden. Neben den notwendigen Definitionen steht zudem der Aspekt der Qualität der Anwendung im Vordergrund.

Kerngedanken der Beratung

2   Definition

**Reflexion
mittels
neutralem
Berater**

Der ursprünglich in die Welt der Wirtschaft und des Managements transferierte Grundgedanke des Coachings beinhaltet eine alte Idee: Es findet ein reflektierender Austausch mit einer neutralen Person statt, deren Prägungen, Vorwissen und Verhalten trotz fachlicher Kompetenz nicht von Betriebsblindheit (s. Glossar) und politischem Verhalten beeinflusst sind. Durch die externe Herkunft ist es dieser *Coach* genannten Person erlaubt bzw. oftmals erst möglich, insbesondere – jedoch nicht ausschließlich – mit ranghohen Führungskräften zu arbeiten. In gemeinsamen Sitzungen wird das Verhalten und Erleben des Klienten thematisiert und aufgearbeitet. Neben der reinen Reflexion (s. Glossar) spielen daher auch Rekonstruktion, Analyse, Konfrontation, Ratgeben und Planung oder auch schlicht das Vorhandensein eines kundigen Ansprechpartners eine entscheidende Rolle.

**Interaktive
Beratung**

Entgegen anderen Beziehungen mit beraterischen Inhalten verkörpert das Coaching jedoch kein Arzt-Patienten-Verhältnis: Der Coach vollzieht an seinem Klienten keine Dienstleistung ohne dessen Mitwirkung. Durch die Betonung der gemeinsamen Prozessarbeit wird nicht nur das „Selbst-Bewusstsein" im Sinn der Selbstwahrnehmung gefördert, es verbleibt auch die Verantwortung für den Erfolg des Prozesses beim Klienten. Idealerweise entsteht so ein interaktives Geschehen, von dem Klient und Coach profitieren können.

Grundmuster

Genau diese anfängliche Bedeutung des Coachings als Beratungsbeziehung machte den Reiz des Neuen in der Geschäftswelt aus, der zu einer erheblichen Popularität führte – und auf diesem Wege dann verwässert wurde. Als Grundmuster ist diesem Konzept des Coachings jedoch geblieben, dass es folgende Ziele anstrebt:

- Das Eingehen einer Beratungsbeziehung, die durch Vertrauen, Offenheit und gegenseitige Akzeptanz getragen wird – auf der Grundlage zuvor getroffener Vereinbarungen und nicht auf persönlicher Sympathie.

- Das Geben einer fundierten Rückmeldung des eigenen Verhaltens (Feedback, s. Glossar) und die Möglichkeit der reflexiven Analyse und des gegenseitigen Gedankenaustausches.

- Den Aufbau eines breiteren Verhaltens- und Erlebensspektrums beim Klienten, also die Vergrößerung individueller Wahlfreiheit und die Verkleinerung von Wahrnehmungsverzerrungen und -beschränkungen („blinde Flecken").

- Das Wiederherstellen oder Verbessern der Arbeitsfähigkeit und -leistung.

Der in einer Beratungsbeziehung realisierte Austausch mit einem neutralen Coach zum Zwecke der Klärung der Berufsrolle ist daher schon durch seinen Anspruch kein Alltagsphänomen. Der Coaching-Prozess hat seine Ursache in spezifischen Bedürfnissen des Klienten, der einen bestimmten Beratungsaufwand notwendig macht bzw. rechtfertigt und in einer gezielt angestrebten Beziehung realisiert wird.

Künstliche Beratungsbeziehung

Eine derartige Beratungsbeziehung kann am ehesten in Vier-Augen-Gesprächen umgesetzt werden, da in einer Gruppe von Klienten meist die notwendige Offenheit fehlt. Zudem können in einem Gruppen-Setting unterschiedliche gruppendynamische Effekte das Beratungsgeschehen behindern, da alle Klienten in ihren unterschiedlichen Anliegen beraten werden wollen. Auf die Spitze getrieben hieße dies, dass es sich um Einzel-Coaching unter Zeugen handelt, aber nicht um eine neue Beratungsqualität.

Vier-Augen-Situation

Im Folgenden soll somit unter „Coaching" folgendes verstanden werden: Coaching ist die in Form einer Beratungsbeziehung realisierte individuelle Einzelberatung, Begleitung und Unterstützung von Personen mit Führungs- bzw. Managementfunktionen. Formales Ziel ist es, bei der Bewältigung der Aufgaben der beruflichen Rolle zu helfen. Die vielbeschworene Hilfe zur Selbsthilfe ist dabei das Mittel der Wahl, das durch Beratung auf der Prozessebene und der Schaffung von lernfördernden Bedingungen ermöglicht werden soll. Eine derartige Arbeitsbeziehung kann nicht „zwischen Tür und Angel" aufgebaut werden und unterscheidet sich in Vorgehen, Tiefe und Wirkung erheblich von anderen Beratungsformen.

Definition Coaching

3 Konzept

Unter Berücksichtigung der o.g. Defintion erfordert eine sinnvolle konzeptionelle Umsetzung des Coaching-Gedankens in seiner Form als Einzel-Beratung eine Vielzahl von unterschiedlichen Faktoren, die über das Gelingen oder Nichtgelingen der Beratung entscheiden können. Mit ein Grund dafür ist der Umstand, dass Coaching thematisch sehr unterschiedliche Inhalte abdecken kann und es sich dabei nicht um eine Zweckkommunikation zur kurzfristigen eindimensionalen Leistungssteigerung des Klienten handelt. Auch beschränkt sich ein Coaching nicht einfach auf eine vordefinierte Anzahl zu absolvierender Gesprächssitzungen, denn das gewöhnliche Besprechen beruflicher Fragen postuliert keine neue und eigenständige Beziehungsform. Entsprechend umfassend sind die Anforderungen an ein fundiertes Coaching-Konzept, welches bei inhaltlicher Vielfalt durchaus von anderen Vorgehensweisen abgrenzbar ist.

Keine eindimensionale Leistungssteigerung

3.1   Hintergrund

Entscheidungs-druck

Coaching ist eine aus der Praxis stammende Arbeitsform und hatte ihren Hintergrund zunächst in der Beziehungsarbeit mit Führungskräften aus der Wirtschaft. Dies ist kein Zufall, denn insbesondere bei dieser Personengruppe fanden und finden sich unter dem immer größeren und sich schneller aufbauenden Druck des „Entscheiden-Müssen" und „Handeln-Müssen" kaum allein lösbare Rollenprobleme.

Das Stigma der Beratung nimmt ab

Dennoch musste diese Form der Beratung – wie viele andere auch – mit dem Stigma fertig werden, dass Hilfe von außen als Unfähigkeit, die eigenen Probleme allein in den Griff zu bekommen, interpretiert wurde. Hier hat sich jedoch im Laufe der Jahre ein deutlicher Wandel vollzogen: Mittlerweile ist es normal, bei Problemen fast jeglicher Art professionelle Hilfe in Anspruch zu nehmen. Heutzutage disqualifiziert sich eher derjenige als Führungskräft, der meint, alle Probleme allein lösen zu müssen. Eine Akzeptanz von Coaching-Maßnahmen auf breiter Front war die Folge.

Qualitätsmängel

Bei einer derart zunehmenden Nachfrage wurden jedoch zwei Probleme offensichtlich: Zum einen gab es für die stark expandierende Nachfrage für derartige Beratungsdienstleistungen gar nicht genügend qualifizierte Berater; zum anderen tummelten sich – angeregt durch die steigende Popularität des Coachings – immer mehr fragwürdige Anbieter am Markt. Dies hatte zur Folge, dass nun vieles als Coaching bezeichnet wurde, was mit dem Kerngedanken nicht in Einklang zu bringen ist.

Zielgruppen dehnen sich aus

Die steigende Nachfrage ist dabei auch dadurch bedingt gewesen, dass sich der Arbeitsbereich des Coachings nicht mehr auf den Business-Bereich beschränkte, sondern auch in Non-Profit-Organisationen jeglicher Art Einzug gehalten hat. Die mit dem allgemeinen Kostendruck einhergehende Notwendigkeit zum Wandel führte und führt auch hier zu Veränderungen in den Berufsrollen – und diese betrifft nicht nur die Führungsebene. Als neue hinzugekommene Zielgruppen finden sich daher für das Coaching nicht nur Führungskräfte, sondern mittlerweile ebenso selbstverständlich auch Sozialarbeiter, Lehrer, Sachbearbeiter, Pflegekräfte uvm.

Neue Anforderungen an den Coach

Derartige Entwicklungen und Veränderungen haben natürlich auch wieder Einfluss auf die Praxis des Coachings und somit auf das dahinterliegende Arbeitskonzept. Die Berufsrollen, damit zusammenhängende Probleme und das Selbstverständnis der im Non-Profit-Bereich arbeitenden Menschen stellen andere Anforderungen an einen Coach als die Arbeit in der Businesswelt. Dennoch und vielleicht sogar gerade deswegen haben die das Coaching ausmachenden Basisvariablen ihre Gültigkeit behalten und sollen nun näher dargelegt werden.

3.2 Basisvariablen

Die Basisvariablen eines Coaching-Konzepts bilden quasi das Grundgerüst beraterischer Dienstleistung und ermöglichen es dem Coach, einem Klienten seine Werte und sein Menschenbild, seine Vorgehensweisen, den beraterischen Prozess und die dahinterliegenden Wirkzusammenhänge zu vermitteln. Entscheidend im gesamten Beratungsprozess bleibt dabei die persönliche Kompetenz und Echtheit (s. Glossar) des Coachs beim Vorleben seiner beraterischen Grundwerte. So ist eben diese persönliche Kompetenz als eine Basisvariable anzusehen, denn erst sie ermöglicht es dem Coach, eine von gegenseitiger Akzeptanz getragene und belastbare Beratungsbeziehung aufzubauen.

Grundgerüst der Beratung

Auf der anderen Seite ist der Klient gefordert, sich offen und vor allem aus eigenem Antrieb in den Prozess einzubringen. Ohne ein eigenständiges Interesse an einer Beratung sind die Vorzeichen für ein z.B. vom Chef angeordnetes Coaching negativ. Ein Coach ist gut beraten, die Ausgangslage für derart zustandegekommene Situationen zu klären und ggf. das Coaching abzulehnen: Die unternehmenszielorientierte Beeinflussung von Mitarbeitern ist keine Beratung und ein Coach tut gut daran, Auftragstellungen dieser Art grundsätzlich abzulehnen und dies auch klar begründet zu vermitteln.

Klärung der Ausgangslage

Es ist eine der Stärken des Coaching-Konzepts, dass der Coach als unabhängiger und neutraler Berater ja eben nicht in unternehmenspolitische Interessen eingebunden ist und daher von einer nicht vorbelasteten Rolle profitieren kann. Genau diese Neutralität (s. Glossar) gilt es stets zu bewahren, der Coach ist daher auch weder Freund noch Gegner des Klienten. Vielmehr ist der Coach den gemeinsam erst im Beratungsprozess mit dem Klienten erarbeiteten Zielen verpflichtet. So ist es möglich, die notwendige Kombination aus beraterischem Engagement und reflektierender Neutralität sinnvoll umzusetzen. Dies kann natürlich nur gelingen, wenn mit den Klienten klare und akzeptable Spielregeln (Arbeitsbündnis, psychologischer Vertrag) vereinbart sind, in denen das gemeinsame Vorgehen geregelt ist und Themen wie z.B. Vorannahmen, Wünsche, Befürchtungen, Tabuzonen, Rechte, Pflichten, Risiken, Chancen und mögliche Prognosen thematisiert wurden.

Neutralität wahren

Spielregeln klären

Entsprechendes gilt für den formalen Vertrag, der in seiner Form als Dienstvertrag u.a. den Leistungsumfang, Honorar, Zeitdauer, Anzahl der Termine, Entschädigungen für Terminausfälle und -änderungen, Reisekosten, Geheimhaltungspflicht, Haftungsfragen und Zahlungsweisen regelt. Idealerweise werden hier schon prophylaktisch Konfliktregelungsmechanismen vordefiniert, auch wenn sich noch keine Konflikte abzeichnen – und zudem die Behandlung von Konflikten glücklicherweise nur in seltenen Ausnahmefällen über den formalen Vertrag erfolgen muss.

Vertragliches

Bewusstsein und Verantwortung fördern

Wie bereits dargestellt beschäftigt sich die coachende Beratungsbeziehung mit zentralen Aspekten der Berufsrolle des Klienten. Aus dieser Ausgangslage heraus ergibt sich meist die Notwendigkeit, Selbstwahrnehmung und Rollenverständnis zu reflektieren. Daraus folgt weiterhin, dass es eine Hauptaufgabe des Coachs ist, Bewusstsein und Verantwortung des Klienten zu fördern. Somit kommt der Transparenz des gesamten Beratungsprozesses eine eminente Bedeutung zu, da ein Prozess, den der Klient nicht versteht, wohl kaum innerhalb eines überschaubaren Zeitrahmens eine Förderung von Bewusstsein und Verantwortung erwarten lassen kann. Aus diesen Gründen sind – von ethischen Überlegungen ganz abgesehen – alle manipulativen Verfahren abzulehnen, da sie dem Grundgedanken der Transparenz im Coaching entgegenstehen.

Diskretion wahren

Bei aller Transparenz innerhalb des Prozesses bleibt natürlich die Diskretion nach außen gewahrt. Der Klient kann und wird sich nur offen in den Prozess einbringen, wenn er sich darauf verlassen kann, dass die Inhalte des Coachings vertraulich behandelt werden. So zeichnet es den professionell arbeitenden Coach aus, dass er in der Lage ist, in der Beratung angstfreie Situationen und eine für Lernprozesse günstige Atmosphäre zu schaffen.

Umgang mit Widerständen

Dabei ist zu berücksichtigen, dass insbesondere in Beratungssituationen immer Widerstände möglich sind, z.B. aus Angst vor Veränderung. Generell müssen Coach und Konzept mit z.T. nachhaltiger Ausdauer den Klienten an der Stelle abholen, an der er steht. Emotionale und intellektuelle Überforderungen sind hier genauso zu vermeiden wie entsprechende Unterforderungen. So ist mit eine der wichtigsten Variablen im Coaching-Prozess, dass Coach und Klient hier zusammenpassen sollten bzw. eine konstruktive Art des Miteinander-Umgehens finden müssen. Der Coach muss zudem bedingt durch seine Ausbildung und Erfahrung den Mut besitzen, auch „heiße Eisen" zu thematisieren und eben die Dinge anzusprechen, die bisher nicht thematisiert wurden. Und er braucht die Standfestigkeit, an entscheidenden Punkten nicht aufzugeben, auch wenn die bei Widerständen auftretende Kritik sein Wirken in Frage stellt.

Veränderungen im Arbeitskonzept

Zu guter Letzt profitiert das Konzept eines Coachs in ganz erheblichem Maß von seiner Erfahrung. So verändert und ergänzt sich das Konzept mit jedem Klienten und der mit einem Auftrag verbundenen individuellen Beratungsarbeit. Dabei können Erfolg und Misserfolg im Rahmen der Evaluation des eigenen Handelns darüber entscheiden, welche sinnvollen Veränderungen am Konzept vorzunehmen sind. Beliebig veränderbar ist ein Coaching-Konzept indes nicht, da die genannten Basisvariablen nach wie vor von Bedeutung sind und sie die Grundlage von als „Coaching" zu bezeichnenden Handlungsmustern darstellen.

3.3 Vertrauen

Als elementare Grundlage der Beratungsbeziehung im Coaching ist Vertrauen von entscheidender Bedeutung für die Qualität der Interaktion von Coach und Klient. Zunächst scheint dabei der Begriff „Vertrauen" unmittelbar verständlich, wird aber subjektiv sehr unterschiedlich ausgefüllt. Ohne auf eine theoretische Strömung der Vertrauensforschung fixiert zu sein, seien hier in Übereinstimmung mit Schweer (1998) drei Aspekte des Vertrauens hervorgehoben:

Vertrauen ist subjektiv

- Vertrauen kann nur dann entstehen, wenn auch das Risiko eines Missbrauchs zu befürchten ist; dies trifft auf das Coaching sogar (leider) in besonderer Weise zu. Tragfähiges Vertrauen bedarf also immer einer bzw. mehrerer Bewährungsproben, die bestanden werden.

Vertrauen als Risikoverhalten

- Individuen erwarten i.d.R., dass Vertrauen erwidert wird, wenn man z.B. mit einseitigen vertrauensfördernden Handlungen in Vorleistung geht (und sich somit als vertrauens-*würdig* darstellt).

Vertrauen auf Gegenseitigkeit

- Ein stabiles Vertrauensverhältnis kann sich erst nach mehreren Interaktionen etablieren und benötigt daher Zeit. Die Auswirkungen von vertrauensfördernden Handlungen zeigen sich somit meist erst im späteren Beziehungsstadium.

Vertrauen braucht Zeit

Die Entwicklung von Vertrauen fußt somit auf der Bereitschaft von Coach und Klient, das eigene Verhalten bzw. die Qualität der Interaktion im Bezug auf den Aufbau von Vertrauen selbstkritisch zu reflektieren und ggf. im Hinblick auf die o.g. Aspekte zu optimieren. Dabei ist zu beachten, dass die Fähigkeit bzw. der Wille zum Aufbau von Vertrauen sehr unterschiedlich ausgeprägt sein kann, da dies vom aktuellen Kontext des Individuums und seinen bisherigen Erfahrungen abhängig ist.

Vertrauen ist kontextabhängig

Zum Aufbau von Vertrauen kann der Coach somit nicht auf ein vereinfachendes Standardvorgehen oder eine Methode zurückgreifen. Entscheidend ist vielmehr, im Handeln und Erleben soweit sensibilisiert zu bleiben, dass eigene, sich schleichend aufbauende Routinen erkannt werden.[1] Gleichermaßen ist der Coach als Experte für die Beratungsbeziehung angehalten, für Bedingungen Sorge zu tragen, die den Aufbau und die Stabilisierung von Vertrauen überhaupt erst ermöglichen und hat somit auch eine Vorbildfunktion. Dies gehört zur *Vertrauenwürdigkeit* des coachenden Beraters und muss stets neu erarbeitet werden.

Ein Coach muss des Vertrauens würdig sein

---

[1] Hier kann z.B. die Supervison als Beratungsform bzw. Psychohygienefunktion für den Coach wertvolle Dienste leisten, Wahrnehmung und Verhalten entsprechend flexibel zu halten.

3.4   Die Unmöglichkeit von Patentrezepten

Methodisches Können reicht nicht

Aus den bisherigen Ausführungen sollte bereits klar geworden sein, dass eine Arbeitsform wie das Coaching weder lehrbuchhaft vermittelt noch praktiziert werden kann. Die Gestaltung einer professionellen Beratungsbeziehung verlangt fachlich komplexe Kompetenzen und menschliche Qualitäten, die weit über antrainierbare Techniken hinausgehen. Überflüssig wird ein methodisches Können damit nicht– ganz im Gegenteil. Entscheidend für die Beratungsbeziehung bleibt jedoch die Art und Weise, mit der ein Coach die von ihm bevorzugten Methoden und Vorgehensweisen im Rahmen seines zwingend notwendigen Gesamtkonzepts einsetzt.

Echtheit in der Beratung

Ein Vorgehen nach Patentrezepten verbietet sich also schon deshalb, weil die Echtheit der Gestaltung der Beratungsbeziehung zwischen Coach und Klient eine zentrale Variable darstellt. Ohne ein echtes Interesse an dem Klienten und seinen Problemen werden rein methodische Kenntnisse und Fähigkeiten bestenfalls keinen Schaden anrichten. Der Einsatz nahezu beliebig zusammengesuchter Techniken ohne erkennbares Gesamtkonzept kann dem qualitativen Anspruch einer ernsthaften Beratung jedoch nicht gerecht werden.

4   Die Notwendigkeit der Beratung

Vielfältige Beratungsanlässe

Obwohl die Arbeitsformen der Beratung mit ihrer langen und vielfältigen Tradition auf ein umfangreiches Repertoire an Anlässen von Beratungsanliegen zurückblicken können, ergeben sich immer wieder neue Notwendigkeiten, auf die professionelle Hilfe anderer Personen zurückzugreifen. Ohne die bereits an anderen Stellen oftgenannten Anlässe von Beratungsgeschehen erneut zu rezitieren, sei daher darauf hingewiesen, welche Ausgangslagen ein Coaching zu einer sinnvollen Interventionsform werden lassen können.

Organisationaler Veränderungsdruck

Generell ist es nicht das Individuum allein, in dem zu lösende Probleme auftreten, sondern ebenso die Organisation, in der es tätig ist. Die Organisation wird wiederum von zahlreichen Kontextfaktoren beinflusst, deren Dynamik scheinbar unaufhaltsam voranschreitet. Auf der globalen Ebene ist ein Veränderungsdruck erkennbar, der seit den 80er Jahren drastisch an Stärke zugenommen hat. Ein Ende der Entwicklung ist nicht abzusehen – ganz im Gegenteil. In zukunftsträchtigen Wirtschaftszweigen wie der Computerhardware- oder der Informations- und Kommunikationsbranche, sind Produktentwicklungszyklen von drei Monaten keine Seltenheit mehr. Welche Auswirkungen ein derart unerbittlicher Innovationsdruck auf ein Unternehmen und seine Mitarbeiter haben kann, bedarf an dieser Stelle keiner weiteren Erläuterung. Hier wird deutlich, dass beraterisches Erfahrungswissen nur bedingt hilfreich sein kann, da die Halbwertzeit früher gefundener Lösungswege unter solchen turbulenten Bedingungen steil fällt und damit auch die Wirksamkeit entsprechend gestalteter Interventionsmuster. So erfordern also diese neuen Bedingungen auch andere Herangehensweisen und angemessene Formen der Beratung.

Erfahrungs-wissen veraltet

Gleichzeitig ist zu berücksichtigen, dass mit dem technischen Wandel, der fortschreitenden Globalisierungswelle und dem Innovationsdruck auch ein kultureller Wertewandel einhergeht, der für den einzelnen Menschen nicht ohne Wirkung bleibt, z.B. der Druck, schneller lernen zu müssen denn je; die Notwendigkeit, Entscheidungen von nahezu unbekannter Tragweite zu fällen; der Einklang von beruflichen und privaten Anforderungen uvm.

Kultureller Wandel

Aus pragmatischer Sicht ist es daher sinnvoll, die wechselseitige Beeinflussung von Rahmenbedingungen, Organisation und Individuum zu berücksichtigen. Wenn ein Coaching auf der Ebene des Individuums ansetzt, bedeutet dies nicht, mögliche pathologische Organisationsstrukturen und weitere Rahmenbedingungen zu vernachlässigen. Es ist auch nicht die (zurecht kritisierte) Aufgabe der Beratung, das Individuum an schädigende Strukturen anzupassen. Hier sollte man jedoch nicht dem Fehlglauben verfallen, dass mit einer Änderung der Strukturen die Probleme der Organisationsmitglieder quasi automatisch in deren Fahrwasser mitverändert würden. Wenn eine organisatorische Schieflage sich einmal in dem Verhalten des Individuums mit einem beratungswürdigenden Ergebnis niedergeschlagen hat, so ist dies *auch* in Form von Einzelberatung aufzuarbeiten. Dies soll und kann selbstverständlich nicht einen Handlungsbedarf auf organisationaler Ebene überflüssig machen – hier sind sinnvolle Kombinationen gefragt. So ist es stets notwendig, die eigentlichen Ursachen für Beratungsanlässe zu klären, um ggf. auch dahinterliegende Muster der Organisation aufzudecken.

Wechsel-wirkungen

Strukturelle Probleme wirken im Individuum

Zusammengefasst kann die Erfordernis für eine zweckmäßige Beratungsbeziehung dann als gegeben betrachtet werden, wenn folgende Punkte gegeben sind:

- Die Ausübung der Berufsrolle wird bedingt durch persönliche Gründe als nicht optimal eingeschätzt.

- Die Berufsrolle kann auf Grund struktureller bzw. organisatorischer Gegebenheiten nicht ohne weiteres geändert werden.

- Die wahrgenommenen Schwierigkeiten tauchen im Arbeitskontext auf und werden vom Klienten als veränderbar eingeschätzt.

- Die gemeinsam mit dem Klienten vorgenommene Problemanalyse der Berufsrolle umfasst nicht nur die individuelle Sichtweise, sondern auch die Einflussfaktoren der ihn umgebenden Rahmenbedingungen.

Ursachen- und nicht Symptombehandlung

Die Berücksichtigung strukturell bedingter Problemursachen ist sehr bedeutsam, weil ansonsten das Coaching als individuelle Maßnahme auf der falschen Ebene eingesetzt wird. Die Vernachlässigung von Faktoren wie ungeklärten Kompetenzbereichen, unangemessenen Beurteilungs- und Bezahlungsmodellen, informellen Hierarchiestrukturen uvm. könnte somit dazu führen, dass lediglich die individualisierten Symptome, jedoch nicht deren eigentliche Ursache angegangen werden. Bei organisationsbedingten Problemursachen muss ein seriös agierender Coach die offene Problemklärung einer möglichen Lebensaufgabe – eine dauerhafte Änderung der Symptomatik wäre ja bei rein individuumszentrierter Beratung eher unwahrscheinlich – vorziehen.

4.1   Gegenindikationen

Kein Allheilmittel

Bei allen möglichen Notwendigkeiten, die ein Coaching als Beratungssetting sinnvoll erscheinen lassen, gibt es viele Problemsituationen, in denen eher andere Interventionsformen angeraten sind. Prinzipiell zunächst an ein Coaching zu denken, weil es sich zuvor bei bestimmten Problemkonstellationen bewährt hat, geht an der Idee dieses Beratungskonzepts vorbei: Coaching kann eben kein Allheilmittel sein und es ist davon abzuraten, dass es flächendeckend und unspezifisch für Anliegen jeglicher Art eingesetzt wird.

Ein Klient muss sich selbst helfen können

Grundvoraussetzung und ggf. Ausschlusskriterium für die Beratungsarbeit ist neben den bereits bei den Basisvariablen des Konzepts erwähnten Umständen, dass die Selbstregulationsfähigkeiten des Klienten noch wirksam sind. Die Veränderung einer als problemhaft eingeschätzten Lage sollte für den Klienten aus eigenem Antrieb– wenn auch mit Hilfe eines Coachs – noch möglich sein. Im Umkehrschluss bedeutet dies klar: Für tiefergehende Probleme, die das Verhalten und Erleben einer Person bereits so weit eingeschränkt haben, dass eher eine Therapie angemessen erscheint, kann das Coaching kein Ersatz sein. Klassische Beispiele

Coaching ist kein Therapieersatz

Therapie erfordernder Schwierigkeiten sind neben den diversen Formen psychischer Erkrankungen die im Management häufigeren Abhängigkeitserkrankungen. Zeigt sich erst innerhalb der Beratungsarbeit ein entsprechend eher therapeutische Interventionen erfordernder Bedarf beim Klienten, so ist dem auf alle Fälle Rechnung zu tragen. Der Coach kann hier nur durch die Empfehlung anderer Spezialisten oder Hilfsformen (Psychotherapeuten, Psychiater, Neurologe, Selbsthilfegruppen) weiterhelfen. Im Rahmen einer individuellen Lernform, wie es das Coaching darstellt, sind derartige Probleme nicht zu behandeln.

So bleibt das Coaching in Abgrenzung zu anderen Verfahren, insbesondere verschiedenen Formen von (Psycho-)Therapie, zu einem Großteil in die Managementwelt eingebunden. Als Tribut an die Zielgruppe ist ein Teil ihrer Denkschemata zu übernehmen, um dort effektiv und wirksam tätig sein zu können. Grundthema bleibt stets die taugliche Gestaltung der Berufsrolle im Hinblick auf die Erarbeitung angemessener Bewältigungsmuster.

Gestaltung der beruflichen Rolle

5 Ablauf

Der Ablauf eines Coaching-Prozesses ist ein ebenso komplexes wie individuelles Geschehen. Erst auf der Meta-Ebene (s. Glossar) lassen sich Strukturen trotz inhaltlicher Unterschiede übersichtlich darstellen. Es sei daher darauf hingewiesen, dass die folgenden Darstellungen sich nicht daran orientieren, starre Handlungsabläufe auf inhaltlicher Ebene wiederzugeben, sondern die Gestaltung des Prozesses verständlich zu machen.

Abläufe auf der Prozessebene

Generell lässt sich über den gesamten Prozess sagen, dass er einen Umfang von ca. 10 Sitzungen umfassen sollte, um wirksam sein zu können. Trotz dieses bewährten Erfahrungswerts gibt es aber Ausnahmen, in denen ein Coaching bereits nach wesentlich weniger Sitzungen Ergebnisse produziert. Dies ist von dem Anliegen des Klienten, der Effektivität der Zusammenarbeit, den organisationalen Rahmenbedinungen und anderen Faktoren abhängig. Eine längere bzw. dauerhafte Beratungsbeziehung zu einem Klienten birgt die Gefahr in sich, dass sich der Klienten zu sehr an den Coach gewöhnt. Ein derartiges Vorgehen stellt offensichtlich keine Hilfe zur Selbsthilfe dar und wäre besser mit „Betreuung" statt als „Beratung" umschrieben.

Umfang der Beratungsdauer

5.1 Anfangsschwierigkeiten

Aus der Sicht des Klienten beginnt der Ablauf eines Coachings mit der Erkenntnis, eine wahrgenommene und allein eher kaum bewältigbare Situation mit Hilfe eines Beraters zu klären. Im nächsten Schritt – das Finden eines geeigneten Coachs – zeigen sich die ersten mit der Verwässerung des Coaching-Begriffs verbundenen Schwierigkeiten: War es vor einigen Jahren noch das Hauptproblem, überhaupt einen Coach zu finden, so ist nun das momentane Überangebot der sich als „Coach" bezeichnenden Personen die vorherrschende Schwierigkeit. Hier gilt es aus der Fülle des Angebotes einen „guten" Coach zu finden, der menschlich wie fach-

Überangebot erschwert die Auswahl

lich dem Anliegen des Klienten zu entsprechen vermag. Je nach beruflichen Rahmenbedingungen und eigenen Wünschen erfolgt bereits die Suche nach einem geeigneten Coach mit der entsprechenden Diskretion.

5.2   Kontakt

Vermittlungs-stellen in Unternehmen

In zunehmendem Maße wird es mittlerweile gängige Praxis in Unternehmen, dass die Personal(entwicklung)abteilung auch die Rolle eines Vermittlers zwischen Mitarbeiter und Coach übernimmt. Daher ist es sinnvoll, dass die Personalentwickler Kontakte zu mehreren der Organisation bekannten Coachs haben, deren Adressen an die Nachfrager weitergereicht werden können. Damit wird einem Interessenten bei der Auswahl eines Coachs geholfen, dieser jedoch nicht zwingend vorgeschrieben.

Klienten sollten „Selbstmelder" sein

Es sei in diesem Zusammenhang klar darauf hingewiesen, dass die Anzahl und Schwere möglicher Irritationen mit der Anzahl der Personen wächst, die an der Kontaktherstellung beteiligt sind. Hier können zwischen dem Vorgesetzten, dem Personalentwickler und dem an einem Coaching interessierten Mitarbeiter durchaus Verzerrungen in der Kommunikation stattfinden. Daher hat es sich in der Praxis bewährt, es dem interessierten Mitarbeiter nach Übermittlung der Adressen einiger Coachs selbst zu überlassen, den eigentlichen Kontakt zum Coach herzustellen. Meldet sich dann der potenzielle Klient beim Coach, so findet die Gestaltung der Beratungsbeziehung von Beginn an zwischen beiden direkt statt, ohne die Einflussnahme anderer Personen befürchten zu müssen. Ein dermaßen hergestellter Kontakt unterscheidet sich damit nicht mehr wesentlich von einem Kontakt zum Coach, der ohne die Zuhilfenahme anderer Personen zustande kommt.

5.3   Formales

Vertragliche Rahmen-bedingungen

Bevor Coach und Klient eine Beratungsbeziehung beginnen können, sind notwendigerweise formale Rahmenbedingungen zu definieren, die die Rechte und Pflichten beider Parteien eindeutig festlegen (s. Kapitel 3.2 „Basisvariablen"). Dies betrifft nicht nur die Inhalte des Dienstvertrags, sondern auch den „psychologischen Vertrag". Die Klärung der darin enthaltenen Spielregeln kann gleichzeitig eine Einleitung in die Ist-Aufnahme der Anliegen des Klienten darstellen. Auf alle Fälle ist jedoch zu vermeiden, dass falsche Erwartungen an das Coaching bestehen bleiben bzw. sogar erzeugt werden. Es handelt sich also nicht um lästige Formalia, sondern um essenzielle Bestandteile des Coaching-Prozesses, die erheblichen Einfluss auf das Gelingen der Zusammenarbeit haben und einen ersten Einstieg in die inhaltlichen Anliegen des Klienten erlauben.

5.4   Ziele

Die Zielsetzung im Coaching ist in der Beratung von Führungskräften ein ebenso wichtiger wie anspruchsvoller Prozess, der bereits während der Vereinbarung der Spielregeln beginnt. Erweisen sich die Wünsche und mit dem Coaching verbundenen Absichten des Klienten als realistisch, so stellen die darin enthaltenen Zielvorstellungen einen Rahmen dar, innerhalb dessen gearbeitet werden kann; zumindest bilden diese Ziele aber einen Ausgangspunkt, aus dem heraus im Prozess auch andere Ziele entwickelt werden können.

Realistische Ziele

Unrealistischen Zielvorstellungen sollte der Coach mit einer der Situation angemessenen Deutlichkeit eine Absage erteilen. Abgesehen von ethisch bedenklichen oder unmöglich erreichbaren Zielsetzungen gibt es eine weitere Gruppe von Zielen, die kritisch zu beurteilen ist: Zuweilen findet sich bei Klienten die Einstellung, nur ein bestimmtes Symptom beseitigen zu wollen, ohne sich selbst darum bemühen zu müssen und ohne die Ursachen dafür näher betrachten zu wollen. Für derartige Wünsche – so sie denn überhaupt erfüllbar wären – ist Coaching jedoch keine angemessene Arbeitsform.

Unrealistische Ziele

Generell ist es in der Beratungsarbeit angeraten, die zunächst vom Klienten genannten Ziele nicht ohne folgende, hinterfragende Gedanken zu übernehmen: Falls die Ursachen für mögliche Probleme bereits durch die Wahrnehmung des Klienten verzerrt sind, würde die unreflektierte Übernahme von so zustandegekommenen Zielsetzungen kontraproduktive Effekte erzeugen können.

Ziele werden hinterfragt

Dies bedeutet jedoch nicht, die Zielsetzungen des Klienten abzulehnen oder grundsätzlich in Frage zu stellen. Sie sind für die Analyse und das weitere Vorgehen fast immer höchst aussagekräftige Indizien und das gemeinsame Nachdenken über Ziele bildet folgerichtig einen guten Einstieg in eine fruchtbare Zusammenarbeit. In den Wünschen und Zielen des Klienten spielen sich dessen Werthaltungen, Denk- und Wahrnehmungsmuster – zumindest indirekt – wider. Ggf. kann ein Coach daher in den Erwartungen des Klienten schon erste dysfunktionale Strukturen erkennen, z.B. Wahrnehmungsbeschränkungen oder einseitige Beurteilungstendenzen. Daraus resultiert, dass die Zielsetzung zunächst auch darin liegen sollte, diese inadäquaten Strukturen zu verändern; in der Folge ist es recht wahrscheinlich, dass sich aus einer derart veränderten Wahrnehmung auch andere Zielsetzungen ergeben können. Dabei ist es unerlässlich, dem Klienten nicht die Verantwortung für die Zielsetzung abzunehmen oder ihm gar eigene Ziele aufdrängen zu wollen. Der Coach wirkt eher wie ein Katalysator, der Bedingungen schafft, unter denen bestimmte Prozesse angeregt werden – und die Zielfindung ist ein bedeutsamer Teil des Prozesses und nicht nur ein Ausgangspunkt.

Gemeinsames Nachdenken

**Präzise Ziel-
formulierung**

Nicht zuletzt angesichts dieser komplexen Rahmenbedingungen ist es notwendig, die herausgearbeiteten Ziele so präzise wie möglich festzuhalten. Zum einen erleichtert dies die Evaluation der Wirksamkeit des Beratungsprozesses. Zum anderen erhöht es für den Klienten die Transparenz der gemeinsamen Arbeit und stellt eine Annäherung an die im Management vorhandenen zielgerichteten Denkmuster dar. Ein Manager erwartet hier eine gewisse Präzision, nicht zuletzt weil mit der Beratung nicht die „Katze im Sack" gekauft, sondern eine zumindest im Endresultat konkrete Verbesserung der beruflichen Rolle erwartet wird. Dennoch bleibt die Idee der eindeutigen Zielformulierung ein Zugeständnis, da es in einer Prozessberatung (s. Glossar) nicht ohne weiteres möglich bzw. gewünscht ist, von Beginn an klare Zielvorgaben aufzustellen.

5.5   Interventionen

**Learning
on the job**

Obwohl die Interventionen des Coachs i.d.R. nur während der einzelnen Beratungssitzungen eingesetzt werden, sind die Schlussfolgerungen aus dieser Arbeit von dem Klienten in seiner Arbeitpraxis umzusetzen bzw. zu integrieren. Der größte Teil der angestrebten Veränderungen wird also zwischen den Sitzungen in der konkreten Arbeitssituation realisiert. Die Effizienz dieser Beratung „on the job" zeichnet ein gutes Coaching aus. Im Gegensatz zu längeren Seminaren, Workshops und Incentives muss die berufliche Tätigkeit nicht länger unterbrochen werden. Das berufsbegleitende Coaching kann sogar erst in der Arbeit des Klienten seine Wirkung entfalten und genau dort soll es auch Hilfestellung geben.

**Zusammenspiel
der Techniken**

Idealerweise erstrecken sich die Interventionen des Coachs nicht auf die Anwendung einzelner Techniken wie z.B. Feedback geben, aktiv Zuhören und Nachfragen, Bedeutungen klären, Selbstausdruck fördern, Unterstützung geben, Konfrontationen wagen, Klärungen herstellen uvm. Vielmehr ist es das Zusammenspiel der nahezu unüberschaubaren Anzahl vorhandener Methoden, welches die Kompetenz des Coachs und letztendlich die Wirkung der Interventionen ausmacht.

**Interventions-
Durchläufe**

Auch hier kann es zum Einsatz von Methoden keine Patentrezepte geben, da jeder Fall, jeder Klient und jeder Coach individuelle Schwerpunkte haben. Grob skizziert verläuft der Einsatz von Interventionen dermaßen, dass neben der Arbeit in den einzelnen Beratungssitzungen der Klient die Konsequenzen daraus in seiner Lebens- und Arbeitswelt umsetzt. Die so entstandenen Erfahrungen werden anschließend gemeinsam analysiert. Ggf. sind dann weitere Nachbesserungen nötig, die ebenfalls wieder praktisch getestet werden, bis das Resultat den gemeinsamen Erwartungen entspricht. Die Anzahl derartiger Durchläufe ist dabei höchst individuell: teilweise reicht bereits ein Durchgang, um bei einer Führungskraft neue Verhaltensmuster zu etablieren, da diese im Erfolgsfall bereits durch ihre positiven Auswirkungen verstärkt werden. Ist ein richtiger Weg eingeschlagen, braucht der Coach dann nur noch fördernd zur Seite stehen und überlässt dem Klienten die weitere Ausführung der Umsetzung.

Die notwendigen Voraussetzungen für die Verwendung von Interventionstechniken erfordern es, dass die eingesetzten Methoden in das Arbeitskonzept des Coachs passen und in sich stimmig und somit für den Klienten transparent sind bzw. gemacht werden. Aus diesem und aus ethischen Gründen kommen manipulative Vorgehensweisen somit prinzipiell nicht zum Einsatz. Zudem würde dies der generellen Ausrichtung des Coachings gegenüberstehen, die auf eine Förderung von Bewusstsein und Verantwortung ausgerichtet ist. Daher sollten die Interventionen des Coachs stets auf eine Erweiterung und nicht eine Einschränkung der Möglichkeiten des Klienten abzielen.

Methoden müssen transparent sein

5.6 Ergebnisse

Coaching zielt als professionelle Beratungsbeziehung auf die Realisierung verschiedener Ergebnisse ab. Wie bereits dargelegt, sind die Ziele des Klienten ein Ausgangspunkt für die gemeinsame Arbeit. Daneben strebt ein Coaching per definitionem das Erreichen impliziter Ergebnisse an: Die Förderung von Bewusstsein und (Selbst-)Verantwortung, das Aufdecken von Wahrnehmungsverzerrungen (z.B. Betriebsblindheit), unangemessenen individuellen und organisatorischen Verhaltensmustern und dysfunktionalen Werten. So kann es bereits ein für den Klienten überaus wertvolles Ergebnis eines Coachings sein, auf entsprechende, seinen Problemen zugrundeliegende Zusammenhänge aufmerksam gemacht zu werden. Die so gewonnene neue Problemsicht kann dem Klienten die notwendige Klarheit bringen, so offenkundig gewordene Defizite nun aus eigener Kraft anzugehen. Mit einer derart zustandegekommenen Hilfe zur Selbsthilfe ist dem Klienten in einer viel umfassenderen Weise geholfen, seine Berufsrolle zu gestalten, als mit dem Kurieren an vordergründigen Symptomen.

Implizite Ergebnisse

Hilfe zur Selbsthilfe

Neben diesen impliziten Ergebnissen eines guten Coachings hängt die Güte der expliziten Ergebnisse des Coachings zu einem Großteil davon ab, wie genau bei der Zielsetzung mit dem Klienten gearbeitet wurde. Das Festlegen präzise umrissener Ziele erleichtert dabei die Überprüfung, ob und in welchem Ausmaß Ziele umgesetzt werden konnten.

Explizite Ergebnisse

Trotz dieser prinzipiell wünschenswerten Präzision eines genau festgelegten Problems und eines genau überprüfbaren Ergebnisses geht diese Vorstellung zuweilen an der Realität des Coachings als Prozessberatung

Die Messbarkeit der Veränderung bleibt ein Problem

vorbei. Zwar kann der Klient berechtigterweise erwarten, dass mittels der Beratung sein ursprüngliches Problem besser gelöst werden kann. Zum einen kann dies aber auch im Rahmen der impliziten Ergebnisse eines Coachings geschehen; zum anderen bleibt bei der Evaluation der Ergebnisse das Problem, dass insbesondere bei weichen, personenbezogenen Faktoren die Messbarkeit einer Veränderung nicht mit der von betriebswirtschaftlichen Kennziffern verglichen werden kann. Auch hier ist daher manchem Klienten erst deutlich zu machen, welche Kompromisse bei der Zielfindung und Messung personenbezogener Prozesse eingegangen werden müssen.

6   Lernprozesse

Druck erzeugt Ängste

Als ein durch die Beziehungsebene (s. Glossar) wirkender Beratungsprozess ist es dem Coaching eigen, Veränderungen zu erzielen, indem Lernprozesse beim Klienten angeregt werden. In der Praxis zeigt sich, dass die Bereitschaft zum Lernen und zur Veränderung erst durch einen notwendigen inneren Druck ein Maß annimmt, dass dem Klienten (externe) Beratung sinnvoll erscheinen lässt. Ein derartiger Druck wird zwar nicht immer, jedoch häufig durch Ängste (z.B. Versagensängste, Zukunftsängste, Verlustängste) erzeugt, was einerseits zwar den Beratungsprozess initiiert, andererseits aber eine sehr schlechte Grundlage für Lernprozesse darstellt.

Angstfreie Atmosphäre schaffen

Unter Druck und Angst kann Lernen nicht optimal ablaufen, da diese Faktoren eine Bereitschaft zu einer Veränderung eher behindern als Fördern. Wer unter großem Druck steht, mag intellektuell noch die Dringlichkeit von Veränderungen einsehen, ist emotional aber kaum oder nur noch vermindert zum Lernen fähig. Somit kommt der Gestaltung der Beratungsbeziehung der Aspekt hinzu, dass eine möglichst entspannte und angstfreie Atmosphäre erzeugt wird, die ein besseres Lernen ermöglicht.

Effektives Lernen ermöglichen

Damit ist nicht gemeint, dass die vorhandenen Probleme des Klienten beschönigt werden, um ihn zu beruhigen. Vielmehr geht es darum zu vermitteln, dass die Coaching-Sitzungen eine „Insel" darstellen, auf der angstfrei gearbeitet und neue Verhaltensweisen ausprobiert werden dürfen. Gleichzeitig ist dabei zu vermitteln, dass „Schnellschüsse", um sich aus einer unangenehmen Situation zu befreien, nur selten möglich sind. Es ist daher die Aufgabe des Coachs, sich nicht auf hektische Manöver einzulassen, sondern in den Beratungsprozess ein förderndes Maß an Ruhe einzubringen, das effektives Lernen und letztendlich dauerhafte Ergebnisse ermöglicht.

Eine weitere Ursache für Bedenken von Seiten des Klienten ist durch den Beratungsprozess als solchen bedingt: der Klient befürchtet eine Verurteilung oder einen „Gesichtsverlust" vor dem Coach, wenn das Ausmaß seiner Probleme bekannt wird. Die daraus resultierende Tendenz zur Beschönigung ist für die Beratung nicht hilfreich und bei einem qualifizierten Coaching unnötig. Es ist nicht die Aufgabe des Beraters, den Klienten als Person zu beurteilen, sondern zu klären, welche bestimmten Verhaltensweisen unter bestimmten Bedingungen eine den Zielen des Prozesses angemessene Funktionalität haben können – oder eben auch nicht. Der Coach ist kein Richter und somit ist es auch nicht seine Aufgabe, Urteile zu fällen. Auch diese Zusammenhänge sind daher dem Klienten explizit zu vermitteln, um eine weitere Störquelle für den Lernprozess ausschalten zu können.

Störquellen beim Lernen

7 Klärende Irritationen

In der Gestaltung des Lernprozesses ist der Coach angehalten, mögliche Irritationen auf Seiten des Klienten auf ein notwendiges Maß zu reduzieren. Hier zeigt sich die Kompetenz des Beraters darin, den Umfang von Dekonstruktion und Konstruktion von Verhalten und Erleben beim Klienten ausbalanciert zu halten. Einerseits muss der Coach dem Klienten die Struktur des Beratungsprozesses transparent machen, um ein angemessenes Maß an Rollensicherheit und Arbeitsfähigkeit – nicht nur in dem Lernprozess, sondern auch für den Beruf – zu gewährleisten; andererseits bringt das Lernen im Coaching immer Irritationsprozesse mit sich, die für die Arbeit wertvoll sein können. Ein rein auf Stabilisierung des Klienten ausgelegtes Vorgehen beinhaltet zu wenig neuartige Lernerfahrung. Ein vorwiegend Verunsicherung erzeugendes Coaching ist keine Beratung, sondern eine belastende Zumutung, die die Arbeitsfähigkeit des Klienten eher einschränken als verbessern dürfte. Es gilt daher stets eine individuelle Lösung zu finden, deren Rhythmus aus Lernen und Stabilisieren für Klient und Coach angemessen sind.

Balance zwischen Bewahren und Erneuern

Um keine Zweifel aufkommen zu lassen: Irritationen des Klienten sind kein Selbstzweck, sondern können die Folge einer neuartigen Erkenntnis bzw. Lernerfahrung sein. Es ist die Aufgabe des Coachs, dem Klienten Sichtweisen zu vermitteln und z.B. mit fundiertem Feedback Informationen zu geben, die über das übliche Maß seiner (beruflichen) Umwelt hinausgehen. Dies kann für den Klienten im Einzelfall durchaus belastend sein und daher ist von einem Coach zu erwarten, dass solche Prozesse mit der notwendigen Sensibilität angegangen werden, ohne zu beschönigen. Ist der Klient nicht mehr in der Lage derartige Informationen und eventuell damit verbundene Irritationen konstruktiv aufzunehmen, ist ein Coaching als Arbeitsform nicht mehr angemessen. Daher gehört es zur Transparenz des Coaching-Prozesses, auf diese Zusammenhänge vor einer Zusammenarbeit aufmerksam zu machen und dem Klienten zu erläutern, welche Erfordernisse die Beratung mit sich bringen kann.

Vermittlung neuer Sichtweisen

Sensibles Vorgehen

**Experimentier-
phasen**

Der Klient kann und muss mit den neuen und daher auch teils irritie-
renden Erkenntnissen und Lernerfahrungen der einzelnen Coaching-
Sitzungen in seiner Umwelt experimentieren um herauszufinden, ob ihm
das Neue bei der Bewältigung seiner Berufsrollen letztendlich hilfreich
sein kann. Solche Experimentierphasen des Klienten können von seiner
Umwelt auch mit Befremden aufgenommen werden, da sie gewohnte
Verhaltensmuster durchbrechen. Dies ist insbesondere dann der Fall,
wenn das Umfeld des Klienten nichts von dem Coaching weiß und auch
nicht wissen soll.

Zeit zum Üben

Um eine Umsetzung der Anregungen aus den Beratungssitzungen in die
Berufsrolle zu gewährleisten, benötigt der Klient genügend Zeit zwischen
den einzelnen Beratungsterminen. Dabei können mehrere Wochen zwischen zwei Terminen durchaus angemessen sein. Um den Klienten seine
Erfahrungen berichten zu lassen und anschließend nutzbringend aufzuarbeiten, ergibt sich so eine jeweilige Sitzungsdauer, die selten kürzer als
zwei Stunden ist.

**Offenheit er-
leichtert den
Lerntransfer**

Der Transfer der Lernerfahrungen in die Praxis kann schneller erfolgen,
wenn der Klient die Möglichkeit hat, die Beratung offen gegenüber seinem Umfeld zu handhaben. Dies geht einher mit einer sich zunehmend
etablierenden Kultur des nicht mehr stigmatisierten „Sich-beraten-
lassens", in welcher der Transfer des Erkannten und Gelernten wesentlich
effizienter möglich ist als unter Bedingungen maximaler Diskretion.

8   Die Rolle des Beraters

**Umfangreiche
Kompetenzen**

Wie bisher dargestellt fordert ein Coaching-Konzept dem Berater zahlreiche Kompetenzen ab, die für die Gestaltung und das konkrete Vorgehen
im Coaching-Prozess benötigt werden: Beziehungsmanagement und –
gestaltung, Gesprächsführung, Beratung auf der Prozessebene, Förderung
von Lernprozessen, methodische Sicherheit in den präferierten Interventionsformen seien als einige Stichpunkte genannt. Neben diesen Kenntnissen sind natürlich fachliche Kenntnisse und Erfahrungswissen aus dem
Bereich des Klienten wichtig. Zudem sind menschliche Eigenschaften wie
z.B. Standhaltevermögen, Mut, Engagement, Interesse am Klienten, Kon-
frontationsbereitschaft, Frustrationstoleranz, Lebenserfahrung, Empathie
(s. Glossar) und Zuverlässigkeit gefragt. Trotz dieser recht breit gehalte-
nen Qualifikationen – die in zahlreichen Veröffentlichungen immer um-
fangreicher wurden – ist der Coach kein Übermensch oder „Alles-besser-
Wisser", da so kein gleichgewichtetes Verhältnis zum Klienten möglich
wäre. Der Coach ist auch kein Freundschaftsersatz für den Klienten und
darf es auch nicht werden. Eine seiner Kernfunktionen bleibt die des neutralen Feedbackgebers, der unabhängig aber nicht gleichgültig zusammen

**Keine Besser-
Wisserei**

mit dem Klienten dringlich gewordene Fragen der Rollengestaltung bearbeitet.

Für die Rolle des Beraters sind diese Kompetenzen und Fähigkeiten allerdings nur notwendige, jedoch keine hinreichenden Bedingungen für ein fundiertes Coaching. Ausschlaggebend bleibt das Zusammenpassen von Coach und Klient sowie Organisation und Thematik. Coaching-Aufträge haben häufig spezifische Erfordernisse, so dass der Berater nach seiner Kompetenz im Umgang mit bestimmten Personengruppen und/oder Sachverhalt ausgewählt wird.

Passung zwischen Coach und Klient

Doch auch diese Zusammenhänge greifen bei einem komplexen Beratungsgeschehen wie dem Coaching zu kurz: So ist es eben auch möglich, dass ein Berater in einem bestimmten Themenbereich unerfahren ist und eben erst durch seine Unvoreingenommenheit problemverursachende Prozesse in Frage stellt, die mehrere Experten zuvor übersehen haben. Natürlich fußt Beratung seit jeher auf Erfahrungswissen. Daraus den linearen Zusammenhang zu schlussfolgern, ein erfahrener Coach sei automatisch der Bessere, muss nicht unbedingt falsch sein – es ist jedoch nicht die ganze Wahrheit. Hervorragende Beratungen werden oft auch von relativ unerfahrenen Beratern geleistet, deren Beziehung zum Klienten gestimmt hat und die innerhalb eines bestimmten Problemkomplexes die entscheidenden Anregungen gefunden haben.

Naivität kann helfen

Die Rolle der Erfahrung

Von grundlegender Bedeutung für die Wirksamkeit der Rolle des Coachs ist letztendlich das Gefühl des potenziellen Klienten, ob er mit dem Berater an persönlichen Themen arbeiten kann oder nicht. Ist dies nicht der Fall, so handelt es sich um ein Ausschlusskriterium und es sollte von einer Beratungsbeziehung abgesehen werden.

Der Klient braucht ein gutes Gefühl

Gleichsam ist auch der Coach aufgefordert, im Rahmen seiner Selbsterfahrung seine Interessen, Stärken und Schwächen erkannt zu haben, um einigermaßen sicher zu wissen, mit welchen Klienten und Anlässen er erfolgreich umgehen kann. Dieser Erfahrungsprozess endet nie und daher gehört es folgerichtig zur Rolle des Coachs, sich regelmäßig in Supervision (s. Glossar) zu begeben, um Erkenntnisse aus dem Beratungsprozess ebenfalls mit einem neutralen Berater zu reflektieren und eigene blinde Flecken so gering wie möglich zu halten bzw. gar nicht erst entstehen zu lassen.

Selbsterfahrung und Supervision des Coachs

9   Qualitätsaspekte

Die Sicherung der Qualität von Einzelberatungsprozessen ist für jeden (potenziellen) Klienten und die seriös agierenden Berater von elementarer Bedeutung. Die unüberschaubare Lage des Coaching-Markts macht hier

Qualität ist selten

eine Schieflage offensichtlich, so dass den Aspekten der Qualität eine Schlüsselbedeutung für die Zukunft des Coachings zukommt. Gerade weil noch keine Qualifikations- und Ausbildungsstandards für Coachs existieren – wie dies z.B. in der Supervision der Fall ist – wird sich zeigen, welche Auswirkungen dies mittel- bis langfristig auf den Coaching-Markt haben wird.

Struktur-, Prozess und Ergebnisqualität sind zu beachten

Bzgl. möglicher Qualitätsdimensionen ist bemerkenswert, dass – wenn überhaupt – zuweilen einseitig auf die *Ergebnis*qualität geachtet wird. Dabei werden die Dimensionen der *Struktur* (d.h. die Grundvoraussetzungen für ein Coaching) und des Coaching-*Prozesses* vernachlässigt. In Übereinstimmung mit den Ausführungen von Heß & Roth (2001, S. 64) sei jedoch darauf hingewiesen, dass auch ein schlechter Prozess – z.B. durch glückliche Umstände – ein für den Klienten gutes Ergebnis erbringen kann. Sich mit einem „Wer heilt hat Recht" zufrieden zu geben, ist daher nicht ausreichend, denn so können auch eher schlechten Struktur- und Prozessbedingungen gute Ergebnisse zugeordnet werden. Die Konzentration auf die Ergebnisqualität allein ist somit nicht ausreichend. Im Einzelfall mag der Klient sich damit zufrieden geben. Wer langfristig und über mehrere Beratungsprozesse hinweg auf Qualität ausgerichtet ist, dem wird dies jedoch nicht genügen.

Jede Qualitätsdimension ist gleich wichtig

Die Ergebnisqualität ist auch nicht als wichtigste Qualitätsdimension aufzufassen. Vielmehr sind Struktur-, Prozess- und Ergebnisqualität notwendige Werte für sich, wenn man um die Qualität der Beratungsleistung bemüht ist.

Qualität ist kontextabhängig

Letztlich ist eine mehrdimensionale Qualitätsperspektive für den jeweiligen Fall auszuhandeln. Ein entsprechend transparentes und umfassendes Vorgehen ist daher vom professionellen Coach gefordert. Ziel ist somit nicht, immer gültige bzw. starre Qualitätskriterien festzulegen, sondern ein stetiges Abstimmen und Verbessern von Qualität im jeweiligen Kontext. Und folglich kann die *Art der Qualitätssicherung* als solche als ein weiteres Merkmal der Qualität einer Coaching-Maßnahme betrachtet werden: Anspruchsvolle Qualitätsbemühungen begnügen sich nicht mit der Zufriedenheit des Klienten, sondern orientieren sich mehrdimensional an den kontextspezifischen Gegebenheiten.

Qualitätskriterien

Bei der Aufschlüsselung der Ergebnisse ihrer Expertenbefragung auf die Qualitätsdimensionen der Struktur-, Prozess und Ergebnisqualität haben Heß & Roth (2001) die in Tabelle 1 dargestellten Aspekte der Qualität zusammengetragen. Damit sind erste Qualitätsziele vorhanden, die zu einer Verbesserung bzw. Professionalisierung von Coaching beitragen können. Die Strukturqualität des Coachings ist dabei unterteilt auf den Coach, den Klienten, ihre Beziehung zueinander und die Rolle des Unternehmens des Klienten.

Strukturqualität	Prozessqualität

Personelle Strukturqualität (Coach)
• Fachliche Qualifikation
  - Wirtschaftliches/psychologisches Wissen
  - Coaching-Erfahrung/Spezialisierung (Arbeits-
   schwerpunkte)
  - Betriebs-, Führungserfahrung
  - Feldkompetenzen
  - Philosophische Kenntnisse
• Methodenkompetenz
  - Methodenvielfalt
  - Transparenz und Erklärbarkeit der Methoden
  - Handlungskonzept
  - Diagnostische Kompetenz (Symptomkenntnisse aus
   dem klinisch-psychologischen Bereich)
  - Fähigkeit, Organisationsmuster zu erkennen
  - Kommunikationsfähigkeiten
  - Selbstreflexion
  - Kognitive Fähigkeiten (analytisches u. vernetztes
   Denken)
• Beziehungsgestaltungskompetenzen
• Persönliche Qualifikationen
• Supervision, Intervision
• Fortbildung
• Ausbildungsweg (Studium – psychotherapeut. Zusatz-
  ausbildung/Beraterausbildung – Feldkompetenzen)
• Professionsgemeinschaft/Kooperation (Netzwerk,
  Verband etc.)
• Referenzen
• Praxis
Klient
• Freiwilligkeit
• Veränderungsbereitschaft
• Bereitschaft zur aktiven Mitarbeit u. zeitl. Aufwand
• Selbstregulationsfähigkeit/Wohlbefinden
• Problembewusstsein
• Bereitschaft, Emotionen zuzulassen
• Verantwortungsübernahme
Beziehung
• Passung (persönliche, berufliche)
• Vertrauen
• Akzeptanz
• Sympathie
• Solitär-Beziehung
• Offenheit
• Gleichwertigkeit
• Ehrlichkeit
Unternehmen
• Transfermöglichkeiten
• Bereitschaft zur Auseinandersetzung (keine Funktiona-
  lisierung)
• Ziel verhandeln (keine Zielvorgaben)
• Passung zwischen Coach und Unternehmen (keine
  Diskrepanz)
	• Inhalte des Erstgesprächs: Klärung des Anlie-
	  gens/Problems, Situationsschilderung, Zielformulie-
	  rung, Zielkonkretisierung, Erwartungsklärung, Ta-
	  buzonen
	• Problempräzision (keine vorschnellen Lösungen)
	• Coach sollte klären, ob Coaching die geeignete
	  Maßnahme ist und er der geeignete Coach (Beach-
	  tung von Art des Anliegens, Klientenvoraussetzun-
	  gen, eigene Kompetenzen, mögliche Beziehungs-
	  etablierung, Unternehmensbedingungen)
	• Transparenz bzgl. professioneller Orientierung
	  (Menschenbild, theoretische Basis, Werte,
	  Coaching-Definition)
	• Transparenz der Vorgehensweise (Information über
	  Arbeitsintensität, Anforderungen an den Klienten
	  durch z.B. Falldarstellung)
	• Formaler und psychologischer Vertrag (Spielregeln
	  der Zusammenarbeit, Schweigepflicht, Honorar)
	• Regelungen bei Absage, Abbruch
	• Klärung von Interessenvertretung/Berichterstattung
	• Information/Verhandlung über Dauer des Prozesses,
	  Anzahl, Häufigkeit und Dauer der Sitzungen
	• Festlegung eines Zeitrahmens
	• Begleitung an den Arbeitsplatz
	• Aufzeigen der Grenzen von Coaching
	• Dauer von Coaching, 2–6 Sitzungen, Zeit zum
	  Transfer zwischen den Sitzungen
	• Mitbestimmung des Klienten
	• Methoden transparent machen und erklären
	• Interventionen wählen, die zur Erlebenswelt der
	  Zielgruppe passen
	• Flexibilität der Vorgehensweise
	• Methoden klienten- (Persönlichkeit, Abneigungen,
	  Bevorzugungen bestimmter Methoden), situations-,
	  zeit-, problem-, ziel-, wirkungsbezogen einsetzen
	• Zwischenresümees (prozessbegleitende Evaluation)
	• Abschlussresümee (summative Evaluation)

	Ergebnisqualität

	• Zielerreichung
	• Zufriedenheit
	• Emotionale Entlastung
	• Erweiterung und Flexibilisierung des Handlungsre-
	  pertoires (erhöhte Problembewältigungskompetenz)
	• Zunahme an Bewusstheit/Verantwortung
	• Einstellungsveränderung (z.B. kognitive Umstruktu-
	  rierung, wenn Probleme über Handlungsebene nicht
	  lösbar)

Tabelle 1:   *Struktur-, Prozess- und Ergebnisqualität im Coaching*
(Heß & Roth, 2001, S. 141–143)

9.1   Klärung der individuellen Qualitätserwartungen

Qualität kann immer nur im konkreten Beratungskontext gesehen werden (s.o.), da mit ihr abhängig von Klient und Organisation individuelle Erwartungen an die Beratung verbunden sind. Greift eine Organisation auf externe Beratung zurück, um z.B. ein Coaching-Angebot für die Führungsebenen zur Verfügung zu stellen, ist es für die Organisation ebenso notwendig wie sinnvoll, detailliert zu definieren, was Qualität für sie bedeutet. Zumindest kann i.d.R. davon ausgegangen werden, dass es implizite Vorstellungen von Qualitätsaspekten gibt. Diese gilt es konkret zu benennen und festzuhalten und anschließend zwischen den am Coaching beteiligten Personen abzustimmen. Insbesondere bei der Zusammenarbeit der Personal(entwicklungs)abteilung mit externen Coachs sind gezwungenermaßen mehrere Parteien am Coaching beteiligt, was entsprechende Klärungs- und Abstimmungsarbeiten unabdingbar macht. Es gehört daher zur beraterischen Kompetenz, entsprechende Kontextbedingungen mitzugestalten oder zumindest darauf hinzuweisen.

Qualität muss stets neu definiert werden

Berater klären den Kontext

Daher soll nun dargestellt werden, welche (Selbst-)Klärungsprozesse von der Organisation und von dem Berater geleistet werden müssen, um darauf aufbauend auch qualitätssichernde Maßnahmen verwirklichen zu können.

9.2   Klärung der Symptomursachen

Probleme mit der Bewältigung der Anforderungen an die berufliche Rolle können die vielfältigsten Ursachen haben. Um wiederkehrende Muster zu erkennen, die auf organisationale Bedingungen zurückzuführen sind, ist es daher erforderlich, eine Vielzahl von Coaching-Anfragen auswerten zu können. Dies ist einer Personal(entwicklungs)abteilung wiederum nur dann möglich, wenn sie sich als verlässlicher Vermittler zwischen internen Mitarbeitern und externen Beratern erweisen kann. Dazu muss neben dem professionellen Maß an Diskretion auch die Möglichkeit zu einem nicht stigmatisierenden Umgang mit entsprechenden Anfragen gewährleistet sein. Ist dies gegeben, so können die Beratungsanlässe von dem Personalentwickler in einem gemeinsamen Gespräch mit dem an einem Coaching interessierten Mitarbeiter geführt werden.

Die Rolle der Personalabteilung

Leitfragen zur Vorklärung

Zur Verdeutlichung seien hier einige nützliche Leitfragen für ein derartiges Gespräch genannt:

- Wann ist die Rollenschwierigkeit zum ersten Mal aufgetaucht?
- Welche beruflichen Problem sind damit verbunden?

- Wo liegen Ihrer Meinung nach die Ursachen dafür?

- Aus welchem Grund soll das Problem gerade jetzt angegangen werden?

- Unter welchen Bedingungen würde das Problem verschwinden?

- Wie haben Sie das Problem bisher gehandhabt?

- Welche Belastungen sind aus dieser Handhabung entstanden?

- Warum erwarten Sie durch ein Coaching Hilfe?

- Was könnten Sie machen, wenn es kein Coaching gäbe?

Die Antworten auf diese Fragen tragen zu einer ersten Klärung bei, welche Vorgeschichte eine Rollenschwierigkeit in Bezug auf das Individuum und die Organisation hat. Außerdem erleichtert es dem Personalentwickler die Auswahl eines oder mehrerer für die vorgetragenen Anliegen geeigneten Coachs, die er dem Mitarbeiter empfehlen kann. **Vorauswahl von Coachs**

Weiterhin obliegt es der Verantwortung des Personalentwicklers, wie mit möglicherweise immer wiederkehrenden Problemursachen umzugehen ist, die in der Organisation selbst begründet sind. Schon aus Gründen der Diskretion ist es hier notwendig einen Weg zu finden, der Anonymität gewährleistet und es dennoch erlaubt, strukturelle Probleme zu verändern. Somit ist es für die Arbeit des Personalentwicklers sinnvoll, über einen entsprechenden Handlungsspielraum zu verfügen, der es ihm erlaubt, die berechtigten Interessen der Organisation und ihrer Mitglieder miteinander zu vereinbaren. **Behandlung von strukturellen Problemen**

9.3 Berücksichtigung und Entwicklung der Organisationskultur

Der Erfolg und die Qualität von Coaching-Maßnahmen in Organisationen ist zu einem ganz wesentlichen Teil von der Art und Weise abhängig, wie die Organisation mit der Arbeitsform Coaching umgeht. Der Berater sollte daher den „Reifegrad" einer Organisation im Umgang mit externer Beratung berücksichtigen. Das organisationskulturelle Spektrum dieses Reifegrads bewegt sich dabei zwischen folgenden Extrempunkten: **Der „Reifegrad" der Organisation**

- Organisationen, in denen Coaching als beratende Intervention bei Veränderungen der beruflichen Rolle ein Standardinstrument geworden ist und nahezu „zum guten Ton" gehört.

- Organisationen, in denen externe Beratung in fast jedweder Form noch stigmatisiert ist und einer entsprechenden Diskretion bedarf, die nicht zu einer Vereinfachung des Beratungsprozesses beiträgt.

Entsprechend unterschiedlich ist der Umgang mit der Beratung (und dem Berater) was wiederum unterschiedliche Möglichkeiten zur Wahrung der Qualität der Beratung bedingt.

„Offizieller" Klärungsbedarf

Bei einer längerfristigen Zusammenarbeit von Organisationen mit externen Beratern wird ein „offizieller" Klärungsbedarf unumstößlich. Konsequenterweise stellt sich nämlich nicht nur die Frage, wer von dem Coaching keine Kenntnis haben darf, sondern auch warum nicht. Erst hier werden dann die organisationsspezifischen kulturellen Gegebenheiten und damit verbundene individuelle Ängste anprechbar und können bewusst gemacht werden.

Coaching als normal etablieren

Idealerweise wird bereits bei dem ersten Coaching mittels externer Berater von der Personal(entwicklungs)abteilung geklärt, wie mit der Beratung langfristig umzugehen ist, um sie als normale Arbeitsform etablieren zu können. Erfahrungsgemäß kann dies auf zweierlei Weise angegangen werden:

- Die Beratung offiziell machen, indem z.B. ein Vortrag für die Führungsebene angesetzt wird oder entsprechende Benachrichtigungen (Informationschreiben mit den Spielregeln des Coachings) herausgeben werden.

- In einer „Politik der kleinen Schritte" die Organisation mit jedem Coaching immer mehr an diese Beratungsform heranführen.

Veränderungen der Organisationskultur

Dabei ist zu beachten, dass mit der Implementierung und der Akzeptanz eines offiziellen Coachings eine Veränderung in der Kultur der Organisation initiiert wird, die den Umgang mit Lernen und (Selbst-)Reflexion verändert. Damit verbundenes Nachdenken, In-Frage-stellen, Ausprobieren kann Einflüsse auf die Organisation haben, die mit Irritationen verbunden sein können. Derartige Prozesse sind stets ernst zu nehmen und müssen ebenfalls bewusst angegangen werden. Coaching offiziell werden zu lassen dient daher nicht nur der Qualität individueller Beratungsprozesse, sondern hat auch zumindest indirekten Einfluss auf Organisationsentwicklungsprozesse. Diese wiederum sind möglichst professionell zu steuern und ggf. in bestehende Organisationsentwicklungsmaßnahmen zu integrieren.

9.4   Aufbau und Pflege eines Beraterpools

Spätestens wenn Umfang und Häufigkeit von Coaching-Maßnahmen ein bestimmtes Ausmaß annehmen, stellt sich die Frage, wie die langfristige Zusammenarbeit mit mehreren Coachs effektiv gestaltet werden kann. Die Vorteile einer solchen Kooperation sind im Wesentlichen:

Gezielte Zusammenarbeit von Coachs und Organisation

- Die Berater sind mit den kulturellen Gegebenheiten (Normen, Sitten Gebräuche, Tabuzonen) und den strukturellen Zusammenhängen der Organisation vertraut.

- Die als bewährt eingeschätzten Coachs bieten eine relativ hohe Beratungsqualität.

- Das Zusammenspiel aller am Coaching beteiligen Parteien profitiert von einem allseitigen Übungsgewinn.

- Die Arbeitsbeziehung schafft Vertrautheit und Routine im gegenseitigen Umgang, was wiederum die Kommunikation vereinfacht.

Wie die Praxis gezeigt hat, werden solche Beraterpools stückweise aus einzelnen Kontakten mit verschiedenen Beratern aufgebaut. Aus diesem Pool kann die Personal(entwicklungs)abteilung bei Bedarf dann einen oder mehrere Coachs vermitteln. Anschließend obliegt es der an einem Coaching interessierten Person zu prüfen, ob und mit welchem Berater sie sich auf ein Coaching einlassen möchte.

Aufbau eines Beraterpools

Bei dem Aufbau des Beraterpools sollte auch darauf geachtet werden, dass er einen gewissen Umfang haben sollte, da gute Berater oft für längere Zeiträume ausgebucht sind und somit nicht immer kurzfristig zur Verfügung stehen können. Weiterhin sollte der Pool ein möglichst breites Spektrum an Beratertypen umfassen. Coaching ist als Beratungsbeziehung von der „Chemie" zwischen Coach und Klient abhängig. Um den individuellen Ansprüchen der Klienten gerecht werden zu können, braucht ein Beraterpool daher männliche und weibliche Coachs, jüngere und ältere, eher psychologisch und eher manageriell orientierte usw.

Umfang des Beraterpools

Es ist daher davon abzuraten, dass sich eine Organisation auf einen einzigen Coach beschränkt, da sich die unterschiedlichen Anforderungen nicht von einem Berater allein befriedigen lassen dürften. Zudem besteht in solchen exklusiven Beziehungen mit nur einer Person für den Coach die Gefahr, zu sehr ein Teil der Organisation zu werden und mit der Zeit betriebsblind zu werden. Hinzu kommen mögliche Beziehungskonfusionen und Loyalitätsprobleme, wenn der Coach auf mehreren Ebenen arbeitet und so zum Träger exklusiven Wissens wird.

Ein Coach reicht nicht

Vorteilhaft ist es hingegen, z.B. einmal jährlich ein Treffen aller Berater der Organisation abzuhalten, um sich gegenseitig auszutauschen. Diese in vielen Unternehmen zum guten Brauch gewordenen Zusammenkünfte erlauben es, Konsequenzen für die Organisation zu formulieren, die als Quintessenz aus vielen einzelnen Beratungssitzungen sichtbar geworden sind.

Leitlinie zur Auswahl eines Coachs

Als grundsätzliche Leitlinien für die Auswahl geeigneter Coachs für einen Beraterpool sind eine Vielzahl von Aspekten zu berücksichtigen. Zusammengefasst könnten gute Coachs an folgenden Merkmalen erkannt werden:

- Sie lehnen Aufträge ab, die sie für nicht erfüllbar halten.

- Sie sind persönlich und finanziell unabhängig und nicht auf einzelne Aufträge unbedingt angewiesen.

- Sie wählen Aufträge gezielt aus und können einem potenziellen Interessenten Ihre Auswahlkriterien jederzeit nennen.

- Sie geben dem Klienten die Möglichkeit, eine Wahl zu treffen.

- Sie biedern sich nicht für Aufträge an.

- Sie haben spezifische Kenntnisse der Prozesse und Strukturen von Führungsebenen.

- Sie sind zu Vorgesprächen bereit, in denen sie ihr Vorgehen differenziert erläutern können.

- Sie greifen regelmäßig auf Supervision zurück.

- Sie sind methodisch kompetent und verfügen über ein breites Spektrum von Interventionsmustern.

9.5 Ablauf der Vermittlung durch die Personal(entwicklungs)abteilung

Interessensvermittlung

Die Funktion der Personal(entwicklungs)abteilung als Vermittler zwischen internen Bedürfnissen und externen Beratungsangeboten ist vergleichbar mit der eines Maklers. Bereits bei der Kontaktanbahnung sind die verschiedenen Interessenlagen, Gewohnheiten und Sprachen von Coach und Klient zu berücksichtigen, um einen für beide Seiten befriedigenden Prozess anzuregen.

Anliegen von Coach und Klient

Das vornehmliche Anliegen des Klienten ist es dabei, seine Probleme bei der Bewältigung seiner Berufsrolle zu lösen und den damit verbundenen Aufwand und mögliche Risiken so gering wie möglich zu halten. Der Coach benötigt eine Reihe von Vorabinformationen, um abschätzen zu können, ob die Beratungsarbeit Aussicht auf Erfolg hat oder nicht. Der

Personal(entwicklungs)abteilung kommt hier die nicht leichte Aufgabe zu, die Informationen und berechtigten Erwartungen möglichst unverzerrt zu kommunizieren, ggf. zu übersetzen und den Kontakt herzustellen. Sinnvollerweise ist dazu die Kenntnis beider Welten notwendig, um die notwendigen Vermittlungsprozesse professionell handhaben zu können. Einerseits müssen dem Coach die Symptome in für ihn verwertbarer Art und Weise übermittelt werden; andererseits ist der Klient über den Coach und seine Vorgehensweise ausreichend zu informieren. Lohn der Mühe ist dann im Erfolgsfall ein für die beteiligten Parteien tragfähiger Arbeitskontrakt.

Aufgaben der Personalabteilung

Der Ablauf dieser Vermittlung und Kontaktanbahnung durch die Personal(entwicklungs)abteilung kann qualitativ einigermaßen gesichert werden, wenn folgende Vorgehensweisen umgesetzt werden:

Regeln für den Ablauf der Vermittlung

- Die Personal(entwicklungs)abteilung klärt mit dem Klienten den aktuellen Problemhintergrund, das Beratungsinteresse, Erwartungen und Wünsche, Vorerfahrungen, angestrebten Zeitpunkt und Zeitdauer und weitere Spielregeln.

- Anschließend werden mit dem Coach Anliegen und Inhalt, Person und Rolle des Klienten, der organisationale Kontext und das Honorar besprochen.

- Sofern dies möglich oder gewünscht ist, werden mit dem Vorgesetzten im Beisein des Klienten das Problem, seine Entstehung, die Ziele und die Erwartungen an die Beratung thematisiert.

- Es bleibt ausschießlich der Entscheidung des Klienten überlassen, welche Inhalte und Ergebnisse aus der Arbeit mit dem Coach an den Vorgesetzten und/oder die Personal(entwicklungs)abteilung zurückgemeldet werden.

- Nach Beendigung der Coaching-Maßnahme sollte ein gemeinsames Gespräch mit dem Vorgesetzten und dem Klienten angestrebt werden.

- Vom Coach ergeht eine neutrale Rechnung an die Personal(entwicklungs)abteilung.

Eine derartige Vorgehensweise hat sich in der Praxis bewährt, wenngleich natürlich Abweichungen je nach Organisationskultur und individuellen Anliegen möglich sind. Entsprechende Änderungen sollten jedoch sorgfältig gegen mögliche Nebeneffekte abgewogen werden.

Behutsame Abweichungen sind möglich

Literatur

Fatzer, G., Rappe-Giesecke, K. & Looss, W. (1999). *Qualität und Leistung von Beratung: Supervision, Coaching, Organisationsentwicklung.* Köln: Edition Humanistische Psychologie.

Geissler, J. & Günther, J. (1986). Coaching: Psychologische Hilfe am wirksamsten Punkt. *Blick durch die Wirtschaft,* 53, 17.03.86, S. 3.

Heß, T. & Roth, W. L. (2001). *Professionelles Coaching. Eine Expertenbefragung zur Qualitätseinschätzung und -entwicklung.* Heidelberg: Asanger.

Looss, W. (1986). Partner in dünner Luft. *Manager Magazin,* 8, S. 136–140.

Looss, W. (1997). *Unter vier Augen: Coaching für Manager.* (4. Aufl.). Landsberg/Lech: Verlag Moderne Industrie.

Rauen, Ch. (1999): *Coaching: Innovative Konzepte im Vergleich.* Göttingen: Verlag für Angewandte Psychologie.

Schreyögg, A. (1996): *Coaching: Eine Einführung für Praxis und Ausbildung.* (2. Aufl.). Frankfurt/M.: Campus.

Schweer, M. K. W. (1998). *Vertrauen.* Landau: Verlag Empirische Pädagogik.

Grundlagen, Themen und Methoden eines Coaching-Prozesses mit konstruktivistischem Hintergrund

Olaf Georg Klein

1 Was wird hier unter Coaching verstanden und für welche Personen ist Coaching geeignet?

Coaching ist ein diskreter, individueller und anspruchsvoller Trainingsprozess. Entwickelt wurde dieser Ansatz für Führungskräfte, Selbstständige und Freiberufler, er ist aber auch für Personen sinnvoll und effektiv, die sich in einer beruflichen oder persönlichen Wachstumskrise befinden. **Individueller Trainingsprozess**

Mit der Definition des Coachings als einem individuellen Trainingsprozess grenze ich mich deutlich von anderen Coaching-Konzepten und Coaching-Definitionen ab.

Die Weitergabe von fachspezifischem Wissen ist für mich kein Coaching, sondern eindeutiger mit dem Begriff des Mentoring (s. Glossar) zu bezeichnen. **Kein Mentoring**

„Beratende Gespräche" sind nach meiner Auffassung auch kein Coaching. Diese Beratungsgespräche können sicher hilfreich, klärend und unterstützend sein, aber bei ihnen fehlt ganz eindeutig der Trainingsaspekt. **Kein Beratungsgespräch**

Die häufige Verwendung des Coaching-Begriffs für das Mentoring oder für allgemeine Beratungsgespräche verwässern den Begriff des Coachings. Das dient nicht gerade der Klarheit und der eindeutigen Verständigung.

Selbstverständlich ist das Coaching auch keine Therapie und kein Ersatz für eine eventuell notwendige Therapie. Das bedeutet, dass ich in der Praxis klare Ausschlusskriterien definieren muss, für wen ein Coaching **Keine Therapie** nicht geeignet ist: vor allem nicht für Leute, die in irgendeiner Form süchtig sind, d.h. abhängig von Drogen, Alkohol oder das Bewusstsein beeinträchtigenden Medikamenten. Ebenso ist Coaching natürlich für psychisch kranke Personen nicht geeignet.

Mentales Training

Aus diesen Abgrenzungen ergibt sich, dass ich Coaching als ein sehr anspruchsvolles und herausforderndes mentales Training ansehe, das es dem Klienten ermöglicht, über das bisher Erreichte wesentlich hinauszugehen, eigene Probleme zu erkennen und zu lösen, sowie mentale Haltungen und Kommunikationsformen zu überprüfen und zu wandeln.

Der Coach als Bergführer

Ich vergleiche den Coaching-Prozess gerne mit einer Bergtour. Der Klient muss das Ziel und den Willen haben, einen Gipfel zu erreichen. Der Bergführer hat für eine entsprechende Vorbereitung zu sorgen, die nötige Ausrüstung und seine Erfahrungen zur Verfügung zustellen. Aber er wird niemand den Berg hinauftragen.

Zielorientierung

Ich gehe weiterhin davon aus, dass Coaching ein außerordentlich zielorientierter Prozess ist. Die Aufgabe des Coachs besteht darin, diesen Prozess vorzubereiten, in Gang zu setzen, absichernd zu begleiten und vor allem auch zu Ende zu führen. Der Coach orientiert sich dabei an der konkreten Situation und der besonderen Individualität des Klienten. Er wird an die vorhandenen Erfahrungen und Kompetenzen des Klienten anknüpfen und diese mit ihm gemeinsam zielgerichtet weiterentwickeln.

Dabei sind der Coach und der Klient den konkret formulierten Zielen verpflichtet, die am Anfang des Coaching-Prozesses gemeinsam festgelegt werden (vgl. Punkt 4 „Ziele erreichen").

Mögliche Klienten

Aus dem zuvor Umrissenen ergibt sich, dass Coaching besonders für Personen geeignet ist:

- die bereits lange in Leitungs- und Führungspositionen von Unternehmen und Einrichtungen arbeiten;

- die sich innerhalb ihrer Sparte verändern möchten oder verändert haben;

- die gerade befördert wurden, die mit neuen Aufgaben und außergewöhnlichen Projekten betraut wurden;

- die sich in anderer Weise einer neuen oder ständigen Herausforderung gegenüber sehen;

- die ein eigenes Unternehmen gründen, ausbauen, umstrukturieren oder effektiver führen wollen;

- die ihre Selbstständigkeit aufbauen, erweitern oder umprofilieren möchten;

- die sich in Wachstums- oder Beziehungskrisen befinden;

- die latente oder akute Kommunikationsprobleme haben;

- die sich in Sinn- oder Orientierungskrisen befinden;

- die ihr Zeit- und Selbstmanagement verbessern möchten.

2 Beginn und Rahmenbedingungen des Coaching-Prozesses

Wenn ich das Coaching noch einmal mit einer erfolgreichen Gipfeltour vergleiche, dann hängt das Gelingen des gesamten Unternehmens von einer gründlichen Vorbereitung ab. Bildlich gesprochen von einer professionellen Ausrüstung, guten Karten, einer mentalen Einstimmung, ausreichend Proviant und klaren Absprachen. Und natürlich auch von einem gut ausgebildeten und erfahrenen Bergführer sowie dem Willen des Klienten, sich überhaupt auf den Weg zu machen.

Gründliche Vorbereitung

Je besser die Vorbereitung ist, je klarer die Rahmenbedingungen sind, umso sicherer ist der Erfolg einer solchen Tour. Um so eher sind auch bestimmte Voraussagen über den Verlauf und die Dauer eines solchen Prozesses zu machen.

Klare Rahmenbedingungen

Aus dieser Haltung ergibt sich folgendes Vorgehen. Vor dem Beginn des Coaching-Prozesses im engeren Sinne sollte eine Vorbereitungsphase von ein bis zwei Doppelstunden liegen.

In dieser Phase kann der Klient mit der Arbeitsweise des Coachs vertraut werden, und der Coach kann die Problemlagen und die Ziele des Klienten kennenlernen.

Gegenseitiges Kennenlernen

Zu diesem Zweck habe ich einen Fragebogen entwickelt, den ich in der Vorbereitungsphase mit dem Klienten durchgehe. Dabei frage ich sowohl nach Symptomen und Ausgangsproblemlagen als auch nach den Deutungen, die der Klient diesen Symptomen selbst gibt. Ich frage, wie lange diese Probleme oder Problemfelder schon bestehen und wie sie sich konkret in dem Leben des Klienten auswirken. Auch welche Personen im Umfeld des Klienten von den Problemen aber auch von den zu erwartenden Veränderungsprozessen mitbetroffen sind und wie diese dazu stehen.

Erste Bestandsaufnahme mittels Fragebogen

Und dann interessiert mich, wodurch eine neue Dringlichkeit ausgelöst wurde, diese, meist schon lange etablierten Problemlagen jetzt anzugehen. Auch die Frage, ob der Klient sich sicher ist, seine Probleme wirklich lösen zu wollen, ist keineswegs überflüssig. Scheinbar ist diese Frage bereits mit „Ja" beantwortet, denn sonst wäre der Klient nicht zu einem Coach gegangen bzw. hätte sich nicht auf Anraten eines Sozialpartners zu

Auslöser für das Coaching

einem Coaching bereit gefunden. Aber nicht selten sind an dieser Stelle erhebliche innere Unsicherheiten oder Zwiespältigkeiten zu entdecken: *Wasch mich, aber mach mich nicht nass!* Der Klient will zwar allerhand verändern, aber nicht unbedingt sich selbst.

Bereits an diesem Punkt ist es wichtig, sich einer vertrauensvollen Zusammenarbeit und gemeinsamer Ziele zu vergewissern – besonders, wenn das Coaching von einem Arbeitgeber oder einem Sozialpartner ganz oder teilweise mitfinanziert wird.

Erfragen der Ziele

In einem zweiten Fragenkomplex werden die Ziele des Klienten abgefragt und strukturiert. Die Leitfrage ist: Was genau soll nach dem Ende des Coachings anders sein als jetzt? Dabei kommt es an diesem Punkt vor allem darauf an, die Ziele, die meist sehr allgemein oder vage beschrieben werden, möglichst genau in ihrer Richtung und Dimension zu erfassen und auszuformulieren. Hier ist es die Aufgabe des Coachs, Klarheit zu schaffen: Was soll, wie, bis wann, in welcher Qualität erreicht werden?

Konkretisierung von Zielen

Dabei hängt es von der Kreativität des Coachs ab, wie er mit dem Klienten gemeinsam solche Ziele wie: weniger Stress, mehr Verdienst, weniger Streit oder mehr freie Zeit in konkrete, sichtbare, fühlbare, messbare Ziele „übersetzt“: Um wieviel Stunden soll die Arbeitszeit reduziert werden? Bis wann soll der Umsatz oder das Einkommen um wieviel steigen? Auf wieviel Stunden sollen die Dienstberatungen in der Woche begrenzt werden? Auch Reklamationen, Krankheits- und Ausfallzeiten sind ein Gradmesser für den „Stress“ in einem Unternehmen, einer Abteilung oder im Leben des Klienten.

Berücksichtigen des Umfeldes

Anschließend müssen diese Ziele mit dem Umfeld des Klienten abgeglichen werden. Wer von seinen Kollegen, Vorgesetzten oder Geschäftspartnern ist am Erreichen der Ziele des Klienten interessiert? Wer ist davon negativ betroffen? Welche Personen stehen den zu erwartenden Veränderungen des Klienten unterstützend oder ablehnend gegenüber? Können diese für die Ziele des Klienten gewonnen werden? Wenn ja, wie?

Der Grund für diese Untersuchung ist, abzusichern, dass nicht wesentliche Bezugspersonen die Fortschritte und Veränderungsprozesse des Klienten, die durch den Coaching-Prozess in Gang gesetzt werden, torpedieren. Insofern müssen bei der Formulierung der Ziele auch soziale und ökologische Aspekte von vornherein berücksichtigt werden.

Mit ökologischen Aspekten ist hier gemeint, dass sich der Klient über seine Vernetzungen und die Rückwirkungen seiner eigenen Zielstellungen und Handlungen im Klaren ist.

Dann werden in dieser Vorbereitungsphase die Erwartungshaltungen des Klienten an den Coach und umgekehrt geklärt. Auch die Befürchtungen, was schlimmstenfalls durch das Coaching ausgelöst werden könnte, sollte eingehend besprochen werden (Auflösung einer Beziehung, Kündigung einer nicht zufriedenstellenden Arbeit o.ä.) Der Hintergrund ist auch hier wieder, die Energien die in Richtung einer Veränderung wirken, nicht mit entgegenstehenden Energien kollidieren zu lassen.

Klärung gegenseitiger Erwartungen

Schließlich muss geklärt werden, wieviel Zeit der Klient für die Umsetzung seiner Ziele zwischen den einzelnen Coachingstunden aufbringen kann. Von dem, was zwischen den einzelnen Coachingstunden in der Praxis umgesetzt wird, hängt ganz wesentlich auch der Zeitrahmen des gesamten Coaching-Prozesses ab. Eine Stunde pro Tag hat sich dabei als sehr sinnvoll und unterstützend herausgestellt.

Zeit für das Coaching

Zuletzt sollte der Coach auch einige seiner wesentlichen Interventionstechniken, besonders, wenn er auch konfrontative Techniken benutzt, mit dem Klienten besprechen.

Aufklärung über Techniken

Diese ein bis zwei Doppelstunden haben einen sehr klärenden und entlastenden Aspekt. Zugleich eröffnen sie für beide Seiten verschiedene Handlungsoptionen: das Coaching vielleicht gar nicht, eventuell später oder eben sofort zu beginnen. Dieser Akt der freien Entscheidung – und zwar von beiden Seiten – ist für mich konstitutiv für den eigentlichen Coaching-Prozess. Deswegen plädiere ich ausdrücklich dafür, diese Vorbereitungsphase deutlich von dem eigentlichen Coaching-Prozess abzuheben.

Ende der Vorbereitungsphase

Wenn zwischen dem Klienten und dem Coach weitgehende Übereinstimmung erzielt worden ist, das heißt, die Problemfelder umrissen, klare Ziele formuliert und die Rahmenbedingungen geklärt sind, dann kann der eigentliche Coaching-Vertrag abgeschlossen werden.

Ein Coaching-Vertrag wird geschlossen

In diesem Coaching-Rahmenvertrag werden die Leistungen und die Verpflichtungen des Coachs, des Klienten sowie des eventuellen Auftraggebers festgelegt. Ebenso die Anzahl der Stunden, die Vor- und Nachbereitung der Sitzungen, das Honorar und die Fragen der Vertraulichkeit.

Nach meiner Erfahrung sollten zwei bis vier Doppelstunden pro Monat stattfinden. Größere Abstände sind nach meiner Erfahrung ungünstig, weil Veränderungsprozesse gerade am Anfang kontinuierlich in Gang gehalten werden müssen. Eine größere Dichte ist zweifelhaft, weil der Klient dann zu wenig Möglichkeiten hat, gemachte Erfahrungen und neue Handlungsmuster auszuprobieren und zu etablieren. Eine Gesamtzahl von zwölf bis sechzehn Doppelstunden hat sich als ein sehr guter Arbeitszeitraum herausgestellt. Danach sollte zumindest eine Zäsur sein. Ein Rück-

Zeitlicher Ablauf

blick auf das bisher Erreichte und ein Ausblick auf das, was eventuell noch zu tun wäre.

Der genaue Zeitplan richtet sich letztlich nach den Zielen, Bedürfnissen und der Arbeitsbelastung des Klienten.

Sitzungen an verschiedenen Orten

Der Ort der Zusammenkunft wird ebenfalls im Interesse des Klienten festgelegt. Es kann ein neutraler Ort sein, es kann in den Beratungsräumen des Coachs oder am Arbeitsort des Klienten stattfinden. Auch ein zwischenzeitliches Telefon-Coaching (s. Glossar) hat sich in bestimmten Situationen als sehr effektiv erwiesen.

3 Wesentliche Themen eines Coaching-Prozesses

Schwerpunkte im Coaching

Natürlich richtet sich jeder einzelne Coaching-Prozess an der konkreten Situation des Klienten aus. Es stehen die gemeinsam vereinbarten Ziele handlungsleitend im Vordergrund des Coaching-Prozesses. Trotzdem haben sich im Laufe der Jahre Schwerpunkte herausgebildet, die in fast jedem Coaching-Prozess eine Rolle spielen und auf die ich hier kurz eingehen möchte.

3.1 Für Rückmeldungen offen bleiben oder wieder offen werden

Mangelndes Feedback

Wenn sich jemand fast ausschließlich in Verhandlungs- oder Konkurrenzsituationen befindet oder eine Führungsposition einnimmt, ist es sehr selten, dass er Rückmeldungen bekommt, die nicht von den Eigeninteressen der Gesprächspartner geleitet sind. Je länger jemand in einer bestimmten Position arbeitet, selbstständig ist, beziehungsweise je höher seine Position in einem Unternehmen ist, umso schwerwiegender wird dieses Problem. Hier kann der Coach als kompetenter Außenstehender entlasten, vermitteln, nötige Rückmeldungen geben sowie die Reflexionen (s. Glossar), Entscheidungsprozesse und Veränderungsschritte unauffällig begleiten.

3.2 Auftretende Kommunikationsprobleme und Konflikte mit anderen oder im Team lösen

Konflikte analysieren und lösen

An jedem vorhandenen Kommunikationsproblem oder Konflikt hat der Klient natürlich seinen eigenen Anteil. Dieser ist jedoch für ihn schwer zu erkennen, da er selbst ein Teil des kommunikativen Systems ist. Von daher ist es für ihn allein schwierig, diesen aufzudecken und zu wandeln. Mit dem Coach kann er die Struktur von Konflikten leichter, schneller und genauer analysieren. Und er kann vor allem das kreative Potenzial entdecken, das in dem Konflikt verborgen ist und dieses für sich und für das Team nutzbar machen.

3.3 Den eigenen Handlungs- und Führungsstrategien treu bleiben und sie dennoch der neuen Situation entsprechend modifizieren

Die Handlungs- und Führungsstrategien hat sich jemand durch Studium, Training oder Vorbilder entwickelt. Kein Führungsstil ist an und für sich besser oder schlechter. Die Frage ist, ob er in den sich ständig verändernden Situationen noch immer angemessen, nachvollziehbar, kulturverträglich und effizient ist. Meistens sind es sehr feine Nuancierungen, die über Erfolg oder Misserfolg einer Handlungsoption oder eines Führungsstils entscheiden. Das Coaching stellt dem Klienten die Mittel zur Verfügung, diese Nuancen herauszufinden und – mit ihm gemeinsam – in ein übergreifendes Konzept zu integrieren.

Optimierung der Führungskompetenz

3.4 Krisen und Rückschläge als kreative Möglichkeiten entdecken

Normalerweise neigen wir dazu, Krisen und Rückschläge

a) zu vermeiden,

b) sie im Nachhinein als unvermeidbar darzustellen oder

c) Schuldige zu suchen.

Im Coaching wird dem Klienten ein Instrumentarium an die Hand gegeben, um das Potenzial zu erkennen, das in Krisen und Rückschlägen verborgen ist, und dieses Potenzial in einen Entwicklungsvorsprung umzuwandeln.

Krisen als Chance erkennen

3.5 Ein individuell abgestimmtes Zeitmanagement entwickeln

Viele Konflikte basieren auf einem zu undifferenzierten Umgang mit Zeit. Ein sinnvolles Zeitmanagement soll den Klienten in die Lage versetzen, seine Zeit zu strukturieren, ihn aber nicht zum „Opfer" seiner Zeitplanung machen. Das Problem allgemeiner Zeitmanagement-Seminare und Bücher ist, dass sie

Standardlösungen helfen nicht

a) nicht auf die persönliche Situation des Klienten ausgelegt sind;

b) die Aneignung selbst sehr zeitaufwendig ist;

c) die Vorlieben und Abneigungen nicht berücksichtigt werden und

d) Zeitplanung nicht durch Kenntnisnahme allein zu einer hilfreichen Selbstverständlichkeit wird.

Im Coaching-Prozess lernt und integriert der Klient nur die Zeitplantechniken, die für ihn unbedingt wichtig sind. Wenn bei der Anwendung konkrete Probleme auftreten, entwickelt er mit dem Coach seine individuelle Zeitplantechnik so weiter, wie es für ihn persönlich am angemessensten ist.

3.6 Mit den eigenen persönlichen und beruflichen Fähigkeiten als auch mit denen der Mitarbeiter effektiv und achtsam umgehen

Vergessene Fähigkeiten nutzen

Fähigkeiten, die lange nicht benutzt wurden, stehen uns oft nicht mehr bewusst zur Verfügung. Im Coaching-Prozess lernt der Klient, den Zugang zu seinen „vergessenen" oder „verlernten" Fähigkeiten zu bekommen und ohne Imageverlust effektive Unterstützung in Anspruch zu nehmen. Er wird mit der konkreten Anwendung der Pareto-Regel vertraut gemacht, nach der 20% ihres Einsatzes 80% des Effekts erbringen und die anderen 80% ihres Einsatzes nur noch 20% des Effekts. Und er lernt vor allem, die entsprechenden Konsequenzen für seinen speziellen Bereich daraus zu ziehen.

3.7 Teamprozesse leiten und moderieren

Neben grundsätzlichen Kenntnissen über Teamprozesse, ist es vor allem entscheidend, die Kommunikation in Teams so zu strukturieren, dass das kreative Potenzial der einzelnen Mitglieder des Teams optimal genutzt werden kann. Im Coaching-Prozess erhält der Klient das Intrumentarium, mit Konflikten und Widerständen produktiv umzugehen, Kontexte zu wandeln, Verbindlichkeit herzustellen und gemeinsam getragene Ziele und Visionen zu etablieren.

3.8 Weitreichende Entscheidungen vorausschauend treffen

Obwohl die Entscheidungssituationen immer komplexer werden, muss heute immer schneller entschieden werden und das oft, ohne alle nötigen Daten zur Verfügung zu haben. Normalerweise wird auf dieses Dilemma mit „Abwarten" reagiert, was aber im vollkommenen Gegensatz zu der Forderung nach „rechtzeitiger" Entscheidung steht. Im Coaching kann der Klient lernen, neben rein rationalen auch kreative und intuitive Kriterien in seinen Entscheidungsprozess zu integrieren. Was bereits auf der Top-Managementebene passiert, die Integration von zwei unterschiedlichen Arten der Intelligenz, der wissenschaftlich/technischen und kreativ/intuitiven Intelligenz, wird zunehmend auch für alle anderen Bereiche der Wirtschaft, der Gesellschaft und des persönlichen Lebens von größter Bedeutung.

Intuitive Entscheidungen

3.9 Mit entstehendem Stress angemessen umgehen

Es geht nicht darum, Stress einfach nur zu reduzieren. Um auch langfristig leistungsfähig zu bleiben, ist es wichtig, das anregende Element von Stress zu integrieren und lediglich die zermürbenden Elemente von stresshaften Situationen zu überwinden. Im Coaching-Prozess kann der Klient lernen, die beiden entgegengesetzten Elemente des Stresses genauer zu untersuchen und besser voneinander zu unterscheiden. Durch die sorgfältige Entwicklung von Erfüllungsstrukturen, kann er schließlich zermürbenden Stress auf ein Mindestmaß reduzieren.

Nicht jeder Stress ist negativ

3.10 Nicht irgend etwas verbessern, sondern das, was den größten Effekt bringt

Ohne Frage lässt sich überall, wo man genauer hinsieht, etwas ändern und verbessern. Die wesentliche Frage ist aber, was genau muss jetzt verbessert werden, um den größten Effekt zu erzielen.

Der Coach wird mit dem Klienten also nicht an dem arbeiten, was sich am leichtesten ändern lässt. Er wird mit dem Klienten gemeinsam herausfinden, was in seiner Situation den größten Effekt hervorbringt und den Schwerpunkt des Coaching-Prozesses genau auf diesen Engpass legen.

4   Die Ziele während des Coachings erreichen

Eine wesentliche Frage am Anfang eines Coachings ist natürlich: Wird das Coaching helfen, die Probleme zu lösen, die Ziele zu erreichen? Warum soll jetzt plötzlich gelingen, was vorher nicht gelungen ist? Wie wird das, was möglich ist (Veränderung) auch Wirklichkeit?

Es wäre in diesem Zusammenhang interessant, einen Coaching-Prozess zu dokumentieren, um den wesentlichen Unterschied zwischen einer Therapie, einem Mentoring, einer Supervision (s. Glossar), einem helfenden Gespräch auf der einen Seite und einem Coaching auf der anderen Seite darzustellen. Das ist aber innerhalb eines Aufsatzes leider nicht möglich.

Unterstützende Rahmenbedingungen

Ich will hier die unterstützenden Rahmenbedingungen für ein erfolgreiches Coaching noch einmal hervorheben. Unter Punkt sechs werde ich auf zwei besonders kraftvolle Methoden meines Coachings eingehen.

Rahmenbedingungen

- *Klare Kriterien* – für welche Personen Coaching angemessen und hilfreich ist und für welche nicht.

- *Die Wichtigkeit des Anliegens*: Die Lösung der Probleme, die Erreichung der Ziele, muss für die Qualität des Lebens des Klienten wesentlich sein. Es muss außerdem eine Dringlichkeit bestehen, das Coaching wirklich jetzt zu beginnen.

- Nur *klar definierte und messbare Ziele* können mit Hilfe einer speziellen Erfüllungsstruktur auch erreicht werden. Es ist also bereits viel erreicht, wenn der Klient es schafft, seine vagen, verschwommenen Ziele genau zu fassen.

- Die *zeitliche Begrenzung des Coachings* hilft, die Intensität des Veränderungsprozesses zu erhöhen, führt zu schnellen Erfolgserlebnissen, die wiederum den Wandlungsprozess beflügeln.

- Entscheidend ist natürlich die *Kompetenz des Coachs*. Er muss einen großen Fundus von wirkungsvollen Methoden und Konzepten zur Verfügung haben, damit er der Verschiedenheit seiner Klienten und ihren differenzierten Anliegen wirklich gerecht werden kann.

5   Grundlagen und Vorannahmen des Coachings

An dieser Stelle möchte ich thesenartig zehn Grundlagen und Vorannahmen darstellen, die meinem Coaching-Ansatz zugrunde liegen. Auf eine ausführliche Begründung und Erläuterung muss ich an dieser Stelle jedoch leider verzichten.

1. Jeder Mensch kann sich ändern, wenn er selbst das möchte. Diese Veränderungen beziehen sich auf Wahrnehmungsformen, Deutungsstrukturen und Verhaltensweisen.

2. Jeder Mensch hat an jedem Punkt seines Lebens Wahlmöglichkeiten.

3. Anderen Menschen oder Situationen die „Schuld" an eigenen Befindlichkeiten zu geben, führt zu Passivität und Selbstlähmung.

4. Sich selbst in irgendeiner Situation als „Opfer" zu erleben oder zu definieren, führt dazu, dass man wirklich zum „Opfer" wird.

5. Jeder Mensch ist für sein Wahrnehmen, Erleben, Deuten, Werten und Einordnen der Dinge, die ihm widerfahren, absolut verantwortlich.

6. Die menschliche Sprache ist eines der wirksamsten Werkzeuge, um Dinge, Zustände, Verhältnisse und Zusammenhänge zu verändern.

7. Kein Problem kann effektiv auf der gleichen Bewusstseins- oder Handlungsebene gelöst werden, auf der es aufgetreten ist.

8. Es ist möglich und sinnvoll, Erfüllungsstrukturen der äußeren Welt auch auf interne, mentale Prozesse zu übertragen.

9. Es gibt kein Richtig und kein Falsch, wenn ich die Koordinaten meines Handelns und meine Ziele nicht festgelegt habe.

10. Bereits die sprachliche (!) Definition irgendeines Ereignisses zum Beispiel als „Krise" und „Rückschlag" oder als „Chance" und möglich gewordener „Lernschritt" entscheidet über meine Wahrnehmung, Empfindung und über meine daraus folgenden Handlungsoptionen.

6 Zwei beispielhafte Methoden, um Veränderungen zu initiieren

6.1 Strukturen verändern, Stress mindern, Handlungsfähigkeit wieder herstellen

In der äußeren Welt sind wir es gewohnt, Strukturen zu nutzen oder uns Strukturen zu schaffen, die ein erfolgreiches Vorgehen ermöglichen. Sie sind uns oft so selbstverständlich, dass wir sie als „Strukturen" gar nicht mehr wahrnehmen.

Zum Beispiel ist ein Flughafen eine effektive Struktur, um Flugzeugen das Starten und Landen in einer bestimmten Reihenfolge zu ermöglichen,

Passagierströme zu leiten, Orientierung zu ermöglichen usw. Ein Flughafen ist aber eine relativ wenig geeignete Struktur, um Raumschiffen das Starten und Landen zu ermöglichen oder um ein Autorennen auszutragen.

Unbewusste Strukturen

Auch in unseren internen emotionalen und mentalen Bereichen haben wir bestimmte Strukturen entwickelt. (Wahrnehmungsstrukturen, Reiz-Reaktionsmechanismen, Vorurteile, Hoffnungen, Befürchtungen, Erwartungshaltungen, Stressbewältigungsmechanismen usw.). Diese mentalen Strukturen sind uns meistens so „geläufig", dass wir sie als selbstgeschaffene oder auch angeeignete Strukturmuster gar nicht mehr erkennen können. Das muss uns nicht besonders bewusst sein, solange diese Strukturen sehr gut oder zumindest gut funktionieren.

Störungen

Interessant wird es erst, wenn unsere „normalen" Strukturen plötzlich – oder auch nach und nach – mit völlig neuen Erfordernissen konfrontiert werden. Es kommt zu „Störungen", weil die entweder stark zunehmenden oder vollkommen neuen Aufgaben mit den alten Strukturen nicht mehr gelöst werden können.

Strukturen ändern...

Man stelle sich vor, von einem Flughafen müssten plötzlich doppelt so viele Maschinen starten oder landen. Eine Weile kann man den Abstand der Maschinen verkürzen, aber irgendwann ist eine Grenze erreicht. Dann muss die Gesamtstruktur verändert werden. In diesem Fall würde man z.B. eine neue Start- und Landebahn bauen, die Abfertigungshallen erweitern usw.

...oder neu schaffen?

Wenn aber plötzlich auch Raumschiffe von dort aus gestartet werden sollen, ist dem offensichtlich weder mit der Verkürzung der Abstände der startenden und landenden Flugzeuge noch mit dem Bau einer zweiten Start- und Landebahn beizukommen.

Ähnliches passiert mit unseren inneren emotionalen oder mentalen Strukturen. Wenn die Anforderungen an uns sehr wachsen oder sich plötzlich verändern, dann werde ich mit den gleichen mentalen Strukturen das Problem nicht bewältigen können. Aber genau das versuchen wir spontan.

Ein Beispiel: Wenn der beste Verkäufer eines Vertriebsteams plötzlich zum Leiter dieses Teams befördert wird, dann ist das bildlich gesprochen nichts anderes, als wenn von einem Flughafen auf einmal ein Raumschiff starten soll.

Der Mann hat sich vielleicht über Jahrzehnte ein unglaublich gutes, immer mehr verfeinertes Sensorium für Verkaufsverhandlungen erworben. Aber jetzt wird von ihm gefordert, dass er andere motiviert, besser zu verkaufen. Er soll plötzlich Gruppenprozesse leiten, Konflikte lösen, seine intuitiven Erfahrungen in Worte fassen und an andere so weitergeben, dass diese damit etwas anfangen können.

Obwohl er noch immer ein absoluter Verkaufsprofi ist, befindet er sich plötzlich in der Situation eines Anfängers. Er hat zwar die sensorischen, mentalen und psychischen Strukturen und Handlungsmuster, um seine alte Aufgabe zu erfüllen, nicht verlernt. Aber die nutzen ihm in der neuen Situation nur noch relativ wenig. Es ist klar, dass diese neue Situation unglaublich schnell zu Frustrationen, Überlastungssymptomen, Angst, Selbstwertverlust usw. führen kann, die immer weiter eskaliert. Mit einem Strukturmodell lässt sich das jedoch leicht deuten und klären. Danach kann dann damit begonnen werden, die neuen, vorher völlig überflüssigen, jetzt aber dringend benötigten mentalen Strukturen aufzubauen.

Vom Profi zum Anfänger

In diesem Beispiel ist der Übergang von der einen Aufgabe zur anderen sehr krass und offensichtlich. Oftmals kommen Veränderungen oder Beförderungen, Zusatzbelastungen oder neue Arbeitsbereiche aber nach und nach. Dadurch werden die Grenzen der alten mentalen und kommunikativen Strukturen und die Notwendigkeit eines Wandels dieser Strukturen nicht so schnell offensichtlich. Statt dessen drücken sie sich zuerst als Überlastungssymptome aus, z.B. in Zeitproblemen, zunehmenden Konflikten, Angst, Schlafstörungen oder psychosomatischen Erkrankungen.

Schleichende Veränderungen

Die schrittweise Veränderung von unseren inneren Strukturen des Wahrnehmens, Denkens und Fühlens ist aber dafür entscheidend, ob wir „draußen" in der Welt Erfolg oder Misserfolg „erleben" oder „erleiden"; nicht weil sie „falsch" oder „schlecht" sind, sondern weil sie mit den neuen Erfordernissen nicht mehr übereinstimmen.

Strukturen müssen zu den Anforderungen passen

6.2   Mentaler Wandel

Jedem geläufig ist das Phänomen sich selbst erfüllender Prophezeiungen. Genau das, was ich fürchte, tritt auch ein. Wie aber funktioniert es genau? Es handelt sich dabei meistens um tief verinnerlichte Glaubenssätze, die ausgesprochen oder unausgesprochen, bewusst oder halbbewusst handlungsleitend sind. Was heißt das genau? Man könnte auch hier sagen, es liegt eine bestimmte Handlungsstruktur vor, die mit fast 100% iger Sicherheit ein ganz bestimmtes Ergebnis hervorbringt.

Sich selbst erfüllende Prophezeiungen

Nehmen wir an, jemand geht mit der Haltung an das Leben heran, dass er immer „zu kurz" kommt, nie genug Aufmerksamkeit, Zuwendung usw. erhält. Er wird also jeden sozialen Kontakt darauf hin untersuchen, was er „bekommt", und was er „gibt".

Da er davon ausgeht, dass er früher – in seiner Kindheit oder wann auch immer – zu wenig bekommen hat (und dieser Glaubenssatz ist völlig unabhängig davon, wieviel die Person in der Realität bekommen hat), wird er versuchen, „mehr" zu bekommen als zu geben. Um die scheinbare oder wirkliche „Ungerechtigkeit" auszugleichen.

Mehr haben wollen...

Die Kommunikationspartner aber spüren genau das: Da ist jemand, der vor allem haben, aber nicht geben will. Die Reaktionen sind klar: Sie werden, selbst wenn sie anfangs offen waren, immer weniger und weniger geben und den Mangel des Menschen mit dem Glaubenssatz des Mangels massiv bestätigen und verstärken.

...und weniger bekommen.

Obendrein wird dieser Mensch bald nur noch von Leuten umgeben sein, die den selben oder einen ähnlichen Glaubenssatz haben. Dieser Glaubenssatz produziert und reproduziert dann wiederum ein reales Mangelsyndrom. Umgeben von einem Netzwerk „ausgehungerter" Leute wird der „Inhaber" dieses Glaubenssatzes die ganze Welt als Stätte des Mangels wahrnehmen und erfahren.

Der Glaubenssatz wird real

Die „Konstruktion" der Realität funktioniert mit einem anderen Glaubenssatz ganz genau so, nur führt sie hier zu vollkommen anderen Ergebnissen.

Eine Person hat die Grundüberzeugung, dass sie viel einzubringen und anderen viel zu geben hat. Sie wird aufmerksam sein, zugewandt, großzügig und wird entsprechend viel an Dank, Aufmerksamkeit usw. zurückbekommen. Das wiederum verstärkt den Glaubenssatz von der eigenen Kraft und Energie usw. Außerdem wird sich nach und nach ein Kreis von Leuten um diese Person sammeln, die auch aus dem Glaubenssatz des Überflusses und des Gebens leben. Die eigene Wahrnehmung, die sozialen Kontakte und die „Welt" wird von dieser Person dann als Möglichkeit und als Überfluss wahrgenommen.

Mehr geben...

...und mehr zurückbekommen.

Deshalb gehört der Wandel von Glaubenssätzen neben dem Schaffen von Erfüllungsstrukturen zu den kraftvollsten Werkzeugen des Coachings überhaupt.

Bedeutsamkeit von Glaubenssätzen

Noch ein paar Anmerkungen zum Etablieren neuer innerer Strukturen und zum Wandel von Glaubenssätzen: Als Coach wird man natürlich nicht mit Glaubenssätzen und inneren Strukturen konfrontiert, sondern mit Symptomen. Das heißt, ein Coach muss – um das mit der Musik zu vergleichen – so etwas wie ein absolutes Gehör haben. Er muss aus der Beschreibung der Symptome, aus den Unter- und Zwischentönen die internen Strukturen und Glaubenssätze erkennen können.

Ein Coach muss Strukturen erkennen

Gemeinsam mit dem Klienten wird er dann eine „Strukturanalyse" vornehmen. Dieser Schritt ist sehr aufschlussreich, sowohl für den Klienten, der sich selbst besser verstehen lernt, als auch für den Coach, weil der erfährt, wie dieser spezielle Klient bisher Strukturen entwickelt und angewendet hat. Bei dem Entwickeln neuer Strukturen kann der Klient dann nach seinem ureigenen „Konstruktionsplan" vorgehen, statt etwas Vorgefertigtes zu übernehmen. Der Vorteil dieser Methode ist, dass der

Konstruktion neuer Strukturen

Klient das ganze Vorgehen als ein ihm gemäßes empfindet, und er das neue von daher leichter integrieren kann.

Noch etwas zu den Glaubenssätzen: Glaubenssätze oder Vorannahmen führen oft ein verstecktes Leben und treten nur selten klar und deutlich hervor. Auch sind sie meist mit anderen Glaubenssätzen verwoben. Das wichtigste ist auch hier, sie erst einmal wahrzunehmen. Sie aus dieser vagen Grauzone heraufsteigen zu lassen und auszuformulieren. Ihnen quasi erst einmal Gehör zu verschaffen. Und zwar ohne sie durch Vorurteile oder moralische Bewertungen abzudrängen.

Glaubenssätze sind meist unklar

Der nächste Schritt ist, anzuerkennen, welche positive Funktion sie einmal im Leben des Klienten gespielt haben. Auch wenn sich ihre Wirkung heute ins Gegenteil gekehrt haben mag. Der nächste Schritt ist, gemeinsam mit dem Klienten einen oder mehrere neue Glaubenssätze zu formulieren. Allein diese Erkenntnis, dass man nicht dazu verurteilt ist, aus einem bestimmten Glaubenssatz heraus zu leben, sondern die Wahl hat, ihn zu ändern, ist für Klienten oft sehr befreiend.

Positive Funktionen alter Glaubenssätze

Dennoch: Wenn jemand einen alten Glaubenssatz aufgeben will, ist das auch oft mit Angst verbunden. Es ging zwar schlecht, aber es ging wenigstens irgendwie. Was wird aber mit dem neuen werden?

Angst vor neuem

Um die Angst zu verringern, um den alten Glaubenssatz nicht direkt „anzugreifen" und trotzdem einen neuen auszuprobieren, empfehle ich meinen Klienten oft, den alten einfach mal „zu parken" und nur für eine Woche den neuen in verschiedenen sozialen Situationen auszuprobieren. In dieser Woche kommt es in der Regel sofort zu anderen Rückmeldungen. Das ist dann zwar noch nicht der Durchbruch, aber zumindest ist das Vorurteil erschüttert, das Leben ginge nur mit dem altbekannten Glaubenssatz oder gar nicht.

Ergänzen statt ersetzen

An einem bestimmten Punkt des Prozesses ist dann absolut klar, dass man immer die Wahl hat und für diese Wahl (der Glaubenssätze) auch verantwortlich ist. Wenn sich dann der Klient wirklich endgültig für den neuen Glaubenssatz entschieden hat, bekommt der alte einen individuellen Ehrenplatz, oft ein Mausoleum oder etwas ähnliches, wo er in Ruhe in Vergessenheit geraten kann.

Der Klient hat die Wahl

Auch dieser Prozess ist natürlich ein äußerst sensibler, der von dem Coach ein großes Einfühlungsvermögen erfordert. Oftmals helfen archaische Bilder und Metaphern, um den emotionalen und mentalen Innenbereich als ebenso gestaltungsfähig wie den äußeren zu begreifen. Wichtig ist auch, dem Tempo und den Strukturen des Klienten weit zu folgen und ihn immer wieder vor die Wahl zu stellen, ob er etwas ändern möchte oder nicht. Wenn er möchte, diesen Prozess zu begleiten und abzusichern, wenn er nicht möchte, das absolut zu respektieren. Nie moralisch werden.

Nie Druck anwenden. Nur zurückspiegeln, dass der Zustand des „Opfers", – nämlich andere für sein Leben, Empfinden und Handeln verantwortlich zu machen – nicht funktioniert.

Bewertungsfreie Rückmeldung

Den Klienten immer wissen lassen, dass er selbst eine Wahl trifft oder getroffen hat und dass er eines ganz sicher nicht ist: ein Opfer. Weder seiner Gene, noch seiner Eltern, weder seines Lebenspartners oder seines Vorgesetzten und schon gar nicht ein Opfer der Umstände, die er selbst geschaffen hat.

7   Abschluss des Coachings

Hilfe zur Selbsthilfe

Bei allem Vorgesagten gilt dennoch, dass der Coaching-Prozess letztlich immer eine Hilfe zur Selbsthilfe ist. Die Zusammenhänge und Vorgehensweisen sind dem Klienten immer zu vermitteln. Die Selbstwahrnehmung des Klienten wird geschärft, und die Prinzipien der Veränderungsprozesse werden ihm jeweils mitgeteilt.

Rückblicke

Nach dem Abschluss des Coaching-Prozesses ist es sinnvoll, auf den gemeinsam zurückgelegten Weg zurückzublicken und das auch schriftlich festzuhalten. Dabei sollte vor allem darauf eingegangen werden, wie der Klient seine Ziele erreicht hat.

Abgelaufene Prozesse erklären

Es soll erkennbar sein, welche neuen Strukturen den Veränderungen zugrunde liegen und wie diese neuen Strukturen entwickelt wurden. Das befähigt den Klienten später, bei anderen Zielen und neuen Problemfeldern weitestgehend selbstständig vorzugehen. Ein bis zwei Monate nach dem Abschluss des Coachings ist es sinnvoll, noch eine Feedbackstunde durchzuführen.

Eine begleitende Supervision (s. Glossar) in Abständen von vier bis acht Wochen kann auf Wunsch vereinbart werden, muss aber ähnlich wie die Einführungsphase deutlich von dem eigentlichen Coaching-Prozess abgehoben sein.

8   Ethische Haltung

Jedes Coaching basiert auf einigen Grundannahmen. Dazu gehört zuerst, dass sich Menschen ändern können. Niemand ist festgelegt auf das, was er ist. Jeder kann seine Vorstellungen von sich und von der Welt, seine eigenen Vorgehensweisen und seine Reaktionsmuster wandeln – wenn er es möchte.

Jedoch – kein Coach kann irgendeine dauerhafte Veränderung durch Druck oder Manipulation erreichen. Er kann nur immer wieder die Möglichkeiten und die Konsequenzen aufzeigen, die mit bestimmten Strukturen und Glaubenssätzen einhergehen. Das Coaching ist und bleibt ein Akt der Freiheit des Coachs und des Klienten.

Coaching ist keine Manipulation

Dennoch hat der Coach bei seiner Arbeit eine große Verantwortung. Da er über sehr kraftvolle Methoden der Veränderung verfügt, hat er eine „Erkenntnismacht" oder eine „Gestaltungsmacht". Diese Macht und dieses Wissen darf er nur zum Wohle des Klienten und in dem ausdrücklichen Interesse des Klienten anwenden.

Verpflichtung gegenüber dem Klienten

Der Coach ist immer gehalten, die Methoden und Formen seines Vorgehens sowie die dahinter stehenden Vorannahmen und erkenntnistheoretischen Modelle dem Klienten deutlich zu machen.

Offenheit

Der Coaching-Prozess ist eine sehr vertrauliche Angelegenheit. Von daher untersteht der Coach einer absoluten Schweigepflicht – auch gegenüber dem Auftraggeber, wenn dieser ein Coaching für einen Klienten – in der Regel einen Mitarbeiter – initiiert hat.

Vertraulichkeit

Die Ergebnisse des Coachings können und sollen spürbar werden. Der Klient kann selbst darüber Auskunft geben, wenn er das möchte. Der Coach ist lediglich befugt, über seine Methoden und Ansätze zu sprechen, auf keinen Fall aber über den Klienten selbst.

Zur Ethik des Coachings gehört auch, sich seiner eigenen Grenzen bewusst zu sein und gegebenenfalls einen Klienten – bei dem sich eine psychische Störung oder Suchtkrankheit herausstellt – an einen Therapeuten weiterzuverweisen.

Grenzen erkennen und danach handeln

Schließlich sollte sich der Coach auch darüber im Klaren sein, dass seine Arbeit längerfristig auch wirtschaftliche und gesellschaftliche Prozesse beeinflusst. Deswegen lehne ich es ausdrücklich ab, in Institutionen zu arbeiten oder Personen zu coachen, die in Unternehmen arbeiten, deren langfristige Auswirkungen ein menschenwürdiges Leben auf dieser Erde schwer schädigen oder unmöglich machen. Auch mit Vereinigungen, die mit autoritären Methoden versuchen, Menschen in ihre Abhängigkeit zu bringen, wie Sekten und ähnlichen Gruppierungen, arbeite ich prinzipiell nicht zusammen.

Gesellschaftliche Verantwortung

Literatur

Birkenbihl, V. (1997). *Stroh im Kopf?*. Landsberg: Moderne Industrie.
Cameron, J. (1992). *The Artist Way*. New York: Putnam Book.
Covey, S. R. (1989). *The Seven Habits of Highly Effective People*. New York: Simon & Schuster.

Frankl, V. (1989). *Der Mensch und die Frage nach dem Sinn*. München: Kösel.

Fromm, E. (1990). *Die Furcht vor der Freiheit*. München: dtv.

Gross, S. F. (*1997*). *Beziehungsintelligenz*. Landsberg: Moderne Industrie.

Jonas, H. (1984). *Das Prinzip Verantwortung*. Frankfurt: Suhrkamp.

Laing, R. D. (1973). *Das Selbst und die Anderen*. Köln: Kiwi.

Landsberg, M. (1998). *Das Tao des Coaching*. Frankfurt: Campus.

Maturana, U. (1986). *Der Baum der Erkenntnis*. Bern/München: Scherz.

Moeller, M. (1993). *Die Wahrheit beginnt zu zweit*. Reinbek: Rowohlt.

Molcho, S. (1996). *Körpersprache*. München: Goldmann.

O'Connor, J. (1994). *Neurolinguistisches Programmieren. Gelungene Kommunikation und persönliche Entfaltung*. Freiburg: Verlag für angewandte Kinesiologie.

Rattner, J. (1974). *Aggression und menschliche Natur*. Frankfurt: Fischer.

Rauen, Ch. (1999): *Coaching: Innovative Konzepte im Vergleich*. Göttingen: Verlag für Angewandte Psychologie.

Robbins, A. (1995). *Das Powerprinzip*. München: Heyne.

Rogoll, R. (1980). *Nimm dich, wie du bist. Einführung in die Transaktionsanalyse*. Freiburg: Herder.

Sartre, J.-P. (1991). *Das Sein und das Nichts*. Reinbek: Rowohlt.

Scheidt, J. (1990). *Kreatives Schreiben*. Frankfurt: Fischer.

Schultz von Thun, F. (1989). *Miteinander Reden*, Bd. 1+2. Reinbek: Rowohlt.

Seiwert, L. (1992). *Mehr Zeit für das Wesentliche*. Landsberg: Moderne Industrie.

Smothermon, R. (1993). *Drehbuch für Meisterschaft im Leben*. Bielefeld: Context Verlag.

Stevens, J. O. (1993). *Die Kunst der Wahrnehmung*. Gütersloh: Chr. Kaiser.

Tannen, D. (1991). *Du kannst mich einfach nicht verstehen*. Hamburg: Goldmann.

Tillich, P. (1967). *Gesammelte Werke I-XIII*. Stuttgart: Evangelisches Verlagswerk.

Tracy, B. (1998). *Thinking Big*. Offenbach: Gabal.

Watzlawick, P. (1984). *Wie wirklich ist die Wirklichkeit?* München: Piper.

Watzlawick, P. (1994). *Die erfundene Wirklichkeit*. München: Piper.

Gruppen-Coaching

Horst Rückle

1   Begriffsklärung

Coaching Einzelner oder von Gruppen ist eine der Antworten auf den Wertewandel. Weil früher Institutionen länger mit ihren Anforderungen überdauerten und sich innerhalb der Lebenszeit eines Menschen wenig veränderte, war das, was heute Coaching leisten muss, weitgehend unnötig. Die Weitervermittlung von Erfahrungen und langfristig gültigem Wissen war möglich. In einem Unternehmen konnten mehrere Generationen nacheinander tätig werden. Diese Beständigkeit gab Sicherheit und Halt. Eventuelle Probleme und Konflikte konnten mit Kollegen, oft mit dem Chef oder mit Freunden im kommunikativ funktionierenden Privatbereich besprochen werden.

Coaching als Antwort auf den Wertewandel

Heute sind Institutionen einem schnelleren und ständigen Wandel unterworfen. Da Menschen zudem immer älter werden – ein heute 80jähriger musste möglicherweise die Kultur der Weimarer Republik, des Dritten Reichs, der DDR und der Bundesrepublik verarbeiten und übernehmen – ist die frühere Sicherheit und Stabilität einer zunehmenden Unsicherheit gewichen. Auf solchen Wandel reagieren Menschen mit Weiterentwicklung und Widerstand. Aber der Widerstand der Betroffenen formuliert immer auch den Wunsch, nicht zu den Verlierern zu gehören. Daher ist in Zeiten des Wandels Coaching gerade für diese Zielgruppen notwendig. Die Beziehungen zu Führungskräften sind oft auf Sachfragen beschränkt und die Möglichkeit, berufliche Probleme und Konflikte im privaten Umfeld zu besprechen, ist kaum noch gegeben. Bindungen sind als problematisch erkannt. Der heutige Mensch will Beziehungen eingehen, ohne sich zu binden. Auch der häufige Wechsel des Arbeitgebers ist eher toleriert als früher. Kunden wechseln konfliktfreier ihre Lieferanten. Dies führt dazu, dass Unternehmen mehr in die Abhängigkeit von Mitarbeitern geraten als früher. Hochqualifizierte Mitarbeiter können mit Gehen, minderqualifizierte mit Bleiben erpressen.

Unsicherheit wird Normalzustand

Wandel schafft Entwicklung und Widerstand

Bindungen sind unerwünscht

Coaching ist kein Führungsstil, sondern Führungsaufgabe!

Dieser Wandel erfordert Coaching! Coaching ist aber kein neuer Führungsstil, kein „management by", sondern eine Führungsaufgabe. Es ist die systematische Auseinandersetzung mit konkreten Aufgabenstellungen und Fragen aus dem Unternehmen, um Erfolge zu erzielen und/oder zu steigern. Im Sport wird dies deutlich. Dort ist der Coach neben dem Führungskader und dem Trainer derjenige, der sich um den Sportler kümmert. Damit ist auch die Hilfe zur Selbsthilfe bei aus privaten Einflussbereichen resultierenden Problemen gemeint. Coaching hilft, den Anforderungen an seine Einstellungen und Verhaltensweisen gerecht zu werden.

Fachliche und persönliche Betreuung

Neben die fachliche Aus- und Weiterbildung tritt im Coaching also die persönliche Betreuung. Die Verbindung des Wortes Coaching zum Begriff Kutsche und Kutscher zeigt die Ansatzpunkte. Wie ein Kutscher, der sich um die Leistung, aber auch um die Befindlichkeit seiner Pferde kümmert, kümmert sich der interne oder externe Coach oder die Führungskraft als Coach neben den Sachaufgaben um die die berufliche Leistung beeinflussende persönliche Befindlichkeit des Mitarbeiters.

Hilfe zur Selbsthilfe

Coaching umfasst somit alle Maßnahmen der Hilfe zur Selbsthilfe und damit zur Leistungssteigerung in beruflichen Rollen. Dazu gehört auch, die persönlichen Ziele des Mitarbeiters zu besprechen. Karriere im Sinne eines Aufstiegs ist nicht nur selten möglich, auch der Karrierebegriff an sich unterliegt dem Wertewandel. Mehr und mehr wird der als erfolgreich erlebt, der in seiner Lebenskarriere seine individuellen Berufsziele, aber auch eine ganzheitliche Entwicklung in den anderen Lebensbereichen wie z.B. Familie, Freunde, Freizeitinteressen erreicht hat.

Die Rolle des Coachs

Der Coach ist Gesprächspartner, aber nicht Psychotherapeut. Er ist methodischer Helfer, aber nicht derjenige, an den Aufgaben rückdelegiert werden. Er ist Partner und distanzierter Freund, aber nicht Kumpel. Er ist ein Helfer auf Zeit, aber nicht lebenslanger Begleiter.

Grundprinzipien bleiben gleich

In seiner Rolle kann der Coach Einzelne und/oder Gruppen betreuen. Die Grundprinzipien für die Arbeit mit Zielgruppen sind bei der Arbeit mit Einzelnen und Gruppen weitgehend identisch. Dieser Artikel beschreibt aber vorwiegend das Coaching von Gruppen.

2   Die Ansatzpunkte für Coaching

Jeder Mensch ist mit Anlagen, Begabungen und Talenten ausgestattet. Es handelt sich dabei um mehr oder weniger stark ausgeprägte Dispositionen für spätere Fähigkeiten und Fertigkeiten. Im Rahmen der Erziehung werden diejenigen Anlagen, Begabungen und Talente gefördert, die zu den in der jeweiligen Kultur positiv bewerteten Verhaltensweisen führen. Diejenigen Anlagen, Begabungen und Talente, die in der jeweiligen Kultur negativ erlebte Verhaltensweisen ermöglichen, liegen brach oder werden unterdrückt. Die meisten Kinder werden erzogen, damit die Eltern nicht blamiert sind, und nur wenige werden so gefördert, dass sie ihre Anlagen, Begabungen und Talente entfalten und im Leben erfolgreich sein können. **Die Erziehung lässt viele Talente ungenutzt**

Es ist für Eltern und Erzieher sicher schwierig, einen Menschen für eine ihnen selbst unbekannte Zukunft zu fördern. Umso wichtiger wird es, dass der Mensch seine Verantwortung für sich selbst entdeckt und akzeptiert. Dann kann er im Laufe seines weiteren Lebens seine Begabungen und Talente aufspüren und zusammen mit seinem Coach entscheiden, welche Potenziale er für welche Aufgaben nutzbar machen will. **Selbstverant-wortung als Ausgangspunkt**

Da es den meisten Menschen schwerfällt, sich selbst zu analysieren, und nur wenige aus den Reaktionen der Umwelt die hilfreichen Schlüsse ziehen, ist der methodische Helfer gefragt. In der Vergangenheit haben vorwiegend Priester, Psychologen, Psychotherapeuten und andere helfende Berufe den Dienst an der Entwicklung der Persönlichkeit geleistet. Solche Hilfe war nützlich in einer Zeit, in der ethische und moralische Werte für alle Menschen eines Volks verbindlich waren. Jetzt, da Kulturen, Subkulturen, Unternehmen und Familien unterschiedliche Werte leben und verschiedene Ziele anstreben, reicht die generelle und leider oft dogmatische Hilfe nicht mehr aus. Es ist individuelle Hilfe für die jeweilige Rolle notwendig. Unterschiedliche Mitarbeiter unterschiedlicher Unternehmen brauchen unterschiedliche Entwicklungsmaßnahmen. Was den Coach für die so gegebenen Aufgaben geeigneter macht, ist seine Kenntnis über die beruflichen Möglichkeiten und damit seine Betrachtung von Anlagen und Begabungen durch die Brille beruflicher Erfordernisse. **Individuelle, methodische Hilfe ist notwendig**

Diese Betrachtung ist aber nur dann möglich, wenn der Coach das Unternehmen, die Abteilung und die jeweiligen Tätigkeitsbereiche gut kennt. Intellektuelle, der Gestaltung der Sachebene dienliche Fähigkeiten und Fertigkeiten werden meist im Laufe der Ausbildung erworben und bis zu dem durch die Anlagen und Begabungen möglichen Punkt entwickelt. Daher greift der Coach vorwiegend in den Bereichen ein, die in den sogenannten weichen Faktoren und der individuellen Motivation und dem Umgang mit sich selbst fußen, z.B. Leistungsfähigkeit und -bereitschaft, Umgang mit Problemen und Konflikten, Kommunikationsfähigkeit, Belastbarkeit u.a. Zu seiner beratenden Funktion kann es auch gehören, Karriereerwartungen zu relativieren oder zu kanalisieren, um spätere Frustrationen zu verhindern. **Die „weichen" Faktoren im Coaching**

Coaching arbeitet auf der Grundlage der Kultur beziehungsweise der Vision und der Ziele der jeweiligen Gemeinschaft. Was in einer Gemeinschaft gewollt oder nicht gewollt ist, definiert sich aus den Werten, den Zielen und den Erwartungen der Zielgruppen. **Coaching ist kulturabhängig**

Der Coach muss firmenspezifische Werte berücksichtigen

Ohne Kenntnis dieser drei Einflussbereiche ist Coaching oder Personalentwicklung (s. Glossar) ohne Effizienz. Problematisch wird es, wenn der Coach seine eigenen Weltanschauungen und Werte zur Grundlage seiner Arbeit macht. Ohne die Betrachtung der firmenspezifischen Werte (Eigenschaften, die zum Ziel menschlichen Strebens werden), des jeweiligen Ziels und der Erwartungen der Zielgruppe wird Coaching gefährlich, bleibt im luftleeren Raum und führt nicht zu einer Verbesserung der Erfolge in der jeweiligen beruflichen Aufgabe. Wer will, dass die Zielgruppe sich richtig verhält, muss ihr Regeln geben!

Anforderungen an die berufliche Rollen müssen klar werden

Um firmenspezifisch und erfolgreich zu arbeiten, leitet der Coach aus den gewollten Werten, den Zielen und den Erwartungen der Zielgruppe und weiterer Einflussbereiche Anforderungen an die berufliche Rolle des zu Coachenden und konkrete Beobachtungskriterien ab und vergleicht die vom zu Coachenden gezeigten Verhaltensweisen mit diesen Beobachtungskriterien. Mit entsprechenden Interventionen löst er Veränderungsbereitschaft aus und fördert die Entwicklung der in der jeweiligen Gemeinschaft geforderten und erfolgversprechenden Verhaltensweisen. So bereitet er sein Team oder seine Gruppe auf künftige Aufgaben vor.

Fähigkeiten und Aufgaben müssen zusammenpassen

Die erkennbaren Entwicklungen werden weiter unterstützt. Sind Entwicklungen wegen fehlender Begabungen und Veranlagungen nicht möglich, kann der Coach als Ratgeber helfen, eine mit den eigenen Möglichkeiten übereinstimmende Aufgabe im Unternehmen oder außerhalb zu finden.

3   Anlässe für Coaching

Die Ursachen für Gruppen-Coachings sind vielfältig

Ein Gruppen-Coaching kann aus unterschiedlichen Gründen angeraten sein bzw. nachgefragt werden. Es folgt eine Auswahl der häufigsten Anlässe:

- Konflikte zwischen den Gruppen- bzw. Teammitgliedern

- Integration eines neuen Gruppen- bzw. Teammitglieds

- Implementierung von Werten

- Strategische Ausrichtung der Mannschaft

- Nachfolgeregelung in der Führung der Gruppe bzw. Leitung des Teams

- Vor Fusion, Kooperation u.a. Veränderungen zur Integration aller Manager

- Vorbereitung der Gruppen- bzw. Teammitglieder auf neuen Aufgaben bzw. Herausforderungen

- Leistungssteigerung der Gruppe bzw. des Teams

- Erkennen von Stärken und Schwächen der Gruppen- bzw. Teammitglieder

- Vorbereitung der Gruppen- bzw. Teammitglieder auf Generationswechsel

- u.a.

4   Gruppe, Team und Individuum

In einer Gruppe herrscht das hierarchische Prinzip. Die Gruppe besteht aus drei bis maximal zwölf Personen. In ihr sind die Rollen Gruppenführer, Rivale und Außenseiter besetzt und beobachtbar. Innerhalb der Gruppe geschieht Rivalität und Dynamik. Diese und andere Kriterien unterscheiden die Gruppe vom Team. In einem Team arbeiten mindestens zwei Personen als Spezialisten kooperativ, auf der Grundlage gleicher Werte, an einer Lösung. Beispiele für Teams sind: Operationsteam, Fußballteam u.a. Das Wissen der Teammitglieder addiert sich. Ein Team hat einen Leiter, der meist hierarchiefrei moderiert. Gemeinschaften, die sich einem gemeinsamen Ziel verpflichten und gemeinsame Werte akzeptieren, entwickeln sich in Richtung Team. Teams, bei denen gemeinsame Werte und Ziele wegfallen, „entarten" zu Gruppen.

Unterschiede zwischen Gruppen und Teams

Entsprechend wird der Coach bei seiner Arbeit mit einer Gruppe oder einem Team agieren. Die Grundlagen seiner Arbeit sind die gemeinsam akzeptierten oder vom Unternehmen gewollten Werte, das gemeinsam akzeptierte oder vom Unternehmen gewollte Ziel und die Erwartungen der Zielgruppen. Erst vor dem Hintergrund dieser (Rechts-)Grundlagen ist seine Arbeit möglich.

Der Coach muss sich auf die Zielgruppe einstellen

Er hat keinesfalls die Aufgabe zu reklamieren, was *ihm* nicht gefällt. Er hat anzusprechen und bewusst zu machen, was den vom Unternehmen gewollten Werten, dem vom Unternehmen gewollten Ziel und den Anforderungen, die auf seine Coaching-Teilnehmer von deren Zielgruppen zukommen, zuwiderläuft. So ermöglicht er es seinen Teilnehmern, entweder entsprechende Verhaltensweisen zu entwickeln oder die Werte und Ziele zu verändern bzw. andere Zielgruppen auszuwählen.

Der Coach arbeitet im Sinne der Unternehmenswerte

Gruppen-Coaching ist kein Einzel-Coaching unter Zeugen

Dabei ist Gruppen-Coaching kein Einzel-Coaching unter Zeugen. Es hat die besondere Aufgabe, Offenheit, Vertrauen und Gemeinsamkeit zu fördern. Dies gelingt aber nur, wenn der Coach „schonungslos" mit jedem der Teilnehmer arbeitet und trotzdem genügend Einfühlungsvermögen (oder die Fähigkeit zur Beobachtung und/oder Deutung der Körpersprache) besitzt, um die Grenzen, die der Einzelne jetzt braucht, einzuhalten.

Vom Gruppen- zum Einzel-Coaching

Besonders in Teams kann es dann wichtig sein, aus dem Gruppen- bzw. Team-Coaching in Einzel-Coaching-Maßnahmen überzuleiten. Dabei werden die dem gemeinsamen Ziel dienlichen Anlagen und Begabungen gefördert und falls die sich ergebenden Fähigkeiten und Fertigkeiten für die jeweilige Rolle im Team nicht ausreichen, die Bereitschaft aufgebaut, anderen den Vortritt zu lassen.

Positionen sind oft mit ungeeigneten Personen besetzt

Oft erleben wir im Coaching von Geschäftsleitungsteams, dass die jeweiligen Rollen nicht mit den dafür am besten geeigneten, sondern mit aus anderen Gründen bevorzugten Personen besetzt sind. Verwandtschaftsgrade, angestammte Bereiche, zu besetzende freie Positionen werden genauso genannt, wie Zufälligkeiten. Wer Gruppen oder Teams coacht, wird darauf hinarbeiten müssen, dass die jeweiligen Positionen mit Personen besetzt sind, deren Fähigkeiten und Fertigkeiten sich zum gewünschten Erfolg addieren. Um dies zu erreichen, hilft es erfahrungsgemäß, über die Interventionen des Coachs hinaus jedes Gruppen- bzw. Teammitglied mit den Eindrücken der anderen Mitglieder zu konfrontieren. Auch diese Maßnahme hilft, Offenheit zu fördern, Beziehungen zu klären und Leistungen zu verbessern.

5   Ein Beispiel für die Konzeption und Organisation eines Gruppen-Coachings

Der Ablauf eines Gruppen-Coachings ist sehr komplex und läuft – je nach Aufgabenstellung – unterschiedlich ab. Die folgende Darstellung dient daher vornehmlich der exemplarischen Darstellung, um den Gesamtprozess zu verdeutlichen:

Vorgespräche

1. Vorbereitung mit z.B.:
   - Vorgesprächen mit Vorgesetzten, Partnern u.a. der Gruppe/des Teams
   - Erfassen von relevanten Daten aus Leitbildern, Verträgen, Korrespondenz, Vorträgen u.a.
   - evtl. Einzelgespräche mit den Teilnehmern

2. Klärung der Einflussbereiche
   - Ziele und Werte der Gruppe bzw. des Teams und der Mitglieder
   - Zielgruppen
   - Einflüsse aus Gesetzen, Vorschriften, Vereinbarungen

Ziele und Möglichkeiten feststellen

3. Regelung der Formalien
   - Abfolge und Zeitrahmen der Maßnahmen
   - Regeln des Umgangs miteinander

Regeln

4. Erarbeiten von Leitsätzen bzw. Anforderungen aus den Zielen, den Werten und den weiteren Einflussbereichen

Leitsätze

5. Gestalten von Übungs- und/oder Praxissituationen zum Vergleich der Anforderungen mit den gezeigten Verhaltensweisen

Übungen

6. Feedback für die Mitglieder
   - vom Coach zur Einleitung von Gruppen-Entwicklungsmaßnahmen
   - von den Teilnehmern
   - aus einem Soziogramm
   - Diskussion über Selbstbild/Fremdbild-Vergleiche und die Möglichkeiten der eigenen Weiterentwicklung

Feedback geben

7. Weitere Maßnahmen
   - Einzelgespräche
   - Einzel-Coaching
   - weitere Übungen in der Gruppe/dem Team
   - Praxissituationen mit zunehmendem Schwierigkeitsgrad
   - Bearbeiten von Gruppenproblemen und -konflikten
   - Klärung der Sachfragen bezüglich Organisation, Sach- und Hilfsmittel u.a.

Begleitende Maßnahmen

8. Hilfe zur Selbsthilfe
   - Übungen der Gruppen-/Teammitglieder zur Entwicklung der notwendigen Fähigkeiten und Fertigkeiten
   - Wählen eines Mitglieds als Coach. Jeder der Teilnehmer wählt aus dem Kreis seiner Kollegen einen Kollegen als Coach. Mit ihm tauscht er Erfahrungen aus und lässt sich Anregungen geben
   - Vertiefung evtl. notwendiger theoretischer Kenntnisse aus Literatur, Internet u.a.

Selbstverantwortung fördern

9. Erfahrungsaustausch
   - Zwischen den Coaching-Veranstaltungen mit den Kollegen
   - Zu Beginn jeder Coaching-Veranstaltung mit Bericht über die erreichten Ergebnisse und erkannten Probleme

Erfahrungen austauschen

Erfolg bewerten

10. Kontrollmöglichkeiten
   - Nachweis der Fortschritte in den Bereichen Effizienz, Zielerreichung, Umgang miteinander u.a. mittels Dokumentation der einzelnen Schritte auf Videobändern
   - Nachweis der Fortschritte mittels der jeweiligen Feedbackbögen, der Soziogramme und der Notizen des Coachs
   - Jeweilige Mitarbeiter- bzw. Zielgruppenbefragungen. Dabei ist wichtig, dass die Fragen ebenfalls auf den das Coaching beeinflussenden Prinzipien (Ziele und Werte u.a.) basieren.
   - Erreichte Ergebnisse in Bezug auf Zeitersparnis, Konfliktfreiheit und insbesondere realistische Werte und Ertrag

Spätere Betreuung

11. Weitere Betreuung während und nach Abschluss der Coaching-Maßnahmen
   - Betreuung und Hilfe bei entstehenden Fragen persönlich und/oder telefonisch
   - Tele-Coaching (s. Glossar) mittels Telefon- und Videokonferenzen. So können, aufbauend auf dem persönlichen Coaching, die weiterhin entstehenden Fragen besprochen und geklärt werden

Ziele müssen stets beachtet werden

Wichtig ist, dass die jeweiligen Schritte und Inhalte der Konzeption jeweils zielbezogen gestaltet werden. Welche Konsequenzen in bezug auf die einzelnen Teilnehmer jeweils zu ziehen sind, ergibt sich aus dem jeweiligen Fortschritt.

6   Interventionsmöglichkeiten des Coachs

Begründetes Feedback

Da der Coach als beratender und informierender Helfer Einfluss auf die positive Entwicklung der Gruppe nimmt, braucht er deren Akzeptanz. Neben der Begründung seiner Interventionen aus den genannten Einflussbereichen erarbeitet er sich diese Akzeptanz durch klares Feedback (s. Glossar). Statt Lob und Tadel nutzt er Anerkennung und Kritik, also mit Begründung vorgetragene Positiv- bzw. Negativbotschaften. Seine Folgerungen oder Fragen zeigen, wie das beschriebene Verhalten im Abgleich zu den Werten, zum Ziel oder aus den Reaktionen der Zielgruppe zu bewerten ist. So ermöglicht er es den zu Coachenden, das jeweils beschriebene Verhalten zu erinnern. Anerkannte Verhaltensweisen können so verstärkt und künftig bewusst genutzt, kritisierte Verhaltensweisen verändert werden.

Dem Bewusstseinsniveau der Gruppe entsprechend kann der Coach die den Einzelnen betreffende Rückmeldung vor der Gruppe oder im Einzelgespräch formulieren. Erfahrungsgemäß dient es der Entwicklung der Gruppe, wenn positive und negative Rückmeldungen, auch an Einzelne, im Beisein der anderen Gruppenmitglieder formuliert werden können.

Feedback in der Gruppe

7 Möglichkeiten der Verhaltensbeobachtung

Um bei der Lösung von Problemen, der Bearbeitung von Konflikten und der Weiterentwicklung zu helfen, beobachtet der Coach Verhaltensweisen der Gruppen- oder Teammitglieder. Diese kann er während der Beobachtung von Prozessen niederschreiben.

Beobachtungen aufschreiben

Im Anschluss an den Prozess kann er selbst vor der Gruppe oder im Einzelgespräch Feedback geben. Alternativ dazu kann er die einzelnen Teilnehmer zu wechselseitigem Feedback auffordern und auch diese Aktivität in seine Beobachtung einbeziehen. Wichtig dabei ist, dass auch die Teilnehmer aus dem Hintergrund der Werte und Ziele rückmelden.

Feedback geben

Eine weitere Möglichkeit ist die Erstellung eines Soziogramms (s. Tabelle 1). Dabei erfasst der Coach in einer Matrix, welches Gruppenmitglied mit welchem anderen Mitglied oder mit allen wie kommuniziert. Die Additionen der abgegebenen (waagerecht) und der empfangenen (senkrecht) Botschaften zeigen das Verhältnis der abgesandten Positiv- zu den Negativbotschaften und das Verhältnis der empfangenen Positiv- zu den Negativbotschaften. Die Korrelation, wer wem welche Botschaften gesandt hat und wer von wem die jeweiligen Botschaften empfangen hat, gibt Hinweise auf Konflikte und Harmonien zwischen den Gruppenmitgliedern.

Verwendung von Soziogrammen

Die + und - Zeichen in den Kästchen zeigen die jeweils gesandten und empfangenen positiven bzw. negativen Botschaften. Ob eine Botschaft als positiv oder negativ einzutragen ist, beurteilt der Coach aus der Reaktion des Empfängers. Hilfsweise kann er die vereinbarten Werte und das Ziel als Maßstäbe nutzen.

Reaktion des Empfängers beachten

Die jeweiligen Additionen zeigen, wer wen wie oft positiv oder negativ angesprochen hat und wer von wem wie oft positiv oder negativ angesprochen wurde. Im Coaching-Gespräch können dem jeweiligen Teilnehmer seine eigenen Botschaften und deren Verhältnis zu den empfangenen Botschaften bewusst gemacht werden.

Botschaften bewusst machen

Nachstellen von Praxis-situationen

Um Verhaltensweisen, die in Praxissituationen auftreten, dort aber nicht angesprochen werden oder im späteren Gespräch von den Teilnehmern nicht nachvollzogen werden können, besser bewusst zu machen, können Situationen nachgestellt werden. Mit dem Angebot, Praxissituationen nachzustellen oder für künftige Situationen zu üben, hilft der Coach bei der Bewusstmachung entsprechender Verhaltensweisen und Strukturen.

Der Coach fördert die Entwicklung

Der Coach ist immer dann besonders gefordert, wenn er mit der Gruppe oder mit dem Einzelnen Möglichkeiten der Weiterentwicklung bespricht und diese ausprobieren lässt. Zusätzlich steht er bei Fragen, die im Laufe der Entwicklung auftreten und die den qualifizierten Gesprächspartner erfordern, zur Verfügung.

Teilnehmer:	Müller	Maier	Schulz	Tandler	Ulrich	Winter	Alle:	Addition:
Müller	 --	++++ ----	+ --------	++ --	++++++ --	+ 	+ ----	15 22
Maier	+++ -		++++ --	+++++ -----	+++ 	++ --	+++ 	20 9
Schulz	+++ ---	+ --		++ ---------	+ ---	+++ -------	++ --	12 26
Tandler	 ------	++++ ----	+ ---		++ -	 ---	++++ 	11 17
Ulrich	+++++ ----	+ 	++ --	+ 		 ----	 	9 10
Winter	+++ 	+ -	+++ -----	+ ---	 ---		++++ 	12 12
Addition:	4 14	11 9	11 16	11 25	12 9	6 18	14 6	

Tabelle 1: Beispiel für ein Soziogramm
(waagerecht: abgegebene Botschaften; senkrecht: empfangene Botschaften)

8 Anforderungen an den Coach

Als methodische Helfer eignen sich die Persönlichkeiten, die über entsprechende Berufs- und Lebenserfahrung, Einfühlungsvermögen in die Welt der Gruppe, Stabilität beim Umgang mit Konflikten, Zivilcourage, Interesse an anderen Menschen, Diskretion und Geduld verfügen. Idealerweise ist der Coach als Vorbild anerkannt. Eine interessante Definition für Vorbild ergab sich in der Diskussion dieses Begriffs im Vorstand einer Großbank: „Vorbild ist jene Führungskraft, die durch ihre Orientierung an den Werten, ihren Erfolg im Erreichen von Zielen und in der Akzeptanz bei den Mitarbeitern, so viel Sog auslöst, dass die Mitarbeiter auch so sein möchten". Je nach Aufgabenstellung kann der Coach entweder ein hauptberuflich tätiger Psychologe oder Psychotherapeut sein, der sein Wissen um berufliche Erfahrungen ausgeweitet hat, aber auch ein Kollege, ein interner hauptberuflicher Coach oder die Führungskraft. Die hauptberuflich helfenden Coachs tun sich erfahrungsgemäß leichter als die Führungskraft mit Coaching-Aufgaben. Dass die Rollen des Coachs auch ohne wissenschaftliche Vorbildung gelebt und erfolgreich ausgestaltet werden können, bestätigen uns jedoch diejenigen Führungskräfte, die wir zu Coachs ausgebildet haben und ständig weiterfördern und betreuen.

Der ideale Coach ist ein Vorbild für andere

Die Herkunft des Coachs

Eine der von uns zu Coachs ausgebildeten Führungskräfte sagte mir kürzlich: „Das für mich schönste Erlebnis war, dass meine Mitarbeiter mich in meiner Rolle als Coach als Partner akzeptieren und vergessen, dass ich auch ihr Vorgesetzter bin. Sie nutzen freiwillig die Coaching-Gespräche mit mir."

Der Vorgesetzte als Coach

Zwangsläufig wird der interne Coach oder die Führungskraft als Coach die gleiche Systematik anwenden müssen wie der externe Coach. Der Unterschied zwischen ihm und dem externen liegt nicht in der Vorgehensweise, sondern in der Beziehung, den Möglichkeiten und manchmal in den Bereichen, die mittels Coaching verändert werden sollen.

Interne und externe Coachs

Die wichtigsten Eigenschaften der Führungskraft als Coach sind: Ausgeglichenheit, Selbstmotivation und insbesondere die Fähigkeit, die Rolle des Coachs von der Rolle der Führungskraft zu trennen. Nur dann, wenn der Mitarbeiter oder die Gruppen- bzw. Teammitglieder diese Rollentrennung erkennen und wissen, dass sie ihrem Coach etwas anvertrauen können, was dieser in seiner Rolle als Führungskraft nicht gegen sie benutzt, entsteht das grundsätzlich notwendige Vertrauen und damit die Basis für erfolgreiches Coaching.

Die coachende Führungskraft muss ihre Rollen trennen können

Schwierig wird die Aufgabe, wenn der Vorgesetzte als Leiter einer Besprechung und gleichzeitig als Coach zur Verfügung stehen soll. Ich habe nur in ganz wenigen Fällen erlebt, dass Führungskräfte diesen Spagat schaffen. Deshalb bietet sich an, für die Fälle, in denen die Führungskraft die Coach-Rolle realisieren will, den Sachprozess von einem anderen

Rollenkonfusionen

Gruppen- oder Teammitglied moderieren zu lassen. So kann die Führungskraft in der Coach-Rolle außerhalb des Prozesses sein und diesen beobachten.

Rollenwechsel

Die so gestaltete Coach-Rolle wird mit Rückmeldungen an Einzelne in der Gruppe abgeschlossen. Danach kann der Coach die Führungskraft-Rolle wieder übernehmen und bei entsprechenden Themen als Führungskraft agieren. Wichtig ist, dass die Führungskraft diesen Rollenwechsel verkündet und ihn nicht zum Zweck der Manipulation missbraucht.

9   Indizien für das Feedback

Beweiskräftige Rückmeldung

In manchen Coaching-Prozessen ist es notwendig, Indizien zu sammeln, um dem Einzelnen oder der Gruppe oder dem Team eine beweiskräftige Rückmeldung zu geben. Dazu bieten sich Tonbandaufnahmen genauso an wie Videoaufzeichnungen oder Mitschriften.

Beweise als Motivator

Ohne derartige „Beweise" ist weder die für die weitere Entwicklung der gecoachten Personen notwendige Unzufriedenheit zu erreichen noch eine bei veränderten Verhaltensweisen mögliche Anerkennung zu formulieren.

Mitschriften

Von uns ausgebildete Führungskräfte berichten mir, dass sie seit dem Jahr, in dem sie ihre Coach-Rolle zusätzlich übernahmen, Mitschriften über Verhaltensweisen der Mitarbeiter aus unterschiedlichsten Gruppensituationen besitzen.

Dokumentation von Entwicklungen

Selbstverständlich haben sie die jeweiligen Beobachtungen und Anregungen unverzüglich mit dem jeweiligen Gruppen- oder Teammitglied besprochen, ihre Aufzeichnungen aber aufbewahrt, um die Entwicklung zu verfolgen. Besonders positiv erleben diese Führungskräfte und deren Gruppen- bzw. Teammitglieder, dass sich auch langsam einstellender Erfolg anhand der jeweiligen Beobachtungskriterien sauber dokumentieren lässt.

„Entwicklungshilfe"

Eine solche Dokumentation und die Rückschau auf den erfolgreichen Weg verstärkt die Motivation und das Vertrauen zum Coach. Dass derartige Mitschriften nur zum Zweck der Hilfe bei der Entwicklung des zu Coachenden genutzt werden, dürfte aus dem Rollenverständnis des Coachs selbstverständlich sein.

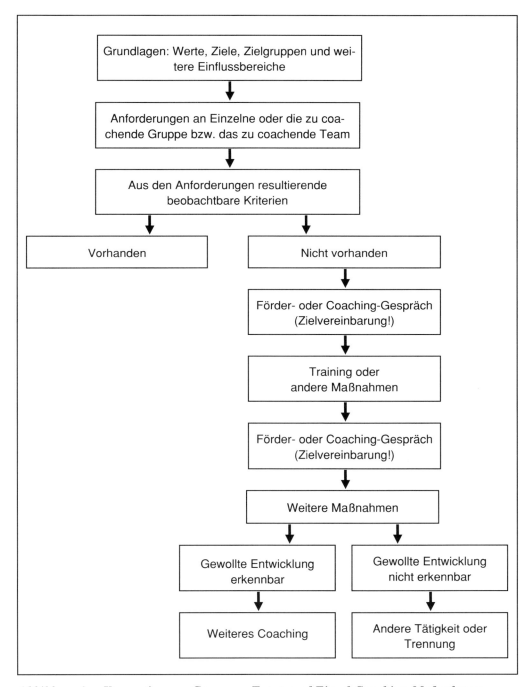

Abbildung 1:   Konzeption von Gruppen-, Team- und Einzel-Coaching-Maßnahmen

10   Maßnahmen zur Weiterentwicklung von Gruppen, Teams und einzelnen Teilnehmern

Systematische Hilfe

Während des Gruppen- oder Team-Coaching entstehen Erkenntnisse, die es möglich machen, allen oder Einzelnen systematisch weiterzuhelfen.

Zusammenarbeit von coachender Führungskraft und Seminarleitung

Für die weitere Hilfe bieten sich Einzelgespräche und Fördergespräche genauso an wie Trainingsmaßnahmen, bei denen der Coach als Sparringspartner fungiert, oder die Absolvierung interner oder externer Seminare. Leider wird immer wieder versäumt, mit dem Mitarbeiter den Umgang mit den Trainingsergebnissen anzusprechen. Für ideal halte ich, wenn ein Teilnehmer auf den Seminarbesuch vom Vorgesetzten vorbereitet wird. Dazu erfasst der Coach oder der coachende Vorgesetzte die beim Mitarbeiter erkannten Stärken und Schwächen und beschreibt dessen Trainingsbedarf. Diese Beschreibung übergibt der Teilnehmer seinem Seminarleiter, der mit ihm besonders an der Deckung seines Trainingsbedarfs arbeitet und ihm die Übungen anbietet, die ihm bei seiner Entwicklung weiterhelfen. Am Schluss des Seminars oder zwischendurch bespricht der Trainer mit dem Teilnehmer seine Beobachtungen und dokumentiert diese in einem Bericht, der auch Empfehlungen für weitere Fördermaßnahmen enthält. Der Teilnehmer bespricht diesen Bericht mit seinem internen Coach, so dass dieser die weiteren Maßnahmen gestalten kann.

11   Abschließende Betrachtungen

Verantwortungsbereich der Führungskraft

Führungskräfte, die verantwortungsbewusst mit den ihnen anvertrauten Mitarbeitern umgehen, haben sich auch früher so verhalten, wie das von heutigen Coachs erwartet wird. Dass die Rolle des Coachs notwendig wurde, ist in den schneller als je zuvor wechselnden Anforderungen, dem permanent geschehenden Wertewandel sowie in den Motivationskonflikten der Mitarbeiter und anderen Belastungen zu suchen.

Klare Messkriterien sind unerlässlich

Der Coach befähigt einzelne Mitarbeiter, seine Gruppe bzw. sein Team zu höherer Leistung, die an der Realisierung der Unternehmenswerte, dem Erreichen der Unternehmensziele und der Art der Beziehungsgestaltung mit der Zielgruppe gemessen wird. Ohne klare Messkriterien bleibt Coaching im Unverbindlichen stecken. Jedes Coaching-Gespräch endet idealerweise mit konkreten Vereinbarungen. Was der Teilnehmer gegebenenfalls mit wem und bis wann wie bearbeiten oder erledigen will, wird dann eines der Themen im jeweils nächsten Gespräch.

Literatur

Besser-Siegmund, C. & Siegmund, H. (1991). *Coach yourself*. Düsseldorf: Econ.

Horst Rückle Team; Ausarbeitungen, Aufsätze, Seminarunterlagen, Studien zum Thema Coaching und Nebengebiete, Böblingen.

Neubeiser, M.-L. (1990). *Management-Coaching*. Zürich: Orell Fuessli.

Rückle, H. (1992). *Coaching*. Düsseldorf: Econ.

Rückle, H. (1994). *Mit Visionen an die Spitze*. Wiesbaden: Gabler.

Rückle, H. (1996). *Körpersprache*. Niederhausen: Falken.

Rückle, H. (1998). *Körpersprache für Manager*. Landsberg/Lech: Verlag Moderne Industrie.

Rückle, H. (2000). *Coaching. So spornen Manager sich und andere zu Spitzenleistungen an*. Landsberg/Lech: Verlag Moderne Industrie.

Rückle, H., Mutafoff, A. & Riekehof, R. (Hrsg.). (1994). *Personalentwicklung*. Düsseldorf: Econ.

Konflikt-Coaching

Astrid Schreyögg

Den häufigsten Anlass, Coaching in Anspruch zu nehmen, stellen Konflikte dar. Dann thematisieren Führungskräfte meistens soziale Konfliktsituationen in ihrem beruflichen Umfeld. Diese berichten sie vielfach mit großer emotionaler Erregung und dem Hinweis, dass sie möglichst umgehend bewältigt werden müssen.

Nun können in allen sozialen Systemen, auch in Organisationen, Konflikte entstehen. Es handelt sich bei ihnen um allgegenwärtige Phänomene d.h. um Erscheinungen, ohne die soziale Systeme gar nicht denkbar sind. Aus theoretischer Sicht stellen sie spezifische Interaktionen zwischen Menschen dar, die sich als Machtkonflikte, Interessenkonflikte, Systemkonflikte usw. klassifizieren lassen (Bonacker, 1996). In einem pragmatischen Verständnis, das an elementaren Erfahrungen von Menschen ausgerichtet ist und aus Auseinandersetzungen mit Formen des Konfliktmanagements resultiert, werden Konflikte als „Unvereinbarkeiten" im Denken, Vorstellen, Fühlen, Wollen oder Handeln bezeichnet, die mindestens einer der Interaktionspartner erlebt (Glasl, 1994, S. 14).

Konflikte sind allgegenwärtig

Die Dringlichkeit, mit der Führungskräfte oftmals für die Eindämmung oder gar Bewältigung von Konflikten eintreten, ist verständlich. Qua Position haben sie dafür Sorge zu tragen, dass Konflikte nicht die Funktionsfähigkeit des von ihnen geleiteten Systems beeinträchtigen. Die Aufgabe von Führungskräften besteht darin, Konflikte möglichst konstruktiv zu wenden und zur Fortentwicklung des Systems zu nutzen. Zu diesem Zweck benötigen sie eine breite Palette von Kompetenzen, für deren Erwerb Coaching hilfreich ist. Es kann einen doppelten Beitrag leisten:

Führungskräfte sollten Konfliktmanager sein

- Als Maßnahme der Personalentwicklung bietet es bei der Entwicklung einer angemessenen Konfliktprophylaxe Unterstützung. Dann erwirbt die Führungskraft Möglichkeiten, Konflikten vorzubeugen und sie innovativ zu nutzen.

- Außerdem kann Coaching in seiner Funktion als „Dialogform über Freud und Leid im Beruf" (Schreyögg, 1995) Führungskräfte unterstützen, einen bedrohlichen Konflikt zu bewältigen oder zumindest einzudämmen.

1   Coaching zur Konfliktprophylaxe

Der Coach als langfristiger Dialogpartner

Coaching als Managementberatung unterstützt im Idealfall konfliktprophylaktische Haltungen von Führungskräften und ein entsprechendes Management. Der Coach fungiert hier in der Regel als langfristiger Dialogpartner, dem die Führungskraft alle ihre relevanten Aktionen und organisatorischen Prozesse vorstellt. Diese werden dann auf dem Hintergrund der konzeptionellen und methodischen Kompetenzen des Coachs beantwortet. Aus diesem Dialogprozess entwickelt die Führungskraft zwar jeweils ihren eigenen Weg, gerade bei Konfliktthemen ist es aber nützlich, wenn der Coach profunde fachliche Positionen einbringen kann.

1.1   Präventive Haltungen

Der Coach sollte versuchen, seine Klienten für die Einsicht zu gewinnen, dass zwei zunächst widersprüchlich erscheinende Haltungskomponenten von Führungskräften eine besondere konfliktprophylaktische Wirkung entfalten: eine gewisse Gelassenheit gegenüber Konflikten auf der einen Seite und Wachsamkeit gegenüber potenziellen Konfliktherden auf der anderen.

Nicht jeder Konflikt ist gefährlich

Dabei ist zu bedenken, dass soziale Konflikte eine selbstverständliche Begleiterscheinung jedes Sozialsystems darstellen (Glasl, 1994). Und viele von ihnen führen aller Voraussicht nach nicht zur Gefährdung des Systems. Manche turbulent wirkenden Auseinandersetzungen zwischen Mitarbeitern stellen eher „Spiele" dar. Sie dienen oft nur der Selbstvergewisserung der Beteiligten und verlaufen nach „heimlichen Spielregeln" (Scott-Morgan, 1994). Einen gefährlichen Charakter erhalten sie erst, wenn eine der Parteien plötzlich eine beidseitig lange respektierte Grenze überschreitet und daraufhin die andere zum Gegenschlag ausholt. Die Führungskraft sollte aber auch in Fällen, in denen sie selbst eine der Konfliktparteien ist, Ruhe bewahren, um keine weiteren Eskalationen einzuleiten.

Wachsam bleiben

Trotzdem ist immer Wachsamkeit angeraten, d.h. im Coaching sollten laufend alle potenziellen Konflikte rekonstruiert werden. Erst wenn die Führungskraft in der Lage ist, Konflikte vor ihrem Entstehen zu antizipieren, kann sie ihnen entsprechend begegnen. Zu diesem Zweck ist es sinnvoll, wenn der Coach der Führungskraft eine „innere Landkarte" für die Diagnose von Konflikten zur Verfügung stellt. Im nachfolgenden Abschnitt werde ich eine solche kursorisch darstellen.

Anhand kompetenter Konfliktdiagnosen wird meistens auch deutlich, dass die Basis von Konflikten entgegen der landläufigen Meinung von Führungskräften (Regnet, 1992) viel seltener persönliche Spezifika der Konfliktparteien bilden als vielmehr kontextuelle Faktoren. Die Personalisierung von Konflikten bietet Führungskräften zwar den Vorteil rascher psychischer Entlastung. Sie müssen ja dann das Bestehende nicht weiter hinterfragen und vor allem nicht sich selbst als Teil der Konfliktdynamik begreifen. Personalisierungen bergen aber den entscheidenden Nachteil, dass die Führungskraft schon auf Grund ihrer eigenen Perspektivität parteiisch ist. So sind bei Rekonstruktionen im Coaching zunächst auch immer nicht-personale Faktoren interaktiver und systemischer Art als potenzielle Konfliktherde in Betracht zu ziehen. In allen Organisationen gibt es eine Vielzahl von Regelungen, die von den Beteiligten per se als mehr oder weniger bedrängend oder „strukturell kränkend" erlebt werden. Eine angemessene diagnostische Haltung wäre eine, bei der sich Coach und Klient die Gesamtsituation mit allen ihren relevanten Parametern vor Augen führen und dann die potenziellen Konfliktherde zu ermitteln suchen.

Konflikte immer erst sorgfältig analysieren

1.2   Präventives Management

Die entscheidende Konfliktprävention von Führungskräften ist bewusstes Management. Und bei diesem sollte sie der Coach konsequent unterstützen. Konflikte blühen nämlich insbesondere dann auf, wenn an der Spitze ein Vakuum besteht. Umgekehrt sind viele potenzielle Konflikte in Organisationen durch qualifiziertes Management innovativ zu wenden. Eine derartige Wirkung lässt sich immer dann erwarten, wenn Führungskräfte möglichst viele Organisationsmitglieder ins Management einbinden und sie in reflektierter Weise an Entscheidungen beteiligen. Für die Steuerung eines Systems liegt zwar formal die Verantwortung bei der jeweiligen Führungskraft, sie sollte aber jeweils prüfen, ob und inwieweit sich andere Organisationsmitglieder einbeziehen lassen.

Bewusstes Management baut Konflikten vor

Als Steuerungs- bzw. Managementaufgaben gelten: Planung, Organisieren, Personaleinsatz, Führung und Kontrolle (Steinmann & Schreyögg, G., 1997).

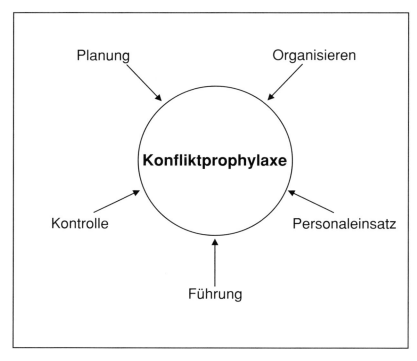

Abbildung 1:   Konfliktprophylaxe durch qualifiziertes Management

● Konfliktprophylaxe durch qualifizierte Planung

Bei der Planung handelt es sich um Reflexionen (s. Glossar), was erreicht werden soll und wie es am sinnvollsten zu erreichen ist. Im Vordergrund steht die Entwicklung von Zielvorstellungen, ihre Selektion und die Festlegung von Zielen mit den entsprechenden Handlungsrichtlinien, Verfahrensweisen usw. Planung besteht also in der Entwicklung von Handlungsorientierungen. Man differenziert dabei die strategische von der operativen Planung. Während strategische Planung den grundlegenden Orientierungsrahmen für alle organisatorischen Entscheidungen festlegt, dient operative Planung der Gewinnung von Orientierungsmustern für das konkrete Handeln.

Entwicklung von Handlungs- orientierungen

Dieser Managementfunktion kommt in Organisationen eine zunehmende Bedeutung zu. Während in früheren Zeiten operative Planungsaufgaben dominierten, gewinnt derzeit die strategische Planung immer mehr an Gewicht. Nicht zuletzt auf Grund des erhöhten Konkurrenzdrucks müssen sich Systeme konzeptionell präzisieren bzw. eine Identität entwickeln, die

Strategische Planung

sich von vergleichbaren Systemen abhebt. So empfiehlt es sich, dass der Coach den Klienten anleitet, vor der Planung konkreter Handlungsschritte erst Phasen umfassender Zielreflexionen einzubauen wie etwa die Erarbeitung von Leitbildern. Strategische Planung im Sinne von Leitbildarbeit bietet auch den Vorteil, dass divergierende Intentionen der Mitarbeiter in einem instutionalisierten Rahmen zur Sprache kommen und damit dem Dialog im System zugänglich werden.

Darüber hinaus empfiehlt es sich, Führungskräfte zu animieren, alle relevanten operativen Planungsschritte jeweils unter Mitbeteiligung der Mitarbeiter zu entwickeln. Die Führungskraft fungiert dabei im Idealfall als Koordinationsinstanz, die alle diesbezüglichen Aktivitäten sorgsam begleitet. Im umgekehrten Fall – bei unzureichender, zu kurz gegriffener oder bei „selbstherrlicher" Planung, die ausschließlich durch die Führungskraft erfolgt, besteht meistens die Notwendigkeit vielfältiger Nachbesserungen. Dann müssen später doch noch Mitarbeiter beansprucht werden. Diese sind aber jetzt, da sie an der ursprünglichen Planung nicht beteiligt waren, nur schwach motiviert, nachträglich auftretende Planungsfehler zu kompensieren. Außerdem erzeugt unzureichende Planung späteren Handlungsdruck, der konfliktäre Reaktionen begünstigt.

Mitarbeiterbeteiligung

● Konfliktprophylaxe durch qualifiziertes Organisieren

Beim Organisieren geht es um die Umsetzung von Zielen im jeweiligen Handlungsgefüge eines Systems. So müssen Führungskräfte für ihr System Aufgabenverteilungen veranlassen. Reflektiertes Organisieren erfüllt deshalb konfliktprophylaktische Funktionen, weil viele Konfliktherde durch kluge strukturelle Regelungen umgangen oder gemildert werden können.

Aufgabenverteilung

Auch diese Funktion sollten Führungskräfte unter maximaler Beteiligung der Mitarbeiter wahrnehmen. Auf diese Weise erhalten sie nämlich einen vertieften Einblick in deren Interessenlage und können mit ihnen entsprechende Dialoge führen. Im anderen Fall, bei zu wenig durchdachter Aufgabenverteilung, entwickeln unterstellte Mitarbeiter vielfach Unmut gegenüber den Vorgesetzten. Außerdem geraten sie leicht in Konflikte untereinander, indem sie sich etwa gegenseitig verdächtigen, „alles an sich zu reißen" oder sich eine „Vorzugsstellung erschleichen" zu wollen.

Bezugnahme auf die Interessenlage der Mitarbeiter

● Konfliktprophylaxe durch qualifizierten Personaleinsatz

Diese Managementfunktion umfasst alle Aktivitäten der Führungskraft, um einen qualifizierten und engagierten Personalbestand zu gewinnen, zu sichern und zu erhalten.

Personalauswahl

Nun bestehen zwar für Führungskräfte in manchen Organisationen, z.B. in Verwaltungssystemen, oft enge Grenzen für die Personalauswahl. Sie verfügen aber meistens über die Möglichkeit, die Mitarbeiter entsprechend ihrer jeweiligen Potenzialen einzusetzen.

Sorgsamer Personaleinsatz

Durch sorgsamen Personaleinsatz fühlen sich die Mitarbeiter in ihren spezifischen Potenzialen gewürdigt, wodurch sie auch eher die Bereitschaft entwickeln, ihr Bestes zu geben. Wenn der Personaleinsatz nicht sorgfältig genug erfolgt, können daraus wieder vielfältige Konflikte resultieren.

- Konfliktprophylaxe durch qualifizierte Führung

Beeinflussung im Sinne der Organisationsziele

In die Kategorie „Führung" fällt ein Aufgabenbereich, der als „Führung im engeren Sinn" zu bezeichnen ist und der im Coaching besonders oft thematisiert wird: die Veranlassung der Arbeitsausführung und ihre zielgerechte Steuerung im organisatorischen Alltag. Zur erfolgreichen Beeinflussung stützt sich der Führer auf Machtpotenziale wie seinen formalen Status als Vorgesetzter, auf positive wie negative Sanktionsmechanismen, auf sein Expertentum und/oder auf seine persönliche Ausstrahlung (French & Raven, 1959). Dabei ist allerdings anzumerken, dass Führungskräfte in unterschiedlichen Organisationen über unterschiedlich viele faktische Sanktionspotenziale gegenüber ihren Mitarbeitern verfügen. Sie nehmen aber als Vorgesetzte immerhin eine formale Vorrangstellung ein, die sie im Idealfall durch eine entsprechende Expert Power und eine gute menschliche Ausstrahlung ergänzen. Führung erfordert einerseits Entschiedenheit, die Mitarbeiter im Sinne der Organisationsziele beeinflussen zu wollen; sie erfordert andererseits die Bereitschaft, nicht zu starr an einmal getroffenen Entscheidungen festzuhalten, mit den Mitarbeitern in Aushandlungsprozesse einzutreten und sich auch eines Besseren belehren zu lassen. Qualifizierte Führung bedeutet auch, sich mit den Mitarbeitern auf einen gemeinsamen Weg zu begeben.

Unklare Führung erzeugt Konflikte

Dieser Managementfunktion sollte im Coaching besondere Aufmerksamkeit gelten, denn zu unklare oder zu rigide Führungshaltungen sind zentrale Ursachen für die Entstehung organisatorischer Konflikte. So sollte der Coach z.B. seinen Klienten unterstützen, ausgedehnte Debatten bei Konferenzen, die sich nur um periphere Fragestellungen ranken, freundlich aber bestimmt zu unterbinden. Die schärfsten Eskalationen ergeben sich nämlich dann, wenn Vorgesetzte zu zaghaft führen und die Mitarbeiter niemals einen Machteingriff (s. Glossar) zu befürchten haben. Solche Phänomene lassen sich vor allem dort beobachten, wo Vorgesetzte ihre positionsbedingte Einsamkeit nicht akzeptieren und immer allseits beliebt sein wollen.

Im Coaching muss aber umgekehrt auch deutlich werden, dass viele, vor allem unterschwellige Konflikte aus einer zu rigiden Führungshaltung resultieren. Wenn Mitarbeiter den Eindruck haben, dass die Führungskraft nie bereit ist, von einmal gefassten Prinzipien abzuweichen, werden sie die Kommunikation mit ihr aller Voraussicht nach auf ein Minimum beschränken. In der Folgezeit entwickeln sie oft hinter dem Rücken des Vorgesetzten feindliche Koalitionen.

Rigide Führung erzeugt Konflikte

● Konfliktprophylaxe durch qualifizierte Kontrolle

Auch die Kontrollfunktion sollte im Coaching sorgfältig behandelt werden, denn sie stellt für viele Vorgesetzte ein besonders heikles Thema dar. Viele von ihnen befürchten nämlich, dass sie durch Kontrollen Konflikte provozieren. Es verhält sich indes eher umgekehrt: Konflikte entstehen fast noch häufiger, weil Vorgesetzte ihre Kontrollfunktion vernachlässigen.

Ohne Kontrolle entstehen Konflikte

In jeder Organisation haben Vorgesetzte zu kontrollieren, ob die Mitarbeiter ihre Aufgaben im Sinne der organisatorischen Zielsetzung wahrnehmen. Sie haben außerdem die Aufgabe, diejenigen Mitarbeiter, die sich nicht entsprechend verhalten, zur Rechenschaft zu ziehen. Das erzeugt bei vielen Vorgesetzten ausgeprägte Ängste. Sie befürchten, ihre eventuell ausgebaute Belohnungsmacht oder ihre Macht durch Persönlichkeit wieder einzubüßen. Mangelnde Kontrolle erzeugt aber in formalen Systemen grundsätzlich ein destruktives Klima: Diejenigen, die ihre Arbeit sorgfältig versehen, ärgern sich über die, die das nicht tun und dabei völlig ungeschoren bleiben. Anstatt sich über den Vorgesetzten zu mokieren, der seine Kontrollfunktion ungenügend wahrnimmt, wendet sich der Unmut meistens gegen den entsprechenden Kollegen. Das wird in der Regel nicht offen artikuliert, weil man befürchtet, unkollegial zu wirken.

In solchen Fällen sehnen gerade die Mitarbeiter, die ihre Aufgaben sorgfältig versehen, oft einen entschiedenen Machteingriff des Vorgesetzten herbei. Wenn dieser dauerhaft ausbleibt, mündet die Situation in einen verdeckten Konflikt mit dem betreffenden Kollegen und im weiteren Verlauf auch mit der Leitung. Im übrigen wird auf diese Weise die Arbeitsmoral eines gesamtes Systems unterminiert. Wenn Führungskräfte ihre Kontrollfunktion angemessen wahrnehmen, fördert das nicht nur eine generell konstruktive Haltung zur Arbeit, es trägt dem Vorgesetzten im Allgemeinen auch Respekt ein.

Untergrabung der Arbeits-moral

Diesen Zusammenhang erfassen Führungskräfte ganz unmittelbar, wenn sie einen inneren Rollentausch mit einem ihrer besonders zuverlässigen Mitarbeiter machen. In dessen Rolle können sie dann auch die Enttäuschung über sich selbst als Vorgesetzten erleben, der „einfach alles täuschung über sich selbst als Vorgesetzten erleben, der „einfach alles durchgehen lässt.“

2   Coaching zur Konflikteindämmung oder -bewältigung

Konflikt-situationen

Trotz aller prophylaktischen Maßnahmen können in jeder Organisation manifeste Konflikte auftreten. Sie erfordern spezifische Bewältigungsstrategien seitens der Vorgesetzten, d.h. sie müssen dann als Konfliktmanager fungieren. Dabei lassen sich zwei Varianten von Konfliktsituationen unterscheiden:

- Eine langjährig tätige Führungskraft hat trotz eines vielleicht sonst guten Managements die Entstehung eines Konflikts zunächst nicht bemerkt und/oder seine Eskalationsdynamik unterschätzt.

- Bei Neueintritt einer Führungskraft in ein System kann es geschehen, dass er oder sie eine ganze Palette von Konflikten vorfindet. Diese gilt es möglichst situationsangemessen einzudämmen oder zu mildern, damit die Funktionsfähigkeit des Systems nicht leidet.

Für beide Varianten empfehlen sich im Coaching zunächst zwei Schritte: Am Anfang sollten immer eingehende Vorfeldanalysen mit den entsprechenden Diagnosen stehen. Erst daran anschließend sind die passenden Handlungsstrategien zu wählen.

2.1   Vorfeldanalysen

Analysen sind unumgänglich

Bei akuten Konflikten wirken Coaching-Klienten oft hektisch, atemlos und ungeduldig. Trotzdem sollte der Coach auf sorgfältige Rekonstruktionen und Analysen bestehen, denn sie bewahren die Führungskraft vor unbedachtsamem Agieren. Im anderen Fall entstehen nämlich schnell Verstrickungen und Verschärfungen von Konflikten. Deshalb sollten zunächst untersucht werden:

- die spezifische Rolle des Vorgesetzten als Konfliktregulator und

- die besondere Art des Konflikts.

(1) Analyse der Vorgesetztenrolle als Konfliktregulator

Rollenklärungen

Wenn ein Vorgesetzter als Konfliktmanager fungieren will bzw. muss, sind zum einen die generellen Implikationen seiner Rolle als Vorgesetzter zu klären, zum anderen die spezifische Ausgestaltung dieser Vorgesetztenrolle durch ihn als jeweilige Persönlichkeit.

Implikationen aus der Vorgesetztenrolle

Viele Führungskräfte wollen von ihren Mitarbeitern als freundliche Moderatoren oder vielleicht sogar als großzügige Förderer gesehen werden. Die Rolle einer kritischen oder restriktiv anordnenden Instanz zu übernehmen, fällt ihnen oft schwer. Bei Konflikten lässt sich aber eine entsprechende Rollenausgestaltung nicht immer umgehen. Auf Grund ihrer formalen Rolle hat jede Führungskraft verantwortlich dafür zu sorgen, dass systemgefährdende Konflikte beseitigt werden. Anders als ein Berater, der die Verantwortung für ein System immer in den Händen seiner Auftraggeber belässt und sie lediglich für die Erfüllung ihrer konfliktregulierenden Aufgaben unterstützt (König & Vollmer, 1993), hat eine Führungskraft aktiv und gelegentlich sogar durchaus restriktiv in konfliktäre Prozesse einzugreifen.

Unangenehme Pflichten

Schon die Initiative zur Regulation systemgefährdender Konflikte muss von ihr selbst ausgehen. Auch die Lösung des Konflikts liegt in ihrer Verantwortung, d.h. ein Vorgesetzter kann die Regulation nicht dem Belieben seiner Mitarbeiter überlassen, sondern er muss in vielen Fällen geradezu auf Lösungen drängen. Dementsprechend können sich unterstellte Mitarbeiter auch nicht frei entscheiden, ob sie über einen systemgefährdenden Konflikt mit dem Vorgesetzten konferieren oder nicht. Er muss solche Gespräche qua Position einfordern. So kann er auch nicht pauschal unparteiisch sein, denn er hat ja immer für das Wohl des Gesamtsystems Partei zu ergreifen.

Vorgesetzte müssen parteiisch sein

Aus der formalen Relation, in der er als Vorgesetzter zu seinen unterstellten Mitarbeitern steht, ergeben sich für ihn aber auch Begrenzungen von eventuell einzufordernden Gesprächsinhalten. So kann er nicht die Behandlung von Themen anmahnen, die einen jeweiligen Mitarbeiter als Privatmenschen betreffen (Kieser & Kubicek, 1983). Wenn es einem Mitarbeiter beliebt, kann er sich in der Kommunikation zu seinem Vorgesetzten ausschließlich auf berufliche Belange zurückziehen. Gespräche über private Konflikte zwischen Mitarbeitern, selbst wenn sie zu empfindlichen Störungen der Aufgabenerfüllung führen, können vom Vorgesetzten nicht eingefordert werden. Als Vorgesetzter muss er sich dann auf rein dienstliche Konfliktphänomene beschränken. Das ergibt sich z.B. gar nicht selten bei Liebesbeziehungen am Arbeitsplatz, wenn sie nach einiger Zeit in gegenseitige Stigmatisierungen umkippen (Schreyögg, 1994). Bei privaten Konflikten, die die Parteien mit dem Vorgesetzten nicht besprechen wollen, obwohl sie eigentlich einer Regulation bedürfen, muss er sich dann notgedrungen auf formale Maßnahmen zur Deeskalation be-

Beschränkung auf dienstliche Konfliktphänomene

schränken. So ist bei Liebesbeziehungen, die sich konfliktär zugespitzt haben, daran zu denken, die Betreffenden in verschiedene Abteilungen zu versetzen, ihnen unterschiedliche Aufgabengebiete zu übertragen, so dass sie nicht mehr kooperieren müssen, usw.

Hilfestellung durch den Coach

Alle diese Aspekte, die sich aus der formalen Rolle eines Vorgesetzten ergeben, müssen bei Bedarf mit den Coaching-Klienten angesprochen werden. Das erweist sich gelegentlich als problematisch, denn viele Führungskräfte beharren auf einer Vorgesetztenrolle als „Everybodies Darling". Sie beschleicht schon bei der Vorstellung, sie müssten restriktive Maßnahmen zur Konfliktregelung ergreifen, ein schwer erträgliches Einsamkeitsgefühl. Hier ist es dann die Aufgabe des Coachs, solche Gefühlsphänomene angemessen zu begleiten und zu Gunsten realistischer Haltungen verarbeiten zu helfen.

Implikationen aus der persönlichen Rollenausgestaltung

Selbstverständlich bestimmt sich der Erfolg von Interventionen bei Konflikten in hohem Maße danach, wie die Führungskraft ihre Vorgesetztenrolle bislang ausgestaltet hat. Hier ist relevant, wie sie von den Mitarbeitern als „Chef" oder „Chefin" erlebt wird, in welcher Beziehung sie zu den jeweiligen Konfliktparteien in der Vergangenheit stand und aktuell steht, ob sie selbst eine der Konfliktparteien repräsentiert und welche Relation sie zu ihren Kontrahenten hat.

Wie ist der ideale Konfliktmanager?

Die besten Chancen haben Interventionen von Führungskräften, die von ihren Mitarbeitern bislang in menschlicher wie fachlicher Hinsicht gut akzeptiert wurden, die ihre Rolle als Vorgesetzte wie selbstverständlich ausfüllen, die zu keiner der Konfliktparteien bislang sehr intensive oder gar intime Kontakte unterhalten haben und die in den aktuellen Konflikt nicht verstrickt sind.

Rekonstruktion der Vorgesetztenrolle

Alle diese Aspekte gilt es nun im Coaching möglichst facettenreich zu rekonstruieren. Und auf dem Hintergrund dieser Rekonstruktionen ist dann die Führungskraft bei der Wahl der „richtigen" Interventionen zu unterstützen.

Implikationen aus der Rolle einer neuen Führungskraft

Wenn Führungskräfte bei Neueintritt in ein System konfliktäre Altlasten vorfinden, stellen sich die Dinge weitaus komplizierter dar. Ihre konfliktregulierenden Möglichkeiten sind ungleich schlechter. Ihre Rolle ist für die Mitarbeiter wie für sie selbst noch vage, sie hatten bislang auch keine Gelegenheit, sich in den Augen ihrer neuen Mitarbeiter zu bewähren. Dementsprechend verfügen sie noch über keine sozio-emotionale Hausmacht. Falls sie aktuell ihre erste Führungsposition antreten, konnten sie diese Rolle bislang nicht mit der Selbstverständlichkeit einüben, die fürs Konfliktmanagement wünschenswert ist. So verfügen sie aller Voraussicht nach auch nicht über vielfältige Maßnahmen psychischer Selbstregulation, die man gerade in solchen Fällen benötigt.

Neue Führungskräfte sind im Nachteil

Viele von ihnen treten ihre neue Position mit Enthusiasmus an, der dann angesichts konfliktärer Konstellationen und den Schwierigkeiten ihrer Eindämmung schnell in Entmutigung umschlägt. Selbst wenn sie zunächst von einem Teil der Mitarbeiter als Hoffnungsträger begrüßt werden, wirken konfliktregulierende Maßnahmen in Newcomer-Situationen für den Mitarbeiterstab eher bedrohlich. In diesem Stadium besteht nämlich noch keine Vertrauensbasis zum neuen Leiter, so dass die jeweilige Aktion für die Mitarbeiter in ihrer Bedeutung schwer einschätzbar ist. Entschiedenheit wird schnell als aggressive Schärfe interpretiert usw.

Fehldeutungen der Mitarbeiter

Wenn man sich allerdings deutlich macht, dass gerade an neue Führungskräfte seitens übergeordneter Instanzen und seitens unterstellter Mitarbeiter oft hohe Erwartungen im Sinne innovativer Entwicklungen gestellt werden, dann erscheint es geradezu notwendig, dass eine neue Führungskraft bei gravierenden Konflikten sofort interveniert. Im anderen Fall verspielt sie schon bei Antritt der neuen Position ihre Autorität. Außerdem läuft sie Gefahr, einen indiskutablen Status quo zu zementieren. Wenn sie dagegen entschieden eingreift, stellen sich die oben beschriebenen Phänomene ein.

Feingefühl ist notwendig

Demnach befinden sich neue Führungskräfte in Konfrontation mit konfliktären Situationen in einem grundlegenden Dilemma: Um sich Respekt zu verschaffen, müssen sie die Konflikte möglichst schnell regulieren. Da aber ihre informelle Einflussbasis anfangs noch schwach ist, laufen sie Gefahr, Koalitionen gegen sich zu mobilisieren und schließlich noch selbst ins Zentrum der Konflikte zu geraten.

Kontraproduktive Effekte

Angesichts derartiger Komplikationen versteht es sich fast von selbst, dass neue Führungskräfte besonders oft Coaching-Bedarf anmelden. Dann gilt es nicht nur die neue und oft verwirrende Situation in möglichst vielen Details zu rekonstruieren, sondern auch die Führungskraft in ihrer anfangs automatisch bestehenden Einsamkeit zu stützen. Stabilisierung ist hier auch deshalb wichtig, weil Führungskräfte in Konfrontation mit konfliktären Altlasten prinzipiell in ein Dilemma geraten, das immer nur annäherungsweise befriedigend zu lösen ist.

Coaching-Bedarf bei neuen Führungskräften

Im Hinblick auf die Wahl der Handlungsstrategien ist hier meistens zu raten, dass eine neue Führungskraft von Anfang an versucht, die Dinge in ihrem Sinne zu regeln. Sie sollte sich dabei aber sorgfältig Präferenzen setzen, welche Konfliktthemen sofort angegangen werden müssen und welche noch einige Zeit warten können, bis sie nämlich in dem neuen

Analyse der Konfliktsituation

System besser Fuß gefasst hat. Zur Entscheidung, welche Konflikte kurz-, mittel- oder langfristig angegangen werden müssen bzw. können, sind sorgfältige Analysen der bestehenden Konfliktsituation unumgänglich.

(2) Analysen der konkreten Konfliktsituation

Ist-Zustände untersuchen

Zur Analyse konkreter Konfliktsituationen empfiehlt es sich im Coaching, ein Raster bzw. eine „Landkarte" zur Ermittlung konfliktärer Ist-Zustände und Prozesse zu verwenden.

Beteiligte Personen

Wegen ihrer oft kaum mehr überschaubaren Komplexität sucht man Konflikte zunächst über äußere, eher offensichtliche Merkmale zu erfassen. Hier ermittelt man in einem ersten Schritt, inwieweit sich die „Kampfspielarena" schon ausgeweitet hat: Ob sie sich auf einen mikrosozialen Rahmen, d.h. auf ein Zwei-Personen-Stück beschränkt, oder ob sie als Konflikt im Meso-Rahmen bereits größere Gruppen von Personen umfasst. Bei einem Konflikt im makrosozialen Rahmen werden die konfliktären Vorgänge sogar weit außerhalb ihres Ursprungsfeldes getragen (Galtung, 1975). Das finden wir etwa bei Konflikten zwischen zwei Abteilungen einer Organisation, mit denen dann die Personalabteilung, die Geschäftsleitung, später Gerichte und eventuell die Presse beschäftigt

Inhaltliche Reichweite

werden. Ein weiteres äußeres Merkmal von Konflikten ist ihre inhaltliche Reichweite. Konflikte mit geringer inhaltlicher Reichweite stellen „Reibungen" dar, die sich vielleicht nur in immer wieder kehrenden Meinungsverschiedenheiten äußern. Eine andere inhaltliche Reichweite haben „Positionskämpfe", bei denen Akteure um eine Verbesserung ihres formalen oder informellen Status kämpfen. Die inhaltlich größte Breite begegnet uns bei „Systemveränderungskonflikten", in deren Verlauf sich Menschen um mehr oder weniger relevante Parameter eines Systems streiten. Ein anderes äußeres Merkmal betrifft die Frage, ob Konflikte „formgebunden", d.h. in einer Weise ausgetragen werden, die in dem jeweiligen Kontext üblich ist, oder ob sie „formlos", also in einer bis dato unüblichen Weise agiert werden. Wesentlich ist außerdem die Frage, ob Kon-

Heiße und kalte Konflikte

flikte „heiß" oder „kalt" sind. Handelt es sich bei heißen Konflikten um emotional turbulente Interaktionen, weisen kalte Konflikte eine eher indirekte Schärfe auf, bei der sich keine der Parteien mehr offen auseinandersetzt, sondern nur noch zynische Statements, meistens hinter dem Rücken der anderen abgibt.

Im Anschluss an äußere Merkmale untersucht man inhaltliche, um die konfliktäre Ist-Situation auch in ihren Tiefendimensionen besser zu verstehen. Dabei versucht man die Konfliktparteien mit ihren Streitpunkten

Tiefendimensionen

zu ermitteln, ihre Beziehung zueinander und ihre jeweilige Einstellung zum Konflikt (vgl. Glasl, 1994). Solche Untersuchungen sind aufschlussreich, weil im Verlauf des Konfliktgeschehens die Streitpunkte erheblich zunehmen und variieren können, die Konfliktparteien in ihrer Größe oft schwanken, sich ihr Verhältnis zueinander von Situation zu Situation ändert usw.

In einem dritten Schritt sollte der Eskalationsgrad des Konflikts mit seinem bisherigen Prozess ermittelt werden. Einschlägige Autoren (Regnet, 1992; Glasl, 1994; Neuberger, 1994) sprechen von „Eskalationsstufen", weil sie die Progression von Konflikten stufenweise, durch „Wendepunkte" markiert sehen. Bei einem Wendepunkt handelt es sich jeweils um eine Aktion, bei der von einer der Parteien neue, bislang noch nicht eingesetzte Kampfmittel auf der Basis neuer Normen und Standards angewandt werden. Ein Wendepunkt stellt jeweils einen „point of no return" dar, denn er macht die Beilegung eines Konflikts unwahrscheinlicher als die Beteiligten vor dem Wendepunkt noch antizipierten. Glasl (1994) differenziert neun Eskalationsstufen, die von Neuberger (1994) zu drei Eskalations-Hauptphasen zusammengefasst werden:

Eskalations-grade

Die 1. Hauptphase startet mit harmlos erscheinenden Reibereien und inhaltlichen Meinungsverschiedenheiten. Sie kristallisieren sich um unterschiedliche Standorte und führen zur Aufspaltung in verschiedene Lager. Die nun zunehmend dogmatisch vorgetragenen Positionen ziehen eine Polarisierung der Beteiligten nach sich und münden in Debatten, bei denen sich die Kontrahenten nicht mehr dialogisch zu überzeugen suchen, sondern wo es um plakative Darstellungen der eigenen Positionen geht. Jetzt werden die ersten strategischen Mittel eingesetzt, um die Gegenseite, die zunehmend als konkurrierend erlebt wird, zu überrumpeln. Wenn eine der Parteien das Debattieren leid ist, beginnt sie im Sinne eines Wendepunkts mit demonstrativ zur Schau getragener Selbstsicherheit ihre Intentionen in die Tat umzusetzen. Dadurch erhöht sie im Allgemeinen die gruppale Kohäsion im eigenen Lager, was mit der Entwicklung eines Feindbilds von der Gegenseite einher geht. Durch die demonstrativen Aktionen einer der Parteien weitet sich im Allgemeinen der Konfliktrahmen aus, weshalb jetzt auch Personen außerhalb des ursprünglichen Konfliktfelds in dieses einbezogen werden.

1. Eskalations-Hauptphase

In der 2. Hauptphase zentriert sich das Konfliktgeschehen auf das äußere Ansehen der jeweiligen Parteien. Zunächst kreisen alle Strebungen um den Erhalt und die Verbesserung des eigenen Images. Das versucht man vor allem durch die Rekrutierung möglichst vieler Koalitionspartner zu realisieren. Der Kontrahent wird nun endgültig als „hässlicher" Gegner definiert und erheblich abgewertet. Seine Beeinflussung soll vorrangig über die neu gewonnenen Mitstreiter und deren öffentliche Reputation erfolgen. Im weiteren Verlauf dieser Imagekämpfe liegt es nahe, den Gegner zu diffamieren. Als neuen „point of no return" fügt man ihm entweder einen Gesichtsverlust zu oder man provoziert ihn geschickt, damit er sich selbst demaskiert. Jetzt verschärfen sich die gegenseitigen Negativprojek-

2. Eskalations-Hauptphase

tionen mit allen Merkmalen von Stigmatisierung. Das zieht eine regelrechte „Rehabilitationssucht" nach sich, durch die nun wieder neue Bühnen zur positiven Selbstinszenierung eröffnet werden. Fortlaufende Stigmatisierungen der Gegner provozieren bei beiden Parteien potenziell Drohungen aller Art. Drohungen und Gegendrohungen entspringen verdeckten Ohnmachtsgefühlen, die aus der Angst resultieren, der Kampf sei nicht mehr zu gewinnen. Jetzt erhöht sich bei den Gegnern der Stress, denn durch Drohspiele, die immer eines Publikums bedürfen, wird auch die Kampfspielarena immer größer und damit unübersichtlicher.

3. Eskalations-Hauptphase

Während am Ende der 2. Hauptphase Vernichtungsschläge nur angedroht, nicht aber realisiert werden, fallen in der 3. Hauptphase die Hemmschranken, dem Kontrahenten ernstlichen Schaden zuzufügen. Wenn die qua Drohung in Aussicht gestellten Schädigungen wirklich in die Tat umgesetzt werden, überschreitet eine Partei einen sehr entscheidenden Wendepunkt. Das macht einen Eskalationsstop fast unmöglich. Zuerst beschränken sich die Schädigungen des Gegners noch auf Sanktionspotenziale, die bei dessen Drohungen eine besondere Rolle spielten. Sie werden dann „absichtslos" unterminiert oder ad absurdum geführt. Das Spezifikum solcher Aktionen besteht in ihrem Überraschungseffekt, was immer die Bereitschaft zu Vergeltungsschlägen erhöht. Die Gegner können sich allerdings auch mit solchen Strategien meistens nicht dauerhaft zum gegenseitigen Einlenken zwingen. Nach einer gewissen Erholungsphase greifen sie nur zu verschärften Mitteln, indem sie den Gegner an seiner empfindlichsten Stelle nämlich an seinen Anhängern zu treffen suchen. Jetzt werden perfide Listen zur Zersplitterung des gegnerischen Lagers angewandt. Dabei spielen in der Regel breit angelegte Diffamierungskampagnen gegen den „harten Kern" des Gegners eine Rolle. Eskalationen erreichen ihren Höhepunkt, wenn die Kontrahenten die Vernichtung des Gegners sogar um den Preis der Selbstvernichtung erzwingen wollen. Dann ist ein Stadium erreicht, in dem der Krieg aller gegen alle ausgebrochen ist. In derartige Untergangsszenarien sind vielfach mehrere Gruppierungen verstrickt, so dass die Freund-Feind-Linien äußerst unübersichtlich werden.

Spiele in Organisationen

Wie oben angesprochen, bewegen sich viele Konflikte in organisatorischen Zusammenhängen lange auf dem Niveau der 1. Hauptstufe. Die Parteien achten dann sorgsam darauf, keine neuen Wendepunkt zu überschreiten und dadurch weitere Eskalationen einzuleiten. Konflikte haben hier oft den Charakter von regel-geleiteten Auseinandersetzungen bzw. von „Spielen" (Crozier & Friedberg, 1979). Das sollte auch im Coaching immer in Betracht gezogen werden.

Bei der Rekonstruktion von Konflikten kann der Coach zur methodischen Unterstützung den Klienten bitten, die aktuelle organisatorische Situation in ihrem jeweiligen Kontext mit Hilfe von Skizzen oder Baustei-

nen möglichst anschaulich darzustellen. Dafür lassen sich formale und informelle Positionsinhaber oder einzelne Interessengruppierungen durch
verschiedene Farben kenntlich machen usw. Es ist außerdem sinnvoll, anschließend einen inneren Rollentausch mit den jeweiligen Gruppen bzw.
ihren Protagonisten durchzuführen. Dabei sollte man sich deren Interessenlage, Ziele, Bedürfnisse usw. einfühlend vergegenwärtigen (Schreyögg, 1995).

**Visualisierungen
der Situation**

(3) Diagnosestrategien

Dieses zunächst plausibel und eingängig wirkende Vorgehen lässt sich allerdings in der Realität oft nur unter Mühe realisieren. Wenn Führungskräfte einen Konflikt umfassend diagnostizieren wollen, benötigen sie
vielfach manifeste Informationen im Hinblick auf die Interessenlage der
Streitparteien, die in Frage stehenden Streitpunkte usw. Für diesen Zweck
bieten sich prinzipiell zwei Diagnosestrategien an, für die der Coach den
Klienten zum Teil auch übend vorbereiten sollte:

**Wie holt man In-
formationen ein?**

- Die Führungskraft kann versuchen, mit den Streitparteien in ein offenes Gespräch über ihren Konflikt einzutreten.

- Sie kann den bestehenden Konflikt aber auch indirekt zu erschließen
  suchen.

- Diagnosen durch offene Gespräche

Offene Gespräche mit Konfliktparteien zu führen, gilt in manchen Orga-
nisationskulturen als grundlegendes ethisches Postulat. Dabei wird aber
verkannt, dass Menschen schon in frühen Eskalationsstadien vielfach
nicht mehr zu Dialogen in der Lage sind. Statt dessen projizieren sie, deuten die Realität in ihrem spezifischen Sinn um und versuchen vor allem,
ihre eigene Position als die allein richtige darzustellen. Aus diesen Gründen geht eine Führungskraft, die mit den Parteien den Konflikt offen an-
spricht, in vielen Fällen das Risiko ein, vorrangig Projektionen, opportu-
nistische Realitätsdeutungen usw. anhören zu müssen. Darüber hinaus
läuft ein Vorgesetzter Gefahr, selbst in den Konflikt verstrickt zu werden,
da er auf Grund seines formalen Status als Koalitionspartner meistens
heiß umworben wird.

**Ist ein Dialog
noch möglich?**

Der Coach muss der Führungskraft vermitteln, dass jedes offene Gespräch mit den Konfliktparteien über ihren Konflikt diesen bereits in der
einen oder anderen Weise modifiziert. Konfliktdiagnostische Gespräche
durch den Vorgesetzten erhalten deshalb automatisch den Stellenwert von
Interventionen, die immer sorgsam vorzubereiten sind.

**Eskalations-
stadien beachten**

Bei Konflikten auf der Mikro-Ebene, also zwischen einzelnen Personen, lassen sich offene Befragungen noch relativ leicht durchführen.
Wenn sich der Konflikt auf einem niedrigen Eskalationsniveau bewegt,
kann die Führungskraft mit beiden Kontrahenten gleichzeitig verhandeln.
In höheren Eskalationsstadien sollte sie aber, um weitere Verschärfungen
zu vermeiden, die Personen nacheinander befragen und eventuell daran
anschließend mit beiden Kontrahenten gemeinsam konferieren. Allerdings ist auch bei Gesprächen auf einem niedrigen Eskalationsniveau maximale Wachsamkeit geboten, denn auch hier bestehen immer zumindest
unterschwellige Koalitionsangebote an den Vorgesetzten.

**Gesprächs-
vorbereitungen**

Solche Gespräche lassen sich im Coaching durch einen imaginativen
Rollentausch mit leeren Stühlen vorbereitend trainieren. Dabei werden die
Klienten angeleitet, im Wechsel zuerst ihre eigene Position einzunehmen,
dann die ihres Gesprächspartners, danach wieder die eigene usw. So entsteht ein fortlaufender, fingierter Interaktionsprozess. Die Klienten können dann mit ihrer Gesprächsführung experimentieren und zuletzt die für
sie treffendste, die sie in der Ernstsituation anwenden wollen, für sich
herausarbeiten (Schreyögg, 1995).

Konfliktgruppen

Diagnostische Gespräche über Konflikte im Meso-Rahmen, also bei
solchen, in die eine ganze Reihe von Personen verstrickt sind, erfordern
noch mehr Vorsicht. Als konfligierende Gruppen entwickeln Parteien
meistens heftigere Emotionen als einzelne Personen. Gegnerische Kollektive sind oft schon bei Konflikten auf mittleren Eskalationsstufen nur
noch begrenzt in der Lage, relevante Aspekte des Konflikts sachlich zu
verhandeln. Dieses Phänomen lässt sich vor allem dann beobachten, wenn
beide Parteien gleichzeitig befragt werden. Durch derartige Aktionen wird
oft sogar die Entwicklung neuer Streitpunkte provoziert, weil nun jede
Partei ihr Ansehen beim Vorgesetzten zu verbessern und das der gegnerischen Partei zu schädigen sucht. Und innerhalb jeder Partei versuchen
sich die Anhänger an „Linientreue" zu überbieten, indem sie durch feindliche Attacken ihren Gegnern – und sich selbst – ihre Geschlossenheit
demonstrieren wollen.

Angesichts solcher Szenarien starten viele Vorgesetzte Versuche, mit
jeweils nur einer Partei ins Gespräch zu kommen. Das erzeugt aber bei
der Gegenseite in aller Regel Phantasien, dass sich die andere schon einen
Vorteil verschafft hat. Die Folge sind eventuell noch erbittertere Kampf-
strategien.

**Mit „Kleinst-
gruppen"
arbeiten**

Aussichtsreicher ist es, wenn der Coach die Führungskraft anleitet, je
einen Hauptakteur der Parteien zu einem gemeinsamen, klärenden Gespräch zu bitten. In einer Dreier- oder eventuell Viererkonstellation ergeben sich nämlich seltener unkontrollierte emotionale Aufwallungen. Die
Akteure müssen auch keinen sofortigen Gesichtsverlust bei ihren Hinter-

mannschaften befürchten, wenn sie Konzessionen an die Gegenseite machen. Außerdem können Führungskräfte im Allgemeinen Gesprächssituationen mit nur zwei oder drei Gesprächspartnern leichter strukturieren und auf ihre Angemessenheit hin kontrollieren. Selbstverständlich ist auch bei solchen Gesprächen äußerste Vorsicht im Hinblick auf Koalitionsangebote angeraten. Deshalb sollten im Coaching auch solche Meetings durch imaginative Rollenspiele gut vorbereitet werden.

● Diagnosen indirekter Art

Wegen des Risikos direkter Konfliktgespräche müssen Führungskräfte im Coaching vielfach auf indirekte Wege der Konfliktdiagnose vorbereitet werden. Dann sollte man sie animieren, alle ihre Beobachtungen und alles, was sie gerüchteweise, „so nebenbei", auch von der Sekretärin in der Buchhaltung oder vom Pförtner auf dem Betriebsfest gehört haben, auf der Basis ihrer Intuition wie ein Puzzle zusammenzusetzen. Zur Strukturierung hilft ein Raster, mit dem man zuerst individuelle Konfliktphänomene, dann interaktive und schließlich systemische sortiert. Auf dieser Basis gewinnt die Führungskraft zumindest eine vorläufige Konfliktdiagnose bzw. einen Satz von Hypothesen. Dabei müssen allerdings beide, die Führungskraft samt Coach, damit rechnen, Wahrnehmungsverzerrungen bzw. vordergründigen Deutungen aufzusitzen. Aus diesem Grund ist im Coaching immer im Blick zu behalten, dass solche Diagnosen auf sehr vorläufigen Hypothesen basieren.

Sammeln von Informationen

Eine neue Führungskraft wird voraussichtlich noch mehr Schwierigkeiten bei der Erstellung einer Konfliktdiagnose haben. Hier ist schon aus praktischen Gründen die indirekte Diagnoseform oft die einzige Möglichkeit, den Konflikt annähernd einzukreisen. Im Verlauf direkter Gespräche läuft nämlich eine neue Führungskraft noch mehr Gefahr als eine altgediente, in unangemessene Bündnisse verstrickt zu werden. Gerade einem neuen Vorgesetzten gegenüber möchte sich ja jede Konfliktpartei in bestem Lichte darstellen. Im Übrigen erhalten gerade in Newcomer-Situationen „Aussprachen" im großen Kreis schnell den Anstrich eines Tribunals, währenddessen vielleicht nur alte Vorwürfe aufgewärmt werden. Für neue Führungskräfte gestalten sich aber auch indirekte Konfliktdiagnosen schwierig. Sie verfügen in der Regel nicht über die notwendigen Erfahrungen mit dem jeweiligen System und seiner Kultur, die es ihnen erlauben würden, den konfliktären Ist-Zustand und den bisherigen Konfliktverlauf selbst zu rekonstruieren. Hier kann der Coach einen besonderen Beitrag leisten, indem er dem Klienten seine Erfahrungen aus vergleichbaren Konfliktkonstellationen in anderen Systemen „leiht", d.h. er hilft dem Klienten auf der Basis homologer sozialer Szenen das ihm Begegnende möglichst treffend zuzuordnen.

Probleme neuer Führungskräfte

Außerdem sollte der Coach seinen Klienten unbedingt animieren, alle vorläufigen Konfliktdiagnosen durch Gespräche mit anderen formal designierten Instanzen des Systems wie Stellvertretern, Abteilungsleitern aber auch Mitarbeitervertretern usw. anzureichern. Diese Instanzen sind übrigens auch immer zu befragen, wenn die Führungskraft selbst in die Konfliktdynamik verstrickt ist oder gar selbst ins Zentrum eines Konflikts geraten ist. Derartige Gespräche helfen ihnen ohnedies, ihre eigene Perspektivität zu erweitern. Solche Gespräche sind allerdings ebenfalls vorsichtshalber im Coaching vorzubereiten, denn es ist ja denkbar, dass diese Instanzen mikropolitisch in das aktuelle Geschehen verstrickt sind, oder dass sie aus irgendeinem Grund der neuen Führungskraft gegenüber negativ oder skeptisch gegenüberstehen. So finden wir gar nicht selten Situationen, in denen sich Stellvertreter auf die Position der neuen Führungskraft beworben hatten, nicht designiert wurden und nun aus Enttäuschung den neuen Vorgesetzten laufend falsch informieren, ihn auflaufen lassen usw.

Verschiedene Perspektiven berücksichtigen

2.2   Handlungsstrategien zur Konfliktbewältigung

Nach allen diesen Vorüberlegungen muss der Coach die Führungskraft unterstützen, eine Strategie zur Konfliktbewältigung auszuwählen und ihre Anwendung vorzubereiten. Welche aller denkbaren Handlungsmuster im jeweiligen Konfliktfall am sinnvollsten ist, bestimmt sich nach dem Eskalationsgrad – und nach Besonderheiten der Vorgesetztenrolle.

Maßnahmen zum Konflikt-management

In der Literatur zum Konfliktmanagement (Rüttinger, 1977; Glasl, 1994; Beck & Schwarz, 1995 u.a.) finden sich eine Reihe potenzieller Maßnahmen zur Konfliktbehandlung. Ihr Einsatz wird vor allem entsprechend einer jeweiligen Eskalationsstufe empfohlen. Für die ersten Stadien dienen nach Meinung der Autoren die Moderation, für mittlere Stadien die Prozessbegleitung mit unterschiedlich tiefgreifenden psychologischen Intentionen. Und für die schärfsten Eskalationen werden Vermittlungsaktivitäten und Machteingriffe als passend beschrieben.

Die Rolle des Konflikt-managers

Für den Erfolg dieser Maßnahmen ist aber die formale Rolle des Konfliktmanagers von zentraler Bedeutung. Die gängige Literatur bezieht sich meistens auf externe Berater als Konfliktmanager, Führungskräfte als Konfliktregulatoren werden dagegen selten behandelt. Wie oben schon angesprochen, sind sie auf Grund ihrer formalen Vorgesetztenposition aber viel unmittelbarer als ein externer Berater verpflichtet, systembedrohende Konflikte zu regulieren. Gleichzeitig folgt aus ihrer Rolle, dass sie nur solche konfliktregulierenden Maßnahmen ergreifen können, bei denen sie ihren Mitarbeitern persönlich nicht zu nahe treten. Dann ergibt sich für die gängigen Strategien zur Konfliktbewältigung folgendes Bild:

● Moderation

Durch Moderation sollen in frühen Stadien, in denen das gesamte Konfliktgeschehen noch nicht so stark emotionalisiert ist, Streitthemen mit ihren jeweiligen Facetten gesichtet und geklärt werden. Dadurch will man
die Parteien zu eigenständigen und konstruktiven Lösungswegen animieren. Diese Handlungsstrategie verträgt sich gut mit der Rolle eines „groß-
zügigen Vorgesetzten", denn Moderation setzt eine etwas permissive,
aber emotional leicht distanzierte Haltung voraus. Von manchen Autoren
wird Vorgesetzten heute ohnedies empfohlen (Beck & Schwarz, 1995),
sich eher als Moderator denn als Chef zu verhalten. Gerade in Systemen,
deren Mitglieder über unterschiedliches Expertenwissen verfügen, sei eine Ausgestaltung der Führungsrolle durch Moderation angebracht.

**Sichtung und
Klärung der
Streitthemen**

Moderation ist als Konfliktbewältigungsstrategie sinnvoll, wenn z.B.
die Mitarbeiterschaft in zwei Flügel zerfällt, die immer wieder zähe Debatten um bestimmte Positionen führen. Wenn die Führungskraft allerdings selbst zu einem der Flügel gehört, kommt sie als Moderator nicht in
Betracht. Die Moderatorenrolle setzt nämlich thematische Unparteilichkeit voraus. In solchen Fällen sollte sie ein Mitglied des Mitarbeitersta-
bes, das der Debatte neutral gegenübersteht, bitten, die Moderation zu
übernehmen. Das gilt selbstverständlich auch für Fälle, in denen die Führungskraft selbst im Zentrum eines Konflikts steht.

Unparteilichkeit

Wenn die Moderation durch die Führungskraft selbst erfolgt, sollte sie
im Coaching in der Weise vorbereitet werden, dass sie alle voraussichtlich Anwesenden samt ihrer Standorte imaginiert. Auf diese Weise
stimmt sie sich auf die Personen und Themen ein. Außerdem sollte sie der
Coach mit Grundkenntnissen der Gesprächsführung vertraut machen
(Schreyögg, 1995) und mit einigen prozessualen Regeln der Moderation,
dass etwa die Themen zu Beginn einer Sitzung gemeinsam mit den Teilnehmern festgelegt werden, dass es am Ende empfehlenswert ist, mit allen Beteiligten überprüfbare Vereinbarungen zu treffen, wie in Zukunft
bei neuerlichen konfliktären Situationen zu verfahren ist, und dass auch
Maßnahmen für den Fall von Überschreitungen dieser Vereinbarungen
beschlossen werden sollten. Weitergehende methodische Vorbereitungen,
etwa die Verwendung von Medien, sind nach der jeweiligen Thematik zu
treffen. So eignen sich für organisationsinterne Meetings z.B. Moderationskarten nicht nur zum Notieren bestimmter Statements, sondern auch
zur Veranschaulichung von organisatorischen Strukturen, Interessenkolli-
sionen usw. Außerdem bewährt sich auch hier ein Wechsel zwischen
Groß- und Kleingruppenarbeit. Dann lassen sich z.B. in kleinen Gruppen
die jeweiligen Streitpunkte und ihre Geschichte analysieren oder man
kann emotional weniger involvierte Untergruppen bitten, den Diskussi-
onsprozess zu beobachten und darüber zu berichten usw.

**Notwendige
Vorbereitungen**

Grenzen

Moderation durch Vorgesetzte zielt schwerpunktmäßig auf die Klärung von Deutungs- und Handlungsmustern, Auseinandersetzungen mit stärker emotionalisierten Phänomenen sollten die Ausnahme darstellen und keinesfalls provoziert werden. Bei der Moderation bleibt die Initiative für den Fortgang der Kommunikationsprozesse aber weitgehend in der Hand der Mitarbeiter.

● Prozessbegleitung

Prozessbegleit-ung ist nur durch externe Berater möglich

Mittlere Eskalationsstadien sind stets durch einen höheren Grad an Emotionalisierung charakterisiert. Zu ihrer Bearbeitung werden im Allgemeinen Formen von Prozessbegleitung empfohlen. Es geht dabei um Modifikationen psychischer Phänomene wie Wahrnehmungen, Einstellungen, Intentionen und Verhalten (Glasl, 1994). Da sich Prozessbegleitung zu Teilen auf Auseinandersetzungen mit tiefgreifenden personalen Faktoren richtet, ist sie mit der Rolle eines Vorgesetzten nicht kompatibel. Wie oben ausgeführt, kann ein formaler Vorgesetzter die Kommunikation über außerdienstliche Phänomene auch nicht einfordern. Prozessberatung (s. Glossar) muss deshalb externen Beratern vorbehalten bleiben.

● Vermittlung (Mediation, s. Glossar)

Vorgesetzte können nicht unparteiisch sein

Für die Behandlung von Konflikten, die mittlere Eskalationsstufen überschritten haben, kann die Vermittlung eingesetzt werden. Schwerpunkte dieser Interventionsform bestehen darin, die Konfliktparteien für eine gegenseitige Duldung und für die Kontrolle manifest regulierbarer Faktoren zu gewinnen. Das Gelingen von Vermittlungen hängt in hohem Maße davon ab, dass der Vermittler als neutral erlebt wird. Diese Bedingung trifft für Führungskräfte selten zu. Wenn es sich um einen systemgefährdenden Konflikt handelt, können sie qua Position nicht unparteiisch sein.

Gelegentlich, z.B. bei einem Konflikt zwischen einem Mitarbeiter und einem Kunden, wird die Führungskraft vom Kunden als sogenannte Vermittlungsinstanz angerufen. Auch in solchen Fällen kann sie eigentlich nicht unparteiisch sein: Als Vorgesetzter hat sie sich zunächst hinter den Mitarbeiter zu stellen; wenn sie jedoch den Eindruck hat, dass der Mitarbeiter nicht Aufgaben gerecht gehandelt hat, ist er gezwungen, die Position des Kunden zu vertreten. So bleibt auch Vermittlung im Prinzip externen Beratern vorbehalten.

● Machteingriff

Für Konflikte auf den höchsten Eskalationsstufen eignen sich nur noch Machteingriffe. Diese müssen typischerweise von Vorgesetzten ausgeführt werden. Dabei mobilisiert die Führungskraft diejenigen ihrer formalen wie informellen Einflusspotenziale, die voraussichtlich einen Eskalationsstop herbeiführen. Für Berater kommt diese Interventionsform nicht in Betracht, denn sie setzt eine eindeutig institutionalisierte Position innerhalb eines Systems mit formalen Einflusspotenzialen voraus. Berater wie eben ein Coach können Vorgesetzte aber bei der Platzierung dieser Interventionsart unterstützen.

Notwendige Maßnahmen bei höchsten Eskalationsstufen

Machteingriffe zielen darauf, den Konflikt unter Kontrolle zu bringen, ihn zwangsweise auf die Sachebene zu reduzieren und die potenziellen Folgen des Konflikts zu begrenzen. Machteingriffe erfordern von der Führungskraft eine betont distanzierte Haltung. Sie ist gezwungen, sich über die Gefühle und Vorstellungen der Konfliktparteien hinwegzusetzen, d.h. sie muss rigoros handeln. Dadurch ist sie auch gezwungen, sich über ihre eigenen Emotionen und Perzeptionen hinwegzusetzen.

Zwangsreduktion auf die Sachebene

Machteingriffe stellen ein Extrem asymmetrischer Interaktionen dar. Deshalb erzeugen sie jeweils Vertrauenskrisen. Sie bewirken vor allem eine Schwächung der Interaktionsbasis zwischen Vorgesetzten und Mitarbeitern. Aus diesem Grund sind sie sehr sorgsam zu planen. Ihr Wirkungsgrad bestimmt sich nach dem Ausmaß, in dem sie – thematisch und personell – präzise platziert werden. Hier ist also vorab genau zu überlegen, welches Verhalten von wem unterbunden werden soll. So sind etwa angesichts einer völlig unkoordinierten Präsentation eines Amtes in der Öffentlichkeit (am Tag der offenen Tür), die sich auf Grund von Abteilungsquerelen so ungünstig ergab und dann viele Beschwerden seitens übergeordneter Instanzen nach sich zog, nicht gleich alle derartigen Aktivitäten zu untersagen. Hier ist es wahrscheinlich sinnvoller, nur den jeweiligen Verantwortlichen strikte Auflagen für zukünftige vergleichbare Events zu machen. Eine gegenläufige Wirkung haben „Rundumschläge" von Vorgesetzten auf der Basis heftiger emotionaler Aufwallungen. Von ihnen fühlt sich jeder – und letztlich niemand angesprochen.

Vertrauenskrisen

Vor Machteingriffen sollte der Coach die Führungskraft bitten zu untersuchen, über welche Machtpotenziale sie im Hinblick auf den aktuellen Fall überhaupt verfügt. In diese Analyse müssen auch Fragen nach der bisherigen Beziehung zu den Hauptakteuren einfließen. Außerdem ist die Führungskraft darauf vorzubereiten, dass sich ihre Mitarbeiterbeziehungen durch den Machteingriff voraussichtlich ändern werden, außerdem muss sie wissen, dass mit dieser Intervention persönliche Verunsicherungen für sie selbst als Machtinstanz einher gehen können. Sie ist auf jeden Fall darin zu stärken, dass ihr derartige Interventionen vor allem eine klare Haltung im Umgang mit Macht abverlangen. Über diese wird sie umso eher verfügen, je mehr menschliche Unterstützung sie vom Coach, aber natürlich auch von ihrem privaten Umfeld erhält.

Coaching bei Machteingriffen

Besonders eine neue Führungskraft sollte bei gravierenden Machteingriffen einen Coach bemühen. Dieser kann ihr bei allen vorausgehenden Reflexionen Unterstützung geben, sie durch Rollentrainings auf den konkreten Machteingriff vorbereiten und ihr anschließend helfen, ihre innere Stabilität zu wahren.

Bei Konflikten innerhalb des Mitarbeiterstabs genügen oft Machteingriffe durch Abteilungsleiter, die dann allerdings, um Intrigen zu vermeiden, von der Führungskraft gut gestützt werden müssen.

Literatur

Beck, R. & Schwarz, G. (1995): *Konfliktmanagement*. Sandmann.

Bonacker, Th. (1996): *Konflikttheorien*. Opladen: Leske & Budrich.

Crozier, M. & Friedberg, E. (1979) *Macht und Organisation*. Königstein: Beltz Athenäum.

French, J. R. P. & Raven, B. (1959): *The Basis of Social Power*. In: Cartwright, D. (Hg.): Studies in Social Power. Ann Arbor.

Galtung, J. (1975): *Strukturelle Gewalt*. Reinbeck: Rowohlt.

Glasl, F. (1994): *Konfliktmanagement*. 4. Aufl., Bern, Stuttgart: Haupt.

Kieser, A. & Kubicek, H. (1983): *Organisation*. 2. Aufl. Berlin, New York: De Gruyter.

König, E. & Volmer, G. (1993): *Systemische Organisationsberatung*. Weinheim: Deutscher Studienverlag.

Neuberger, O. (1994): *Mikropolitik*. Stuttgart: Enke.

Regnet, E. (1992): *Konflikte in Organisationen*. Göttingen, Stuttgart: Verlag für Angewandte Psychologie.

Rüttinger, B. (1977) *Konflikt und Konfliktlösen*. München: Pfeiffer.

Schreyögg, A. (1994): *Supervision – Didaktik und Evaluation*. Paderborn: Junfermann.

Schreyögg, A. (1995): *Coaching*. Frankfurt/M., New York: Campus.

Scott-Morgan, P. (1994*): Die heimlichen Spielregeln*. Frankfurt/M., New York: Campus.

Steinmann, H. & Schreyögg, G. (1997): *Management*. 4. Aufl., Wiesbaden: Gabler.

Interkulturelles Coaching

Christoph I. Barmeyer

1   Einleitung

Die Internationalisierung der Arbeitswelt führt durch Auslandsentsendungen oder multikulturelle Teams zu einer Intensivierung der Kontakte von Menschen unterschiedlicher Kulturen. Die ohnehin schon bestehende Komplexität wird durch den „Kulturfaktor" erhöht: Erwartungen an Kommunikation und Kooperation sind unterschiedlich. Andere Denk- und Arbeitsstile, sowie deren Interpretation führen nicht selten zu Missverständnissen und Schwierigkeiten. Ziel dieses Beitrags ist es deshalb, Aspekte von Kultur, Kommunikation und Kooperation innerhalb des Coaching-Prozesses anhand eines Fallbeispiels zu behandeln.

Kulturelle Unterschiede können zu Missverständnissen führen

2   Ausgangslage – Interkulturelles Coaching

International agierende Unternehmen benötigen zunehmend zielgerichtete interkulturell orientierte Personalentwicklungsmaßnahmen (Stein & Barmeyer, 1996). Je nach personalpolitischer Ausrichtung sind Auslandsentsendungen, gegenseitiger Personalaustausch und die intensive Zusammenarbeit in virtuellen oder physisch präsenten multikulturellen Teams bei kooperierenden oder fusionierten Unternehmen längst an der Tagesordnung (Scholz, 2000). Die Zunahme grenzüberschreitender Unternehmenszusammenschlüsse führt zu einer Intensivierung interkultureller Arbeitssituationen, die nicht selten auf Grund unterschiedlicher Grundannahmen und Arbeitsweisen der beteiligten Mitarbeiter Irritationen und Schwierigkeiten hervorruft, die die Zusammenarbeit massiv blockieren. Die Schwierigkeiten der aus internationalen Fusionen hervorgegangenen Unternehmen wie DaimlerChrysler, EADS oder Aventis zeigen, dass kulturelle Unterschiede, die das Management betreffen, immer noch massiv unterschätzt werden.

Internationale Unternehmen brauchen interkulturelle PE

Eine rein pessimistische Sichtweise gegenüber Kulturunterschieden ist jedoch nicht angebracht. Zahlreiche Beispiele weisen darauf hin, dass in der Kombination unterschiedlicher Sichtweisen und Arbeitsstile ein gro-

Unterschiedliche Kulturen ermöglichen Synergien

ßes Synergiepotenzial liegt, das jedoch erschlossen werden muss (Barmeyer, 1996). Zur Förderung solcher Synergien sind interkulturelle Trainings eine verbreitete Maßnahme. Insbesondere Personalverantwortliche sind interessiert, wie effizient interkulturelles Training ist, inwiefern es dazu beiträgt, kulturellen Missverständnissen und Konflikten, welche die Kooperation blockieren, vorzubeugen und wirklich zur gewünschten Effektivität beiträgt (Bolten, 1999). Bekanntlich ist die Effizienz aller Seminare, die an weichen Faktoren arbeiten, schwer abzuschätzen und zu bewerten, da zahlreiche Einflussfaktoren persönlichkeits- und umweltbezogener Art über Erfolg oder Misserfolg entscheiden. Dazu zählt insbesondere bei interkulturellen Trainings die Motivation der Teilnehmer, andere Sicht- und Denkweisen nicht nur zu verstehen, sondern auch innerlich zu akzeptieren.

Interkulturelles Lernen bedarf deshalb in vielen Fällen einer personalisierten Betreuung (Breuer & Barmeyer, 1998). Im Rahmen interkultureller Aus- und Weiterbildung sind Trainingsmaßnahmen und Seminare als

Interkulturelle Trainings und Seminare sind hilfreich aber nicht ausreichend

Einstieg sinnvoll. Sie ermöglichen es, ein Bewusstsein für eigenkulturelles Verhalten und Sensibilität für kulturelle Unterschiede und deren Einfluss auf den Arbeitsalltag zu schaffen (Müller, 1991). Allerdings wirkt zum einen das in kurzer Zeit vermittelte Wissen zu schematisch und generalisierend, zum anderen kann in interkulturellen Trainingsseminaren auf Grund der begrenzten Zeit nur beschränkt auf die *spezifischen* Bedürfnisse und Probleme der einzelnen Teilnehmer eingegangen werden. Weder der Lernstil, die Persönlichkeitsstruktur – die in fremdkulturellen Situationen von entscheidender Bedeutung für die Handlungsfähigkeit ist – noch bisherige interkulturelle Erfahrungen der Betroffenen können genügend berücksichtigt werden (Barmeyer, 2001).

Aus diesem Grunde entwickelt sich eine individualisierte und angepasste Form interkulturellen Lernens: Interkulturelles Coaching stellt eine personalisierte und prozesshafte Entwicklungsmaßnahme – interkulturel-

Interkulturelles Coaching als individualisierte Entwicklung

len – Lernens dar. Anders als im Training geht es beim Coaching um die „*personenbezogene* Einzelberatung von Menschen in der Arbeitswelt." (Looss, 1997, S. 13). Verkürzt gesagt handelt es sich um eine problem- und emotionsorientierte Beratung in Dialogform, bei der „Freud und Leid im Beruf" (Schreyögg, 1998, S. 62) im Mittelpunkt stehen. Der Coach ist vorzugsweise ein externer Berater, der dem Klienten hilft, beruflich Bedeutsames zu erörtern, zu klären, oder zu lernen. Die Intervention, die in *konkreten* Fällen oder bei *konkreten* Projekten und von *externen* oder *internen* Coachs durchgeführt wird, soll helfen, Krisen besser zu meistern und die Leistung zu steigern.

Es existieren verschiedene Formen des Coachings, organisationsintern oder -extern, als begleitende und „innovative Persönlichkeitsentwicklung" bis hin zum „Mitarbeiter-Coaching". Beim Einzel-Coaching sind zwei Personen beteiligt; es existieren jedoch auch Formen des Gruppen-Coachings (Rauen, 2001, S. 43ff.).

Formen des Coachings

Die zunehmende Bedeutung von Coaching als Form beratender Intervention in internationalen Kontexten ist nachvollziehbar: Mehr noch als im nationalen Bereich besteht bei Führungskräften, die international arbeiten, das Bedürfnis in diskreter Weise mit neutralen, jedoch fachkundigen Menschen an neutralen Orten über gemachte, aber nicht verarbeitete und oft „unverständliche" Erfahrungen zu sprechen. Dies hilft, eventuell auftretende Konflikte zu überdenken, zukünftige Entscheidungen besser zu planen und auftauchende Schwierigkeiten leichter zu lösen. Dabei ist es häufig der Leidensdruck, das Unausgesprochene und Unverstandene, dass die internationale Führungskraft veranlasst, einen Berater oder Coach zu kontaktieren. Häufige Anlässe zum Coaching können Stress, akute Krisen oder Unzufriedenheit im Beruf sein, wie es später anhand von einem Fallbeispiel gezeigt wird. Gerade bei der internationalen Zusammenarbeit sind häufig Sprachprobleme oder divergierende Denk- und Arbeitsstile Auslöser für Probleme. Interkulturelles Coaching dient somit der „Unterstützung von Führungskräften bei der Lösung kommunikativer Probleme im interkulturellen Management" (Clement & Clement, 1999, S. 157).

Führungskräfte brauchen Austauschpartner

Ziel des interkulturell ausgerichteten Coachings ist es in erster Linie für Kulturunterschiede zu sensibilisieren und Kenntnisse über Zielkulturen zu vermitteln, um dem Klienten ein adäquates und zielführendes Handeln in interkulturellen Situationen zu ermöglichen. Auf diese Weise werden Kulturunterschiede nicht nur als Ursache von Missverständnissen und Schwierigkeiten gesehen, sondern als Chance für effektive und komplementäre Zusammenarbeit.

Für Kulturunterschiede sensibel werden

Dabei steht die Verarbeitung von Erfahrungen und die *dialogische, interaktive* Erarbeitung von sinnvollen Handlungsstrategien im Vordergrund. Der Coach soll beim Verständnisprozess strukturierend und beratend helfen, nicht aber konkrete Handlungsempfehlungen geben, denn diese hat der Klient – entsprechend seiner Persönlichkeit und den Situationskontexten – selbst zu finden. Denn es sind gerade die vielen oberflächlichen „How-to-do"-Ratschläge internationaler Business-Ratgeber, die die Sichtweisen der betroffenen Person und damit die Vielfalt interkultureller Handlungssituationen einschränken, Vorurteile bestätigen und damit die Zusammenarbeit erschweren. Fernab der „How-to-do-Business with ..."-Beratung kann der Coach mögliche Wege *zeigen*, die weit besser der Persönlichkeitsstruktur des Klienten entsprechen und damit effektiver, da authentischer, sind.

Der Coach agiert als Prozessberater

Vorteile des interkulturellen Coachings

Nachteilig erscheint auf den ersten Blick, dass interkulturelles Coaching mehr Zeit und Geld beansprucht als ein interkulturelles Training: Es weist jedoch gegenüber interkulturellen Trainingsmaßnahmen folgende Vorteile auf (Barmeyer, 2000b, S. 464):

- Coaching fördert verstärkt die arbeitsbezogene Selbstreflexion.

- Coaching kann in dialogischer Form auf *spezifische* Bedürfnisse und Fragen eingehen und ist somit *persönlicher*, *zeitsparender* und *effizienter*.

- Coaching kann punktuell *und* prozessual stattfinden.

- Coaching kann *diskret*, z.B. außerhalb des Unternehmens, stattfinden.

- Der Coach hat als neutraler Dritter eine unabhängige Sicht der Dinge und kann Denkanstöße und Lösungsansätze geben, an die sonst nicht gedacht worden wäre.

2.1 Coaching-Ablauf

3 Phasen sind zu unterscheiden

Zahlreiche Ansätze zur Strukturierung des Coaching-Prozesses existieren (Rauen 2001, S. 162). Auch hier gilt: es gibt kein universell anwendbares Patentrezept. Der Coaching-Prozess kann grob in drei Phasen eingeteilt werden: die Zielvereinbarung, die Ausgangs- und Problemsituation und schließlich die Erarbeitung von Lösungen.

Zielvereinbarung

1. Zielvereinbarung: Haben sich Coach und Klient gefunden, so muss Einvernehmen über die *Zielsetzung* bestehen. Im Rahmen der internationalen Zusammenarbeit können häufige Zielsetzungen sein:

- Mehr Verständnis für andere Eigenarten und Arbeitsweisen

- Effizientere Motivation von Mitarbeitern anderer Kulturräume

- Vermeidung interkultureller Missverständnisse und Konflikte

- Entwicklung interkultureller Kompetenzen und Steigerung von Handlungsfähigkeit

Ist-Aufnahme

2. Ausgangssituation und konkrete Problemsituation: Sind die Ziele formuliert, erfolgt eine Analyse der Ausgangssituation. Der Coach hat die berufliche und private Situation und Rolle des Klienten im Unternehmensalltag zu verstehen. Hierzu lässt der Coach den Klienten „seine Geschichte erzählen", also sowohl konkrete Problemsituationen als auch den beruflichen Werdegang. Der Coach sollte, wenn es die Situation erlaubt und gegenseitiges Vertrauen besteht, vertiefende Fragen stellen und auch die *emotionalen* Reaktionen, also die Gefühle und Wahrnehmungen beachten, die sich z.b. durch Gesichtsausdruck, Sprechgeschwindigkeit, Sprechpausen, Lautstärke oder Untertöne ausdrücken. Die Beschreibung konkreter Problemsituationen bereitet auf die letzte, sich nun anschließende Phase des Coaching-Ablaufs vor, nämlich die Erarbeitung von Lösungen.

3. Erarbeitung von Lösungen: Die Arbeit in dieser Phase trägt dazu bei, Lösungen für die Zukunft zu erarbeiten. Dabei sollte der Coach versuchen, den Klienten selbst die Lösungen finden zu lassen. Natürlich gibt es auch hier keine Patentrezepte, jedoch trägt eine Kenntnis kulturspezifischer Werte und Verhaltensweisen zur schnelleren Lösungsfindung bei, wie später noch gezeigt wird. Der Coach soll unterstützend wirken und Anstöße geben.

Lösungen erarbeiten

2.2   Coaching-Konstellation

Bereits die Coaching-Konstellation (s. Abbildung 1) weist im interkulturellen Kontext eine höhere Komplexität auf. Eine zentrale Frage ist, ob der Coach aus der Kultur des Klienten oder aus der Zielkultur stammen sollte. Vorteilig ist im ersten Fall, dass der Coach eine „kulturelle Nähe" zum seinem Gegenüber hat und dessen Muttersprache spricht – wichtige Kriterien für ein stabiles Vertrauensverhältnis. Andererseits wird es ihm wahrscheinlich schwerer fallen, die Verhaltensweisen des anderskulturellen Interaktionspartners zu verstehen. Dies ist gerade der Vorteil, wenn der Coach aus der Zielkultur des Klienten stammt. Erfahrungen und Probleme des Klienten, die aus der besonderen Beziehung mit der anderen Kultur resultieren können, sind ihm wahrscheinlich vertraut. Verfügt er über Arbeitserfahrung im anderen Land, so kennt er die spezifischen Schwierigkeiten – und auch praktikable Lösungsansätze.

Aus welcher Kultur soll der Coach stammen?

Ausgehend von dieser Konstellation werden folgend die Konzepte „Kultur" und „Interkulturelle Kommunikation" dargestellt.

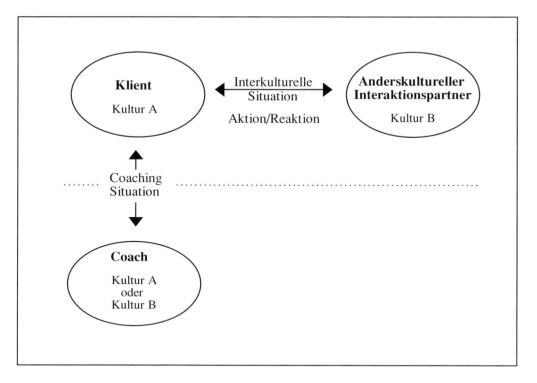

Abbildung 1: Coaching-Konstellation

3   Der Kontext – Kulturelle Systeme und inter- kulturelle Situationen

Mehrere Kulturen treffen aufeinander

Der Klient ist als Handelnder mit bestimmten Funktionen in ein System mit vielen Teilsystemen, wie Landes-, Branchen- oder Organisationskultur, eingebunden. Diese Teilsysteme weisen bestimmte Strukturen und Wissensbestände auf, die in Situationskontexten zum Tragen kommen. Nicht zu vernachlässigen ist, dass der Klient aus einer bestimmten Kultur stammt und mit Mitarbeitern, Kollegen oder Partnern anderer Kulturen zusammenarbeitet. Insofern treffen verschiedene kulturelle Systeme in interkulturellen Situationen aufeinander. Bevor auf den interkulturellen Coaching-Prozess eingegangen wird, ist es deshalb sinnvoll, das diesem Artikel zugrundeliegende Kulturkonzept darzustellen. Dabei wird zum einen der Struktur-Aspekt von Kultur behandelt, zum anderen der Prozess-Aspekt.

3.1 Kultur als Orientierungssystem und Art der Problemlösung

Kultur bildet ein Orientierungs- und Referenzsystem und wird verstanden als „die kollektive Programmierung des Geistes, die die Mitglieder einer Gruppe oder Kategorie von Menschen von einer anderen unterscheidet" (Hofstede, 1993, S. 19). Wie das Betriebssystem eines Computers, steuert sie den Menschen durch die Herausforderungen des Alltags und hilft, Probleme zu lösen. Die „kulturelle Programmierung" findet vor allem in der Jugend und in Bereichen statt, in denen Lebenserfahrungen gesammelt werden: in der Familie, in Kindergarten, Schule und Universität, am Arbeitsplatz, im Freundeskreis und in der Partnerschaft. Als prägende Determinante ist die Nationalkultur bedeutender als die Determinanten Alter, soziale Schicht, Region, Branche oder Organisation. Dies lässt sich durch einen relativ stabilen Kommunikationsraum, etwa wie Frankreich oder Deutschland, begründen (Barmeyer, 2000a, S. 50). Durch diese sozialisatorische Erfahrung wird vom Menschen ein emotionales und kognitives System aufgebaut, das für seine Gesellschaft spezifisch ist. Dabei wird Kultur unbewusst aufgenommen, verinnerlicht und wieder „vergessen" und somit als etwas Selbstverständliches, Normales und Natürliches empfunden. Aus diesem Grund ist sich der Mensch seiner eigenkulturellen Prägung nicht bewusst.

Aufbau eines gesellschaftsspezifischen Systems

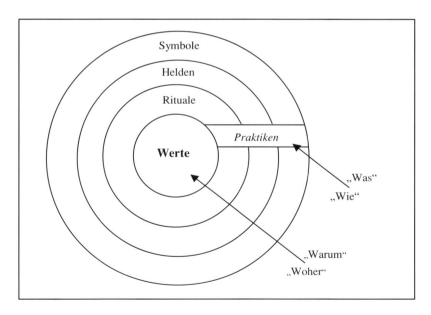

Abbildung 2: Manifestationen von Kultur: „Das Zwiebeldiagramm"
        (Hofstede 1993, S. 22)

Auffallende Kulturelemente

Eine Darstellungsform von Kultur mit sichtbaren, „expliziten" und unsichtbaren, „impliziten" Kulturelementen ist das Zwiebeldiagramm von Hofstede. Es zeigt, dass Symbole – am äußeren Rand des Modells – vor Helden und Ritualen die auffallendsten Kulturelemente sind, während Werte den Kern bilden. Die verschiedenen Kulturelemente des Zwiebeldiagramms Symbole, Helden, Rituale und Werte sind interdependent, d.h. sie beeinflussen sich gegenseitig und bilden das kulturelle System.

Bedeutung von Symbolen und Werten

Wenn Kultur ein Orientierungssystem darstellt, dann sind die Elemente Symbole und Werte besonders wichtig. Symbole sind Worte, Gesten, Bilder und Objekte, die aus der Konvention heraus eine bestimmte Bedeutung haben und von Angehörigen derselben Gruppe geteilt werden. Verbale Kommunikation, Mimik, Gestik und Körperhaltung haben Symbolfunktion, d.h. sie vermitteln eine Botschaft. Auf nationale Kulturen bezogen, gehört z.B. die Landessprache zu den wichtigsten kollektiven Symbolen. In der Regel sind Symbole willkürlich, d.h. sie sind aus Konventionen entstanden und können von Gesellschaft zu Gesellschaft verschiedene Bedeutungen aufweisen. Diese finden sich auch in der Unternehmenskultur, etwa bei Abkürzungen, Logos, Broschüren, in der ästhetischen, z.B. farblichen Gestaltung von Büros, in der Architektur der Gebäude, in Kleidungskonventionen oder in der Art und Weise, wie sich die Mitarbeiter ansprechen – mit „Du" oder „Sie".

Wertesysteme erleichtern die Orientierung

Werte bilden den Kern der Kultur, sie sind relativ stabil, das heißt, sie verändern sich im Laufe der Zeit nur langsam. Sie sind unbewusst erlernt, beeinflussen und organisieren als Maßstäbe das Denken, Fühlen und Verhalten. Sie sind emotional geprägt und stellen kulturrelative, wünschenswerte Leitvorstellungen und verhaltenssteuernde Entscheidungsregeln einer Gruppe oder Gesellschaft dar, die sich auf Objekte und Zustände beziehen, wie etwa auf die Arbeit, die Freizeit oder die Partnerschaft (Parsons, 1952, S. 13). Das Wertesystem erleichtert es dem Individuum, sich zurechtzufinden und organisiert den Umgang mit anderen Individuen. Werte werden sichtbar in nicht diskutierbaren Meinungen und Gefühlen, was böse oder gut ist, schön oder hässlich, anständig oder unanständig.

Kulturelle Rätsel lösen

In der interkulturellen Forschung dienen kontrastiv dargestellte Wertorientierungen zum besseren Verständnis anderer kultureller Systeme, denn sie beeinflussen das Wahrnehmen, Denken, Fühlen und Verhalten. Hinter den kulturellen Rätseln, die Konfusion und Desorganisation provozieren können, steckt ein verständliches System: Das „Komische" einer Situation kann dann „verständlich" werden. Grundsätzlich wird unterschieden zwischen allgemeinen, universellen Wertorientierungen, die alle Gesellschaften in unterschiedlicher Ausprägung betreffen (Zeit, Raum oder Hierarchie) und partikularen Dimensionen, die nur in bestimmten Gesellschaften besonders ausgeprägt und spezifisch sind, wie Ehrgefühl oder Leistungsorientierung. Besonders bekannt sind die Wertorientierungen von Hofstede (1993) und Trompenaars & Hampden-Turner (1993): Diese Kategorien haben zahlreiche Wissenschaftler, Trainer und Berater inspiriert.

Wertekategorien

- Der Integrationsgrad von Individuen in Gruppen: Individualismus/Kollektivismus

- Unterschiede in der sozialen Rolle von Männern und Frauen: Maskulinität/Femininität

- Wege, mit Ungleichheit umzugehen: Machtdistanz (s. Glossar)

- Der Toleranzmangel gegenüber Unbekanntem: Unsicherheitsvermeidung

- Langfristige versus kurzfristige Zeitorientierung

- Das Verhältnis von Gesetzen gegenüber Beziehungen: Universalismus/Partikularismus

- Die Spannbreite ausgedrückter Gefühle: neutral/diffus

- Das Erreichen von Status: Leistung/Ansehen

Für den interkulturell arbeitenden Coach kann die Kulturzwiebel einen Orientierungsrahmen bilden, denn es lassen sich die in interkulturellen Situationen hervorgerufenen Probleme bestimmten Elementen zuordnen, wie etwa bei der Symbol-Ebene oder der Werte-Ebene. Der Coach kann dem Klienten ebenso verdeutlichen, dass es für ein wirkliches Verständnis und eine dauerhafte Verhaltensänderung oder -anpassung in interkulturellen Situationen nicht nur um das „Was" und „Wie" („...war das Verhalten?"), sondern vor allem um das „Warum" geht. „Was" und „Wie" betreffen primär die sichtbare Ebene von Verhaltensweisen, während das „Warum" nach den Ursprüngen, also vor allem den verhaltensmotivierenden Werten, fragt. In einzelnen Fällen kann auch noch auf die Ursprünge von kulturellen Werten eingegangen werden, also das „Woher".

Orientierungsrahmen für den Coach: die Kulturzwiebel

Neben dem *Struktur*-Aspekt von Kultur ist der *Prozess*-Aspekt wichtig, denn Strukturen und Systeme werden von Menschen geschaffen, aufrechterhalten, hinterfragt oder umgangen. Dasselbe gilt auch für Regeln und Konventionen: Auf welche Weise und in welchem Maße werden sie von den Menschen verstanden, interpretiert und befolgt? Hier weisen kulturelle Systeme große Unterschiede auf.

Strukturen und Prozesse berücksichtigen

Generell bestimmt Kultur die *Art und Weise*, wie Probleme gelöst werden. Alle Menschen, Gruppen, Gesellschaften haben ähnliche grundsätzliche Probleme zu lösen. Sie sorgen sich um ihre Gesundheit, um ihre Sicherheit, ihre Familie und ihre Arbeit. Dabei hat jedes Individuum eine Vielzahl von Lösungsmöglichkeiten. Ob im privaten oder beruflichen Bereich, es finden sich auf Grund von Kenntnissen, Erfahrungen und Ansprüchen bestimmte präferierte Lösungen, die immer wieder angewandt werden, weil sie sich bewährt haben und erfolgreich waren. So entwickelte jede Kultur bestimmte Lösungsmuster, die sich in bestimmten Denk- und Arbeitsstilen niederschlagen, die in der vorkommenden Häufigkeit und Ausprägung in anderen Gesellschaften oder Gruppen nicht auftreten.

Kulturspezifische Lösungsmuster

Eine wichtige Erkenntnis, die der Coach dem Klienten auf neutrale Weise vermitteln sollte, ist, dass Kulturen dieselben oder ähnlichen Ziele auf unterschiedliche Art und Weise erreichen und mit der Zielerreichung durchaus zufrieden sind. Mit dieser Überlegung sind zahlreiche Deutsche immer wieder konfrontiert, die in den Augen anderskultureller Kollegen und Partner nicht selten (zu?) hohe Erwartungen an Organisation, Qualität oder Zuverlässigkeit haben. Dabei hat jedes System seine Logik, seine Effizienz sowie seine Schwächen und Stärken: Systeme, die eher zur Planung tendieren, wie in Deutschland, sind zwar gleichmäßiger, aber auch langsamer und weisen eine geringere Reaktionsmöglichkeit auf. Systeme, die eher zur Improvisation tendieren, wie in Italien oder Frankreich, arbeiten ungleichmäßiger, weisen jedoch eine hohe Reaktionsmöglichkeit auf (Hall & Hall, 1984). Wenn es dem Coach gelingt, seinem Gegenüber die Kulturrelativität von Sicht- und Arbeitsweisen zu verdeutlichen, nämlich, dass auch andere Arbeitsmethoden und -weisen zielführend sind, dann ist bereits eine wichtige Verständnisbasis internationaler Arbeit geschaffen. Dann kann es dem Klienten selbstständig gelingen, in interkulturellen Situationen einen „systemischen Perspektivenwechsel" vorzunehmen, der ihn befähigt, andere Sicht- und Verhaltensweisen zu akzeptieren und zielgerechter zu handeln.

Ähnliche Ziele unterschiedlich erreichen

Kulturrelativität vermitteln

3.2   Interkulturelle Situationen und „Critical Incidents"

Unvollständige Informationen führen zu falschen Erwartungen

Handlungssituationen als kleinste kontextuelle systemische Einheiten, in denen Menschen zusammenarbeiten, zeichnen sich dadurch aus, dass die Handelnden keine vollständigen Informationen haben, was zu falschen Annahmen und Erwartungen führen kann, wie es der internationale Arbeitsalltag immer wieder zeigt. Handlungs- und Arbeitssituationen weisen verschiedene Merkmale auf (Dörner, 1998, S. 59ff.):

Merkmale von Handlungen

- *Komplexität,* da verschiedene Teilsysteme zusammen existieren und sich gegenseitig beeinflussen. Der Interagierende muss Informationen sammeln und verarbeiten, um daraus Handlungen zu planen und umzusetzen.

- *Intransparenz,* da die Handelnden nicht über alle Informationen verfügen. Einzelne Teilsysteme hängen eng zusammen und damit sind für Außenstehende viele unausgesprochenen „Spielregeln" einer Gesellschaft schwer erkennbar.

- *Unvollständigkeit,* da in der Regel die Handelnden nur Teile des komplexen Systems kennen. Konkret bedeutet dies, dass auf Grund selektiver Wahrnehmung in Verhandlungssituationen z.B. nur das Produkt oder der Preis im Vordergrund stehen, dabei jedoch vergessen wird, auch die Erwartungen und Bedürfnisse des Gegenübers (Mentalität) zu beachten.

- *Dynamik,* da in jeder Situation Entwicklungen eintreten, die Veränderungen herbeiführen. Geschäftspartner und Mitarbeiter sind aktiv und haben eigene Vorstellungen. Dabei ist es schwierig, diese dynamischen Vorstellungen zu kennen. Es erfordert also für die internationale Arbeit eine genaue Kenntnis der Zielgesellschaft mit ihren Teilsystemen.

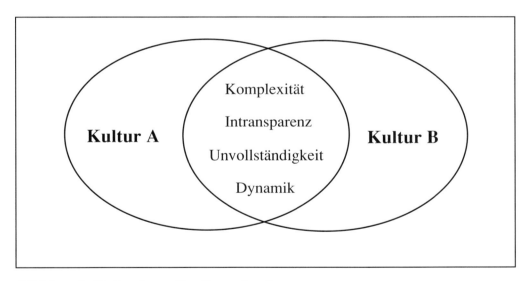

Abbildung 3: Merkmale von Handlungssituationen

Im Rahmen internationaler Zusammenarbeit erhöht sich die Komplexität der Handlungssituationen, da verschiedene Orientierungssysteme als Maßstab des Bewertens und Handelns zugrundeliegen. Bevor ein Fallbeispiel aus dem Berateralltag behandelt wird, um den Einsatz von interkulturellem Coaching zu verdeutlichen, wird auf Störungen interkultureller

Internationale Zusammenarbeit erhöht die Komplexität

Art eingegangen. Dabei gilt es, die Prozesshaftigkeit interkultureller Kommunikation und Zusammenarbeit zu beachten, die von Interaktionen und Beziehungen zwischen Kulturen geprägt sind (Ladmiral & Lipiansky, 1989, S. 10). Dabei stehen sich in der Regel Eigenkultur und Fremdkultur gegenüber.

Eigenkultur: Normalerweise nehmen Menschen die Welt und die sie umgebenden Menschen auf eine bestimmte Art und Weise wahr und beurteilen sie als „richtig", „normal" und „angemessen" (Thomas, 1997, S. 113). Erst wenn abweichendes Verhalten festgestellt wird (etwa bei Kindern, alten Menschen oder Fremden) und daraus konflikthafte Situationen entstehen, kann es vorkommen, dass über die eigenkulturellen Bedingungen des Wahrnehmens, Denkens und Verhaltens nachgedacht wird. In der Regel werden jedoch Erklärungen gefunden für nicht „normales" Verhalten, wie: „Das sind eben Kinder" oder „Das sind eben Ausländer, die kennen es nicht anders." Wird der eigene kulturelle Raum nicht verlassen, kann diese ethnozentrische (s. Glossar) Haltung durchaus Beständigkeit haben.

Die eigene Kultur wird als „normal" erlebt

Fremdkultur: Das Spiegelbild zur Eigenkultur bildet die Fremdkultur. Menschen anderer Gesellschaften verfügen auf Grund anderer Wertetraditionen über ein anderes kulturelles Orientierungssystem und haben andere Formen des Wahrnehmens, Urteilens, Empfindens und Handelns entwickelt. Auch diese Menschen gehen davon aus, dass sie sich „richtig" verhalten (Thomas, 1997, S. 114). Der Coach sollte dem Klienten die Bedeutung von Eigen- und Fremdkultur klarmachen, denn in interkulturellen Handlungssituationen treffen Eigen- und Fremdkultur aufeinander. Dann gilt es, Eigenes und Fremdes aufeinander abzustimmen und Anpassungsprozesse vorzunehmen.

Aufeinanderprallen von Eigen- und Fremdkultur verstehen

Nicht selten kommt es bei interkultureller Zusammenarbeit zu „Critical Incidents" (s. Glossar), dann nämlich, wenn zwischen Angehörigen verschiedener Gesellschaften keine Abstimmung erfolgt und auf Grund kultureller Unterschiede Missverständnisse entstehen. „Critical Incidents" sind repräsentativ für typische, wiederholt vorkommende Missverständnisse. Häufig kann ihr Auftreten bedeuten, dass bestimmte kulturelle Normen und Werte des Angehörigen der Fremdkultur verletzt worden sind. Dies kann geschehen durch die Überschreitung von „Toleranzspielräumen", wie etwa durch „Taktlosigkeit, mangelnde Wahrnehmungsfähigkeit oder durch intendierte oder zufällige Beleidigungen" (Bolten, 1993, S. 259). Dabei entstehen interkulturelle Missverständnisse und Konflikte *unbeabsichtigt* und aus für die Beteiligten zunächst unerfindlichen Gründen, denn schließlich ist in der Regel der Wille für eine gelingende Kommunikation und Kooperation vorhanden:

Sich wiederholende Missverständnisse

> „Um es ganz praktisch auszudrücken: Ein interkulturelles Mißverständnis wirkt dergestalt, daß der eine sich ungerechtfertigterweise geohrfeigt

fühlt, während der andere gar nicht merkt, daß er eine Ohrfeige ausgeteilt hat!" (Breuer & de Bartha, 1996, S. 26).

In Handlungssituationen finden spezifische kulturelle Verhaltensweisen statt, die wiederum aus einer bestimmten (fremdkulturellen) Perspektive wahrgenommen und interpretiert werden. Im Vordergrund dieser Analyse steht die verstehende *Interpretation* von Kultur (Geertz, 1994). Zur angemessenen und im Idealfall „richtigen" Interpretation anderskultureller Verhaltensweisen bedarf es interkultureller Kompetenzen.

Interpretation von Kulturen

4 Der Mensch – interkulturelle Kompetenz

Im Zentrum des Coaching-Prozesses steht der Mensch, die Persönlichkeit des Klienten, mit Charaktereigenschaften und Temperament sowie Berufs- und Lebenserfahrung. Allzu oft wird gerade bei systemisch orientierter Beratung nur auf den organisatorischen Rahmen und die jeweiligen Schwierigkeiten fokussiert. Selten jedoch werden die individuellen Stärken und Schwächen der betroffenen Manager, die erst in Beziehung mit dem Umfeld zu Problemen oder Synergie-Effekten führen, genügend beachtet (Barmeyer, 2000a). Schließlich könnte z.B. einem französischen Mitarbeiter, der entgegen der französischen Tendenz eine ausgeprägte Sachorientierung aufweist, die Integration in ein deutsches oder amerikanisches Team besser gelingen, als in ein spanisches oder italienisches Team. Der Erfolg der Anpassung und Integration in andere Teams und Organisationen hängt entscheidend von der Stimmigkeit des Mitarbeiters zum Umfeld ab. Hier ist der Einsatz von Persönlichkeits- oder Lernstilprofilen, wie dem Struktogramm (Schirm, 1998; Schoemen, 2001) oder dem Learning Style Inventory (Barmeyer, 2000a) von großem Nutzen.[1]

Die Stimmigkeit zum Umfeld trägt zum Erfolg bei

4.1 Merkmale interkultureller Kompetenz

Menschen handeln seit Jahrtausenden auf der ganzen Welt innerhalb interkultureller Interaktionssituationen, etwa in Bereichen der Wirtschaft, Religion, Politik oder Erziehung. Diese Menschen wenden bewusst oder unbewusst Strategien für zielgerichtetes erfolgsorientiertes Agieren in fremdkulturellen Umwelten an. Somit stellt sich die Frage: Welche Eigenschaften machen diese „interkulturelle Kompetenz" aus?

Erfolg in fremden Kulturen

---

[1] Das Struktogramm ist ein Instrument zur Strukturierung von Erfahrungen (und Denk- und Verhaltensweisen) mit dem Ziel besserer Selbst-Kenntnis und Menschenkenntnis sowie zur Entwicklung des Persönlichkeits-Potenzials. Es basiert auf US-amerikanischen Erkenntnissen der Hirnforschung und zeigt das Verhältnis zwischen Hirnstruktur und Verhalten.

Interkulturelle Kompetenz ist ein Erfolgsfaktor

Interkulturelle Kompetenz stellt die Grundlage zu effizientem, erfolgreichem Verhalten in fremdkulturellen Überschneidungssituationen dar. Dabei kann interkulturelle Kompetenz das Fehlen von Fachwissen oder fremdsprachlichen Kompetenzen nicht ersetzen. Andererseits können Personen, die ein ausgeprägtes Fachwissen oder hervorragende Sprachkompetenzen aufweisen, in interkulturellen Situationen scheitern, wenn keine oder eine nur rudimentäre interkulturelle Kompetenz vorhanden ist. Sie verhält sich im Grunde komplementär zu bereits bestehenden fachlichen Kompetenzen und kann wie folgt definiert werden:

Analytisch-strategische Fähigkeiten

> „Es geht im wesentlichen um einen Komplex von analytisch-strategischen Fähigkeiten, die das Interpretations- und Handlungsspektrum des betreffenden Individuums in interpersonaler Interaktion mit Mitgliedern anderer Kulturen erweitern. In diese analytisch-strategischen Fähigkeiten sind Wissen über andere Kulturen generell, die Veränderung von Einstellungen und eine Sensibilität (awareness) gegenüber kulturbedingter Andersartigkeit integriert" (Knapp & Knapp-Potthoff, 1990, S. 83).

Prädiktoren für interkulturelle Kompetenz

Ein zentrales Ziel interkulturellen Coachings ist es, interkulturelle Kompetenz zu fördern, um zukünftige internationale Arbeitssituationen erfolgreicher und konfliktfreier zu meistern. In der Literatur finden sich Eigenschaften, die interkulturelle Kompetenz konstituieren und die als repräsentativ gelten (Helmolt & Müller, 1993; Landis & Bhagat, 1996). Sie stellen somit Prädiktoren für interkulturelle Handlungskompetenz dar und dienen dazu, individuelle Anpassungs- und Integrationsprozesse zu erleichtern.

1. *Affektive Ebene*, die Einstellung betreffend: Interkulturelle Kompetenz wird in der Forschung in erster Linie mit sozialer Kompetenz assoziiert; insofern handelt es sich um Persönlichkeitseigenschaften und Einstellungen. In frühen Werken der interkulturellen Kommunikation diente deshalb soziale Kompetenz als Synonym für interkulturelle Kompetenz (Müller, 1993, S. 68). Das heißt, viele dieser Eigenschaften sind ebenso in monokulturellen Kontexten von Bedeutung. Einen großen Bereich nimmt die affektive, emotionale Einstellung gegenüber der Eigen- und Fremdkultur ein, die allgemein als „self awareness" und „cultural awareness" bezeichnet werden.

2. *Kognitive Ebene*, die Kenntnisse betreffend: Auf der kognitiven Ebene findet sich kulturspezifisches Wissen. Kulturelle Dimensionen (z.B. Raum- und Zeitverhalten, Hierarchie, Vertrauen etc.) bilden einen Orientierungsrahmen für das eigen- und anderskulturelle Wertesystem und das daraus resultierende Verhalten. Kenntnisse über Landeskunde und kulturelle Dimensionen sollten jedoch ergänzt werden durch Kenntnisse über das kulturelle System der Zielkultur, wie z.B. Kommunikationsstile oder kulturelle Praktiken. Diese Kenntnisse ermögli-

chen treffende Interpretationen und Attributionen fremdkulturellen Verhaltens.

3. *Verhaltensbezogene Ebene*: Um wirksam zu sein, bedürfen die erwähnten Persönlichkeitsmerkmale sozialer Kompetenz (1.), sowie die kulturellen und landeskundlichen Kenntnisse (2.) einer Umsetzung in interkulturelle Sitationen. Das heißt, eine Person kann nur dann interkulturell kompetent sein, wenn es ihr gelingt, diese Kenntnisse umzusetzen und sich in einer fremdkulturellen Situation anzupassen. Im Verhalten zeigt sich dann die Kombinationsfähigkeit kognitiver und affektiver Kompetenzen.

Folgende Übersicht verdeutlicht die Überschneidung von Persönlichkeitseigenschaften, wie soziale Kompetenz, kulturelle und landeskundliche Kenntnis, sowie interaktive und kommunikative Fähigkeiten. Sie sind untereinander komplementär und interdependent.

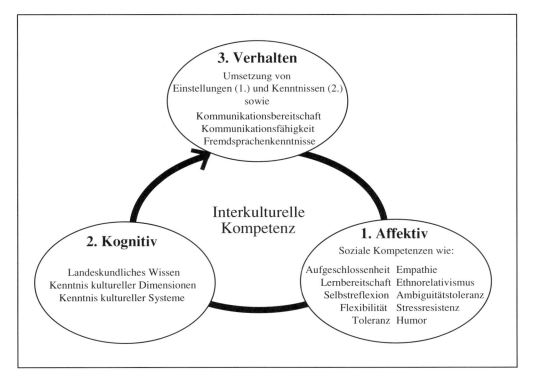

Abbildung 4: Profil interkultureller Kompetenz (Barmeyer, 2000a, S. 273)

4.2 Stufenmodell interkultureller Kompetenz

Während der Anfangsphase des Coaching-Prozesses ist es von großer Bedeutung, dass der Coach erfährt, welche bisherigen interkulturellen Erfahrungen der Klient bereits gemacht und verarbeitet und welche innere Einstellung er im besonderen gegenüber der Fremdkultur, in der oder mit der er arbeitet, hat. Ist er offen für kulturelle Unterschiede, die sich in „ungewohnten" Denkweisen, Kommunikationsformen und Arbeitsstilen ausdrücken? Inwieweit verneint er sie oder akzeptiert er sie? Ist er bereit für Veränderungen? Passt er sein Verhalten an oder erwartet er, dass sich sein Umfeld, seine Mitarbeiter anpassen? Eine Orientierungshilfe für diese Fragen bietet das Entwicklungsmodell des US-amerikanischen Interkulturalisten Milton Bennett, der davon ausgeht, dass kulturelle Sensibilität nicht nur angeboren, sondern auch im Laufe der Sozialisation oder in später einsetzenden Lernprozessen entwickelt werden kann (Bennett, 1993, 2001). Dieser dynamische Ansatz interkulturellen Lernens besagt demnach, dass interkulturelle Kompetenz ausgebildet und dass eine Verhaltensänderung erreicht werden kann. Insofern bieten sich interkulturell ausgerichtete Coaching-Maßnahmen an, diesen Prozess auszulösen. Anders als in vielen interkulturellen Trainings kann beim interkulturellen Coaching auf das Individuum mit seiner persönlichen Biographie und die ihm selbst oft unbewussten Deutungs- und Handlungsweisen eingegangen werden.

Überprüfen der kulturellen Sensibilität

Grundlage von Bennetts Theorie ist die subjektive Erfahrung des Einzelnen und seine Art, die Wirklichkeit zu konstruieren und zu deuten. Das Bewusstsein, dass Angehörige anderer Gesellschaften ihre Wirklichkeit anders konstruieren, kann durch Kontrast und Erleben der Unterschiede hervorgehoben werden, nicht aber durch die Feststellung von Gemeinsamkeiten. Das Modell versucht deshalb, die emotionale Einstellung einer Person zur Fremdkultur und deren Unterschiede darzustellen. Es setzt sich aus sechs Hauptstadien zusammen, die als Kontinuum gedacht sind. Die betroffene Person soll mit zunehmender Sensibilisierung eine Entwicklung vollziehen, die sie von einer sehr auf die eigene Kultur bezogenen Grundhaltung, dem Ethnozentrismus, zu einer toleranten, respektvollen Offenheit für fremde Kulturen, dem Ethnorelativismus (s. Glossar), führt.

Emotionale Einstellung zur Fremdkultur klären

Die ersten drei Hauptstadien des Ethnozentrismus drücken ein stark auf die eigene Kultur bezogenes Verhalten aus. Die betroffene Person hat dabei bestimmte vorgefasste, absolute Meinungen.

Stadien des Ethnozentrismus

1. „Denial", *Leugnen*, ist die offensichtlichste Form des Ethnozentrismus. Die Existenz kultureller Unterschiede wird verneint. In diesem Stadium befinden sich meist Personen, die keinen oder nur sehr einge-

schränkten Kontakt zu fremden Gesellschaften haben, also auch wenig Vorstellung und Erfahrung darüber besitzen, dass Menschen aus anderen Gesellschaften andere Werte, Denk- und Arbeitsweisen haben.

2. „Defense", *Abwehr*, hingegen zeichnet sich durch offene Ablehnung der kulturellen Unterschiede aus. Letztere werden als bedrohlich eingestuft. Die offene Abwehr findet sich in negativen Stereotypen, die z.B. gegenüber religiösen, ethnischen oder nationalen Gruppen geäußert werden, da kulturelle Unterschiede zwar erkannt, aber als bedrohlich für die eigene Kultur angesehen werden.

3. „Minimization", *Bagatellisierung*: Unterschiede werden ebenfalls erkannt, aber weder geleugnet noch abgewehrt, sondern als unbedeutend betrachtet; es wird auf die Gemeinsamkeiten hingewiesen: „Alle Menschen sind gleich." Auf diese Weise braucht die eigene Weltsicht nicht in Frage gestellt zu werden.

Die Interaktionsfähigkeit und interkulturelle Handlungskompetenz ist in den drei Stadien des Ethnozentrismus begrenzt. Die Einstellung des Ethnozentrismus muss erst durch eine Haltung größerer Offenheit und Toleranz ersetzt werden, damit die drei Stadien des Ethnorelativismus folgen können. Dazu ist es wichtig, zu begreifen, dass die eigene Kultur nicht mehr im Mittelpunkt steht. Anerkennung, Toleranz, Einbezug und kritische Integration sind dementsprechend auch Merkmale der drei weiteren Stadien.

Stadien des Ethnorelativismus

4. „Acceptance", *Anerkennung*, leitet zum Ethnorelativismus über. Nicht mehr die Beurteilung in negativ oder positiv steht im Vordergrund, sondern vielmehr die wertfreie Anerkennung kultureller Unterschiede im Verhalten, also in der Kommunikation und Handlung von Individuen.

5. „Adaptation", *Anpassung*: Während im Stadium der Anerkennung ein Rahmen gegeben ist, kulturelle Unterschiede zu schätzen, geht es in diesem Stadium um die vorsichtige Änderung der eigenen Kommunikations- und Verhaltensweisen. Dabei besteht die eigene Identität fort.

6. „Integration", *Eingliederung*, erlaubt dem Einzelnen einen kritischen, vorurteilsfreien und konstruktiven Umgang mit kulturellen Unterschieden. Dabei werden verschiedene Aspekte von unterschiedlichen Gesellschaften in die eigene Persönlichkeitsbildung integriert.

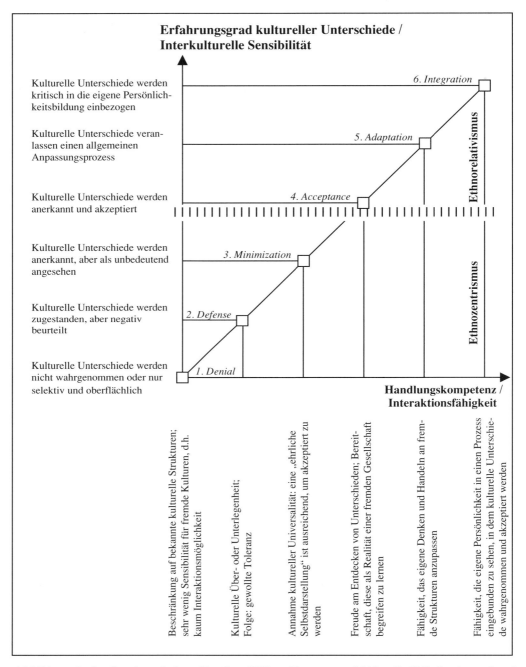

Abbildung 5: Stadien interkultureller Sensibilität (Barmeyer, 2000a, S. 303), basierend auf Bennett (1993)

Um den Erfolg des Coachings zu gewährleisten, hat der Coach zu berücksichtigen, auf welcher Stufe interkultureller Sensibilität sich der Klient befindet. Dies lässt sich anhand der Äußerungen des Klienten herausfinden. Typische Indikatoren für ein Befinden in den ethnozentrischen Stadien sind Aussagen wie: „Kulturunterschiede? Ich würde eher sagen, die Mitarbeiter in [...] sind ziemlich faul und deren Standpunkt bezüglich der Entlohnung kann ich gar nicht verstehen." (Denial-Stadium). Oder: „Klar, gibt es Unterschiede, aber die gibt es ja auch zwischen Bayern und Berlinern. Die spielen im Management keine Rolle." (Minimization-Stadium). Als Aussagen enthnorelativistischer Stadien sind typisch: „Tja, der Arbeitsstil in Spanien ist schon ein anderer. Aber wenn wir uns die schwarzen Zahlen am Quartalsende anschauen, dann müssen wir einsehen, dass das spanische Management ebenso gut funktioniert. Aber ich will so nicht unbedingt arbeiten!" (Acceptance-Stadium) oder: „Ich habe Jahre gebraucht, um mich an die Arbeitsweise in den USA zu gewöhnen; nun stelle ich fest, dass ich mich immer mehr anpasse. Und: es funktioniert!" (Adaptation-Stadium).

Interkulturelle Sensibilität des Klienten herausfinden

Verfügt der Klient über keine oder wenig interkulturelle Sensibilität, so hat der Coach diese durch Fallbeispiele interkultureller Missverständnisse zu wecken. Verfügt der Klient dagegen bereits über eine ausgeprägte interkulturelle Sensibilität, so kann relativ schnell auf spezielle Problemkreise der Interkulturalität oder auf individuelle Fragen eingegangen werden.

Bennetts Modell bietet eine erste Orientierung, um herauszufinden, inwieweit interkulturelle Bewusstheit und Sensibilität unter Berücksichtigung der individuellen Aspekte beim Klienten entwickelt sind. Dies stellt eine Ausgangsbasis für interkulturelles Coaching dar. Die Komplexität interkultureller Kompetenz liegt jedoch darin begründet, dass jeder Interagierende andere individuelle Ausprägungen aufweist, die in seiner Persönlichkeit und in seinen bisherigen interkulturellen Erfahrungen begründet sind. Dies hat der Coach stets zu berücksichtigen.

Ausgangspunkt für interkulturelles Coaching

5 Der Prozess – Fallbeispiel interkulturellen Coachings

Nachdem die Konzepte Kultur, interkulturelle Kommunikation und interkulturelle Kompetenz dargestellt wurden, wird folgend der Coaching-Prozess anhand eines Fallbeispiels aus der Beratungspraxis erläutert.

Interkulturelle Kompetenz sollte im Coaching-Prozess durch *kognitive* und *emotionale* Lernprozesse entwickelt bzw. weiterentwickelt werden. Ziel ist es, Kognitives und Emotionales im Rahmen interkultureller Inter-

Kognitives und emotionales Lernen

aktionssituationen in Verhalten und Handlungen umzusetzen, d.h. in interkulturelle Handlungskompetenz. Es geht um:

1. die Bewusstmachung und Förderung von Bewertungs- und Verhaltensmustern: Der Coach unterstützt ebenso die Verarbeitung durch Dialog (affektiv);

2. die Aufarbeitung und Systematisierung von Wissen: Der Coach vermittelt Wissen und gibt Erklärungen (kognitiv);

3. den Aufbau und die Vertiefung von praktischen Fertigkeiten: Der Coach gibt Anregungen für situationsgerechtes und zielführendes Handeln (Verhalten).

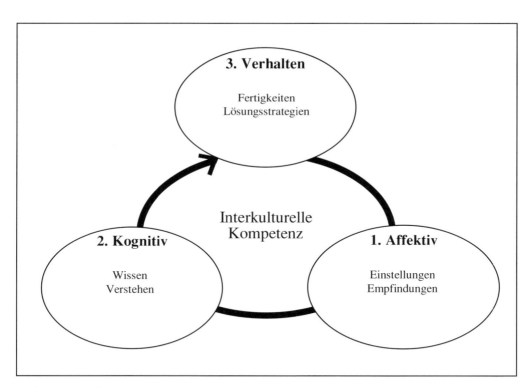

Abbildung 6: Coaching-Prozess interkultureller Handlungskompetenz

5.1 Interkulturelle Führungssituation

Häufige Anlässe für interkulturelles Coaching sind Führungs- und Managementprobleme mit anderskulturellen Mitarbeitern. Haben die Führungskräfte erkannt, dass viele Schwierigkeiten kulturelle Ursachen haben können, dann besteht ein ausgeprägtes Bedürfnis danach, mehr über kulturelle Ursachen von Verhaltensweisen in Managementsituationen zu erfahren. Eine zielführende und zeitnahe Intervention bietet hier das Coaching.

Management-
probleme mit
anderskulturel-
len Mitarbeitern

Der deutsche Personalchef einer Tochtergesellschaft eines Luft- und Raumfahrtunternehmens in Deutschland mit mehr als 1.000 Mitarbeitern erhält nach einem Fusionsprozess einen französischen Vorgesetzten. Der Personalchef ist 55 Jahre alt und seit über 25 Jahren im Unternehmen. Nach einer Lehre hat er ein Soziologie-Studium absolviert. Sein französischer Kollege ist 45 Jahre alt, Absolvent einer französischen Elite-Schule und erst seit kurzem im Luft- und Raumfahrtsektor tätig.

Die Zusammenarbeit gestaltet sich anfänglich – trotz Sprachproblemen – gut: der französische Vorgesetzte konsultiert den deutschen Kollegen zu Fragen der Personalführung und -verwaltung und der ihm in dieser Form unbekannten Mitbestimmung.

Im Rahmen des europäischen Fusionsprozesses sind Organisationsstrukturen, Bewertungs- und Entlohnungssysteme sowie Ablaufprozesse neu zu gestalten, um die Integration zu beschleunigen. Der französische Chef bittet den deutschen Personalchef, ein Konzept für die Präsentation vor dem Vorstand vorzubereiten. Der Deutsche macht sich an die Arbeit und erarbeitet während einiger Wochen ein tragfähiges fertiges Konzept, ohne seinen französischen Vorgesetzten zu konsultieren.

Ein paar Tage vor der Vorstands-Präsentation sucht er seinen französischen Vorgesetzten auf und zeigt ihm das Konzept. Dieser ist jedoch überhaupt nicht zufrieden, obwohl er mit seiner Kritik sehr unklar bleibt. Dafür macht er viele eigene Vorschläge. Der Deutsche ist verwundert und zugleich wütend: schließlich hat er ja eine gute Arbeit gemacht. Jetzt fühlt er sich von seinem neuen Chef wie ein Kind behandelt – ja fast bestraft. Er sieht überhaupt nicht ein, was er ändern soll. Die Beziehung hat sich rapide verschlechtert.

Fallbeispiel

Kasten 1: Deutsch-französische Führungsprobleme

5.2   Fallanalyse

Triadisches Modell interkultureller Handlungskompetenz

Schon im intrakulturellen Kontext ist Personalführung ein komplexes Feld und auch im oben beschriebenen Fall ist allein die Unternehmensumstrukturierung und die Kompetenzumverteilung (hier der langjährige, erfahrene deutsche Vorgesetzte) problematisch. Da es sich in diesem Fall jedoch um eine interkulturelle Situation zwischen einem deutschen und einem französischen Manager handelt, wird der organisationelle Aspekt ausgeblendet und vielmehr der Schwerpunkt der Analyse auf interkulturelle Aspekte gelegt. In diesem Fall ist es Aufgabe des Coachs, den deutschen Personalchef zu unterstützen, um weitere Frustrationen zu verhindern und die Effektivität der Zusammenarbeit wiederherzustellen. Das vorgestellte triadische Modell interkultureller Handlungskompetenz dient zur Analyse im Rahmen des Coaching-Prozesses.

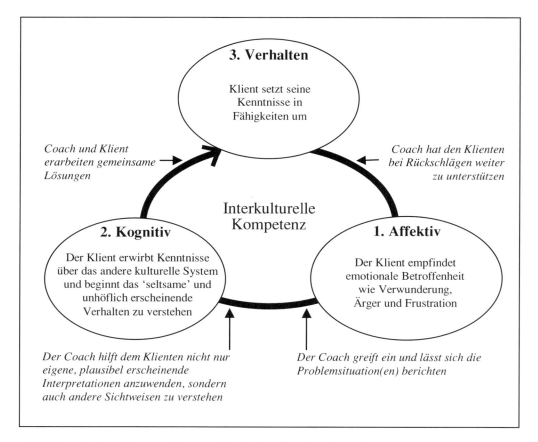

Abbildung 7: Coaching im Prozess interkultureller Handlungskompetenz

1. Affektive Ebene

Der Klient erlebt eine emotionale Betroffenheit. Verwunderung und sogar Ärger und Frustration beherrschen die Gefühle des deutschen Personalchefs: „Ich, ehemals Leiter mit einer langjährigen Unternehmens- und Branchenerfahrung werde nun von so einem Franzosen ohne viel Erfahrung kommandiert." Der Personalchef kann zwar Vertrauenspersonen über die Situation berichten (was als Vorgesetzter durchaus riskant ist), mit ihrer Verarbeitung ist er jedoch allein gelassen. Das französische Verhalten wird unverständlich bleiben und negative Stereotypen von Arroganz und Dominanz bestätigen. In diesen Momenten setzt interkulturelles Coaching ein, damit der Klient die aufgestauten Gefühle, die die Arbeitsmotivation und die Zusammenarbeit mit dem französischen Vorgesetzen negativ beeinflussen, kommunizieren und verarbeiten kann. Das Erzählen, das Gespräch hat eine wichtige Funktion, die Wahren, die „heilende Kraft der Narration" nennt (2000, S. 77). Als Hilfestellung und Führung des Klienten eignen sich Fragestellungen, wie die von Dehner (2000, S. 200ff.). In dieser Phase ist es wichtig, dass der Coach die Persönlichkeit des Klienten in Beziehung zur Zielkultur setzt (mit Hilfe von Instrumenten wie Struktogramm oder Lernstil-Analysen) sowie die bereits existierende interkulturelle Erfahrung des Klienten berücksichtigt.

Emotionale Betroffenheit abbauen

2. Kognitive Ebene

Auf der Ebene des Wissens und Verstehens kann nun aus dem großen Fundus kulturvergleichender interkultureller Kommunikations- und Managementforschung geschöpft werden. Es ist selbstredend, dass im interkulturellen Coaching der Coach in dieser Phase eine aktive, stärker Input-orientierte Rolle übernimmt, als beim Coaching innerhalb eines Landes. Es ist zu erwarten, dass durch die Kontaktnähe und -häufigkeit der deutschen und französischen Führungskraft in Zukunft ähnliche Situationen mit ähnlichen Schwierigkeiten und Blockaden entstehen werden. Insofern ist es wichtig, dass der Coach, nachdem die Situationsschilderung in der ersten Phase erfolgt ist, auf der Verstehensebene präventiv Erklärungen gibt. Das von ihm vermittelte Wissen schafft erst die Basis für zukünftiges kulturangepasstes Verhalten. Dem Coach fällt hier die Aufgabe zu, unterstützend zu verdeutlichen, dass nicht böser Wille die Ursache für diesen blockierenden Konflikt war, sondern dass vielmehr ein typisches interkulturelles Missverständnis vorliegt. Es geht also darum, dem Klienten kulturbedingte Erklärungen nahezubringen. Im obigen Fall liegt vordergründig ein Führungs- und Autoritätsproblem vor, dass geradezu typisch in Kooperationen und Fusionen romanischer (Frankreich, Italien, Spanien, Lateinamerika) und germanophoner (Deutschland, Österreich, Schweiz) bzw. skandinavischer und angelsächsischer Länder ist. Die deutsch-französische Führungssituation beleuchtet divergierende Vorstellungen und Erwartungen von Autorität, Partizipation, Unterordnung und Freiheit, wie es folgende Abbildung zeigt:

Interkulturelle Missverständnisse aufdecken

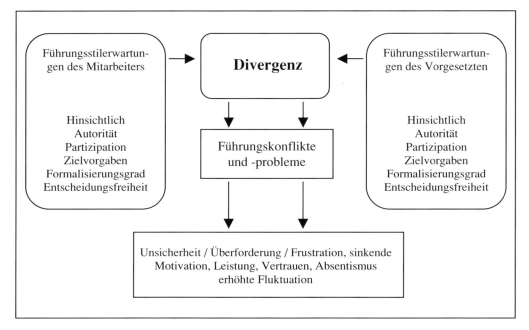

Abbildung 8: Probleme in interkulturellen Führungssituationen (Stüdlein, 1997, S. 114)

**Rollenunter-
schiede deutlich
machen**

Mit Rückgriff auf die vorgestellte Kulturzwiebel kann nun die Verhaltensebene („Was" und „Wie"), als auch die Werte-Ebene („Warum" und „Woher") als Struktur dienen: Im Kontext der Organisation finden sich hierarchisch klar verteilte Rollen, Beziehungen und Zuständigkeiten. Dabei stehen Führender, Mitarbeiter und die zu verrichtende Aufgabe im Mittelpunkt. Es besteht also eine (stillschweigende) Vereinbarung und Akzeptanz über Rollen und Funktionen, über Unter- und Überordnung und über Abhängigkeiten. Der Führende delegiert zur Zielerreichung Arbeitsaufgaben an den Mitarbeiter innerhalb bestimmter Kontextbedingungen, die von organisationsspezifischen und gesellschaftsspezifischen Determinanten beeinflusst sind (Thomas, 1992, S. 35). Die Veränderungen im Rahmen der Fusion haben dazu geführt, dass dem deutschen Personalchef Kompetenz entzogen wurde. Die Art der Führung und Konsultation erstaunt den deutschen Personalchef. Der französische Vorgesetzte demonstriert, so wie er es gewohnt ist, seine Macht. Dieses Verhalten erscheint ihm normal und effizient. Er übt Kritik aus. Ganz anders verhält es sich mit der Wahrnehmung des deutschen Kollegen, der sich gegängelt fühlt und solch ein paternalistisches Verhalten als persönlichen Affront versteht.

Die rein beschreibende Ebene führt jedoch nicht zu mehr Verständnis, sondern es bedarf einer tiefergehenden Betrachtung, warum dieses Verhalten in Frankreich existiert und woher es kommt. Kulturallgemeine Erklärungsansätze liegen in erwähnten Wertorientierungen wie „Individualismus" oder „Machtdistanz". Die Wertorientierung Machtdistanz ist im obigen Fallbeispiel von großer Relevanz: In jeder Gesellschaft gibt es Ungleichheiten: Einige Menschen haben mehr Macht als andere, was sich in physischen oder intellektuellen Fähigkeiten, in materiellem Wohlstand oder gesellschaftlichem Ansehen ausdrückt:

> „Machtdistanz kann definiert werden als das Ausmaß, bis zu welchem die weniger mächtigen Mitglieder von Institutionen bzw. Organisationen eines Landes erwarten und akzeptieren, daß Macht ungleich verteilt ist" (Hofstede, 1993, S. 42).

Machtdistanz gibt also das Ausmaß des aus der Sicht der weniger mächtigen Person wahrgenommenen – und kulturell akzeptierten – Machtgefälles an. Machtdistanz beschreibt, wie Gesellschaften mit Ungleichheit umgehen und wie sich die Beziehungen der Mitglieder einer Gesellschaft gestalten. Auf Organisationen bezogen drückt Machtdistanz die „emotionale Distanz" aus, die zwischen Mitarbeitern und Vorgesetzten herrscht. Die Haltung gegenüber Ungleichheit und Machtverteilung ist von Gesellschaft zu Gesellschaft verschieden: In Gesellschaften, die ein hohes Maß an ungleicher Machtverteilung akzeptieren, herrscht eine „große Machtdistanz", in anderen Ländern wiederum, in denen eine ungleiche Machtverteilung nicht geduldet wird, findet sich eine „geringe Machtdistanz."

Machtdistanz = Akzeptanz von Ungleichheit

Geringe Machtdistanz	Große Machtdistanz
Allgemein	
• Ungleichheit unter den Menschen sollte so gering wie möglich gehalten werden	• Ungleichheit unter den Menschen wird erwartet und ist erwünscht
Schule	
• Lehrer erwarten von ihren Schülern Eigeninitiative	• Jede Initiative geht vom Lehrer aus
• Lehrer sind Experten, die losgelöstes Wissen vermitteln	• Lehrer sind Gurus, die ihr eigenes Wissen vermitteln
• Schüler behandeln ihre Lehrer wie ihresgleichen	• Schüler behandeln ihre Lehrer mit Respekt
Arbeitsplatz/Unternehmen	
• Tendenz zur Dezentralisation	• Tendenz zur Zentralisation
• Mitarbeiter erwarten, in Entscheidungen miteinbezogen zu werden	• Mitarbeiter erwarten, Anweisungen zu erhalten
• Die ideale Vorgesetzte ist der einfallsreiche Demokrat	• Der ideale Vorgesetzte ist der wohlwollende Autokrat oder gütige Vater

Tabelle 1: Merkmale von Machtdistanz (Hofstede, 1993, S. 38)

Nach Hofstede findet sich eine große Machtdistanz in romanischen, asiatischen und afrikanischen Ländern, eine geringe Machtdistanz in den anglophonen und germanophonen Ländern. Das „Machtdistanzgefälle" zwischen Frankreich („große Machtdistanz") und Deutschland („geringe Machtdistanz") kann ein Erklärungsansatz interkultureller Führungsprobleme sein. Den französischen Führungsstil kennzeichnet deshalb „jene seltsame Verbindung zwischen Liberalismus und Autoritarimus" (Urban, 1998, S. 203).

Unterschiede Frankreich – Deutschland

So verwundert es nicht, dass Franzosen das Unternehmen als ein hierarchisch organisiertes soziales System von Personen ansehen, in dem sich die Struktur nach dem Status bzw. den Autoritätsgraden richtet. In diesem System werden Verantwortung und Aufgaben übernommen, wenn sie dem Ehrgefühl des Einzelnen entsprechen (D'Iribarne, 2001). In Deutschland dagegen besteht ein höheres Bedürfnis zur Strukturierung von Aufgaben und Zielen, die jedoch auch unabhängig von einer übergeordneten Autorität effektiv realisiert werden können. Dies findet sich in funktionalen und zugleich föderalistischen Organisationsformen wieder, in denen die Mitarbeiter entsprechend ihrer Kompetenzen Aufgaben erledigen. Die Aufgabe hat Vorrang vor jeglicher persönlichen Beziehung und rechtfertigt die volle Konzentration auf die Arbeit.

	Deutsche Führungskraft	**Französische Führungskraft**
Grundannahme / Wertorientierung	• funktional-fachliche Autoritätsbeziehung • geringe Machtdistanz • Sachlichkeit	• hierarchisch-persönliche Autoritätsbeziehung • große Machtdistanz • Logik der Ehre
Erwartung	• egalitäre, konsensorientierte Führung • erledigt aufgabenorientiert und selbstständig seine Arbeit • ist es (als Führungskraft) nicht gewohnt, Rücksprache mit dem Vorgesetzten zu halten	• elitäre, autoritäre Führung • will in seiner Funktion als Vorgesetzter wertgeschätzt und konsultiert werden • will regelmäßig Rücksprache halten, Ideen und Ratschläge geben
Wahrnehmung	• Französisches Arbeits- und Führungsverhalten wirkt willkürlich, unvorhersehbar und schränkt ein • Behandlung wie ein Kind	• Das deutsche Verhalten wirkt als zu autonom und unbeteiligt • Entzug von Gestaltungsmöglichkeit, Einfluss und Macht
Verhalten/Reaktion	• Erstaunen und Rückzug	• Erstaunen und Demonstration von Macht

Tabelle 2: Führungsverständnis in Frankreich und Deutschland

3. Verhaltensbezogene Ebene

Nachdem Erklärungsansätze für „seltsames" oder „unverständliches" Verhalten gefunden wurden, hat der Coach den Klienten bei der Suche von Lösungsstrategien zu unterstützen. Dabei sollte der Coach beachten, dass nicht er die Probleme seines Gegenübers zu lösen hat, sondern ihm nur hilft, seine Probleme besser zu lösen (Rauen, 2001, S. 30). Hierbei ist es wichtig, dass der Klient seine neuen Kenntnisse nun in adäquates Verhalten umsetzt. Es geht zum einem darum, mit Irritationen besser umzugehen, damit daraus keine Missverständnisse und Konflikte entstehen, zum anderen um proaktives Handeln. Vielfältige Strategien sind denkbar: Eine mögliche wäre, dass der Klient seinem Vorgesetzten das interkulturelle Missverständnis anhand der unterschiedlichen Autoritäts- und Führungsverständnisse in Frankreich und Deutschland erklärt und somit den ersten Schritt zur Herstellung des „Normalzustands" macht. Diese offene, auf einer Meta-Ebene (s. Glossar) befindliche Handlungsstrategie ist durchaus problematisch, weil auch hier die Hierarchiebeziehung präsent ist und der französische Chef eventuell solch ein klärendes Gespräch missverstehen könnte. Versteckter und indirekter können kleine Hinweise sein, die in eher entspannter und informeller Atmosphäre geäußert werden könnten. Hier hat der Coach den Klienten situationsabhängig und persönlichkeitskonform diskret zu unterstützen. Denkbar wäre auch die Hinzunahme eines neutralen Dritten, eines Mediators, der für Schlichtung sorgt und beide Parteien über eigen- und fremdkulturelles Führungsverhalten informiert (Herlyn, 2001).

Gemeinsam Lösungsstrategien finden

Situationsabhängige Unterstützung

Letztendlich geht es – wie immer – in interkulturellen Situationen um gegenseitige Annäherung und Anpassung der Beteiligten. Nur: Wer geht wie weit auf wen zu? Deshalb wäre eine andere Handlungsstrategie die Anpassung des Deutschen an den Führungsstil des französischen Chefs. Diese Anpassung kann sich auf einer rein äußerlichen Ebene vollziehen. Die Beratungserfahrung zeigt, dass oft kleine Zeichen der Nachfrage oder der Information beim Vorgesetzten genügen, um dem französischen Chef das Gefühl zu geben, er sei wirklich Chef. Die Erledigung der Aufgabe kann in gewohnter Weise erfolgen; denn es ist in der Regel nicht die Arbeit an sich, die kritisiert oder nicht akzeptiert wird, sondern die Art und Weise der Kommunikation und Kooperation. Interkulturelle Anpassungsprozesse und Verhaltensänderungen werden je nach Persönlichkeit und Kultur leichter oder schwerer vollzogen. Die Erfahrung zeigt, dass solche flexiblen Anpassungen aus deutscher Sicht als „unecht", „strategisch" oder als „Schauspielerei" eingestuft werden und folglich leider wenig Bereitschaft zur Anpassung besteht.

Ziel ist immer Annäherung und Anpassung der Beteiligten

6   Schlussfolgerungen und Perspektiven

Herausforde-
rungen und
Schwierigkeiten

Die strukturellen Überlegungen und das konkrete Beispiel verdeutlichen, dass interkulturelles Coaching eine komplexe Interventionsmaßnahme ist. Es ergeben sich folgende Herausforderungen und Schwierigkeiten, die zum einen den Klienten, zum anderen die Anforderungen an den Coach und letztlich auch die Vorgehensweise, den Coaching-Prozess, betreffen.

Berücksichti-
gung der Persön-
lichkeit des
Klienten

Klient: Die Persönlichkeit des Klienten ist natürlich das zentrale Element des interkulturellen Coachings. Sie beeinflusst, wie die bereits erfahrenen interkulturellen Situationen verarbeitet werden, sie beeinflusst ebenso die Beziehung zum Coach und, was das wichtigste ist, inwieweit Veränderungsprozesse – und damit sind in erster Linie interkulturelle Lernprozesse gemeint – möglich sind, um zielführende Handlungsstrategien umzusetzen. Dabei kann nicht erwartet werden, dass sich die betroffenen Personen des internationalen Managements aus Eigeninitiative für Interkulturalität interessieren oder Zeit und Geld für interkulturelle Maßnahmen wie Training oder Coaching investieren. Meist treffen solche Maßnahmen auf Akzeptanzbarrieren, da sie eventuell aufdecken, dass sich die betroffenen Personen in interkulturellen Situationen nicht adäquat, also unangepasst verhalten haben. Dieses „Fehlverhalten" kann in vielen Organisationen und vor allem vom Beteiligten selbst als Kompetenzschwäche beurteilt werden. Akzeptanzbarrieren helfen den betroffenen Führungskräften, Gefühle von Verlegenheit und Verletzlichkeit zu vermeiden. Solche Akzeptanzbarrieren und Lernblockaden gilt es zu überwinden. Die Berücksichtigung der Persönlichkeitsstruktur des Klienten und seine Beziehung und Stimmigkeit zur Zielkultur ist wichtig. Das bereits genannte Struktogramm bietet hier ein interessantes wertfreies Instrument, um diese Stimmigkeit darzustellen.

Fachliche und
persönliche Ei-
genschaften des
Coachs

Coach: Der Komplexität interkulturell ausgerichteten Coachings zu begegnen, ist nicht einfach und stellt hohe Anforderungen an den Coach. Wichtige fachliche und persönliche Eigenschaften des Coachs finden sich bei Looss (1997), Schreyögg (1998) und Rauen (2001). Generell ist das Anforderungsprofil des interkulturell ausgerichteten Coachs ähnlich gelagert, wie das eines *intrakulturell* arbeitenden Coachs, das von Rauen feingliedrig in fachliche und persönliche Kompetenzen unterteilt wird (2001, S. 150ff.). Jedoch wird zusätzlich eine profunde Kenntniss kultureller Systeme, ihrer Interaktionen und landeskundliches Wissen über die entsprechenden Zielgesellschaften verlangt.

Lebens- und Berufserfahrung	Methodenerfahrung	Kulturerfahrung
• Menschenkenntnis • Lebenserfahrung und -reife • Beratungserfahrung • Kommunikationsfähigkeit • Längere Aufenthalte im Ausland • etc.	• Transaktionsanalyse • Lernstilanalysen • Struktogramm • NLP • Gestalttherapie • Kulturstandards • Kulturelle Dimensionen • etc.	• Allgemeine Kulturkenntnis (Culture Awareness) • Spezifische Kulturkenntnis und -erfahrung, z.B. über Spanien, Frankreich, USA • Kenntnis von Organisationen der eigenen und der Zielgesellschaft(en) • Arbeits- und Beratungserfahrung in diesen Organisationen

Tabelle 3: Benötigte Kenntnisse und Erfahrungen im interkulturellen Coaching

Natürlich sind therapeutische, psychologische als auch Management-Kenntnisse und Erfahrungen wichtig, jedoch treten sie in den Hintergrund, da typische interkulturelle Schwierigkeiten weniger nur in der Person des Klienten liegen, als in der interkulturellen Begegnung und Interaktion, also der Beziehung zwischen Menschen aus der Fremdkultur und der Eigenkultur des Klienten. Interkulturell ausgerichtetes Coaching – wie es schon die Bezeichnung verdeutlicht – hat hier seinen Schwerpunkt.

Interkulturelles Know-how

Kein Coach kann allen Anforderungen gerecht werden. Jedoch ist gerade im interkulturellen Coaching unerlässlich, dass er neben dem klassischen Inventar von Coaching-Instrumenten und Methoden über eine profunde – kognitiv erlernte und affektiv erfahrene – Kulturkenntnis der jeweiligen Gesellschaft verfügt. Ein Coach, der sich auf wenige (oder sogar nur eine) bestimmte Zielkultur(en) spezialisiert hat, kann eine ganz andere – nämlich weitergehende – Leistung bringen, als ein Coach, der kulturallgemein arbeitet. Die Kenntnis eines Gesellschafts- und Wirtschaftssystems hilft Systemunterschiede zwischen Ländern einzuordnen und ermöglicht genauer zu differenzieren, inwieweit die Probleme in der Persönlichkeit der Interagierenden, unternehmensinternen, beruflichen Sachzwängen oder wirklichen Kulturunterschieden begründet sind. Kulturallgemeines Coaching dagegen greift in erster Linie auf die Eigenkultur als Referenzrahmen zurück, dann auf die nicht oder nur vage definierten Fremdkulturen. Kulturspezifisches Coaching kann dagegen dem – in interkulturellen Prozessen so bedeutsamen – Beziehungsaspekt zwischen Kulturen, dem „inter", dem der Klient ausgesetzt ist, Rechnung tragen. Es reicht eben nicht einfach von „Culture Awareness", von Toleranz, Empathie (s. Glossar) und Flexibilität zu sprechen, sondern es muss auch klar sein, welchen Stellenwert und welche spezifischen Ausprägungen gerade

Kulturspezifisches Coaching als Spezialisierung

diese Eigenschaften in der Zielkultur haben. Die chinesische Flexibilität oder Toleranz hat wenig mit der deutschen oder spanischen gemein. Vorsicht ist also geboten gegenüber Alleskönnern und Alle-Kulturen-Kennern, die sich auf dem Trainings- und Coaching-Markt tummeln. Die Problematik der kulturallgemeinen Ausrichtung macht deutlich, dass im Gruppen-Coaching, etwa in multikulturellen Teams, ein Coach nur bedingt die hohen Ansprüche, die an ihn gestellt werden, erfüllen kann. Sinnvoll – wenn auch kostenintensiver – erscheint hier ein bi- oder trikulturelles Co-Coaching.

Vorsicht vor Alles-Könnern

Generell sollten sich die auftraggebenden Personalverantwortlichen gut über die Qualifikationen des Coachs informieren. Zwar ist die interkulturelle Kommunikations- und Managementforschung noch vergleichsweise jung, jedoch hat sie schon zahlreiche lesenswerte Publikationen hervorgebracht, sowie einige große internationale Vereinigungen, die sich mit den neuesten Entwicklungen der Interkulturalität beschäftigen, wie etwa SIETAR (Society for Intercultural Education, Training and Research). Auf diesen Wegen können sich auch Personalverantwortliche, die mit interkulturellem Management und internationaler Personalentwicklung konfrontiert sind, kundig machen. Ein weiteres Problem stellt sich jedoch, das nicht in der fachlichen Güte des Coachs liegt, sondern in seiner Persönlichkeitsstruktur: Da sich das interkulturelle Coaching vor allem aus dem interkulturellen Training entwickelt hat, finden sich viele interkulturelle Trainer, die auch interkulturelles Coaching anbieten. Dies macht inhaltlich durchaus Sinn, nicht jedoch zwingend pädagogisch.

Zahlreiche Veröffentlichungen von guten Coachs helfen bei der Auswahl

Nachdem Klarheit über die Situationen, Rollen und Beziehungen von Coach und Klient hergestellt ist, kommt die Frage nach dem Herzstück interkulturellen Coachings auf: Der Coaching-Prozess. Welchen Ablauf hat er und welche Methoden und Instrumente werden eingesetzt? Im vorliegenden Beitrag wurde eine mögliche Strukturierungsmethode dargestellt, die jedoch je nach Problemsituation und Persönlichkeit des Klienten variieren kann. Auch hier gibt es keine „Einheitsmethode" und kein „richtig" oder „falsch"; vielmehr sollte der Einzigartigkeit von Situationen und der Individualität von Personen durch Methodenvielfalt und breiten Kenntnissen Rechnung getragen werden. Die Kombination von intrakulturell bewährten Methoden (wie Transaktionsanalyse, Lernstilanalyse, NLP, Struktogramm etc.) mit kulturellen Dimensionen liefert erfahrungsgemäß gute Ergebnisse.

Der Coaching-Prozess bleibt individuell

In Zukunft bleibt zu hoffen, dass interkulturell ausgerichtete Coaching-Leistungen nicht erst in Anspruch genommen werden, wenn Schwierigkeiten und Blockaden im Arbeitsprozess bereits vorhanden sind, sondern dass Coaching-Maßnahmen antizipativ, sozusagen „vorbeugend", eingesetzt werden. Die zunehmende kulturelle Sensibilität einiger Großunternehmen hat dazu geführt, dass Führungskräfte bereits im Vorfeld auf in-

Präventiver Einsatz des interkulturellen Coachings

terkulturelle Überraschungen vorbereitet werden, was ihnen viele Frustrationen ersparen kann und zu gesteigerter Zufriedenheit und Erfolg in der internationalen Arbeit verhilft.

Literatur

Barmeyer, Ch. I. (1996). *Interkulturelle Qualifikationen im deutsch-französischen Management kleiner und mittelständischer Unternehmen*. St. Ingbert: Röhrig.

Barmeyer, Ch. I. (2000a). *Interkulturelles Management und Lernstile. Studierende und Führungskräfte in Frankreich, Deutschland und Québec*. Frankfurt/New York: Campus.

Barmeyer, Ch. I. (2000b). Wege zeigen – Wege gehen. Interkulturelles Coaching als Form beratender Intervention. *Personal. Zeitschrift für Human Resource Management*, Nr. 9, Jg. 52, S. 464–468.

Barmeyer, Ch. I. (2001). Lernen mit Erfolg?! Der Einsatz der Lernstilanalyse in interkulturellen Trainings. In R.-D. Reineke & C. Fussinger (Hrsg.), *Interkulturelles Management in Training und Beratung* (S. 243–261). Wiesbaden: Gabler.

Bennett, M. J. (1993). Towards Ethnorelativism: A Developmental Model of Intercultural Sensitivity. In R. M. Paige (Hrsg.), *Education for the Intercultural Experience* (S. 21–71). Yarmouth: Intercultural Press.

Bennett, M. J. (2001). Developing Intercultural Competence for Global Leadership. In R.-D. Reineke & C. Fussinger (Hrsg.), *Interkulturelles Management in Training und Beratung*. Wiesbaden: Gabler, S. 207–226.

Bolten, J. (1993). Grenzziehungen als interaktionaler Prozeß. Zur Theorie und Vermittlung interaktiv-interkultureller Handlungskompetenz. *Jahrbuch Deutsch als Fremdsprache*, Jg. 19, S. 255–276.

Bolten, J. (1999). Interkultureller Trainingsbedarf aus der Perspektive der Problemerfahrungen entsandter Führungskräfte. In K. Götz (Hrsg.), *Interkulturelles Lernen/Interkulturelles Training* (S. 61–80). München: Rainer Hampp Verlag.

Breuer, J. P. & Barmeyer, Ch. I. (1998). Von der interkulturellen Kompetenz zur Kooperationskompetenz. Beratung und Mediation im deutsch-französischen Management. In Ch. I. Barmeyer & J. Bolten (Hrsg.), *Interkulturelle Personalorganisation* (S. 179–202). Sternenfels/Berlin: Wissenschaft & Praxis.

Breuer, J. P. & de Bartha, P. (1996). *Deutsch-französisches Kooperationsmanagement*. München: Becker.

Clement, U. & Clement, U. (1999). Interkulturelles Coaching. In K. Götz (Hrsg.), *Interkulturelles Lernen/Interkulturelles Training* (S. 157–168). München: Rainer Hampp Verlag.

Dehner, U. (2000). Leitfaden für das erste Coaching-Gespräch. In Ch. Rauen (Hrsg.), *Handbuch Coaching* (S. 190–203). Göttingen: Verlag für Angewandte Psychologie.

Dörner, D. (1998). *Die Logik des Mißlingens. Strategisches Denken in komplexen Situationen*. Reinbek: Rowohlt.

D'Iribarne, P. (2001). *Ehre – Vertrag – Konsens. Unternehmensmanagement und Nationalkulturen*. Frankfurt/M./New York: Campus.

Geertz, C. (1994). *Dichte Beschreibung. Beiträge zum Verstehen kultureller Systeme*. Frankfurt/M: Suhrkamp.

Hall, E. T. & Hall, M. R. (1984). *Verborgene Signale. Studien zur internationalen Kommunikation*. Hamburg: Gruner+Jahr.

Helmolt, K. v. & Müller, B.-D. (1993). Zur Vermittlung interkultureller Kompetenzen. In B.-D. Müller (Hrsg.), *Interkulturelle Wirtschaftskommunikation* (S. 509–548). München: iudicium.

Herlyn, M.-A. (2001). Interkulturelle Aspekte von Mediation und Dialog in der internationalen Unternehmenszusammenarbeit. In R.-D. Reineke & C. Fussinger (Hrsg.), *Interkulturelles Management in Training und Beratung* (S. 51–72). Wiesbaden: Gabler.

Hofstede, G. (1993). *Interkulturelle Zusammenarbeit: Kulturen, Organisationen, Management*. Wiesbaden: Gabler.

Knapp, K. & Knapp-Potthoff, A. (1990). Interkulturelle Kommunikation. *Zeitschrift für Fremdsprachenforschung*, Nr. 1, S. 62–93.

Ladmiral, J.-R. & Lipiansky, E. M. (1989). *La communication interculturelle*. Paris: Armand Colin.

Landis, D. & Bhagat, R. S. (Hrsg.). (1996). *Handbook of Intercultural Training*. London: Sage.

Looss, W. (1997). *Unter vier Augen. Coaching für Manager*. Landsberg/Lech: Verlag Moderne Industrie.

Müller, B.-D. (1991). Die Bedeutung der interkulturellen Kommunikation für die Wirtschaft. In B-D. Müller (Hrsg.), *Interkulturelle Wirtschaftskommunikation* (S. 27–52). Iudicium: München.

Müller, B.-D. (1993). Interkulturelle Kompetenz. Annäherung an einen Begriff. *Jahrbuch Deutsch als Fremdsprache*, Jg. 19, S. 63–76.

Parsons, T. (1952). The Social System. New York: Free Press.

Rauen, Ch. (Hrsg.). (2000). *Handbuch Coaching*. Göttingen: Verlag für Angewandte Psychologie.

Rauen, Ch. (2001). *Coaching. Innovative Konzepte im Vergleich*. (2. Aufl.). Göttingen: Verlag für Angewandte Psychologie.

Schirm, R. W. (1998). *Die Biostruktur-Analyse. Schlüssel zur Selbstkenntnis*. Baar: Institut für Biostruktur-Analysen.

Schoemen, J. (2001). Mensch, Löwe und Reptil: Das „drei-einige Gehirn" im Training. *IQ – Magazin zur Weiterbildung von Führungskräften*. Nr. 1, S. 14–15.

Scholz, C. (2000). *Personalmanagement*. München: Vahlen.

Schreyögg, A. (1998). *Coaching. Eine Einführung für Praxis und Ausbildung*. Frankfurt/M./New York: Campus.

Stein, V. & Barmeyer, Ch. I. (1996). Flexible Gestaltung der Personalarbeit in Frankreich und Deutschland: Konsequenzen für das internationale Personalmanagement. *Personalführung*, Nr. 10, S. 864–868.

Südlein, Y. (1997). *Management von Kulturunterschieden. Phasenkonzept für internationale strategische Allianzen*. Wiesbaden: Deutscher Universitätsverlag.

Thomas, A. (1992). Aspekte interkulturellen Führungsverhaltens. In N. Bergemann & A. L. J. Sourisseaux. (Hrsg.), *Interkulturelles Management* (S. 35–58). Heidelberg: Physica-Verlag.

Thomas, A. (1997). Psychologische Bedingungen und Wirkungen internationalen Managements – analysiert am Beispiel deutsch-chinesischer Zusammenarbeit. In J. Engelhard (Hrsg.), *Interkulturelles Management. Theoretische Fundierung und funktionsbereichsspezifische Konzepte* (S. 111–134). Wiesbaden: Gabler.

Trompenaars, F. & Hampden-Turner, C. (1993). *Riding the Waves of Culture. Understanding Cultural Diversity in Business*. London: Economist Books.

Urban, S. (1998). Personalmanagement in Frankreich. In N. B. Kumar & D. Wagner (Hrsg.), *Handbuch des Internationalen Personalmanagements* (S. 197–220). München: Beck.

Wahren, H.-K. E. (2000). Präventive Intervention vor einem Coaching. In Ch. Rauen (Hrsg.), *Handbuch Coaching* (S. 69–85). Göttingen: Verlag für Angewandte Psychologie.

Der Ablauf eines Coaching-Prozesses

Christopher Rauen

1 Einleitung

Die Darstellung von Beratungsprozessen ist – dies gilt insbesondere für die zahlreichen Varianten des Coachings – in einer verbindlichen Form nicht möglich. Neben einer exemplarischen Schilderung ist jedoch eine Beschreibung auf der Meta-Ebene (s. Glossar) durchaus sinnvoll, wenn sie sich aus Gründen der Übersichtlichkeit an einem nachvollziehbaren Schema orientiert (s. Abbildung 1). Dies kann keinen Anspruch auf Allgemeingültigkeit erheben, veranschaulicht aber teilweise komplexe Prozesse, ohne sie zu banalisieren.

Darstellung auf der Meta-Ebene

Im Folgenden beschränke ich mich in meinen Ausführungen auf den Ablauf eines Einzel-Coachings durch einen organisationsexternen Coach, da anhand dieses Settings der Prozess umfassend beschrieben werden kann (vgl. Rauen, 2001, S. 161ff.).

2 Voraussetzungen

An die Durchführung eines Coachings sind einige Voraussetzungen geknüpft, ohne die ein von der Beziehung zwischen Coach und Gecoachtem getragener Beratungsprozess nicht gelingen kann. Diese Voraussetzungen betreffen sowohl den Coach als auch den Gecoachten und sollten daher von beiden beachtet werden.

Die Beziehung trägt den Prozess

- Freiwilligkeit: Das Coaching ist freiwillig gewünscht, der Gecoachte hat ein eigenständiges und begründetes Interesse an einer Beratungsbeziehung. Der Coach sollte ggf. durch konkretes Nachfragen sicherstellen, dass dies gewährleistet ist, da eine erzwungene Beratung eben keine Beratung ist.

- Diskretion: Die im Coaching thematisierten Inhalte bleiben vertraulich und dienen auf keinen Fall zur Beurteilung des Gecoachten zum Zwecke Dritter. Dies sollte dem Gecoachten klar bewusst gemacht werden, damit er sich offen in den Prozess einbringen kann. Ohne diese Offenheit können im Coaching nicht die Bereiche behandelt werden, welche eben besonders heikel sind und sonst eher verschwiegen werden. Der Coach ist daher angehalten, dem Gecoachten Vertraulichkeit zuzusichern bzw. andersartige Aufträge grundsätzlich abzulehnen.

- Persönliche Akzeptanz: Kann der Gecoachte eine Beratungsbeziehung oder die Person des Coachs nicht akzeptieren, so ist nach Alternativen zu suchen. Steht andererseits der Coach dem Gecoachten nicht neutral gegenüber, so sollte er von dem Coaching absehen. Seine neutrale Position und seine Unabhängigkeit wären gefährdet, und somit wären die Grundbedingungen für ein fundiertes Feedback (s. Glossar) kaum noch vorhanden. Das Vertrauen zwischen Coach und Klienten und die gegenseitige Akzeptanz müssen von beiden Parteien gegeben sein.

- Veränderungsbereitschaft: Die Einsicht in den Beratungsbedarf und das (erste) Erkennen der Problemzusammenhänge ist für das Coaching wichtig, aber nicht ausreichend, um Veränderungsbereitschaft zu erzeugen. Dem Gecoachten sollte sein eigener Anteil am Problem klar sein und er sollte Möglichkeiten der Einflussnahme nicht nur externen Faktoren zuordnen.

Voraussetzungen überprüfen Als professioneller Berater ist hauptsächlich aber nicht ausschließlich die Aufgabe des Coachs darauf zu achten, dass diese Voraussetzungen erfüllt sind. Alle Punkte sollten daher offen mit dem Gecoachten geklärt werden. Wenn die Voraussetzungen erfüllt sind, spricht zunächst nichts gegen ein Coaching.[1]

3   Kontaktaufnahme

Finden des „passenden" Coachs Einen Coach zu finden, gestaltet sich aus mehreren Gründen oftmals schwieriger als vielleicht zunächst erwartet. Mittlerweile stellt es kein nennenswertes Problem mehr dar, einen Berater zu finden, der Coaching anbietet, da nahezu jeder Anbieter von Seminaren, Trainings, Workshops und artverwandten Dienstleistungen auch „Coaching" im Programm hat.[2]

---

[1]   Neben diesen Rahmenbedingungen gibt es natürlich noch zahlreiche andere Punkte, die gegen ein Coaching sprechen können. So gehören z.B. Abhängigkeitserkrankungen des Gecoachten oder psychische Störungen niemals in das Tätigkeitsfeld eines Coach, sondern sind Aufgabe von entsprechenden Therapeuten.

[2]   Ende der 80er Jahre war es noch ein Problem, überhaupt einen Coach zu finden.

Das Kernproblem der Kontaktaufnahme besteht daher darin, einen *qualifizierten* Coach[3] zu finden. Zudem ist es hilfreich, wenn der Coach über spezifische Branchenkenntnisse verfügt, sein Arbeitsschwerpunkt zum Anliegen des Klienten passt – kein Coach ist für jedes Anliegen geeignet – und er persönlich als Berater akzeptiert werden kann.[4] In der Praxis kommen viele Kontakte zu einem Coach in Folge von Hinweisen durch Kollegen, Freunde, Bekannte usw. zustande; zuweilen aber auch durch Veröffentlichungen oder Broschüren (Schreyögg, 1995, S. 125).[5]

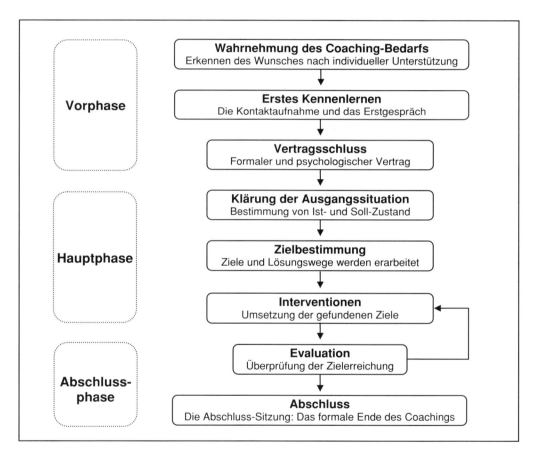

Abbildung 1:   Der schematische Ablauf eines Coaching-Prozesses (nach Rauen, 2001)

---

[3] Im Internet ist unter www.coach-datenbank.de eine Übersicht von professionellen Coachs verfügbar, deren Qualifikationsprofil dort eingesehen werden kann.

[4] Im folgenden Kapitel „So finden Sie den richtigen Coach" wird auf die Auswahl geeigneter Coachs detailliert eingegangen.

[5] Da der Markt (immer noch) wenig Transparenz aufweist, werden Coachs oft als „Geheimtipps" weitervermittelt (Böning in Lamparter, 1990, S. 89).

**Passt der
Coach?**

Bereits während der Kontaktaufnahme sollte versucht werden herauszufinden, ob der gefundene Coach auch für die gewünschten Anliegen geeignet ist. Hier können z.B. Check- und Fragelisten weiterhelfen, in denen
die Erwartungen an den Coach bzw. das Coaching formuliert sind.[6] Diese
Checkliste sollten dann offen mit dem Coach besprochen werden. Ziel ist
es dabei, die Qualifikation des Coachs zu prüfen und Wünsche und Vorstellungen möglichst genau mit dem Coach zu klären.

4   Erstgespräch

**Erstes
Kennenlernen**

Das Erstgespräch (s. Glossar) dient zunächst dem gegenseitigen Kennenlernen und dem Abschätzen, ob eine gemeinsame Basis zur Zusammenarbeit möglich ist (vgl. Baisch, 1988, S. 36). Die am Coaching interessierte
Person benennt ihre Erwartungen (s.o.), der Coach schildert Möglichkeiten und Grenzen seines Beratungsansatzes. Ggf. kann bereits hier eine
erste Problemsicht vorgenommen, die diffuse Problemsituationen analysiert und konkrete Anliegen eingegrenzt werden. Generell wird in dieser
Phase eines Coaching-Prozesses jedoch eher geklärt, ob die Voraussetzungen für eine Coaching-Beziehung (Freiwilligkeit, Vertraulichkeit, gegenseitige Akzeptanz) gegeben sind.

Cooling-down

Dennoch kann es nötig sein, dass der Coach bereits im Erstgespräch mit
einem „Cooling-down" Entlastung schafft. Dies gilt vor allem dann, wenn
sich der Interessierte in einem Zustand emotionaler Belastung infolge der
Verschärfung eines Problems befindet (Looss, 1991, S. 110f.). In einem
solchen Fall wäre es als Mangel an Kompetenz zu werten, wenn der
Coach nicht bereits hier beratend tätig wird, sondern auf den Ablauf seines „Programms" besteht und den Zustand seines Gegenübers so missach-
tet. Daher bietet ein qualifizierter Coach in einer solchen Situation seine
Unterstützung an und hilft beim adäquaten Umgang mit den Emotionen.

**Grundlagen
klären**

Grundsätzlich ist es somit Ausdruck der Kompetenz eines Coachs, dank
einer entsprechenden Flexibilität auch bereits beim Erstkontakt über ein
gegenseitiges Kennenlernen hinaus aktiv zu werden. Dennoch können die
grundsätzlich zu klärenden Fragen dann einfach übergangen werden. Vor
einem weiteren Verlauf eines Coaching-Prozesses sind sie unbedingt zu
klären, da es sich hierbei um Grundlagen handelt, die einen maßgeblichen
Einfluss auf die Wirkung und den Erfolg des Coachings haben. Ist diese
Klärung im Erstgespräch z.B. aus zeitlichen Gründen nicht mehr möglich,
sollte dafür ein weiterer Termin angesetzt werden.

---

[6] Vgl. Gester (1991, S. 115). Weitere Hinweise bzgl. der Wahl eines Coachs finden sich bei
Schmidt (1995, S. 223).

So sollten auch rechtzeitig ethische Fragen geklärt werden, die mit einem Prozess, der bewusst herbeigeführte Veränderung beinhaltet, aufgeworfen werden. Wie weit darf der Gecoachte verändert werden? Wie weit will er verändert werden? Dies muss für beide Seiten befriedigend beantwortet werden (vgl. Rückle, 1992, S. 178).

Ethische Fragen

Meistens wird das Problem der absichtlich herbeigeführten Veränderung so gehandhabt, dass der Gecoachte auf Grund seines Anliegens dem Coach das Recht zubilligt, ihn innerhalb eines zu definierenden Rahmens bewusst zu beeinflussen (vgl. Lemmer, 1988, S. 66). Dazu sind auch die möglichen Auswirkungen eines derart initiierten Entwicklungs- bzw. Veränderungsprozesses anzusprechen. Die schließlich erreichten Ergebnisse können dann am Ende des Prozesses in der Abschluss-Sitzung thematisiert werden.

Keine Manipulation

Das Erstgespräch sollte in seiner Bedeutung für den gesamten Prozess nicht unterschätzt werden, da es die Basis für das weitere Vorgehen darstellt und somit richtungsweisend für die Beratungsbeziehung – so sie denn zustande kommt – sein kann. Insbesondere betrifft dies den Aufbau von Vertrauen, der die Klärung u.a. folgender Punkte erfordert (vgl. Schmidt, 1995, S. 63):

Grundlage für den weiteren Verlauf

- Die Erwartungen des Interessenten an ein Coaching.

- Die realistische Darstellung der mit einem Coaching erreichbaren Veränderungen; ggf. erfordert dies, mögliche „Übererwartungen" des potenziellen Gecoachten zu dämpfen.

- Das Klären, ob eine gemeinsame Wertebasis vorhanden ist oder geschaffen werden kann.

- Die Rahmenbedingungen des Beratungsprozesses und des Vertrags (s.u.). Insbesondere sollte der Coach darauf hinweisen, dass er als Prozessberater dem Gecoachten keine Aufgaben oder Verantwortung abnimmt. Im Vordergrund steht die interaktive Zusammenarbeit auf gleicher Ebene und nicht der „Vollzug" einer Dienstleistung.

- Die Individualität eines Coaching-Prozesses und die damit verbundene Schwierigkeit, den Prozess eben nicht genau vorhersagen zu können.

Wenn nach der Klärung dieser Punkte die Basis für eine Zusammenarbeit gegeben ist, kann der Coaching-Prozess weiter fortgeführt werden. Ist hingegen nicht zu erwarten, dass eine derartige Grundlage gefunden werden kann, sollte der Prozess mit einer entsprechenden Begründung beendet werden.

Vorzeitiges Ende des Coaching

5   Verträge

5.1   Der formale Vertrag

Dienstleistungs-vertrag

Die formalen Rahmenbedingungen der Beratungsbeziehung zwischen dem Interessenten und dem Coach werden in einem Vertrag festgehalten. Bei diesem Vertrag handelt es sich i.d.R. um einen Dienstvertrag.[7] Es wird hier im Gegensatz zu einem Werkvertrag nicht ein bestimmtes Ergebnis versprochen, sondern vereinbart, dass der Coach eine profunde Beratungsleistung erbringt.

Vertragsinhalte

Die Vertragsinhalte sollten dabei mindestens folgende Bedingungen für beide Parteien eindeutig klären: die Anzahl, Dauer und Abstände der einzelnen Termine; die Gesamtdauer des Coachings; die Orte, an denen das Coaching stattfindet; die am Coaching beteiligten Personen; die Geheimhaltungspflicht; die Höhe des Honorars und die Aufwandsentschädigung für Spesen; die Haftungsfragen; die Art der Rechnungsstellung und der Zahlungsweise sowie Vereinbarungen über die Kosten für kurzfristig abgesagte Termine (Schreyögg, 1995, S. 308ff.; Hauser, 1991, S. 218f.).

5.2   Der psychologische Vertrag

Gemeinsame Spielregeln

Neben dem formalen Vertrag existiert zwischen dem Coach und Gecoachten ein mündlich ausgehandelter „psychologischer" Vertrag. Hier werden die individuellen „Spielregeln" in dem gemeinsamen Arbeitsbündnis festgelegt, was durchaus einige Zeit in Anspruch nehmen kann. Sofern es im Verlauf des Coachings angemessen erscheint, kann der psychologische Vertrag den jeweiligen Gegebenheiten flexibel angepasst werden.[8]

Erwartungen des Gecoachten

Möglichkeiten des Coachs

Für die Klärung der Bedingungen des psychologischen Vertrags ist es unbedingt notwendig, dass der Gecoachte seine Erwartungen und Wünsche deutlich macht; dazu gehört insbesondere, welche Themen im Coaching bearbeitet werden sollen und welche Bereiche außen vor bleiben. Auch der Coach muss seine Bedingungen nennen und den Rahmen seiner Möglichkeiten deutlich machen. Falsche Erwartungen des Gecoachten sollten an dieser Stelle geklärt werden z.B., dass der Gecoachte nicht „geheilt" werden kann, indem eine „Behandlung" an ihm vollzogen wird;

---

[7]   Der Vertrag kann auch zwischen mehreren beteiligten Parteien geschlossen werden. Dies ist z.B. der Fall, wenn ein Coaching von der Organisation des Klienten bezahlt wird. Eine Auflistung möglicher Vertragsarten findet sich z.B. bei Schreyögg (1995, S. 308ff.).

[8]   Vertragsmuster für Beratungsverträge finden sich z.B. bei Naegele, W. (1995). *Beratungsverträge: kompakte Informationen und Formulierungshilfen für verschiedene Beratungsanlässe.* (2. Aufl.). Planegg/München: WRS, Verlag Wirtschaft, Recht und Steuern.

vielmehr sollte sich der Gecoachte im Laufe des Prozesses selbst „kurieren" und der Coach dabei als Prozessbegleiter und Auslöser von Veränderungen agieren (Looss, 1986, S. 140, 1991, S. 98ff.). Dabei ist die Aushandlung des psychologischen Vertrags auch für den Coach nicht ein Routinevorgang. Da die Personen und Situationen in jedem Coaching variieren, muss auch die Beziehung zum Gecoachten jedesmal neu und individuell definiert werden (Rückle, 1992, S. 66).

Keine Routine

Die Themenbereiche und Bedingungen, die im Rahmen des psychologischen Vertrags zu klären sind, umfassen i.d.R. folgende Bereiche (vgl. Geissler in Hauser, 1991, S. 219f.; Schreyögg, 1995, S. 131, S. 312ff.; Hamann & Huber, 1991, S. 68; Geissler & Günther, 1986):

Inhalte des psychologischen Vertrags

- Die ideologische Orientierung von Coach und Gecoachten sollte harmonieren.

- Die Bereitschaft zum selbstkritischen Hinterfragen der eigenen Werte muss gegeben sein.

- Die Bereitschaft, das Ausmaß persönlicher Probleme anzuerkennen muss gegeben sein; insbesondere betrifft dies
  - die Bereitschaft zur objektiven Auseinandersetzung mit der eigenen Person und Situation;
  - die Bereitschaft, selbstverschuldete Probleme anzuerkennen und die Verantwortung dafür zu übernehmen;
  - den ernsthaften Willen, das eigene Verhalten zu ändern;
  - die Einsicht in die Notwendigkeit der Beratung;
  - die Akzeptanz der Beratung durch den Coach.

- Die konkreten Erwartungen an das Coaching (Vorannahmen, Befürchtungen, Ziele).

- Die im Coaching einzusetzenden Techniken und Vorgehensweisen und der Umfang der angestrebten Veränderung.

- Die Grenzen im Coaching: Zum einen sollte der Coach erläutern, was mit einem Coaching erreicht werden kann; zum anderen sollte der Gecoachte klarstellen, wie weit das Coaching gehen darf und welche Bereiche nicht thematisiert werden sollen („Tabuzonen").

Grenzen und „Tabuzonen"

5.3 Die Kosten des Coaching

In Abhängigkeit von der Qualifikation des Coachs und den Rahmenbedingungen des Auftrags liegen die Kosten für eine einzelne Coaching-Sitzung – diese hat meist eine Dauer von ca. 1–2 Stunden – zwischen 100–500 Euro zzgl. Umsatzsteuer und Spesen (vgl. Heß & Roth, 2001, S. 153).

Kosten sind breit gestreut

Daher können die Gesamtkosten für ein Einzel-Coaching durch einen organisationsexternen Berater bei einem halbjährigen Coaching schnell im fünfstelligen Euro-Bereich liegen. Der Einsatz mehrerer Berater – z.B. im Rahmen eines Team-Coachings einer gesamten Führungsebene – vergrößert die Kosten entsprechend. Als Alternative zu rein zeitbasierten Vereinbarungen werden außerdem auch pauschale Regelungen angeboten, die pro Einzel-Coaching zwischen 2.500–10.000 Euro liegen können.

Kostenverteilung

Die Aufwendungen für das Coaching können als Fortbildung steuerlich geltend gemacht werden, da eine Verbesserung der beruflichen Kompetenz angestrebt wird. Ist das Coaching Teil interner Personalentwicklungsmaßnahmen, werden die Kosten meistens von der Organisation übernommen; dabei wird der Gecoachte teilweise auch an den Kosten beteiligt (Gottschall, 1989, S. 121; Beckermann & Unnerstall, 1990, S. 107; vgl. Behn, 1989, S. 35; Rückle, 1992, S. 68).

Der Nutzen rechtfertigt die Kosten

Eingesparter Arbeitsausfall

Obwohl diese Kosten relativ hoch erscheinen mögen, wird der Nutzen des Coachings wesentlich größer eingeschätzt als die sonst entstehenden Ausgaben durch „Reibungsverluste" im innerbetrieblichen Ablauf, die sich unter volkswirtschaftlicher Betrachtung zu Milliardenbeträgen aufsummieren (Bayer, 1995, S. 104). Im Vergleich zu anderen Beratungsangeboten können Coaching-Maßnahmen insgesamt betrachtet sogar relativ kostengünstig sein. Organisationsexterne Beratungssettings mit einer zuweilen tagelangen Dauer verursachen hohe Kosten durch einen entsprechend langen Arbeitsausfall. Coaching kann hingegen „on the job" eingesetzt werden, was die Gesamtkosten enorm reduziert (Greif & Scheidewig, 1996, S. 360).

6   Coaching-Termine

In den nach der Kontakt- und Erstgesprächsphase folgenden Coaching-Terminen wird der weitere Coaching-Prozess fortgeführt. Die Länge der einzelnen Termine und deren Intervalle werden sehr individuell gehandhabt. Je nach Anliegen und Möglichkeiten des Gecoachten und können die Coaching-Termine regelmäßig (meist wöchentlich oder 14-täglich) in ein- bis zweistündigen Treffen stattfinden; auch halb- oder ganztägige Termine oder sogar das exklusive Engagieren des Coachs, damit dieser jederzeit zur Verfügung steht, ist möglich (Gottschall, 1989, S. 121).

Unterschiedliche Abläufe

Anzahl der Treffen

Ebenso unterschiedlich wird bei der Anzahl der Coaching-Termine verfahren: Hier ist ein zeitlich zunächst unbegrenztes Coaching bis zum Erreichen der angestrebten Erwartungen möglich; oder es wird eine zuvor festgelegte Anzahl von Sitzungen bzw. eine feste Laufzeit ausgemacht. Die Vereinbarung einer festen Laufzeit oder einer Mindestanzahl von Terminen verfolgt den Zweck, dass der Coaching-Prozess nicht vorzeitig abgebrochen wird, z.B. wenn eine erwünschte Veränderung nicht sofort eintritt oder sogar neue Probleme offenbar werden. Daher sollte generell und insbesondere natürlich für den Fall eines Abbruchs immer eine letzte gemeinsame Auswertungssitzung vereinbart werden – schon um dem Gecoachten ein unbewältigtes Erlebnis zu ersparen.

In der Praxis haben sich Laufzeiten von ca. zehn Terminen als „normal" etabliert, Ausnahmen sind jedoch nicht ungewöhnlich. Meist haben die einzelnen Coaching-Termin dabei eine ca. zweistündige Dauer (vgl. Ulrich, 1993, S. 55). **10 Termine sind üblich**

Was den Ort anbelangt, an dem die einzelnen Coaching-Termine stattfinden, sind in erster Linie die Wünsche des Gecoachten entscheidend (Looss, 1986, S. 140). Die Treffpunkte können sehr unterschiedlich sein und sind beim Einzel-Coaching durch den organisationsexternen Coach schon aus Gründen der Diskretion nicht auf bestimmte Orte beschränkt. Das Coaching kann daher in Restaurants, Hotelzimmern, Flughäfen, während Spaziergängen usw. stattfinden (Geissler & Günther, 1986). Generell sollte der Coach darauf achten, dass das Coaching störungsfrei und diskret durchgeführt werden kann (vgl. Brinkmann, 1994, S. 27). Wenn dies gegeben ist, kann das Coaching „on the job" praktiziert werden. Dadurch kann der Coach den Gecoachten in seinem verhaltensrelevanten Umfeld erleben und ihm genaues Feedback geben (Gottschall, 1989, S. 121). Dabei ist es möglich, dass der Gecoachte in diesem Umfeld seine (Berufs-)Rolle nicht ablegen kann (Rückle, 1992, S. 65f.), was ggf. vom Coach bei der Wahl eines geeigneten Ortes berücksichtigt werden sollte. **Orte für Termine** **Keine Störungen** **Coaching „on the job"**

7 Klärung der Ausgangssituation

Die gemeinsame Klärung der aktuellen Situation umfasst die Anliegen des Gecoachten sowie dessen damit verbundene Stärken und Schwächen und auch weitere beeinflussende Rahmenbedingungen. Für eine erste Übersicht werden die wichtigsten Informationen gesammelt, in Verbindung gesetzt und mögliche Problemursachen identifiziert. Zu diesem Zweck stellt der Coach zahlreiche Fragen („Wer ist an dem Problem beteiligt?", „Was genau ist das Problem?", „Woran würden Sie erkennen, dass das Problem beseitigt ist?") bzw. lässt er den Gecoachten je nach Situation berichten. Dadurch können bereits die ersten Ziele geklärt werden, zudem werden die Erwartungen des Gecoachten bewusst. Der Austausch mit dem Coach kann in dieser Phase des Prozesses bereits zu ersten möglichen Problemlösungen führen. **Erste Bestandsaufnahme**

In seiner Funktion als Feedbackgeber sollte der Coach darauf achten, dem Gecoachten zu vermitteln, dass die Stärken und Schwächen stets von den aktuellen Bedingungen des Umfelds abhängig sind (Rückle, 1992, S. **Stärken und Schwächen**

124, S. 131ff.; vgl. Jung, 1991; S. 137). Die persönliche Wertschätzung sollte daher beim Feedback berücksichtigt werden; dies ist speziell in dieser noch frühen Phase des Coaching-Prozesses von Bedeutung, da die gegenseitige Beziehungsgestaltung sich hier noch in einem grundlegenden Stadium befindet.

Ergebnisse schriftlich festhalten

Die Ergebnisse der Bestandsaufnahme, der erarbeiteten Ziele und der Stärken-Schwächen-Analyse sollten schriftlich festgehalten werden.[9] Sie bilden die Grundlage für einen gemeinsam zu entwerfenden Arbeitsplan[10], in dem das weitere Vorgehen festgelegt werden kann. Außerdem hilft die schriftliche Fixierung bei der späteren Evaluation (s. Glossar) des Erfolgs des jeweiligen Coaching-Prozesses.

8   Ziele

Die klare Zielformulierung bildet in jeder Coaching-Sitzung einen Schwerpunkt: Zuweilen sind die Anliegen des Gecoachten infolge seiner eingeschränkten Wahrnehmung relativ diffus (Führungsprobleme, nachlassende Motivation, allgemeines Unbehagen, mangelnder Überblick usw.) und müssen erst gemeinsam herausgefunden werden (vgl. Huck, 1989, S. 414). Dabei sollte besonders bei der Zielfindung ausführlich und genau vorgegangen werden, da die Verfolgung von „Scheinzielen" das Coaching faktisch nutzlos macht. Der Coach ist daher gut beraten, sich hier genügend Zeit zur Klärung zu nehmen – zumal ein präzise formuliertes Ziel oft schon Lösungsansätze beinhalten kann. Somit können sich bereits hier im gemeinsamen Dialog Wahrnehmungseinschränkungen als eigentliche Ursache mancher Probleme feststellen lassen.

Erarbeiten von Zielen und Lösungsansätzen

Leistungsziele sind kontrollierbar

Der Coach sollte im gesamten Prozess darauf achten, welcher Art die Ziele des Gecoachten sind. Hier können End- und Leistungsziele (Whitmore, 1994, S. 61ff.; vgl. Schmidt, 1995, S. 56f.) unterschieden werden. Die Leistungsziele liegen dabei im Einflussbereich des Gecoachten selbst, die Endziele hingegen können nicht direkt erreicht werden, sondern sind noch von äußeren Faktoren abhängig. Oft bauen die Endziele auf einem oder mehreren Leistungszielen auf, was jedoch nur bedeutet, dass Leistungsziele notwendig aber nicht hinreichend für Endziele sein können. Obwohl somit der Fokus im Coaching auf die selbst beeinflussbaren Leistungsziele gerichtet ist, sollten die Endziele dennoch nicht ausgeklammert werden, da gerade von diesen oft ein erhebliches Maß an Motivation und Orientierung ausgeht.

---

[9]   Arbeitsblätter dafür finden sich z.B. bei Rückle (1992, S. 124ff.; 2000, S. 129ff.).
[10] Der Arbeitsplan kann z.B. die Ausgangssituation, die angestrebten Ziele, mögliche Lösungsmöglichkeiten und notwendige Interventionen festlegen.

Beim Festlegen von Zielen sollten weiterhin klare Prioritäten erarbeitet werden, um möglichen Zielkonflikten vorzubeugen, z.B. wenn der Gecoachte zwar eigentlich partizipativ führen möchte, aber gleichzeitig eine Ausweitung seiner persönlichen Macht anstrebt. Die Auseinandersetzung mit derartigen Konflikten und Widersprüchen ist dabei schon der erste Schritt zum Erkennen möglicher Lösungen.

Prioritäten finden

Oft stehen hinter Zielen bestimmte Werte und Absichten, die der Gecoachte – meist unbewusst – verfolgt. Daher kann es wichtig sein, diese persönlichen Werte und Absichten zu identifizieren und bewusst zu machen. Durch das Erkennen der eigenen Werte und Wertungen wird es möglich, die Ziele in eine ordnende Hierarchie einzuteilen.

Werte klären

Wenn die zunächst vom Gecoachten genannten Ziele weniger seine eigenen als vielmehr die seiner Organisation sind, kann dies problematisch sein: Individuelle Beratung setzt voraus, dass ausschließlich die Ziele des Gecoachten verfolgt werden. Ein Coaching kann daher nur sinnvoll fortgesetzt werden, wenn die individuellen Ziele im Vordergrund stehen oder zumindest mit denen der Organisation übereinstimmen (vgl. Rückle, 1992, S. 138ff., S. 145).

Nur die Ziele des Gecoachten zählen

Die gemeinsam gefundenen Ziele und erste Lösungswege werden dann als Teil des Arbeitsplans festgehalten. Diese Dokumentation erlaubt es Coach und Gecoachten gleichermaßen, die Übersicht im Prozess zu behalten und eine abschließende Evaluation am Ende des Coachings vornehmen zu können.

Dokumentation der Ziele

9   Interventionen

Genau genommen gehören die bisher beschriebenen Vorgehensweisen eines Coachs als Teil seines Arbeitskonzepts bereits zu seinen Interventionen. So kann allein die Zielfindung einen wesentlichen Teil des Coachings für sich einnehmen; und durch die Identifikation der Werte des Klienten werden ebenfalls Prozesse angeregt, die letztlich die eigene Wahrnehmung fördern und auf die Verbesserung von Selbstreflexion (s. Glossar) und Bewusstsein zielen.

Coaching ist Intervention

Im Allgemeinen werden unter den Interventionen aber erst die Vorgehensweisen verstanden, die explizit im Rahmen der Zielerreichung eingesetzt werden. Dazu gehören z.B. Simulationen, in denen mögliche Lösungsstrategien durchgespielt und zusammen bewertet werden. Auch hier ist es oft notwendig, auf Wahrnehmungsblockaden (Betriebsblindheit, s. Glossar) hinzuweisen und alternative Sichtweisen (z.B. durch Reframing, s. Glossar) zu eröffnen. Der Coach dominiert aber nicht die Situation als „Macher", sondern beschränkt sich als Berater auf Vorschläge und

Simulationen

Wahrnehmungsblockaden lösen

Angebote unterbreiten

Rückmeldungen (Feedback). Dies kann von dem Gecoachten angenommen oder ohne Beziehungsgefährdung abgelehnt werden, weil es sich um Angebote des Coachs handelt – und nicht um Belehrungen. Daher ist es ein fließender Übergang von den Zielen über die Lösungen bis zu den konkreten Interventionen, welche vom Gecoachten dann jedoch am deutlichsten als Methode wahrgenommen werden.

Gemeinsamer Dialog steht im Vordergrund

In der überwiegenden Zahl der veröffentlichten Coaching-Ansätze (vgl. Rauen, 2001) nimmt der Dialog im Coaching eine entscheidende Rolle als Interventionsform ein (Schreyögg, 1995, S. 215ff.). Daher finden sich in vielen Konzepten u.a. Anleihen aus der Gesprächspsychotherapie (GT), der Transaktionsanalyse (TA) und der Themenzentrierten Interaktion (TZI) (s. Glossar). Das Gespräch bildet i.d.R. den Rahmen für weitere Maßnahmen, nicht zuletzt, weil der Gecoachte über die zum Einsatz kommenden Vorgehensweisen aufgeklärt werden sollte. Zudem erlaubt die verbale Kommunikation dem Coach einen diagnostischen Zugang zum Gecoachten, da hier neben inhaltlichen Aspekten auch die Anteile von Selbstoffenbarung, Appell und Beziehung zum Coach deutlich werden (vgl. Schulz von Thun, 1981, 1989, 1998).

Vielfältiger Methodeneinsatz

Voraussetzungen

Insgesamt gibt es eine große Vielzahl von Interventionen und Techniken, die von Anti-Stress-Techniken bis zu Zielvereinbarungsmethoden reichen und im Coaching sinnvoll eingesetzt werden können. Zudem werden in der Praxis verschiedene Methoden nach Ermessen des jeweiligen Coach kombiniert bzw. weiterentwickelt. Generell ist der Rahmen von Coaching-Maßnahmen so weit gefasst, dass eine Beschränkung auf bestimmte Methoden nicht zwingend notwendig ist. Dennoch sollte auf bestimmte Voraussetzungen beim Einsatz von Interventionen im Coaching geachtet werden (vgl. Schreyögg, 1995; Hauser, 1991, S. 221).

Techniken müssen transparent sein

So schließt die prinzipielle Orientierung des Coachings an der Förderung von Bewusstsein und Verantwortung alle Interventionen aus, die nur dann gelingen können, wenn der Gecoachte nicht über ihre Wirkungsweise aufgeklärt wird.[11] Abgesehen von ethischen Überlegungen schließen die Freiwilligkeit und die Transparenz des Coaching-Prozesses derartige Methoden nur dann nicht aus, wenn sie der Coach mit dem ausdrücklichen Einverständnis des Gecoachten (z.B. im Rahmen des psychologischen Vertrages) anwendet.

Orientierung am Konzept

Da ein seriös agierender Coach auf der Basis eines Konzepts arbeitet, sollten die Interventionen sich ebenfalls an diesem Konzept orientieren und ihm nicht entgegenstehen.[12] Hält der Coach es aus einem bestimmten

---

[11] Ein Beispiel dafür ist die „Paradoxe Intention" (s. z.B. Kriz, 1985, S. 217f.).

[12] So wäre es z.B. nicht unmittelbar einsichtig, wenn ein grundsätzlich psychoanalytisch ausgerichteter Coach verhaltenstherapeutische Methoden verwendet.

Grund für angemessen, eine entsprechend andersartige Technik dennoch einzusetzen, so sollte er dies dem Gecoachten gegenüber glaubhaft erklären und ggf. sein Konzept entsprechend anpassen. Andernfalls ist damit zu rechnen, dass der Gecoachte mit Unverständnis und Verwirrung reagieren kann.

Als Zugeständnis an die Anliegen des Gecoachten kann es notwendig bzw. wünschenswert sein, dass die Interventionen nach der Dauer und der Zielsetzung des Coachings ausgewählt werden. So nehmen z.B. psychoanalytische Vorgehensweisen oftmals einige Zeit in Anspruch. Zwar schließt dies entsprechende Methoden nicht zwangsläufig aus; solche Vorgehensweisen können jedoch unangemessen sein, wenn aus nicht beeinflussbaren Sachzwängen heraus eine kurzfristige Zielerreichung angestrebt wird. Hier können dann entsprechend „schnelle" Interventionen, z.B. adaptierte Methoden der Kurzzeitpsychotherapie, eingesetzt werden. Wenn der Coach hier auf Grund seiner konzeptionellen bzw. methodischen Ausrichtung nicht willens oder außerstande ist, derartige Techniken einzusetzen, so muss er dies dem Gecoachten offen darlegen und ggf. so konsequent sein, das Coaching abzulehnen bzw. zu beenden..

Dauer und Ziele können Methoden bestimmten

Bei dem Einsatz von Vorgehensweisen, die dem Gecoachten unbekannt sind (z.B. imaginative Verfahren, Rollenspiele u.ä.) sollte der Coach zunächst den Sinn und die Funktionsweise entsprechender Maßnahmen erklären. Ansonsten besteht die Gefahr, dass der Gecoachte mit Unverständnis und Ablehnung reagiert und die (Beratungs-)Beziehung beeinträchtigt wird. Das Coaching verlangt vom Berater Einfühlungsvermögen, um sich auf den Gecoachten einzustellen. Daher sollte bereits beim Verhandeln der „Spielregeln" des psychologischen Vertrags dem Coach klar werden, wie weit er gehen kann und welche Interventionen für den individuellen Fall angemessen sind.

Rechtzeitige Information

Individuelle Abstimmung

Generell sollte die Absicht hinter jeder Interventionsmaßnahme sein, die Wahlmöglichkeiten im Verhalten und Erleben des Gecoachten zu erweitern. Interventionen, die im Endeffekt darauf zielen, Handlungs-, Denk- oder Wahrnehmungsmöglichkeiten einzuschränken, sollten somit nicht eingesetzt werden.

Erweiterung der Möglichkeiten

10   Evaluation

Nach den Interventionen werden diese in Bezug auf ihre Wirksamkeit und auf die damit erreichten Ergebnisse evaluiert. Anhand der im Arbeitsplan notierten Ziele und Erfolgskriterien (s.u.) kann geprüft werden, ob sich die formulierten Erwartungen erfüllt haben. Sollte dies der Fall sein, so kann das Coaching – sofern keine Ziele mehr vorliegen – beendet werden.

Bewertung der Ergebnisse

Falls die festgelegten Ziele nicht erreicht wurden, sind die Ursachen dafür gemeinsam zu analysieren. Anschließend kann die Zielerreichung wieder aufgenommen werden – ggf. mittels neuer oder angepasster Interventionen. Sofern ein Ziel nicht mehr erreicht werden kann, treten andere Ziele in den Vordergrund. Sind keine weiteren Ziele mehr vorhanden oder ist eine weitere Zusammenarbeit nicht mehr gewünscht bzw. sinnvoll, ist das Coaching mittels einer Abschluss-Sitzung zu beenden.

Messbare Kriterien

Festgelegte Erfolgskriterien können die Evaluation des Coachings wesentlich vereinfachen. Diese Kriterien sind Teile der individuellen Ziele und Erwartungen des Gecoachten, die gemeinsam mit dem Coach festgelegt und im Arbeitsplan protokolliert wurden. Idealerweise sind die Ziele klar messbar und somit objektiv überprüfbar. Dennoch sollte hier berücksichtigt werden, dass die objektive Zielerreichung nicht ausreicht. Zum einen, weil das Erreichen eines solchen Ziels ohne *subjektive Zufriedenheit* des Gecoachten diesen eher enttäuschen wird. Zum anderen, weil im Coaching-Prozess sehr oft Ziele angestrebt werden, deren Bewertung ohnehin vorwiegend von der subjektiven Wahrnehmung abhängig ist. Somit gehört es immer wieder zur ungeliebten Realität des Coachings, dass die Evaluation der Interventionen nur subjektiv nachvollziehbar bleibt – was für den betroffenen Gecoachten aber nicht selten das ausschlaggebende Kriterium seiner persönlichen Erfolgserwartung darstellt. Für den Coach bleibt es in solchen Fällen schwer, die Wirksamkeit seiner Vorgehensweise in Bezug auf Coaching-Situationen mit anderen Personen abzuschätzen. (vgl. Looss, 1991, S. 138).

Subjektivität berücksichtigen

Unterschwellige Erwartungen

Ein Teil der subjektiven Erfolgserwartungen und Wünsche des Gecoachten sollte der Coach schon früh im gesamten Prozess thematisieren, um möglichen Enttäuschungen vorzubeugen. Oftmals werden mit dem Coaching Ziele verbunden, die schlichtweg unrealistisch sind und weder von einem Coach noch von sonst einer anderen Person geleistet werden können. Derartige *unterschwellige* Erwartungen, die in ihrer Selbstverständlichkeit selten offen genannt werden, sollten vom Coach während der Zielsetzung ausführlich klar ausgeräumt werden. Ggf. muss er hier auf seine Erfahrung mit entsprechenden Situationen zurückgreifen und von sich aus falsche Erfolgserwartungen thematisieren. Geschieht dies nicht und bleiben diese Erwartungen bestehen, so ist die Enttäuschung des Gecoachten während der Evaluation oder beim Abschluss vorprogrammiert.

11 Abschluss

Ein Abschluss ist Pflicht

Sind die mit dem Coaching angestrebten Ziele oder eine vereinbarte Anzahl von Sitzungen erreicht, so kann es offiziell abgeschlossen werden.

Auch im Falle einer vorzeitigen Beendigung des Coachings sollte immer eine derartige Abschluss-Sitzung stattfinden; es besteht sonst die Gefahr, dass unbewältigte Abbrüche von dem Gecoachten nicht angemessen verarbeitet werden können. I.d.R. wird für den Abschluss bereits zu Beginn des Coachings eine letzte Sitzung reserviert, in welcher der Prozess rekapituliert und eine Bestandsaufnahme der erreichten Veränderungen gemacht wird. Damit endet offiziell der Kontrakt zwischen Coach und Gecoachtem, der Kontakt kann jedoch in freundschaftlicher Form weiterbestehen (Looss, 1991, S. 132f.). Sollte ein neuer Bedarf an einer Beratungsleistung offenbar werden, ist es natürlich möglich, ein neues Coaching zu beginnen. Dann kann sowohl für den Coach als auch für den Gecoachten die Erfahrung der vorherigen Zusammenarbeit hilfreich sein. Die Kenntnis von Person und Beratungssituation erleichtert in solchen Fällen einen Einstieg in das Coaching. Dennoch sollte klar bleiben, dass es sich dabei nicht um eine Fortsetzung des alten, sondern um einen neuen Prozess handelt.[13]

Kontakte können bestehen bleiben

Wenn ein Coaching ohne fest begrenzte Anzahl von Terminen länger andauert, als dem Coach notwendig scheint, sollte er von sich aus das Ende des Prozesses ansprechen. Zuweilen kommt es vor, dass der Gecoachte annimmt, den Kontakt zum Coach für immer zu verlieren bzw. er sich an den Coach gewöhnt hat. Dieses Problem kann z.B. dann bestehen, wenn das Coaching von der Organisation bezahlt wird und nicht vom Gecoachten selbst. Derartigen „Trennungsängsten" kann der Coach mit dem Hinweis entgegenwirken, bei Bedarf jederzeit wieder zur Verfügung zu stehen (Hauser, 1991, S. 222).

Trennungsängste

Ein Coach sollte sich in solchen Situationen seines Ziels „Hilfe zur Selbsthilfe" bewusst sein. Gemäß dieser Grundeinstellung kann er nicht an einer Lebensstellung interessiert sein (vgl. Böning, 1990; Rückle, 1992, S. 70). Im Gegenteil: Die Selbstregulationsfähigkeiten und Feedbackmechanismen des Gecoachten sollten sich soweit verbessern, dass der Coach überflüssig wird. Zuvor problematisch erscheinende berufliche und private Anliegen sollten nach dem Coaching dank eines erweiterten Verhaltens- und Erlebensrepertoires vom Gecoachten allein bewältigt werden können.

Hilfe zur Selbsthilfe im Auge behalten

---

[13] Ggf. sollte sich der Coach auch bewusst sein, dass die Beratung eines zum Freund gewordenen Gecoachten problematisch ist, da er nicht mehr eine neutrale Position einnehmen kann.

Literatur

Bayer, H. (1995). *Coaching-Kompetenz: Persönlichkeit und Führungspsychologie*. München: Reinhardt.

Behn, E.-A. (1989). Coach statt Couch – Wie man Krisen im Beruf überwindet. Ein Erfahrungsbericht. *Supervision*, 16, S. 33–37.

Böning, U. (1990). System-Coaching contra Einzel-Coaching: Hilfe zur Selbsthilfe. *Gablers Magazin*, 4, S. 22–25.

Böning, U. (Hrsg.). (2000). *Interkulturelle Business-Kompetenz. Geheime Regeln beachten und unsichtbare Barrieren überwinden*. Frankfurt/M.: FAZ Buch.

Geissler, J. & Günther, J. (1986). Coaching: Psychologische Hilfe am wirksamsten Punkt. *Blick durch die Wirtschaft*, 53, 17.03.86, S. 3.

Gottschall, D. (1989). Ein Partner für alle Fälle. *Manager Magazin*, 2, S. 116–121.

Hauser, E. (1991). Coaching: Führung für Geist und Seele. In W. Feix (Hrsg.), *Personal 2000 – Visionen und Strategien erfolgreicher Personalarbeit* (S. 207–236). Wiesbaden: Gabler.

Hauser, E. (1993). Coaching von Mitarbeitern. In L. v. Rosenstiel, E. Regnet & M. Domsch (Hrsg.), *Führung von Mitarbeitern – Handbuch für erfolgreiches Personalmanagement* (2. Aufl.). (USW-Schriften für Führungskräfte. Band 20) (S. 223- 236). Schaefer.

Heß, T. & Roth, W. L. (2001). *Professionelles Coaching. Eine Expertenbefragung zur Qualitätseinschätzung und -entwicklung*. Heidelberg: Asanger.

Holtbernd, T. & Kochanek, B. (1999). *Coaching. Die zehn Schritte der erfolgreichen Managementbegleitung*. Köln: Bachem.

Hossiep, R., Paschen, M. & Mühlhaus, O. (2000). *Persönlichkeitstests im Personalmanagement*. Göttingen: Verlag für Angewandte Psychologie.

Huck, H. H. (1989). Coaching. In: H. Strutz (Hrsg.), *Handbuch Personalmarketing* (S. 413–420). Wiesbaden: Gabler.

Jung, W. (1991*).* Coaching in Unternehmen – Beratung zwischen Therapie und Training. In A. Papmehl & I. Walsh (Hrsg.), *Personalentwicklung im Wandel* (S. 134–140). Wiesbaden: Gabler.

König, G. (1993). Coaching – Ein neues Arbeitsfeld für Psychologen?...! In A. Gebert, A. & W. Hacker (Hrsg.), *Arbeits- und Organisationspsychologie 1991 in Dresden* (1. Deutscher Psychologentag) (S. 420–426). Bonn: Deutscher Psychologen Verlag.

Kriz, J. (1985). Grundkonzepte der Psychotherapie. München: Urban & Schwarzenberg.

Kuhlmann, T. (1989). Coaching. Persönliche Beratung bei strukturellen Veränderungen und Führungskräfteförderung. *Personalführung*, 6, S. 592–597.

Lemmer, R. (1988). Coaching: Ein Hofnarr für den Chef. *Wirtschaftwoche*, 16, S. 64–66.

Looss, W. (1986). Partner in dünner Luft. *Manager Magazin*, 8, S. 136–140.

Looss, W. (1990). Der Umgang mit Coaches. *Gablers Magazin*, 4, S. 32–33.

Looss, W. (1991). *Coaching für Manager – Problembewältigung unter vier Augen*. Landsberg/Lech: Verlag Moderne Industrie.

Looss, W. (1992). Coaching ist keine Psychotherapie. *Capital*, 10, S. 274.

Looss, W. (1997). *Unter vier Augen*. Landsberg/Lech: Verlag Moderne Industrie.

Rauen, Ch. (2001). *Coaching. Innovative Konzepte im Vergleich*. (2., aktual. Aufl.). Göttingen: Verlag für Angewandte Psychologie.

Rückle, H. (1992). *Coaching*. Düsseldorf: Econ.

Rückle, H. (2000). *Coaching. So spornen Manager sich und andere zu Spitzenleistungen an.* Landsberg/Lech: Verlag Moderne Industrie.

Schmid, B. (1991). Kaum Unterschiede, die Unterschiede machen. *Zeitschrift für systemische Therapie,* 9 (2), S. 93–99.

Schmidt, G. (1995). *Business Coaching: Mehr Erfolg als Mensch und Macher.* Wiesbaden: Gabler.

Schreyögg, A. (1993). Supervision: Der lange Weg in die Wirtschaft. *Wirtschaft & Weiterbildung,* 6, S. 60–62.

Schreyögg, A. (1995). *Coaching. Eine Einführung für Praxis und Ausbildung.* Frankfurt/M.: Campus.

Schulz von Thun, F. (1981). *Miteinander reden. Störungen und Klärungen.* Reinbek: Rowohlt.

Schulz von Thun, F. (1989). *Miteinander reden. Stile, Werte und Persönlichkeitsentwicklung.* Reinbek: Rowohlt.

Schulz von Thun, F. (1998). *Miteinander reden. Das «innere Team» und situationsgerechte Kommunikation.* Reinbek: Rowohlt.

Ulrich, J. (1993). Persönlichkeits-Coaching: der Weg zur überzeugenden Führungskraft. *Management-Zeitschrift IO,* 10, S. 53–55.

Vogelauer, W. (Hrsg.). (2000a). *Coaching Praxis. Führungskräfte professionell begleiten, beraten, unterstützen.* (3. Aufl.). Neuwied: Luchterhand.

Vogelauer, W. (2000b). Die fünf Phasen des Entwicklungsprozesses. *Management & Training,* 4, S. 20–27.

Wahren, H.-K. E. (1997). *Coaching.* Eschborn: RKW.

Whitmore, J. (1994). *Coaching für die Praxis – Eine klare, prägnante und praktische Anleitung für Manager, Trainer, Eltern und Gruppenleiter.* Frankfurt/M.: Campus.

Wolf, G. (1990). Voraussetzung für Lernen schaffen. *Gablers Magazin,* 4, S. 28–31.

Wolf, R. (1995). Hilfe zur Selbsthilfe. *Management & Seminar,* 10, S. 23–26.

Wunsch, R. (1993). Jungbrunnen für müde Manager. *Die Wirtschaft,* 34, 26.08.93, S. 28, 1. Sp.

TEIL III:
PRAXIS

So finden Sie den richtigen Coach

Britt A. Wrede

1 Die unternehmensinterne Personalentwicklung sucht geeignete Coaching-Anbieter

Die Voraussetzung dafür, dass Coaching im Unternehmen als Personal-entwicklungs-Maßnahme die gewünschten Resultate erzielen kann, wird von zwei Faktoren wesentlich bestimmt: Zum einen von der Kompetenz der Coachs; zum anderen ist zu beachten, dass im Unternehmen nach einem akzeptierten Coaching-Konzept vorgegangen wird und dass alles, was im Zusammenhang mit Coaching gelebte Praxis ist, von der Zielgruppe anerkannt wird, für die das Coaching-Angebot gedacht ist.

Kompetenz & Konzept sind entscheidend

Es ist zu erwarten, dass ein geplantes Coaching-Angebot nicht bzw. nicht mit der gewünschten Wirkung genutzt wird, wenn kein anerkanntes Konzept existiert, das an die Einstellung der Zielgruppe anknüpft. Im schlimmsten Fall besteht die Gefahr, dass das Coaching-Angebot in den Ruf kommt, „eine Psychotherapie für die Leistungsschwachen im Unternehmen" zu sein, oder ein Instrument der Manipulation, was eingesetzt wird, um bestimmte Personengruppen (z.B. den Führungsnachwuchs) auf die Firmenphilosophie „einzustimmen" und dergleichen mehr. Dies sind nicht brauchbare Mutmaßungen im Zusammenhang mit einer Maßnahme, die zur Unterstützung von Mitarbeitern eingeführt werden soll.

Zielgruppen-orientierte Konzepte

Ein Unternehmen, das darauf aus ist, sich den vollen möglichen Nutzen aus den zukünftigen Coachings zu realisieren, ist deswegen gut beraten, wenn es im Vorfeld in entsprechende Konzeptüberlegungen investiert, bevor es gezielt Kontakt zu Anbietern aufnimmt. So, wie im Coaching selbst das Ziel an den Anfang der Überlegungen gestellt wird, so sollte am Anfang der Suche nach einem Coach klar formuliert werden, was mit dem Einsatz des Coachings beabsichtigt ist. Die Praxis hat gezeigt, dass es einen sehr beschleunigenden Effekt hat, wenn in solche Konzeptüberlegungen ein erfahrener Coach einbezogen wird.

Konzeptüber-legungen vor der Coachsuche

Individuelles Konzept entwickeln

Die für den Coaching-Prozess verantwortlichen Personen sollten sich zunächst Klarheit über den eigenen Standort verschaffen und dann im Rahmen einer Beratung einen erfahrenen Coach nutzen, um ausgehend von diesem Standort ein maßgeschneidertes Coaching-Konzept für das Unternehmen zu entwickeln.

Im Folgenden finden sich die einzelnen Punkte beschrieben, zu denen die Personalentwicklung (PE) zieldienliche Vorüberlegungen angestellt und ggf. Entscheidungen getroffen haben sollte, bevor mit der Rekrutierung von Anbietern begonnen werden sollte.

Die hier vorgeschlagene (bedachte) Vorgehensweise ist auch dann zu empfehlen, wenn im Unternehmen bereits Coaching-Prozesse laufen, man aber in die Untersuchung gehen möchte, warum die Coaching-Angebote (noch) nicht die gewünschte Wirkung zeigen.

1.1   Die Standortbestimmung

Zielführende Überlegungen

Am Anfang zieldienlicher Vorüberlegungen steht die sogenannte Standortbestimmung. Im Fokus stehen dabei die folgenden Fragen:

- Welcher Personengruppe im Unternehmen soll Coaching als PE-Maßnahme angeboten werden?

- Welcher Anlass hat zu der Entscheidung motiviert, Coaching im Unternehmen als PE-Maßnahme einzuführen?

- Welche Resultate/Entwicklungen sollen durch Coaching im Unternehmen realisiert werden?

- Wer im Unternehmen knüpft Erwartungen welchen Inhalts an den Nutzen, den Coaching für das Unternehmen entfalten soll?

- Welchen Gefahren, die sich mit der Einführung eines Coaching-Angebots ergeben können, soll von Seiten der PE vorgebeugt werden?

Klärung der Anforderungen an den Coach

Sind diese Fragen ausreichend untersucht, ist eine gute Grundlage für die Entwicklung eines geeigneten Coaching-Konzepts geschaffen. Die Auseinandersetzung mit den Fragen liefern auch bereits erste Hinweise auf verschiedene Merkmale, die ein zukünftiger Coach im Unternehmen erfüllen muss, wenn er sich mit seiner Arbeit harmonisch und förderlich in die Kultur des Unternehmens einfügen soll. Das gilt auch, wenn es nicht für jede Frage nur eine Antwort gibt.

1.1.1   Welcher Personengruppe soll Coaching angeboten werden?

Grundsätzlich kann man sagen, dass es für einen Coach keine Kategorien gibt, nach denen er Menschen in Personengruppen einordnet. Es ist gerade das besondere am Coaching, dass der Coach sich immer dem einzigartigen Wesen seines Kunden zuwendet, um die diesem Wesen eigenen Potenziale freizulegen und sie für die Handhabung einer bestimmten Angelegenheit zu aktivieren. Dementsprechend zeichnet sich ein Coach dadurch aus, dass er nicht kategorisiert, sondern stets das einzigartige Wesen und sein besonderes Potenzial fokussiert.

Ein Coach kategorisiert nicht

Soll die hier angeratene Frage nach der Zielgruppe für ein Coaching-Angebot zu Hinweisen führen, die für die Entwicklung eines Coaching-Konzepts geeignet sind, so geht man so vor, dass man die Zielgruppe nicht nach besonderen „Verhaltens-/Unterlassungs- oder Erscheinungsmerkmalen" bestimmt, sondern nach ihrer Funktion im Unternehmen. Es weckt vergleichbar mehr Widerstand, die Einführung einer PE-Maßnahme für z.B. all die Führungskräfte anzubieten, die mit ihrem letzten Beurteilungsgespräch nicht einverstanden waren, als wenn man es für alle Führungskräfte einer bestimmten Führungsebene anbietet. Ähnliches gilt, wenn man Coaching all denen anbieten will, die man langfristig im Unternehmen halten und aufbauen will. In beiden Fällen wären die Coaching-Prozesse, die unter diesen öffentlich bekannten Überschriften eingeleitet würden der kritischen Aufmerksamkeit ihres Umfelds ausgesetzt – mit all den Konsequenzen, die sich noch zusätzlich aus der ungewöhnlich konsequent praktizierten Vertraulichkeit des Coachings ergäben.

Zielgruppen nach Funktion auswählen

Wesentlich leichter ist es dagegen die Zielgruppe nach ihrer Funktion im Unternehmen zu bestimmen. Man wählt dabei in der Einführungsphase die Personengruppe aus, von der man sich verspricht, dass sie den größten Nutzen aus dem Angebot schöpft und der Maßnahme selbst zu einem guten Ansehen im Unternehmen verhilft, z.B.:

- Führungskräfte einer bestimmten Führungsebene

- Führungskräfte aus einem bestimmten Geschäftsbereich

- Mitarbeiter in einem bestimmten Bereich

- Führungskräfte mit bestimmten Aufgaben

- Projektmanager

So vermeidet man die Stigmatisierung Einzelner und gibt keine Nahrung für Spekulationen und Gerüchte, die sich nachteilig auf den individuellen Coaching-Prozess auswirken könnten.

Stigmatisierungen vermeiden

**Coachs nach
Zielgruppen
auswählen**

Ist die Zielgruppe nach ihrer Funktion bestimmt, hat man gleichzeitig das erste Merkmal erarbeitet, das einen Anbieter als Coach in Frage kommen lässt. Der zukünftige Coach sollte mit den Besonderheiten, die die Funktion seiner Zielgruppe ausmachen, vertraut sein. Sei es, dass er selbst einmal in der Funktion tätig war oder Erfahrung im Coaching von Personen in der Funktion hat. Ein Coach beispielsweise, der einer Führungskraft im Vertrieb helfen soll, ihr Potenzial für die Handhabung ihrer Aufgabe freizulegen und zu aktivieren, sollte mit den Umständen des professionellen Vertriebs vertraut sein. Und ein Coach, der für Führungskräfte hilfreich sein soll, die auf große Entfernung Menschen führen, die sie nur selten persönlich treffen, sollte mit den Besonderheiten der Remote-Führung vertraut sein. So sichert man, dass sich das Coaching-Angebot ohne große Reibungsverluste und mit guter Akzeptanz bei der Zielgruppe in die Unternehmenslandschaft einfügt.

1.1.2 Welcher Anlass hat zu der Entscheidung motiviert, Coaching im Unternehmen als PE-Maßnahme zu verankern?

**Warum
ausgerechnet
Coaching?**

In dieser Frage stecken zwei Aspekte. Der eine Aspekt beantwortet die Frage, woraus ist die PE zum Einschreiten motiviert und der andere Aspekt berührt die Frage, was ließ die Entscheidung zugunsten der Maßname Coaching ausfallen. Beide Fragen sollten im Rahmen der zieldienlichen Vorüberlegungen gestellt werden und der Standort dazu bekannt sein. Bei der Frage nach dem Anlass für das Einschreiten ist es insbesondere wichtig, zwischen zwei großen Motiven zu unterscheiden.

- Das Motiv, proaktiv Potenziale von Menschen freizulegen und zu aktivieren, weil man sich z.B. eine Optimierung der Ergebnisse in Zukunft verspricht.

- Das Motiv, akute Missstände dadurch beheben zu wollen, dass man die an den Missständen Beteiligten zu neuen Verhaltensweisen aktiviert.

**Prävention
oder Krisen-
bewältigung**

Je nachdem, welches dieser beiden Motive für das aktiv werden der PE im Vordergrund steht, gibt es Hinweis darauf, womit der Coach, der für das eine oder das andere eingesetzt werden soll, vertraut sein soll. Ein Coach, der u.a. dafür genutzt werden soll, proaktiv Potenziale von Menschen zu aktivieren und sich dabei in eine Unternehmenskultur einzufügen, in der eine PE dafür antritt, sollte damit vertraut sein, in Möglichkeiten zu denken, ohne dass ein Problem dafür den Anlass gibt. Im Idealfall hat dieser Coach Erfahrung mit Coaching im Sport oder mit Kunden, die von weitreichenden Commitments geleitet werden. Ein Coach, der u.a. dafür genutzt werden soll, in akuten Missständen die Beteiligten zu neuem Verhalten zu aktivieren, sollte damit vertraut sein, in dem, was als Missstand bezeichnet wird, zu erkennen, was möglich und gewollt ist. Und er sollte damit vertraut sein, das Ideal in einer Angelegenheit zu focussieren, während die Beteiligten mehr mit ihrer Exculpation beschäftigt sind.

Bei der Frage nach dem Motiv für die Entscheidung zugunsten von Coaching ist außerdem die Frage zu beantworten, ob Coaching in Unterscheidung zu anderen Maßnahmen gewählt wurde. Hier kommt es im wesentlichen auf ein Unterscheidungskriterium an. Während in einer „punktuellen" Maßnahme zur Persönlichkeitsentwicklung (z.B. einem Führungsseminar) das Denken, Sprechen und Handeln des Teilnehmers auf einen von der Veranstaltungsleitung vorab bestimmten Inhalt ausgerichtet ist, strebt man im Coaching nach Freisetzung des beim Teilnehmer ruhenden aufgaben- und zielrelevanten Potenzials. Es ist anders, als bei anderen Maßnahmen nicht vorab bestimmt, über welche Angelegenheiten der Coaching-Nehmer nachdenken wird, um sich das von ihm angestrebte Ziel zu erschließen. Er wird denken, kommunizieren und handeln, wie er es als notwendig und geeignet erkennt, und nicht, wie jemand anderes ihm als adäquat aufträgt. Wer Coaching als Maßnahme im Unternehmen anbieten möchte, sollte bewusst diese Eigenständigkeit der Coaching-Nutzer im Denken, Sprechen und Handeln anstreben. Ist das nicht gewollt oder nur billigend in Kauf genommen, während im größeren Maß Einflussnahme auf die Vorgehensweise des Einzelnen gewünscht ist, kann Coaching sich als Maßnahme nicht in die Unternehmenskultur einfügen. Es wird sehr schnell zu Reibungsverlusten und zur schwindenden Akzeptanz der Maßnahme führen, wenn es trotzdem angeboten wird. Diese Frage – die Frage, ob das Coaching-Spezifische gewollt ist – lässt sich schnell und ohne großen Aufwand in einer Coaching-Beratung klären.

Ist Eigenständigkeit im Denken, Sprechen und Handeln gewünscht?

1.1.3 Welche Resultate/Entwicklungen sollen durch das Coaching realisiert werden?

Wird diese Frage im Rahmen der Vorüberlegungen untersucht, praktiziert man bereits eine coaching-typische Denkweise und begibt sich damit automatisch in Resonanz mit dem, was Coaching zur Verfügung stellt. Aus präzise bestimmten Absichten lässt sich leicht ableiten, wie man bei der Einführung von Coaching im Unternehmen vorzugehen hat, damit es diesen Absichten zuträglich ist. Strebt man z.B. mit dem Coaching eine Steigerung der Vertriebsergebnisse durch Aktivierung von eigeninitiativem, zieldienlichem Engagement an, fördert man die Einführung der Akzeptanz von Coaching in diesem Bereich, wenn man im Vorfeld die Attraktivität der angestrebten Entwicklung bei den Beteiligten steigert. Oder strebt man mit dem Coaching die Aktivierung bisher nicht genutzter krea-

Zielorientiertes Denken

tiver Potenziale an, um dann in einen Geschäftsbereich hinein zu wachsen, der diese Potenziale nutzen kann, fördert man die Akzeptanz und die Resultate von Coaching, wenn man gleichzeitig Projektaufgaben im Unternehmen überträgt, die eben dieses Potenzial abrufen. Was mit dem einzuführenden Coaching als PE-Maßnahme beabsichtigt wird, gibt also einen deutlichen Hinweis darauf, auf welche Weise es im Unternehmen eingeführt werden sollte. Auch hier kann ein erfahrener Coach im Rahmen der Coaching-Beratung hilfreiche Hinweise geben, wie man die gewünschte Absicht bereits bei der Einführung des Coaching-Angebots optimal fördert. Außerdem gibt eine präzise bestimmte Absicht auch wieder Hinweise darauf, womit der noch zu findende Coach vertraut sein sollte. Ein Coach, der vor allem für die Realisierung messbarer Resultate genutzt werden soll, muss vertraut sein mit dem Gesetz von Ursache und Wirkung. Er muss vorausschauend erkennen können, ob das von seinem Kunden praktizierte Denken, Sprechen und Handeln geeignet ist, in die angestrebten Resultate zu münden. Man erkennt so einen Coach daran, dass er schnell und engagiert auf dieses Thema zu sprechen kommt und er immer nach messbaren Zielerreichungsindikatoren sucht. Ein Coach, der vor allem dafür eingesetzt werden soll, dass „kreative Entwicklungsprozesse" aktiviert werden, muss damit vertraut sein, den aus einer Bewegung verfügbaren Nutzen schöpfbar zu machen, ohne die Entwicklung selbst anzuhalten. Man erkennt einen solchen Coach daran, dass er sich selbst als Initiator vieler Entwicklungen beschreibt und er sich in Kreativitätstechniken besser auskennt als andere. Und auch dabei, diese differenzierten Qualitäten eines Anbieters zu erkennen, kann ein erfahrener Coach als Coaching-Berater helfen.

Absichten erkennen und umsetzen (margin)

1.1.4 Wer im Unternehmen knüpft Erwartungen welchen Inhalts an den Nutzen, den Coaching für das Unternehmen entfalten soll?

Bei dieser Frage der Standortbestimmung geht es u.a. darum, die ausgesprochenen und vermuteten Erwartungen der Verantwortlichen im Unternehmen zu listen – und zu benennen, welchen dieser Erwartungen soll das Coaching-Angebot im Unternehmen gerecht werden und welchen nicht. Beides ist sowohl gegenüber dem Coach zu kommunizieren als auch auf Anfrage aufrichtig dem Coaching-Nutzer mitzuteilen. Unproblematisch ist es dabei mit den Nutzenerwartungen, die mit den allgemein anerkannten ethischen Grundsätzen vereinbar sind. Problematisch dagegen sind die meist nicht öffentlich mitgeteilten Erwartungen, z.B. dass sich durch das Coaching die Leistungselite herausschälen wird und die langfristig nicht geeigneten Mitarbeiter erkannt werden. Hier sollen nicht alle denkbaren Manipulationen oder nicht integeren Erwartungen aufgelistet werden, die in der Praxis z.B. bei Personalvorständen zu beobachten sind. Sonst könnte noch der Eindruck entstehen, hier solle für den Einsatz von Coaching

Erwartungen konkretisieren (margin)

für „unlautere Ansinnen" geworben werden. Als wichtig ist in diesem Zusammenhang nur darauf hinzuweisen, dass im Rahmen der vorweggenommenen Standortbestimmung die vermuteten „unlauteren" Erwartungen der Verantwortlichen gelistet werden und beschlossen wird, diese nicht über ein Coaching-Angebot zu bedienen. Im Rahmen des zu entwerfenden Coachings-Konzepts sollte eine Aussage darüber getroffen werden, wie man sicherstellt, dass die zu erwartende Enttäuschung sich nicht nachteilig auf die Ein- und Durchführung der Coaching-Angebote auswirkt. Hat man als Entscheidungsgremium in der PE seinen Standpunkt in dieser Frage geklärt, hat man sich bereits einen weiteren Hinweis auf den für diesen Bereich geeigneten Coach erobert. Ein Coach, der im Kontext einer solchen Dissonanz eingesetzt werden soll, sollte Erfahrung haben mit der Situation, dass an seinen Einsatz Erwartungen geknüpft sind, die zu erfüllen er nicht bereit ist. Man erkennt ihn daran, dass er ein unverrückbares Konzept hat, mit dem er die Vertraulichkeit einerseits und die Effektivitätskontrollen andererseits möglich macht, ohne dass Inhalte und personenbezogene Besonderheiten, die ihm aus der Coaching-Beziehung bekannt geworden sind, angesprochen werden müssen.

Enttäuschungen berücksichtigen

1.1.5   *Welchen Gefahren, die sich mit der Einführung eines Coaching-Angebots ergeben, soll von Seiten der PE vorgebeugt werden?*

Zu jedem Licht gehört auch das Dunkel. Und so holt man sich mit der lichten Möglichkeit des Coachings immer auch die Möglichkeit der Schattenseite ins Haus. Im Zusammenhang mit Coaching als Angebot durch die PE sind auf der Schattenseite insbesondere zu erwähnen:

* die Möglichkeit der Stigmatisierung der Coaching-Nutzer als Versager usw. (Führungsakzeptanzkrisen)

Stigmatisierung

* die Möglichkeit der gerüchteweisen Verbreitung mutmaßlicher Coaching-Inhalte (Vertrauenskrisen)

Vertrauenskrise

* die Möglichkeit der Manipulation von Mitarbeitern durch externe Kräfte mit viel Einflussmöglichkeit (Loyalitätskrisen)

Loyalitätskrise

Welche solcher Schatten sich im Unternehmen zu echten Gefahren entfalten können, hat ganz entscheidend etwas mit der Unternehmenskultur zu tun. Man wird auf diese möglichen Gefahren u.a. dadurch aufmerksam, dass man sich von Menschen aus dem Unternehmen mitteilen lässt, welche Gründe dafür sprechen, kein Coaching-Angebot im Unternehmen einzuführen. Greift man das Wesentliche der jeweiligen Argumentation auf und stellt sich vor, dass diese Möglichkeit an mehr als einem Platz im

Ursachen liegen in der Unternehmenskultur

Unternehmen real wird, bekommt man ein Gespür dafür, ob die Möglichkeit eine ernst zu nehmende Gefahr darstellt, oder nicht. Für die Coaching-Beratung ist auch hier wieder ein guter Grund genannt. Ein mit verschiedenen Unternehmen erfahrener Coach kann Hinweise geben, wie solche Gefahren neutralisiert bzw. wie mögliche Krisen zu gegebener Zeit gehandhabt werden können.

Der Coach braucht Erfahrung mit Krisen

Was die Hinweise auf einen für den Unternehmenskontext geeigneten Coach betrifft, so ergibt sich aus den am Ende der oben angeregten Überlegungen, dass der gesuchte Coach mit der Handhabung der denkbaren Krisen und möglichen Gefahren vertraut sein sollte. Ob das der Fall ist, kann eine entsprechende Frage im ersten Gespräch leicht klären.

Vorüberlegungen sichern den späteren Erfolg

Auf der Basis der hier angeregten Vorüberlegungen lässt sich ein Coaching-Konzept entwickeln, das die für das Gelingen der Einführung eines Coaching-Angebots im Unternehmen relevanten Aspekte bedient. Nimmt man das Ergebnis dieser Standortbestimmung und arbeitet mit einem Coach als Coaching-Berater ein passendes Konzept aus, hat man eine gute Grundlage dafür geschaffen, dass das Coaching-Angebot und die Anbieter selbst mit einem hohen Maß an Akzeptanz und an Glaubwürdigkeit von der Zielgruppe aufgenommen werden. Und das ist die Basis dafür, dass das Coaching-Angebot den gewünschten Nutzen für das Unternehmen realisiert. Im Anschluss sind die verschiedenen Fragen in Form eines Fragebogens, der in der Praxis zur Einleitung zieldienlicher Vorüberlegungen genutzt wird, zusammengefasst.

1.2 Der grobe Rahmen für das Coaching-Angebot im Unternehmen

Ist man sich grundsätzlich darüber einig, dass es zukünftig ein Coaching-Angebot für eine bestimmte Zielgruppe geben soll, und hat man sich Klarheit darüber verschafft, was damit erreicht werden soll, geht man im nächsten Schritt daran, die Rahmenbedingungen für das Angebot zu benennen. Dann legt man fest, auf welche Weise man der Zielgruppe das Angebot antragen will. Die eigentliche Konzeption des unternehmensinternen Coaching-Modells beginnt. Während der Arbeit am Konzept kristallisieren sich Punkt für Punkt die Merkmale heraus, die ein Coach auf sich vereinen muss, wenn er als „geeigneter" Coach in Frage kommen soll. Die gleiche Vorgehensweise ist zu empfehlen, wenn ein bereits vorhandener Coachpool im Unternehmen durch zusätzliche Anbieter erweitert werden soll. Man findet den geeigneten Coach nur dann, wenn man vorher benannt hat, was die Eignung ausmacht, um dann unter den Anbietern gezielt nach denen Ausschau zu halten, die die entsprechenden Merkmale auf sich vereinen. Das heißt, im Rahmen der konzeptionellen Arbeit werden an dieser Stelle folgende Fragen geklärt:

Erarbeitung des Coaching-Modells

- professionelle, externe Coachs oder den Vorgesetzten als Coach?

- Coaching in Form vertraulicher Einzelsitzungen oder im Rahmen von Trainingsmaßnahmen im Gruppenverband

- Kostenübernahme durch das Unternehmen – ganz oder teilweise

- die vertraglichen Regelungen der Angebote

In den anschließenden Abschnitten werden die Besonderheiten, die in diesen Fragen zu entscheiden sind, kurz dargestellt. Im Anschluss an jede Darstellung findet sich je ein Vermerk, wie sich die Entscheidung als Kriterium bei der Suche geeigneter Coaching-Anbieter auswirkt.

1.2.1 Externer Coach oder den Vorgesetzten als Coach?

Ein Coach wird dadurch zum Coach, dass er von jemandem zu dessen eigener Befähigung in Anspruch genommen wird. Dabei ist es unerheblich, ob sich diese Befähigung im Rahmen einer privaten oder beruflichen Beziehung ereignet, mit einem professionellen Anbieter oder mit jemandem, der ohne entsprechende Profession natürlicherweise die Begabung zur befähigenden Zuwendung hat. Auch ist es bedeutungslos, ob jemand z.B. auf Grund einer charismatischen Erscheinung zum Vorbild für andere wird und seine Äußerungen ohne weiteres Zutun eine befähigende Wirkung bei anderen entfalten. All das kann man als Coaching bezeichnen, wenn es dazu führt, dass da heraus ein bestimmtes gewünschtes Ergebnis zum gewünschten Termin erreicht wird. Geht man von dieser These aus, ist es leicht vorstellbar, dass auch ein Vorgesetzter gegenüber seinen Mitarbeitern eine befähigende Wirkung hat. Eine Wirkung, die er – wenn nötig – auch aktiv hervorrufen kann. Fraglich ist also nicht, ob es möglich ist, dass ein Vorgesetzter Coach für seine Mitarbeiter sein kann. Fraglich ist, ob es möglich und sinnvoll ist, diese Möglichkeit zu institutionalisieren. Ohne an dieser Stelle breit über das Thema Möglichkeit zu philosophieren, sei kurz und zutreffend gesagt: Ja, man kann diese Möglichkeit institutionalisieren.[1] Man kann ein System im Unternehmen verankern, das den Vorgesetzten als Coach deklariert und ihn zu jemandem werden lässt, der auf die Menschen seiner Umgebung befähigenden Einfluss hat. Es ist anzunehmen, dass die Inanspruchnahme der Vorgesetzten als Coachs durch ihre Mitarbeiter nach und nach zunimmt. Fraglich bleibt, ob der Aufwand gerechtfertigt ist, wenn externe Anbieter bereit und in der Lage sind, das Volumen an Coaching-Anliegen sofort zu bedienen und unter den Anbietern ausreichend viele für das Unternehmen „geeignete" zu finden sind.

Ein Coach befähigt

Der Vorgesetzte als Coach ist möglich

---

[1] Siehe Whitmore (1996).

Gerechtfertigt wäre es in jedem Fall dann, wenn über die Bereitstellung eines Coaching-Angebots die Unternehmenskultur im Kulturaspekt Führung/Umgang miteinander/Zielbindung oder dergleichen verändert werden soll. In dem Fall würde sich der Aufwand lohnen, die natürlichen Fähigkeiten eines Vorgesetzten, die er einsetzt, um seine Mitarbeiter „fit für die anstehenden Aufgaben zu machen", so weiter zu entwickeln, dass er zu jemandem wird, in dessen Einflussbereich alle Mitarbeiter Befähigung durch ihn erfahren. Soll mit dem Coaching-Angebot aber zunächst nur ein

Externer Coach oft ratsamer

weiteres Instrument zur PE angeboten werden, lohnt dieser Aufwand nicht. Vielmehr ist zu empfehlen, auf geeignete externe Anbieter zurück zu greifen. Selbstverständlich gilt, dass diese externen Anbieter bereits professionell als Coach tätig gewesen sein sollten. Um professionell als Coach erfolgreich zu sein, reicht es nicht aus, dass man sich als Fachkraft in der Branche bewährt hat oder in dem Aufgabenbereich der Zielgruppe, die durch ihn bedient werden soll. Ein professioneller Coach sollte so qualifiziert sein, dass er bereit und in der Lage ist, jeden Menschen, der ihm mit seinem Coaching-Anliegen begegnet, unmittelbar befähigt zu hinterlassen. Und das kann man nur dann voraussetzen, wenn der Anbieter seine Aufgabe in dieser Weise definiert sieht und damit nachweislich bereits für Unternehmen (professionell) tätig gewesen ist. Mit diesem Konzeptpunkt haben sich als weitere Merkmale für einen „geeigneten" Coach heraus kristallisiert:

- nachweisliche Professionalität

- eine befähigende Wirkung im Kontakt mit Menschen (kann man im Erstgespräch anhand einer aktuellen Frage prüfen)

Methoden sind nicht entscheidend

Wichtig in diesem Zusammenhang sei noch zu erwähnen, dass die Hinweise von Anbietern auf NLP-Techniken, systemische Denkmodelle, TA; TZI (s. Glossar) uvm. keine Hinweise auf die Qualifikation als Coach darstellen. Sie geben allenfalls einen Hinweis darauf, mit welchem Menschenbild und mit welchem Denkmodell der Anbieter sich vertraut gemacht hat, um seine ontologischen oder anthropologischen Untersuchungen anzureichern. Nicht aber darüber, ob er seine dabei gewonnenen Erkenntnisse zur unmittelbaren individuellen Befähigung erfolgreich einsetzen kann.

1.2.2 *Coaching in Form vertraulicher Einzelsitzungen oder im Rahmen von Trainingsmaßnahmen im Gruppenverband?*

Es ist immer noch viel zu wenig bekannt, dass sich gerade in Unternehmen, in denen ganze Führungsebenen durch Coaching-Angebote unterstützt werden sollen, Trainingsprogramme mit Coaching-Einlagen besonders gut eignen. Von dieser zunächst aufwendig erscheinenden Möglichkeit machen immer noch viel zu wenige Unternehmen Gebrauch. Teilweise, weil die Zuständigen von dieser Möglichkeit nicht wissen, aber auch, weil man sich oft nicht vorstellen kann, wie Vertraulichkeit und Gruppenveranstaltung miteinander harmonieren können. Dabei hat sich in der Praxis gezeigt, dass die Teilnehmer eines solchen Trainingsprogramms mit qualifiziertem Coaching-Anteil im Anschluss daran über Jahre keine weitere Maßnahme zur Entwicklung ihrer Persönlichkeit und Leistung brauchen.

Kombination von Training und Coaching

Ohne hier ausführlich darauf einzugehen – wie die Struktur im einzelnen beschaffen sein muss, damit es funktionieren kann – sei hier auf die grobe Struktur eines solchen Programms hingewiesen und kurz dargestellt, für welche Zielgruppe es sich als geeignet erwiesen hat. Es werden in einer Trainingsgruppe, z.B. 10–12 Personen, zusammengefasst, die sich zu Beginn des Trainings verpflichten, eine herausfordernde Angelegenheit aus ihrem Geschäftsbereich innerhalb der Trainingszeit mit gewünschtem Ergebnis abzuwickeln. In regelmäßig stattfindenden Trainingsveranstaltungen wird Lernstoff vermittelt, der den Verstand anregt, produktiv für die jeweils zu meisternde Aufgabe zu arbeiten. Zwischen den Veranstaltungsterminen wird der einzelne Teilnehmer per Coaching unterstützt, seine zielwidrigen Verhaltensweisen durch zieldienliche zu ersetzen. Allein die regelmäßige Rückmeldung der Teilnehmer über ihren aktuellen Ergebnisstand in den Veranstaltungen haben einen stark selbstmotivierenden Effekt auf die anderen Teilnehmer. Es werden in diesem Rahmen auch sonst zurück gehaltene Dinge kommuniziert, und man entdeckt, dass man sich mit manch einer persönlichen Leistungsblockade in guter Gesellschaft mit anderen im Unternehmen befindet. Ist die strenge Vertraulichkeit geregelt und gelebte Praxis, wird die Teilnahme an so einem Trainingsprogramm mit integriertem Einzel- und Gruppen-Coaching zu einer um ein vielfaches beschleunigten Wachstumserfahrung. Ein solches Angebot eignet sich besonders für eine Zielgruppe mit gleichem Aufgabenprofil, z.B. die Filialleiter einer Bank oder die Regionalleiter einer Versicherung; oder z.B. Projektmanager mit interdisziplinären Projektteams oder sogenannte Multiplikatoren in Unternehmen. Es hat sich gezeigt, dass ein derartiges Trainingsprogramm auch ein gutes Einstiegsprodukt bei der Einführung eines Coaching-Angebots im Unternehmen ist. Der messbare Erfolg ist für alle sichtbar und wird zum Maßstab für gutes Coaching im Unternehmen.

Ablauf einer Kombination

Coaching unterstützt zwischen den Terminen

Zielgruppen mit gleichen Aufgabenprofilen

Daneben gibt es das klassische Coaching im Zwiegespräch mit seinen modernen Abwandlungen des Telefon-Coachings (s. Glossar) und des Coachings per E-Mail, wie es heute auch schon praktiziert wird. Wobei zu beachten ist, dass diese Möglichkeiten des Tele-Coachings immer nur als Besonderheiten im Rahmen einer funktionierenden persönlichen Coa-

„Klassisches Coaching"

ching-Beziehung anzusehen sind und nicht als eigenständige Coaching-Form die im Unternehmen angeboten werden sollten.

Im Rahmen der konzeptionellen Überlegungen sollte geprüft sein, welche der bekannten Möglichkeiten sich für das aktuell zu bedienende Coaching-Vorhaben eignen und welcher Möglichkeit man den Vorzug gibt. **Auswahl des Anbieters nach jeweiliger Zielsetzung** Hat man diese Frage beantwortet, kann man der „Eignungsliste" weitere Kriterien hinzufügen. Will man ein Trainingsprogramm mit Coaching-Anteil, sollte der Anbieter in dieser Arbeitsweise Erfahrung und Erfolge aufweisen. Will man Coaching nur im persönlichen Zwiegespräch, braucht man Anbieter, die bereit und in der Lage sind, dem damit verbundenen Reise- und Organisationsaufwand gerecht zu werden. Will man ein Angebot, in dem verschiedene Kontaktmöglichkeiten variiert werden, braucht man Anbieter, die nachweislich auch unter solch wechselnden Arbeitsbedingungen befähigende Wirkung entfalten können.

1.2.3   *Kostenübernahme durch das Unternehmen ganz oder teilweise?*

Als kaum hinterfragte Selbstverständlichkeit gilt, dass das Unternehmen als Veranlasser einer PE-Maßnahme auch für deren Kosten aufkommt. Das hat u.a. etwas mit der in der Geschichte propagierten Fürsorgepflicht und ihren daraus abgeleiteten Standpunkten der Tarifparteien zu tun. Neben den daraus resultierenden Vorteilen, die auf beiden Seiten wohl gleich verteilt sind, birgt diese Praxis für die Coaching-Beziehung einen großen Nachteil in sich. Nicht der Coach und der Coaching-Nutzer sind vertraglich miteinander verbunden, sondern der Coach und eine seinem **Drittinteressen sind zu berücksichtigen** Kunden übergeordnete Instanz im Unternehmen (i.d.R. Personalvorstand, vertreten durch Mitarbeiter der PE). Der Coaching-Nehmer steigt bei Inanspruchnahme des Coachings in einen Vertrag ein, den jemand anderes unter Berücksichtigung und zur Wahrung seiner Drittinteressen mit seinem Coach geschlossen hat. Coach und Coaching-Nehmer sind nicht frei, das Coaching-Volumen selbst zu bestimmen. Auch entfällt der Faktor, dass der Kunde durch das Erbringen einer (an der „Schmerzgrenze" angesetzten) Geldleistung stärker motiviert ist, einen adäquaten Gegenwert für **Motivation des Coaching-Nehmers durch das Honorar** sich sicherzustellen. An dieser Stelle soll nicht die Frage erörtert werden, ob es richtig ist, individuelles Einzelcoaching unter Vertragsbindung mit Drittinteressen durchzuführen. Für den Fall, dass das so gewollt ist, sei darauf hingewiesen, dass diese Konstruktion besonderer Vorkehrungen bedarf. Es braucht einen Coach, der erfahren ist mit der Handhabung unterschiedlicher Erwartungen, die in ein und derselben Angelegenheit an ihn gerichtet sind. Einen Coach, der Verschwiegenheit auch in Krisenzeiten wahrt, z.B. wenn sein zahlender Vertragspartner ihm vorwirft, die gewünschten Resultate/Entwicklungen nicht bewirkt zu haben, oder gar behauptet, alles was passiert sei, wäre auch ohne Mitwirken eines Coachs so passiert. Ohne auf funktionierende Vereinbarungen und Abläufe verändernd Einfluss nehmen zu wollen, sei hier noch auf ein Kostenmodell hingewiesen, das bei der Einführung eines Coaching-Angebots bedacht werden sollte. Der Zielgruppe, der Coaching angeboten werden soll, wird ein bestimmter Etat zugedacht. Dieser Etat wird auf Personen p.a. umgerechnet und dem Einzelnen als Coaching-Etat zur Verfügung gestellt. Jeder, der Coaching für sich in Anspruch genommen hat, hat die Wahl, ob er die Kosten dafür vom Unternehmen erstattet haben möchte oder ob er sie aus seinen eigenen Finanzmitteln bestreitet. Entschließt er sich für Kostenerstattung, muss er den Nachweis der Kompetenz seines Coachs bringen und den Nachweis, dass es für die Ergebnisse/Entwicklungen in seinem Aufgabenbereich von Nutzen war. Ein Verfahren, analog zu dem im Gesundheitswesen.

Bezahlung aus einem Coaching-Etat

Ist diese konzeptionelle Frage geklärt, haben sich weitere Merkmale herauskristallisiert, die der gesuchte „geeignete" Coach auf sich vereint. Ein Coach, der eine Vertragsvereinbarung mit dem Unternehmen eingehen soll, sollte Erfahrungen und Erfolge in Aufträgen mit zwei Auftraggebern nachweisen können. Und er muss die wirtschaftliche Unabhängigkeit von seinem zahlenden Vertragspartner nachweisen und aufrecht halten können (immer nur ein Auftragsvolumen so groß, dass genug Spielraum für andere geschäftliche Aktivitäten bleibt). Die Praxis zeigt, dass viele Kunden vom Coaching-Angebot in Unternehmen keinen Gebrauch machen, sondern sich lieber einen Coach am freien Markt suchen und die Kosten dafür selbst tragen. Hierin zeigt sich nicht selten mangelndes Vertrauen gegenüber der Personalabteilung und/oder dem aus dem Coachpool abrufbaren Anbieter. Es ist davon auszugehen, dass es ebenso viele Menschen gibt, die nicht den Weg zu einem Anbieter finden, obwohl sie das im Unternehmen verfügbare Angebot aus gleicher Sorge nicht in Anspruch nehmen. Möglicherweise geht dadurch dem Unternehmen Potenzial der eigentlichen Zielgruppe verloren. Aus dieser Praxiserfahrung ist zu raten, sich für ein Kostenübernahmemodell zu entscheiden, das dem Coaching-Nutzer die besten Möglichkeiten bereitet.

Ein Coach braucht Erfahrung mit zwei Auftraggebern

Misstrauen gegenüber der Personalabteilung

1.2.4 Vertragliche Regelung der Angebote

Es ist davon auszugehen, dass ein professionell als Coach tätiger Anbieter ein Vertragswerk zur Regelung seiner Interessen parat hat. Dieses Vertragswerk gibt dem, der in solchen Texten zu lesen weiß, eine Vielzahl von Hinweisen auf die Einstellung, die der Coach gegenüber seinen Auftraggebern einnimmt. Unabhängig davon, was in diesem Vertragswerk zu lesen ist, sollte von Seiten der Personalentwicklung ein Vertrag vorgelegt werden, der dem Coach möglichst viel Gestaltungsfreiheit für die Beziehung zum Coaching-Nehmer lässt und andererseits die vereinbarten Re-

Klare Regeln

gelungen in den wichtigen Fragen vollständig und eindeutig wiedergibt. Solche wichtigen Fragen sind u.a.

Vertragsinhalte

a) Wer sind die Vertragsparteien
   - auf Seiten des Coachs kann es der Coach selbst sein, oder ein Institut, für das er tätig ist.

b) Mantelvertrag oder Einzelverträge
   - zu empfehlen sind Einzelverträge. Das gibt beiden Seiten die Möglichkeit, auf sich verändernde Umstände schnell zu reagieren, ohne einen laufenden Vertrag immer wieder ändern zu müssen. Außerdem kommen beide Seiten leichter aus der Geschäftsbeziehung wieder heraus.

c) Die gegenseitig zugesagten Leistungen beschreiben
   z.B.
   - der Coach stellt sein befähigendes Engagement gem. eines schriftlichen Angebots zur Verfügung
   - das Unternehmen sichert ihm die gewünschten Rahmenbedingungen für seine Arbeit zu
   - der Coaching-Nehmer engagiert sich mit einer Eigenleistung, z.B. Privatzeit oder ausschließlich mit seiner aktiven Nutzung des Angebots.

d) Erfüllung
   z.B.
   - der Coach hat seine zugesagte Leistung erbracht, wenn er zur vereinbarten Zeit am vereinbarten Ort einsatzbereit mit seiner angebotenen Leistung zur Verfügung stand
   - auf Seiten des Unternehmens wird das „Wie" und „Wo" und „Wann" der Zahlungserbringung geregelt.

e) Haftung
   - zu empfehlen ist, den Coach nicht über den gesetzlichen Rahmen hinaus in Anspruch nehmen zu wollen. In der Praxis hat sich bewährt, dass der Coach bei Nichterbringung seiner Leistung mit seinem Honorar haftet und ansonsten keine Haftungsgründe Anwendung finden
   - auf Seiten des Unternehmens ist an eine Haftung allenfalls wegen Rücktritt vom Vertrag zu denken, die dann ebenfalls auf das vereinbarte Honorar beschränkt sein sollte.
   In diesem Zusammenhang sei erwähnt, dass es nicht unüblich ist, dass ein professioneller Anbieter für den Fall des Rücktritts bei voller Zahlungspflicht einen Teil des erhaltenen Honorars als Bonus auf mögliche spätere Leistungen bereit hält.

f) Verschwiegenheit
    - die Verschwiegenheit des Coachs sollte sich auf alle Angelegen-
      heiten beziehen, von denen er Kenntnis dadurch erhält, dass er als
      Coach im Unternehmen tätig ist.

g) Vertretbarkeit
    der Absprachen die der Coach mit dem Coaching-Nehmer zusätzlich
    treffen will
    - sie sollten nicht in unvertretbarer Weise gegen die in der Zielgruppe
      gelebten Werte und Standards verstoßen.

Hat man sich entschieden, wie man diese vertraglich zu fixierenden Angelegenheiten geregelt wissen möchte, ist man wieder um einige Hinweise darauf, welche Merkmale ein „geeigneter" Coach auf sich vereinen
sollte, reicher. Man kann eine Aussage darüber machen, welche Einstellung der Coach zum Unternehmen und zu seinen Kunden haben sollte.
Die Praxis hat gezeigt, dass die Akzeptanz der Coaching-Angebote in Unternehmen größer ist, wenn zwischen PE und Coach von vornherein eine
große Übereinstimmung bei den zu regelnden Angelegenheiten besteht.

**Welche Einstel-
lung muss der
Coach haben?**

Aus diesen grob skizzierten Rahmenbedingungen und den Ergebnissen
der Standortbestimmung ergeben sich eine Menge Hinweise darauf, welche Merkmale der Coach und sein Coaching-Angebot erfüllen muss, damit er als geeignet anzusehen ist.

1.3   Passende Anbieter finden

Nachdem die Merkmale erfasst sind, die einen Anbieter zum geeigneten
Coach für ein Coaching-Angebot im Unternehmen machen, geht es im
nächsten Schritt darum, geeignete Anbieter am Markt zu finden. Was man
in der Phase der ersten Kontaktaufnahme beachten sollte, um sicherzustellen, dass der Anbieter auch bereit und in der Lage ist, seine Dienstleistung mit dem gewünschten Effekt zu erbringen.

**Beachtenswertes
bei der Kontakt-
aufnahme**

1.3.1   Aktive Suche versus Ausschreibung

Eines der Grundprinzipien im Coaching-Prozess ist, dass der Kunde zum
Coach geht mit seinem Ersuchen um Unterstützung. Nicht der Coach zum
Kunden mit seinem Angebot. Diesem Grundprinzip ist ein kompetenter
Coach konsequent verpflichtet. Folglich hält er nicht Ausschau danach,
wo er gerade gebraucht werden könnte, um dann ein entsprechendes Angebot zu unterbreiten. Die Einhaltung dieses Prinzips stellt u.a. sicher,
dass der Coaching-Nehmer sich seiner aktiven Beteiligung an seiner eigenen Befähigung bewusst ist. Und sie dokumentiert, dass er verstanden hat,

**Der Kunde sucht
den Coach –
nicht umgekehrt**

dass er sich für das Gelingen des Coaching-Prozesses stärker zu engagieren hat, als der Coach. Es ist zu empfehlen, sich aktiv auf die Suche nach Anbietern zu machen und die Anbieter ausfindig zu machen, die darauf warten können, dass sie gefunden werden. So hat man Gelegenheit, diejenigen zu finden, die das „Nicht abhängig sein vom Kunden" praktizieren und nicht nur verbal deklarieren. Auf Ausschreibungen jedenfalls werden u.a. die reagieren, die aktiv auf der Suche nach Kunden sind und von denen man nicht mit Sicherheit sagen kann, dass sie ihre Unabhängigkeit wirklich organisiert haben.

Ist der Coach (finanziell) unabhängig?

1.3.2   *Wo man verschiedene Anbieter findet*

Die Frage unter dieser Überschrift lautet, wo man Anbieter *guter Qualität* findet.

*   Internet
    Hier sind unter dem Begriff Coaching viele Anbieter vertreten. Man findet zahlreiche Hinweise auf Homepages, denen dann wiederum viele wohl differenzierte Einzeldarstellungen zum Thema Coaching, und was in diesem Zusammenhang angeboten wird, zu entnehmen sind. Als Kenner kann man herauslesen, wer wirklich etwas vom Coaching versteht oder wer den Begriff zur Imageverbesserung seiner Produkte nutzen will. Ein Nicht-Szeneist kann sicher nicht entdecken, welche der Anbieter sich am Markt bewährt haben und welche die gemachte Selbstdarstellung im Kundenkontakt auch erfüllen können. Will man wirklich gute Qualität, ist eine allgemeine Suche im Internet als uneffektiv anzusehen. Zudem sind viele Anbieter, die wegen ihrer Qualität gefragt sind, im Internet nicht über eine Selbstdarstellung zu finden, sondern darüber, dass über ihre Arbeit gemachte Veröffentlichungen im Internet erfasst werden (s.a. Kapitel 2.2.2, S. 283).

Das Internet ist unübersichtlich

*   Fachzeitschriften und Veranstaltungen
    Eine der wohl ergiebigsten Quellen sind die Fachzeitschriften. Recherchiert man hier zum Thema Coaching, findet man die unterschiedlichsten Anbieter, die durch Interviews z.B. an dem Entstehen von Artikeln mitgewirkt haben. Geht man von den Zeitschriften aus, die in der PE die größte Resonanz finden und nimmt Kontakt zu den dort zitierten Anbietern auf, hat man eine weitaus größere Trefferchance als beim Internet oder auch als bei Empfehlungen durch PE anderer Unternehmen. Die Coaching-Modelle und die Coaching-Anliegen sind so typverschieden, dass solche Empfehlungen i.d.R. nicht viel hergeben. Eine Fachveranstaltung, auf der einem ein Anbieter als geeignet auffällt – ob als Referent oder als Teilnehmer – bietet ebenfalls eine gute Gelegenheit, zu einem geeigneten Anbieter zu finden. Bei Anzeigen in Fachzeitschriften gilt das gleiche wie bei Selbstdarstellungen in Inter-

Zeitschriften sind eine ergiebige Quelle

net. Sie geben ebenfalls den Hinweis darauf, wo jemand ist, der sich als Coach bezeichnet, nicht aber darauf, mit welcher Qualität man in Kontakt gerät, wenn man der Einladung folgt. Ein Coach dagegen, der in einem Presseinterview der Fachpresse zur Stellungnahme gebeten wird oder um einen Beitrag auf einer Fachveranstaltung, hat zu irgendeinem Anlass bereits gezeigt, dass er zu qualifiziertem Engagement bereit und in der Lage ist. Findet sich dieser Beitrag in einer Zeitschrift oder im Rahmen einer Veranstaltung, der man mit großer Zustimmung begegnet, so kann man davon ausgehen, dass es mehr Übereinstimmung mit den gesuchten Merkmalen gibt, als bei anderen Quellen. Insbesondere auch dann, wenn man mit den inhaltlich gemachten Aussagen übereinstimmt.

Anzeigen sind nicht hilfreich

Fachveranstaltungen selektieren besser

Ohne einen Anspruch auf Vollständigkeit zu erheben seien hier beispielhaft drei Zeitschriften genannt, die in der Vergangenheit qualifizierte Beiträge mit Interviews veröffentlicht haben:

- Psychologie heute: hier finden sich vor allem Anbieter, die aus einem psychotherapeutischen Hintergrund kommen

- Wirtschaftspsychologie: hier finden sich vor allem Anbieter mit wirtschaftspsychologischen und betrieb(swirtschaft)lichem Hintergrund

- ManagerSeminare: hier finden sich vor allem Anbieter, die bei bekannten Institutionen beschäftigt sind

- Fachbücher
  Die Autoren, die in namhaften Verlagen Bücher zum Thema Coaching herausgegeben haben, sind sicher bereit und in der Lage, den von ihnen dargestellten Coaching-Stil zu praktizieren. Und wenn sie grundsätzlich bereit sind, ihre Dienstleistung für die Zielgruppe, für die gesucht wird, anzubieten, dann ist die Kontaktaufnahme zu einem Coach-Autor, dessen Darstellungen einem zugesagt haben, sicher der direkte Weg in eine gut funktionierende Geschäftsbeziehung. Nicht zuletzt dieses Handbuch und seine Vorgänger aus den letzten Jahren sind eine ergiebige Quelle für Hinweise. Die Fachliteratur ist im Internet sehr gut zu recherchieren unter *www.coaching-literatur.de* .
  Diese Möglichkeit hat schon allein deshalb so eine hohe „Trefferwahrscheinlichkeit", weil man hier auf einen Anbieter trifft, dessen Darstellungen passend erscheinen, ohne dass sie für diesen Zweck formuliert wurden.

Fachbücher helfen sehr gut bei der Suche nach einem Coach

1.3.3   Im ersten Kontakt die Kompetenz prüfen

Ein Coach fragt Informationen ab

Ob ein Anbieter eine Anfrage kompetent als Coach beantwortet, erkennt man im ersten Kontakt u.a. daran, ob er aktiv dafür sorgt, die Informationen zu bekommen, die er braucht, um ein auf das Coaching-Anliegen der PE abgestimmtes Angebot zu formulieren. Er sollte in jedem Fall danach fragen,

- für welche Zielgruppe im Unternehmen das Angebot gedacht ist

- welcher Nutzen damit angestrebt wird und wie das Angebot die Zielgruppe erreicht

- welches weitere Prozedere vorgeschrieben ist, bis es zum ersten konkreten Coaching-Auftrag kommt

Erfolge und Schwerpunkte

Ein kompetenter Coach kann auf Anfrage präzise benennen, wie hoch sein Erfolgsquotient[2] ist und bei welcher Thematik er besonders leicht gute Resultate als Coach in Unternehmen bewirkt hat. Ein Coach, der behauptet, er sei unabhängig vom Themenbereich und unabhängig von der Funktion des Coaching-Nehmers stets gleich gut und über 70% ergebnissicher, zeigt, dass er sich nicht akkurat prüft und keine differenzierte Ergebnisstatistik führt.

Erstes persönliches Kennenlernen

Übersendet der Coach dann zum vereinbarten Termin ein Angebot, in dem die mitgeteilten Wünsche gut nachvollziehbar eingearbeitet sind, lohnt es sich, einen Schritt weiterzugehen und ein erstes persönliches Gespräch zu führen. In diesem persönlichen Gespräch geht es u.a. darum, herauszufinden, ob der Anbieter eine nachvollziehbare Arbeitsweise praktiziert, die man guten Gewissens der Zielgruppe anbieten kann, und die als Coaching klar zu unterscheiden ist von den anderen Angeboten die dieser Zielgruppe zu Wahl stehen.

Auch hier gibt es ein einfaches Prüfverfahren. Man bittet den Coach, an einem konkret geschilderten aktuellen Fall seine Arbeitsweise zu praktizieren.

Prüfen am konkreten Beispiel

Z.B. jemand aus der Runde hat etwas Bestimmtes vor und kommt seit einiger Zeit nicht dazu, es umzusetzen. Er möchte gern befähigt werden, in dieser Angelegenheit zukünftig zu tun, was getan werden muss, um in gewünschter Weise in der Angelegenheit voranzukommen. Ein unverfängliches Thema und gleichzeitig ein für Coaching-Prozesse sehr typi-

---

[2]   Erfolgsquotient – das Ergebnis einer Verhältnisrechnung; es werden die zu 100% termingerecht mit dem angestrebten Ergebnis abgeschlossenen Coaching-Prozesse zu denen ins Verhältnis gesetzt, die nicht termingerecht/nicht mit dem gewünschten Ergebnis abgeschlossen werden.

sches Thema. Ein kompetenter Coach nähert sich seiner Aufgabe vom angestrebten Ziel her und zeigt im ersten Gespräch nach kurzer Zeit auf, was fehlt, dass der Betreffende sich nicht so verhalten kann, wie es seinem geäußerten Anliegen entspricht. Dann erklärt er – an dem Punkt im Gespräch, wo sein Gesprächspartner signalisiert, dass seine Intimsphäre in nicht für die Öffentlichkeit der Sitzung vertretbaren Weise berührt ist – wie er im realen Coaching-Kontakt vorgehen würde, um das, was fehlt, beim Coaching-Nehmer zu aktivieren. Wird einem kompetenten Coach ein Fall geschildert, wie er für die Zielgruppe, für die das Coaching-Angebot vorgesehen ist, typisch ist, kann er schlüssig und nachvollziehbar darstellen, mit welchen Fragen er sich der eigentlichen Potenzialbremse nähert und durch welche Anregungen er den Coaching-Nehmer zur Überwindung dieser Bremsung befähigen wird.

Der Coach erklärt sein Vorgehen

Wenn im Anschluss an das Gespräch alle Anwesenden sagen, dass sie eine neue Einsicht gewonnen haben und/oder selbst zu einem Thema gern mit diesem Coach arbeiten möchten, dann ist das ein sicherer Hinweis, dass der Coach zum einen in der Lage ist, gezielt eine befähigende Wirkung zu hinterlassen und er sich zum anderen dabei so verhält, dass er Anderen empfohlen werden kann. Spätestens in dieser Gesprächssituation wird jemand, der Coaching nicht praktizieren kann, in unpräzise Darstellungen abgleiten und auf das zurückgreifen, was ihm von anderen Methoden her bekannt ist (z.B. NLP, systemische Beratung; Verhaltenstherapie oder einfache Lebensberatung). Hat man den Eindruck, dass man im Gespräch keine neuen Einsichten gewonnen hat, die Arbeitsweise des Anbieters sich nicht nachvollziehbar von dem unterscheidet, was in anderen Maßnahmen bereits praktiziert wird, und kann man nicht nachvollziehen, wieso die vorgestellte Arbeitsweise Potenziale freisetzt, hat man es nicht mit einem kompetenten Coach zu tun. Ist man als PE in der hier beschriebenen Weise vorgegangen und hat kompromisslos nur dort vertieft, wo die gesuchten Merkmale gegeben waren, dann hat man im Anschluss an ein Erstgespräch eine sichere Grundlage dafür geschaffen, dass eine nützliche Geschäftsbeziehung mit einem kompetenten Coach beginnen kann. Führt man nun das Angebot der Zielgruppe zu, ist davon auszugehen, dass die einzelnen Coaching-Prozesse sich harmonisch in den Unternehmenskontext einfügen. Es ist zu erwarten, dass die gewünschte Wirkung sich nach und nach einstellt.

Der Klient sollte neue Einsichten gewinnen

Kompetente Coachs arbeiten verständlich

1.	Welcher Personengruppe soll das Coaching-Angebot zur Verfügung gestellt werden? (Funktions- /Aufgabenbeschreibung) ....
1.1.	Mit welchen Umständen sollte der Coach vertraut sein, der in dieser Zielgruppe eingesetzt wird?
	a)..
	b)..
	c)..
1.2.	Welche Einstellung sollte er zu diesen Umständen haben?
	....
	....
2.	Welcher Anlass hat zur Entscheidung für Coaching geführt?
	❑ akute Missstände
	❑ der Auftrag zur proaktiven Potenzialfreisetzung
	❑ der Wunsch einer übergeordneten Instanz, ohne Angabe von Gründen und Absichten
	❑ sonstiges ....
2.1.	Wie definieren wir Coaching? Coaching ist
	....
	....
2.2.	Ist es in der Zielgruppe üblich, dass die Wege/Vorgehen zur Zielerreichung eigenständig geplant und umgesetzt werden, oder soll nach vereinheitlichten Vorgehen erbracht werden?
	❑ eher einheitliches Vorgehen
	❑ eher individuelles Vorgehen
	im konkreten Fall soll ❑ einheitliches / ❑ individuelles Vorgehen gefördert werden
2.3.	Wurde aus der Zielgruppe heraus der Wunsch nach Unterstützung durch Coaching geäußert?
	❑ ja ❑ nein
3.	Welche Resultate/Entwicklungen sollen durch den Einsatz von Coaching gefördert werden?
	a)..
	b)..
	c)..
3.1.	Wie kann Coaching, wie oben definiert diese Resultate/Entwicklungen unmittelbar fördern?
	zu a)...
	zu b)...
	zu c)...
3.2.	Welche Einstellung sollte der Coach zu diesen gewünschten Resultaten/Entwicklungen haben?
	....
	....
	....
3.3.	Zu welchen Themen sollte der Coach neue Denkanregungen liefern können?
	a)..
	b)..
	c)..
4.	Welche zusätzlichen Erwartungen werden an die Einführung von Coaching-Angeboten für diese Zielgruppe noch geknüpft?
	a)..
	b)..
	c)..
4.1.	Welche dieser Erwartungen sollen in jedem Fall vom Coach erfüllt werden?
	....
	....

Checkliste: Standortbestimmung

5. Welche Gefahren/Krisen scheinen uns im Zusammenhang mit der Einführung eines Coaching-Angebots für die Zielgruppe für beachtlich?
   a) ....
   b) ....
   c) ....

Zu den Rahmenbedingungen

6. In welcher Funktion sollte der Coach selbst in anderen Unternehmen tätig gewesen sein?
   a) ....
   b) ....
   c) ....

6.1. Seine Definition von Coaching sollte den Schluss zulassen, dass die mit seinem Einsatz die gewünschten Resultate/Entwicklungen passieren werden
   ❑ ja   ❑ nein   ❑ nicht unmittelbar, aber langfristig

6.2. Wie sollte seine Definition von Coaching nicht lauten?
   ....
   ....
   ....

6.3. Der Anbieter sollte glaubhaft darstellen können, dass er in der Vergangenheit bereits ähnliches bewirkt hat
   ❑ ja   ❑ nein   ❑ nicht unbedingt nötig

7 Der Anbieter sollte spezialisiert sein auf das Angebot
   ❑ Coaching im persönlichen Einzelgespräch
   ❑ Coaching im Fernkontakt
   ❑ Coaching im Trainingsprogramm
   ❑ sonstige Rahmenbedingungen ....

7.1. Der Coach sollte Erfahrungen im Umgang mit zwei Auftraggebern haben
   ❑ ja   ❑ nein   ❑ ist wünschenswert, aber nicht unbedingt nötig

7.2. Der Anbieter sollte eine Struktur aufzeigen können, wie er seine Unabhängigkeit wahrt und seiner Inanspruchnahme von zwei Anspruchstellern gerecht wird.
   ❑ ja   ❑ nein   ❑ ist wünschenswert, aber nicht unbedingt nötig

7.3. Der Anbieter sollte eine Struktur aufzeigen können, wie er seine Unabhängigkeit von Coaching-Aufträgen sicherstellt
   ❑ ja   ❑ nein   ❑ ist wünschenswert, aber nicht unbedingt nötig

8. Der vom Coach vorgelegte Vertragsentwurf sollte sich mit den Grundvorstellungen der PE
   ❑ so ähnlich sein, dass man von Übereinstimmung ausgehen kann
   ❑ leicht in Übereinstimmung zu bringen sein
   ❑ neue Aspekte zeigen, die bisher nicht bedacht waren
   ❑ wir sind am Entwurf des Anbieters nicht interessiert

8.1. Der Coach sollte von sich Absprachen, die er mit seinen Coaching-Kunden trifft mit der PE abstimmen
   ❑ alle
   ❑ die, die zur Regelung der Formalien dienen
   ❑ die, die Arbeitszeit/Honorar betreffen

Checkliste: Standortbestimmung (Forts.)

2 Ein interessierter Kunde sucht für sich selbst einen geeigneten Coach

Wie lässt sich Qualität erkennen?

Auch jemand, der für sich selbst einen Coach sucht und dabei keine Drittinteressen zu berücksichtigen hat, sollte sich vorab um klärende Gedanken über sein Anliegen bemühen. Ist er als nicht beruflich mit der Auswahl von Dienstleistungsangeboten befasster Laie anzusehen, sollte er sich zum einen bewusst machen, was er sucht. Des weiteren sollte er wissen, wie er es überprüfen kann, ob ein bestimmter Coach auch tatsächlich das ist, was er gesucht hat – oder nur den Anschein vermittelt.

Klarheit gewinnen, was mit dem Coaching angestrebt wird

Alles, was wir Menschen erschaffen, erschaffen wir durch unser Denken, Sprechen und Handeln. Kraftvoll ist ein Schaffensprozess, bei dem der Gedanke, das Wort und die Tat mit der gleichen Absicht geführt werden und sich auf ein eindeutiges Resultat ausrichten. Will jemand einen erfolgreichen Coaching-Prozess für sich selbst erschaffen, dann sollte sein Denken, Sprechen und Handeln darauf gerichtet sein. Insbesondere sollte er auf der Gedankenebene den von ihm angestrebten Coaching-Prozess wie einen inneren Film vorweg betrachtet haben und eine zweifelsfreie Klarheit darüber besitzen was er mit dem Coaching anstrebt. Ist dieser gedankliche Teil des Schaffensprozesses getan, besteht gute Aussicht, dass man das findet, was wirklich zu einem passt. Dann kann eine effektive Suche beginnen.

Es sind insbesondere drei Vorteile zu nennen, die für die hier angeratene Vorgehensweise mit relativ aufwendigen Vorüberlegungen sprechen.

1. Man stimmt sich auf die Arbeitsweise im Coaching optimal ein, indem man bereits bei der eigenen Vorbereitung auf den Coaching-Prozess so vorgeht, wie man es später im Coaching selbst tun wird.

2. Man kann die gewünschten Merkmale aktiv bei Anbietern erfragen.

3. Man hat eine gute Chance, sich später in einem Coaching-Prozess wiederzufinden, der optimal auf das eigene Anliegen zugeschnitten ist, statt mit dem vorlieb nehmen zu müssen, was sich unter den geprüften Angeboten als das Bessere dargestellt hat.

2.1 Wichtige Vorüberlegungen

Im Rahmen dieser Vorüberlegungen sollte geprüft werden

Muss es Coaching sein?

- Ist das, was gewünscht wird, wirklich Coaching?

- Was soll mit dem Coaching erreicht werden?

- Welche Coaching-Form passt am Besten?

- Was darf das Coaching kosten?

Auf diese Fragen beziehen sich die folgenden Darstellungen.

2.1.1   Ist das, was gewünscht wird, wirklich Coaching?

Um dazu eine zweifelsfreie Aussage machen zu können, muss man Coaching definieren und von dem unterscheiden, womit man es leicht verwechseln könnte, z.B. Supervirsion, Psychotherapie, Beratung oder Training.

Verwechselungs-gefahren

Zunächst die Definition: Coaching ist eine Methode zur unmittelbaren Befähigung. Der Kunde wird befähigt, durch zieldienliches Verhalten das gewünschte Resultat zum gewünschten Termin zu realisieren. Er wird befähigt zu zieldienlichem Denken, Sprechen und Handeln.

Im Unterschied zur Supervision: Der Zweck von Supervision ist die Verbesserung der Beziehungsqualität in der Arbeit. Man geht davon aus, dass über die Verbesserung der Beziehungsqualität das Arbeitsengagement gesteigert, Reibungsverluste reduziert und mittelbar darüber die Arbeitsergebnisse verbessert werden.

Unterschiede zur Supervision

Während man im Coaching auf die unmittelbare Freisetzung von Leistungspotenzialen durch die Aktivierung zieldienlichen Denkens setzt, wird in der Supervision auf die Verbesserung des Beziehungkontext gesetzt. Supervision ist ein stark problemorientierter Beratungsansatz, während Coaching eine extrem zielorientierte Methode ist.

Im Unterschied zur Psychotherapie: Psychotherapien heilen Neurosen und helfen dem Klienten, sich selbst besser zu verstehen. Der Zweck von Psychotherapie ist die Genesung der Psyche durch die Verarbeitung von unverarbeiteten traumatischen Erlebnissen in der Vergangenheit. Mittelbar über diese Heilung wird mehr Handlungsfreiraum für die Zukunft eröffnet. Im Vordergrund psychotherapeutischer Ansätze stehen Erlebnisse aus der Vergangenheit, während im Coaching die Vergangenheit als abgeschlossen erklärt wird. Ohne ihr einen limitierenden Einfluss auf die Möglichkeiten in der Zukunft zuzusprechen.

Unterschiede zur Psychotherapie

Im Unterschied zu Beratung: In einer klassischen Beratung wird dem Kunden auf seine Anfragen ein Rat/Tipp gegeben. In der Regel heißt das heute, er erhält ein Konzept mit Strategien zur Lösung seiner Angelegenheiten. Im Vordergrund einer Beratung steht die Angelegenheit, die optimiert werden soll und das „wie" der optimalen Handhabung. Die Potenzialerweiterung des Beratungskunden oder derjenigen, die das Konzept umsetzen sollen, wird in der Regel nur dann thematisiert, wenn der Kunde

Unterschiede zu Beratung

bezweifelt, dass er in der Lage ist, sich so zu verhalten, wie das Konzept es vorsieht. Während der Berater hofft, dass der Kunde seinen Rat 1:1 umsetzt, und darüber zum angestrebten Resultat kommt, setzt der Coach von Anfang an auf das kreative Potenzial seines Kunden. Er aktiviert es und hilft dem Kunden dieses Potenzial für den Entwurf eines geeigneten Ablaufplanes zu nutzen. Der Coach prüft dabei lediglich die Schlüssigkeit der vom Kunden entworfenen Kausalkette.

Unterschiede zu Training

Im Unterschied zu Training: Der Zweck von Training ist es, auf einem besonders dafür eingerichteten Übungsplatz Fertigkeiten einzuüben und weiterzuentwickeln. Diese verbesserten Fertigkeiten sollen später, im „wirklichen Leben", mit optimaler Wirkung eingesetzt werden. Training ist immer dann angezeigt, wenn man in einer bestimmten Disziplin nicht die gewünschte Wirkung erreicht und man sich in dieser Disziplin verbessern möchte. Coaching dagegen ist angezeigt, wenn man zu einer mentalen Einstellung finden will, die einem erlaubt, das, was man gut kann zieldienlich und kraftvoll für das angestrebte Ergebnis einzusetzen.

Coaching aktiviert unmittelbar

An diesen Ausführungen kann man erkennen, dass sich hinter scheinbar Ähnlichem große Unterschiedlichkeiten zeigen. Während alle Methoden bei entsprechender Anforderung zur Potenzialfreisetzung beitragen, kann man bei differenzierter Betrachtung feststellen, dass Coaching die einzige Methode ist, die eine Aktivierung der zieldienlichen Potenziale unmittelbar und in jedem Kundenkontakt bewirkt.

Neues entdecken wollen

Wer einen Coach für sich sucht, sollte bereit und in der Lage sein, sich nach Aufforderung seines Gegenübers gedanklich in Bereiche zu begeben, von denen er vielleicht noch nicht wusste, dass sie ihm bis dahin unbekannt waren. Und er sollte zu zieldienlichem Denken, Sprechen und Handeln bereit sein, auch wenn er zu Beginn des Coachings noch nicht weiß, was das im Einzelnen bedeutet.

2.1.2   Was soll mit dem Coaching erreicht werden

Ziele müssen präzise benannt werden

Wie bereits erwähnt ist Coaching eine extrem zielorientierte Methode. Das heißt, dass die Zusammenarbeit mit einem Coach nur dann funktioniert, wenn das mit dem Coaching angestrebte Ergebnis präzise benannt ist. Dabei kann es sich um ein Vorhaben aus dem geschäftlichen oder eher persönlichen Bereich handeln. Es kann sich um ein eiliges oder ein komplexes langfristiges Vorhaben handeln. Wichtig ist, dass man das, was als Ergebnis mit dem Coaching bewirkt werden soll, präzise formuliert. Diese Zieldefinition sollte bereits im Vorfeld vorgenommen werden, weil man durch sie Hinweise auf ein paar Merkmale bekommt, die der gesuchte Coach erfüllen sollte. Wenn man als Kunde mit einem ausformulierten Ziel auf die Suche nach einem geeigneten Coach geht, hat man die Gefahr ausgeschaltet, dass man sich mit einem Anbieter auf ein kleineres Ziel vereinbart, das dieser für möglich hält, während das, was man wirklich anstrebt, gar nicht zur Sprache kommt, weil der Coach sich gedanklich auf diese Möglichkeit nicht einstellen mag und sie deswegen gar nicht eröffnet.

Damit ist ein für Coaching wichtiges Merkmal angesprochen, dass ein Coach dringend erfüllen sollte: Der Coach muss bereit und in der Lage sein, in Möglichkeiten zu denken – egal, welche Darstellung der Lage sein Kunde ihm gerade bietet. D.h., dass er die Zielerreichung durch seinen Kunden zum angestrebten Termin von Anbeginn der Zusammenarbeit für möglich hält, egal, wie dieser die Ausgangssituation beschreibt. **Der Coach denkt in Möglichkeiten**

Außerdem zeigt die Zieldefinition an, ob das angestrebte Resultat eher im Beziehungs- oder Leistungsbereich angesiedelt ist. Typische Themen aus dem Beziehungsbereich sind z.B. die eigene Gesundheit, Stand innerhalb der Familie, Führung von Mitarbeitern, Differenzen mit Vorgesetzten, Teamarbeit und Teamarbeit optimieren, Kommunikation, Vertriebsergebnisse uvm. **Beziehungsbereiche**

Typische Themen aus dem Leistungsbereich sind z.B. Steigerung der eigenen Effektivität, Optimierung der eigenen Ergebnisqualität, Steigerung der eigenen Konzentrationsfähigkeit, Aktivierung zieldienlichen Denkens, „Zeitmanagement". **Leistungsbereiche**

Ist ein Vorhaben eher im Beziehungsbereich angesiedelt, lohnt sich die Zusammenarbeit mit einem Coach, dessen Begabungen im Beziehungsbereich liegen. Entsprechendes gilt für das Vorhaben im Leistungsbereich.

2.1.3 Welche Coaching-Form passt am besten

In diesem Zusammenhang sollten die Aspekte überlegt werden:

- Die Dauer des Coaching-Prozesses

- Die Häufigkeit der Coaching-Kontakte

- Die Dauer der einzelnen Coaching-Kontakte

- Der Ort an dem die Coachings stattfinden

Die Praxis hat gezeigt, dass der Erfolg eines Coaching-Prozesses dadurch gefördert wird, dass die Rahmenbedingungen des Coaching-Prozesses so gestaltet sind, wie der Kunde sie für sich als passend erlebt. Dementsprechend hilfreich ist es vor der Suche nach dem geeigneten Coach zu benennen, auf welche Rahmenbedingungen der gesuchte Coach sich einlassen können sollte. **Rahmenbedingungen müssen zum Kunden passen**

- Die Dauer des Coaching-Prozesses

Coaching bis zum Start, zum Ziel oder zur Ergebnissicherung?

In diesem Zusammenhang ist vor allem zu entscheiden, ob man die Zusammenarbeit mit dem Coach nur für die Startphase (Zieldefinition – Etappen – und Aktionsplan), bis zur Zielerreichung (das gewünschte Resultat ist einmal eingetreten) oder bis zur Stabilisierung der eigenen Ergebnissicherheit (das erreichte Ergebnis wird stabilisiert und ähnliche Ergebnisse werden üblich), wünscht. Für einen ersten Coaching-Prozess empfiehlt es sich, das Coaching bis zur Stabilisierung der gewünschten Ergebnissicherheit zu nutzen. So lernt man, sich in den unterschiedlichsten Phasen eines Vorhabens kritisch zu hinterfragen und zieldienliches Denken, Sprechen und Handeln konsequent zu aktivieren. Hat man bereits mehrmals mit einem Coach erfolgreich zusammengearbeitet, ist es ratsam, die Zusammenarbeit zunächst auf die Startphase zu begrenzen und ggf. im Verlauf spontan bei Bedarf Gebrauch vom Coach zu machen. So kann man weitestgehend selbstständig agieren und weiß in den neuen Bereichen, die man sich zu eröffnen hat, um die Rückendeckung durch einen hilfreichen Partner.

- Die Häufigkeit der Coaching-Kontakte

Keine Ablenkung, sondern Befähigung bewirken

Die Häufigkeit der Coaching-Kontakte sollte so gewählt sein, dass der Kunde einerseits nicht durch seine Coaching-Termine von seinem Alltagsgeschehen abgelenkt ist und andererseits sicher gestellt ist, dass er auf die nächsten Schritte in seinem Vorhaben gut vorbereitet ist.

Anders als in der Psychotherapie ist es nicht sinnvoll, einen Coachingprozess mit wöchentlichen Coaching-Sitzungen immer am gleichen Ort mit immer der gleichen Sitzungslänge zu gestalten. Es gibt Situationen, da sind längere Sitzungen notwendig und für diese ist dann ggf. auch ein anderer Rahmen zu wählen als für andere Gespräche, die kurz und effektiv am Telefon geführt werden können. Wer zur Sicherung seiner eigenen Zuverlässigkeit einen regelmäßigen Termin mit seinem Coach festlegen möchte, sollte sich die Möglichkeit offen halten für außerplanmäßige Coaching-Gespräche, die bei Bedarf spontan gebucht werden können.

- Die Dauer der einzelnen Coaching-Kontakte

Coaching bis zum nächsten eigenen Schritt

Ein Coaching-Kontakt sollte mindestens solange dauern, bis gewährleistet ist, dass der Kunde befähigt ist, die nächsten Schritte in seinem Vorhaben erfolgreich umzusetzen. Neben dieser Regel gibt es im Coaching zwei besondere Situationen, in denen von der normalen Gesprächsdauer, die zwischen 10–50 Min. liegt, abgewichen wird. Es ist am Anfang des Coaching-Prozesses und in dem Moment, in dem durch das Coaching eine umfassend wirksame Potenzialblockierung berührt wird. In beiden Situationen könnte ein längeres „Intensiv-Coaching" sinnvoller sein, als mehrere kurze Coaching-Gespräche. Bei einem sehr komplexen, langfristigen Vorhaben kann ein Intensiv-

Coaching am Anfang über 2–3 Tage außerhalb der Alltagsumgebung sehr hilfreich sein. Dabei wird die Motivation für die einzelnen Aspekte geprüft und das Commitment für das Gesamtvorhaben aktiviert und stabilisiert. Ähnliches gilt für die Überwindung einer verschiedene Lebensbereiche betreffende Potenzialblockierung. Die Einleitung der Veränderung gewohnter Denk- und Verhaltensweisen in so einer Situation kann, wenn sie sich über mehrere Wochen hinzieht, zu starken Irritationen führen, was sich dann nachteilig auf die Wirkungskraft im Prozess auswirken kann. In Anwesenheit eines erfahrenen Coachs kann dieser Vorgang im Rahmen eines Intensiv-Coaching in einer längeren Sitzung so lanciert werden, dass die gewünschten Denk- und Verhaltensweisen schnell im Anschluss an die Sitzung erbracht werden können, ohne dass es zu einer größeren Krise kommt. Legt man selbst Wert darauf, dass bei Bedarf die Gelegenheit zu ganz kurzen Coaching-Gesprächen, oder auch zu langen Intensiv-Coachings z.B. über 2–3 Tage gegeben ist, sollte man einen Anbieter wählen, zu dessen Praxis eine solche Flexibilität gehört.

Intensiv-Coaching

- Der Ort an dem die Coachings stattfinden
  Grundsätzlich gilt, dass der Kunde zum Coach geht. Der Coach wählt für sich einen Arbeitsort, von dem er annimmt, dass er dort dabei unterstützt wird, seinem Kunden mit der gewünschten Aufmerksamkeit dienen zu können. In besonderen Ausnahmesituationen kann es angezeigt sein, dass der Coach an den Ort des Geschehens kommt, um sich selbst einen Eindruck vom Verhalten seines Kunden auf dessen Spielfeld zu verschaffen. So kann er von Dingen Kenntnis bekommen, die sein Kunde ihm nicht mitteilen kann, weil sie für ihn so selbstverständlich sind, dass er sie nicht (mehr)bemerkt. Dies ist aber immer eine Ausnahmesituation. Eine Besonderheit, die den Ort des Coaching betrifft ist das sogenannte „Tele-Coaching" (s. Glossar) per Telefon oder E-Mail. Diese Form wird immer häufiger als besonders effektive Coaching-Form beworben. Wer zu coachen versteht, weiß, dass Coaching per E-Mail nicht als effektiv zu bezeichnen ist. Im Gegenteil. Die im Coaching durch Fragen anzuregenden Gedanken sind per E-Mail nicht in einem Kontakt möglich, sondern müssen auf mehrere Fragen- und Antwort-Mails gestreckt werden. Was so allenfalls effektiv betrieben werden kann, ist ein Beratungsmodell, das auf Tipps in speziellen Situationen abstellt. Das hat mit Coaching nichts zu tun. Auch das Coaching per Telefon hat seine Grenzen. Im Telefongespräch kann der Gesprächsaustausch zwar wie in einem persönlichen Kontakt geführt werden, aber ohne eine vorausgegangene persönliche Begegnung bleibt die Verbindung auf das reduziert, was über Sprache zu verbinden ist. In Krisenzeiten – und die sind ein Teil einer Coaching-Beziehung – ist es hilfreich, wenn man sich auch persönlich

Der Coach muss mit der gewünschten Aufmerksamkeit dienen können

Kein E-Mail-Coaching

kennen gelernt hat und ggf. die Krisen-Coachings im persönlichen Gespräch führen kann.

Empfehlenswert ist die Zusammenarbeit mit einem Coach, der die Wichtigkeit eines persönlichen Kontaktes respektiert und auf Wunsch dazu bereit und in der Lage ist, der seine Arbeit aber auch per Telefon praktizieren kann. So hat man einen geringen Zeit- und Kostenaufwand und gleichzeitig bei Bedarf den gewünschten Kontakt.

2.1.4   Was darf das Coaching kosten?

1.000–5.000 Euro pro Tag

Wenn man die Aussagen über das Honorar eines Coachs, die man aus verschiedenen Quellen beziehen kann, zueinander in Relation setzt, kann man das Spektrum von 100 bis 500 Euro für einen Coaching-Kontakt bzw. von 1.000 bis 5.000 Euro für einen Coaching-Tag als übliche Praxis bezeichnen. Wo ein Coach sich mit seinem Honorar ansiedelt, hat dabei nicht unbedingt etwas mit seiner nachgewiesenen Ergebnissicherheit zu tun. Will man ein angemessenes Honorar für den eigenen Coaching-Prozess bestimmen, geht man am besten von dem Grundsatz aus, dass das

Das Honorar repräsentiert Nutzen und Wertschätzung

zu zahlende Honorar sowohl den mit dem Coaching angestrebten Nutzen, als auch den Coach im Hinblick auf seine wirtschaftlichen Verhältnisse repräsentieren soll. Das Honorar sollte so bemessen sein, dass es eine Wertschätzung gegenüber dem Coach ausdrückt und es dem Wert entspricht, den der Kunde dem angestrebten Resultat beimisst. Da man im Vorfeld nicht sagen kann, welcher Honorarsatz Wertschätzung für den Coach ausdrücken wird, geht es im Vorfeld vor allem darum, den Wert des Coaching für sich zu bestimmen und dann nach jemandem Ausschau zu halten, der bereit und in der Lage ist, diesen Betrag als Ausdruck von Wertschätzung zu empfangen. Den Wert des Coaching bestimmt man z.B. indem man das angestrebte Ergebnis benennt und dieses mit anderen Dingen/Leistungen vergleicht, für die man Geld ausgibt; z.B. ein neues Sofa, einen Urlaub, eine Spezialkur, eine Fortbildung, Mitgliedschaft im Golfclub usw. Ausgehend vom üblichen Honorar zwischen 100 und 500 Euro für einen Coaching-Kontakt in Verbindung mit den eigenen Wertüberlegungen und der Bereitschaft zum Ausdruck von Wertschätzung ergibt sich ein individueller Honorarbetrag, den man ruhigen Gewissens einem Coach als Angebot darstellen kann.

Sind diese Überlegungen abgeschlossen, ergibt sich in der Zusammenfassung der Überblick über die Rahmenbedingungen, zu denen der gesuchte Coach bereit und in der Lage sein sollte.

Die Checkliste im Folgenden kann genutzt werden, um die wichtigen Aspekte für sich im Überblick zu haben und gleich im ersten Kontakt mit einem Anbieter als gewünschte Rahmenbedingungen anzusprechen.

Kurze Beschreibung des Themenbereiches, in dem das Coaching-Vorhaben angesiedelt ist:

❑ Beruf   ❑ Familie / Freundschaft
❑ Gesundheit   ❑ Finanzen
❑ sonstiges ....

1.   Das gewünschte Ergebnis

1.1.   Ich möchte mit dem Coaching folgendes erreichen
   a) ....
   b) ....
   c) ....

   Das angestrebte Gesamtergebnis in einem Satz:
   ....
   ....

1.2   Ich strebe an, das Ergebnis bis...
   Tag: ....   Monat: ....   Jahr: ....   erreicht zu haben

1.3   Im Mittelpunkt meines Coachigvorhabens vermute ich...
   ❑ ein Leistungsthema   ❑ ein Beziehungsthema
   ❑ kann ich nicht zuordnen
   ❑ folgendes Problem ....

2.   Das gewünschte Setting

2.1   Die Gesamtdauer des Coaching-Prozesses sollte nicht länger dauern, als maximal:
   .... Sitzungen   .... Wochen   .... Monate
   .... Jahre   ❑ keine zeitliche Begrenzung

   Ich möchte das Coaching nutzen...
   ❑ nur in der Startphase   ❑ während der Umsetzungsphase
   ❑ bis zur Stabilisierung des erreichten Ergebnisses

2.2   Zur Häufigkeit und Dauer der einzelnen Coaching-Kontakte ist mir insbesondere wichtig, dass...
   ❑ der Coach so flexibel ist, dass die Häufigkeit und Dauer unserer Kontakte auf die Situation angepasst werden können
   ❑ die Möglichkeit eines Intensiv-Coachings besteht
   ❑ das Coaching ausschließlich an bestimmten Terminen, die zu Beginn des Coachings vereinbart werden stattfindet

2.3   Als Ort für die Coachings wünsche ich...
   ❑ meinen eigenen Arbeitsplatz, weil ....
   ❑ das Telefon / Fax / E-Mail
   ❑ den Wahlort des Coachs

Checkliste: Coaching-Anliegen (Wrede, 2000, S. 122)

2.2   Einen geeigneten Coach finden

**Eigene Qualifi-
kationsprüfung**

Es gibt viele Gerüchte darüber, welche Qualifikationsmerkmale ein Coach auf sich vereinen sollte, damit man davon ausgehen kann, dass er sich als Coach wirklich eignet. Doch statt nach Zutrauen erweckenden Qualifikationsnachweisen zu suchen, empfiehlt es sich, geeignet scheinende Anbieter anhand einer selbst erstellten Kriterienliste zu prüfen.

Grundsätzlich gilt, dass als Coach die Personen geeignet sind, in deren Gegenwart man inspiriert ist, über seine bisherigen Grenzen hinaus zu wachsen. Wenn das der Fall ist, kann man es bereits im ersten Kontakt feststellen.

2.2.1   Nicht professioneller oder professioneller Coach?

**Inspirierende
Wirkung durch
andere Personen**

Eine derartig inspirierende Wirkung kann sich auch bei Menschen ergeben, die nicht professionell als Coach tätig sind. So z.B. durch einen Menschen, der einem in einer bestimmten Angelegenheit als Vorbild dient, oder durch eine hilfreiche Respektsperson im eigenen Lebensumfeld. Durch jemanden der gern mit Hinweisen hilft, wenn man gerade einen braucht oder auch durch Vorgesetzte oder Kollegen im Unternehmen kann eine solch wachstumsfördernde Inspiration geweckt werden. Diese Menschen eignen sich als Coach manchmal ebenso wie ein professioneller Anbieter. Als besonders vorteilhaft sei hier die Möglichkeit des Coachings durch ein Vorbild erwähnt, so wie das Coaching durch eine

**Orientierung
an Vorbildern**

hilfsbereite Respektsperson aus dem eigenen Lebensumfeld. Beide Möglichkeiten bieten neben den Anregungen für das angestrebte eigene Wachstum die Erfahrung einer natürlichen Ressource von Unterstützung. Es ist das wohl Beste, was man sich und einem Vorbild geben kann, wenn man es als Anregung für eigenes „rechtes Tun und Sein" nutzt. So eine Erfahrung öffnet eine Quelle von gegenseitiger Unterstützung im eigenen Lebensumfeld, wie sie spannender kaum sein kann. Und es ist das wohl befriedigendste, was man mit einer hilfreichen Respektsperson erleben kann, wenn man sie aktiv nutzt, um über die eigenen Grenzen hinaus zu wachsen. Wer daran denkt, mit einem nicht professionellen Coach zu arbeiten, sollte lediglich berücksichtigen, dass er selbst dafür zu sorgen hat, dass jeder Coaching-Kontakt zu einer inspirierenden Begegnung für beide wird. Ein solcher Coach hat es nicht gelernt und schöpft allenfalls aus dem, wer er bestenfalls sein kann. Wer einen Vorgesetzten oder Kollegen als nichtprofessionellen Coach nutzen möchte, sollte prüfen, ob er sich damit im Rahmen dessen bewegt, was die Unternehmenskultur zulässt. Manchmal verstößt eine solche Beziehung gegen die Regeln, die im Unternehmen für das Funktionieren sorgen. Außerdem sollte er sich mit den möglichen Konfliktherden, die aus einem solchen Coaching entstehen können, vertraut machen und geeignete Lösungen erdenken.[3]

Gibt es im eigenen Lebensumfeld niemanden, den man als Coach nutzen möchte, bietet es sich an, unter denen zu suchen, die bereit sind, fremden Menschen als professionelle Coachs zu dienen.

2.2.2   *Einen geeigneten professionellen Anbieter ausfindig machen*

Nachdem man sich Klarheit über die wichtigen Rahmenbedingungen des eigenen Coaching-Prozesses verschafft hat und sich für einen professionellen Coach entschieden hat, geht es darum, einen geeigneten Anbieter ausfindig zu machen. Es gibt insbesondere vier Rubriken, in denen man auf seriöse Anbieter trifft. Zur Zeit nicht zu empfehlen ist die Suche im Internet. Dort gibt es viele Datenbanken, die nicht seriös sind, und es ist schwer, die seriösen Anbieter herauszufinden.[4] Geeignete Rubriken sind:

Seriöse Coachs finden

- Vorträge und Bücher und Fachzeitschriften
  Es gilt der Grundsatz, das Coaching eine „Holschuld" ist. Dementsprechend macht ein Coach, der weiß, worum es im Coaching geht, keine Kundenwerbung. Man findet ihn weder im Branchenbuch als Coach noch über Anzeigenwerbung. Will ein professioneller, seriöser Coach auf sich aufmerksam machen, dann vor allem durch Vorträge auf Tagungen, durch Artikel in Fachzeitschriften, oder durch Fachbücher. Er stellt dabei i.d.R. nicht sich in den Vordergrund, sondern ein bestimmtes Thema, das er auf kundenfreundliche Weise aufbereitet hat. Wer für sich einen Coach sucht und über eine Veröffentlichung auf eine Person aufmerksam geworden ist, die er für geeignet hält, sollte sich nicht scheuen, zu dieser Person Kontakt aufzunehmen.

Der Coach macht keine Kundenwerbung

- Empfehlungen
  Empfehlungen im Bekanntenkreis bietet die wohl größte Erfolgschance. Wer einen Coach für sich sucht und in seinem Bekanntenkreis Menschen weiß, die als Führungskraft an Weiterbildungen teilnehmen, kann davon ausgehen, dass der jemanden kennt, der einen Coach empfehlen kann. Es lohnt sich, von diesen Menschen einen Hinweis einzuholen.

Empfehlungen sind sehr hilfreich

- Coachpools in Unternehmen
  Eine ebenfalls sehr ergiebige Quelle sind unternehmensinterne Personalentwicklungen. Nicht selten haben Mitarbeiter aus PE Kontakt zu

Coachpools sind ergiebig

---

[3]   Wrede, 2000, S. 105–108.
[4]   Mit erscheinen diesen Handbuchs wird im Internet unter www.coach-datenbank.de eine Datenbank mit Qualitätssicherung verfügbar sein.

professionellen Coachs oder verwalten sogar einen Coachpool. Wer sich scheut, in der PE des Unternehmens, für das er tätig ist, nachzufragen, mag vielleicht bei der PE eines anderen Unternehmens, gleicher oder ähnlicher Branche und Größenordnung anfragen. Die Wahrscheinlichkeit ist groß, dass man bei aufrichtiger, höflicher Nachfrage ein bis zwei Anbieter genannt bekommt, auch wenn es ein fremdes Unternehmen ist, bei dem man anfragt.

**Vermittlungsan-
gebote nutzen**

- Vermittlungsangebote
  Im Rahmen eines eigenen Coaching-Angebotes haben verschiedene Institute Kontakt zu Anbietern, mit denen sie im Bedarfsfalle kooperieren.[5]

Wer die hier beschriebenen Rubriken prüft, dürfte schon nach kurzer Zeit ein paar Optionen vorliegen haben, die es lohnt, näher zu untersuchen.

2.2.3   *Den ersten telefonischen Kontakt zur Kompetenzprüfung nutzen*

Der erste telefonische Kontakt gibt einen Eindruck von dem, was man mit diesem speziellen Coach erwarten kann und was nicht. Es ist ratsam, sich in diesem ersten Kontakt zu entscheiden. Entweder, dass man mit diesem Menschen weiter gehen wird, und wie man in die praktische Zusammenarbeit kommt, oder dass man mit diesem Menschen nicht arbeiten möchte. Nicht sinnvoll, weil für beide Seiten uneffektiv, ist es, diesen ersten Kontakt zur Terminvereinbarung für ein erstes Treffen zu nutzen, um dann möglicherweise bei dem Treffen festzustellen, dass schon die Grundvoraussetzungen nicht zueinander passen. Um die Grundkompetenzen eines Coachs zu prüfen, eignet sich vor allem, dass man den Coach bittet, seine Arbeitsweise zu praktizieren und anhand eines Feedbackgespräches im Anschluss an diese Praxisdarstellung das eigene Vorgehen zu erklären. Auf diese Weise bekommt man einen Eindruck von dem, was einen im Kontakt später erwartet. Dieser Eindruck deckt sich wahrscheinlich mehr mit der zu erwartenden Realität, als jede Vorstellung es kann, die man sich auf Grund eines Vertrages machen kann. Ein kompetenter Coach wird von sich aus das Gespräch auf das Vorhaben, das Ziel und die möglicherweise vorliegende Potenzialbremse lenken, um schnell in die Praxis zu kommen, die man mit Worten so schlecht beschreiben kann. Wer prüfen will, ob der Coach im Gespräch die gewünschte befähigende Wirkung hat, bittet um eine konkrete Denkanregung und prüft, ob diese Anregung geeignet ist, den eigenen Handlungsfreiraum zu erweitern. Z.B. auf die Frage „wie komme ich zu neuen Kunden" könnte eine solche An-

**Beim ersten
Kontakt eine
Entscheidung
treffen**

**Denkanregungen
erbitten**

---

[5] Nähere Informationen können bei der Autorin direkt erfragt werden (Kontaktdaten s. Anhang).

regung sein: „Indem Sie herausfinden, wie Sie es verhindern, dass die potenziellen Kunden zu Ihnen kommen und dann dieses verhindernde Verhalten ersetzen durch ein gewinnendes Verhalten". Eine solche Antwort aktiviert das zieldienliche Denken in der Angelegenheit ‚Kundenbeziehung'. Es stellt die eigene Ursächlichkeit in den Vordergrund der Aufmerksamkeit und eröffnet einen Handlungsspielraum, wo bisher nicht einmal ein Gedanke war.

Ein erfahrener, kompetenter Coach ist in der Lage, aus dem, wie eine Frage vorgetragen wird und durch die Beschreibung einzelner nachgefragter Details im Moment heraus zu hören, welche Denkanregung gebraucht wird, um bei dem Anfragenden die Aktivierung zu zieldienlichem Handeln zu bewirken. Kommt es im ersten Gespräch trotz konkreter Frage nicht dazu, dass der Coach mit entsprechenden Denkanregungen dient, ist davon auszugehen, dass er im Kontakt mit dem Anfragenden nicht bereit und in der Lage ist, einen erfolgreichen Coaching-Prozess durchzuführen. In dem Fall ist von einem weiteren Kontakt abzusehen. Hat er sich dagegen als kompetent gezeigt und sich auch in Punkto Service und weiteres Prozedere ansprechend verhalten, lohnt es sich, mit dem Anbieter ein erstes persönliches Gespräch zu vereinbaren.

Wenn es keine Denkanregung gibt, den Kontakt nicht fortsetzen

Zur Auswertung des Gespräches hilft folgende Checkliste (Wrede, 2000, S. 128):

Zum Ziel
- ❑ Er hat von sich aus nach dem angestrebten Ergebnis gefragt
- ❑ Er hat durch Fragen dazu aufgefordert, das angestrebte Ergebnis als messbares Ziel zu formulieren
- ❑ Er hat danach gefragt, wer aus Ihrem Umfeld von Ihrem Vorhaben betroffen ist und welche Beteiligten mitwirken

Zum Service
- ❑ Er hat nach Ihren persönlichen Wünschen für das Coaching gefragt
- ❑ Er hat Ihnen alle Fragen beantwortet
- ❑ Er hat Ihnen eine Denkanregung mitgegeben, durch die Sie in Ihrem Vorhaben jetzt schon einen kleinen Schritt weiter sind
- ❑ Er hat Ihnen mitgeteilt, ob er bereit oder nicht bereit ist, Ihnen als Coach zur Verfügung zu stehen
- ❑ Sie hatten ausreichend Raum, sich mitzuteilen und Ihre Fragen zu klären
- ❑ Er hat sich mit allem, was er sagte, auf Ihre Fragen bezogen und dafür gesorgt, dass Sie alles gut verstehen können

Zum weiteren Prozedere
- ❑ Sie wissen genau, was zu tun ist, um mit dem Coach zu einem persönlichen Erstgespräch zusammen zu kommen
- ❑ Die Verantwortung dafür, dass dieses Erstgespräch zustande kommt, liegt allein bei Ihnen

---

Checkliste: Kompetenzprüfung

Hier kreuzt man alle Punkte an, die gegeben sind. Einen kompetenten Coach erkennt man unschwer daran, dass im Zusammenhang mit dem Ziel und dem weiteren Prozedere alle Punkte einen Haken erhalten. Als zufriedenstellend ist im Bereich „Service" zu vermerken, wenn mindestens drei Punkte erfüllt sind.

2.3   Die Zusammenarbeit einleiten, mit einem ersten persönlichen Gespräch

Sich gegenseitig Eindruck verschaffen

In dem ersten persönlichen Kontakt geht es bereits darum, die Zusammenarbeit zu beginnen. Die erste Phase des Gespräches nutzen beide dafür, sich voneinander einen Eindruck zu verschaffen, (prüfen, ob die Chemie zusammen gut wirkt), Fragen zu beantworten, die geklärt werden müssen, und um mögliche vorhandene Zurückhaltungen zu überwinden. Es ist einerseits ein Beziehungsgestaltungsgespräch und gleichzeitig wird es genutzt, um die eigentliche Arbeit zu beginnen. Einen erfahrenen Coach erkennt man daran, dass er auch während seiner Selbstdarstellung mehr interessiert, als interessant erscheint. Nach dem Beziehungsgespräch wird der fachlich kompetente Coach zur Einleitung der Arbeit auf folgende Themen zu sprechen kommen:

- Das Ziel des Coaching-Prozesses

- Die Regeln der Zusammenarbeit

- Der Vertrag

- Ein erster Schritt zur Potenzialfreisetzung

2.3.1   Das Ziel im Coaching-Prozess

Ziele sind Kernelemente im Coaching

Das Ziel ist der Fixstern im Coaching. Es liefert das Motiv für den Kunden zur Freisetzung bisher nicht genutzter Potenziale und es beschreibt für den Coach unmissverständlich, worauf er sein Engagement im Gespräch mit seinem Kunden ausrichten soll. Das Ziel wird im Coaching so formuliert, dass eindeutig bestimmt ist, welches Ereignis (Umstand) zu welchem Termin bewirkt werden soll.

2.3.2   Regeln der Zusammenarbeit

Ist das Ziel herauskristallisiert, nutzt der Coach das Zusammensein, um die Regeln, die in der Zusammenarbeit mit ihm zu beachten sind, zu klären. Er hat, wenn er über unterschiedliche Coaching-Erfahrung verfügt, klare Vorstellungen von dem, was mit ihm geht und dem, was mit ihm nicht geht. z.B. Pünktlichkeit, Aufrichtigkeit, Terminvereinbarungen und -ausfälle, Eigenverantwortlichkeit, Drogen (Alkohol und Tabletten), Verschwiegenheit, Umgang mit Konflikten im Coaching-Prozess, Zahlungsmodalitäten usw.

Regeln ermöglichen konstruktive Zusammenarbeit

Einen kompetenten Coach erkennt man daran, dass die Regeln so gefasst sind, dass sie eine konstruktive Zusammenarbeit sicherstellen und der Gefahr der Ablenkung auf Nebenfelder vorgebeugt wird.

2.3.3   Der Vertrag

Ein erfahrender Coach ist in seinen vertraglichen Angelegenheiten nicht disponibel. Es ist davon auszugehen, dass er mit einem Vertrag arbeitet, der genau das regelt, was er geregelt haben möchte und zwar so, wie es für ihn funktioniert. Als Kunde bleibt nur zu prüfen, ob man gern in diesen Vertrag einsteigt. Ist das nicht der Fall, sollte man nach einem anderen Coach Ausschau halten, statt über einzelne Vertragspunkte zu diskutieren. In einer solchen Dissonanz zeigt sich ein „Nichtvertragensein" das auf einer Ebene hinter dem Vertrag liegt. Irgend wo dort, wo die ethischen Maßstäbe über Kundenkontakt und Dienstleistungen angesiedelt sind. Die Vertragsformulierung als gelebter Standpunkt zeigt solche Dissonanzen lediglich auf. Es lohnt nicht, Energie in den Versuch zu stecken, sie weg zu diskutieren.[6]

Selektieren statt diskutieren

2.3.4   Ein erster Schritt zur Potenzialfreisetzung

Jede Potenzialfreisetzung beginnt im Kopf. Dementsprechend nutzt ein kompetenter Coach dieses Erstgespräch auch dafür, eine Denkanregung zu platzieren und mit dem Kunden abzusprechen, welche neue Handlung daraufhin bis zum nächsten Kontakt folgen soll. Ein erfahrener Coach wird seinen Kunden aus diesem Gespräch mit der Bitte um Rückmeldung entlassen. Insbesondere macht er darauf aufmerksam, dass der Kunde sich mit diesem ersten Gespräch nicht zur langfristigen Zusammenarbeit entschlossen haben muss, alles weitere aber seiner Entscheidung bedarf. Wenn man es in diesem ersten persönlichen Gespräch mit einem erfahrenen Coach zu tun hatte, hat man folgende Ergebnisse im Gespräch erreicht:

Denkanregung und Rückmeldung

1. Man hat eine präzise Vorstellung von seinem Coaching-Ziel

Gesprächsergebnisse

---

[6]   Mögliche Vertragsinhalte finden sich bei Rauen im Kapitel „Der Ablauf eines Coaching-Prozesses" in diesem Handbuch.

2. Man ist mit der Arbeitsweise des Coachs so weit vertraut, dass man beurteilen kann, ob die Zusammenarbeit Aussicht auf den gewünschten Erfolg hat

3. Man ist mit den Regeln der Zusammenarbeit vertraut und kann beurteilen, ob man nach diesen Regeln mit einem Coach arbeiten möchte

4. Man kennt die formalen Vertragsregelungen und kann entscheiden, ob man sich zu diesen Konditionen mit dem Coach verbinden möchte

5. Man hat eine erste coaching-typische Denkanregung vom Coach erhalten und kann beurteilen, ob man durch derartige Anregungen zu neuem Denken und Handeln inspiriert wird.

3 Gefahren im Coaching-Prozess

Durch das Coaching kommt es zu einer gewolltermaßen beschleunigten Selbstentwicklung. Der Coaching-Nehmer verändert sich selbst, in dem er sein gegenwärtiges Verhalten nicht mehr allein auf die Handhabung gegenwärtiger Zustände ausrichtet, sondern er sich gleichzeitig auf die in Zukunft veränderten Umstände einstellt. Durch die so vorweggenommene Einflussnahme auf die Zukunft tritt eine Beschleunigung ein. Diese Beschleunigung hat manchmal eine leichte Verunsicherung bezüglich des eigenen Standorts zur Folge. Beispielsweise erscheinen die Menschen in der eigenen Umgebung in anderem Licht. Wer gestern noch als gleichgesinnt erschien, erscheint dann vielleicht als unflexibel und wenig partnerschaftlich. Was gestern noch ein Problem war, ist jetzt eine Herausforderung, der man gern begegnet. Was gestern Utopie war, ist dann vielleicht das nächste realistische Vorhaben. Außerdem beginnt jeder Coaching-Nehmer über Dinge nachzudenken, die er vorher als selbstverständlich nicht einmal wahrgenommen hat. All das bringt ungewohnte Zustimmung oder Ablehnung als Reaktion aus der Umgebung hervor. Und auch das wirkt verändernd. Um für alle diese Veränderungen emotionalen und gedanklichen Freiraum zu haben, ist es wichtig, dass man

Veränderung braucht emotionalen und intellektuellen Freiraum

a. selbst in gutem Zustand ist,

b. der Coach integer mit seiner Macht umgeht und man bei ihm in guten Händen ist.

Coaching vorzeitig beenden

Im Folgenden wird kurz auf die zu beachtenden Gefahren hingewiesen, ohne näher auf die Folgen einzugehen, die sich ergeben, wenn die Gefahr sich realisieren sollte. Die Folgen sind so vielfältig. Als Grundsatz sei jedem, der sich in einem Coaching-Prozess über drei Kontakte hinweg nicht zu neuem zieldienlichen Verhalten befähigt sieht, angeraten, den Coaching-Prozess zu beenden. Es ist davon auszugehen, dass er nicht den möglichen Nutzen aus dem Coaching zieht. Sei es, weil der eigene Freiraum fehlt, oder sei es, weil der Coach nicht dienlich agiert und er sich instinktiv wehrt.

3.1 Coaching nur in gutem Zustand

In diesem Zusammenhang sei insbesondere auf den Grundsatz hingewiesen:

> „Coaching ist für gesunde Menschen".

Wer sich nicht sicher ist, ob er sich als entsprechend gesund bezeichnen kann, sollte seinen Coach oder einen Mediziner seines Vertrauens fragen. In jedem Fall ist von Coaching abzuraten, wenn man sich in einer belastenden Ausnahmesituation befindet: z.B.

Coaching richtet sich an Gesunde

- bei emotionalem Ausnahmezustand z.B. akuter Trennungsschmerz; Kenntniserlangung von einer zehrenden Krankheit; Stress aus Angst vor Verlusten ...

- im ersten Jahr einer Psychotherapie

- beim Burnout und Entwicklung zum Burnout (s. Glossar)

- bei nicht behandeltem Diabetes oder nicht behandelten Herzrhythmusstörungen ungeklärter Ursache

- bei dauerhaften Schmerzen

All das sind Zustände, in denen man sich dem eigenen System zuwenden sollte und nicht Zielen, die außerhalb des eigenen Einflussbereiches angesiedelt sind.

3.2 Integerer Umgang des Coachs mit seiner Macht

Der integere Umgang mit der Macht durch den Coach ist eine Grundvoraussetzung für eine gedeihliche Coaching-Erfahrung. Ob ein Coach dies konsequent beachtet, kann manchmal im Voraus nicht sicher beurteilt werden. Insbesondere gibt es die Gefahr der Machtanmaßung und des Machtmissbrauches.

Ist der Coach integer?

3.2.1   Unzulässige Machtanmaßung

**Ungefragte Ein-
mischungen**

Als unzulässige Machtanmaßung ist es anzusehen, wenn der Coach sich in einem Gespräch mit seinem Kunden zu Angelegenheiten äußert, zu denen er nicht gefragt wurde. Hat er sich für diese Einmischung nicht einmal eine Erlaubnis beim Kunden eingeholt, stellt das einen groben Fehler dar. Wenn man als Kunde auf eine solche Machtanmaßung aufmerksam wird, sollte man den Coach darauf aufmerksam machen und ihn bitten, derartiges künftig zu unterlassen. Im Wiederholungsfall sollte man sich aus dieser Coaching-Beziehung lösen.

3.2.2   Machtmissbrauch

**Unerwünschte
Einflussnahmen
des Coachs**

Als Machtmissbrauch ist es anzusehen, wenn der Coach die durch den Kunden erlaubte Einflussnahme für eigene Zwecke missbraucht. Sei es, um sich z.B. durch Erniedrigung seines Kunden über diesen zu erheben, wie das zum Teil über Anbieter mit unausgereifter Persönlichkeit berichtet wird. Denkbar ist aber auch ein viel subtilerer Missbrauch, bei dem der Coach an einem bestimmten Ausgang des Coaching-Prozesses interessiert ist und seinen Einfluss nutzt, um den Kunden in eben dieses Resultat zu bringen, (z.B. soll ein bestimmter Ausgang seine Attraktivität bei potenziellen Neukunden erhöhen; er macht seine Selbsteinschätzung vom Ausgang des Coaching abhängig und kann nicht zulassen, dass der Kunde ein 'weniger' verfolgt...). Und zuletzt sei noch die Situation erwähnt, in der der Coach sich den Interessen des Unternehmens verpflichtet hat und sein Kunde durch Zielabweichung das Ansehen des Coachs gegenüber der beauftragenden PE in Gefahr bringt.

**Kein Vertrauen,
kein Coaching**

Bei ungeklärter Annahme eines Machtmissbrauches sollte von einem weiteren Coaching vorerst Abstand genommen werden. Kann die Angelegenheit nicht zweifelsfrei in einem Gespräch geklärt werden, sollte man das Coaching nicht wieder aufnehmen. Es ist dann nicht mehr gewährleistet, dass der gewünschte Nutzen verfügbar ist.

**Fazit: Gute Vor-
bereitung und
Wachsamkeit**

Wer für sich persönlich einen Coach sucht und gemäß den hier angeregten Vorüberlegungen seine Vorstellungen zusammenfasst, bevor er sich auf die Suche macht, hat gute Chancen, auf Anbieter zu treffen, mit denen er sich leicht verständigen kann und eine gute Erfahrung machen kann. Wer in den ersten Kontakten wachsam ist und Ausschau nach der Coaching-Kompetenz des Anbieters hält, wird entweder fündig oder erkennt schnell den Blender.

Damit hat man sich gute Bedingungen für einen erfolgreichen Coaching-Prozess organisiert und eine gute Voraussetzung für eine wertvolle Erfahrung mit einem anderen Menschen.

Wer wachsam ist im Thema Macht und für sich gewählt hat, ohne Miss- **Einfluss**
brauchserfahrung im Kontakt mit anderen zu sein, kann im guten Ver- **zulassen**
trauen auf seine Instinkte der gewünschten Einflussnahme durch einen **können**
Coach zustimmen.

Literatur

Landsberg, M. (1998). *Das Tao des Coaching*. Frankfurt/M.: Campus.
Looss, W. (1997). *Unter vier Augen*. Landsberg/Lech: Verlag Moderne Industrie.
Whitmore, J. (1996). *Coaching für die Praxis – Eine klare, prägnante und prakti- sche Anleitung für Manager, Trainer, Eltern und Gruppenleiter*. (3. Aufl.). Frankfurt/M.: Campus.
Wrede, B. A. (2000). *So finden Sie den richtigen Coach*. Frankfurt/M.: Campus.

Leitfaden für das erste Coaching-Gespräch

Ulrich Dehner

1 Was ein Coach nicht sein sollte

Im Coaching-Prozess gibt es einige Rollen, die der Coach lieber nicht einnehmen sollte, die aber für viele Coachs verführerisch sind, oder vom Klienten auch sehr reizvoll angeboten werden. Wird eine der Rollen übernommen, wird ein erfolgreiches Coaching unmöglich oder zumindest sehr erschwert. Da ein Coach aber auch sehr gut mit sich selbst umgehen sollte, ist es schon aus Selbstschutz besser, auf diese Rollen zu verzichten. So sollte der Coach vermeiden, als der bessere Vorgesetzte aufzutreten, der dem anderen sagt, wo es lang geht. Aussagen wie: „Ich habe das zu meiner Zeit immer so gemacht..." oder „Da müssen Sie einfach... machen," deuten eher auf eine Konkurrenzsituation hin, als dass es sich um gutes Coaching handelt. In aller Regel wird es zu einem „Ja, aber... Spiel" führen. Auf jede gute Idee des Coachs gibt es ein gutes „aber".

Der bessere Vorgesetzte

Wenig hilfreich ist auch die Rolle des väterlichen Ratgebers. Hier übernimmt der Coach hauptsächlich die Rolle eines fürsorglichen Elternteils, was zu einem deutlichen Beziehungsgefälle führt. Der einzige, der sich dabei meistens wohl fühlt, ist der Coach. Der Klient wehrt sich wahrscheinlich gegen die Rolle des Juniorvorgesetzten und ist mehr mit der Beziehungsgestaltung im Gespräch beschäftigt als mit der Lösung seiner Probleme.

Der väterliche Ratgeber

Ungünstig wirkt es sich auch aus, wenn der Coach sich als verlängerten Arm des Chefs des Klienten missbrauchen lässt. Er fühlt sich womöglich verpflichtet, den Klient an entsprechenden Stellen zurechtzuweisen und ihm klar zu machen, was seine Rechte und Pflichten sind. Der Klient hat es dann im Grunde mit zwei Chefs zu tun, wo er doch mit der Auseinandersetzung mit dem einen gerade genug zu tun hatte. Auch diese Rolle ist nicht fruchtbar für ein Coaching.

Der verlängerte Arm des Chefs

2   Was ist ein Coach?

Der Coach als Wegbegleiter

Die Rolle des Coachs kann vielleicht am besten beschrieben werden mit der Rolle eines Wegbegleiters, der den Weg zwar nicht selbst mitgeht, aber an verabredeten Wegpunkten auf den Klienten wartet, um zu hören, wie er weiterkam, welche Schwierigkeiten auftauchten und wie der Klient mit den Schwierigkeiten umging. Nach einer gründlichen Reflexion (s. Glossar) der Verhaltensweisen des Klienten werden dann die nächsten Schritte geplant und der nächste Treffpunkt vereinbart.

Der Coach als Spiegel

Der Coach sollte dem Klienten spiegeln, was er selbst nicht wahrnehmen kann. Wir alle haben unsere blinden Flecken, was uns selbst betrifft. Viele Verhaltensweisen sind uns nicht mehr bewusst. Manchmal bewirken wir mit unserem Verhalten etwas völlig anderes als wir wollen. In diesen Fällen ist es hilfreich, einen „Spiegel" zu haben, der uns das zeigt, was wir selbst nicht sehen können. Diese Funktion kann der Coach wahrnehmen, indem er zum Beispiel dem Klienten Feedback (s. Glossar) gibt oder ihn auf Dinge aufmerksam macht, die seiner Wahrnehmung entgangen sind.

Der Coach ist zielorientiert

Es ist Aufgabe des Coachs, mit dem Klienten und dem Auftraggeber klare Ziele für das Coaching zu entwickeln. Der Coach behält die Ziele immer im Auge. Über die klaren Ziele ergeben sich auch eindeutige Kriterien, wann das Coaching beendet ist.

Der Coach als Reiseberater

Sind die Ziele für das Coaching klar, entwickelt der Coach Ideen über die Wege zum Ziel. Der Coach sollte also ein breites Wissen haben, wie man verschiedene Ziele erreichen kann. Die Entscheidung über die richtigen Wege trifft aber der Klient. Der Coach sollte sich also nicht in bestimmte Wege verlieben.

Der Coach als Zuhörer

Der Coach ist über weite Strecken im Gespräch als guter Zuhörer gefragt. Mit Zuhören ist nicht der Akt des Zuhörens gemeint, sondern ein einfühlsames Zuhören. Man erkennt es oft schon an der Art der Fragen, die gestellt werden. Haben die Fragen einen unmittelbaren Zusammenhang zu den Ausführungen des Klienten? Ein guter Zuhörer hört auch Dinge heraus, die nur implizit mitschwingen, aber noch nicht in Worte gefasst sind. Außerdem kann ein guter Coach auch die noch nicht ausgedrückten Gefühle des Klienten erfassen und widerspiegeln.

Der Coach als Neutraler

Gerade die Neutralität (s. Glossar) des Coachs ist im Gespräch wichtig. Der Chef hat seine Urteile über den Mitarbeiter und die Kollegen ebenso. Für den Klienten wird es dann oft schwierig, sich „objektiv" zu sehen. Daher ist es wichtig, dass der Coach nicht urteilt, sondern neutral bleibt. Das beinhaltet aber auch, dass er dem Klienten nicht recht gibt.

3 Ablauf eines Coaching-Gesprächs

Klären der Rahmenbedingungen

Die Rahmenbedingungen des Gesprächs müssen geklärt werden, weil das Gespräch natürlich massiv davon beeinflusst wird, wenn der Klient z.B. erwartet, dass der Coach seinem Chef berichtet. Sollten solche Befürchtungen vorhanden sein, muss der Coach genau erklären, worüber er mit dem Chef sprechen wird und was auf keinen Fall Gegenstand eines Gesprächs mit dem Chef sein wird. Punkte, die in dieser Phase zu den Rahmenbedingungen geklärt werden müssen, sind:

Ein Auftrag wird erteilt

Als erstes ist es natürlich wichtig zu klären, wer mein Auftraggeber ist. Ist das der Klient? Wenn ja, hat er es mit dem Chef abgesprochen? Was hat er mit ihm abgesprochen? Oder ist der Auftraggeber der Chef? Was erwartet er dann von dem Coaching? In dem Fall sollte man zumindest telefonisch mit ihm Kontakt aufnehmen und seine Erwartungen und Ziele klären. Ebenfalls klären sollte man in dem Gespräch, was er dem Mitarbeiter sagt und wie er es ihm sagt. Hier sind folgende Fragen hilfreich:

Wer ist eigentlich der Auftraggeber?

- Was hat Sie auf die Notwendigkeit eines Coachings gebracht?

- Worin besteht aus Ihrer Sicht das Problem des Klienten?

- Wann wäre ich als Coach aus Ihrer Sicht erfolgreich?

- Welche Ziele verfolgen Sie mit dem Coaching ?

- Welche Erwartungen und Wünsche haben Sie an mich?

- Haben Sie mit Ihrem Mitarbeiter schon über Ihr Vorhaben gesprochen? Was haben Sie ihm gesagt? Wie hat er reagiert?

- Wie wird Ihr Mitarbeiter es vermutlich auffassen, wenn Sie ihm Ihren Vorschlag unterbreiten?

- Welches wäre der sicherste Weg, ihm das Coaching zu vermiesen?

- Wie könnte man ihn am ehesten dazu gewinnen?

- Wie werden seine Kollegen auf das Coaching reagieren?

- Wird das für die Zielerreichung eher hilfreich oder eher hinderlich sein?

- Was können Sie tun und was kann ich tun, um den Erfolg des Coachings sicherzustellen?

Fragen an den Chef

Chef und Coach Es ist unbedingt notwendig, mit dem Chef auch zu klären, was man als Coach tun kann und was nicht. Häufig wird beim Chef die Erwartung da sein, dass der Coach ihn ausführlich über das Gespräch und die eigene Einschätzung des Klienten informiert. Da ist es wichtig, ihm klar zu machen, dass das den Erfolg des Coachings in Frage stellen würde. Am besten schlägt man ihm vor, dass er selbst ein ausführliches Gespräch mit dem Klienten über das Coaching führt.

Coach und Auftraggeber werden sich nicht einig Es kann verschiedene Gründe geben, warum sich Coach und Auftraggeber nicht einig werden können. Es kann sein, dass der Auftraggeber auf einer Beurteilung des Klienten von Seiten des Coachs besteht. In diesem Falle sollte der Coach, wenn er den Auftrag nicht ablehnen will, dem Auftraggeber nochmals die Nachteile und Einschränkungen eines solchen Vorgehens deutlich machen. Auf jeden Fall muss er, um seine Glaubwürdigkeit als Coach zu erhalten, darauf bestehen, dass die Tatsache der Beurteilung dem Klienten mitgeteilt wird. Es wird dann allerdings nur ein eingeschränktes Coaching möglich sein, da die Offenheit des Klienten deutlich reduziert sein wird.

Ein anderer Grund kann sein, dass der Auftraggeber vom Coach unethisches Verhalten erwartet. Der Coach soll als Spion des Auftraggebers eingesetzt werden. Hier kann es sich lohnen, wenn der Coach unvoreingenommen die Motive des Auftraggebers hinterfragt und dann die möglichen Konsequenzen des vorgeschlagenen Vorgehens mit ihm beleuchtet. In aller Regel erkennt dann auch der Auftraggeber, dass er mit seinem Vorgehen langfristig nicht sein eigentliches Ziel erreicht. Wichtig ist dabei, dass der Coach die dahinterliegende Absicht ernst nimmt und sie trennt von dem vorgeschlagenen Weg. Der Weg ist nicht o.k. aber das Motiv für den Weg ist o.k. Lässt sich der Auftraggeber auch durch dieses Vorgehen nicht von seinem Vorhaben abbringen, ist es besser, den Auftrag abzulehnen.

4 Erwartungen und Ziele des Klienten

Was will der Klient?

Wünsche und Befürchtungen Die Erwartungen des Klienten an das Coaching müssen als nächstes geklärt werden. Sind die Erwartungen überhaupt realistisch? Genauso ist zu klären, was er beim Coaching nicht möchte. An dieser Stelle ist es auch wichtig, darüber zu sprechen, was gegebenenfalls an den Chef weitergegeben wird und was nicht. Die Vertraulichkeit sollte hier thematisiert werden.

Wenn der Klient erklärt, was er möchte, wird er in aller Regel auch Problemdefinitionen erkennen lassen. Es ist gut, darauf zu achten, wie er explizit oder implizit das Problem definiert.

- „Ich kann nicht führen."

- „Der Stress ist so hoch, dass ich meine Ziele nie erreiche."

- „Meine Mitarbeiter machen nicht, was ich von ihnen erwarte."

- „Wenn mein Chef mir endlich mehr Verantwortung geben würde, könnte ich viel mehr bewegen."

- „Das Arbeitsklima in meiner Abteilung stimmt nicht."

- „Ich habe einfach ein ganz schlechtes Team"

Jeder dieser Aussagen liegt eine andere Problemdefinition zugrunde: **Problem-definitionen**

„Ich kann nicht führen."

Er definiert das Problem als sein eigenes, das heißt, er übernimmt selbst die Verantwortung. Gleichzeitig ist die Definition aber so, dass das Problem eher unlösbar erscheint, weil er es sehr verallgemeinert definiert. „Ich kann nicht führen". Das ist eine massiv einschränkende Autosuggestion. Wenn er sich das oft genug sagt, wird es ihm immer seltener gelingen. **Zu starke Ver-allgemeinerung**

„Der Stress ist so hoch, dass ich meine Ziele nie erreiche."

Dieser Klient übernimmt noch keine Verantwortung für das Problem. „Der Stress" ist verantwortlich, weil er dummerweise so hoch ist, kann der Klient seine Ziele nicht erreichen. „Der Stress" muss also verändert werden. Er muss erst noch erkennen, was sein eigener Anteil dabei ist, damit er etwas ändern kann. **Der Stress ist an allem Schuld**

„Meine Mitarbeiter machen nicht, was ich von ihnen erwarte."

Hier liegt das Problem nicht bei einem anonymen Stress, sondern das Problem wird eindeutig den Mitarbeitern zugeschrieben. Ändert sich der Mitarbeiter, wird sich mein Problem auflösen. Auch dieser Klient ist noch nicht bereit, in vollem Umfang seine eigene Verantwortlichkeit anzuerkennen. **Die Mitarbeiter sind das Problem**

„Wenn mein Chef mir endlich mehr Verantwortung geben würde, könnte ich viel mehr bewegen."

Der Chef als Übeltäter

Das Spiel ist jetzt klar. Diesmal ist nicht der Mitarbeiter die Ursache des Problems, sondern der Chef. Diese Definition kann vor allem für den Coach mit einschlägigen Erfahrungen mit Chefs gefährlich werden. Er muss aufpassen, dass er diese Definition nicht einfach übernimmt. Im schlechtesten Fall verbündet er sich mit dem Klienten, um den Chef zu ändern. Dieses Coaching wird scheitern.

„Das Arbeitsklima in meiner Abteilung stimmt nicht."

Selbstverantwortung erfragen

Auch hier muss der Klient erst mal die Verantwortung für das Problem bei sich erkennen. Dabei sollte ihm der Coach durch gute Fragen helfen. Belehrung wie: „Sie schieben die Verantwortung ab" oder „Sie wollen nicht bei sich selbst hinschauen" sind hier fehl am Platz.

„Ich habe einfach ein ganz schlechtes Team."

Schlechtes Teamwork

Diese Definition kann stimmen. Sehr häufig liegt es aber nicht nur daran, sondern auch an den Dingen, die der Klient tut oder auch nicht tut. Hier sollte genau hinterfragt werden, um die verschiedenen Anteile herauszuarbeiten. Das Team kann schlecht zusammengesetzt oder aber auch einfach schlecht geführt sein.

Folgende Fragen können bei der weiteren Auftragsklärung hilfreich sein:

Klärung mit dem Klienten

- Auf wessen Initiative ging das Coaching zurück?
- Wie steht der Klient dazu?
- Welche Auswirkungen kann die Tatsache des Coachings auf den Chef oder Kollegen haben?
- Wie wird das von Chef oder Kollegen eingeschätzt?
- Wie geht es dem Klienten mit dieser Einschätzung?
- Gibt es konkrete Hinweise auf eventuelle negative Einschätzungen?
- Oder handelt es sich um Phantasien des Klienten?
- Wie sieht der Klient das Problem?

- Welche Lösungsversuche gab es schon von seiner Seite?

- Woran sind die Lösungsversuche gescheitert?

- Warum soll das Problem gerade jetzt angegangen werden?

- Für wen ist das Problem noch ein Problem?

- Wie würden diese Personen das Problem definieren?

- Wenn sich an dem Problem nichts ändert, was wird dann passieren?

- Gibt es Situationen, wo das Problem nicht auftaucht?

- Gibt es Situationen, wo es weniger oder mehr auftaucht?

Als nächstes müsste geklärt werden, was aus der Sicht des Klienten das Ziel dieses Coachings sein soll. Dafür sind Fragen hilfreich wie: **Ziele des Klienten**

- Was hat Sie veranlasst nach Coaching zu fragen?

- Was ist aus Ihrer Sicht das Problem?

- Was müsste passieren, damit Sie am Ende dieser Sitzung das Gefühl haben, das Coaching hat Sie wirklich weitergebracht?

- Woran würden Sie merken, dass das Coaching für Sie erfolgreich war?

- Was soll für Sie anders sein am Ende dieser Sitzung?

- Welche Punkte wollen Sie für sich klären?

- Wo sehen Sie Ihre Stärken und Schwächen bei der Mitarbeiterführung?

Der Coach sollte aber sehr genau darauf schauen, ob die Ziele realistisch und für ihn machbar sind. Er sollte auf keinen Fall automatisch die Zieldefinition des Klienten akzeptieren. Problematisch sind zum Beispiel „Nicht-Ziele", d.h. das Ziel besteht darin, dass irgend etwas nicht mehr geschieht. „Ich möchte nicht mehr so aufbrausend sein." Diese Ziele geben keine Richtung und können daher auch keine Sogwirkung erzeugen. Es ist ähnlich, wie wenn man ins Reisebüro geht und als Wunsch äußert: „Ich will nicht nach Italien." Bei Nicht-Zielen muss im Grunde immer die Frage kommen: „Was wollen Sie dann statt dessen?"   **Ungünstige Ziele**

Ebenso sind **Ziele, einen anderen zu verändern**, problematisch. Also Ziele, für deren Erreichung sich jemand anderer als der Klient verändern muss. Das wären die Ziele wie: „Mein Chef sollte mir mehr Verantwortung einräumen..." Das Ziel sollte immer im Einflussbereich des Klienten sein. Hier kann höchstens die Frage helfen, „Was können Sie tun, um Ihren Chef davon zu überzeugen, dass er Ihnen mehr Verantwortung einräumt?"

Der Coach nimmt keine Arbeit ab

Ebenso schwierig sind **Ziele, dass der Coach für den Klienten etwas ändert**. Zum Beispiel: „Könnten Sie nicht mal mit meinem Chef reden, ..." oder „Sie sprechen doch sicher nachher noch mit meinem Chef, sagen Sie ihm doch mal, wie Sie das sehen!" Hier versucht der Klient, seine Probleme und ihre Lösung auf den Coach zu verschieben. Er selbst braucht dann nicht mehr aktiv zu werden, lernt aber auch nichts dabei. Der Coach kommt dabei automatisch in die Retterrolle und ist damit in ein Spiel eingebunden, bei dem er eigentlich nur verlieren kann.

Wenn Coach und Klient sich nicht einig werden

Wenn Coach und Klient sich nicht einig werden, ist meistens Misstrauen oder schlechte Beziehung zwischen Coach und Klient das Problem. Ein Coach sollte sich darüber im Klaren sein, dass er nicht mit jedem Klienten arbeiten kann. Jeder hat seine persönlichen Grenzen in der Beziehung zu anderen Menschen. Zu glauben, man könnte mit jedem Menschen als Coach arbeiten, ist Größenwahn. Für beide Betroffenen ist es in aller Regel besser zu akzeptieren, dass man nicht miteinander kann als einen unfruchtbaren Coaching-Prozess zu beginnen.

Wichtig ist dabei, dass das offen angesprochen wird und die Schuld auch nicht unterschwellig beim Klienten gesucht wird. „Ich persönlich kann mit Ihnen nicht gut arbeiten und Sie hätten vermutlich mehr davon, wenn Sie es mit einem anderen Coach probieren. Die Erfahrung zeigt, dass jeder Coach so seine Klienten hat, mit denen er nicht gut und effektiv arbeiten kann, wo ein anderer Coach auf Grund seiner anderen Persönlichkeitsstruktur problemlos zurecht kommt." Es wird sich für den Coach aber auf jeden Fall lohnen, diese Situation in eine Supervision (s. Glossar) einzubringen, um sich seine eigenen Anteile daran anzuschauen.

Erste Intervention

In den meisten Fällen, in denen Menschen ihre Probleme nicht selbst lösen können, liegt es an ungünstigen Problemdefinitionen. Deshalb kann eine der ersten Interventionen im Gespräch ein sogenanntes Reframing (s. Glossar) sein. *Reframing* heißt, der Coach definiert das Problem des Klienten um, möglichst in ein Problem, das leichter lösbar ist. Konkret kann das heißen, dass aus der Definition „Ich kann nicht führen" das Problem wird: Bei ganz bestimmten Mitarbeitern traut er sich nicht, klar zu zu konfrontieren. Jetzt ist das Problem wesentlich konkreter definiert und der Coach kann besser erkennen, woran er mit dem Klienten arbeiten muss.

5 Vorannahmen des Klienten

Der Klient kommt nicht wie ein unbeschriebenes Blatt in die erste Sitzung, sondern hat jeweils unterschiedliche Erwartungen, mit denen man als Coach zunächst umgehen muss.

Was geht in dem Klienten vor?

„Jetzt kommt ein Berater, der mich unterstützt."

Dies ist sicherlich der beste Fall, der Klient ist wahrscheinlich kooperativ und verspricht sich Hilfe.

Der Klient als Hilfesuchender

„Jetzt werde ich beurteilt."

Diese Erwartung ist schon problematischer. Der Klient erscheint entweder angepasst oder leicht aggressiv. Da kommen Aussagen wie: „Sie werden mir jetzt wahrscheinlich sagen, was ich falsch gemacht habe und wie ich es besser machen kann". *Vorsicht!* Dabei handelt es sich meistens um ein Spielangebot. Schon bei der ersten Kritik werden Sie wahrscheinlich Rechtfertigungen bekommen, warum er so handeln musste und Sie sind ganz schnell in ein „Gerichtssaalspiel" verwickelt. Spätestens bei den ersten Vorschlägen kommt ansonsten das „Ja, aber... Spiel".

Vorsicht: Rechtfertigungen!

„Da kommt der verlängerte Arm des Chefs."

Diese Erwartung führt zu Misstrauen auf Seiten des Klienten. Dann ist es erstmal notwendig, über Vertraulichkeit und das Rollenverständnis des Coachs zu sprechen. Es muss sehr klar dargestellt werden, über was der Chef informiert wird. Notfalls vorher die Information mit dem Klienten besprechen.

Misstrauen

„Der Coach wird mir sagen, was ich tun soll."

Hier ist es wichtig zu klären, dass der Klient der Fachmann ist und niemand seine Arbeitssituation so gut kennt wie er. Außerdem sind Vorschläge, die für jemand anderen hilfreich waren, nicht unbedingt auch für ihn die richtigen. Lösungen müssen auch zu ihm passen. Deshalb Vorschlag: „Wir spielen miteinander verschiedene Möglichkeiten von Lösungen durch und Sie bewerten dann, welche für Sie persönlich richtig sind."

Passende Lösungen finden

6 Wichtige Punkte im Coaching-Prozess

Beobachten während des Coachings

Während des Coaching-Gesprächs wird von dem Coach einiges an Wahrnehmung gefordert. Es sind nämlich im Grunde mehrere Ebenen, die gleichzeitig wahrgenommen werden müssen. Um eine vernünftige Problemanalyse machen zu können, muss der Coach überprüfen, auf welcher Ebene der Klient Probleme hat.

Führungswissen

Da gibt es einmal die Ebene, die sein Führungswissen betrifft.

- Verfügt der Klient über das notwendige Führungswissen?
- Kann er die verschiedenen Führungsmittel richtig einsetzen?
- Wenn es in diesem Bereich Probleme gibt, erklären sie die ganze Problematik oder nur einen Teil davon?

Beziehung Klient - Mitarbeiter

Dann ist es sinnvoll, die Beziehungsebene (s. Glossar) zwischen Klient und seinen Mitarbeitern anzuschauen.

- Was für eine Beziehung bietet der Klient den Mitarbeitern durch sein Verhalten an?
- Wie reagieren die Mitarbeiter auf das Beziehungsangebot?
- Wie sieht der Klient die Mitarbeiter?
- Was für Beziehungsangebote machen die Mitarbeiter dem Klienten?
- Wie geht der Klient darauf ein?

Kommunikation Klient - Mitarbeiter

Gleichzeitig ist die Frage interessant, wie die beiden ihre Kommunikation gestalten. Für die Analyse der Kommunikation benutzt man am besten die Transaktionsanalyse (s. Glossar).

- Aus welchen Ich-Zuständen kommunizieren die beiden miteinander?
- Welche Art von Transaktionen entstehen dabei?
- Sind die Transaktionen hilfreich?

Gleichzeitig sollte der Coach mitreflektieren, wie sich seine Beziehung zum Klienten entwickelt.

Beziehung Coach - Klient

- Welche Emotionen entwickle ich als Coach gegenüber dem Klienten?
- Wie beeinflussen möglicherweise diese Emotionen meine Beobachtungen?
- Haben die Emotionen mehr mit mir oder mit dem Klienten zu tun?
- Geht es den Mitarbeitern eventuell ähnlich wie mir?

Aus den Beobachtungen während des Coachings kann man auch einige Rückschlüsse auf die Persönlichkeit des Klienten ziehen. Man kann sich dann fragen:

Persönlichkeit des Klienten

- Passt die Vorgehensweise des Klienten zu seiner Persönlichkeit?
- Welche alternativen Vorgehensweisen würden zur Persönlichkeit des Klienten passen?
- Welche persönlichen Probleme werden beim Klienten deutlich?
- Sind die persönlichen Probleme die Ursache für das Führungsproblem?

Weiter ist die Frage wichtig, ob sich Muster erkennen lassen, die alle auf das gleiche Problem zurückgehen. So kann zum Beispiel ein Problem im Gesprächsverhalten dazu führen, dass der Klient sich gegen seine Mitarbeiter nicht abgrenzt, das Gleiche aber auch mit dem eigenen Vorgesetzten nicht tut und sich von anderen Abteilungen immer wieder Arbeit aufhalsen lässt, die nicht in seinen Zuständigkeitsbereich fällt und die seine Arbeitsgruppe zeitlich völlig überlastet. Das Grundmuster, das daran auffällt ist, dass er Probleme hat, sich durchzusetzen. Das Erkennen solcher Muster ist sehr hilfreich in dem nachfolgenden Coaching-Gespräch.

Problemmuster

- Was gibt es Gemeinsames an den Dingen, die ich beobachte?
- Lassen sich irgendwelche Problemmuster erkennen?
- Gibt es eine gemeinsame Überschrift für mehrere Probleme?
- Wie würde die Überschrift heißen?

Sichtweisen des Klienten

Viele Probleme entstehen hauptsächlich durch die Art, wie wir Situationen, Menschen oder deren Verhaltensweisen innerlich einordnen. Jeder ordnet auf Grund seines inneren Bezugsrahmens die Dinge und Ereignisse auf seine ganz eigene Art ein. So hängt vom Bezugsrahmen ab, wie wir emotional reagieren und wie wir uns dann verhalten. Wenn ich den wütenden Mitarbeiter als verständlicherweise überfordert einordne, werde ich anders innerlich und nach außen reagieren, als wenn ich denke, der hat was gegen mich. Insofern ist es wichtig, möglichst viel über den Bezugsrahmen des Klienten herauszufinden.

- Wie sieht er seine Aufgabe als Führungskraft?

- Was ist aus seiner Sicht wichtig?

- Wie setzt er Prioritäten?

- Warum setzt er sie so?

7 Zusammenfassung: Hilfreiche Fragen während eines Coaching-Gesprächs

Fragen an den Chef

- Was hat Sie auf die Notwendigkeit eines Coachings gebracht?

- Worin besteht aus Ihrer Sicht das Problem des Klienten?

- Wann wäre ich als Coach aus Ihrer Sicht erfolgreich?

- Welche Ziele verfolgen Sie mit dem Coaching ?

- Welche Erwartungen und Wünsche haben Sie an mich?

- Haben Sie mit Ihrem Mitarbeiter schon über Ihr Vorhaben gesprochen? Was haben Sie ihm gesagt? Wie hat er reagiert?

- Wie wird Ihr Mitarbeiter es vermutlich auffassen, wenn Sie ihm Ihren Vorschlag unterbreiten?

- Welches wäre der sicherste Weg, ihm das Coaching zu vermiesen?

- Wie könnte man ihn am ehesten dazu gewinnen?

- Wie werden seine Kollegen auf das Coaching reagieren?

- Wird das für die Zielerreichung eher hilfreich oder eher hinderlich sein?

- Was können Sie tun und was kann ich tun, um den Erfolg des Coachings sicherzustellen?

- Auf wessen Initiative ging das Coaching zurück?

- Wie steht der Klient dazu?

- Welche Auswirkungen kann die Tatsache des Coachings auf den Chef oder Kollegen haben?

- Wie wird das von Chef oder Kollegen eingeschätzt?

- Wie geht es dem Klienten mit dieser Einschätzung?

- Gibt es konkrete Hinweise auf eventuelle negative Einschätzungen?

- Oder handelt es sich um Phantasien des Klienten?

- Wie sieht der Klient das Problem?

- Welche Lösungsversuche gab es schon von seiner Seite?

- Woran sind die Lösungsversuche gescheitert?

- Warum soll das Problem gerade jetzt angegangen werden?

- Für wen ist das Problem noch ein Problem?

- Wie würden diese Personen das Problem definieren?

- Wenn sich an dem Problem nichts ändert, was wird dann passieren?

- Gibt es Situationen, wo das Problem nicht auftaucht?

- Gibt es Situationen, wo es weniger oder mehr auftaucht?

**Auftrags-
klärung mit
dem Klienten**

- Was hat Sie veranlasst nach Coaching zu fragen?

- Was ist aus Ihrer Sicht das Problem?

- Was müsste passieren, damit Sie am Ende dieser Sitzung das Gefühl haben, das Coaching hat Sie wirklich weitergebracht?

- Woran würden Sie merken, dass das Coaching für Sie erfolgreich war?

- Was soll für Sie anders sein am Ende dieser Sitzung?

- Welche Punkte wollen Sie für sich klären?

- Wo sehen Sie Ihre Stärken und Schwächen bei der Mitarbeiterführung?

**Ziele des
Klienten**

Wichtige Fragen im gesamten Coaching-Prozess:

Führungswissen
- Verfügt der Klient über das notwendige Führungswissen?
- Kann er die verschiedenen Führungsmittel richtig einsetzen?
- Wenn es in diesem Bereich Probleme gibt, erklären sie die ganze Problematik oder nur einen Teil davon?

Beziehung Klient - Mitarbeiter
- Was für eine Beziehung bietet der Klient den Mitarbeitern durch sein Verhalten an?
- Wie reagieren die Mitarbeiter auf das Beziehungsangebot?
- Wie sieht der Klient die Mitarbeiter?
- Was für Beziehungsangebote machen die Mitarbeiter dem Klienten?
- Wie geht der Klient darauf ein?

Kommunikation Klient - Mitarbeiter
- Aus welchen Ich-Zuständen kommunizieren die beiden miteinander?
- Welche Art von Transaktionen entstehen dabei?
- Sind die Transaktionen hilfreich?

Beziehung Coach - Klient
- Welche Emotionen entwickle ich als Coach gegenüber dem Klienten?
- Wie beeinflussen möglicherweise diese Emotionen meine Beobachtungen?
- Haben die Emotionen mehr mit mir oder mit dem Klienten zu tun?
- Geht es den Mitarbeitern eventuell ähnlich wie mir?

Persönlichkeit des Klienten
- Passt die Vorgehensweise des Klienten zu seiner Persönlichkeit?
- Welche alternativen Vorgehensweisen würden zur Persönlichkeit des Klienten passen?
- Welche persönlichen Probleme werden beim Klienten deutlich?
- Sind die persönlichen Probleme die Ursache für das Führungsproblem?

- Was gibt es Gemeinsames an den Dingen, die ich beobachte?

- Lassen sich irgendwelche Problemmuster erkennen?

- Gibt es eine gemeinsame Überschrift für mehrere Probleme?

- Wie würde die Überschrift heißen?

Problemmuster

- Wie sieht er seine Aufgabe als Führungskraft?

- Was ist aus seiner Sicht wichtig?

- Wie setzt er Prioritäten?

- Warum setzt er sie so?

Sichtweisen des Klienten

Literatur

Brandau, H. (1991). (Hrsg.). *Supervision aus systemischer Sicht*. Salzburg: Otto Müller.

Czichos, R. (1991). *Coaching = Leistung durch Führung*. München: Reinhardt.

Looss, W. (1991). *Coaching für Manager – Problembewältigung unter vier Augen*. Landsberg/Lech: Verlag Moderne Industrie.

Schlegel, L. (1995) *Die Transaktionale Analyse*. Tübingen: Franke.

Schmitz, Chr. (1992). (Hrsg.). *Managerie 1. Jahrbuch*. Heidelberg: Carl Auer.

Schreyögg, A. (1995). *Coaching. Eine Einführung für Praxis und Ausbildung*. Frankfurt/M.: Campus.

Stewart, I. (1991). *Transaktionsanalyse in der Beratung*. Paderborn: Junfermann.

Der Aufbau von Coaching-Kompetenz

Coaching bei Veränderungsprozessen in einem mittelständischen Betrieb

Hermann Bayer

1 Sinn und Ziel der Abhandlung

Durch den Aufbau von Coaching-Kompetenz bei Führungskräften werden gefährdete Betriebe saniert, an sich gut laufende Betriebe weiter optimiert. Die Coaching-Kompetenz der Führungskräfte sichert die optimale Vorbereitung ganzer Unternehmen auf die Zukunft.

Warum Coaching-Kompetenz?

Den Beweis für diese Aussage haben wir[1] geführt: Wir treffen also nicht nur eine Behauptung, sondern wir belegen tagtäglich mit unserer praktischen Arbeit empirisch diese auf den ersten Blick vollmundige Aussage. Auch der vorliegende Artikel beinhaltet u.a. eine Fallstudie als empirischen Beleg im genannten Sinne. An einem konkreten Beispiel machen wir unsere praktische Coaching-Arbeit für Interessierte transparent und nachvollziehbar (Bayer 1997).

Empirische Belege

Drei Aspekte scheinen uns wichtig genug, als unumstößliche Muss-Bedingungen für innerbetriebliche Coachings zu Beginn herausgestellt zu werden:

Bedingungen für innerbetriebliche Coachings

Erstens: Die Wirkung coachender Einflussmaßnahmen macht sich immer an der Veränderung messbarer „harter" Daten, Fakten, Kennziffern etc. fest – wenngleich Coaching selbst die sogenannten „weichen Faktoren der Betriebsführung" betrifft (Bayer 1996c).

Messbarkeit

---

[1] „Wir" bezieht sich auf 'Die Sprache' Lehr- und Forschungsgesellschaft mbH, eine Weiterbildungs- und Coaching-Gesellschaft, die der Autor als Geschäftsführer leitet.

Hier vertreten wir eine pragmatische Position jenseits aller Behauptungen und „Glaubensfragen". Auf den Punkt gebracht: Coaching muss betriebswirtschaftlich messbar mehr bringen als es kostet.

Hilfe zur Selbsthilfe

Zweitens: Coaching ist immer und ausschließlich Hilfe zur Selbsthilfe. Coaching entfaltet Potenziale, ermutigt, klärt Positionen, Erwartungen, Ziele, Wege und findet (ggf. neue) Lösungsmöglichkeiten aller Beteiligten. Sowohl bei einzelnen Menschen als auch bei ganzen Organisationen geht es beim Aufbau von Coaching-Kompetenz um „Wachstum" hin zur Eigenständigkeit.

Längerfristige Qualifizierung

Drittens: Der Aufbau solcher Coaching-Kompetenzen bei Führungskräften ist ein längerfristiger Prozess, eine klar zu definierende Weiterbildungsinvestition, ein Programm für zwei bis drei Jahre. Alles andere, also punktuelle kurzfristige Maßnahmen, enttäuscht, bringt nichts außer Absichtserklärungen und leeren Versprechungen.

Veränderungen vollziehen sich eben nicht durch Reden, sondern über Neuentscheidungen und neue Taten. Gelingt es nicht, eine Führungskraft zur Querprüfung des bisherigen eigenen Verhaltens und daraus zu einer definitiven Neuentscheidung zu veranlassen, ändert sich in der Praxis gar nichts.

Das Problem der „Lernzumutung

Neues zu erlernen stellt Altes in Frage. Leider leben viele Führungskräfte nun nicht die Einstellung, dass das Bessere der Feind des Guten ist, sondern sie sehen sich durch Neues bezweifelt, ggf. gar in ihrem Selbstwertgefühl verletzt. Die Art und Weise des Umgangs mit dieser „Lernzumutung" unterscheidet die Führungskräfte im Sinne ihrer ganz persönlichen Angst und Risikobereitschaft. Das ist der Problembereich, der sich in der Weiterbildung oder im Gespräch als „Widerstand" äußert – übrigens ein normaler, sozialer Prozess in jedem Lernvorgang, von dem ein klassischer Trainer leider oftmals zu wenig weiß.

Aufbau der Abhandlung

Da sich die begriffliche Vielfalt im Zusammenhang mit Coaching als recht umfangreich erweist, kommen wir auch nicht umhin, unsere begriffliche Basis zu verdeutlichen. Dieses nehmen wir uns in Punkt 3. vor. Der darauffolgende Gedanke erklärt den zentralen Stellenwert von Coaching-Kompetenz bei Führungskräften, da diese Kompetenz die eigentliche Kernkompetenz aller heute diskutierten Managementkonzepte ausmacht.

Daran anschließend beschreiben wir in Punkt 4. den Qualifizierungs- und Coaching-Prozess als praktisches Beispiel in einem mittelständischen Betrieb. Als Abschluss charakterisieren wir in Punkt 5. den Qualifizierungsweg in unserem „Studiengang zum Coach", einem Weiterbildungsprogramm für Führungskräfte genauer, denn eine Klärung solcher Weiterbildungskonzeptionen fördert die Transparenz des Markts und unserer Profession nachhaltig.

2   Das Risiko für ein Unternehmen beim Aufbau interner Coaching-Kompetenz

Womit muss ein Unternehmen rechnen – außer den erforderlichen Kosten selbstverständlich – wenn es seine Führungskräfte zu Coachs ausbilden lässt?

Die Zusammenarbeit wird effektiver, bereichernder und unbequemer. Generell wirkt der Aufbau von Coaching-Kompetenz nachhaltig entlastend für ein Management – nur macht diese Entlastung auch einige Funktionen überflüssig. Diese werden die Entwicklung nicht als Entlastung, sondern als gegen sich gerichtet darstellen. Insofern haben wir zunächst einmal mit all dem zu rechnen, was bei Veränderungsprozessen jedweder Art immer schon zu beachten und zu bearbeiten war und auch gegeben sein wird: Befürworter und Gegner, Mitläufer und Neider, Intriganten und Sich-Heraus-Haltende. Generell: Mut und Risikobereitschaft steigen, Angst und Unsicherheit nimmt ab (Bayer 1996a).

Auswirkungen in der praktischen betrieblichen Zusammenarbeit

Es werden blockierende, störende Aspekte im Prozess der Leistungserstellung erkennbar, gewissermaßen der „Sand im Getriebe". Das ist natürlich eine prima Sache für die meisten Menschen – aber eben nicht für diejenigen, die erkennen (müssen), dass sie selbst der „Sand" sind bzw. diesen produzieren. Auch dieser Effekt war immer schon so gegeben – nur: Durch den Aufbau von Coaching-Kompetenz wird die Wahrnehmung aller Beteiligten genauer und präziser. Gleichzeitig ist die Deutung der Wirkungsketten, das Erkennen von Ursache und Auswirkung, von Absichten und Zielen aller Beteiligten punktgenauer.

Aufbau einer konstruktiven Streitkultur

Sowohl konstruktive als auch destruktive Einwirkungen der Menschen werden klar. Es werden verdeckte Absichten, Manipulationen, Intrigen und Machtspielchen erkennbar. Die daraus erwachsende positive Streitkultur fordert einiges von allen Führungskräften. Der einzelne Mitarbeiter wird unbequemer. Nicht alle Firmen und Top-Manager wollen das und sehen darin einen Entwicklungsvorteil. Insbesondere traditionelle, macht- und hierarchieorientierte Unternehmen werden sich damit schwertun.

Grenzen der Entwicklungsarbeit bei traditionellen Firmen

3 Coaching-Kompetenz als Basis der Führung

Coaching betrifft die Prozesse, die „hinter" den sogenannten sachlichen Problemen verlaufen, sozialer Natur sind und den wirklichen Problemkern ausmachen. Das Wort „Coach" kommt aus dem Englischen, heißt „Kutscher" und bezeichnet so denjenigen, der „die Pferde lenkt". In dieser Tradition entstand der Coach im Sport als umfassender Betreuer eines Spitzensportlers oder eines Teams. Schließlich wurde der Begriff auch auf den personenzentriert und entwicklungsorientiert führenden Vorgesetzten – als Coach im Betrieb – übertragen.

Speziell in Deutschland entwickelte sich eine zweite Variante des Coaching-Begriffs, nämlich: der Coach als psychologischer und lebenserfahrener externer Berater von (Top-)Führungskräften.

3.1 Der Coaching-Ansatz: Unser Begriff

In unserem Verständnis (Bayer 1995a) ist ein Coach ganz generell eine Person mit der Kompetenz, soziale Prozesse zu gestalten und zu beschleunigen. Dazu gehören

- die qualifizierte Wahrnehmung und
- die richtige/angemessene Deutung sozialer Prozesse
- sowie überdurchschnittlicher Mut, die sich ergebenden Konsequenzen auszusprechen und zu „leben".

Damit zwingend verbunden ist die Frage der gelebten Werthaltungen eines Coachs, denn es kann natürlich auch manipulierend gecoacht werden – z.B. mit Hilfe von Sozialtechniken wie NLP etc. – und dies geschieht auch in der Praxis.

Andere Definitionen liefern:

> *Rückle* (1992): Ein Coach ist Trainer, Berater, Betreuer in einer Person – und in diesem Sinne Auslöser und Begleiter gewollter Entwicklung.

Looss (1993): Ein Coach ist ein Einzelberater für die personenzentrierte Arbeit mit Führungskräften in Bezug auf die Frage, wie die Managerrolle von der Person bewältigt wird.

Schreyögg (1995): Coaching ist Beratung gegen berufliches Leid, idealerweise zielend auf eine maximale Selbstgestaltung im Beruf.

Wahren (1997): Coaching ist die individuelle Beratung von einzelnen Personen oder Gruppen in auf die Arbeitswelt bezogenen, fachlich-sachlichen und/oder psychologisch-soziodynamischen Fragen bzw. Problemen durch einen Coach.

Coaching reicht weit über den direkten Aufgabenbezug hinaus; es muss den ganzen Menschen samt seiner Ängste, Zweifel und Hoffnungen einbeziehen. Es reicht nicht, bekannte Führungstechniken lediglich auf eine 4-Augen-Situation zu beziehen. Es reicht nicht, alte Konzepte neu zu etikettieren, und es reicht nicht, Coaching als „personenzentrierte Arbeit" auf eine extern moderierte Beratungssituation zu beschränken.

Grenze im Verständnis heute

Exakt diese personenzentrierte und entwicklungsorientierte Arbeit ist der Beruf einer Führungskraft im Betrieb. Der Vorgesetzte muss dafür qualifiziert sein, sonst handelt er nicht nur falsch, sondern er richtet Schaden an. Insofern halten wir unsere Sicht für umfassender, genauer und vertiefender als manche heute gängige Definition im deutschen Sprachraum, welche den Teilbereich „Coaching als externe Beratung" betont.

Coaching ist der Kern des Führungsberufs

Coaching-Kompetenz als Gestaltung und Beschleunigung sozialer Prozesse wird zum Kern der Steuerung von Veränderungsprozessen im Betrieb.

Unterscheiden wir bei der beratenden Intervention im Betrieb entlang den Dimensionen „sachlich-fachlich" und „psycho-sozial", so klärt sich der Begriff des Coachings rasch im Unterschied zu anderen Konzepten (s. Abb. 1).

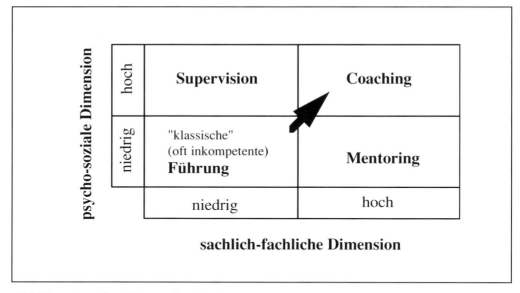

Abbildung 1:   Coaching und andere beratende Interventionen im Betrieb

Der Pfeil drückt dabei die Bewegungsrichtung „von der klassischen (oft inkompetenten) Führung zur Führungskraft als Coach" im Rahmen geeigneter Qualifizierungsprozesse aus.

3.2   Coaching-Kompetenz als Kern aller heutigen Managementkonzepte (Bayer 1996b)

Veränderung und Widerstand durch Wandel

Jegliche Veränderung bestehender Strukturen im Betrieb – sei es eine solche der Technik, der Organisation oder auch der Firmenkultur – erzeugt bei all den Menschen, die Sicherheit suchen, aktiven oder passiven Widerstand. Diese sichernden Mitarbeiter bilden andererseits den Großteil jeder Belegschaft.

Der Wandel ist heute zum Alltag geworden. Wir erleben daher einen permanenten und leider auch zunehmenden Angst- und Widerstandsdruck in den Betrieben als Aufgabe und Herausforderung für alle Führungskräfte.

Als weiteres und ebenso nachhaltig schadendes Problem stellen wir fest: Manager und Führungskräfte verstehen sich überwiegend nicht als „Führende". Sie haben kein stringentes Konzept ihrer eigenen Profession.

Sie fühlen sich beruflich als „Techniker", als „Kaufmann", als „Jurist" etc., und eben nicht als Führungskraft schlechthin. In diesem Sinne bildet Coaching-Kompetenz die Kernkompetenz des Führungsberufs, und die so gelebte Kompetenz bietet die Chance zur Professionalisierung der Führungsaufgabe. Ein Führungs-Coach kann Menschen trotz deren Widerständen ohne Angsterzeugung und ohne Manipulation zu eigenständigen Schritten bewegen. Er „ermutigt" diese also.

Führungskräfte verstehen sich als Fachkraft und nicht als „Führungskraft"

So verstanden, über die Gestaltung und Beschleunigung sozialer Prozesse, füllen sich die heutigen Managementkonzepte mit Leben: Alle Veränderungen technischer, organisatorischer und betriebswirtschaftlicher Art sind Fragen der Kommunikation und Beziehungsgestaltung, der Angstreduzierung und Ermutigung bei jedem einzelnen Mitarbeiter. Ein gestaltender Coach hat mit diesen einzelpersönlichen Strukturen entsprechend qualifiziert und kompetent umzugehen. Alle Führungskräfte Führungskräfte stehen dabei vor einer „unendlichen" Aufgabe: ein „Prozess" verläuft permanent. Prozessgestaltung ist eine dementsprechend permanente Aufgabe.

Gestalten von Veränderung ist Coaching

Prozesse zu gestalten ist wie Steuern eines Bootes. Es verlangt eine risiko- und wandlungsbereite Geisteshaltung als „Dauergesinnung", gepaart mit der Trias von Wahrnehmung, Diagnose und Mut zur Konsequenz.

Prozessgestaltung ist eine Daueraufgabe

Prozessgestaltung ist eine nie endende Kette von einzelnen angemessenen Impulsen oder Interventionen, und diese Kette können wir dann als Beziehungsmanagement, TQM oder Kostenmanagement bezeichnen. *Aufbau von Coaching-Kompetenz in diesem Sinne wird für die Betriebe zum zwingend erforderlichen Sanierungskonzept.*

4 Praktisches Vorgehen bei Kompetenzaufbau und Prozess-Coaching

Arbeit mit diesem Anspruch erfordert beträchtliches Vertrauen in die zugrundeliegende Idee, das Konzept und in die tragenden Personen. Zwingende Qualifikationen der Berater ist verinnerlichtes und professionell gelebtes Wissen im Sinne einer tatsächlichen Beraterkompetenz. Der traditionelle, auch methodisch versierte Trainer ist für diesen Anspruch nicht genügend qualifiziert. Bei einem Konzept dieser Dimension ist des weiteren die Zusammenarbeit zwischen Management und Betriebsrat unabdingbar.

Beraterkompetenz statt Trainerkompetenz

4.1 Handlungsmaximen und Muss-Bedingungen

Top-Down ist zwingend

Die Entwicklungslinie muss zwingend von oben nach unten verlaufen, also Top-Down. Vorleistung und Vorleben der jeweiligen Ebene für ihre zugeordneten Mitarbeiter ist schlicht notwendig, denn alles was konzeptionell im Sinne einer Absichtserklärung oder durch Leitlinien vorgegeben wird, überprüfen die Mitarbeiter tagtäglich auf Echtheit. Es ist schädlicher, Erwartungen zu wecken und dann zu enttäuschen, als gar nicht erst zu beginnen. Insofern ist wirksame Entwicklungsarbeit nur mit Integration und Identifikation des Top-Managements möglich.

Hier nun ergeben sich in der Praxis Beschränkungen für eine ganzheitliche Entwicklungsarbeit durch die Betriebsgröße und die damit gegebene „Verharrungstendenz" einer Organisation. Je kleiner der Betrieb, desto eher kann in unserem Sinne Coaching-Kompetenz aufgebaut werden – so jedenfalls unsere Erfahrung:

Denn während in einem Großbetrieb gestaltend-steuernde Impulse mutiger Vorgesetzter durch innerbetriebliche Interessengruppen und Machtspielchen bis zur Unwirksamkeit angepasst werden, greifen Veränderungen in kleinen Unternehmen direkt. Die „Firmenpersönlichkeit" ist damit konkret veränderbar.

Firmenkultur ist Folge der Führungspersönlichkeiten

Die „Firmenpersönlichkeit" selbst wird verkörpert durch die Einstellung, das Bewusstsein – individualpsychologisch gesprochen: durch den Lebensstil – der tragenden Führungspersönlichkeiten. Eine Organisation hat, vergleichbar wie jeder einzelne Mensch, ihre spezifische Struktur, ihren Charakter, ihre Persönlichkeit. Eine Veränderung des „Geistes des Hauses" erfordert daher die intensive Arbeit mit den einzelnen Führenden. Diese Führungskräfte müssen die eigenen Lebensstiltendenzen kennen und deren ganzheitliche Auswirkung nachvollziehen. Keine Führungskraft kann ein anderes Klima „leben" und erzeugen, als das der eigenen „persönlichen Art". Veränderung und Entfaltung der Firmenkultur, Aufbau von Coaching-Kompetenz in unserem Sinne, um einen spannungsfreien Umgang miteinander zu gestalten, ist dauerhaft nur über die kritische Auseinandersetzung der Leitenden mit eben diesen ihren eigenen Lebensstilmustern und notwendigen Korrekturen im Sinne des Ganzen wirksam.

Nach unserer Erfahrung bedarf der Erstimpuls einer vertieften Selbstauseinandersetzung einer Maßnahme über einen längeren Zeitraum. Hier begegnet uns das zweite Problem:

Es ist heute noch äußerst ungewöhnlich, länger als 3–4 oder maximal 5 Tage ein Seminar zu besuchen. Unser Basisseminar dauert nun aber 8,5 Tage. Es bildet die erste Phase des Qualifizierungsprozesses der Führungskräfte hin zum „Coach für Mitarbeiter".

Der echte Aufbau persönlicher Kompetenz erfordert längerfristige Prozesse, so wie alle Wachstumsprozesse eben angelegt sind. Das ist mit einem „schnellen Seminar zwischendurch" nicht zu machen. Auch nicht in 3 oder 5 Tagen. Es erfordert Qualifizierungskonzepte von 1–2 Jahren, je nach Zielsetzung auch 3–4 Jahre. Streng genommen stehen wir vor einer „lebenslangen Aufgabe" permanenten Wachstums.

Aufbau von Coaching-Kompetenz erfordert längerfristige Prozesse

Zunächst geht es um den Aufbau und das Vermitteln von Hintergrundwissen. In einem zweiten Schritt geht es um die Erweiterung des Wissens hin zur „Bereitschaft" – also um den extrem wichtigen Unterschied von „Können" und „Wollen". Inhaltlich und methodisch umfasst dies:

1. Vermitteln von Hintergrundwissen zu Kommunikation, Gesprächsführung und Beziehungsgestaltung.

2. Reflexion (s. Glossar) persönlicher Verhaltensweisen und deren Wirkungen.

3. Ermutigung zum selbstverantwortlichen Handeln bei individuellen Problemstellungen (Hilfe zur Selbsthilfe).

4. Praktische supervidierte Übungen zur Gesprächsführung und Beziehungs- sowie Konfliktklärung.

Im folgenden nun die Veranschaulichung unserer Überlegungen durch ein praktisches Beispiel:

4.2 Kennzeichen der betreuten Firma und Ziele des Projektes

Nach einem Erstkontakt im Jahre 1991 gestaltet 'Die Sprache' Lehr- und Forschungsgesellschft mbH seit 1993 den firmeninternen Qualifizierungsprozess eines mittelständischen Betriebes, der Produkte im pharmazeutischen Bereich herstellt. Die Firma bewegt sich also in einem Markt, der insbesondere durch die Gesundheitsreform der Bundesrepublik mit nachhaltigen Schwierigkeiten zu kämpfen hat. Als gewachsener Familienbetrieb finden wir alle Merkmale, welche diese besondere Unternehmensform kennzeichnen, wie: unklare Führungsstrukturen, außerordentlich diversifizierte Produktpalette, persönliche Vorlieben des Inhabers, unübersichtliche Kostenstruktur etc. In dem genannten Unternehmen arbeiten gut 100 Mitarbeiter.

Mittelbetrieb in einem turbulenten Markt

Generations-
wechsel

Anlass des konkreten Projekts war die Übergabe der Firma aus Händen des Firmenchefs in die nächste Generation. Zur gleichen Zeit brach die Umsatzrendite des Unternehmens um 50 % ein. In einer gecoachten Sitzung der beiden Geschäftsleitungsgenerationen erarbeiteten die drei Top-Verantwortlichen mit der Hilfe zweier Master-Coachs[2] der 'Die Sprache' Lehr- und Forschungsgesellschaft mbH die Problemlage der Firma:

Das Problem-
szenario

1. Reines Umsatzdenken.

2. Controlling und konsequente Kostenverfolgung fehlt.

3. Weder quantitative noch qualitative Ziele oder Planzahlen.

4. Unterschiedliche Zielgruppen sind nicht mit adäquaten Vertriebswegen erschlossen.

5. Einkauf und Logistik sind vernachlässigte Bereiche, obwohl der Betrieb zum Teil auch ein Handelshaus ist.

6. Machtvakuum und unklare Kompetenzen auf oberer Ebene in der jüngeren Zeit hatten Machtrangeleien zur Folge.

7. „Wasserkopf" mit zu vielen Vorgesetzten.

8. Keine größere Innovation mehr seit einiger Zeit.

Als Basis der weichenstellenden Sitzung diente eine umfassende schriftliche Aufarbeitung der momentanen Situation durch die neue Geschäftsleitungsgeneration selbst. Damit wurden diese „gezwungenermaßen" mit verschiedenen Aspekten und Problemstellungen des Unternehmens vertraut.

Nun gibt es, wie wir wissen, kein „Sachproblem", das nicht lösbar – zumindest zu mildern – wäre, sondern nur die in den Beziehungen der Beteiligten begründeten Probleme. Eine behutsam aufdeckende Analyse der Beziehungen in der Top-Ebene zueinander war gefordert.

---

[2] Die Gesellschaft umfasst Coachs mit unterschiedlicher Kompetenz, nämlich „Coachs", „Senior-Coachs", „Master-Coachs". Diese Gliederung entspricht der Struktur anderer Beratungsunternehmen, die z.B. von „Consultants", „Senior-Consultants" und „Partner" sprechen. Die Kriterien zur Einordnung unserer Coachs sind dabei deren formale Qualifikation (eine oder zwei adakemische Ausbildungen), ihre Qualifikation und Erfahrung in der Arbeit mit Menschen sowie eigene durchlebte Führungs- und Ergebnisverantwortung in der betrieblichen Praxis. Ein Master-Coach bietet also z.B. eine betriebswirtschaftliche akademische Ausbildung, eine humanwissenschaftliche Weiterbildung inkl. Supervisionen sowie eine mindestens fünfjährige (erfolgreiche) Praxis als Geschäftsführer oder Top-Manager.

Mit „ausräumender Gesprächsführung" und konsequenter Reflexion prüften die Master-Coachs die vorgelegte und genannte Ist-Analyse. Es zeigte sich, dass tendenziöse, subjektive Wahrnehmung bis hin zu Wunschdenken und Illusionen ausgeräumt werden mussten. Unterschwellige Machtansprüche, Befürchtungen und auch Egoismen wurden deutlich.

Problemanalyse als Coaching-Prozess

Die Überblendungen des Coaching-Tandems in dieser heiklen Phase waren offenbar überzeugend. Durch ihre komprimierte Erfahrung in der Menschen- und Betriebsführung sowie in der ermutigenden Beratung gewannen die Coachs insbesondere auch das Vertrauen des ausscheidenden (über 70-jährigen) Seniorchefs.

In dieser grundlegenden Besprechung erkannte er den Nutzen eines reflektierten Prozesses (immerhin kostete der Tag die Firma einiges) und fällte die Entscheidung für einen fortführenden Gestaltungsprozess (Aufbau von Coaching-Kompetenz und Prozess-Coaching) gemeinsam mit seinen beiden Nachfolgern.

Für die folgenden zwei Jahre sind zwei Haupt-Zielkreise definiert, an denen der Erfolg des Projekts festgemacht wird, nämlich „Führung" und „Controlling". Für weitere ein bis zwei Jahre geht es dann um „Logistik" und „Vertrieb".

Qualitative Definition der Projektziele

Notwendige Aktionen für die Firma im einzelnen:

1.   *Optimieren der Führungsstruktur*
1.1 Aufgaben- und Kompetenzverteilung innerhalb der Geschäftsführung
1.2 Neuordnung der gesamten Führungsstruktur
1.3 Einführen einer konsequenten Info- und Kommunikationslinie

2.   *Etablieren einer Controlling-Funktion*
2.1 Konsequentes Stoppen unkontrollierter Kostenentwicklung
2.2 Budgets erstellen
2.3 Zielsystem des Unternehmens erarbeiten
2.4 Laufender Soll-Ist-Vergleich

3.   *Straffen des Einkaufs, Auf- und Ausbauen einer Logistikfunktion*

4.   *Definieren der Vertriebsaktivitäten*

Messbarkeit der „weichen" Faktoren in „harten" Ergebnissen

Es ist uns an dieser Stelle ein besonderes Anliegen zu betonen, dass ein Coaching-Prozess, der ja die „weichen Faktoren" der Betriebsführung betrifft, immer von den „harten" Faktoren ausgeht: von betriebswirtschaftlichen Daten, von organisatorischen Strukturen, von messbaren, quantifizierbaren Größen.

Nur so wird diese Arbeit auch überprüfbar und nur so kann für ihre Sinnhaftigkeit über „Glaubensfragen" hinaus argumentiert werden.

4.3 Ablauf und Steps des Prozesses (siehe Schaubild)

Studiengang zum Coach für die Top-Ebene

Beide Geschäftsführer der jungen Generation erweitern ihre soziale Kompetenz (s. Glossar) durch einen Studiengang zum Coach (obwohl sie sich bereits vorher thematisch und in Seminaren mit dem Thema Führung und Gesprächsführung durchaus intensiv befasst hatten). Den weiteren Mitgliedern des oberen Führungskreises der Firma (drei Personen) wird die Möglichkeit des Besuchs dieses Qualifizierungskonzepts ebenfalls angeboten. Obwohl in diesem Sinne Großbetriebe eine verpflichtende Teilnahme an bestimmten Führungsseminaren für spezielle Führungsebenen vorsehen, zeigte sich, dass beim Aufbau von Coaching-Kompetenz eine freiwillige Teilnahme der betreffenden Verantwortlichen die beste Lösung ist.

Verpflichtung zur sozialen Qualifikation als Führungskraft

Nun mag eingewendet werden, dass bei der geringen Personenzahl in einem mittelständischen Betrieb Gruppendruck entstehe. So oder so – eine nachhaltige Verpflichtung, sich mit seiner eigenen Art zu führen auseinanderzusetzen, muss auch sein. Letztlich bleibt es dem einzelnen Führenden unbenommen, wie er seine diesbezügliche Kompetenz aufbaut – in Eigeninitiative oder über Maßnahmen, welche die Firma fördert. In unserem Falle bietet die Firma ein entsprechendes Qualifizierungskonzept an und dies kann in Anspruch genommen werden. Zwei der drei Top-Führungskräfte entschieden sich sofort dafür und belegten ebenfalls den Studiengang zum Coach.

Entlastung des Alltags als Folge

Die Wirkung zeigte sich sehr rasch. Diese Führungskräfte waren positionierter, sie wurden berechenbarer, der Umgang miteinander entlastete sich von unausgesprochenen, versteckten Alltagsreibereien.

Bewährung in der Praxis

Es ist leicht vorstellbar, dass die Mitarbeiter des Hauses gespannt darauf warteten, wie sich die neue Geschäftsleitung, die im Übrigen bei ihrem Start überhaupt keine Erfahrung in der Betriebsführung hatte, nun in der Praxis bewährt. Es ist ebenfalls leicht zu ermessen, dass hier im Alltag nicht zwingend Unterstützung und Kooperation gelebt wird, sondern dass die Umgebung den neuen Geschäftsführern eher abwartend und prüfend gegenübertritt. Insofern ergibt sich die zweite Grundsäule des Gesamtprojekts zwingend:

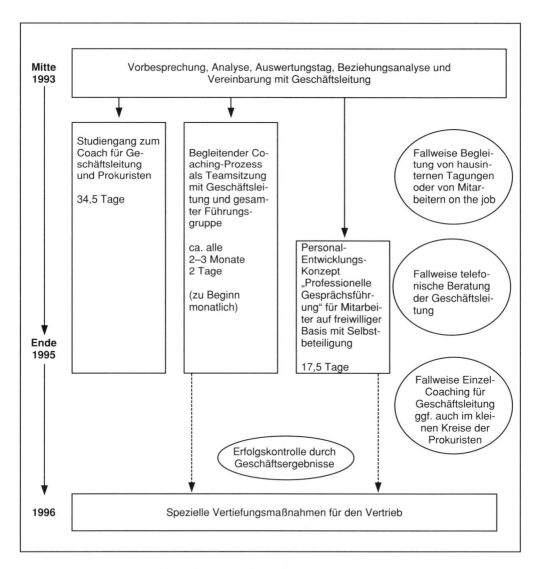

Abbildung 2:   Fallbeispiel: Aufbau von Coaching-Kompetenz und Coaching von Veränderungsprozessen in einem Mittelbetrieb

Betriebsinterner Coaching-Prozess für die gesamte Führungsgruppe

Ein begleitender Coaching-Prozess für die gesamte Führungsgruppe der Firma. Bei dieser Maßnahme besuchte ein Master-Coach der 'Die Sprache' Lehr- und Forschungsgesellschaft mbH in regelmäßigen Abständen die Firma, um vor Ort in einem gemeinsamen Teamprozess „vom Ich zum Wir" gestaltend zu wirken und aktuelle Problemlösungen zu begleiten. Im Sinne der Entlastung der Zusammenarbeit waren hierbei auch persönliche Konflikte miteinander, Schwierigkeiten der Zusammenarbeit generell und ähnliches permanent Thema – sowohl im Bezug der Geschäftsleitung zu ihren nachgeordneten Führungskräften als auch im Kreise der Führungsgruppe selbst. Die 2-tägigen Teamsitzungen waren stets so aufgebaut, dass in einem ersten Teil die gesamte Führungsgruppe tagte und in einem zweiten Teil die Geschäftsleitung im engeren Kreis. Dadurch konnten einerseits Gesamtentwicklungen in Entscheidungen münden, wobei dieser Prozess reflektiert und gecoacht werden konnte – zum anderen war so dem gefährlichen Verdacht der „Mauschelei" von Coach und Geschäftsleitung vorgebeugt. Alle Themen, alle Aspekte des Miteinanders wurden und werden in aller Offenheit besprochen.

Eine neue, konstruktive Gesprächskultur als Wirkung

In den gemeinsamen Diskussionen zeigte sich sehr schnell, dass diejenigen, welche sich einer vertieften Weiterbildung im Sinne des Aufbaus von Coaching-Kompetenz stellten, eine positive auffallend andere „Gesprächskultur" lebten. Sie waren offener, sie waren bereiter, sich selbst in Frage zu stellen, sie waren bemühter beim Suchen um Lösungen, mutiger und konstruktiver. Insofern reifte der Entschluss im Kreise der Führungskräfte, ein Mitarbeiter-Entwicklungsprogramm zur „Professionellen Gesprächsführung" anzubieten, um möglichst vielen, die diese Gelegenheit auf freiwilliger Basis nutzen wollten, auch die Chance zum Kompetenzwachstum im Sinne einer spannungsfreien Gesprächsführung zu ermöglichen.

Mitarbeiter-Entwicklungsprogramm

Nun ist für einen Betrieb dieser Größe die Investitionsmöglichkeit in Weiterbildungsmaßnahmen begrenzt. Auf der anderen Seite sind die Qualifizierungskonzepte recht komplex und zeitintensiv – dazu kommen ja auch die Ausgaben für prozessbegleitende Coaching-Maßnahmen im Haus. Ganz generell stehen wir auf dem Standpunkt, dass eine Firma ihren Mitarbeitern auch nicht alle Weiterbildungsmaßnahmen bezahlen sollte. Ständige Weiterbildung gehört heute zur selbstverständlichen Verpflichtung engagierter Menschen. Insofern ist natürlich auch von Interesse zu sehen, welche Mitarbeiter in diesem Sinne in sich investieren, wenn dafür eigene finanzielle Aufwendungen zu leisten sind, zumindest Freizeit und Wochenende geopfert werden müssen.

Selbstbeteiligung der Mitarbeiter

In diesem Falle verfuhr die Firma so, wie vergleichbare andere Unternehmen auch: Sie bezahlt den Großteil der Seminargebühren. Reisekosten, Verpflegung sowie Freizeit und einen Teil der Seminargebühren (z.B. auch durch Überstundenausgleich) investiert der Mitarbeiter selbst.

Im Sinne der Prozessbegleitung fanden während des Projekts fallweise Einzel-Coaching-Sitzungen und/oder System-Coachings im kleinen Kreise der Top-Führungskräfte statt. Hier wurden spezifische Elemente aus der Sitzung im Gesamtkreis oder aus dem täglichen Geschäft vertieft und geklärt.

Je sozialkompetenter ein Mensch, desto eher ist er auch bereit, fachliche Defizite wahrzunehmen und ggf. aufzufüllen. So erkannte auch in unserem Erfahrungsbeispiel die zuständige Verantwortliche die Notwendigkeit, Controlling-Wissen aufzubauen und für den Betrieb verfügbar umzusetzen. Gleiches gilt für andere Fachschwerpunkte wie EDV oder spezielle Fragen den Gesundheitsmarkt betreffend, bis hin zu technischen Aspekten. Die entsprechenden Führungskräfte haben rasch und konsequent mit der dazu notwendigen Eigeninitiative auch noch die zusätzliche Belastung fachlichen Wissensaufbaus getragen und bewältigt. Insofern bestand nach einem äußerst kurzen Zeitraum von gut 1 Jahr die Möglichkeit, die Firma nicht nur von den „weichen" Faktoren her neu zu gestalten, sondern die Verantwortlichen veränderten auch die „harten" Faktoren. Die Umsetzung dieser letzteren Maßnahmen vollzog sich wiederum unter Mithilfe und begleitender Gestaltung des zuständigen projektverantwortlichen Coachs.

Erkennen und Füllen fachlicher Lücken durch „sozial kompetente Wahrnehmung"

4.4   Stand des Projekts heute und messbare Ergebnisse

Für einen Mittelbetrieb ist es zwingend erforderlich, dass er den „Return on Training" (ROT) unmittelbar erkennen kann. Selbstverständlich gilt dies nicht nur für einen mittelständischen Betrieb, sondern für einen jedweder Größe. Jedoch hat der Erstere einerseits eine geringere Summe als Investitionsvolumen für Weiterbildung (bzw. meist gar kein eigenes Budget) zur Verfügung, und zum anderen schlägt sich Erfolg oder Misserfolg einer Weiterbildungsmaßnahme bei einem Betrieb dieser Größe sofort und unmittelbar im operativen Jahresergebnis nieder. Insofern haben wir hier im Sinne der Trainingserfolgskontrolle optimale Voraussetzungen.

Return on Training

Bereits während des Veränderungsprozesses zeigte sich deutlich an einzelnen Beispielen, dass sich der Aufbau von Coaching-Kompetenz rechnet. Nach einem 2-tägigen Einzel-Coaching zur Optimierung von Kundenorientierung und Beziehungsgestaltung bei einer Vertriebsmitarbeiterin beispielsweise verkaufte diese am Folgetag die knapp dreifache Umsatzmenge, die der Coaching-Tag die Firma kostete. Der ROT betrug damit 3:1 – eine kaum glaubliche Relation.

Qualitative Ergebnisse

**Matrix-
Beziehungen
Profit-Center**

Controlling

**Quantitative
Ergebnisse:**

**Renditever-
doppelung**

**Ermutigung zu
Selbstverantwortung und
Engagement**

Heute finden wir in dieser Firma allerdings einige dieser kaum glaublichen Veränderungen. Die Firma wandelte ihre Struktur von einer traditionellen, inhaberorientierten hierarchischen Form zu einer Matrix-Organisation auf der Leitungsebene mit vermehrt eigenverantwortlichen Mitarbeitern auf allen Ebenen. Die vorher bunt gemischte Produktpalette wurde aufgeteilt in zwei Sparten, geleitet von je einem Geschäftsführer, die als Profit-Center konzipiert sind. In der gesamten Firma wurde ein neues EDV-System inklusive neuer Software integriert. Hierbei finden wir selbstverständlich noch Anlaufschwierigkeiten. Dessen ungeachtet ist eine funktionierende Controllingfunktion installiert, regelmäßige Chefzahlen, Vorplanungen und Soll-Ist-Abweichungsanalysen gehören zum Alltag der Firma. Und das alles in einem Zeitraum von 2½ Jahren!

Nicht nur in qualitativen Beschreibungen können wir die Folgen des Coaching-Prozesses dokumentieren, sondern auch in harten Daten. Auf die spezifische Schwierigkeit dieses Markts vor dem Hintergrund der Gesundheitsreform der BRD haben wir bereits verwiesen. In diesem Markt hielt die Firma ihre Umsatzgröße. Die Umsatzrendite der Firma verdoppelte sich von 1993 bis 1995.

Um hier keine Missverständnisse aufkommen zu lassen: Diese Leistung ist die Leistung der Firma bzw. der dort engagierten Menschen, in erster Linie der neuen Geschäftsleitung. Ein Aufbau von Coaching-Kompetenz entfaltet bestehendes Potenzial, ein begleitendes Prozess-Coaching optimiert und entlastet von „Sand im Getriebe". Der Prozess ist „Hilfe zur Selbsthilfe". Insofern findet die Leistung der Menschen in diesem Betrieb unsere allergrößte Hochachtung.

Speziell in einer solchen Erfolgsphase ist ein Management nach unserer Erfahrung besonders „gefährdet"; eine weitere Investition scheint nicht nötig, der Erfolg scheint gesichert, „alles läuft". Jedoch – ein Erfolgsniveau zu halten ist schwerer, als es zu erreichen! Jedes Promille weiterer Verbesserung erfordert einen überproportionalen Mehraufwand.

Für die nächsten knapp zwei Jahre ist die Optimierung von Logistik und Vertrieb das definierte Ziel. Bei der Planung dieser künftigen Projektschritte stellen wir mit Stolz fest, dass die Firma (d.h. die internen Coachs) immer unabhängiger von ihren externen Coachs wird.

Ein Beispiel dafür ist, dass dieser Betrieb im vergangenen Jahr als erste Firma ihres Markts die Zertifizierung nach ISO 9002 vorbereitet, eingeführt und abgeschlossen hat. Jeder, der das Zertifizierungsthema in der Praxis bearbeitet, kann ermessen, welche hochrangige Managementleistung dies beweist.

5   Das methodisch-didaktische Konzept zur Qualifizierung von Führungskräften im Studiengang zum Coach

Da die Firma und wir den messbaren Gesamterfolg der vergangenen Jahre überwiegend der Qualifizierung von „internen Coachs" zuschreiben, ist es sinnvoll, diesen Qualifizierungsweg selbst genauer darzustellen. Der „Studiengang zum Coach", angeboten von 'Die Sprache' Lehr- und Forschungsgesellschaft mbH, wurde schon oben kurz erwähnt. Längerfristiger und dauerhafter Kompetenzaufbau, wissenschaftlich gesicherter Inhalt und ganzheitlich (holistisch) verstehendes (hermeneutisch) Arbeiten mit Menschen zeichnen ihn aus.

5.1   Vermitteln von Hintergrundwissen

Durch neues Wissen wird dem Teilnehmer das Verständnis für die Zwangsläufigkeit bestimmter Handlungen und Reibungen in seinem Alltag möglich. Durch seine so erweiterte Wissensbasis erkennt er neue Handlungsmöglichkeiten, während er vorher oftmals „den Wald vor lauter Bäumen" nicht sieht.

Vermittlung von Wissen

Unseren konzeptionellen Hintergrund bildet die *Individualpsychologie* (s. Glossar), eine wissenschaftlich gesicherte, praktisch bewährte psychologische Schule, die den Menschen als *eigenständiges, selbstverantwortliches* und Entscheidungen treffendes Wesen versteht. Der Einzelne wird weiterhin als Teil eines Mobiles immer in *Beziehungen* zu anderen gesehen – wobei sich seine *persönlich-spezifische* Beziehungsgestaltung sowie seine Berufs- und Lebensbewältigung vor dem Hintergrund des eigenen *Sozialisationsprozesses* und Erfahrungslernerns – mit den daraus erwachsenden *Annahmen und Erwartungen* an sich und andere – erklärt. Die heute üblichen „Zweck-Psychologien" werden vor diesem Paradigma in ihrer Grenze deutlich und entsprechend erweitert: Wir arbeiten auf Basis eines stringenten, ganzheitlichen Konzepts, während sonst oft die persönliche Präferenz eines Trainers, auch sein Gut-Ankommen-Wollen, eine Fülle von „Ansätzen" im Seminar mit der entsprechenden Unverbindlichkeit bis hin zur Teilnehmerverwirrung zur Folge hat.

Die Individualpsychologie als Ansatz

Besonders wichtig ist dabei die nachvollziehbare, nacherlebbare und damit verständliche Aufbereitung komplexer wissenschaftlicher Zusammenhänge. Damit heben wir den oft beklagten Widerspruch von „Theorie und Praxis" auf, aus dem die im Weiterbildungsmarkt wohlbekannte „Transferproblematik" erwächst. Die Teilnehmer verstehen die Wissens-

**Nachvollzieh-
bare, erlebbare,
annehmbare
Aufarbeitung**

inhalte in ihrer Bedeutung für den eigenen Alltag und können diese –
wenn sie es wollen – in ihre berufliche Praxis integrieren. Alle Aussagen
der Seminare werden empirisch am konkreten Beispiel belegt. Nichts
wird einfach nur behauptet.

**Ständige Weiter-
entwicklung**

Der individualpsychologische Zugang zur Erklärung menschlichen
Handelns und die daraus folgenden Ableitungen für Beruf, Betrieb und
Gesellschaft werden durch eine Fülle nicht-individualpsychologischer Be-
trachtungen aus der Management- und Betriebswirtschaftslehre, aus der
Organisations- und Betriebspsychologie und aus den Sozialwis-
senschaften bestätigt, wobei die Autoren den individualpsychologischen
Kern ihrer eigenen Argumentation nicht erkennen. Wir stellen diese Brü-
cke her und *entwickeln so unsere wissenschaftliche Basis und unseren
Ansatz ständig weiter*.

5.2 Reflexion persönlicher Verhaltensweisen und deren Wirkungen

„Wie man in den Wald hineinruft, so schallt es heraus" – die Schwierigkeit besteht oftmals darin, dass es dem Betreffenden gar nicht bekannt ist,
wie er hineinruft – sprich: wirkt. Daraus jedoch entstehen so lange Missverständnisse, bis die echte Auswirkung, die „soziale Realität", formuliert
ist. Solche Formulierungen („Feedback" genannt) sind eine wichtige Voraussetzung, um ggf. eine andere Verhaltensweise aufzubauen. Sie können
jedoch auch für den Einzelnen überraschend sein – ähnlich dem Falle,
wenn man seine Stimme erstmals auf Tonband hört.

**Keine Verände-
rung ohne
reflektierte
Selbstsicht**

Ohne reflektierte Selbstsicht gibt es keine Veränderung, deshalb gehören Feedback-Prozesse heute zum Standard in jedem guten betrieblichen
Training.

Die Gestaltung von Reflexionsprozessen erfordert ein hohes Maß an
Einfühlungsbereitschaft, Behutsamkeit und menschlichem Verständnis.
Dies setzt selbst-reflektierte Coachs voraus. Alle unsere Dozenten sind
daher entsprechend ausgebildet und in Supervisionsgruppen und geeigneten fachlichen Diskussionskreisen integriert. Die heute im Kom-
munikationstraining generell übliche Videokamera ist vor diesem Hintergrund der Sensibilität eines Reflexionsprozesses nicht immer angemessen
und wird von uns kaum – bzw. erst in einer fortgeschrittenen Aufbaustufe
– verwendet.

Das Gestalten annehmbarer Reflexionen erfordert des weiteren die sich
aus der Individualität des einzelnen Teilnehmers ergebende besondere
persönliche Schattierung punktgenau zu erkennen und zu formulieren.

Diese „Perfektion im Detail" bei oft feinen und feinsten Nuancierungen in der persönlichen Wirkung von Teilnehmern erlaubt es dem einzelnen, sich auch punktgenau zu verstehen und eröffnet ihm die Möglichkeit, entsprechende Ableitungen zu machen. *In diesem Sinne arbeiten wir so wie andere auch – nur oftmals genauer.*

Zum dritten erfordern Reflexionen die soziale Risikobereitschaft des Dozenten. Es müssen Aspekte, die auch unangenehme Erkenntnisse beinhalten können, ausgesprochen werden – und schon oft wurde der Überbringer schlechter Nachrichten bestraft. Erforderlich ist hier gelebte Gleichwertigkeit, Achtung, persönliche Echtheit (s. Glossar) und Mut des Coachs. Alle unsere Dozenten leben das, was sie lehren und stellen sich diesbezüglich der Überprüfung durch die Teilnehmer. Falsches Heldentum, Macher-Mentalitäten und jegliche Form der Manipulation lehnen wir dabei ab.

Respekt vor der Würde und Individualität jedes Einzelnen in der Seminararbeit

5.3 Ermutigung zum selbstverantwortlichen Umgang mit individuellen Problemstellungen

In den Reibungen des Alltags sind wir „Täter und Opfer zugleich". Im Herausarbeiten des eigenen Anteils daran, dass eine Situation so ist, wie sie ist, besteht die Chance, weil so auch Handlungsalternativen erkennbar werden. Unsere Aufgabe im Rahmen der Seminare liegt darin, die verschiedenen Alternativen mit den damit verbundenen Konsequenzen gemeinsam zu formulieren. Der Teilnehmer kann unter Abwägung der Alternativen ggf. neu entscheiden und anders handeln.

Hilfe zur Selbsthilfe

Dieser Punkt insgesamt unterscheidet den Aufbau von Coaching-Kompetenz deutlich von anderen Maßnahmen. Hier kommt der genannte „Transfer" in die Praxis des Teilnehmers zur Wirkung. Dies liegt an der Klarheit und Offenheit von Aussagen und Ableitungen, sowie an der gelebten Echtheit und Konsequenz unserer Coachs. Ausreden, Hintertüren, Rechtfertigungen, um der Verantwortlichkeit für das eigene Handeln oder Unterlassen zu „entkommen", werden transparent. Die Dimension der damit verbundenen Konsequenzen für die eigene Berufs- und Lebenssituation wird klar. Neue Entscheidungen und Veränderungen, die ein Teilnehmer für seinen Alltag umsetzt, sind so dauerhaft. Es sind nicht lediglich „Symptomverschiebungen", sondern bleibende Ermutigungen.

Wir unterstützen unsere Teilnehmer also bei der Verfolgung ihrer persönlichen Ziele und Absichten, welche hin zu einem konstruktiven Miteinander gerichtet sind.

5.4 Praktische supervidierte Übungen zur spannungsfreien Gesprächsführung

Supervision und Übung für alle Aspekte der Gesprächsführung

Auf der Basis erweiterten Wissens und reflektierter Selbstsicht sind professionell begleitende Schritte „im Neuland" sinnvoll. Wir unterstützen damit den Aufbau methodischer Kompetenz, wobei der Lernprozess im Rahmen konzeptioneller Entwicklungsgänge über einen begrenzten Zeitraum von – je nach Wunsch des Teilnehmers – 1 bis 2 Jahren erfolgt.

Aufbauseminare umfassen alle Bereiche der Gesprächsführung in face-to-face-Situationen, in Gruppen und in Großgruppen. Inhaltlich geht es um Aspekte der Überzeugungsarbeit und der gedanklichen Erweiterung, um Alltagsdiagnostik, Warnsignale und Widerstandsauflösung, um Moderation, Vortragsgestaltung und um den Aufbau eines konstruktiven Gesprächsklimas. Unsere Dozenten machen alle Aspekte des Stoffs am praktischen Beispiel – auch des eigenen Verhaltens – transparent. Übliche Rhetorik mit den damit gegebenen Manipulationshilfen lehnen wir ab.

Aufbau von Coaching-Kompetenz

Zusammengefasst noch einmal die wesentlichen Aspekte der praktischen Arbeit im Sinne des Aufbaus von Coaching-Kompetenz im Betrieb. Gleichzeitig sehen wir darin die Merkmale eines qualifizierten Angebots (Bayer 1995b):

- Klar definierte, gemeinsam vereinbarte (Lern-) Ziele und Themenbereiche werden methodisch-didaktisch stimmig erschlossen.

- Wissensaufbau, Übung und Reflexion stehen in einem klaren inhaltlich angemessenen zeitlichen Verhältnis.

- Alle Aussagen werden an praktischen Beispielen und Fällen nachvollziehbar gemacht und belegt.

- Alle Teilnehmer haben jederzeit die Möglichkeit, ihre persönlichen Fragen und Praxisschwierigkeiten einzubringen.

- In der Kombination von Master-Coachs, Senior-Coachs und Coachs ist es möglich, auch mit relativ großen Teilnehmergruppen im Wechsel von Plenum und Gruppenprozessen hochqualifiziert zu arbeiten.

- Wir aktivieren unsere Teilnehmer mit aktiven Lernformen in der Seminargestaltung, durch Gruppenarbeiten, durch Einbindung in Vorträge und praktische Übungen.

- Die Qualität und Durchdringungstiefe in der Bearbeitung praktischer Fälle und Beispiele machen die Umsetzung messbar für die Praxis.

- Wir sehen neben den Symptomen die zugrunde liegenden Wirkungsketten und bleiben nicht bei den Symptomen „hängen".

- Wir bieten die Möglichkeit seminarbegleitender Einzel- und/oder Gruppen-Coachings zur Umsetzungsbegleitung und Vertiefung.

Die Kombination dieser Faktoren erklärt die Gesamtwirkung von innerbetrieblichen Maßnahmen im Sinne der Hilfe zur Selbsthilfe und ergibt schlussendlich den Erfolg, den wir beschrieben haben.

Literatur

Bayer, H. (1995a). *Coaching-Kompetenz*. München/Basel: Reinhardt.
Bayer, H. (1995b). Checkliste zur Überprüfung des aktuellen Ausbildungsangebots. *Personal Potential* 2/95, S. 26– 27.
Bayer, H. (1996a). Über die Schwierigkeit, ein guter Coach zu sein. *Q-Magazin* 1-2/96, S. 28–31.
Bayer, H. (1996b). Führung als Coach. *Gablers Magazin* 2/96, S. 36–38.
Bayer, H. (1996c). Coaching und Consulting. *BDU-Depesche* 8/96, S. 1–2.
Bayer, H. (1997). Aufbau von Coaching-Kompetenz. *Personalwirtschaft* 11/97, S. 48–51.
Looss, W. (1993). *Coaching für Manager – Problembewältigung unter vier Augen*. Landsberg/Lech: Verlag Moderne Industrie.
Rückle, H. (1992). *Coaching*. Düsseldorf: Econ.
Schreyögg, A. (1995). *Coaching. Eine Einführung für Praxis und Ausbildung*. Frankfurt/M.: Campus.
Wahren, H.-K. E. (1997). *Coaching*. Eschborn: RKW.

Einzel-Coaching mit Schichtleitern: Ein Erfahrungsbericht

Anke Finger-Hamborg

1 Einleitung

Coaching als individueller unterstützender Beratungsprozess hat sich in den letzten Jahren immer stärker als Spezialangebot für Führungskräfte etabliert (vgl. Doppler, 1992). Dabei wurde die Funktion des Coachings in der Literatur bisher vage umschrieben (Schreyögg, 1995; Böning, 1994), wobei sich immer stärker zeigt, dass Coaching vorrangig eine innovative Form der Personalentwicklung für Menschen mit Managementfunktionen darstellt.

Coaching als Angebot für Menschen mit Managementfunktionen

Dabei erhält Coaching als individuell zugeschnittene Form der Personalentwicklung neben traditionellen Personalentwicklungsmaßnahmen durch folgende Aspekte zunehmende Bedeutung:

- Weiterbildung bezieht sich von Beginn an auf einzelne Personen (oder kleine Gruppen) und deren individuellen Fortbildungsbedarf.

- In einem solchen Setting ist problemorientiertes sowie emotionsorientiertes Lernen möglich.

- Dadurch, dass Coaching „on the Job" thematisch an den aktuellen Anforderungen des Arbeitsplatzes ansetzt, „besteht eine sehr viel höhere Wahrscheinlichkeit, dass Gelerntes in den Beruf transferiert werden kann" (Schreyögg, 1995, S. 54). Dabei kann der Erfolg des Transfers des Gelernten in die Praxis als Überprüfung in einer nächsten Coaching-Sitzung thematisiert werden.

Dass Coaching jedoch nicht nur für höher angesiedelte Führungskräfte angewendet werden kann, sondern auch auf Meisterebene erfolgversprechende Effekte zeigt, haben Dorando & Grün (1993) zeigen können, wo-

Coaching auf Meisterebene

bei Coaching auf der Ebene von Meistern oder Schichtleitern zur Zeit e-
her eine Seltenheit ist.

**Definition
Coaching**

Legt man folgende von Rauen (1999) zusammengestellte Definition
von Coaching zu Grunde, die Coaching als einen

- zeitlich begrenzten personenzentrierten Beratungs- und Betreuungsprozess ansieht,

- der berufliche und private Inhalte umfasst,

- der auf der Basis einer tragfähigen und durch gegenseitige Akzeptanz
  gekennzeichneten Beratungsbeziehung in mehreren *freiwilligen* und
  vertraulichen Sitzungen abgehalten wird,

- der für einzelne Personen (oder eine definierte Gruppe von Personen)

- durch einen (oder mehrere) externe Berater

- mit psychologischen und betriebswirtschaftlichen Kenntnissen sowie
  praktischer Erfahrung bzgl. der thematisierten Problemfelder durchgeführt wird,

**Meister verlan-
gen nicht von
sich aus nach
Coaching**

so muss man bei der Personengruppe Meister beachten, dass Meister oder
Schichtleiter im Unterschied zu Top-Führungskräften nicht aus eigenem
Antrieb heraus nach Coaching verlangen. Auf Meisterebene gliedert sich
Coaching in der Regel an Ausbildungseinheiten an, die von der Personal-
entwicklungs-Abteilung an die Meister herangetragen werden (Dorando
& Grün, 1993). Auf den in der Definition geforderten Aspekt der Freiwilligkeit muss im Hinblick auf Coaching bei Meistern/Schichtleitern ein besonderes Augenmerk gerichtet werden. Zur Diskussion möchte ich stellen, ob Coaching bei der hier genannten Personengruppe auch dann
sinnvoll und effektiv sein kann, wenn der geforderte Aspekt der
„Freiwilligkeit" nicht wirklich gewährleistet ist.

2   Schichtleiterausbildung: Das Projekt

**Straffung der
Leitungsstruktur
in einem mittel-
ständischen
Unternehmen**

Nach den Ergebnissen einer Lean-Management-Studie durch eine bekannte Unternehmensberatung wurde einem mittelständischen Unternehmen der chemischen Industrie die Straffung der Leitungsstruktur in
den Produktionslinien vorgeschlagen. Die Schichtmannschaften sollten
dabei in der Zukunft mit einem Schichtleiter auskommen, wobei die Ebenen der Obermeister und Meister entfallen. Dabei sollte das Aufgaben-
spektrum der zukünftigen Schichtleiter neben der Anlagensteuerung um
typische Managementaufgaben und Führungsaufgaben erweitert werden
(Greif & Scheidewig, 1996, S. 347ff.).

Für die Vorbereitung auf die zukünftigen Aufgaben als Schichtleiter wurde in Zusammenarbeit mit dem Fachgebiet Arbeits- und Organisationspsychologie der Universität Osnabrück (Team A&O) und der Personalentwicklung der Firma ein Ausbildungskonzept erstellt. Dieses Ausbildungskonzept bestand aus einem fachlichen Teil, bei dem es um Vermittlung fachlicher Kompetenzen in Bezug auf das Unternehmen ging. Diese Aufgabe wurde von internen Experten des Unternehmens durchgeführt. Der überfachliche Teil der Schichtleiterausbildung wurde vom Team A&O konzipiert und durchgeführt. Zielsetzung des überfachlichen Teils der Ausbildung war die Vermittlung von sozialen Kompetenzen (Schlüsselkompetenzen), Hilfe bei der Übernahme der neuen Führungsrolle bzw. bei der Entwicklung des Rollenverständnisses sowie im Vorgehen eine praxisorientierte, zeitlich flexible und sofort umsetzbare Lernform (Greif & Scheidewig, 1996, S. 348).

Überfachliche Schichtleiterausbildung

Der überfachliche Teil der Schichtleiterausbildung im Überblick

Seminarmodule der Schichtleiterausbildung

1. Mitarbeiterführung und Teamentwicklung
2. Veränderungsprojekte & Rhetorik
   – Coaching –
3. Gesprächsführung und Konflikte in Gruppen
4. Kontinuierliche Verbesserungen und Qualitätsmanagement
   – Coaching –
5. Koordination, Leitung & Organisation
   – Coaching –

Abbildung 1:   Schichtleiterausbildung und Coaching

Methodisch wurde für den überfachlichen Teil der Ausbildung die Form des Selbstorganisierten Lernens angewendet, eine offene Form der Seminargestaltung, die individuelle Lernmöglichkeiten für die Teilnehmer beinhaltet (Finger, 1992), was gerade bei heterogenen Gruppen unumgänglich ist, wollen alle Teilnehmer von der Ausbildung profitieren. Unterstützt wird das Konzept des Selbstorganisierten Lernens mit üblichen Seminarmethoden wie Gruppenarbeiten, Rollenspiel mit Videokonfrontation und Feedbackgesprächen sowie Leittexten, (Finger & Schweppen-

Selbstorganisiertes Lernen als Basis

häußer, 1996), die den Teilnehmern als Unterstützung des Lernprozesses an die Hand gegeben wurden.

Regelmäßige Anwendungs-vereinbarungen

Um den Transfer der Seminarinhalte in die Praxis zu gewährleisten, wurden zum Abschluss der Seminare regelmäßig Anwendungsvereinbarungen getroffen, in denen sich die Teilnehmer bestimmte Ziele setzten, die zu einem festgelegten Termin realisiert werden sollten.

Nachbearbei-tung von Semi-narthemen im Coaching

Verhaltensnahes Feedback

Die in den Seminaren erarbeiteten Themen sollten durch sich anschließende Coaching-Sitzungen vertieft werden. Das bedeutet, was die Gruppe allgemein lernte, konnte im Coaching ganz individuell ja nach Bedürfnislage des einzelnen Schichtleiters konkret weiter bearbeitet werden (nochmaliges Erklären bestimmter Sachverhalte, Vertiefen wesentlicher Aspekte usw.). Darüber hinaus wurden die Aufgaben, die in den Anwendungsvereinbarungen festgeschrieben wurden, in den Coaching-Sitzungen weiter konkretisiert und der Schichleiter wurde bis zur Durchführung der Aufgabe begleitet. Es wurde im Coaching ein intensives verhaltensnahes Feedback (s. Glossar) zu seinem Verhalten gegeben, Probleme wurden durchgesprochen und ggf. ein weiterer Anlauf für eine Aufgabe ins Auge gefasst. Durch diese Coaching-Sitzungen wurde ein sehr intensives Training on the Job gewährleistet (Schreyögg, 1995) und die in den Seminaren vereinbarten Aufgaben wurden zum größten Teil im Arbeitsalltag umgesetzt.

2.1 Ziele des Einzel-Coachings im Rahmen der Schichtleiterausbildung

Das Einzel-Coaching wurde den Schichtleitern ausbildungsbegleitend angeboten. Sie sollten so die Möglichkeit bekommen, individuell gefördert zu werden. Dabei standen folgende Ziele im Vordergrund:

- Personenbezogene Förderung bei ungleicher Ausgangsbasis.

- Individuelle Beratung bei der Umsetzung der Seminarinhalte in die Praxis (Umsetzung der Anwendungsvereinbarungen).

- Hilfestellung bei der Übernahme der neuen Führungsrolle.

- Als Ansprechpartner bei Konflikten und Problemen dienen.

3 Der Coaching-Prozess im Schichtleiterprojekt

3.1 Kandidaten und Coachs

Als Schichtleiter bzw. deren Reserve wurden insgesamt 27 Kandidaten ausgebildet, die zu Beginn der Ausbildung den Status des Meisters an der Maschine inne hatten.

Als Coachs standen eine Diplom-Psychologin und drei Diplom-Psychologen zur Verfügung. Die Coachs hatten alle bereits mehrjährige Erfahrungen in der Beratung von Unternehmen und in Gesprächsführung. Die Coachs waren mit der Konzeption und Durchführung des überfachlichen Teils der Schichtleiter-Ausbildung betraut, entwickelten die Seminar-Module und führten diese auch durch. So konnten sie in den Coaching-Sitzungen konkrete Bezüge zu den Seminaren herstellen.

Coachs waren mit dem überfachlichen Teil der Ausbildung betraut

Die Coachs erfüllten die in der Definition geforderten Voraussetzungen „Externe Berater mit psychologischen Kenntnissen sowie praktischer Erfahrung bzgl. der thematisierten Problemfelder".

3.2 Setting der Coaching-Sitzungen

Es wurde zwischen den Schichtleitern und den Coachs kein offizieller Vertrag geschlossen, sondern in der ersten Sitzung folgende formale Aspekte gemeinsam durchgesprochen und festgelegt:

Formale Aspekte

- *Anzahl der Termine:* Jeder Schichtleiter konnte bis zu 10 Coaching-Sitzungen in Anspruch nehmen.

- *Dauer der einzelnen Termine:* In der Regel 60 Minuten. Maximal 120 Minuten.

- *Zeitlicher Abstand zwischen den Terminen:* Wurde zunächst nicht vereinbart, da die Terminabsprachen von Seiten der Schichtleiter freiwillig erfolgen sollten. Da dies jedoch nicht realisiert werden konnte (s.u.), wurden die Coaching-Termine im Anschluss an bestimmte Seminareinheiten festgelegt (s. Abb. 1).

- *Gesamtdauer des Coachings:* Zunächst ausbildungsbegleitend, wobei nach Abschluss der Ausbildung weitere Coaching-Sitzungen im Einzelfall möglich waren.

- *Ort und Zeitpunkt der Durchführung:* Zunächst wurde vereinbart, die Sitzungen in Räumen der Universität in der Freizeit der Schichtleiter durchzuführen. Da dies jedoch auf heftigen Protest stieß, wurden die Sitzungen im Verlauf des Projekts in Räumen des Unternehmens während der Arbeitszeit durchgeführt. Es war ohne Probleme möglich, einen ruhigen ungestörten Raum zu nutzen. Im Verlauf des Projekts wurde deutlich, dass ein günstiger Zeitpunkt für Coaching-Sitzungen Abends (20:00 bis ca. 23:00 Uhr) oder auch am Wochenende war, da dann erfahrungsgemäß das Tagesgeschäft abgeschlossen war. Von Seiten der Coachs wurde sehr flexibel auf diese Terminpräferenzen reagiert.

- *Die am Coaching beteiligten Personen:* Schichtleiter und Coach.

- *Geheimhaltungspflicht:* Es wurde zwischen Coach und Schichtleiter Geheimhaltungspflicht vereinbart. Inhalte aus den Coaching Sitzungen wurden nicht an die Vorgesetzten oder auch Mitarbeiter der Personalabteilung kommuniziert. Hier jedoch war von Seiten der Schichtleiter Misstrauen zu spüren, arbeiteten doch Coach und Personalentwicklung des Unternehmens eng zusammen.

- *Honorar:* Das Honorar wurde vom Unternehmen im Rahmen der Ausbildungskosten übernommen. Für die Kandidaten fielen keine Kosten an.

- *Vereinbarungen über die Kosten für den Ausfall von Terminen:* Sitzungen, die am gleichen Tag abgesagt wurden, wurden dem Unternehmen in Rechnung gestellt. Eine Meldung hierüber wurde an den Vorgesetzten weitergeleitet. Der Vorgesetzte sprach den Kandidaten daraufhin an und klärte den Grund der kurzfristigen Absage. Dieses hatte jedoch keine weiterreichenden Konsequenzen für den Kandidaten.

3.3   Bedingungen für Coaching auf Meister- bzw. Schichtleiterebene

Einzel-Coaching durch einen externen Coach

Bei dem hier beschriebenen Vorgehen handelt es sich um Einzel-Coaching durch einen externen Coach, der im Rahmen der Schichtleiterausbildung ausbildungsbegleitend den Kandidaten Coaching anbietet.

Betrachtet man die von Rauen (1999) zusammengestellten Bedingungen von Coaching der

- Freiwilligkeit

- Vertraulichkeit

• Persönliche Akzeptanz

muss man diese Bedingungen für Coaching auf Meister- bzw. Schichtleiterebene überprüfen.

Freiwilligkeit

Wie bereits in der Einleitung angemerkt wurde, ist ein Coaching-Prozess
auf Meister- oder Schichtleiterebene in den seltensten Fällen ein freiwilliger, da er in der Regel von Seiten der Personalentwicklung „verordnet"
wird. Man kann von daher nicht davon ausgehen, dass von Seiten des
Kandidaten ein eigenständiges Interesse an einer Beratungsbeziehung besteht.

**Ist die Bera-
tungsbeziehung
gewünscht?**

„Wir balancierten also zwischen Freiwilligkeit und Unfreiwilligkeit,
zumal die Meister sich zunächst nicht vorstellen konnten, worauf sie sich
eigentlich einlassen und was dabei herauskommen sollte (Dorando &
Grün, 1993)."

Wenn man den Aspekt der „Freiwilligkeit" auch bei der Zielgruppe
Meister oder Schichtleiter als unabdingbar ansieht, steht man vor dem Dilemma, diese Zielgruppe zunächst einmal von der Sinnhaftigkeit eines
Coachings zu überzeugen, an dem sie dann freiwillig teilnehmen. Erfahrungsgemäß ist es sehr schwierig, eine Gruppe so zu überzeugen, dass alle
freiwillig daran teilnehmen.

Qualifizierung auf der Ebene von Meistern oder Schichtleitern wird in
der Regel verordnet. „Freiwilligkeit", was Qualifizierung angeht, ist eher
eine Seltenheit. Deshalb finde ich es durchaus legitim, auch einen Coaching-Prozess für eine festgelegte Zeit ausbildungsbegleitend zu „verord-
nen".

**Qualifizierung
wird in der Re-
gel verordnet**

Den Coaching-Prozess als individuelle unterstützende Maßnahme zur
Begleitung einer Ausbildung von Anfang an für alle festzulegen, halte ich
für durchaus tragbar. Da eine intensive Auseinandersetzung über „Coaching" in der Regel bei Meistern nicht stattfindet, bringt man die Meister
so nicht in die schwierige Situation, sich für oder gegen etwas zu entscheiden (siehe Zitat Dorando & Grün, 1993), in der man gar nicht so
recht weiß, was das denn ist und auch was das „bringen" wird. Nach einigen erfolgreichen Sitzungen wird deutlich, was Coaching ist und auch der
Nutzen für den Einzelnen sichtbar. Meines Erachtens kann man dann
durchaus von einer weiteren „freiwilligen" Teilnahme am Coaching-
Prozess ausgehen.

**Nachträgliche
Freiwilligkeit**

Natürlich würde ich in Fällen, bei denen von Seiten der Kandidaten
sehr starke Widerstände gegen ein Coaching zu spüren sind, die sich nicht
aus der Welt schaffen lassen, ganz von einem Coaching absehen. Hier ge-

**Ablehnung ist
ernst zu nehmen**

he ich davon aus, dass der Kandidat seine eigenen ganz persönlichen gewichtigen Gründe hat, sich nicht auf eine intensivere Betreuung einzulassen. Eine solche Ablehnung sollte man sehr ernst nehmen.

Vertraulichkeit

„Ein Vertrauensverhältnis ist die zentrale Voraussetzung für erfolgreiches Coaching" (Dorando & Grün, 1993).

Vertraulichkeit ist im Coaching ein wesentlicher Aspekt, der bereits zu Beginn der Coaching Beziehung in der ersten Sitzung bei der Klärung der formalen Punkte zugesichert wurde (s. 3.2).

Keine Leistungsbeurteilung

Nach Rauen hat „Coaching nicht die Beurteilung des Klienten zum Zwecke Dritter zum Ziel. Der Klient muss immer darauf vertrauen können, damit er sich offen in den Prozess einbringen kann; der Coach ist verpflichtet, entsprechend zu handeln bzw. andersartige Aufträge abzulehnen" (Rauen, 1999, S. 163).

In dem hier geschilderten Fall wurde das Coaching für die Schichtleiter ausbildungsbegleitend angeboten und durchgeführt. Die externen Berater arbeiteten dabei eng mit der Personalentwicklungsabteilung zusammen, entwickelten die Seminarkonzepte und führten teilweise Seminare gemeinsam durch. Für die Kandidaten wurde deutlich sichtbar, dass sich Personalentwickler und externe Berater austauschen. Hier musste immer

Bestätigung der Vertraulichkeit

wieder in den Coaching-Sitzungen bestätigt werden, dass besprochene Themen nicht nach draußen kommuniziert werden. An diese Absprachen hat sich vor allem der Coach zu halten (auch Dorando & Grün, 1993). Ein gewisses Misstrauen gegenüber der „Vertraulichkeit" kam in einigen Coaching-Sitzungen jedoch immer mal wieder hoch, was sich meiner Ansicht nach auch nicht völlig aus der Welt schaffen lässt. Wichtig an dieser Stelle ist es, dass der Coach sensibel mit diesem Thema umgeht, das Misstrauen ernst nimmt und als berechtigt ansieht.

Persönliche Akzeptanz

Um einen effektiven Coaching-Prozess zu initiieren, muss das Vertrauen und die gegenseitige Akzeptanz zwischen Coach und Klient gegeben sein.

Coachs konnten gewechselt werden

Im vorliegenden Fall wurde den einzelnen Teilnehmern bereits im Anschluss an das erste Seminar ein Coach von der Projektleitung vorgeschlagen. Um die Bedingung der gegenseitigen Akzeptanz zu gewährleisten, gab es für die Teilnehmer die Möglichkeit, direkt einen anderen Coach zu wünschen, was jedoch nicht erfolgte. Die Teilnehmer hatten die Möglichkeit ihren Coach zu wechseln, wenn sie im Verlauf der Sitzungen merkten, dass sie mit der Person nicht zurecht kamen. Im umgekehrten Falle galt das auch für die Coachs. Einen Wechsel des Coachs hat ein Teilnehmer gewünscht, der auch direkt erfüllt wurde.

Betrachtet man die oben von Rauen geforderten Voraussetzungen für Coaching (Freiwilligkeit, Vertraulichkeit und persönliche Akzeptanz), so ergeben sich für Coaching auf Meisterebene Bedingungen, die den geforderten Aspekt der Freiwilligkeit sehr bedingt erfüllen und den Aspekt der Vertraulichkeit schwierig erscheinen lassen. Dennoch halte ich Coaching als ausbildungsbegleitende Maßnahme, wie es in unserem Projekt angelegt wurde, als sehr effektive und lohnende Maßnahme. Nur muss man sich der eben geschilderten Schwierigkeiten bewusst sein und adäquat darauf reagieren.

Nur bedingte Freiwilligkeit

Mögliche Probleme müssen offen angegangen werden

3.4 Der Ablauf des Coaching-Prozesses

In der hier geschilderten Maßnahme wurde der Coaching-Prozess als Unterstützung des überfachlichen Teils der Schichtleiterausbildung konzipiert und durchgeführt.

Bereits bei der ersten Seminareinheit wurde Coaching vorgestellt und eingeführt.

- **Einführung von Coaching (im ersten Seminar)**
  Vorstellung der Coachs & Zuweisung der Coachs durch die Projektleitung

- **Erste Kontaktaufnahme des Coachs zu den Kandidaten**
  Erstgespräch (Information, Klärung der Formalia s. 3.2)

- **Durchführung weiterer Coaching-Sitzungen**
  Im Verlauf des Projekts in der Regel im Anschluss an Seminareinheiten

- **Abschluss-Sitzung**

Abbildung 2: Ablauf des Coaching-Prozesses im Rahmen der Schichtleiterausbildung

Einführung von Coaching (im ersten Seminar)

Klärung der überfachlichen Ausbildung

Inhalte der ersten Seminareinheit waren neben dem Kennenlernen untereinander, Klärung der Inhalte des überfachlichen Teils der Schichtleiterausbildung und Vorstellen der Seminar-Methoden sowie die Einführung von Coaching.

Vertiefung der Seminarinhalte im Coaching

Den angehenden Schichtleitern wurde mitgeteilt, dass sie alle die Möglichkeit hätten, im Anschluss an die Seminareinheiten zur Vertiefung der Inhalte eine weitere Betreuung durch einen Coach in Anspruch zu nehmen. Die Coachs wurden vorgestellt und durch die Projektleitung die Zuweisung der Coachs zu den Kandidaten bekanntgegeben. Dabei wurde explizit nachgefragt, ob alle mit der Zuweisung zufrieden seien. Die Möglichkeit, den Coach zu wechseln, wurde offen angesprochen, konnte direkt oder auch zu einem späteren Zeitpunkt erfolgen.

Es wurde ausführlich über Sinn und Zweck von Coaching mit den Kandidaten diskutiert und Fragen geklärt.

Den Kandidaten wurde zu diesem Zeitpunkt noch anheimgestellt, „freiwillig" im Anschluss an das erste Seminar einen Termin mit dem Coach abzusprechen.

Erste Kontaktaufnahme des Coachs zu den Kandidaten

Kandidaten entzogen sich zunächst den Terminvereinbarungen

Nach der ersten Seminareinheit warteten nun die Coachs auf die Terminabsprachen von den Kandidaten. Mit der Anmerkung „im Alltagsgeschäft sei so viel los und da könne man nicht auch noch Coaching-Termine absprechen" entzogen sich die meisten Kandidaten einer Terminvereinbarung. Nach einer Wartezeit von 2–3 Wochen wurden dann die Coachs aktiv, gingen auf die Kandidaten zu und sprachen Termine für ein Erstgespräch (s. Glossar) ab. Bereits hier wurde sichtbar, dass das Prinzip der „Freiwilligkeit" – hätte man es gänzlich ernst genommen – das AUS für das Coaching als begleitende Maßnahme der Schichtleiterausbildung bedeutet hätte.

Erstgespräch

Klärung von Widerständen

Nach den Problemen bei der Terminabsprache wurde in der ersten Sitzung natürlich erneut sehr viel Information über Coaching gegeben, mögliche Widerstände eruiert und weitere Fragen geklärt.

Folgende Inhalte wurden mit allen Kandidaten in der ersten Sitzung besprochen:

- Die Kandidaten wurden explizit gefragt, ob sie sich eine gemeinsame Beratungsbeziehung mit dem vorgeschlagenen Coach vorstellen könnten (persönliche Akzeptanz). Sie wurden erneut darauf hingewiesen, dass sie jederzeit die Projektleitung um einen anderen Coach bitten könnten.

- Es wurde vermittelt, was „Coaching" im Rahmen des Projekts ist und welche Ziele damit verfolgt werden sollen (siehe 2.2). Anhand der Ziele wollten die Coachs die Kandidaten von der Effektivität des Vorgehens überzeugen und sie für den Coaching-Prozess gewinnen.

- Die formalen Aspekte (3.2) wurden besprochen.

- Fragen von Seiten der Schichtleiter wurden aufgenommen und im Einzelfall geklärt.

- Die Schichtleiter wurden erneut aufgefordert, aktiv selbst mit den Coachs Termine abzusprechen.

Durchführung weiterer Coaching-Sitzungen

Die weiteren Coaching Sitzungen verliefen in der Regel in folgenden vier Phasen: **Coaching in vier Phasen**

1. Phase: Einstiegsphase/Anwärmphase

- Zu Beginn der Sitzung erkundigte sich der Coach zunächst nach dem Lauf der Maschine, da bei einem problemhaften Lauf oder einer zu erwartenden Crash-Situation zum einen mit Störungen zu rechnen war, zum anderen der Schichtleiter natürlich gedanklich eher bei der Maschine als beim Coaching war.

- Es wurde allgemein über die momentane Situation des Unternehmens gesprochen (Stand der Ausbildung, Vorkommnisse der letzten Zeit).

- Von Seiten des Kandidaten wurden Fragen zu den neuesten Gerüchten gestellt, in der Hoffnung, der Coach hätte dazu Informationen.

2. Phase: Klären des Anliegens/Ziel

- Es wurde erst einmal grundsätzlich geklärt, was das Anliegen/Thema bzw. der Inhalt der jeweiligen Sitzung sein sollte.

- Das Ziel wurde abgesteckt: Was sollte in der Sitzung erreicht werden? Dabei wurde darauf geachtet, dass das Ziel sehr konkret formuliert wurde: Beispiel: Erstellung eines Ablaufplans für eine Informationsveranstaltung; Erstellung von Flip-Charts für die 8.30 Runde; weiteres Vorgehen im Konflikt mit Mitarbeiter X...

- Teilweise wurde die Umsetzungsvereinbarung aus einem vorausgegangenen Seminar angeschaut und die dort formulierten Ziele für die Coaching-Sitzung übernommen.

3. Phase: Arbeitsphase

- Die Ziele (s. 2) wurden in Unterziele bzw. Arbeitsschritte aufgegliedert, die nacheinander bearbeitet wurden.

- In dieser Phase wurden die Leittexte aus den Seminaren herangezogen und die Kandidaten aufgefordert, diese zur Bearbeitung der anstehenden Aufgaben zu nutzen.

- Es wurde sehr konkret und verhaltensnah an den Themen laut Zielsetzung gearbeitet.
  Beispiel: Das Planen einer Informationsveranstaltung für die Mitarbeiter. Dies beinhaltet:
  - Ansprechen der Mitarbeiter (Termine, Zeit, Ort)
  - Gliederung und Inhalte der Veranstaltung
  - Medienauswahl und Gestaltung (z.B. Flip-Chart; Layout)
  - Übung des Kurzreferats mit Medieneinsatz und intensivem Feedback
  - Umgang mit möglichen kritischen Fragen aus dem Kollegium (Inhalte antizipieren und Umgang üben, z.B. Notizen auf dem Flip machen, sich in keine Grundsatzdiskussionen einlassen).
  Neben den eher inhaltlichen Aspekten wurde der Fokus sehr stark auf das Ausprobieren und Einüben bestimmter Verhaltensweisen gelegt. An dieser Stelle probten die Kandidaten mit dem Coach z.B. die gesamte Informationsveranstaltung. Dabei wurde der Kandidat sehr stark motiviert und unterstützt bis dieser sich sicher fühlte, der neuen Aufgabe „Halten einer Informationsveranstaltung vor Kollegen" gewachsen zu sein. Die Kandidaten merkten in der Regel in dieser Phase deutliche Lernfortschritte.

4. Phase: Zielvereinbarungsphase

- Es wurde genau vereinbart, was an Aufgaben vom Schichtleiter bearbeitet werden musste, was noch vorbereitet werden musste,

- Bis wann das geschehen sollte,

- Wann konkret die Umsetzung der Aufgabe in den Arbeitsalltag erfolgen sollte, z.B. wann genau die Informationsveranstaltung stattfinden sollte.

Das Wichtigste in dieser Phase war dabei, dass sich der Kandidat selbst einen Termin setzte, bis wann er seine Aufgaben erledigt haben wollte.

In der Regel wurde zu diesem Zeitpunkt der Coaching-Sitzung auch ein weiterer Termin abgesprochen, oder es wurde vereinbart, dass sich der Kandidat nach Durchführung der Aufgabe beim Coach meldet und ihm mitteilt, wie er seine Aufgabe gemeistert hat. Darauf folgte in der Regel eine Coaching Sitzung.

Abschluss-Sitzung

In der letzten Coaching-Sitzung wurden die Kandidaten auf ihre Abschluss-Potenzialanalyse vorbereitet.

Vorbereitung auf Potenzial-Analyse

(Die Abschließende Potenzialbestimmung wurde zur Überprüfung des Lernfortschritts im Anschluss an die Schichtleiterausbildung durchgeführt. Zu Beginn des Projekts wurde bereits eine erste Potenzialbestimmung durchgeführt mit dem Ziel, Stärken und Schwächen der einzelnen Kandidaten zu bestimmen. Darauf wird im Rahmen dieses Berichts jedoch nicht näher eingegangen).

Zur Vorbereitung auf die abschließende Potenzialanalyse wurden mit den Kandidaten sehr detailliert die Stärken und Schwächen erörtert (Förderung der Selbsteinschätzung). Es wurden die Videos aus den einzelnen Seminarsequenzen auf Wunsch noch einmal angesehen und an Hand dieser Videos intensive Feedbackgespräche über das Verhalten der Kandidaten geführt.

Förderung der Selbsteinschätzung

In der letzten Sitzung wurde den Kandidaten anheimgestellt, weitere Coaching-Sitzungen zu vereinbaren, auch nach Abschluss des Projektes. Und es wurde eine Rückmeldung über das Coaching von Seiten der Kandidaten eingefordert. Einige Äußerungen im Wortlaut:

- „Das Coaching war gut."

- „Die Termine waren ganz nett."

- „Durch das Coaching habe ich eine intensive Rückmeldung über die Wirkung meines Verhaltens bekommen."

- „Am Coaching gefällt mir, dass ich dort meine Unsicherheiten besprechen kann.

- „Der Coach achtet auf Sachen, wo man noch nicht so gut ist. Man kann sich selber ja schlecht beurteilen, weil man sich ja nicht von außen sehen kann. Das kann einem besser der Coach sagen."

- „Ich habe mich bereits verändert durch die Ausbildung und das Coaching, das hat sogar meine Frau bemerkt. Ich habe mehr Mut und traue mich stärker, Sachen zu tun.

- „Ich fühle mich durch das Coaching im Rücken gestärkt."

- „Das Coaching hat mir dabei geholfen, eine Gliederung zu erstellen. Ich habe dort z.B. die Informationsveranstaltung einmal komplett durchgesprochen. Das hat mir geholfen."

3.5 Besprochene Themen/Inhalte der Coaching-Sitzungen

Probleme der Berufsrolle überwiegen

Schwerpunktmäßig wurde in Anbetracht der oben genannten Funktionen und Ziele in den Coaching-Sitzungen „berufliche" Inhalte besprochen bzw. konkrete Anleitung zur Umsetzung bestimmter Lerninhalte aus den Seminaren des überfachlichen Teils der Schichtleiterausbildung gegeben (z.B. Strukturierungshilfen und Visualisierungsmöglichkeiten für Kurze Informationsrunden).

In einzelnen Sitzungen kamen jedoch auch Aspekte, die eher als „persönlich" zu bezeichnen sind, hinzu: Beispielsweise fragte ein Kandidat nach „Leitungstipps", wobei im Coaching dann seine Schwierigkeiten bei der Übernahme der Vorgesetzten-Rolle thematisiert wurden.

Beispiel I: Vorbereitung einer Informationsveranstaltung:

Präsentation vor Mitarbeitern

Alle Schichtleiter hatten die Aufgabe, ihre gesamte Schichtmannschaft von einem zur Zeit anliegenden Sachverhalt zu informieren. Dies sollte in Form einer 15minütigen Präsentation an der Maschine erfolgen. Es fanden zur Vorbereitung der Informationsveranstaltung bei einigen Schichtleitern mehrere Coaching-Sitzungen statt. Inhaltlich wurden dabei individuell folgende Aspekte vertieft.

- *Gliederung einer Präsentation:* Einleitung/Hauptteil/Schluss wurden konkret geplant. Die Ausarbeitung nahmen die Schichtleiter selbst vor und stellten dies wiederum dem Coach in einer weiteren Sitzung vor.

- *Visualisierung:* Flip-Charts wurden detailliert nach Gestaltungskriterien entworfen.

- *Diskussionsleitung:* Es wurde zunächst überlegt, welche Fragen von Seiten der Mannschaft kommen könnten und welche Argumente man selbst dazu bringen könne. Dies wurde in Form kurzer Rollenspiele mit verhaltensnahem Feedback eingeübt.

- *Umgang mit Lampenfieber:* Da die Durchführung einer Informationsveranstaltung eine ganz neue Aufgabe für die Schichtleiter war, war es
für einige eine unangenehme Vorstellung, vor ihrer Mannschaft zu
stehen. Hier wurde durch eine gute Vorbereitung sowie das Einüben
der Präsentation (Halten der Präsentation vor dem Coach) und die
Stärkung des Selbstvertrauens durch den Coach Mut gemacht und versucht, die Angst zu reduzieren.

Beispiel II: Planung und Umsetzung eines Verbesserungsvorschlages

Im Seminar „Kontinuierliche Verbesserungen und Qualitätsmanagement"
erhielten die Teilnehmer die Aufgabe, einen Verbesserungsvorschlag für
ein „Problem" für ihren Bereich zu entwickeln und die konkrete Umsetzung zu planen. Gemeinsam mit dem Coach wurde dazu das bereits im
Seminar vorgestellte „Problem" konkret unter die Lupe genommen und
die einzelnen Schritte des Problemlösekreises wurden sehr detailliert bearbeitet.

Problemlöse-kreise

Einsatz des Problemlösekreises: Bezogen auf den Verbesserungsvorschlag zu dem Problem X: wurden folgende Schritte des Problemlösekreises durchgesprochen: Problemanalyse → Lösungen entwickeln → Lösungen bewerten → Planung und Durchführung → (Ergebnis überprüfen)

Der Schichtleiter wurde im Coaching aufgefordert, das Problem kurz zu
analysieren („Worin besteht das Problem konkret?") und dem Coach seinen Lösungsvorschlag, seine Vorgehensweise, wie das Problem aus der
Welt zu schaffen ist, zu erklären. An dieser Stelle konnte der Coach erkennen, wie konkret sich der Schichtleiter bereits mit seinem Verbesserungsvorschlag auseinandergesetzt hatte bzw. wo weiterer Klärungsbedarf
bestand.

Der Schichtleiter stellte dann seine Projektplanung vor. In der Regel
hatten die Schichtleiter hier noch keine konkreten Termine bzw. eine
konkrete Planung, wer bis wann worüber informiert werden muss usw.
Hier wurde gemeinsam mit dem Coach das weitere Vorgehen auf eine realistische Umsetzung hin geprüft und weitere Schritte konkretisiert.

Prüfung auf realistische Umsetzung

Beispiel III: Hilfe bei der Durchsetzung eines Verbesserungsvorschlages:

Verbesserungs-vorschlag durch-setzen

Bei einem Schichtleiter bestand die Schwierigkeit darin, dass der Vorgesetzte den im Seminar erarbeiteten Verbesserungsvorschlag direkt ablehnte, obwohl die Maschinenmannschaft den Vorschlag für sehr sinnvoll erachtete. Der Schichtleiter war sehr entmutigt und wollte die Ablehnung akzeptieren, was ihn jedoch sehr frustrierte, da er von der Nützlichkeit seines Vorschlags überzeugt war. Hier wurde im Coaching eine Vorgehensweise erarbeitet, wie der Schichtleiter seinen Vorschlag erneut beim Vorgesetzen anbringen konnte, welche Argumente dazu geeignet waren und welche Schichtleiter ihn bei der Argumentation unterstützen könnten. Er brachte seinen Vorschlag zu einem vereinbarten günstigen Zeitpunkt erneut vor, und der Vorgesetzte akzeptierte seinen Vorschlag.

Beispiel IV: Führungsverhalten/Umgang mit der neuen Rolle als Schichtleiter:

Vom Kumpel zum Vorgesetzten

Durch die Einführung des Schichtleiters entfiel die Rolle des Obermeisters an der Maschine, der ursprünglich Führungsaufgaben wahrgenommen hatte. Durch diese neue Organisationsform konnte es nun sein, dass der ehemalige „Kumpel" zum „Vorgesetzen" wurde. Hier wurden im Coaching mit einzelnen Kandidaten deren Unsicherheiten, Ängste usw. besprochen. Weiter wurden Vorgehensweisen und Verhaltensweisen erarbeitet, wie z.B. mit unzufriedenen Mitarbeitern umgegangen werden kann, wie erfolgreich delegiert werden kann und wie Kritik-Gespräche geführt werden können usw.

3.6   Verwendete Hilfsmittel & Techniken während des Coachings

Einsatz von Leittexten

Da das Coaching in dem hier geschilderten Fall eine ausbildungsbegleitende Maßnahme zur Förderung und Vertiefung der Lerninhalte aus den Seminaren sein sollte, wurden auch im Coaching die *Leittexte* aus den Seminaren als Hilfsmittel verwendet .

Leittexte sind kurze übersichtsartige Texte, die in einzelne Aufgabenschritte gegliedert werden, die Aufgabenschritte enthalten dabei ganz konkrete selbsterklärende und praktische Handlungsanweisungen (siehe Abb. 3).

Die Kandidaten wurden im Coaching zur Anwendung der Leittexte angehalten, so dass sie diese nach Ablauf der Schichtleiterausbildung weiterhin als nützliches Nachschlagewerk nutzen konnten.

Grundlagen der Information　　　　　　　　　　**Kurzvorträge**
und Rhetorik　　　　　　　　　　　　　**Durchführungsphase**

I. Zielsetzung:

Die Durchführungsphase ist der Zeitpunkt, wo Sie Ihren Kurzvortrag oder Ihre Informationsveranstaltung konkret vor Ihren Kollegen abhalten.
In dieser Phase geht es darum, dass Sie (a) Ihre Kollegen gut und umfassend informieren und
(b) von dem, was Sie sagen oder vorstellen, überzeugen.

II. Kurzbeschreibung:
Die Durchführungsphase gliedert sich in 3 Abschnitte:
(1) Einleitung
(2) Hauptteil
(3) Schlussteil

(1) Einleitung
In den ersten Minuten Ihrer Informationsveranstaltung / Kurzvortrags geht es darum, die Auf-
merksamkeit Ihrer Kollegen zu bekommen und Ihnen zu sagen, was auf Sie zukommt:
- Begrüßen Sie Ihre Kollegen.
- Nennen Sie dann sofort den zeitlichen Rahmen, den Ihre Infoveranstaltung vorsieht.
- Nennen Sie dann das Thema/Inhalt/Ziel der Veranstaltung.
  Formulierungshilfen:
  " ... ich werde Euch heute über das Lean-Management-Konzept informieren..."
  " ... ich werde Euch heute berichten, was bis jetzt in der Ausbildung zum Schichtleiter ge-
  laufen ist..."
- Stellen Sie dann den Ablauf vor (eventuell mit Folie/Flip-Chart)
  Formulierungshilfen/Vorgehen:
  " ... die Infoveranstaltung heute gliedert sich in folgende Bereiche:
  Punkt 1. Erst stelle ich Euch das Ausbildungskonzept vor.
  Punkt 2. Dann berichte ich konkret von den ersten 1,2,3, Seminaren.
  Punkt 3,4,5...
  Punkt 6. Ich werden die wichtigsten Punkte noch einmal zusammenfassen.
  Punkt 7. Dann haben wir 15 Minuten Zeit, Fragen Euerseits zu klären..."

(2) Hauptteil...

(3) Schlussteil...

III. Ergebnis:
Ein so gegliederter Kurzvortrag / Informationsveranstaltung erleichtert Ihnen die Vorbereitung
und strukturierte Durchführung einer solchen Veranstaltung.
Darüberhinaus ist es für Zuhörer einfacher, einem gut strukturierten Vorgehen zu folgen.

Abbildung 3:　Leittext „Grundlagen der Information und Rhetorik"

Umsetzungsver-einbarungen

Neben den Leittexten aus den Seminaren wurden die *Umsetzungsver-einbarungen* im Coaching herangezogen und gemeinsam mit den Kandidaten konkretisiert. Hierzu wurden die Ziele aus den Umsetzungsvereinbarungen auf Durchführbarkeit hin überprüft, ggf. umformuliert und dann umgesetzt.

Rollenspiele

Während der Seminare der Schichtleiterausbildung wurden – soweit möglich – Inhalte durch Verhaltenstraining in Rollenspielen mit Videoaufzeichnungen vertieft. Diese Lernform wurde von allen Schichtleitern als sehr effektiv und lehrreich angesehen. Das hat eine Befragung der Schichtleiter ein Jahr nach Abschluss der Ausbildung ergeben. Während der Coaching-Sitzungen wurden *Ausschnitte aus den Videos* erneut angeschaut und ein individuelles detailliertes *Feedback* zu dem gezeigten Verhalten gegeben. Dabei wurden die Kandidaten von den Coachs zur *Selbsteinschätzung* aufgefordert, d.h. sie wurden dazu befragt, was sie selbst an ihrem eigenen Verhalten positiv oder verbesserungswürdig empfanden. Durch diese Technik setzten sich die Kandidaten intensiv mit ihrem eigenen Verhalten auseinander, was deutlich positive Effekte für eine Verhaltensänderung mit sich brachte.

Rollen-simulationen

In der Coaching-Sitzung in der die Kandidaten auf ihre Abschlusspotenzialanalyse vorbereitet wurden, sahen sie sich alle Videoausschnitte aus allen Seminaren erneut an. Dabei konnten sie bereits Änderungen in ihrem Verhalten erkennen. Ein Feedback durch den Coach gab ihnen an dieser Stelle konkrete Hinweise darüber, auf was sie besonders bei der Potenzialanalyse achten sollten. Diese Verhaltensweisen wurden während dieser Coaching-Sitzung in weiteren *Rollensimulationen* eingeübt. Rollensimulationen fanden auch zu anderen Themen statt, z.B. wurde das Halten der Informationsveranstaltung als Rollensimulation vor dem Coach durchgeführt.

Intensives verhaltensnahes Feedback

Eine der zentralsten Techniken im Coaching generell und so auch im vorliegenden Fall waren *intensive verhaltensnahe Feedbacks* durch den Coach, die den Kandidaten Aufschlüsse über ihr Verhalten bzw. die Wirkung ihres Verhaltens gaben. Dies regte die Kandidaten in der Regel zum Überdenken des eigenen Verhaltens an und führte wie bereits beschrieben zur Veränderung im Verhalten.

Grundhaltungen

Die Grundhaltung von Seiten des Coachs gegenüber dem Kandidaten lässt sich am ehesten durch die Basisvariablen der Gesprächsführung von Rogers (1957) – positive Wertschätzung (Akzeptanz), Echtheit (s. Glossar) und einfühlendes Verstehen (Empathie) – kennzeichnen.

4 Ergebnisse und Diskussion

Trotz einiger Schwierigkeiten bei der Umsetzung von Coaching bei Schichtleitern halte ich Coaching auch für diesen Personenkreis für sinnvoll und effektiv.

Überprüft man die oben gestellte Zielsetzung, so kann mit Einschränkung gesagt werden, dass das Ziel: *„Personenbezogene Förderung bei ungleicher Ausgangsbasis"* sicher erreicht worden ist. Ohne das Coaching hätten besonders schwache Kandidaten die Inhalte aus den Seminaren weder ganzheitlich verstanden noch Inhalte konkret in den Arbeitsalltag transferiert. Hier wäre sicherlich ohne das Coaching einiges „im Sande verlaufen".

Personenbezogene Förderung

Auch besonders unsichere Kandidaten profitierten von dem ausbildungsbegleitenden Coaching. Diese äußerten sich im Schutzraum des Coachings über ihre Unsicherheiten, konnten sehr gut gestärkt werden und trauten sich dadurch dann bestimmte Aufgaben zu, die sie erfolgreich meisterten. Dies gab ihnen einen immensen Schub an Selbstbewusstsein. Das Ziel *„Hilfe bei der Umsetzung der Anwendungsvereinbarungen"*, sowie *„Individuelle Beratung bei der Umsetzung von Seminarinhalten in die Praxis"* wurde durch die Coaching-Maßnahme ohne Einschränkung erreicht. Alle Schichtleiter haben die in den Seminaren vereinbarten Aufgaben am Arbeitsplatz umgesetzt, und jeder hat ein Verbesserungsprojekt zu einem Problem aus seinem Arbeitsbereich erfolgreich umsetzen können. Meiner Ansicht nach wäre das ohne die Coaching-Sitzungen nicht möglich gewesen. Gezeigt hat sich in diesem Zusammenhang auch, dass die Kandidaten, die von sich aus öfter Coaching Sitzungen in Anspruch genommen haben, gerade bei der Umsetzung des Verbesserungsprojekts bessere Ergebnisse erzielten und auch die Umsetzung anderer Aufgaben aus den Seminaren terminlich früher hinbekommen haben.

Vorteile für unsichere Kandidaten

Zu unserer Zielsetzung *„Hilfestellung bei der Übernahme der Führungsrolle"* bin ich skeptisch, was dabei die Coaching-Sitzungen an positiven Effekten gebracht haben. Generell kann ich für den hier beschriebenen Personenkreis feststellen, dass es bei der Übernahme der Führungsrolle und auch bei der Übernahme der Verantwortung in dieser neuen Position große Probleme und bei einigen Kandidaten massive Widerstände gegenüber dieser Rolle gab und auch bis heute immer noch gibt. Da im Coaching stärker auf die oben beschrieben konkreten Ziele (Hilfe bei der Umsetzung der Anwendungsvereinbarungen ...) eingegangen wurde, ist dieser Bereich eindeutig zu kurz gekommen.

Probleme bei der Übernahme der Führungsrolle

Im Sinne einer „persönlichen Entlastung" (Dorando & Grün, 1993) wurde das Coaching sehr rege von den Kandidaten genutzt, *Konflikte und Probleme anzusprechen*, darüber nachzudenken und teilweise auch nach Lösungen zu suchen. Hier konnte man im Verlauf des Coachings deutlich

Konflikte und Probleme wurden angesprochen

merken, wie sich das Vertrauensverhältnis zwischen Coach und Schichtleiter verfestigte. Teilweise wurden dem Coach kleine Aufgaben zugeschoben, bestimmten Gerüchten auf die Spur zu gehen und dann zu berichten, was wirklich dran sei.

Schwierigkeiten und aufgetretene Probleme

Terminabsprachen

Mehrfache Terminabsprachen waren nötig

Ein Problem war es, Termine mit den Kandidaten zu vereinbaren. In der Regel musste man die Kandidaten mehrfach auf Termine ansprechen. Einige der Termine fielen auch kurzfristig aus, dann jedoch immer, wenn wirklich ernst zu nehmende Schwierigkeiten an der Maschine auftraten.

Es ist nicht eindeutig erklärbar, worauf diese Terminschwierigkeiten zurückzuführen sind. Möglichkeiten aus meiner Sicht sind

- das tatsächliche Ausmaß an Arbeit in der Produktion, das keine „Extra-Zeit" für Coaching während der Arbeitszeit zulässt,

- mangelnde Motivation der Kandidaten, was auch sicherlich mit dem Verständnis für Coaching an sich zu tun hat (s.u.).

Es gibt sicher noch eine Reihe anderer Erklärungsmöglichkeiten für die aufgetretenen Terminschwierigkeiten. Wahrscheinlich liegen diese bei den unterschiedlichen Kandidaten jeweils anders begründet.

Verständnis & Image von Coaching und Akzeptanz von Coaching bei den Schichtleitern

Skepsis gegenüber Coaching

Es gab bei den hier vorgestellten Kandidaten von Anfang an eine große Skepsis gegenüber den begleitenden Coaching-Sitzungen, was sicher daran liegt, dass Meister sich gar nicht recht vorstellen konnten, was Coaching eigentlich ist, worauf sie sich einlassen und was dabei herauskommen sollte (Dorando & Grün, 1993). Die Bewertung des Coachings hinsichtlich seiner Effektivität wurde dabei von den einzelnen Schichtleitern sehr individuell angesehen. Einige Schichtleiter konnten bis zum Ende des Projekts nicht von den positiven Auswirkungen von Coaching überzeugt werden. Hier hätte von unserer Seite eine noch viel stärkere Aufklärung und Information erfolgen sollen.

Ein weiterer ungünstiger Faktor war sicherlich, dass wir anfangs die Teilnehme am Coaching auf „freiwilliger" Basis angekündigt hatten. Als jedoch die Resonanz so negativ war und kaum ein Kandidat Coaching in Anspruch nehmen wollte, wurde von Seiten der Projektleitung nach bestimmten Seminaren (Abbildung 1) Coaching für alle festgeschrieben. Eine solche Änderung im Vorgehen führt natürlich seitens der Teilnehmer zu Verunsicherung und zu Verärgerung. Dem hätten wir entgehen können, wenn wir von Anfang an Coaching als begleitende Maßnahme nach bestimmten Seminareinheiten als gesetzt vorgegeben hätten.

Coaching hätte verbindlicher integriert werden sollen

Für Erheiterung sorgte der „Coaching" Begriff an sich. So wurden des öfteren Witze über das „Couching" (s. Glossar) gerissen, ob der Schichtleiter wieder mit seinem „Coach auf die Couch" ging usw. Hier wäre aus meiner Sicht eine für die Zielgruppe verständlichere Begrifflichkeit z.B. „Begleitende Maßnahme", „Hilfe bei der Umsetzung von Seminarinhalten" sicherlich einfacher und würde die Akzeptanz dessen, was in den Coaching-Sitzungen stattfinden sollte, erleichtern.

Witze über das Coaching

5   Ausblick und Fazit

Wenn man Coaching als eine individuell zugeschnittene Form der Weiterbildung ansieht, die konkret an aktuellen Anforderungen des Arbeitsplatzes ansetzt, kann ich nur empfehlen, Weiterbildungsmaßnahmen gerade auch bei Meistern oder Schichtleitern durch Coaching-Prozesse zu begleiten. Der Transfer des Gelernten aus den Seminaren in die Praxis erfolgt aus meiner Erfahrung heraus wesentlich schneller und effektiver.

Transfer von Gelerntem erfolgt schneller

Durch die Zielgruppe „Meister" ergeben sich jedoch einige Punkte, auf die verstärkt geachtet werden muss, will man erfolgreich Coaching bei dieser Zielgruppe einsetzten:

Zunächst sollte man eine sehr detaillierte und geduldige Vorinformation über Sinn und Zweck einer begleitenden Coaching-Maßnahme geben. Hier sollten im Vorfeld möglichst alle Unklarheiten beseitigt werden, und den Meistern sollte vorab bereits einigermaßen klar sein, was auf sie zukommt. Von dem englischen Begriff „Coaching" würde ich in diesem Zusammenhang auch absehen und eine verständlichere Begrifflichkeit wählen. So kann man meiner Einschätzung nach eine ganze Menge von Ressentiments im Vorfeld umgehen.

Ausführliche Vorinformationen sind notwendig

Bei der Wahl des Ortes und der Zeiten bei Coaching auf Meisterebene war von Seiten der Coachs in unserem Projekt eine hohe Flexibilität nötig. In wie weit das bei Meistern oder Schichtleitern immer so ist, kann ich nicht mit Bestimmtheit sagen. Absehen würde ich auf Grund der hier gemachten Erfahrungen von Coaching-Sitzungen im Zeitraum des Haupt-

Flexible Terminvereinbarungen

Tagesgeschäfts in der Regel am Vormittag. Personen aus der Produktion können einfach nicht so flexibel während ihrer Arbeitszeiten Termine vergeben wie Personen aus dem Management das in der Regel können. Bei der hier beschriebenen Zielgruppe gibt die Produktion die Zeiten vor.

Individuelle Förderung verbindlich machen

Den Aspekt der „Freiwilligkeit" würde ich in einem Setting wie dem hier vorgestellten „Coaching als ausbildungsbegleitende Maßnahme eines kompletten Ausbildungskonzepts" nicht überstrapazieren. Es ist meiner Ansicht nach wesentlich einfacher und dem Coaching-Prozess auch nicht abträglich, wenn man von Anfang an eine individuelle Förderung der einzelnen Kandidaten zusätzlich zu der Qualifizierung in den Seminaren vorgibt. Jedoch, das möchte ich betonen, nur in einem wie hier geschilderten Setting.

Freiwilligkeit bei weitergehenden Maßnahmen

Auf die „Freiwilligkeit" beim Coaching kann dann nicht verzichtet werden, wenn es sich um Coaching bei nur einzelnen Personen unabhängig von weiteren Qualifizierungsmaßnahmen handelt oder wenn es um persönliche Themen oder Problemstellungen bei einzelnen Personen geht.

Offenes Vorgehen notwendig

Der Aspekt der Vertraulichkeit ist gerade bei der hier fokussierten Zielgruppe ein wesentlicher Punkt. Der Austausch zwischen der Personalentwicklung und dem externen Berater ist durch die Zusammenarbeit gegeben. Hier ist meiner Ansicht nach ein sehr transparentes, offenes und ehrliches Verhältnis zu dem Kandidaten ausschlaggebend. Von Seiten des Coachs bedarf es einiges an Rückgrat, auch auf intensives Nachfragen des Auftraggebers oder anderer Personen nicht die zugesicherte Vertraulichkeit zu gefährden.

Meister-Coaching lohnt sich

Abschließend kann ich nur zuraten, auch trotz der beschriebenen Schwierigkeiten Coaching auf Meisterebene als ausbildungsbegleitende Maßnahme einzusetzen.

Literatur

Böning, U. (1994). Ist Coaching eine Modeerscheinung? In: Hofmann, L.M. & Regnet, E. (Hrsg.) *Innovative Weiterbildungskonzepte*. Göttingen: Verlag für Angewandte Psychologie.

Doppler, K. (1992). Coaching, Mode oder Notwendigkeit: Was und wie ein Coach wirklich sein sollte. *Gablers Magazin*, 4, 92, S. 36–41.

Dorando, M. & Grün, J. (1993). Coaching mit Meistern – Erfahrungsbericht eines supervisorischen Abenteuers. *Supervision*, 24, S. 53–70.

Finger, A. (1992) Selbstorganisiertes Lernen „SoL" Praktische Erfahrungen mit einem neuen Konzept der Weiterbildung. *Wirtschafts- und Berufserziehung*; Zeitschrift für Berufsbildung 12/92 S. 364–373.

Finger A. & Schweppenhäußer, A. (1996). Leittextmethode und minimale Leittexte. In Greif, S. & Kurtz, H.J. (Hrsg.). *Handbuch Selbstorganisiertes Lernen*. Göttingen: Verlag für Angewandte Psychologie.

Greif, S. & Scheidewig, V. (1996). Selbstorganisiertes Lernen von Schichtleitern. In Greif, S. & Kurtz, H.J. (Hrsg.). *Handbuch Selbstorganisiertes Lernen.* Göttingen: Verlag für Angewandte Psychologie.

Rauen, Ch. (1999): *Coaching: Innovative Konzepte im Vergleich.* Göttingen: Verlag für Angewandte Psychologie.

Rogers, C. (1957). The necessary and sufficient conditions of therapeutic personality change. *Journal of Consulting Psychology* 21, 95–103. In Kriz, J. (1985). Grundkonzepte der Psychotherapie. München: Urban & Schwarzenberg.

Schreyögg, A. (1995). *Coaching: Eine Einführung für Praxis und Ausbildung.* Frankfurt/Main: Campus.

Coaching mit NLP (Neurolinguistischem Programmieren)

Anne Schweppenhäußer und Michael Fromm[1]

1 Grundlagen des NLP

„NLP" (Neurolinguistisches Programmieren) ist die Abkürzung für einen Komplex ganzheitlicher und effektiver Kommunikations- und Verhaltenstechniken. Der Begriff „NLP" setzt sich aus drei Bestandteilen zusammen:

Was ist NLP?

- Das *Neuro* in NLP steht für die Informationen, die ein Mensch über seine fünf Sinne (Visuell = Sehen, Auditiv = Hören, Kinästhetisch = Fühlen, Olfaktorisch = Riechen, Gustatorisch = Schmecken; abgekürzt VAKOG) aufnimmt und neurophysiologisch verarbeitet.

- *Linguistisch* umfasst alle sprachlichen Formen, die ein Mensch nutzt, um die eigenen Gedanken (interne Kommunikation) oder das eigene Verhalten nach außen hin zu organisieren.

- Als *Programme* können die Lern- und Lebenserfahrungen eines Menschen (Verhaltensmuster) bezeichnet werden, die hilfreich sind, bestimmte Ergebnisse zu erreichen.

NLP setzt Worte, Gedanken und Verhaltensweisen einer Person in Beziehung zu ihren bewussten oder unbewussten Zielen.

Entstehung des NLP

Mitte der 70er Jahre stellten sich John Grinder (Linguist) und Richard Bandler (Mathematiker, Psychologe) die Frage, was erfolgreiche Kommunikatoren auszeichnet. Sie begannen damit, die Strategien erfolgrei-

---

[1] Anmerkung: Es schreiben eine Visuelle und ein Auditiver.

cher Kommunikatoren zu beobachten, um sie zu systematisieren und anderen Menschen zur Verfügung zu stellen (= Modellieren). Wichtig beim Modellieren von solchen Spitzenleistungen ist es, zu wissen,

- welchen Stellenwert eine Fähigkeit für die Person hat, was ihre persönlichen Beweggründe für ihre Spitzenleistung sind (das Glaubenssystem: Glaubenssätze und Überzeugungen);

- welchen internen „Satzbau" (Syntax) die Strategie hat, welche Denkschritte aufeinanderfolgen (visuell, auditiv, kinästhetisch) und

- aus welchen entscheidenden Qualitäten („Submodalitäten") die Denkschritte bestehen. Für das gefühlsmäßige Erleben einer Situation kann es von entscheidender Bedeutung sein, ob beispielsweise ein Bild hell oder dunkel ist: Das heller gehaltene Bild wird eine andere emotionale Qualität bewirken als das dunkle Bild.

Die Augenbewe-gungsmuster

Die wohl bekannteste Erkenntnis in diesem Zusammenhang sind die Augenbewegungsmuster als konkrete sinnesspezifische Hinweise für innere Verarbeitungsprozesse eines Menschen: Ein visuell-orientierter Mensch wird demzufolge beim Denken und Erinnern die Augen eher nach oben richten; ein eher gefühlsmäßig-orientierter Mensch wird beim Denken und Erinnern eher nach unten blicken.

Grund-annahmen

In der Vielzahl der Veröffentlichungen über NLP lassen sich Grundannahmen zusammenfassen, die als Fundament des Coachings mit NLP gelten können:

- „Jeder hat alles, was er braucht, bereits in sich.

- Jeder tut das Beste, das er im gegebenen Augenblick tun kann.

- Jedes Verhalten hat für die jeweilige Person eine positive Absicht.

- Wir geben ein negativ empfundenes Verhalten oder Gefühl erst dann auf, wenn wir etwas Besseres, Intensiveres gefunden haben.

- Wir haben ein bestimmtes Potenzial an Energie (Aufmerksamkeit) zur Verfügung und wir entscheiden laufend, meist unbewusst und automatisch, wie wir diese zur Verfügung stehende Energie benutzen wollen" (Kutschera, 1994, S. 19).

Die Landkarte ist nicht die Landschaft

Eine weitere wichtige Grundannahme basiert auf der These Alfred Korzybskis „Die Landkarte ist nicht die Landschaft"; das heißt, unsere Wahrnehmung der Welt ist nicht mit der Welt an sich gleichzusetzen. Obwohl die Landschaft eine Vielfalt von sensorischen Anregungen bereithält, werden nur 7 (+/- 2) Informationen gleichzeitig bewusst von uns verarbeitet. Die Auswahl der Informationen unterliegt unseren individuellen Filtermechanismen (z.B. Generalisierungen, Tilgungen, Verzerrungen), So entwickelt sich vor dem Hintergrund unserer Lebenserfahrung und unserer persönlichen Glaubenssätze unser Bild von der Welt, eben die „Landkarte".

1.1 Grundmuster eines NLP-Coaching-Prozesses

NLP-Coaching besteht im Allgemeinen aus fünf Grundschritten, die im Folgenden näher ausgeführt werden:

Die 5 Schritte des Grundmusters

1. Kontakt zwischen Klient und Coach aufbauen (Rapport, s. Glossar)

2. Ziele des Klienten präzisieren

3. Ressourcen finden (unterstützt durch NLP-Interventionsstrategien)

4. Mögliche Einwände für neue Möglichkeiten finden (Ökologie-Check)

5. Mental den Schritt in die Zukunft machen (Future-Pace)

1.1.1 Kontakt zwischen Klient und Coach aufbauen (Rapport)

„Gute Kommunikation entsteht durch guten Rapport und durch die Wertschätzung der einzigartigen Lebensrealität einer anderen Person" (O'Connor & Seymour, 1996, S. 51). Kontakt entsteht durch Vertrauen, Wertschätzung und das Gefühl der Kommunikationspartner, auf einer gemeinsamen Wellenlänge zu kommunizieren. Diese besondere Form des Kontakts entwickelt sich, wenn die Kommunikationspartner Ähnlichkeiten feststellen: Ähnlichkeiten in den Denkstrukturen, in der Art, wie sie die Welt wahrnehmen, in der Art der Gestik und Körperhaltung, in der Art der Atmung, der Stimme, der Stimmungen und Gefühle, des Inhalts des Gesagten und der Sprache und Wortwahl (vgl. DR. KASSIS-Modell, Fries et al., 1993, S. 79ff.).

Grundlage ist immer der Rapport

1.1.2 Ziele des Klienten präzisieren

Wohlgeformte Zielformulierungen sind erfolgreicher in ihrer Realisierung. Im NLP wird sehr großen Wert auf eine präzise Zielformulierung gelegt:

Wohlgeformte Ziele

Wohlgeformte Ziele sind

- positiv formuliert

- für den Klienten sinnesspezifisch konkret, d.h. der Klient hat eine sinnesspezifische Wahrnehmung vom angestrebten Zielzustand

- vom Klienten eigenständig erreichbar

- in der Regel für bestimmte Situationen formuliert (ein Ziel nicht für immer und alle Zeit)

- in Harmonie mit guten Absichten, die hinter dem jetzigen störenden/unangemessenen Verhalten stehen

Klärung von Begriffen Die Aufgabe des Coachs ist es, dem Klienten zu helfen, diese Ziele zu konkretisieren. Ein wesentliches Hilfsmittel für den Coach besteht in dem von Bandler und Grinder entwickelten Meta-Modell der Sprache. Es hält eine Reihe von wirksamen Schlüsselfragen bereit, um gemeinsam mit dem Klienten herauszufinden, was sich genau hinter den vom Klienten verwendeten Formulierungen und Begriffen verbirgt.

1.1.3   Ressourcen finden
(unterstützt durch NLP-Interventionsstrategien)

Auswahl eines geeigneten Interventionsmodells Ausgehend von der NLP-Grundannahme „Jeder hat alles, was er braucht, bereits in sich" findet der Klient seine Möglichkeiten und Ressourcen in sich. Aufgabe des Coachs in dieser Phase des Coaching-Prozesses ist es, auf Grund seiner Erfahrung ein gut geeignetes strukturierendes NLP-Interventionsmodell (siehe Abschnitt 1.2.; 2.2.) anzubieten. Die Auswahl ist nicht einfach, denn Buchner (1993, S. 45) kennt „an die 1000 verschiedene NLP Interventionstechniken für unterschiedliche Situationen".

Vertiefung der Wahrnehmung   Nach der Entscheidung für ein bestimmtes Modell gibt der Coach dem Klienten durch prozessorientierte, offene und hypnotische Formulierungen (Milton-Modell) Raum, seine eigenen Erfahrungen und Bedeutungen zuzuordnen. Diese Formulierungen dienen dazu, die Wahrnehmungsmöglichkeiten des Klienten durch „Erinnerung" an visuelle, auditive, kinästhetische, olfaktorische, gustatorische und motorische Qualitäten einer

fluff bestimmten Situation zu vertiefen (sog. „fluff", vgl. Grockowiak, 1995, S. 314) und gegebenenfalls zu ankern. Ein „Anker" ist ein Reiz, der eine bestimmte Reaktion auslöst. Beim „Ankern" werden daher Situationen

Anker mit bestimmten Reizen (z.B. Berührungen, Worten, Gesten usw.) verknüpft, so dass auf den Reiz dann eine bestimmte Reaktion folgt. Im weiteren Coaching-Prozess kann der Klient durch einen sinnesspezifischen Anker (z.B. durch eine Berührung = kinästhetischer Anker) diese Situation dann gezielt neu erleben.

Der Separator-State   An dieser Stelle ist es wichtig, auf die Möglichkeit und Notwendigkeit des Separator-States hinzuweisen: Der Separator-State ist ein Zustand, in dem das Erleben des Klienten ganz auf die aktuelle Situation gerichtet ist – er ist im „Hier und Jetzt".

Im Schritt „Ressourcen finden" ist es sinnvoll, den Klienten anzuregen, sich mindestens drei neue (Verhaltens-) Möglichkeiten zu kreieren, um eine höhere Flexibilität in seiner Lebenssituation zur Verfügung zu haben.

1.1.4 Mögliche Einwände für neue Möglichkeiten finden (Ökologie-Check)

In diesem Schritt werden die kreierten neuen (Verhaltens-) Möglichkeiten einer kritischen Würdigung unterzogen: Wie passen diese neuen Möglichkeiten in die Lebenssituation des Klienten? Welchen Preis wird der Klient bezahlen, wenn er diese neuen Möglichkeiten in seiner aktuellen Lebenssituation einsetzt? Entscheidet der Klient an dieser Stelle, dass der Preis für die Verwirklichung einer Verhaltensmöglichkeit zu hoch ist, dann werden weitere geeignetere Möglichkeiten gefunden.

Folgen neuer Möglichkeiten

1.1.5 Mental den Schritt in die Zukunft machen (Future Pace)

Ziel dieses abschließenden Schritts ist es, das Ergebnis des Coaching-Prozesses für die Zukunft des Klienten sicherzustellen und die neuen (Verhaltens-) Möglichkeiten im Geist sinnesspezifisch durchzuspielen.

Die Zukunft vorwegnehmen

1.2 Die Coaching-Interventionsräume

Wie bereits erwähnt, ist die Auswahl der geeigneten NLP-Interventionsstrategie für den Coach angesichts der Fülle der zur Verfügung stehenden Modelle nicht immer einfach. Zur Systematisierung hat Robert Dilts mögliche Interventionsebenen in einem Würfel zusammengefasst, der sich aus

Die drei Dimensionen der Interventionen

1. Zeit (Vergangenheit – Gegenwart – Zukunft)

2. Wahrnehmungspositionen (ich selbst, der/die andere, außenstehender Beobachter) und

3. Logische Ebenen (Identität, Werte-Glaubenssystem, Fähigkeiten, Verhalten, Umwelt)

zusammensetzt.

So ergeben sich 45 Interventionsräume, in denen sich der Coach mit einem Klienten bewegen kann. Die einzelnen Ebenen werden im Folgenden genauer erläutert.

45 Interventionsräume

1.2.1   Zeit

Wie lang ist eine Sekunde?

Das subjektive Erleben von Zeit ist für NLP von besonderer Bedeutung: Wie weiß ich, dass ein Ereignis schon stattgefunden hat? Wie weiß ich, wenn ein Ziel in der Zukunft liegt? „Die NLP-Hypothese ist: Innere Zustände und Gefühle sind eng gekoppelt mit Zeit. Ändert man die Zeit, so ändert man auch das Gefühl" (Kutschera, 1994, S. 93).

1.2.2   Wahrnehmungspositionen

Wo stehen Sie?

Ein Beispiel: Frau Müller hat am Vortag eine Konfliktsituation mit einem Kollegen, Herrn Meier, erlebt. Frau Müller erinnert sich jetzt an diese Situation – sie hat nun drei Möglichkeiten, dies zu tun:

1. Position: ich selbst (ich assoziiert):

Frau Müller vergegenwärtigt sich die Konfliktsituation, sieht dabei Herrn Meier, seine Gestik und Mimik, hört ihre eigene Stimme und seine Stimme und durchlebt genau die gleichen Gefühle wie am Vortag.

2. Position: der/die andere (du assoziiert):

Frau Müller versucht in die Schuhe des Kollegen, Herrn Meier; zu schlüpfen und die Konfliktsituation aus der Perspektive von Herrn Meier zu betrachten. Herr Meier hat sicherlich Frau Müller wahrgenommen, Stimmen gehört und Gefühle erlebt. Durch diesen Schritt erhält Frau Müller ergänzende Informationen, die ihr vorher nicht gegenwärtig waren.

3. Position: außenstehender Beobachter (Meta-Position):

Frau Müller nimmt nun eine weitere Position ein, die Position des außenstehenden, unbeteiligten Beobachters. Welche neuen Erkenntnisse über das Verhalten der Konfliktbeteiligten und den Konfliktverlauf kann Frau Müller in der gefühlsmäßig unbeteiligten Meta-Position gewinnen?

1.2.3   Logische Ebenen (nach Dilts)

Welche Ebene ist betroffen?

„Aus psychologischer Sicht scheint es fünf Ebenen zu geben, mit denen man am häufigsten arbeitet.

(1) Die grundlegende Ebene ist die *Umgebung*, in der Sie leben, Ihre *äußeren Einschränkungen*.

(2) Sie wirken auf Ihre Umgebung durch Ihr *Verhalten* ein.

(3) Ihr Verhalten wird durch Ihre mentalen Landkarten und durch Ihre Strategien gesteuert, welche Ihre *Fähigkeiten* definieren.

(4) Diese Fähigkeiten werden mit Hilfe von *Glaubenssystemen* organisiert [...] und

(5) Glaubenssysteme werden über die *Identität* organisiert" (Dilts, 1993, S. 16, Hervorhebung im Original).

Für das Konfliktbeispiel von Frau Müller könnten folgende logische Ebenen betroffen sein:

1. Der Konflikt ist entstanden, weil zur gleichen Zeit zu viele Telefone gleichzeitig geschellt haben (Ebene der Umwelt).

2. Der Konflikt ist entstanden, weil Frau Müller Herrn Meier mehrfach ins Wort gefallen ist (Ebene des Verhaltens).

3. Der Konflikt ist entstanden, weil Frau Müller nicht gut zuhören kann (Ebene der Fähigkeiten).

4. Der Konflikt ist entstanden, weil Frau Müller über sich weiß, dass sie in Konflikt- und Stress-Situationen immer „emotional" wird (Ebene der Glaubenssysteme).

5. Der Konflikt ist entstanden, weil Frau Müller mit innerer Überzeugung über sich selbst sagt: Ich bin eine inkompetente und wenig souveräne Sachbearbeiterin (Ebene der Identität).

Wenn Frau Müller nun diesen Konflikt lösen will, dann werden Veränderungen auf der Ebene der Glaubenssysteme und der Identität tiefgreifende Veränderungen in Verhalten und Fähigkeiten nach sich ziehen.

Veränderung der logischen Ebenen

Gleichermaßen könnte sie auch beginnen, ihre Fähigkeiten des Zuhörens zu verbessern. Durch ihre realistische Selbstbeobachtung werden sich ihre Glaubenssysteme langsam modifizieren, und Frau Müller wird ein anderes Selbstbild von sich aufbauen (Ebene der Identität).

2   Ein Coaching-Beispiel

Unser Ziel ist es, dem Leser einen tieferen Einblick in das prozessorientierte Arbeiten von NLP zu geben. Deshalb dokumentieren wir einen authentischen Coaching-Prozess aus der Sicht des Coachs. Die Ausgangslage des Coaching-Beispiels ist eine Situation der „Aufschieberitis", den
Sie vielleicht in Ihrem beruflichen Alltag auch schon erlebt haben.

Die Ausgangslage:

„Ich finde kei-
nen Anfang."
Frau B. ist Unternehmensberaterin und hat Schwierigkeiten, ein Seminarprogramm termingerecht fertigzustellen. Das eigentliche Problem liegt für
Frau B. darin, den Anfang zu finden – stattdessen schiebt Frau B. diese
Arbeit vor sich her und wird zunehmend unzufriedener, wenn sie an dieses Seminarprogramm denkt. Frau B. sagt über sich selbst, dass sie alle
notwendigen Fähigkeiten und Fertigkeiten zur Verfügung habe und auch
hinreichend Zeit für die Konzeption des Seminarprogramms eingeplant
sei. Mit jedem Tag, an dem diese wichtige Arbeit verschoben wird und
die Zeit mit weniger wichtigen Dingen vertan wird, ärgert sich Frau B.
mehr über sich selbst, ihre Unfähigkeit, die Arbeit zu beginnen und ihre
mangelnde Motivation.

2.1   Beginn des Coachings

Umfassende
Problemwahr-
nehmung
In dieser Situation sucht sie die Beratung eines Coachs. Im Einzel-
Coaching orientiert sich der Coach kurz über das Anliegen von Frau B.
und nimmt währenddessen Rapport auf, d.h. er stimmt seine Körperhaltung, seine Tonlage, seine Worte und Fragen auf Frau B. ab. Dabei findet
er unter anderem durch genaues Zuhören und Beobachten der Körperhal-
tung/Atmung heraus, welche Sinneskanäle (Sehen, Hören, Fühlen,
Schmecken, Riechen) Frau B. zur Beschreibung der Situation bevorzugt.

Präzise Ziel-
formulierung
Im nächsten Schritt konkretisiert er das Ziel der Klientin mit präzisen
Fragen. Frau B. formuliert: „Ich möchte das Seminarprogramm mit Spaß
und Freude entwickeln."

Auswahl der
Intervention
Anschließend entscheidet er sich für eine NLP-Intervention, die der
Ausgangslage angemessen scheint. Im Fall von Frau B., die NLP-
Vorkenntnisse hat, bespricht er das Vorgehen mit ihr, wohl wissend, dass
in einer Coaching-Situation Flexibilität gefordert ist, gegebenenfalls vom
einmal beschrittenen Weg situativ abweichen zu können; beispielsweise,
um der Klientin erforderliche Ressourcen bereitzustellen.

2.2 Überlegungen des Coachs zur Auswahl der NLP-Interventionsstrategie

Unter der Vielzahl möglicher NLP-Interventionsstrategien ist es nun die Aufgabe des Coachs, für Frau B. eine zielorientierte Auswahl auf Grund seiner Ausbildung und Erfahrung zu treffen.

Wir bieten Ihnen nun einen exemplarischen Einblick in die Überlegungen des Coachs: Zunächst fragt er sich, auf welcher der logischen Ebenen (siehe 1.2.3) er den Schwerpunkt des Coachings mit Frau B. wahrnimmt:

Überlegungen des Coachs

- Reframing (arbeitet vorwiegend auf der Ebene des Verhaltens und der Fähigkeiten, s.a. Glossar).

- Glaubenssatz-Veränderung.

- Walt-Disney-Kreativitätsstrategie.

Diese verschiedenen Interventionsstrategien werden nachfolgend kurz beschrieben und auf die Ausgangssituation von Frau B. bezogen.

2.2.1 *Reframing*

Reframing bedeutet, die persönliche Interpretation eines Ereignisses oder einer Verhaltensweise in einen anderen „Rahmen" (engl.: frame) zu fassen – es positiv umzudeuten. Die dahinterliegende NLP-Grundannahme lautet, dass jedes Verhalten, das ein Mensch zeigt, immer für diesen Menschen die beste aller Möglichkeiten beinhaltet.

Positives Umdeuten

„Immer wenn ich an das Seminarprogramm denke," sagt Frau B., „dann werde ich unzufrieden." Ein Bedeutungs-Reframing, d.h. der Aussage eine ergänzende Bedeutung zu geben, kann durch folgende Fragen angeregt werden: Was könnte das sonst noch bedeuten? Was hat das für einen positiven Nutzen für Sie?

Bedeutungs-Reframing

Frau B. formuliert: „Ich wünschte, ich würde mit dieser Arbeit an dem Seminarprogramm beginnen können!" Indem Frau B. diese besondere Form von Motivation in einen anderen Zusammenhang (Kontext-Reframing) bringt, erschließen sich ihr neue Möglichkeiten: Sie erkennt, wann dieses Verhalten nützlich oder hervorragend sein kann.

Kontext-Reframing

Ein sog. „Six-Step-Reframing" bietet sich dann als NLP-Interventionsstrategie an, wenn ein Klient über eine unangemessene oder störende Verhaltensweise klagt und diese verändern möchte. Im Vergleich zu den vorgenannten inhaltlichen Reframings (Bedeutung, Kontext), ist das Six-Step-Reframing ein prozessorientiertes Vorgehen, bei dem der Coach ohne detaillierte Kenntnisse der Inhalte der Klientin arbeitet. Ziel eines Six-

Six-Step-Reframing

Step-Reframings ist es, das unerwünschte Verhalten von der dahinterliegenden guten Absicht zu trennen.

Die positive Absicht finden

Als erster Schritt ist dazu notwendig, Kontakt mit dem Persönlichkeitsanteil von Frau B. aufzunehmen, der für das aufschiebende Verhalten verantwortlich ist und sich die guten Absichten mitteilen zu lassen. Wenn diese Absichten geklärt und von Frau B. positiv gewürdigt wurden, werden in einem kreativen Prozess mindestens drei neue Verhaltensalternativen gefunden, die genauso gut oder besser die herausgearbeitete gute Absicht in der Zukunft verwirklichen können (Ökologie-Check, Future-Pace).

2.2.2   Verändern von Glaubenssätzen

Jeder Mensch entwickelt im Laufe seines Lebens eine Vielzahl von bewussten und auch unbewussten Glaubenssätzen und Überzeugungen

* über die eigene Person (eigene Möglichkeiten und Grenzen) und

* die Welt und wie sie funktioniert.

Der Glaube beeinflusst unser Verhalten

Woran ein Mensch glaubt, bestimmt entscheidend sein Verhalten. Bemerkenswert hier ist es, dass Glaubenssätze die Tendenz haben, sich selbst zu bestätigen (sich selbst erfüllende Prophezeiung).

NLP hält einige tiefgreifende Techniken zur Veränderung von Glaubenssystemen bereit, die an dieser Stelle nicht ausführlich dargestellt werden sollen (vgl. Dilts, 1993).

Zurück zu unserem Beispiel von Frau B.: „Ich bin unfähig, diese Arbeit zu beginnen" und „Ich bin es nicht wert, die Früchte meiner guten Arbeit zu genießen" könnten ihre Glaubenssätze lauten. Spüren Sie die Wirkung auf Verhalten und Fähigkeiten, die diese Glaubenssätze ausstrahlen? Wie wäre es, wenn Frau B. diese Glaubenssätze am Ende eines Coaching-Prozesses in stärkende und ermutigende Glaubenssätze umformuliert hätte, die dann optimal in die Persönlichkeit von Frau B. integriert sind?

2.2.3   Walt-Disney-Kreativitätsstrategie

Die drei Qualitäten eines kreativen Menschen

Für einen kreativen Prozess, so Walt-Disney (vgl. Dilts, 1994), sind drei Qualitäten nötig: Die Träumer-Qualität, die Realisten-Qualität und die Kritiker-Qualität. Walt Disney fand heraus, dass es sinnvoll und nützlich ist, diese drei Qualitäten in unterschiedlichen Räumen oder an unterschiedlichen Plätzen einzunehmen, um jeweils nur einer der Qualitäten (getrennt von den anderen Qualitäten) den Raum für innere und äußere

Entfaltung zu geben. Die Walt-Disney-Kreativitätsstrategie beginnt mit der Träumer-Qualität, gefolgt von der Realisten-Qualität und nachfolgend der Kritiker-Qualität und durchläuft diesen Zyklus so lange, bis das Feedback (s. Glossar) des Kritikers optimal in die Vision (Träumer-Qualität) und den Aktionsplan (Realisten-Qualität) einbezogen sind. Als weitere Position, die bei Bedarf vom Klienten eingenommen werden kann, wird die Meta-Position etabliert.

Die Walt-Disney-Kreativitätsstrategie bietet sich dann an, um Ziele realistisch zu planen und umzusetzen.

Der Coach entscheidet sich angesichts der Ausgangssituation von Frau B. zunächst für die Walt-Disney-Kreativitätsstrategie.

2.3   Der Coaching-Prozess

2.3.1   *Träumer, Realisten und Bewerter-Positionen ankern*

Der Coach bittet Frau B., einen Platz im Raum aufzusuchen, der sich besonders gut zum Träumen eignet und sich an eine Situation in ihrem Leben zu erinnern, in der sie ihre Träumer-Qualität gut ausgeprägt hatte. Der Coach unterstützt und vertieft diese Erinnerung durch fluff (unterstützende Prozessbegleitung über VAKOG), prägt sich die Körperhaltung, Gesichtsausdruck und Atmung von Frau B. ein und ankert diese Situation verstärkend durch ein Wort, das Frau B. als Zusammenfassung oder Überschrift dieser Träumer-Situation nennt. Dieses Wort ist Sonnenterrasse.

Träumer-Qualität

Anmerkung zur Physiologie von Frau B.: Frau B. sitzt auf einer Tischkante, den Oberkörper nach rechts gewandt und hat ihren Blick in Richtung Fenster gerichtet.

Nun führt der Coach Frau B. in einen Separator-State, in dem sie im Hier-und-Jetzt ist und nicht mehr in ihrem Erinnerungsbild Sonnenterrasse.

Separator

In ähnlicher Weise bittet der Coach Frau B. nun, eine Situation des Planers, Machers oder Realisten zu erinnern, einen Platz im Raum einzunehmen und sich in ihrer Realisten-Qualität wahrzunehmen. Der verbale Anker für Frau B. ist Umzug. Frau B. sitzt jetzt auf einem Stuhl, den Oberkörper leicht nach vorn gebeugt.

Realisten-Qualität

Der Kritiker   Nach einem Separator-State nimmt Frau B. die Position des Kritikers
oder Bewerters ein. Sie erinnert eine Situation aus der Vergangenheit, in
der sie gut und konstruktiv kritisieren konnte. Der verbale Anker für Frau
B. ist zunächst „Oh, Gott", doch dann stellt sie fest, dass diese Kritiker-
Situation für sie zu unangenehm und belastend ist. Der Coach bemerkt
von außen eine Veränderung im Gesichtsausdruck und vermutet einen
Stuck-State (innerer Zustand der Blockade). Frau B. wählt nachfolgend
eine neue Kritiker-Situation aus ihrer Vergangenheit und bezeichnet sie
mit „Na ja!!".

In ihrer Kritiker-Position steht Frau B., das linke Bein ist das Standbein,
ihr Kinn in die rechte Hand gestützt, den linken Arm vor dem Körper ver-
schränkt.

Die Meta-   Nach einem weiteren Separator-State findet Frau B. eine Position im
Position   Raum für die Meta-Position, in der sie alle drei Positionen gut von außen
betrachten und ggf. beraten kann.

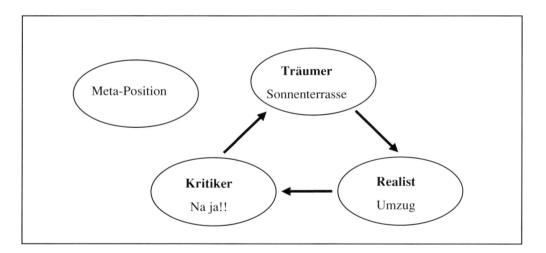

Abbildung 1:   Verankern von Träumer-, Realisten- und Kritiker-Position

Vier Ressourcen   Ergebnis des ersten Schritts ist es, vier ressourcenvolle Positionen gean-
stehen zur Ver-   kert zu haben, in der jeweils eine bestimmte Qualität eines kreativen Pro-
fügung   zesses zur Verfügung stehen. Das ist die Voraussetzung für den zweiten
Schritt, in dem die Konzeption des „Seminarprogramms" die Hauptrolle
spielt.

2.3.2 Konzeption des Seminarprogramms

1. Durchgang

Träumer-Position: Der Coach bittet Frau B. nun, die Position des Träumers (Sonnenterrasse) mit der besonderen Körperhaltung einzunehmen. Nach einigen Augenblicken ist Frau B. in ihrer Erinnerung von Sonnenterrasse. Der Coach regt jetzt an, eine Vision von „Seminarprogramm" zu entwickeln und vertieft diesen Prozess durch fluff. Von außen ist beobachtbar, dass Frau B. ihre Augen mit geschlossenen Augenlidern bewegt. Nach einiger Zeit hat sie eine Vision von Seminarprogramm entwickelt, die sie mit „Das erste" bezeichnet.

Vision „Seminarprogramm"

Realisten-Position: Nach einem Separator-State nimmt Frau B. die Position und Körperhaltung des Realisten und Machers (Umzug) ein und hat jetzt die Aufgabe, die komplexe Vision des vorherigen Schritts „Das erste" in Arbeitsschritte zu zergliedern. Frau B. benötigt dazu als weitere Ressourcen einen Schreibblock und Stift und notiert sich einzelne Worte. Diesen Schritt bezeichnet Frau B. mit dem verbalen Anker Stichworte. Frau B. verabschiedet sich von der Position des Realisten und aktiviert ihre Kritiker-Qualität (Na ja!!) mit der besonderen Körperhaltung.

Aufgliederung in Arbeitsschritte

Kritiker-Position: Der Kritiker in Frau B. ist noch nicht zufrieden mit dem Aktionsplan „Stichworte". Er bringt verschiedene Einwände und Ergänzungen vor, die Frau B. mit den Worten „verwalten" und „roter Faden" umschreibt.

Einwände

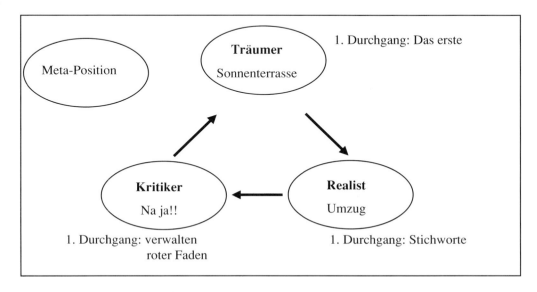

Abbildung 2: Der 1. Durchgang

2. Durchgang

Der Kritiker regt an

Träumer-Position: Im nächsten Schritt sucht Frau B. ihre Träumer-Position (Sonnenterrasse) auf und lässt die Anregungen des Kritikers „verwalten, roter Faden" in ihre Vision „Das erste" einfließen. Aufgabe des Coachs ist es hier, darauf zu achten, dass Frau B. tatsächlich in ihrer Träumer-Position (Sonnenterrasse) bleibt und ihre Aufgabe, die Vision „Das erste" zu präzisieren, erledigt. Frau B. verarbeitet die Anregungen und benennt ihre Vision nun mit dem verbalen Anker „es steht".

Der Aktionsplan wird ergänzt

Realisten-Position: In der Realisten-Position (Umzug), mit dem Wissen um die neue Vision „es steht" und dem ersten Aktionsplan „Stichworte", holt sich Frau B. ihren Block und Stift und ergänzt ihren Aktionsplan. Sie bezeichnet den neuen Aktionsplan mit „parallel".

Aus den Augen des Kritikers

Kritiker-Position: Nun betrachtet Frau B. den neuen Aktionsplan „parallel" aus den Augen des Kritikers (Na ja!!) Der Kritiker gibt auch hier eine Anregung, nämlich, es „mit Spaß" zu tun.

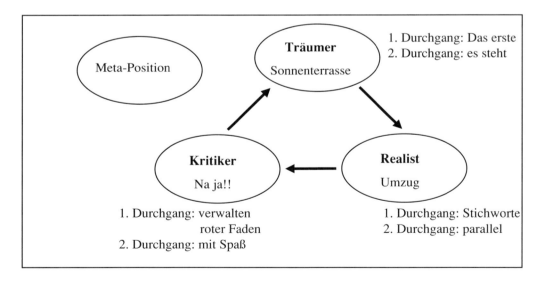

Abbildung 3:   Der 2. Durchgang

3. Durchgang

Träumer-Position: In der Träumer-Position (Sonnenterrasse) integriert **Verstärkungen**
Frau B. die Anregung des Kritiker „mit Spaß" und ergänzt ihre Vision **des Coachs**
„los geht's". Der Coach verstärkt diese Vision „los geht's", in dem er
Frau B. anregt, sich zu vergegenwärtigen, wie sie mit dem Wissen um
„los geht's" auf die Umwelt reagieren kann, welche Verhaltensweisen
und Wahlmöglichkeiten ihr jetzt zur Verfügung stehen, welche Fähigkeiten sie hat und welches Wissen über die Welt. Wer sie jetzt ist, wo sie zu-
gehörig ist und was aus diesem Wissen über ihre eigene Identität entstehen kann ... (Integration der logischen Ebenen; Dilts, 1994, S. 54ff.)

Nach einem Separator-State findet Frau B. in der Realisten-Position
keine weiteren Veränderungen des bestehenden Aktionsplans „parallel".
Auch in der Kritiker-Position werden keine neuen Anregungen formuliert.

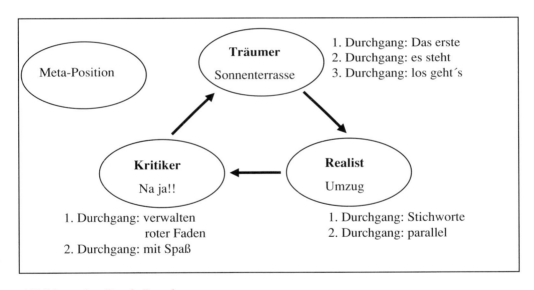

Abbildung 4:   Der 3. Durchgang

Abschluss: Meta-Position:

Nun bittet der Coach Frau B., die Meta-Position einzunehmen und sich **Der Prozess**
den kreativen Prozess von außen zu betrachten. Auch von außen gibt es **von außen**
aus Sicht von Frau B. keine Ergänzungen.

Den Coaching-Prozess abschließend fragt der Coach, was eine für Frau B. relevante Persönlichkeit noch ergänzen könnte: Was würde Robert Dilts Ihnen raten? Frau B. überlegt kurz und schmunzelt: Robert Dilts rät zu publizieren.

2.3.3   Ergebnis

Das Ziel ist klar   Nach etwa einer Stunde prozessorientierten Arbeitens mit NLP hat Frau B. ihr Ziel und die konkreten Arbeitsschritte der kommenden Tage „vor Augen." Ihr Gesicht strahlt Zuversicht und Engagement aus. Der Coach beobachtet die aufrechte, symmetrische Körperhaltung von Frau B. und ihre regelmäßige Bauchatmung. Frau B. bestätigt, jetzt den richtigen Zugang zum „Seminarprogramm" bekommen zu haben. Sie hat „Termine mit sich" selbst in ihrem Kalender eingetragen.

2.3.4   Rückmeldung

Ein stimmiges Gesamtkonzept   Nach etwa vier Wochen spricht Frau B. den Coach an und berichtet ihm über das fast fertige Seminarprogramm, das in den nächsten Tagen gedruckt und ausgeliefert wird. Durch den Coaching-Prozess hat Frau B. ihren inneren „Einwänden" und „Bremsen" einen geeigneten Rahmen gegeben, sich angemessen zu artikulieren und sich in ein stimmiges Gesamtkonzept „Seminarprogramm" zu integrieren. So wurde es Frau B. möglich, ihr Ziel mit ganzem Herzen anzugehen und zu verwirklichen.

Danksagungen:

Ich danke

- Leonhard Walczak, Rheda-Wiedenbrueck, für Anregungen auf allen Sinneskanälen im Rahmen meiner NLP-Ausbildung (Anne Schweppenhäußer);

- Lara Ewing (NLP Comprehensive) für ihren kompetenten Rat und ihre fachliche Begleitung meiner NLP-Ausbildung (Michael Fromm).

Literatur

Buchner, D. (1993). *Manager Coaching. Wie individuelle Ressourcen programmiert werden.* Paderborn: Junfermann.
Dilts, R. B. (1993). *Die Veränderung von Glaubenssystemen. NLP-Glaubensarbeit.* Paderborn: Junfermann.

Dilts, R.B. (1994). *Know-How für Träumer: Strategien der Kreativität. NLP und Modelling. Struktur der Innovation.* Paderborn: Junfermann.

Fries, G. (1993). *Der erleuchtete Bio-Computer. NLP-Betriebshandbuch Basis.* Paderborn: Junfermann.

Grochowiak, K. (1995). *Das NLP Practitioner Handbuch. Lernen Sie Skills und Fähigkeiten für NLP-Practitioner auf höchstem* Niveau. Paderborn: Junfermann.

Kutschera, G. (1994). *Tanz zwischen Bewußt-sein & Unbewußt-sein. NLP Arbeits- und Übungsbuch.* Paderborn: Junfermann.

O'Connor, J. & Seymour, J. (1996). *Weiterbildung auf neuem Kurs. NLP für Trainer, Referenten und Dozenten.* Freiburg im Breisgau: Verlag für angewandte Kinesiologie.

Systemisches Coaching – eine gemeinsame ökologische Reise durch das Gebiet des Kunden

Wolfgang Hamm

Vorbemerkungen

In diesem Beitrag wird durch die Beschreibung eines praktischen Beispiels aufscheinen, wie ein Coaching als vernetzter Prozess ablaufen
kann. Die Abgrenzung zu einer sich lediglich systemisch verstehenden
Vorgehensweise, die in der Praxis allzuhäufig zu einem linearen Wenn-
Dann-Verfahren mutiert, wird die unterschiedlichen Strategien zusätzlich
verdeutlichen. Darin wird die Darstellung des Ablaufes, der Erprobung
der neuen Wahlmöglichkeiten in der Praxis und eine Rückschau aus heu-
tiger Sicht mit einrahmenden Erklärungen und Beschreibungen versehen.[1]
Zudem werde ich zum besseren Verständnis und als Reflexionsmöglich-
keit lineare Sackgassen aufzeigen.

Coaching ist kein lineares „Wenn-Dann"-Denken

1 Kontaktaufnahme

Üblicherweise geschieht und geschah auch in diesem Coaching folgendes: Die gecoachte Person (GP)[2] benennt bei der Kontaktaufnahme von
ihr als unbefriedigend erlebte Handlungsvarianten in ihrem Verhaltensspektrum und möchte diese verändern oder auch tilgen. Sie sieht sich aber
nicht in der Lage, diese Veränderungsarbeit allein einzuleiten und durchzuführen und wünscht sich daher professionelle Unterstützung.

Veränderungs-wünsche

---

[1] Wohl wissend dass diese Darstellung in diesem Medium primär einen linearen Charakter
   hat – und somit unvollkommen bleiben muss.
[2] Der besseren Lesbarkeit halber werde ich nun immer die Abkürzung GP verwenden, sie
   schließt die weibliche wie die männliche Form ein.

**Die Ausgangs-
situation**

In einem Telefonat schilderte mir der Geschäftsführer eines mittelständischen Betriebes, er habe festgestellt, dass es Zeiten von sehr hoher Produktivität gebe, in denen ihm alle Arbeit gleichsam wie von selbst von der
Hand gingen. Diese Phasen waren auf insgesamt etwa 5 Tage im Monat
beschränkt. Er äußerte den Wunsch, diese deutlich auszuweiten, ein Weg
zu diesem Ziel war ihm nicht bekannt, er benötige Unterstützung. Nachdem ich ihm einen kurzen Überblick über den möglichen Ablauf eines
Coachings gegeben hatte und dies seinen Vorstellungen entsprach, vereinbarten wir einen Ort und den Zeitrahmen für das erste persönliche
Treffen.

2   Rahmenbedingungen

- *Die Art der Zusammenarbeit:* Coaching ist ein gemeinsamer Prozess
  des Lernens und hat das Ziel, dass die GP in den bearbeiteten Bereichen *baldmöglichst* die gewünschte Kompetenz erreicht und der
  Coach mit seinen Fähigkeiten nicht mehr benötigt wird.

- *Die Art des Kontaktes:* Das erste Treffen ist immer ein Vier-Augen-
  Gespräch[3], die weiteren sollten in derselben Form durchgeführt werden. Bei Bedarf kann in Ausnahmefällen auch eine telefonische Beratung oder eine Begleitung bei Aktivitäten im beruflichem Kontext
  angemessen sein.

- *Der Ort:* In der Regel ist dies ein für die GP neutraler (d.h. diskreter)
  Ort. Es können auch verschiedene Orte des Zusammentreffens vereinbart werden. Darüber hinaus schaffe ich die Voraussetzungen dafür,
  dass ich für die GP immer kurzfristig telefonisch oder per Fax erreichbar bin.

- *Der zeitliche Umfang:* Vertrauensvolle Zusammenarbeit lässt sich
  nicht durch Verträge vorbestimmen, sie muss sich von Termin zu
  Termin beweisen. Daher wird von mir nur der Termin und die Dauer
  des jeweils kommenden Treffens vereinbart. Am Ende dieser Sitzung
  entscheidet sich die GP, ob und in welchem Umfang das nächste Treffen stattfinden soll.

- *Der finanzielle Rahmen:* Das Tageshonorar zuzüglich der Nebenkos-
  ten ist nach jedem Treffen zu zahlen. So wird der Charakter der Zusammenarbeit zusätzlich manifestiert: Es ist eine zeitlich begrenzte
  geschäftliche Zusammenarbeit für einen festgelegten Kontext. Es ergeben sich zwar ab und an durchaus auch Kontakte zwischen Coach

---

[3] Auf die besondere Form des Coachings von mehreren GPs mit ähnlicher Problemlage o-
der Teams gehe ich an dieser Stelle nicht ein.

und GP in anderen (auch privaten) Bereichen, denen damit durchaus kein Riegel vorgeschoben werden soll, die aber immer so weit wie möglich vom Coaching-Prozess abgegrenzt sein sollten.[4]

Im weiteren Verlauf dieses Treffens wurde nun das Ziel der GP genauer bestimmt, die neuen, gewünschten Verhaltensweisen identifiziert und die Umsetzung geplant.

3 Lineare Sackgassen

Dabei wird in der „normalen" Herangehensweise zumeist von allen Beteiligten von der mehr oder weniger bewussten Annahme ausgegangen, dass die vom Klienten beschriebene Problemlage *eine* Ursache habe und es nun nötig sei, *eine* Lösung zu finden. Selbst wenn bei der weiteren Arbeit Strategien aus dem „Werkzeugkasten" genommen werden, die dem systemischen Denken verhaftet sind, bleibt jedoch ein grundsätzliches Manko: Dieses Vorgehen ist eine lineare Herangehensweise, die dem Ursache-Wirkungs-Prinzip verhaftet ist und damit notwendig eindimensional bleibt. Es ist dabei sicherlich möglich, einen gangbaren Weg zu finden und eine Lösung zu entwickeln, die Erfolg verspricht. Ein solcher Erfolg ist aber allzuhäufig nur von kurzer Dauer, da die (Seelen)-Ökologie der GP dabei nicht berücksichtigt wird. Verstärkt wird diese Tendenz, wenn der Versuch unternommen wird, ein nicht gewünschtes Verhalten zu tilgen. Hinter jedem Verhalten steht eine (für diese Person) positive Absicht, das Verhalten ist als die ihr beste bekannte Möglichkeit zu verstehen, diese Absicht zu erreichen. Daher ist es für eine gewünschte Verhaltensänderung sinnvoll, Zugang zu möglichst vielen Wahlmöglichkeiten zu schaffen. So wird es möglich, sich für ein neues Verhalten zu entscheiden oder aber die bisherige als Option zu erhalten[5]. Wenn jedoch nur versucht wird, das bisherige Verhalten zu verhindern, wird unbewusst entweder ein anderer Ausweg gefunden oder nach kurzer Zeit wieder in den bisherigen Bahnen gehandelt. Dieser Aspekt und die Nichtberücksichtigung von Vernetzungen und der damit verbundenen Konsequenzen für andere Bereiche würden die GP schnell in das gewohnte Verhalten zurückfallen lassen. Bei einer umfassenden Betrachtung und Bearbeitung treten derartige „Rückfälle" hingegen wesentlich seltener auf.

Eindimensionale Betrachtungsweisen

Berücksichtigen der inneren Ökologie

Das Ziel einer umfassenden Veränderung wird dann annähernd erreicht, wenn die Ursache von der GP als Bündel von nützlichen Wahlmöglichkeiten in ihrem Handlungsspektrum erlebt wurde, nun aber als die ge-

Entwicklung von Wunschvorstellungen

---

[4] Eine völlige Trennung ist aus meiner Sicht weder möglich noch wünschenswert.

[5] Es gibt immer einen Zusammenhang, in dem das bisherige Verhalten nützlich sein kann und daher unbedingt erhalten werden sollte.

wünschte Entwicklung verhindernd erfahren wird. Hier entwickeln sich Wunschvorstellungen davon, wie mit neuen Verhaltensvarianten in anderer Weise zu agieren sei und welche veränderten Ergebnisse sich daraus entwickeln würden.

4   Das Netz der Lebenslinien

Menschen haben viele Lebenslinien

An dieser Stelle sei zuerst einmal meine Vorannahme beschrieben, dass Menschen sich nicht auf *einer* Lebenslinie bewegen, sondern ein Bündel von Lebenslinien haben. Die Lebenslinien bestehen aus den inneren Repräsentationen eines Menschen, die von der jeweils ausgefüllten Rolle gespeist wird. Sie umfassen sowohl die Vergangenheit als auch die Gegenwart und die Zukunft. Zudem besteht für die unterschiedlichen Lebenslinien ein individuelles Zeitverständnis und Zeiterleben, so kann zum Beispiel die Länge eines Jahrs in den Rollen „Managerin" und „Mutter" erheblich differieren. Die Biographie eines Menschen ist als vernetztes, vielfach verschlungenes Gebiet von Lebenslinien aufzufassen, die immer in vielfachen Wechselwirkungen zueinander stehen.

Veränderungen haben immer vielfältige Folgen

Berücksichtigen von Wechselwirkungen

Veränderungen in diesem Gebiet, ob sie nun die Zukunft anders entwerfen oder Punkte in der Vergangenheit „verbessern" sollen, können notwendig nicht eindimensional bleiben, sie haben immer eine Vielzahl von Folgen und Reaktionen. Dies ist so wie bei einem Teil eines Mobiles, das in Bewegung gerät und damit das gesamte System aus dem statischen Verharren heraus hin zu einer dynamischen Veränderung veranlasst. Sicherlich ist es wegen der riesigen Komplexität weder möglich noch wünschenswert, alle Variablen zu analysieren und die auf eine Veränderung folgenden Reaktionen zu kontrollieren. Die Wünsche der GP in Hinblick auf ihre Aufgabe können als kleines Gebiet im gesamten Gebiet aufgefasst werden, Veränderungen in diesem Bereich bringen dann Bewegungen in allen Bereichen mit sich. Gleichwohl müssen die erkennbaren Hauptwege aufgespürt, das Gebiet abgesteckt und Wechselwirkungen hinreichend berücksichtigt werden. Der Coach ist Reisebegleiter und hat hierfür ein möglichst großes Spektrum von Navigationshilfen, die er für die gemeinsame Reise zur Verfügung stellt. Die Zusammenarbeit von Coach und der GP verstehe ich daher als ein Zusammenwirken, das zu einem Ablauf von *gemeinsamen* Lernprozessen wird.

5   Finden einer gemeinsamen Basis

Vertrauen entwickeln

Zu Beginn dieser Lernprozesse steht die Erarbeitung einer gemeinsamen Basis im Vordergrund, d.h. primär kristallisiert sich hier heraus, ob sich

Vertrauen für die Zusammenarbeit entwickelt. Alle Menschen haben ihr spezielles Modell, ihre individuelle Landkarte der Welt, die sie benutzen und an der sie sich orientieren – sei es, dass sie völlig im Hier und Jetzt sind, seien es christliche Auffassungen, Astrologie oder was es sonst auch immer geben mag. Diese Landkarte ist nicht das Gebiet, hat aber intensive Bezüge zu diesem und beinhaltet Vorannahmen, Bewertungen, Urteile, Glaubenssätze. Zuerst geht es für mich darum, herauszufinden, welches Modell der Welt die GP benutzt und dann so flexibel zu sein, sich in ihre berufliche Situation und ihre Lebenssituation hineinzufinden. Ich gehe also in die Welt der GP, um ihr dort zu begegnen und um von den vorhandenen Modellen ausgehend gemeinsam zu überprüfen, ob ein ausreichender Vorrat an Gemeinsamkeit für die Zusammenarbeit vorhanden ist. Eine kritische Selbstreflexion (s. Glossar) hat an dieser Stelle für mich einen sehr hohen Stellenwert – hier kann die Entscheidung, nicht mit einem Menschen zusammenzuarbeiten, durchaus der erfolgreichere Weg für alle Beteiligten sein. Gleichzeitig muss für die GP in diesem Ablauf umfassend deutlich werden, ob genügend Anhaltspunkte vorhanden sind, die es wahrscheinlich werden lassen, dass sie in der beabsichtigten Zusammenarbeit in dem gewünschten Umfang von dem Coach profitieren kann.[6] Wenn genügend Gemeinsamkeiten vorhanden sind und der gemeinsame Entschluss, diesen Weg gemeinsam zu gehen, gefallen ist, sind die Reisevorbereitungen zu treffen.

Zugang zur Welt des Kunden

Kritische Selbstreflexion

6 Die Reisevorbereitungen

Die individuelle Landkarte erhält viele Facetten durch die individuelle Aufnahme und Filterung der Wahrnehmungen durch Meta-Programme. Es hat sich für die gemeinsame Reise als sehr hilfreich erwiesen, zu Beginn die Präferenzen in den Meta-Programmen der GP mit dem Nautilus-Persönlichkeits-Profil[7] zu ermitteln. Unter den dort in ihrer jeweiligen Ausprägung zu ermittelnden 21 Meta-Programmen sind Filter zu verstehen, mit deren Hilfe Menschen ihre Wahrnehmungen sortieren und einordnen. Um es an dem Beispiel der beiden Meta-Programme „weg von" und „hin zu" zu verdeutlichen: Bei einer starken „weg von"-Orientierung orientiert sich ein Mensch vorrangig daran, was er nicht bzw. nicht mehr möchte, bei einer starken „hin zu"-Orientierung daran, wie der gewünsch-

Ermitteln von Wahrnehmungsfiltern

---

[6] Eine derartige wechselseitige „Prüfung" nimmt je nach bisherigem Bekanntheitsgrad etwa zwei bis sechs Stunden in Anspruch. Ein Teil davon findet auch schon in dem (meist telefonischen) Erstkontakt statt.

[7] Dieses Profil ist das für mich zur Zeit sinnvollste Werkzeug in diesem Beschreibungsverfahren, da es ohne die übliche Einteilung in Schubladen auskommt. Es wurde in den USA von J. Arthur und G. Engel entwickelt, die deutsche Ausgabe wird von K. Marwitz (1997) herausgegeben.

te Zustand sein soll. Hierbei ist ein Sowohl-als-auch wichtig, idealerweise sind beide Orientierungen gut und gleich stark ausgeprägt. So hat eine Person bei einer schwachen „hin zu" Orientierung häufig Schwierigkeiten, eindeutige Ziele zu entwickeln und bleibt zu sehr im Hier und Jetzt verhaftet. Eine mit einer schwachen „weg von"-Orientierung hingegen entwickelt Ziele, ohne das Hier und Jetzt hinreichend zu berücksichtigen. Die erste beschreibt dann, wie die Zusammenarbeit im Team nicht mehr sein soll, die zweite, wie sie sich diese für die Zukunft ausmalt. Wenn diese Menschen zusammenarbeiten, kann das erhebliche Schwierigkeiten in ihrer Kommunikation heraufbeschwören – obwohl sie beide dasselbe Ziel haben: die Verbesserung der Zusammenarbeit im Team.

Navigationshilfe
Die Ergebnisse des Profils sind vom jeweiligen Kontext, in dem und für den er ausgefüllt wird, abhängig, so können sich z.B. für den Berufs- oder Freizeitbereich durchaus unterschiedliche Profile zeigen. Die Auswertung des Profils gibt den Beteiligten eine sehr anschauliche Darstellung, mit deren Hilfe die zu bearbeitenden Bereiche gut erkennbar werden und genauer abzustecken sind. Dadurch erhalten wir eine Navigationshilfe, die sich schnell erstellen lässt, sich durch eine hohe Zuverlässigkeit auszeichnet und damit den Ablauf des Coachings wirkungsvoll unterstützt.

7   Erfassen von Prioritäten

Erste Analysen
Bei der GP war in den Meta-Programmen die große Diskrepanz zwischen „aktiv - passiv" und zwischen „selbst/intern - andere/extern" auffallend. Eine hohe Bewertung von „aktiv" bei gleichzeitiger niedriger, in diesem Fall mit dem niedrigsten Wert für „passiv", untermauerte den Eindruck, dass die GP nie wirklich zur Ruhe kam. Sie musste immer etwas tun, in Bewegung sein, der Hauptaugenmerk liegt dabei auf der Menge, nicht auf der Qualität der Aktivitäten. Das zweite Meta-Programm-Paar zeigte auf, dass für die GP Rückmeldungen von anderen Menschen sehr viel wichtiger waren als die eigene Beurteilung. „andere/extern" hatte einen hohen, „selbst/intern" einen niedrigen Wert.

Diagnose und Ziele
Bei der gemeinsamen Besprechung des Nautilus-Profils[8] fassten wir das Ergebnis auf den Veränderungswunsch bezogen zusammen: Der GP ist es bisher kaum möglich, für sie wichtige Aktivitäten hinreichend von unwichtigen abzugrenzen und Prioritäten zugunsten der wichtigen zu setzen. Zudem gelingt es ihr nicht, für sich Zeiten der wirklichen Ruhe und Entspannung einzurichten. Weiterhin hat sie erhebliche Schwierigkeiten, Entscheidungen zu treffen und macht ihr Handeln sehr stark von „Urtei-

---

[8]   Dieser Ablauf allein kann als Kurz-Coaching sehr effektiv sein.

len" mehrerer anderer Menschen abhängig.[9] Zum Abschluss des ersten Treffens kamen wir überein, dem Bereich Ruhe, Entspannung und effektive Arbeit die höchste Priorität einzuräumen und darin zu arbeiten.

8   Festlegen des Reiseziels

Bei dem nächsten Treffen war es also an der Zeit, vor diesem Hintergrund gemeinsam das vorläufige Reiseziel zu bestimmen. Dazu wird mit der GP ein wohlgeformtes Ziel erarbeitet, dessen Position und Wirkung im Gebiet untersucht und dann die beabsichtigten Veränderungsprozesse bestimmt. Vorläufig beinhaltet in diesem Zusammenhang die Vorannahme, dass sich dieses Reiseziel auf dem Weg durchaus wandeln wird. Durch den Lernprozess und die daraus resultierenden Auswirkungen auf vernetzte Bereiche ergeben sich im Verlauf der Reise Veränderung oder Erweiterungen des Reiseziels, die bei der Zielbestimmung häufig nicht einmal in Ansätzen erkennbar sind.[10]

Reiseziele sind keine festen Ziele

Welche Kriterien sind nun anzuwenden, um ein wohlgeformtes Ziel zu erhalten? Aus dem Bereich des Neuro-Linguistischen Programmierens (NLP)[11] steht uns hierfür das SPEZI-Modell mit seinen Fragen zur Verfügung (s. Abbildung 1).

Wohlgeformte Ziele

Diese Bedingungen sind in der Zielbeschreibung selbst nicht enthalten, sie dienen der Überprüfung der Angemessenheit. Der Geschäftsführer bearbeitete nach diesem Schema seine bisherigen Zielvorstellungen und benannte dann folgendes Ziel:

„Ich werde ab dem 15.03.XX dienstags, mittwochs und donnerstags 8 Stunden zielgerichtet arbeiten. Dies wird in einem Rhythmus von 90 Minuten konzentrierten Arbeitens und 20 Minuten Entspannung geschehen.[12] Die restlichen Tage werde ich in den nächsten 4 Monaten, bis auf die Einrichtung einer Entspannungspause zwischen 13 Uhr und 13.30 Uhr, wie bisher gestalten."

---

[9] Im Rahmen dieser Darstellung ist dies eine Kurzfassung.

[10] Es geht nicht darum, zwanghaft weitere Probleme zu finden. Vielmehr bedeutet Lernzuwachs, das eigene Modell der Welt zu erweitern und neue Möglichkeiten zu entdecken – und daraus entwickeln sich oft auch neue Ziele.

[11] Neuro-Linguistisches Programmieren: Ein Modell zur Beschreibung und Durchführung gelungener Kommunikation mit sich selbst und anderen Menschen. In diesem Modell sind erfolgreiche Strategien aus verschiedenen Kommunikationsbereichen in sehr wirksamer Weise miteinander verbunden worden.

[12] Dieser Rhythmus hat sich als ökologisch für Arbeitsprozesse erwiesen. Die Informationen hierzu bekam die GP von mir. Ausführlich dargestellt in dem Buch von E.L. Rossi (1993).

Nach Ablauf dieser Frist sollte geprüft werden, welche Veränderungen sich in welcher Weise bewährt haben, ob und wenn in welchem Umfang Anpassung sinnvoll erscheint und wie weitere Lernprozesse initiiert werden sollten.

Sinnesspezifisch erlebbar:	Woran genau würden Sie erkennen, dass Sie Ihr Ziel erreicht haben? Was sehen, hören, fühlen, riechen und schmecken Sie, wenn Sie sich vorstellen, dass Sie Ihr Ziel erreicht haben?
Positiv formuliert:	Was genau soll erreicht werden? Das Ziel soll in einen positiv formulierten Satz ohne Negationen und Vergleiche gefasst werden.
Eigenständig erreichbar:	Können sie das gewünschte Ziel eigenverantwortlich (d.h. mit den eigenen Fähigkeiten) erreichen? Was werden Sie tun, um Ihr Ziel zu erreichen? Was ist Ihr erster Schritt?
Zusammenhänge geklärt:	Was verändert sich? Wer ist noch daran beteiligt? Welche Konsequenzen ergeben sich daraus?
Intention geklärt:	Warum wollen Sie das Ziel erreichen? Was bringt Ihnen das Ziel langfristig? Von welchem Ziel ist Ihr jetziges Ziel ein Teilziel?

Abbildung 1:   Das SPEZI-Modell

9   Die Reise beginnt

Ausgehend von dieser Zielbestimmung folgt nun eine ausführliche Beschreibung der gegenwärtigen Situation. Die Frage nach dem „Wie ist es jetzt?" ist dabei für mich handlungsanleitend, die Fragestellung „Warum ist es jetzt so?" ist auf die Vergangenheit orientiert und wenig hilfreich[13]. Eine Festlegung auf das gewünschte Ziel reicht nicht aus, die Spannung, die Kraft zur Veränderung entsteht aus dem Wissen um die Erreichbarkeit eines wohlgeformten Ziels und dem bewussten Wahrnehmen des nicht mehr gewünschten gegenwärtigen Zustands. Der Fokus der Betrachtung liegt dabei nicht allein auf der Arbeitssituation, sondern auf einer weitreichenden Beschreibung der Lebenssituation. Selbstverständlich bestimmt die GP den Weg durch das Gebiet und welche Lebenslinien, welche Teile des Gebiets einbezogen werden sollen. Hier habe ich zu berücksichtigen, dass eine sehr eingeengte Beschreibung durch die GP in diesem Prozess etwas über das zu diesem Zeitpunkt bestehende Vertrauensverhältnis zwischen GP und Coach und über die Flexibilität des Coachs aussagt. Zu diesem Zeitpunkt wäre es dann sinnvoll, die eigene Situation zu überprüfen und die gemeinsame Basis zu reflektieren.

Erfassung des Ist-Zustands

Die GP beschränkte sich in ihrer Beschreibung zu Anfang auf ihre Arbeitssituation. Die erste, noch verschwommene Annäherung beschrieb den Wunsch, die Arbeitszeit bewusster zu gestalten, Zeiten der Anspannung und der Entspannung bewusst wahrzunehmen und weitgehend selbst bestimmen zu können. Nach meiner Bitte zu überprüfen, ob dieselben oder ähnliche Verhaltensweisen auch in anderen Bereichen ihres Lebens auftreten würden, weitete die GP den Bereich ihrer Beobachtung aus. Sie erkannte Parallelen in anderen Lebensbereichen und äußerte daraufhin nach einer Weile der Reflexion (s. Glossar) den Wunsch, dass Ziel neu zu bestimmen.

Ausweitung der Beobachtung

Hier wurde der GP erstmals deutlich, dass bestimmte Verhaltensmuster in vielen Rollenbereichen erkennbar sind und sich immer in derselben Weise auswirken. Diese Muster werden von grundsätzlichen Überzeugungen gesteuert, von Glaubenssätzen.

In der weiteren Entwicklung beschrieb ich erst allgemein und dann an Beispielen die Eigenart und Funktion von Glaubenssätzen.

Glaubenssätze sind aus Erfahrung entstandene interne „Gesetze" eines Menschen, die ihm einerseits Struktur und Sicherheit geben, andererseits aber auch sein Verhaltensspektrum begrenzen und einschränken. Sie sind Verallgemeinerungen über Zusammenhänge, Bedeutungen und Grenzen, die sich auf die Welt um uns herum, auf unsere speziellen Verhaltensweisen, die eigenen Fähigkeiten und unsere Identität beziehen.

Glaubenssätze

---

[13] Die Frage „Warum?" zielt auf die Ursachen und auf die Vergangenheit. Sie geht mit einer Analyse des in der Vergangenheit Geschehenen einher und endet sehr häufig mit dem Versuch, die Schuldfrage zu lösen. Mir scheint es sinnvoller zu sein, mit Blick auf die anstehende Aufgabe Ziele und Lösungen zu entwickeln.

Durch diese (in der Regel nicht bewusst als solche erkannten) Glaubenssätze werden die alltäglichen Verhaltensweisen bestimmt. Artikuliert werden Glaubenssätze in limitierender Art und haben häufig die Form von Sprichwörtern und Merksätzen: „Früh krümmt sich, was ein Häckchen werden will!", „Ohne Fleiß kein Preis!" , „Wenn man der Person X den kleinen Finger reicht, nimmt sie die ganze Hand!" usw.

Konflikte bewirken Veränderungswünsche

Der Wunsch nach Veränderung entsteht, wenn als Folge von Verhaltensweisen immer wieder Konflikte entstehen, wenn Situationen oder Ergebnisse von Verhalten als unbefriedigend erlebt werden. So kann der Glaubenssatz „Ich darf als Führungskraft keine Nachsicht üben, um akzeptiert zu werden!" verhindern, bei Fehlern von Mitarbeitern tolerant zu sein und Fehlerfreundlichkeit zu praktizieren. Dies geschieht trotz der bei diesem Menschen vorhandenen rationalen Einsicht, dass Fehler Anlass bieten zu lernen und Entwicklungspotenzial von Menschen aufzeigen.

Verhaltensänderungen reichen nicht

Es wird dann üblicherweise versucht, Veränderungen auf der Ebene des Verhaltens zu erreichen, diese bleiben aber häufig vordergründig und sind nur von beschränkter Dauer. Sinnvoller ist es, den oder die jeweilig mit diesem Verhalten vernetzten Glaubenssätze zu identifizieren, da diese häufig stärker sind und ganz oder partiell einem gewünschten Verhalten entgegengesetzt wirken.

Eine dauerhafte Veränderung ist in den meisten Fällen nur durch eine Veränderung von Glaubenssätzen und mit dem sich daraus entwickelnden Zugang zu neuen Verhaltensweisen zu erreichen.[14]

10   Unterwegs

Übliche Seminare

Die GP beschrieb die bisherigen Versuche, zu einer effektiveren Arbeitsorganisation zu gelangen: Sie hatte das übliche Spektrum von Seminaren in Zeitmanagement, Selbstmanagement, Arbeitstechnik usw. durchlaufen und jeweils nur Teilerfolge zu verzeichnen, die zudem im überwiegenden Maße lediglich von kurzer Dauer waren.[15] Meine Fragen zielten nun dahin, welche übergeordneten Ziele und welche Vision die GP hatte. Eine

---

[14] In diesem Beispiel bleibt die Darstellung auf Glaubensätze einer Person beschränkt. Dabei ist immer mitbedacht, dass alle Systeme (Team, Abteilung, Verwaltung, usw.) ihre jeweiligen Glaubensätze haben, die aber überwiegend nicht offen kommuniziert werden, aber dennoch handlungsleitend sind. Dieser Aspekt wird bei Konflikten in Systemen und deren Lösungsansätzen häufig vernachlässigt.

[15] Hier sei an den Cheftrainer eines bekannten Anbieters für Zeitmanagement-Systeme erinnert, der erklärte, das traditionelle Zeitmanagement sei in vollem Umfang nur für Perfektionisten geeignet, und die seien nun einmal sehr selten. Diese Erkenntnis reifte jedoch erst, nachdem über viele Jahre dieses System als Nonplusultra angepriesen und die Handhabung in Seminaren trainiert worden war.

positive Beschreibung fiel dem Geschäftsführer sehr schwer, überwiegend erfolgten Abgrenzungen wie: „nicht arm sein", „keine Not leiden", „im Alter versorgt zu sein", „so gut sein wie andere". Hier wurde uns immer klarer, dass es hinter der ursprünglich geäußerten Unzufriedenheit ein umfangreicherer Bereich sein musste, der sich stärker als der Wunsch nach Veränderung auf das Verhalten auswirkte.

Ich bat die GP, sich an all die typischen Sätze aus seiner Vergangenheit zu erinnern, die einen einschränkenden, gesetzmäßigen Charakter hatten. Dies sind Sätze wie „aus dir wird nie etwas" „das wird ja sowieso nichts"[16] „es wird einem nichts geschenkt" „was nichts kostet, taugt nichts" usw. In der Folge listete die GP einige Sätze auf und bestimmte den gemeinsamen Kern der Sätze. So kristallisierte sich in einer Präzisierungsphase der Glaubenssatz „Ich muss immer aktiv sein und darf dabei nur einen Teil meiner Kraft aufwenden, um zu überleben!" heraus.

Kernaussage

Vielfach stehen hinter bislang nicht geglückten Veränderungen weitreichende Glaubenssätze, die in einigen oder allen Lebensbereichen nachhaltige Auswirkungen haben. Daher war es nun sinnvoll, das Gebiet ausführlich zu bereisen, um möglichst viele Bereiche einzubeziehen.

Die GP notierte sich dazu von ihr ausgefüllte Rollen im beruflichen wie im privaten Leben, sie kam dabei auf 11 Rollen (5 bildet für diesen Zusammenhang die Untergrenze). Anschließend bat ich die GP 6 für sie in diesem Moment relevante Rollen auszuwählen und sich vorzustellen, wie es aussehen würde, wenn für die erste Rolle im Raum eine Lebenslinie zu sehen wäre. Die wurde dann von ihr visualisiert.[17] Nach und nach führte sie diesen Ablauf für alle 6 Rollen durch und so entstand durch die einzelnen Lebenslinien im Raum ihr individuelles Zeit-Gebiet. Nun bat ich die GP, die einzelnen Lebenslinien abzuschreiten: von der Gegenwart in die Zukunft, zurück in die Gegenwart, dann in die Vergangenheit und schließlich wieder in die Gegenwart. Sie versetzte sich dabei mit all ihren Sinnen in für die jeweilige Rolle typische Situationen (= inneres Nacherleben der Situation) und überprüfte die Relevanz des Glaubenssatzes für die jeweilige Rolle.

Unterschiedliche Rollen und Lebenslinien

---

[16] Die häufig achtlos benutzten Worte „sowieso nicht" beinhalten eine perfide Prognose: Ob etwas so oder anders gemacht wird ist unwesentlich, es wird auf keinen Fall gelingen!

[17] Diese Strategie ist aus dem NLP und wurde hauptsächlich von Ted James beschrieben. Sie mag vielleicht beim ersten Zugriff etwas wunderlich erscheinen, lassen Sie sich trotzdem an dieser Stelle zu einem kleinen Versuch einladen: Legen Sie für sich einen Lebensabschnitt fest (z.B. Einschulung bis Ende der Berufsausbildung) und nehmen Sie dann wahr, welche inneren Vorstellungen (Farbe, Formen, Lage im Raum, ...) entstehen, wenn sie sich diesen Abschnitt als Linie vorstellen!

Aufspaltung in Lebenslinien

Durch die Aufspaltung in die Lebenslinien wird ein unterschiedliches Zeiterleben bewusst gemacht. Der GP wurde so möglich, Parallelen und Unterschiede und Wirkungen des Glaubenssatzes in verschiedenen Zeiten und Lebensbereichen zu erkennen. So wurde deutlich, in welchen Bereichen sich einschränkende Auswirkungen ergaben und in welchen nicht. Daraus resultierte zudem die Erkenntnis, dass andere, gewünschte Verhaltensweisen prinzipiell schon vorhanden waren und in andere Bereiche übernommen werden könnten, wenn der einschränkende Glaubenssatz seine Wirkung verlieren würde. Der Glaubenssatz muss also eine Erweiterung erhalten, die den Zugang zu neuen Wahlmöglichkeiten eröffnet. Es gibt ein Spektrum von Möglichkeiten, die einzusetzende Strategie ist von

Zieldefinition

den jeweiligen Bedingungen abhängig. Wir kamen bei der Prüfung der verschiedenen Strategien zu dem Ergebnis, dass ein Modell angemessen sei, bei dem die sprachliche Erweiterung und Entmächtigung im Mittelpunkt stehen.

Der erste Schritt hierzu war, den Glaubenssatz sprachlich so zu erweitern, dass die gewünschten Verhaltensweisen einbezogen werden konnten. Die GP bearbeitete den Ausgangssatz und kam zu der Aussage: „Ich

Hindernisse

kann meine ganze Energie einsetzen, um aktiv zu sein und passiv zu sein, um zufrieden zu leben!" Auf meine Frage, ob sie diesen Satz glaube, antwortete die GP, es wäre zwar schön, wenn es so wäre, aber sie glaube es nicht. Die sprachliche Veränderung eines als relevant erkannten Glaubenssatzes kann in vielen Fällen schon zu dem gewünschten Ergebnis führen.[18] In diesem Falle schien dies aber nach unserer übereinstimmenden Ansicht nicht auszureichen.

Daher bewegte sich die GP mit dem Auftrag herauszufinden, welche Auswirkungen es hätte, wenn der erweiterte Glaubenssatz gültig wäre, wieder in ihrem Gebiet. Bewegungsbereich war nun die Zukunft – die einzelnen (Rollen-)Bereiche wurden begangen und die neuen Abläufe erlebt.[19] Sie erschienen der GP durchweg als sehr wünschenswert, aller-

Ausnahmen

dings sollte die Veränderung für einige Bereiche erst nach einer Weile eintreten und es sollte für diese eine gewisse Probezeit gelten. Durch das mentale Erleben der neuen Optionen wurde der alte Glaubenssatz mehr und mehr unglaubwürdig – es war offensichtlich, das die darin beschriebenen Konsequenzen in der Zukunft keine Gültigkeit mehr haben.

Hier sei angemerkt, das sich die Ergebnisse der Veränderung von Glaubenssätzen häufig nicht sofort und allumfassend zeigen. Vielmehr ist eher

---

[18] Die Darstellung der einfachen, gleichwohl sehr wirkungsvollen Strategien würde den Rahmen dieser Darstellung sprengen.

[19] Dem geneigten Leser mag an dieser Stelle vielleicht der Satz „Unsere Wünsche sind Erinnerungen an die Zukunft!" ins Gedächtnis kommen und vielleicht eine neue Bedeutung erhalten.

eine gleichsam „schleichende" Entwicklung zu erwarten, deren gesamter Umfang sich erst nach einiger Zeit zeigt.

11   Im Zielraum

Aus dem nunmehr veränderten Erleben heraus ergeben sich neue Perspektiven, daher war es sinnvoll, das bisherige wohlgeformte Ziel zu überprüfen und gegebenenfalls neu zu bestimmen. Nachdem die GP noch einmal mit all ihren Sinnen in die gewünschte Arbeitssituation gegangen war, fragte ich, ob die Zielbeschreibung zu verändern sei. Es zeigte sich, das die Zielvorstellung noch modifiziert werden musste, um die Phasen der Anspannung, des (Eu-)Stresses, der Entspannung und des Müßiggangs akzeptieren und genießen zu können. Dazu war es zum einen nötig, verschüttete Ressourcen im Bereich der Arbeitsmethodik freizulegen und wieder Zugang zu ihnen zu finden und zum anderen, das individuelle Zeiterleben zu überprüfen.

Zielüberprüfung

Grundsätzlich bin ich der Auffassung, das ein Mensch immer schon alle Fähigkeiten zur Verfügung hat, um ein gewünschtes neues Verhalten zu etablieren. Daher bat ich die GP, sich zur Erschließung der gewünschten Ressourcen einiger Fragen zu bedienen:

Ressourcen erschließen

- Welche Fähigkeiten aus der Vergangenheit und Gegenwart können für die neue Herangehensweise in welcher Weise eingesetzt werden?
- Wo habe ich Dinge gekonnt, die ich in diesem Kontext einsetzen könnte?
- Wer kann mir als Modell dienen?
- Wer und was kann unterstützend wirken?
- Was werde ich bis wann tun?
- Woran genau werde ich jeweils erkennen, dass ich meine Ziele erreicht habe?

Die Antworten auf diese Fragen wurden in entsprechende Vorlagen in Form von Mind Maps[20] eingetragen. Damit wurde das Prinzip der Schriftlichkeit genutzt, um zum einen eine dauerhafte Arbeitsunterlage zu haben und zum anderen für sich selbst eine höhere Verbindlichkeit zu erreichen. Dieses Wissen und der dadurch dauerhaft ermöglichte Zugang zu den eigenen Ressourcen gibt weitere Sicherheit bei der täglichen Umsetzung der Ziele in die Praxis.

Mind Maps

---

[20] Mind Mapping ist eine von T. Buzan entwickelte gehirngerechte Methode zur Planung, Aufzeichnungen, Vorbereitungen von Reden, Präsentationen usw.

Zeiterleben

Im Mittelpunkt einer weiteren Sitzung stand eine scheinbar kleine, in den täglichen Auswirkungen allerdings sehr weitreichende Auffassung, wie Zeit erlebt wird. Diese Auffassung ist für die beabsichtigte Veränderung des Meta-Programms „passiv" von grundlegender Bedeutung. Um diese Veränderung wirklich erfolgreich gestalten zu können, ergründeten wir zu Beginn, in welcher Weise die GP ihre Zeit erlebt. Ich bat sie daher um freie Assoziationen zu dem Wort „Zeit". Es folgten Worte und Sätzen wie: „Ich habe eigentlich nie Zeit!", „Zeitdiebe", „Zeit sparen", „Die Zeit vergeht viel zu schnell!" usw.

Diese Aussagen machten uns deutlich, dass die GP wie die meisten Menschen in unserem Kulturkreis den Glaubenssatz „Meine Zeit vergeht" hatte! Gespeist wird dieser Glaubenssatz von der Auffassung, dass von der unendlichen Zeit nur eine bestimmte, dem Individuum unbekannte, Menge zur Verfügung steht, die unwiederbringlich verrinnt.

Kampf gegen den Zeitverlust

Daraus wird die Konsequenz gezogen, dass es nötig sei, die knappe Zeit so gut wie möglich auszunutzen. Das eigene Leben wird damit nicht als Dasein im Hier und Jetzt, sondern als Kampf gegen den Verlust der Zeit gelebt. Nun werden Ziele gesetzt und Messpunkte bestimmt: bis zu dem Zeitpunkt muss Y geschehen, danach Z erreicht werden – denn dann ist Zeit nicht verschleudert, sondern gut genutzt.

Wann wird ein Zeitraum optimal genutzt?

Nur haben wir Menschen aber keine Maßeinheit, mit der hinreichend sicher überprüfbar ist, ob Zeit optimal genutzt wird. Es fehlen Vergleichsdaten: Was wäre, wenn Sie sich für X statt Y entschieden hätte? Jeder Zeitraum, egal ob es denn Sekunden, Minuten oder Stunden sind, kann nur einmal gelebt werden. Ist er „richtig" gelebt worden, oder ist Zeit verschleudert worden? Die Herausforderung, das Leben „richtig" zu leben, ist damit allgegenwärtig und scheint kaum zu bewältigen zu sein. Die Unsicherheit, wieviel Zeit schon vergangen, „richtig" gelebt, wieviel noch zur Verfügung steht, erzeugt sehr häufig Unruhe, Anspannung, Unzufriedenheit.

Wie oft ist im Arbeitsalltag am Nachmittag der Stoßseufzer zu hören: „Schon wieder bald Feierabend und ich habe noch soviel zu tun!" während ein anderer meint: „Noch eine Stunde bis zum Feierabend, na ja, irgendwie werden wir die Zeit auch noch absitzen!" Diese beiden sehr gegensätzlichen Verhaltensweisen haben gleichwohl eine große Gemeinsamkeit – die beiden Menschen gestalten ihre Zeit nicht, sie lassen sie vergehen.

Das persönliche Zeiterleben ergibt sich aus dem jeweiligen mentalen Modell, der individuellen Landkarte. Während die meisten Menschen das Gefühl haben, dass ihnen etwas genommen wird, finden andere zur selben Zeit Schätze: ihre Zeit entsteht, sie erleben eine andere Zeitqualität.

Sowohl die Aussage „Zeit vergeht" als auch die Aussage „Zeit entsteht" ist naturwissenschaftlich betrachtet richtig und nicht entscheidbar im Sinne einer endgültigen Wahrheit – es sind Glaubenssätze.

Der Glaubenssatz „Zeit entsteht" bietet jedoch die Möglichkeit, neue Verhaltensweisen, einen anderen Arbeitsstil zu erleben. Denn jetzt *bekommen sie* ununterbrochen: Sekunden, Minuten, Stunden – *Ihre Zeit!* Vom Zeitpunkt der Entstehung eines Menschen an entsteht seine Zeit, er kann sie gestalten. Aus dem Bewusstsein heraus, dass Zeit entsteht, wird jeder Mensch zum Gestalter seines Lebens. Damit wird das als Fremdbestimmung erlebte Zeitgefühl, das sich in Form von Sätzen wie „Ich habe keine Zeit!" ausdrückt, zu einer Selbstbestimmung, Wahlfreiheit und Verantwortung für das eigene Tun, zu einem „Ich gestalte meine Zeit!" An die Stelle der einseitigen Orientierung an der Gegenwart oder Vergangenheit tritt eine Orientierung an der Zukunft und Gegenwart. Dieses Bewusstsein führt zu einem entspannten, bewussten Erleben der Zeit, zu einer wirklichen Selbstbestimmung des Handelns.

Zeit entsteht

In einigen Übungen erlebte die GP ihr bisheriges Zeiterleben und dann als Alternative dazu, wie ihre Zeit entsteht. Für diesen Zusammenhang seien hier nur einige einfache Beispiele beschrieben: Zu Beginn schaute sie dazu fünf Minuten auf den Sekundenzeiger ihrer Armbanduhr und registrierte dabei möglichst genau die bestehenden und neu entstehenden Gefühle. Schon nach kurzer Dauer stellten sich Unruhe und ein gewisser Unwillen ein, dann tauchten Gedanken wie Verlust, sinnlos, unwiederbringlich verloren, nutzlos auf. Zusammenfassend beschrieb sie die Situation als unangenehm, da ihr bewusst wurde, dass die Sekunden verrinnen und sie nicht sinnvoll gelebt wurden.

Übungen zum Zeiterleben

In der nächsten Übung schaute sie zuerst aus dem Fenster auf den nahegelegenen See, danach für eine Weile das TV-Programm eines Sportsenders (Sport war ein Interessenschwerpunkt der GP) und abschließend hörte sie mit geschlossenen Augen ruhige, entspannende Musik. Aufgabe bei allen drei Tätigkeiten war es, jeweils exakt anzugeben, wann genau fünf Minuten vergangen waren. Die subjektiven Zeiten und die mit einer Uhr gemessenen Zeiten differierten in einem Spektrum von 4 Minuten. Dadurch wurde für sie erfahrbar, wie unterschiedlich lang diese fünf Minuten erlebt wurden.[21] Zeiterleben ist immer vom aktuellen Kontext und dem zugemessenen Sinn abhängig. Weiterhin wurde die Wirksamkeit des zuvor rational beschriebenen Glaubenssatzes „Mir wird dauernd etwas genommen!" nachhaltig erlebt.

Zeiterleben ist vom Kontext abhängig

---

[21] Dies ist Menschen sicherlich in der Regel mehr oder weniger bewusst. Sie erfahren es beim Warten an Haltestellen, bei roten Ampeln wenn sie es eilig haben oder aber lieber zu spät kommen würden usw. In diesem Prozess ist es wichtig, diese Erfahrung noch einmal aktuell zu erleben.

Möglichkeiten veränderten Zeiterlebens

Nach weiteren Übungen war es nun an der Zeit, Möglichkeiten zu dem veränderten Zeiterleben kennenzulernen und die Konsequenzen von „Meine Zeit entsteht!" zu erleben. Zu Beginn stand eine Aktion, die zur Entschleunigung der erlebten Zeit dient: Die GP bekam die Aufgabe, 100 Meter am Seeufer in 15 Minuten[22] zurückzulegen und dabei all das bewusst wahrzunehmen, was sich auf dieser Strecke an Eindrücken ergaben. Durch langsames Erleben und bewusstes Wahrnehmen wurde deutlich, wie selektiv Wahrnehmen ist und durch die Vorgabe eines Zeitverständnisses gefördert wird. In der Folge schaute die GP auf die Uhr und die Sekundenzeiger, nun aber (probeweise) mit der Vorstellung: „Schon wieder sind X Sekunden für mich entstanden, die ich in einer für mich jetzt sinnvollen Weise ausgefüllt habe!" Danach folgt wiederum eine Zeit der ruhigen Betrachtung des Sees, die von der Auffassung begleitet wurde, es sei nun gut und richtig, die entstehende Zeit in dieser Weise zu genießen, den auftauchenden Gedanken zu folgen und vielleicht Lösungen zu finden. Erst eine veränderte Wahrnehmung von Abläufen durch die Entschleunigung der Zeit ermöglicht häufig einen Zugang zu neuen Sichtweisen und bringt fast unmerklich gleich auch Lösungen mit sich.

Im weiteren Verlauf ließ ich die GP eine kleine, eher unscheinbare Konfliktsituation herausfinden, in der Reibung entstanden war, aber versöhnlich endete. Die weitere Beschreibung ergab, dass nach Ablauf des Konflikts die Beziehung zu dem Konfliktbeteiligten durch ein Gefühl, etwas Vertrauen verloren zu haben, belastet war. Nach genauer Analyse war es möglich, den Ablauf so einzugrenzen, dass die Handlung, die den Vertrauensverlust verursachte, identifizierbar wurde. Diese Handlung wurde zu Beginn von der GP als kleiner, oberflächlicher Ausrutscher bezeichnet, der „nicht schlimm war". Erst durch eine Zeitdehnung, d.h. dass die entscheidenden Bruchteile von Sekunden des Ablaufs im inneren Erleben wiederholt und dann zeitlich gedehnt und so in Ruhe wahrgenommen werden konnten, wurde deutlich, wie die andere Person durch eine kleine Handlung das Vertrauen verletzt hatte.[23] Jetzt erst war es möglich, ein neues Verständnis der Ausgangssituation zu finden und durch ein Gespräch das Vertrauen wieder zu stärken.

An diesem Beispiel erlebte die GP die Möglichkeiten, die durch ein verändertes Zeitleben ausgelöst werden. Daraus resultierte der Wunsch, die Auffassung „Deine Zeit entsteht!" umzusetzen. Wir entwickelten daher eine individuelle Strategie, die in der nächsten Zeit die Präsenz der Auffassung „Zeit entsteht" gewährleistete und immer wieder Zugang zu

---

[22] Für Zweifler sei angemerkt, dass dies eine durchaus ernsthafte und tatsächlich so durchgeführte Übung ist.

[23] Für Personen mit Gelüsten zur Rache, Vergeltung usw. sei an diesem Punkte angemerkt, dass es hier eben nicht um die Lösung der Schuldfrage, sondern um eine Neutralisierung der Verletzungen der GP und um Möglichkeiten der Versöhnung geht.

den Zeitübungen ermöglichte. Dadurch wurde es ihr möglich, Phasen zu erleben, in der sie passiv war und Entspannung genießen konnte.

12 Die Reise endet

Zum Abschluss des insgesamt vier Tage dauernden Coachings[24] vereinbarten wir, nach etwa einem Monat Zwischenbilanz zu ziehen. Die Initiative hierzu sollte von der GP ausgehen, während dieser Zeit stand ich aber natürlich als Ansprechpartner zur Verfügung.

Rückmeldung

Die Rückmeldung erfolgte 3 Wochen nach dem letzten Treffen durch einen Anruf der GP. Demnach habe sie die gewünschten Ziele nun zu etwa 85 Prozent erreicht und sei zuversichtlich, in Kürze 95 Prozent zu erreichen. Derartige Prozentzahlen sind sicherlich mit einer gewissen Vorsicht zu genießen, da eindeutige Bezugspunkte fehlen und die Selbst- und Fremdwahrnehmung der GP durchaus unterschiedlich sein können. Es bleibt jedoch festzuhalten, dass die GP ihre Ziele weitgehend erreicht und nach eigenen Angaben weitergehende positive Auswirkungen in einigen Bereichen ihres beruflichen und privaten Lebens wahrgenommen hat. Als weiteres Ergebnis zeigte sich die Bereitschaft, sich verstärkt mit den eigenen Verhaltensweisen auseinanderzusetzen und neue Wege zu finden. Dazu sollte unter anderem auch ein weiteres Coaching dienen, das in einem angemessenen[25] zeitlichen Abstand von etwa einem halben Jahr beginnt.

Literatur

Bryner, A. & Markova, D. (1997). *Die lernende Intelligenz*. Paderborn: Junfermann.

Buzan, T. (1993). *Kopf Training*. München: Goldmann.

Covey, S. R. (1997). *Der Weg zum Wesentlichen: Zeitmanagement der vierten Generation*. Frankfurt/Main, New York: Campus.

Davis, P. (1995). *Die Unsterblichkeit der Zeit*. Bern, München, Wien: Scherz.

Dilts, R. B. (1993). *Die Veränderung von Glaubenssystemen*. Paderborn: Junfermann.

Dilts, R.B. (1998). *Von der Vision zur Aktion: Die Erschaffung der Welt, der die Menschen zugehören wollen*. Paderborn: Junfermann.

v. Foerster, H. (1993). *Wissen und Gewissen*. Frankfurt am Main: Suhrkamp.

---

[24] Diese Tage verteilten sich auf einen Zeitraum von etwa zwei Monaten.

[25] Was unter angemessen zu verstehen ist, bestimmt die GP. Es ist allerdings darauf zu achten, dass nach erfolgreichen Veränderungen eine Tendenz zu beobachten ist, „alles" zu wollen. Hier ist eine gemeinsame sorgfältige Überprüfung der Ökologie der beabsichtigten Veränderungsprozesse unbedingt nötig.

v. Foerster, H., Pörksen, B. (1998). *Wahrheit ist die Erfindung eines Lügners.* Heidelberg: Carl-Auer-Systeme.

James, T., Woodsmall, W. (1991). *Time Line.* Paderborn: Junfermann.

James, T. (1993). *Time Coaching.* Paderborn: Junfermann.

Levine, R. (1998): *Eine Landkarte der Zeit. Wie Kulturen mit Zeit umgehen.* München: Piper .

Marwitz, K. (1993). *Lean Company.* Paderborn: Junfermann.

Marwitz, K. (Hrsg.). (1997). *NAUTILUS Persönlickeitsprofil.* Kiel: Institut für TeamArt.

O`Connor, J., Seymour, J. (1992). *Neurolinguistisches Programmieren: gelungene Kommunikation und persönliche Entfaltung.* Freiburg: VAK.

Rauen, Ch. (1999): *Coaching: Innovative Konzepte im Vergleich.* Göttingen: Verlag für Angewandte Psychologie.

Rossi, E. L.(1993). *20 Minuten Pause.* Paderborn: Junfermann.

Senge, P. M. (1996). *Die fünfte Disziplin.* Stuttgart: Klett-Cotta.

Vaill, P. B. (1998). *Lernen als Lebensform.* Stuttgart: Klett-Cotta.

Wippich, J. (1995). *Denk nicht an Blau.* Paderborn: Junfermann.

Ein Handwerkszeug für den Coaching-Alltag: Visualisieren und begreifbar Visualisieren mit Inszenario®

Gunter König

1 Einleitung

„Was ist das Wichtigste, was ein erfolgreicher Coach braucht?"

Auf diese Frage erhielt ich in meinen Coaching-Ausbildungskursen viele gute Antworten:

„Exzellente Ausbildung, herausragende Gesprächsfertigkeiten, Motivation, absolute Seriosität, überzeugende Vertrauenswürdigkeit, ausreichend Geld um die erste Zeit zu überstehen, gutes Benehmen..." und nur einmal die einzig richtige Antwort: „*Einen Kunden.*"

Ein Kunde wird bleiben, wenn er sich verstanden und gut aufgehoben fühlt und den Eindruck hat, die Arbeit mit dem Coach bringt ihm Nutzen. Visualisieren und begreifbar Visualisieren mit Inszenario ermöglicht diese kundenorientierte Coaching-Arbeit. **Kundenorientierte Coaching-Arbeit**

Im Folgenden möchte ich nachvollziehbar schildern, was sich in meiner Coaching-Arbeit bewährt hat, wie Sie sich Ihre Arbeit mit Visualisieren[1] erleichtern und wie begreifbar Visualisieren mit dem Inszenario noch eine weitere Tiefung erlaubt. Meine Erfahrungen beziehen sich auf Einzelpersonen und kleine Gruppen bis zu 18 Teilnehmerinnen und Teilnehmern. **Arbeit mit Visualisieren**

---

[1] Visualisieren lebt vom Bild, von Form, von Farbe. Aus reproduktionstechnischen Gründen musste auf die dazugehörigen, auch farbigen Abbildungen, verzichtet werden. Die Abbildungen können beim Autor per E-Mail unter *koenig@s-a-l-z.de* angefordert werden.

2   Begriffliche Klärung

Hier möchte ich kurz skizzieren, was ich unter Visualisieren verstehe sowie mein Grundverständnis als Coach.

Visualisieren

Bildliche Formulierung und Kommunikation

Visualisierung ist die Bezeichnung für bildliche Formulierung und Kommunikation, d.h. für Aufbereitung von Information mit vor allem bildlichen Mitteln. Der Begriff wird im heutigen wissenschaftlichen Sprachgebrauch oft unscharf verwendet. Zum Teil wird Visualisierung sogar über den Bereich des Sehens hinaus benutzt, z.B. für die Bereicherung der Sprache durch Lautmalerei oder mit Geräuschen, die beim Zuhörer innere Bilder entstehen lassen.

Konzentration auf das Wesentliche

Ich verwende Visualisieren um auszudrücken, dass ich anstrebe, ganzheitlich zu kommunizieren wie auch zu dokumentieren. Dem akustischen Kanal wird der visuelle hinzugefügt. Durch Schreiben oder Malungen möchte ich erreichen, die Aussagen auf das Wesentliche zu konzentrieren. Das Sichtbarmachen ist der erste Schritt zur Änderung.

Imaginieren

Vom Visualisieren ist der Weg zum Imaginieren nicht mehr weit. Visualisieren wird plötzlich zur Imaginationshilfe und versucht die Potenz der Phantasie in uns und unserem Gegenüber zu mobilisieren, die Verständnis und Transformation bewirkt.

In neuen Bahnen denken

Denkweisen werden bewusst gemacht, dadurch bemerken Menschen ihre Grenzen und erhalten Gelegenheiten des Überschreitens. Neue Bahnen zu denken und zu handeln werden jetzt sichtbar.

Metaphern verwenden

Visualisieren heißt auch Methaphern benutzen. Eine Metapher ist nicht nur eine literarische Figur, um einen Ausdruck zu schmücken, sie ist ein zentrales Mittel, mit der wir unsere Beziehung zur Welt prägen und gestalten.

Aufgaben des Coachs

Die Aufgabe des Coachs ist es, mit dem Coaching-Partner und seiner Situation in einen Dialog zu treten, Bedeutungen zu erfassen und die persönlich bedeutsamen Wege für den Coaching-Partner zu entdecken oder zu (er-)finden.

Visualisieren bedeutet weiter für mich:

- Den anderen zum freiwilligen sachzentrierten Mitmachen zu bewegen.

- Das Gesagte in ein Bild zu transponieren, in dem sich der andere wiederfindet; also seine Wirklichkeit gespiegelt wird.

- Denkwerkzeug: vom Ausdenken, über Vorwegdenken, Vordenken, Durchdenken, Mitdenken, Überdenken und Nachdenken.

- Menschen unterschiedlicher Herkunft, Status und Alter erreichen.

- Dem anderen und mir vor *Augen führen,* wo wir stehen, was wir geschafft haben und was offen bleibt.

- Vermitteln über Auge und Ohr sichert eher, dass Hirn und Herz erreicht werden.

- Strukturieren und Gewichten wird augenscheinlich.

- Den Zauber des Augenblicks mit dem Stift festhalten.

- Systeme wie Vistem[2] und Visuflex[3] nutzen, die zusätzlich Ordnungsgesichtspunkte und Systematiken für verschiedene Anlässe bieten, besonders für Augenblicke, in denen die Kreativität sich mal ausruht.

Mein Coaching-Selbstverständnis

Coaching habe ich für mich ganz allgemein definiert: Coaching ist eine Maßnahme der Personalentwicklung und Personalförderung zur

Personalentwicklung und -förderung

- Unterstützung und Weiterbildung von Führungskräften in Organisationen. Es dient primär der

- Förderung bzw. Wiederherstellung beruflichen Handelns in bezug auf Führungsfähigkeit und Leistungsoptimierung.

Oder: Coaching ist Leistungsoptimierung durch Vervollkommnung der eigenen Persönlichkeit, der Führungspersönlichkeit, mit Blickrichtung auf die gesamtwirtschaftliche und ganzheitliche Situation.

Als Coach bin ich Berater. Als Berater bin ich Experte für den Weg zu Lösungen. Mein Gegenüber ist der Kunde, Klient oder einfach Mensch. Der Kunde ist der Experte in seinem Arbeitsgebiet, der Kundige. Daraus folgt *Kooperation,* wenn wir gemeinsam das Ziel erreichen wollen. Wir entdecken gemeinsam im Austausch über Reflexionen (s. Glossar) über mögliche Ansichten von „Wirklichkeiten" einen Weg. Der Weg wird gegangen. Es kann sich zeigen, dass sich dieser Weg als günstig oder ungünstig erweist. Dann wissen wir schon mehr. Das Gespräch löst Anstöße aus. Diese Haltung schließt für mich nicht aus, dass ich als Berater dem anderen Gelegenheit zum Reiben gebe; dadurch, dass ich eine Möglichkeit sehr deutlich vertrete, oder auch Informationen konzentriert vermittle, oder auch frech übertreibe, wie auch immer. Folglich kenne ich kein

Kooperation mit dem Klienten

---

[2] Carmen Thomas (1996). *Vistem: Der klare, schnelle Weg zur Sache.* Weinheim: Beltz. Quadriga.

[3] Visuflex (1998) ist ein Produktentwurf von mir zur Weiterentwicklung des „Motiplaners", eines Zeitplansystems der Firma Siller.

„richtig – falsch" oder „gut – schlecht", sondern Möglichkeiten, die sich für den einen oder anderen als unterschiedlich günstig erweisen können.

Beachtung von Ziel und Prozess

Ich achte auf *Ziel* und *Prozess*. Für mich ergibt sich durch Ziel und Begegnung der Prozess. Ich weiß um die Vielfalt der Möglichkeiten. Ich bin überzeugt: *Jeder trägt den Entwicklungskern in sich.* Oft strebe ich das Unmögliche an. Auf dem Weg zum Unmöglichen gilt: Den Menschen Freude bereiten. Wenn ich die Wahl zwischen Weinen und Lachen habe, ziehe ich das Lachen vor.

3   Visualisieren

Meine Leitprinzipien beim Visualisieren

1. Leitprinzip:

Worte werden zu Bildern

Ein Bild sagt mehr als tausend Worte, heißt es. Also: *Ich höre auf die gesprochenen Sprachbilder,* die ein Klient sagt und setze sie grafisch am Flipchart um:

- Ich gucke in die Röhre.

- Ich blicke hinter seine Fassade.

- Ich stehe unter Druck.

- Das sitzt mir im Nacken.

- Da ist etwas faul an der Sache, das werde ich mir mal genauer unter die Lupe nehmen.

2. Leitprinzip:

Problembeschreibungen enthalten Lösungsansätze

Im Problembild kann das Lösungsbild stecken.
Zum Beispiel: Im Bild „Ich stehe unter Druck." Nachdem ich das Bild mit einem Männchen skizziert habe, das in einem Schraubstock eingeklemmt steckt, frage ich: „Wo möchten Sie ansetzen?" und deute dabei auf das Bild, sowie die verschiedenen kritischen Merkpunkte. Während ich dann die untenstehenden Möglichkeiten nenne, zeichne ich um das erste Bild herum entsprechende Symbole.

- Die Person festigen, damit sie den Druck aushält?

- Polster einbauen, auf dass es nicht mehr so drückt?

- Die Tonnenzahl und damit den Druck verdoppeln, damit es nicht mehr so drückt, wenn Sie wieder halbieren und sich der Druck nicht mehr so schwer anfühlt?

- Zur Seite gehen?

- Mit-Träger rufen? und anderes mehr.

Ein weiteres Beispiel: „Jemand klagt, er würde sich verzetteln." Die Lösung liegt bereit: Ich lasse das, was ansteht auf einzelne Notizzettel schreiben und bitte dann die Zettel in der Reihenfolge der Wichtigkeit oder der Lust oder der Dringlichkeit zu legen. Ich nötige also, Entscheidungen zu treffen und so findet sich schnell eine Lösung.

Klagen wörtlich nehmen

3. Leitprinzip:
Gestaltungsprinzipien beim Visualisieren.
Beim Visualisieren unterscheide ich mindestens drei Gestaltungsprinzipien: die Elemente, die Komposition und die Darstellung (s. Tabelle 1). Die Elemente können die Art der Schrift, die verschiedenen Farben und die Verteilung der Abbildungen auf einem Flipchart sein. Bei den Elementen achte ich auf die Größe und das Verhältnis zueinander, abhängig zueinander, abhängig vom augenblicklichen Thema. Bei der Komposition achte ich auf Figur und Grund, wenn z.B. eine Kundin von den misslungenen Ergebnissen der letzten vier Wochen erzählt, so zeichne ich diese Ereignisse als unterschiedlich große schwarze Flecken und ermuntere dabei, möglichst alle missglückten Ereignisse aufzuführen. Schließlich vergewissere ich mich: „Ist jetzt alles repräsentiert?" Bei Bejahung beginne ich die freien Flächen dazwischen mit rot aufzufüllen. Figur und Grund kippen jetzt und ich frage z.B.: „Wieso haben Sie mir nichts von dem Leben dazwischen erzählt?" Hierbei wird auch gleichzeitig Dynamik und Asymmetrie deutlich. Die Darstellung war hier figürlich ungebunden. Bei Schilderung von Arbeitsabläufen könnte auch ein Diagramm in Kuchenform gewählt sein.

Visualisieren mit System

Elemente	Komposition	Darstellung
Schrift	Figur und Grund	Tabelle
Farbe	Symmetrie und Asymmetrie	Diagramm
Freifläche	Dynamik	Freifigürlich

Tabelle 1: Drei Gestaltungsprinzipien des Visualisierens

4. Leitprinzip:
Aktiviere zur Mitarbeit.
Ich skizziere etwas ungeschickt und schon ergreift der Kunde den Stift, um mir zu helfen.

5. Leitprinzip:

Es wird immer kommuniziert

Ich kann nicht Nicht-Kommunizieren.
In jedem Handeln oder auch Unterlassen drücke ich etwas aus. Das beginnt bei der Lage der Coaching-Praxis, dem Praxisschild, der Einrichtung (z.B. verschiedene Stühle, verbunden mit der Aufforderung: Finden Sie den Platz, der zu Ihnen passt!), Kleidung, und hört mit Bildern und Sprüchen an der Wand auf.

6. Leitprinzip:

Soviel Gehirnareale wie möglich ansprechen.
Das Zusammenwirken von Sprache, Schrift und Bild dient dazu, Informationen zu präzisieren und deren Verstehen zu steuern.

7. Leitprinzip:

Mittel, die ich zur Visualisierung und auch Fokussierung nutze:

* Skizzieren mit Stift (Grafik) und farbigen Ölpastellkreiden

* Arbeitsblätter mit Sachinformationen, Aufgaben, Cartoons und Geschichten

* Worte und Sprichworte

* Klötze, Stühle und Kissen

* Moderationsmaterial

* Verschiedene Arten von Kartenspielen

* Inszenario (s.u.)

Erleichterung von Kommunikation und Verständnis

Die optische Kommunikation hat meines Erachtens eine starke Emotionalität. Durch die spontane Umsetzung von Wort und Bild wird das verstärkt. Ein Bild spricht mehr als tausend Worte, insofern spreche ich einer ökonomischen Beratung das Wort. Das Bild wird schnell nachvollzogen und miterlebt. Ich zeige dadurch, dass ich verstanden habe, worum es dem Kunden geht. Gleichzeitig fühlt er sich in der Regel dadurch gewürdigt und anerkannt. Heute denke ich: Die Visualisierung hat einen eigenen Platz neben Sprache und Bild.

4   Inszenario

Aus meiner bewussten Weiterentwicklung des Visualisierens ist schließlich das *Inszenario* entstanden.

Ist-Aufnahme vornehmen

Stellen Sie sich vor, Ihr Coaching-Partner hat sich verlaufen und Sie wissen nicht wo. Was können Sie tun, um einen ersten Überblick über die Situation zu erhalten? Sie können sich von Ihrem Kunden – um im Bild zu bleiben – die Landschaft, in der er sich befindet, ausführlich beschreiben lassen, z.B. via Handy. Und das dauert und dauert und dauert.

Sie können Ihren Kunden auch suchen und sich zu ihm gesellen, um dann gemeinsam durchs Unterholz zu irren. Und – Sie können Ihren Kunden auf dem nächsten Aussichtspunkt treffen und sich von dort aus den Ort zeigen lassen, von dem er nicht weiter weiß. Gemeinsam gewinnen sie Einblick in die Situation, gewissermaßen eine Landkarte der relevanten Wegmarken, der möglichen Wege und der Entfernungen.

Gemeinsam Überblick gewinnen

Mit der Anwendung des Inszenario erhält der Coach Informationen über strukturelle Eigenschaften von Systemen und der Interaktion der Systemmitglieder. Wohl dem, der schnell einen Überblick gewinnt und sich zügig dem Finden von Lösungen zuwenden kann.

Damit ist der entscheidende Aspekt in der Anwendung von Inszenario beschrieben: Die Möglichkeit für den Coach, rasch und umfassend einen Überblick zu gewinnen. Aus der Sicht des Kunden hat das „Überblick gewinnen" einen „lösenden" Effekt:

- Systeme werden visualisiert

- Situationen und Systeme werden „begreifbar"

Die Bestimmung des Ist-Zustands „en miniature" erlaubt es, Abstand einzunehmen und gleichzeitig „emotional beteiligt zu sein". Damit wird ein rascher und unmittelbarer Wechsel zwischen „Maus- und Giraffenperspektive" möglich.

Möglichkeit zum Abstand

Bei der Bestimmung des Ist-Zustands wird gleichzeitig ein hochwirksamer Denkprozess angestoßen, ein Aha-Effekt, der anregt, gleichwohl auch aufregend und beruhigend sein kann: Bewegung und die Möglichkeit zu einem Perspektivenwechsel ist initiiert.

Anregung und Perspektivenwechsel

Die Bewegung in der geistigen Repräsentation persönlicher und sozialer Systeme gibt Impulse, um Möglichkeiten der Veränderung zu simulieren, mit Chancen und Handlungsalternativen zu spielen. Dabei lassen sich die Veränderungen von Details auf das gesamte System sehr genau beobachten.

Simulation von Handlungsalternativen

Die Brauchbarkeit und Nützlichkeit ergibt sich aus dem praktischen Augenschein. Für abgesicherte, testtheoretische Überlegungen habe ich mir folglich nie Zeit genommen. Wichtig war mir, das sich die Vielfalt der Prozesse im Team und in der Persönlichkeit auf eine Ebene reduzieren und dadurch leicht mitteilen ließ. Als zusätzlichen Faktor zur Visuali-

Reduktion der Prozesse auf eine Ebene

sierung wollte ich die Möglichkeit des Begreifens und der Dynamik betonen.

Reflektierendes Arbeiten wird gefördert

Das Schöne für mich ist: Jeder Coaching-Partner, jedes Team entwirft ihr eigenes gültiges Bild von ihrem System und der Coach bezieht sich darauf und nur darauf. So wird ein großer Teil eines spekulativen Elements ausgeschaltet. Gleichzeitig nötigt die Aufstellung, metakommunikativ-reflexiv zu arbeiten. Des weiteren kann die Aufstellung leicht dokumentiert und mitgenommen werden. Hierzu können Aufnahmen mit Polaroid, Digitalkamera oder Video genutzt werden. Leicht kann auch mit der Pappversion von Inszenario die Situation nachgestellt und aufgeklebt werden.[4]

Offenes Modell

Mit dem Inszenario arbeiten und stellen verstehe ich heute als schulenübergreifendes, methodenoffenes und integratives Modell zur Anwendung der Inszenario Figuren.

Elemente des Inszenario

Die Inszenario-Figuren

Die Inszenario-Figuren sind aus Buche gefertigt, in verschiedenen Farben. Die Figuren sind deutlich strukturiert, was die Unterscheidung in Mann und Frau oder Jungen und Mädchen angeht, doch nicht, was Gesicht, Vorder- und Rückseite angeht. Diese freie Struktur der Figuren erlaubt die jeweilige Ausgestaltung durch die handelnden Spieler und fördert eine Orientierung auf Beziehungsmuster, statt sich auf die Zuschreibung bestimmter Eigenschaften auf die beteiligten Personen zu beschränken.

Freie Struktur der Figuren

Neugier wird geweckt

Die Figuren schmeicheln sich leicht in das Bewusstsein des Coaching-Partners ein, da durch Form und Farbe Erinnerungen an frühere Kinderzeiten wach gerufen werden. Sie stimulieren Neugierde und Selbstentdeckung. Der Coach braucht nur leichte Hinweise zu geben.

Die Inszenario-Aufstellung[5]

Strukturen von Beziehungen erfassen

Inszenario erfasst zunächst die Struktur von Beziehungen zu einem gegebenen Zeitpunkt, z.B. „damals als ..., wie war das ?" (Instruktion bei einem Einzel-Coaching) oder „Stellen Sie Ihr Team auf, so wie Sie zueinander stehen. Dabei geht es nur um ihre persönliche Ansicht, denn jeder wird es anders sehen." (Instruktion bei einem Team-Coaching) oder „Was

---

[4] Die Pappversion Inszenario-extra wurde 1997 entwickelt, um es verschiedenen Teilnehmern eines Teams zu ermöglichen „Ihr Team" mitzunehmen.

[5] Ein Transkript einer Inszenario-Sitzung findet sich in König, G. (1995). Lust und Leistung. In: F.-W. Wilker (Hrsg.), *Supervision und Coaching*. Bonn: Dt. Psychologen Verlag.

sagt in so einem Augenblick Ihre innere Stimme?" (Instruktion zum Kennenlernen des inneren Teams).

Der Nutzen von Inszenario ist mindestens doppelt:

- Der Kunde versteht sein soziales Umfeld bzw. seine Innenwelt.

- Der Coach bezieht sich in seinen Anmerkungen auf den jetzt konstruierten Lebensraum des Kunden oder des Teams. Er braucht nicht zu spekulieren, wie es sein könnte, sondern er „sieht".

Durch das Aufstellen verleihen die Protagonisten oder Spieler (Wenn ich im Folgenden von SpielerIn spreche, so möchte ich es in der Schillerschen Bedeutung verstanden wissen: „... der Mensch spielt nur, wo er in voller Bedeutung des Worts Mensch ist, und er ist nur da ganz Mensch, wo er spielt.") ihren Ansichten über das Bezugssystem (sei es Firma, Team oder Person selbst) eine Gestalt. Sie fangen damit eine Meta-Kommunikation untereinander an und mit dem Coach. Inhalt des Gesprächs sind die Ansichten der Mitglieder über

Ansichten gewinnen Gestalt

1. Organisation

2. Das Abbild der Organisation mit ihrer augenblicklichen Struktur

3. Den Prozess der Einigung bei einer Teamaufstellung und

4. Das Ergebnis als Beginn einer Neugestaltung

5. Das Innere Team

Die sich ergebende Aufstellung ist das Bild des Systems, das unter den augenblicklich wirksamen Kräften möglich ist. Sie wird gespeist aus mindestens drei Quellen:

- Die gegebene Kommunikations-Struktur des Systems.

- Den verschiedenen subjektiven Ansichten der verschiedenen Mitglieder.

- Den Mitteilungen zur sich entwickelnden Darstellung im Kontext Inszenario-Aufstellung.

Bei der Aufstellung lassen sich folgende Merkmale berücksichtigen:

1. Die *Entfernung* gibt Ausdruck über soziale Distanz. Darin kann zum Ausdruck kommen emotionale Nähe oder Kontakthäufigkeit.

2. Die *Größe* der Figuren zeigt Hierarchie und Bedeutung, die dieser Person beigemessen wird.

3. Die *Blickrichtung* erzählt manchmal etwas über Konflikte oder wie Personen wahrgenommen werden.

4. Die *Platzierung* auf dem Feld (Mitte, Rand, Ecke) gibt bei ganz bewusster Setzung zusätzliche Information.

5. Die *Farbe* steht an sich immer für Gefühlstönung unterschiedlicher Art. Doch greife ich sie nur auf, wenn sie vom Inszenario-Spieler benannt werden.

6. Die *Anordnung* erzählt meist etwas über Zugehörigkeit. Wobei unterschiedliche Formen gewählt werden, wie Kreis, Halbkreis, Gerade u.a. Ich selbst lasse mich dabei leiten von den Gestaltprinzipien.

7. Die *Klötze* dienen zur Erhöhung, wie auch als trennende Markierungen.

Der Kontext ist wichtig

Immer aber ist der Kontext zu berücksichtigen. Gültige Aussagen macht der Coaching-Partner, Anmutungen können vom Coach geäußert werden, doch handlungsentscheidend ist der Spieler.

Die Kategorien Zuneigung, Ablehnung oder Gleichgültigkeit können manchmal zusätzlich durch farbige Striche verdeutlicht werden. Hierbei drückt die Dicke der Farbstriche die Intensität und ein Pfeil die Richtung aus.

Die Verflechtungen mit anderen Bezugsgruppen und Institutionen ist mit Inszenario schnell bewerkstelligt. Farbige Moderationskarten machen z.B. betroffenen Leitungspersonen schnell deutlich, wie gering in manchen Situationen ihr Einfluss ist.

Diagnose und Therapie

In anderen Situationen empfiehlt sich das Skizzieren der Arbeitsräume mit den verschiedenen Arbeitsplätzen. Und kritische Situationen werden auf dem Tisch verständlich. So hat jede Anwendung neben dem diagnostischen Aspekt immer sofort auch einen therapeutischen Effekt. In der Regel ist die Anwendung eine hochwirksame Intervention, da sie sprachlich nicht einfach abgewehrt werden kann. Hier ist der Coach gefordert, um den Affekten sprachlichen Raum zu geben.

Ich greife bei der Arbeit mit Teams oder bei Einzelnen gern zu der Aufstellung mit dem Inszenario und nicht zu einem Skulpturieren mit lebenden Personen, weil

• oft nicht alle relevanten Beteiligten da sind;

• die Scheu zum Inszenario-Stellen deutlich geringer ist als zum direkten Stellen;

• Inszenario-Stellen emotionales *und* kognitives Reagieren ermöglicht, sei es gleichzeitig, sei es im Wechsel;

• Die Draufsicht als zusätzlicher Faktor wirksam ist.

Empfehlung für das Arbeiten mit Inszenario

Wie oben schon erwähnt: Inszenario kann schulenunabhängig angewendet werden. Meine Art des Arbeitens ist eher: Systemisch denken und verhaltensorientiert auf Lösungen und Stärken blicken. Dabei haben sich folgende Prinzipien bewährt.

1. Prinzip: Minimal intervenieren.

Das ganze Leben zu ändern wäre riesig. Überlegen Sie stets: „Welche Veränderung ist zunächst wichtig?" Wählen Sie überschaubare Veränderungsbereiche aus. Suchen Sie nach Wegen, bei denen Sie Ihre persönlichen Stärken optimal einsetzen können, ehe Sie völlig neue Kompetenzen aufzubauen versuchen.

2. Prinzip: Einfach kurz und gut!

Halten Sie Ihre Veränderungslust frisch. Dementsprechend gestalten Sie lieber einen überschaubaren Zeitraum, zum Beispiel drei Monate und bleiben dran. Sie verlieren bei einem Mammutprogramm die Übersicht oder die Lust zum Weitermachen. Bei Erfolg vertiefen Sie. Bei Misserfolg korrigieren Sie leichter.

3. Prinzip: Auf eine prozessbegleitende „Diagnostik" achten.

Schätzen Sie regelmäßig Ihr eigenes Verhalten und Ihre Stärken und Schwächen ein. Holen Sie „Fremdeinschätzungen" dazu: von Vorgesetzten, Kollegen, Mitarbeitern und aus Ihrem privaten Bereich. Fragen Sie nach einer Rückmeldung. Menschen erzählen gern über andere.

4. Prinzip: Erreichbare Ziele setzen und überprüfen.

Überprüfen Sie geplant, welche Fortschritte Sie machen und welche Teilziele erreicht sind. Dabei werden Sie unterstützt von Prinzip 3 und würdigen Sie sich zum Abschluss.

5. Prinzip: Anschaulich und konkret denken.

Ob Sie nun die Ausgangssituation beschreiben oder Ihre Ziele definieren – denken Sie möglichst spezifisch und detailliert: „Was genau?" „Wie genau?" „In genau welchen Situationen?"

6. Prinzip: Lösungsorientiert denken.

Überlegen Sie: „Was könnte ich als erstes tun, damit es mir besser geht?" Denken Sie vor allem in Lösungen. Stoppen Sie, wenn Sie merken, dass Sie im Problemkreislauf sind. Schauen Sie nach vorn. Bereiten Sie sich auf die Zukunft vor.

7. Prinzip: Zuversichtlich denken.

Gehen Sie hoffnungsvoll an Ihre Ziele heran. Werten Sie Probleme und Rückschläge als neue Information und nutzen Sie die Gelegenheit, eine verbesserte Variante zu finden.

8. Prinzip: Beweglich denken.

Es gibt: „entweder – oder" und „weder noch – sowohl als auch". Das sind schon vier Möglichkeiten. Mit jeder 5. Lösungsmöglichkeit beginnt Ihre Kreativität warm zu werden. Beugen Sie Rückschlägen durch vorbereitete Lösungsalternativen vor.

9. Prinzip: Kleine Schritte bringen auch voran.

Verlangen Sie nicht zuviel auf einmal von sich – dafür aber konkrete und überprüfbare Schritte. Beachten Sie dabei: Die nächste Woche ist wichtiger als das nächste Jahr.

10. Prinzip: Lachen Sie, ehe Sie glücklich sind! Sie könnten sonst sterben, ohne gelacht zu haben!

Entwickeln Sie Ihre Fähigkeit weiter, über sich selbst zu freuen, zu schmunzeln, zu lächeln.

Experimentieren Sie mit den verschiedenen Möglichkeiten. Überprüfen Sie, welche Vorschläge am besten zu Ihnen, zu Ihrer Person passen und „Fange nie an aufzuhören, höre nie auf anzufangen. Beginne!, denn es küsst Dich niemand wach!"

Inszenario als System

Anfangs dachte ich, mit dem Inszenario meiner verhaltens- und systemisch orientierten Diagnostik und Therapie ein begreifbares Instrument zu geben, ein Mittel zum Gespräch. Mit der Zeit entwickelte sich aus der verschiedenen Handhabung der Figuren in unterschiedlichen Kontexten eine Systematik. Diese Systematik lässt sich leicht im Selbstmanagement-Konzept als einem übergeordneten Rahmenmodell für Beratung, Coaching, Supervision (s. Glossar) und Psychotherapie einordnen.

Zentral sind

* der zielorientierte Problemlöseablauf;
* die drei Bereiche
    - inneres Team/innere Familie/innerer Chor,
    - Teamentwicklung,
    - Familie und Partnerschaft;

- das systemische Grundverständnis;

- die aktive Förderung der Selbstorganisationskräfte des Coaching-Partners;

- sowie die Überzeugung, dass unser Geist/Seele/Hirn vielfältig ist und auch entsprechend darzustellen ist. Teilpersönlichkeiten machen uns aus.

Vorteile von Inszenario

Inszenario bietet eine unmittelbare Erfassung des Ist-Zustands, einen Zugang zum „System" des Kunden – Menschen, innere Haltungen (Einstellungen), Abmachungen, Nähe und Distanzen, emotionale Barrieren und Verwicklungen sowohl rationalen als auch emotionalen Zugang zur Lebens- und Arbeitswelt des Kunden.

Schnelle Ist-Erfassung und Zugang zum Klienten

Inszenario verkürzt die notwendige Zeit bis hin zu Lösungen und erlaubt Einsicht sowohl in die soziale Welt des Kunden (außen) als auch in die Welt des inneren Teams.

Inszenario verknüpft Einsicht, Insicht und Übersicht. Der Kunde kann den Abstand zu seinem (vor ihm aufgebauten System) frei wählen: mehr emotionale Nähe oder mehr kognitive, betrachtende Distanz.

Prinzipien für die innere Haltung des Coachs

1. Das Unsichtbare sichtbar machen – Klarheit ist Teil der Lösung.

2. Alles ist mit allem verwoben – die Lösung kann aus jeder Richtung kommen.

3. Die innere Haltung des Coachs: „Wir werden eine Lösung finden".

4. Der Kunde kennt als Suchender die Lösung. Der Coach ist achtsam, aufmerksam und humorvoll (weg vom Leistungsstress).

5. Die richtigen Fragen sind Meilensteine auf dem Königsweg. Fragen regen Lösungen an und wenden den Blick des Kunden auf bereits Sichtbares.

6. Überraschungen helfen dem Kunden neue Sichtweisen zu erproben.

7. Freude ist Teil des Weges. Freude an der Arbeit auf Seiten des Coachs, Freude für den Kunden als Form der „Erleichterung".

Annäherung an ein Modell

Wir erleben uns als „Selbst"; als die Subjekte unseres Denkens und Handelns und Fühlens. Unter dieser Sichtweise begegnen wir der Welt, manchmal erleben wir uns auch als Mittelpunkt unserer Welt. Die Dauerhaftigkeit dieses Selbstmodells, in dem wir ruhen, entsteht aus dem Zusammenspiel unterschiedlicher Hirnfunktionen. Das Selbstmodell wird immer dann aktiviert, wenn bewusstes Erleben stattfindet. In meinem Inszenario steht dafür „der Steuermann oder das Familienoberhaupt oder der Dirigent oder die Chefin oder Moderator..." Dieser Teil ist unabhängig von äußeren Sinnesreizen.

Das Selbsterleben ist komplex

Im täglichen Handeln nehmen wir diesen Teil oder auch Funktion nicht wahr, erst wenn wir bewusst unsere Aufmerksamkeit daraufenken. Und dieser innere Führungsteil macht uns auch die weiteren inneren Persönlichkeits(an-)teile zugänglich. Und damit auch das Konzert der Persönlichkeitsteile, die allen Wahrnehmungen und Entscheidungen, wie auch allem Denken, Handeln und Fühlen zugrunde liegt.

Erkennen der inneren Persönlichkeiten

Beginnt man sich dieser inneren Prozesse und Handlungen gewahr zu werden, dann beginnt für mich bewusstes Bewusstsein. Bewusstes Bewusstsein wird sich klar seiner inneren Antriebe, seiner Rollen, Spuren wie man auch immer diese inneren Teile nennen mag. Hieraus ergeben sich Erwartungen, hier beginnen Absichten Gestalt zu werden.

Sich-selbst-bewusst-sein

Meine pragmatische, brauchbare Überzeugung: Die Persönlichkeit des Menschen setzt sich aus verschiedenen Teilpersönlichkeiten zusammen. Diese Teile sind oft unvereinbar miteinander und doch im Menschen eins. Sich das Dasein der verschiedenen Persönlichkeiten in unserem Inneren bewusst zu machen, hilft das Leben leichter zu meistern. Einheit und Verschiedenheit werden in Balance gehalten. Sich das Dasein der verschiedenen „Persönlichkeiten" in unserem Inneren bewusst zu machen, hilft das Leben leichter zu meistern. Einheit und Verschiedenheit werden in Balance gehalten. Mir gefällt dieser Gedanke: im Gehirn gibt es eine Gesellschaft verschiedener „Persönlichkeiten". Wie die Mitglieder einer Familie können sie zusammenarbeiten, um sich gegenseitig zu unterstützen und doch jeweils ihre eigenen mentalen Erfahrungen zu machen, von denen die anderen nichts wissen, wenn wir uns nicht um Insicht bemühen.

Verschiedene Teilpersönlichkeiten im Menschen

Nehmen wir an, wir sind von Natur aus vielfach, dann ist es naheliegend, anzunehmen, dass unsere extremen Gefühle oder Gedanken nur die Folge von Extremen in einzelnen „Persönlichkeiten" von uns sind (und keine Persönlichkeitsstörung).

Extreme Gefühle

Nicht die „Wahrheit" brüllt eine wütende Person heraus, sondern nur die Meinung von einer oder zwei wütenden Persönlichkeiten in uns, während die schweigende Mehrheit unserer inneren Persönlichkeiten den anderen noch liebt.

Zusammenfassend:

1. Jeder Mensch verfügt über verschiedene „Persönlichkeiten".

2. Die innere Familie, das innere Team, der innere Chor verhält sich wie eine Familie, Team oder Chor.

3. Erkennen und Verstehen der inneren Persönlichkeiten erhöht das Selbstbewusstsein und erlaubt die leichtere Bewältigung des Alltags.

4. Mit Inszenario haben wir ein Instrument in der Hand, das es uns erlaubt, schnell und elegant die äußeren und inneren Welten eines Menschen abzubilden, zu fokussieren und zu handlungsrelevanten Entscheidungen zu kommen.

Literatur

Schulz von Thun, F. (1998): *Miteinander reden – 3. Das »innere Team« und situationsgerechte Kommunikation*. Hamburg: Rowohlt.

Kanfer, F. (1996). *Selbstmanagement – Therapie. Ein Lehrbuch für die klinische Praxis*. Berlin: Springer.

Schwartz, R. C. (1997). *Systemische Therapie mit der inneren Familie*. München: Pfeiffer.

Coaching im Top-Management

Dorothee Echter[1]

1 Der Alltag im Top-Management ist niemals alltäglich

Wenn der Job zum Lebensgefühl wird – dann sind wir im Top-Management. Das Lebensgefühl von Top-Managerinnen und Top-Managern ist existentiell anders als das von Führungspersonen der anderen Ebenen. Unternehmerinnen, Unternehmer und oberste Führungspersonen in Unternehmen sind heute vergleichbar mit Popstars, hochrangigen Politikerinnen und Politikern, sie sind eine Klasse für sich. Sie werden von den Medien beachtet, sie werden überhaupt immer beachtet.

Der Job als Lebensgefühl

Personen an der Spitze von Organisationen genießen stets die meiste Aufmerksamkeit: man schaut auf sie, wie sie sich kleiden, bewegen, sprechen, benehmen. Was sie tun und lassen, ist Tagesgespräch. Selbst wenn sie die Kantine mit allen Angestellten teilen, richtet sich das Augenmerk aller sofort auf sie: mit wem gehen sie nach der Wirtschaftsausschusssitzung zum Essen? Ist das ein gutes Zeichen? Wie ist die Miene des Gegenübers? Dr. Hubert Burda wurde in Capital vorgestellt als Meister in der Kunst „Management by Tischordnung". Alle können erkennen, wer ist beliebt und gilt für ihn als erfolgreich. Mitarbeiterinnen und Mitarbeiter weichen an den Rand der Treppe aus, wenn die Unternehmerin hinunter schwebt. Ein neuer Konzeptentwurf wird erstellt, sobald SIE eine kritische Frage stellt. In der Besprechung wird es leise, wenn ER sich räuspert.

Unter ständiger Beobachtung

Die Mitglieder der Teams in den Unternehmen erschrecken sich mitunter über ungewohnte Reaktionen der Leitung und reagieren panisch, planlos, überstürzt. Vorstände berichten mir von ihrer Irritation darüber, dass Führungspersonen jedes Ihrer Worte auf die Goldwaage legen, hin und

Interpretationen der Umwelt

---

[1] Der Beitrag enstand unter Mitarbeit von Dorothea Assig.

her analysieren, anstatt nachzufragen oder die Äußerungen einfach mal zu ignorieren. Im sicheren Wissen, auch ein Vorstand ist manchmal unausgeschlafen, unkonzentriert oder redet eben auch Unfug, wie alle anderen Menschen auch. Die Managementberaterin Cora Besser-Siegmund nennt dieses Verhaltensmuster „Doggenphänomen": wenn es Führungspersonen an Reflektion über ihre Rollenwirkung fehlt. Denn die Dogge ist ein sehr verspielter und äußerst gutmütiger Hund, der nur nicht weiß, wie groß er ist. Das Geschenk der Aufmerksamkeit wird dann zum Nachteil.

Enorme Unterschiede zum mittleren Management

Das gesamte Umfeld verändert sich grundlegend mit dem Aufstieg in die Meisterklasse. Was gestern, im mittleren Management, noch entspannt unter Gleichen möglich war: der kleine Plausch, die heitere Ironie, der spontane Ausdruck von momentanem Ärger oder Zweifel, wird heute gedeutet, umgedeutet, gedreht und gewendet – ist Ausdruck von Macht, weil die Menschen der Person an der Spitze gnadenlose Aufmerksamkeit zollen und jeder Äußerung Intention oder Inszenierung unterstellen.

Führung als Ankerpunkt

Warum geschieht das? Weil es um Macht geht. Um Einfluss. Um die Zukunft der Mitarbeiterinnen und Mitarbeiter. Um das Überleben des Unternehmens. Zu oft haben wir in der jüngsten Zeit die Erfahrung gemacht, wie ein einzelner Vorstandsvorsitzender zu sehr in die Macht verliebt war und den Überblick verloren hat. Hinzu kommen: wachsende Rollenelastizität, Unsicherheiten, schneller Wandel, Komplexität des globalen Umfeldes – Personifizierung bringt Sicherheit und Identifizierung, bietet Heimat und Zugehörigkeit, dient auch einmal dazu, Ärger und Frustrationen loszuwerden: es schimpft sich leichter auf den Vorstand als auf die globalen Märkte. Obwohl die Personen an der Spitze sich oft gar nicht selbst dazu anbieten, konstruieren und glauben die Menschen markante Charakter-Eigenschaften ihrer Leitfiguren zu erkennen. So werden sie in diesen hochkomplexen und anspruchsvollen Führungs-Zeiten zu willkommenen Ankerpunkten.

Wichtigkeit wird ständig suggeriert

Öffentlichkeit und Aufmerksamkeit finden Top-Führungspersonen überall. Der Urlaub wird zur Geschäftsreise, wenn internationale Partner auf die eigene Yacht oder Finca einladen, oder ein Golfturnier mit Kollegen in die freie Woche eingebaut wird. Höchste Wichtigkeit wird ständig suggeriert: Durch Einladungen zu Events, Talkshows, durch Glückwunschkarten und Geschenke, durch Gesprächsanfragen, durch Statussymbole und Rituale, wie wertvolle Kunstwerke in den Büros, „Dreifach-Filter" zur Auslese von Besuchern, reservierte Redezeiten bei allen Versammlungen etc. tragen ebenfalls dazu bei, die Rollenidentität als absolut außergewöhnlich, als „Souverän" der Organisation zu stärken.

Rollenprobleme

Auf die Selbstwahrnehmung, auf Denk- und Verhaltensgewohnheiten von Managerinnen und Managern, die auf diese Weise „programmiert" werden, bleibt das nicht ohne Auswirkung. Sie identifizieren sich zunehmend mit ihrer Rolle und verlieren ihre professionelle Distanz, die für Top-Positionen wesentlich ist. Das für viele Entscheidungen notwendige stabile, positive Selbstvertrauen kann dann in Größenphantasien umschlagen. Aufmerksamkeit und Status werden dann fälschlicherweise der (privaten) Person zugerechnet, als gälte alles dem Menschen und nicht der Rolle als Präsident/in. Als Coach beobachte ich dann, dass das Selbstwertgefühl zeitweise zusammenbricht, wenn die im Kontext der Rolle und Organisation evozierte Dauer-Aufmerksamkeit plötzlich nicht mehr gewährt wird. Wenn niemand mehr an der Präsenz bei der Einweihungsfeier, an einem Kongressvortrag, an einem Besuch auf der Finca interessiert ist.

Verzerrte Selbstbilder entstehen

Dafür ist ein Coach da. Mit ihr/ihm findet die Führungskraft positive Einstellungen und Verhaltensweisen:

Aufgabe des Coachs

- Das positive Ego unabhängig von Status und Rolle aufrecht zu erhalten

- Die Vorbild- und „Prominenz"-Rolle konstruktiv anzunehmen und auszufüllen

- Sich stets über die eigene persönliche und Rollen-Wirkung bewusst zu bleiben

- Die eigene Wirkung zu nutzen, um andere zu ermutigen und zu stärken

Das Phänomen der Dauer-Aufmerksamkeit trägt dazu bei, dass *Zeit im Leben der Personen an der Spitze eine andere Dimension* erhält.

Ihre Zeit scheint so viel wertvoller, so viele Angriffe von allen Seiten auf den Terminkalender finden täglich statt – die vom Sekretariat abgewehrt, priorisiert, gesteuert werden –, dass zum einen das Selbstwertgefühl nochmals gesteigert wird, zum andern die Falle der Zeitillusion lauert. Exzellente unterscheiden sich von mittelmäßigen Managern nach meiner Beobachtung in vielen Coaching-Prozessen auch dadurch, wie souverän sie ihre Zeit – jenseits von Agenden und Zeitmanagement – nutzen. Souverän die eigene Zeit zu gestalten, drückt sich aus im Lebensgefühl: ich habe genügend Zeit. Ich finde Zeit zu träumen, zu reflektieren, zu lesen, mich von der Natur, von Kunst, von intensiven Begegnungen bewegen zu lassen, auch einmal Zeit vergehen zu lassen, die ich eigentlich „nicht habe", oder nicht bei wichtigen Meetings zu erscheinen. Downspeeding – Virtuosen erleben, dass sie die besten Ideen in Ruhezeiten haben. Sie haben verstanden, dass eine der wichtigsten Aufgaben darin besteht, den eigenen Geist entspannt arbeiten zu lassen:

Top-Manager/innen haben Zeit

- Aufnahmebereit zu sein, scharf wahrzunehmen was geschieht, die Lage ganzheitlich zu beurteilen,

- Der Intuition Raum zu geben, Empfindungen mit Analysen und Visionen zu verknüpfen,

- Gedanklich Entwicklungen vorwegzunehmen und zu bewerten,

- Visionen aus dem Innern aufsteigen zu lassen, zu verwerfen, weiterzuentwickeln.

Abschied vom perfekten Managen

Sie haben einen leeren Schreibtisch und führen selbst Regie, was sie wann tun. Ihre Disziplin zeigt sich nicht darin, dass sie stets alle Terminverpflichtungen einhalten. Sie haben sich von der Vorstellung des perfekten Managens gelöst. Es gibt keine „Politik der offenen Tür", weil die stetige Verfügbarkeit für Anliegen Anderer nicht zu den Kernaufgaben gehört. Die operativen Führungskräfte hervorragender Unternehmerinnen und Unternehmer sind es gewohnt, selbst zu entscheiden – dass man sich voll auf sie verlässt.

Probleme mit Perfektionismus

Ganz anders, wenn das Gefühl der Zeit-Knappheit – im mittleren Management an der Tagesordnung – überhand nimmt. Solche Personen mit starkem Hang zum Perfektionismus fühlen sich gehetzt und unter Druck, den Angriffen auf den Terminkalender ausgeliefert, wie der Hamster im Rad. Aufgaben nicht erfüllen zu können, verletzt unbewusst ihre Vorstellung vom perfekten Selbst. Die Idee, „es möglicherweise nicht zu schaffen", ist äußerst kränkend und wird immer wieder bekämpft mit dem Credo: wenn ich mich nur noch mehr anstrenge ... wenn ich nur einmal ein paar Tage Ruhe habe ... dann schaffe ich es doch. Als Vorbilder übertragen sie das Lebensgefühl von Knappheit, Hinterherlaufen, Hektik und Dringlichkeit auch auf ihre Mitarbeiterinnen und Mitarbeiter. Als Top-Management Coach sehe ich, dass dieses Verhaltensprogramm zu Fehlern und Misserfolgen führt, und dass es hier meine Aufgabe ist, die unrealistischen Idealvorstellungen meiner Klienten behutsam aufzulösen, Ohnmachtsgefühle als „normale" Empfindungen zuzulassen und verloren geglaubte Ressourcen zu mobilisieren: Entspannung, Lebensfreude, Kreativität, Vertrauen.

Präzises Feedback bleibt Mangelware

Zwar sind Unternehmer, Unternehmerinnen, Top-Managerinnen und Top-Manager, gemessen an den ihnen zufließenden Aufmerksamkeits-Einheiten, wahre Einkommensmillionäre, dennoch erhalten sie selten präzises Feedback. Die Informationen über die eigene persönliche Ausstrahlung und über die Auswirkungen des eigenen Führungsverhaltens sind sehr dürftig und teilweise verfälscht. Die Inhaberin eines Unternehmens kann sich großartig fühlen und die Bewunderung der Mitarbeitenden wahrnehmen, aber sie erfährt selten die wahren, detaillierten Gründe für die Zuneigung. Und erst recht bleibt sie unwissend, wenn sie mit ihrem Verhalten einmal negative, blockierende Wirkungen bei Angestellten erzeugt. Sie leidet am typischen, eklatanten Mangel an glaubwürdigem, vertrauensvollem Feedback. So schwankt die Eigenwahrnehmung der sensiblen Einzelkämpfer zwischen Größenselbst, Verunsicherung und Neugierde auf die Wahrnehmung Anderer. Kluge Topleute machen sich dies bewusst und nutzen ihre Lern- und Entwicklungschancen. Sie engagieren einen unabhängigen Coach oder wenden strukturierte, anonyme Feedbackverfahren an. Das gibt Sicherheit, demonstriert nach außen Souveränität und ermöglicht den Vorstoß in eine neue Ebene der persönlichen Entwicklung.

Zwischen Größenwahn und Verunsicherung

Vorstands- und Geschäftsleitungmitglieder verfügen meist über ungewöhnliche und wunderbare Ressourcen, die es zu nutzen gilt. Auch das gehört zum Lebensgefühl:

Ressouren des Top-Managements

- Es sind vitale, stabile und selbstbewusste Persönlichkeiten

- Sie werden stets ernst genommen und ihnen wird zugehört

- Sie werden verwöhnt und umsorgt, alles wird so aufbereitet, dass sie Zeit und Mühe sparen

- Sie haben große Einflusschancen auf die Menschen, auf das Umfeld, auf die wirtschaftliche Zukunft des Unternehmens

- Sie haben sehr große private Einkommen und können sich einen hohen Lebensstandard leisten, Luxus und Lebensfreude in vollen Zügen genießen

- Sie haben die hochrangigsten Kontakte, treffen die interessantesten Zeitgenossen, nehmen an aufregenden Veranstaltungen teil

- Sie sind eingebunden in die community of top executives mit allen Informationen, Lernchancen und Privilegien

- Sie können große Träume und Visionen realisieren

Auf diese Weise ökonomisch und narzisstisch gut genährt, stehen ihnen die Möglichkeiten der Welt offen. Seelisch gesunde Chefinnen und Chefs reagieren darauf mit Dankbarkeit und Großzügigkeit und geben von ihrem Geld oder Know-Hows an Andere ab: sie sponsern Künstler, spenden für Benachteiligte, fördern interessante Projekte, übernehmen die Mentorenrolle für jüngere Managementtalente.

Dankbarkeit und Großzügigkeit

2 Top-Management-Coaching – so werden aus guten exzellente Führungspersonen

Begleitung und Entwicklung erfolgreicher Führungspersonen

Das Lernen hört nie auf. Deshalb ist es mein Anspruch, Management-Coaching als eigenständige Methode der Begleitung und Entwicklung erfolgreicher Führungspersonen zu etablieren. Management-Coaching ist ein systematischer, persönlicher, ganzheitlicher Professionalisierungsprozess, als exklusive Einzelberatung mit definierten Qualitätsstandards.[2]

„Oben" steigt der Beratungsbedarf

Je höher die Hierarchie-Ebene, desto größer der Beratungsbedarf. Heute sind es die erfolgreichen Führungspersonen, die wissen, wie sie – analog zum Höchstleistungssport – durch das gelegentliche Aussteigen mit hochkarätiger Begleitung ihre Qualität steigern und halten können.

Coaching als wirksame Lernmethode

Lernen ist immer ein individueller Prozess, der nicht delegiert werden kann. Für Top-Managerinnen und Top-Manager gilt das in spezieller Weise, da sie kaum in Teams integriert sind. In Bezug auf diese besondere Anforderung des individualized learning für die Gruppe der Spitzenführungskräfte wird Coaching als die überlegene, wirksame Methode erkannt, erfolgreiche Führungspersonen noch erfolgreicher zu machen. Denk- und Verhaltensgewohnheiten, Werte, Einstellungen und Erfolgsrezepte werden reflektiert, geprüft, bestärkt, optimiert.

Vorstände und Personalverantwortliche in den Unternehmen schätzen gezieltes Top-Management-Coaching ebenso als Unterstützung ihrer Spitzenführungskräfte wie auch als systemischen Beitrag zur Wertsteigerung des Unternehmens. Das „Management-Portfolio" hat heute die entscheidende Rolle im Wettbewerb. Nicht Kapital, Technologien und Pro-

Wettbewerbsvorteile nutzen

dukte, sondern die Qualität des Managements entscheidet über den Erfolg von Unternehmen; d.h. die Bereitschaft zum Lernen. Für Unternehmensbewertungen, geplante Verkäufe/Übernahmen und somit auch für den Börsenwert wird in erster Linie nach der Qualität der Personen in den Vorständen und Leitungsteams gefragt. Es sind die leading edge Unternehmen, die die Bedeutung von der Individualität des Management für ihren Erfolg erkannt haben und auch danach handeln.

Management-Coaching wird implementiert

Unternehmen wie BMW, Volkswagen, BASF, Viag Interkom, Carl Zeiss, und auch die großen Banken und Versicherungen, implementieren Management-Coaching deshalb als eine wirksame Methode der Qualitätssteigerung von Management-Ergebnissen. Ferdinand Piech hat als CEO der Volkswagen AG seine enorm erfolgreiche Unternehmensperiode eingeleitet, indem er jedem der 100 weltweiten Top-Manager einen Coach

---

2   1999 habe ich das Executive Coaching Quality Kompetenzzentrum gemeinsam mit Dorothea Assig und Dr. Wolfgang Schmidbauer gegründet und initiiere Qualifizierungsveranstaltungen für Management Coachs und HR-Verantwortliche.

an die Seite gestellt hat und selbst als gutes Beispiel für ihre Lernbereitschaft voranging. Er gründete 1994 die Volkswagen Coaching GmbH mit heute über 700 Mitarbeiterinnen und Mitarbeitern, von denen sich ein Team allein mit der Vermittlung von externen Coachs für das Top-Management befasst. Der Grund: Seminare zur persönlichen Weiterentwicklung werden von dieser Zielgruppe kaum besucht. Sie gelten als nicht gezielt genug, nicht diskret genug und nicht zeitsparend genug für die oberen und obersten Führungskräfte. Coaching löst auch wieder frische Lernbereitschaft aus, die Lust am Austausch mit Anderen, und führt dazu, dass diese Spitzenpersonen auch wieder Seminare besuchen und diese Impulse genießen und bewusst aufnehmen.

Seminare zur persönlichen Weiterentwicklung werden von Top-Leuten kaum gebucht

---

Coaching führt nachweislich zu folgenden Ergebnissen bei Spitzenführungspersonen:

- Souveränität und Gelassenheit, gefestigte Persönlichkeiten

- Positive Stimmung und glaubwürdige Ausstrahlung der Leitungsteams

- Verstehen und Nutzen der „Politiken" im Unternehmen

- Treffsichere Lagebeurteilung und schnelle, sichere Entscheidungen

- Optimales Ausnutzen der persönlichen Zeit, hoher Wirkungsgrad der persönlichen Aktivitäten

- Beste Nutzung der „Humanressourcen" durch professionelle Führung

- Frischer, kreativer und kritischer Blick auf das Unternehmen

- Gestärktes Zugehörigkeits-Gefühl

- Vertieftes Verstehen und gekonntes Beeinflussen von individuellen und unternehmenskulturellen Veränderungsprozessen

3 Komplexe Herausforderungen bringen immer wieder neue und hohe Ansprüche an das Top-Management

Chancen und Risiken nehmen zu

Durch die Globalisierung der Märkte und die totale Verfügbarkeit von Information und Kommunikation hat die Komplexität des Wirtschaftsumfeldes enorm zugenommen. Das Tempo des Wandels mit Firmenzusammenschlüssen, -abwicklungen und -neugründungen ist rasant gestiegen. Die Verantwortlichen handeln und entscheiden unter den Bedingungen von Undurchschaubarkeit und Unsicherheit von Erfolgsfaktoren. Die Chancen und die Risiken des persönlichen und des Unternehmens-Erfolgs sind groß. Dadurch zeigen sich ganz neue Dimensionen für das Top-Management: Unternehmenserfolg kann bedeuten, dass gerade die dafür Verantwortlichen ihren Job verlieren, aber wir erleben auch, dass sie durch Unternehmens-Misserfolg ein Millionen-Vermögen realisieren.

Die Anforderungen an das Top-Management verändern sich kontinuierlich mit diesen Herausforderungen.

Talente der Mitarbeiter erkennen

Zu den Anforderungen, die erfolgreiche von weniger erfolgreichen Spitzenführungskräften unterscheiden, gehört laut den vielbeachteten Forschungsergebnissen des Gallup Poll Instituts vor allem die Fokussierung der Begabungen und Talente der Menschen im Unternehmen.

Fokussierung der Begabungen und Talente der Menschen im Unternehmen	
Do`s	**Dont`s**
Auswahl von Mitarbeitern und Mitarbeiterinnen nach Begabung	... und nicht nur nach Erfahrung, Intelligenz oder Einsatzbereitschaft
Definition von erwarteten Ergebnissen	... und nicht von vermeintlich richtigen Arbeitsschritten
Konzentration auf die Stärken der Mitarbeiter und Mitarbeiterinnen	... und nicht auf die Schwächen
Förderung, indem man für Mitarbeiterinnen und Mitarbeiter den richtigen Platz in der Organisation findet	... und nicht in Kategorien von Hierarchie oder Aufstieg
Gallup Poll/Marcus Buckingham, Curt Coffman: First, Break all the Rules, 1999 (regelmäßige Untersuchungen von tausenden von Führungskräften und Mitarbeitern/Mitarbeiterinnen, zitiert aus der Zeitschrift Brand Eins, 2/2001, eigene Zusammenstellung der Ergebnisse)	

Anpassung der Organisation an die Talentiertesten

In den erfolgreichsten Unternehmen haben Führungskräfte demnach „die Organisation um die Begabung der Mitarbeiter herum" gestaltet. Die beste Motivation, die besten Ergebnisse erhalten wir „durch das Freisetzen von Begabungen". Eine wichtige Anforderung ist demnach für die Personen an der Spitze: das Erkennen und Fördern von Menschen mit besonderen Begabungen. Begabung plus Beziehung plus Erwartung ergebe „eine Verdreifachung" von Leistung (ebenda).

Wenn es um das Führungsverhalten von Spitzenkräften geht, die Rentabilität, Umsatz und Größe ihrer Unternehmen steigern möchten, lautet die Anforderung: Fokus auf die individuelle, positive Führung und Förderung des Individuums.

Individuelle Führung und Förderung

Wenn der Mensch im Mittelpunkt steht, dann ist immer der Unternehmenserfolg da. Darin sind sich aktuelle Forschungsergebnisse weltweit einig. Sie lassen eindeutig den Schluss zu: je zufriedener die Menschen im Unternehmen sind, um so höher die Profitabiliät, die Produktivität, und auch den Kundinnen und Kunden gefällt es. Klingt harmlos, ist aber revolutionär. Und bestätigt auch meine Erfahrungen als Top-Management Coach:

Warum hohe Zufriedenheit und beste Entwicklungschancen für die Menschen im Unternehmen zum Unternehmenserfolg führt:

- Weil die Komplexität der Aufgaben sich der Kontrolle durch eine einzelne Führungsperson an der Spitze entzieht; deshalb muss jede und jeder in einem Team, Projekt oder Unternehmensbereich einen eigenen inneren Kompass für Erfolgschancen und Lösungen entwickeln und diese dann in der Zusammenarbeit mit Anderen realisieren

- Das Unternehmen und die Teams sich nur entwickeln, wenn sich die einzelnen Menschen im Unternehmen entwickeln

- Weil Arbeit nur Freude macht, wenn Menschen ihre Begabungen einsetzen und pflegen können

- Weil Freude zu den besten Arbeitsergebnissen führt

- Weil Unternehmen heute keine exzellenten jungen Talente mehr gewinnen und binden können, wenn diese nicht die Chance auf persönliche Weiterentwicklung erhalten.

Eine weitere Untersuchung, von der der Harvard Business Manager 4/2001 berichtet, bringt Jim Collins (Leiter eines Institutes für Managementforschung in Boulder, Colorado) zu der Überzeugung, dass der Sprung von einem gutem zu einem großartigen Unternehmen mit dem Talent und dem Verhalten der Person an der Spitze eng verbunden ist. Wird der Sprung geschafft, haben wir es mit einer Persönlichkeit zu tun, die sich durch eine Kombination von eiserner Entschlusskraft und persönli-

Entschlusskraft und Bescheidenheit

cher Bescheidenheit auszeichnet. Als widerlegt gilt seither besonders die These, dass besonders Ich-starke, ego-orientierte Unternehmenschefinnen und -chefs die erfolgreicheren sind. „Dabei war belanglos, ob sich ein Unternehmen in einer krisenhaften oder stabilen Verfassung befand, Konsum- oder Investitionsgüter herstellte, Dienstleistungen oder Waren anbot. Wichtig war auch nicht, wann der Aufbruch stattfand oder wie groß das Unternehmen war. Alle nachhaltig erfolgreichen Firmen hatten zum Zeitpunkt ihrer Wende einen Leader der Ebene 5 (solche mit eiserner beruflicher Entschlusskraft und persönlicher Bescheidenheit – die Verfasserin), nicht so die Vergleichsunternehmen."

Erfolg ist interaktiv

„Bescheidenheit" ist hier beschrieben anhand von Beispielen herausragender Unternehmer und Unternehmerinnen als still, friedfertig, zurückhaltend, höflich, freundlich, sanft, uneigennützig. Carl Stern, Weltchef der Boston Consulting Group: „In den Siebzigerjahren haben wir wirklich geglaubt, dass eine große Idee die Welt verändern könnte, heute wissen wir, dass Veränderungen in der Regel das Ergebnis langer mühevoller Arbeit ist. Und das ist immer ein intensiv persönlicher Prozess für die beteiligten Menschen. Meine Klientenbeziehungen haben mich gelehrt: Erfolg ist immer interaktiv." (Zitiert nach Wirtschaftswoche Nr. 30/19.7.2001, S. 81). „Eiserne Entschlusskraft" liest sich als unbeirrt, diszipliniert, passioniert, unerschütterlich an den Erfolg glaubend, zielstrebig, anhaltend und unentwegt, konzentriert und fokussiert.

Die Menschen sind entscheidend

Wie handeln „Leader der Ebene 5"? Vorrang hat für sie der Mensch: „Wir hatten erwartet, dass Unternehmensführer, die einen nachhaltigen Durchbruch von gut nach hervorragend erreichen wollen, mit Vision und Strategie beginnen.", berichten die Forscher. „Stattdessen richteten sie ihr Augenmerk erst auf Menschen und dann auf Strategie. Wie sich zeigte, hatten sie zunächst die richtigen Leute an Bord geholt, die falschen Leute weggeschickt, die richtigen Leute an die richtigen Plätze beordert – und erst dann überlegt, wohin die Reise gehen soll" (ebenda).

Erfolgsgeheimnis: eine sichere innere Orientierung

Diese herausragend erfolgreichen Leader haben ein Geheimnis. Das Geheimnis liegt darin, dass die beschriebenen Persönlichkeiten über eine sichere innere Orientierung verfügen, mit Hilfe derer sie sich einer großen Vielfalt von widersprüchlichen äußeren Herausforderungen anpassen und sie meistern können. Sie beschränken sich nicht selbst nach dem narzisstischen „Alles-oder-nichts-Prinzip", sie legen sich nicht auf egomanische Prinzipien und nach außen gekehrte Normen fest, die das Größenselbst nur kurzfristig stützen, aber Flexibilität verhindern. Erfolgreiche Führungspersonen an der Spitze verfügen über eine außerordentliche Ambiguitätstoleranz (s. Glossar), die sie befähigt, in den alltäglichen Entscheidungsdilemmata sich nach dem Unternehmenserfolg und nicht nach unbewusst wirksamen, nur kurzfristig erfolgreichen, eigenen Interessen zu entscheiden.

4 Leistung ist nicht Erfolg – für das Top-Management gelten andere Regeln

Die Berufung in das Top-Management ist das Ergebnis von Leistung und Erfolgen, doch von jetzt an gelten andere Regeln. Im Top-Management gilt Leistung als erwiesen. Nun kommt es auf andere Faktoren an, sind neue Aufgaben zu meistern. Welches Führungsverhalten an der Spitze steigert Tempo und Qualität der Ergebnisse der Teams, setzt Talente frei, erhöht Kompetenz und Glaubwürdigkeit des operativen Managements und schafft Bindung und Begeisterung der Angestellten? Eines ist erwiesen: Es sind nicht Arbeitseinsatz, Leistung, noch Fachkompetenz des Top-Managements. Im Gegenteil, die Qualitäten, die Managerinnen und Manager bis in das mittlere Management gebracht haben, verhindern jetzt ihren Erfolg. Ich arbeite als Top-Management Coach mit meinen Klienten daran, dass sie von ihren gewohnten und bislang auch bewährten Erfolgsmustern Abschied nehmen, sich innerlich neu positionieren und sich mit neuen Rollenanforderungen anfreunden.

Abschied von bewährten Erfolgsmustern

Das ist die Aufgabe des Mannes, der Frau an der Spitze: Visionen zu entwickeln, hartnäckig die Umsetzung (durch Andere) zu fokussieren, Menschen zu motivieren, Kontakte zu pflegen. Aber nicht: zu arbeiten.

Haben Sie die folgenden „Komplimente" schon einmal über sich gehört? Wenn ja, Vorsicht! Da stellt jemand Ihren Führungsqualitäten „Note Sechs" aus!

Man sagt ...	*Das bedeutet ...*
„Er weiß unglaublich viel, zu ihm kann man immer kommen und um Rat fragen"	Er weiß alles besser; weil er es immer perfekt will, behält er sich die „Endfertigung" unserer Ergebnisse vor. Wir können uns also beruhigt zurücklehnen und mittelmäßige Ergebnisse liefern.
„Die schwierigsten Aufgaben macht sie selbst"	Wenn es interessant wird, nimmt sie uns die Aufgaben weg. Wir dürfen nichts selbst ausprobieren, keine Fehler machen, sie traut uns außer Routine nichts zu. Hier gibt es keine Entwicklungsmöglichkeiten.
„Er ist über alles auf dem Laufenden"	Er kann keine Prioritäten setzen, zählt notfalls selbst das gelieferte Toilettenpapier nach. Er hat einen Kontrollwahn und wird deshalb mit seiner Arbeit nie fertig. Er ist der Flaschenhals des Bereichs.
„Sie hält uns beim Vorstand den Rücken frei"	Nie dürfen wir selbst beim Vorstand präsentieren, uns mit ihm auseinandersetzen. Uns erreicht keine ehrliche Kritik, da sie den O-Ton abmildert, angeblich, um uns zu schützen. Wir fühlen uns abgeschnitten und manipuliert. Wir lernen nichts.

In vielen Unternehmen werden noch immer die besten Fachleute mit Führungsaufgaben betraut, mit fatalen Folgen Es gibt weniger hervorragende

Fachliche Orientierung ist allein nicht ausreichend

Expertinnen und Experten und mehr schlechte Vorgesetzte. Paradoxerweise entsteht ein Führungsvakuum gerade dann, wenn fachlich versierte Managerinnen und Manager auf alles ein Auge haben, bis in die Nacht hinein arbeiten und meinen, persönlich jedes Detail kontrollieren zu müssen. So motivieren sie nicht und so kann sich auch kein Vertrauen bilden. Sie tun das, weil es in den Unternehmen üblich ist oder weil sie denken, es werde ständig Auskunftsfähigkeit im Detail erwartet – aber auch, weil fachliche Erfolge berechenbarer sind als Führungserfolge, denen die emotional anspruchsvolle und sehr langwierige Entwicklungsarbeit mit sich selbst und mit den anvertrauten Menschen vorausgeht. Deshalb sollten viele Führungskräfte besser in der hochkarätigen Expertenrolle bleiben, für die viele Unternehmen heute eine eigene Karrieremöglichkeit, die sogenannte Fachlaufbahn (ohne Mitarbeiterführung), geschaffen haben.

Rollenwechsel wird notwendig

Wenn eine Führungskraft sich den Anforderungen des Top-Managements stellen möchte, dann ist ein umfassender Rollenwechsel angesagt. Das Führungsvakuum ist zu schließen, die Führungsperson übernimmt die Regie und delegiert die Details.

Die wahren Aufgaben im Top-Management

- Die Führungsperson an der Spitze beschäftigt sich mit Visionen und Strategien, hält Kontakt zu wichtigen Personen in dem für sie relevanten Umfeld – auch außerhalb ihres Unternehmens – und entscheidet über die Rahmenbedingungen der Arbeit ihres Bereichs

- Sie spricht regelmäßig mit den Managern und den Teams über den Sinn, die wichtigsten Ziele und Kennzahlen und über den Nutzen für Kunden und Shareholder, und überlässt Anderen die Verantwortung für die Umsetzung

- Sie gibt keine Kommentare, greift nicht ein, wenn sie sieht, dass sie selbst etwas besser oder schneller erledigen könnte, oder einen Rat geben könnte, sondern sie wartet, bis sie gefragt wird

- Sie sorgt für eine intensive, kreative, begeisterte Stimmung im Team, indem sie sich selbst in gute Stimmung versetzt – sie übt Großzügigkeit, Dankbarkeit, Aufmerksamkeit und Loslassen z.B. durch Meditation

- Sie lernt selbst ständig dazu und besucht inspirierende Veranstaltungen, auch außerhalb des beruflichen Kontextes

- Sie sucht – nicht allzu oft, aber regelmäßig – authentischen Kontakt zu allen Führungskräften und Teammitgliedern, fragt nach Erfolgen, Problemen, oder einfach danach, was sie gerade tun – wertschätzende Aufmerksamkeit zeigen ist das beste Leistungsdoping

- Sie entwickelt die eigene Führungsqualität stetig fort, mithilfe von Trainings, Coachings und systematischem Feedback

Die *Führungsperson ist nicht fachlich orientiert*, delegiert mehr und *gewinnt an Lebensfreude*.

Wie zeigt sich Leistung im Top-Management?

Wirklich große Erfolge, zum Beispiel ein Unternehmens-Turnaround oder das Unternehmenswachstum in eine neue Dimension, zeigen sich vor allem mittel- und langfristig, nicht nach Wochen oder Monaten. Oft erst nach Jahren zeigt sich, ob die Frau, der Mann an der Spitze hervorragendes Leadership praktiziert hat. Manchmal erst nach ihrem Weggang, wenn sie auch ihren Abschied sorgfältig vorbereitet haben und ihren Nachwuchs präsentieren können. Dann interessiert es nicht mehr, ob einzelne Aufgaben gut erledigt wurden, ob Leistungsbereitschaft gestimmt hat, ob einzelne Planungen eingehalten wurden, Dinge auf die richtige Weise erledigt wurden.

Große Leistung ist nicht sofort sichtbar

So zeigt sich die Leistung im Top-Management:

- Ein hervorragendes Unternehmens-Ergebnis – oft eines, das im kurzfristigen Planungsprozess gar nicht enthalten war

- Eine aussichtsreiche Startposition des Unternehmens in die Zukunft – größtmögliche Offenheit für Chancen und Kontrolle über Ressourcen

- Begeisterte, motivierte Führungskräfte und Angestellte, die genau wissen, wohin die Strategie führen soll und was ihre Rolle ist

- Eine gute Positionierung, gutes Ansehen des Unternehmens bei wichtigen Personen in der für sie relevanten Öffentlichkeit, allen Shareholdern und in der Öffentlichkeit

---

Die *Dokumentation* von Management-Leistung wird durch *professionelle und vertrauensvolle Kommunikation und Vernetzung mit wichtigen Personen und Gremien* erzielt.

Für die Besetzung von Positionen an der Spitze erwarten Aufsichtsräte bzw. Gesellschafter und Aktionäre: Strategische Networking-Kompetenz. Früher sagte man leicht abwertend: „Beziehungen" oder „Vitamin B". Heute weiß man, wie sehr diese zentrale Fähigkeit zum Unternehmenserfolg beiträgt. Unternehmen weiten den alten Bereich der Public Relations aus und machen die gezielte, vertrauensvolle Kommunikation und die imagebildende affektive Positionierung zur Chefsache. So erhöht sich auch offiziell dramatisch der Stellenwert von Kommunikation mit

Networking ist Pflicht

- Mitarbeiterinnen und Mitarbeitern,

- Lieferanten,

- wichtigen externen Personen,

- gesellschaftlichen Institutionen,

- anderen Unternehmen,

- Aktionären

- der Öffentlichkeit.

„relationship management"

Nicht zuletzt wegen der gestiegenen Publizität und Wichtigkeit des Börsenwertes gilt höchste Priorität für „relationship management". Es entstehen neue Berufsbilder („Experte Investor Relations") und Tätigkeitsfelder, auch für Berater, die Networking und Imagebildung zum Inhalt haben.

Der affektive Kontakt entscheidet

Vertrauen und Freundschaft sind neue Worte, neue Werte des Top-Managements. Wer bei Fusionen überlebt, lässt sich am Soziogramm der Sympathie und Verbundenheit weit eher ablesen als an vergangenen Leistungen und Erfolgen. Man ist bereit, diejenigen zu fördern und zu beauftragen, mit denen der (affektive) Kontakt stimmt. Man verlässt sich auf sein Gefühl (ohne dies freilich so zu benennen).

Spitzenkarrieren beruhen nicht auf Rationalität

Die Ideologie von Rationalität, Objektivität und Leistung in der Wirtschaft ist ein ebenso hartnäckiges wie irrationales Hindernis für Spitzenkarrieren, wenn man – oft gegen die eigene Wahrnehmung – an diesem Glaubenssatz festhält. Sicher: Mentoren, Vorgesetzte, Förderer, Personalentwickler und ihre Instrumente erkennen und belohnen die fachliche Leistung. Die Erfahrung der eigenen Karriere gibt dem aber nur bis zu einem bestimmten Stadium recht. Bis jemand trotz gleicher Leistungen schneller Karriere macht. Bis jemand, der oder die sich auf die Entwicklung von wertschätzenden Beziehungen zu hochkarätigen Personen versteht, ebenfalls vorbeizieht. Solche abweichenden Wahrnehmungen werden als Ausnahmen abgetan oder bilden, wenn sie sich häufen, den Grund für Resignation, Zynismus und Abwertung des gesamten Systems.

Leistung wird relativ

Kein Grund also für Führungspersonen an der Schwelle zur höchsten Liga, an der Berechtigung und an der Tatsache von Networking, positionierender Kommunikation und emotionaler Nähe als Erfolgsfaktoren zu zweifeln. Sie sollten bereit sein, Leistung als ihren bisherigen Wert und Erfolgsfaktor zu relativieren. Schwer scheint das besonders weiblichen Top-Level-Akteurinnen zu fallen – obwohl ja gerade hier eine besondere Kompetenz in der affektiven, vertrauensvollen Kommunikation liegt, worauf Management Coach und Gender Expertin Dorothea Assig immer wieder hinweist. Frauen glauben noch zu stark an den Wert der Leistung: dass man ihre Leistungen erkennt und honoriert. Die Enttäuschung: nämlich wie viele männliche Manager an ihnen vorbei Karriere machen – bei gleichen oder geringeren Leistungen, nachgewiesenen „objektiven" Ergebnissen – ist vorprogrammiert. Wenn sie allerdings dann das Geheimnis des Erfolgs gelüftet haben, beginnen die steilsten und wunderbarsten Karrieren von hochkompetenten Managerinnen, dann überflügeln sie ihre männlichen Mitbewerber oft mit Leichtigkeit.

Frauen glauben oft zu sehr an Leistung

Das Top-Management zeichnet sich durch eigene, ganz spezifische Leistungs- und Erfolgskriterien aus. Top-Managerinnen und Top-Manager besitzen ein originäres Selbstverständnis. Die folgende, das Gesagte ergänzende Darstellung ist eine Annäherung auf der Basis systematisch analysierter Coaching-Beziehungen im mittleren und oberen Management durch das Executive Coaching Quality Kompetenzzentrum in der Dorothee Echter Unternehmensberatung:

Leistungskriterien im Top-Level

„Leistungs-Modus" des mittleren Managements	„Kommunikations-Modus des Top-Managements"
die Aufgaben im Blick	die Personen und Netzwerke im Blick
selbst brillant sein wollen	Andere glänzen lassen, Andere verpflichten
Arbeit, Leistung erbringen	Affinität, dazugehören, Einfluss gewinnen
Ergebnisse, Termine	Erfolgsgefühl
Reagieren, Außensteuerung	Maßstäbe setzen
Hektik, hohes Tempo	Langsamkeit und Gelassenheit
Erfüllen, leisten	die absolute Autorität sein
auf dem Erreichten aufbauen	auf Beziehungen aufbauen
Vorgehen ist logisch, Schritt für Schritt	Vorgehen ist stimmungsmäßig, jeden Tag neu
kurzfristig: wie schaffe ich heute diese Aufgabe? Stimmt jenes Detail? Werde ich 5 Mio plus oder minus machen? Was sind heute meine Prioritäten?	langfristig: wer wird mich in 3 Jahren noch in guter Erinnerung haben? Auf wen kann ich mich beim übernächsten Jobwechsel verlassen? Wem kann ich heute etwas Gutes tun?

5   Wenn die Gefühle dem Unternehmenserfolg im Wege stehen

Gefühle entdecken

Gefühle stehen dem Unternehmenserfolg dann im Wege, wenn sie von den Personen an der Spitze unterdrückt, verleugnet oder abgewertet werden, nach dem Motto: no measure, no action. Man setzt auf Zahlen, Daten, Fakten. Dabei liegt die größte Chance für eine Erweiterung von Kompetenz des Managements und damit für die positive Unternehmensentwicklung darin, Gefühle positiv zu bewerten, zu entdecken, gelten zu lassen.

Emotionen werden abgewertet

Herz ist zwar Kult in der Konsum- und Medienwelt, im Business haben Gefühle nach der Managementlehre des letzten Jahrhunderts nichts zu suchen. „Emotionalität" wurde dort gleichgesetzt mit negativen Regungen wie Neid, Aggression, Dominanzstreben, Ego-Sucht und Misstrauen. Sie wurde von Managern der alten Schule gern bei Anderen diagnostiziert und als verbale Waffe benutzt: „Sie sind zu emotional!".

Emotionale Vorbilder werden benötigt

Heute brauchen wir allerdings emotionale Vorbilder, exzellente, authentische Manager/innen, und gute Lehrer/innen und Coachs. Selbstbewusste gestehen sich ein: ich bin ein Gefühlsmensch! Bei wichtigen Entscheidungen habe ich immer meinen Gefühlen vertraut. Das hat sich bewährt. Das ist der erste Schritt zu tiefgreifenden Veränderungen. Wer sich emotional berühren, bewegen lässt, wird feststellen, wie die Masken und Barrieren aufweichen, sich die ganze Person öffnet und glaubwürdig agieren kann, wie ihre negativen Urteile und Abwertungen gegenüber Anderen verschwinden. Die gewonnene positive persönliche Ausstrahlung fördert bei Mitarbeiterinnen und Mitarbeitern das Zugehörigkeitsgefühl zum Unternehmen, Freude an gemeinsamen Visionen und gemeinsamem Handeln sowie Lust auf eine aufregende Zukunft.

Emotionale Intelligenz als Führungsvoraussetzung

Daniel Goleman, der Pionier der emotionalen Intelligenz, hat durch Untersuchungen in fast 200 internationalen Großunternehmen belegt, „dass emotionale Intelligenz (s. Glossar) als Grundvoraussetzung erfolgreichen Führens unverzichtbar ist – und das gilt vor allem für die Unternehmensspitze. Ausbildung, analytische Fähigkeiten und Kreativität, auf die bisher das Hauptaugenmerk gerichtet wurde, spielen demgegenüber eine untergeordnete Rolle. Nur wer seine eigenen Gefühle ebenso wie die anderer Menschen versteht, ist in der Lage, seine Mitarbeiter so zu steuern, dass die Unternehmensziele erreicht werden" (Emotionale Intelligenz – zum Führen unerlässlich, in: Harvard Business Manager 3/1999).

Gefühle sind stärker als der Verstand

Heute wissen wir genau: Es sind die Gefühle, die im Wirtschaftsleben die entscheidende Rolle spielen. Keine Zahl, keine Information, keine Entscheidung kann unser Gehirn ohne emotionale und bildhafte Assoziationen aufnehmen, geschweige denn, verarbeiten. Unser Gehirn ist nicht in der Lage, digital zu arbeiten, d.h. Zahlen als Zahlen zu merken. Unwillkürlich und blitzschnell werden Daten mit emotionalem Gehalt angereichert – oder sofort vergessen. Gefühle sind stärker als der Verstand.

Demgegenüber steht, teilweise immer noch unerschütterlich, das Rationalitäts- und Objektivitätsdogma der alten Managementlehre. Es erlaubt Spitzenmanagern, die eigenen Gefühle zu verleugnen, so als gäbe es sie gar nicht, also sie im Reich des eigenen Unbewussten zu lassen. Von dort aus führen sie ein destruktives Eigenleben, denn Gefühle lassen sich zwar verleugnen, aber nicht abschalten. Sie drücken sich umso mächtiger und unkalkulierbarer aus: in der Körpersprache, zwischen den Zeilen von Briefen und Präsentationen; als Ton, der die Musik macht, in Attacken von unverständlicher, weil unkontrollierter Panik, Angst, Ohnmacht und nächtlichem Grübeln.

Objektivitätsdogmen sind unrealistisch

So sehr unerkannte und un-gewürdigte Gefühle den notwendigen Lernprozess des Top-Managements hindern, so explosiv und intensiv ist die Erweiterung des Denk- und Verhaltensrepertoires zu beobachten, sobald die generelle Abwertung von Gefühlen bei sich selbst und bei Anderen relativiert werden kann. In einem guten Coaching-Prozess werden die positiven Beispiele für Gefühle – die immer vorhanden sind –, entdeckt und gewürdigt.

Gefühle würdigen und Leistung verbessern

Fragen an die Spitzenführungskraft, um die positive Kraft der Gefühle zu entdecken und zu beleben:

- Welche gefühlsmäßigen Momente werden später einmal als Wende- und Höhepunkte Ihres beruflichen Erfolgs in Ihren Memoiren stehen?

- Die besten Entscheidungen – wurden Sie mit dem Kopf oder auch mit dem Bauch gefällt?

- Die besten Talente – spielte Intuition bei der Auswahl eine Rolle?

- Die spontane Lagebeurteilung in einer Krisensituation – trug Ihre gefühlsmäßige Einschätzung dazu bei, die Faktoren richtig zu bewerten?

- Intrigen, Gerüchte, sich ankündigende Unzufriedenheiten und Konflikte – welche Rolle spielte Ihre gefühlsmäßige Wahrnehmung beim Erkennen der „soft trends"?

Coach und Klient suchen gemeinsam nach Momenten der positiven Emotionalität. Auf die Frage nach einer geschäftlichen Situation, die sie emotional berührt hat, erhielt ich von meinen Klienten Beispiele wie diese:

Emotionale Gerührtheit

- als sich mein Vorgesetzter, ganz gegen seine Gewohnheit, bei mir entschuldigte

- als es ganz still wurde, nachdem das Team sich stürmisch selbst applaudiert hatte, um ein hart erkämpftes, spektakuläres Ergebnis zu feiern

- als die Tochter des Unternehmensgründers ihre Dankbarkeit und ihren Respekt dem Vater gegenüber in einer wundervollen Rede zum Ausdruck brachte

- als unser Personaldirektor eine sehr respektvolle und liebevolle Beileidsanzeige für einen langjährigen Mitarbeiter formulierte

- als ich sah, wie unser CEO seinen Freund und Kollegen, unseren Sales Director, sichtlich gerührt, mit Tränen in den Augen, verabschiedete.

Neue Erfahrungen zulassen

Das sind Erinnerungen, die im Coaching-Gespräch dazu dienen, auch abgebrühte Manager Wärme und Ganzheit, die positive Kraft der Gefühle wieder-empfinden zu lassen. Erinnerungen, in denen der Weg für ganz neue Erfahrungen frei wird: dass nämlich ohne Rührung kein Abschied, kein Neubeginn, keine Veränderung erfolgreich sein wird.

Begeisterung braucht mehr als gute Rhetorik

Erfahrene, erfolgreiche Führungskräfte wissen heute, dass Logik und Rhetorik nicht ausreichen, um Begeisterung zu wecken. Sie möchten heute, in den permanenten, schwierigen Veränderungsprozessen, nur zu gern Gefühle wie Vertrauen, Offenheit für Veränderungen, Selbstbewusstsein oder Sympathie erzeugen. Wer indes solche Empfindungen bei Anderen hervorrufen will, ohne sich selbst auf seine Empfindungen einzulassen, bekommt die gegenteilige Reaktion: Misstrauen, Rückzug, Abwertung und Enttäuschung. Menschen spüren, dass sie manipuliert werden. Das Geheimnis von Rührung ist: bewegen kann nur der, der selbst bewegt ist.

Veränderung an sich selbst zulassen können

James Rogers, CEO und Chairman der Cinergy Corporation, einem führenden und äußerst erfolgreichen amerikanischen Stromlieferanten: „Dies bedeutet, dass sich nicht nur unser Unternehmen verändern, sondern auch wir Manager uns persönlich neu erfinden müssen. In diesem neuen Umfeld als Führungspersönlichkeit Erfolg zu haben, das ist die Veränderung, auf die ich mich freue. Ich müsste lügen, wenn ich behaupten würde, dass nicht auch ein Anflug von Angst dabei ist, aber die Aufregung überwiegt bei weitem" (zitiert nach Focus, Hrsg. Egon Zehnder International, 01/2001, S. 30).

Gefühle erkennen und nutzen

Der Coaching-Prozess vermittelt, Empfindungen wie Ohnmacht, Ärger, Neid und Eifersucht als selbstverständlich zu werten und nicht als negative „Emotionalität", die bei sich selbst Ängste auslöst oder die anderen vorgeworfen wird. Im Gegenteil. Emotionen dienen als wunderbare Ressource: als Frühwarnsystem, als Sensor und Antenne, als Schutz vor Fehlern, als Quelle von Erkenntnissen über mich selbst und die Welt, als Ansporn zu lernen. Nicht Gleichmut, Neutralität oder Vernunft, sondern die Höhen und Tiefen von Emotionen sind es schließlich, die Lust auf das Leben, auf genussvolle Erfolge, auf Veränderungen und wertvolle Beziehungen wecken. Sie steigern die Entdeckerfreude, den Stolz auf Erreichtes, die Neugierde und die Lebensfreude potenziell nicht nur bei sich selbst, sondern – das Top-Management hat Modell-Funktion – auch bei allen Führungskräften und Teammitgliedern.

Spitzenpersonen brauchen Sicherheit und Geduld, bis sie ihre unbewussten oder vor-bewussten Empfindungen in ihr Bewusstsein einladen und ihnen vertrauen. Als Coach fungiere ich in diesen Prozessen auch als Vorbild: ich lasse meine Klienten selektiv und vorsichtig an meinem Gefühlsleben teilhaben. Dieses Verhalten ist dann wirksam, wenn die Klienten mich als ebenbürtige, erfolgreiche Management-Partnerin erleben, die mit dieser Gefühls-Strategie viele nachvollziehbare positive Erfahrungen gemacht hat. **Geduld ist nötig, wenn Gefühle entdeckt werden sollen**

Es ist nicht erfolgsversprehend, die Gefühle impulsiv und unkontrolliert auszuleben. Im Steering Commitee den Projektverantwortlichen ungefiltert den eigenen Stress, die eigene Unsicherheit oder auch die persönliche Zuneigung zu zeigen, wirkt kontraproduktiv, ebenso wie das Verlassen der Höflichkeitsregeln in der Aufsichtsratssitzung, wenn der Vorstand seinem Ärger lauten Ausdruck verleiht. Dies verunsichert und verletzt die Angesprochenen. Nur Führungskräfte, die ihre Gefühle kennen und beherrschen, verhalten sich angemessen, ohne Panik, und sind in der Lage zu der vertrauensvollen und affektiv-positiven Kommunikation, die wir als Anforderung an erfolgreiche Spitzenkräfte formuliert haben. **Kein impulsives und unkontrolliertes Ausleben**

Das Geheimnis heißt: Authentizität. Auf der Basis der Kenntnis und positiven Wertung der eigenen Gefühle äußert sich die erfolgreiche Managerin, der erfolgreiche Manager ehrlich und authentisch. Sie sagen nicht, dass sie vom Ergebnis begeistert sind, wenn sie in Wirklichkeit Zweifel haben. Sie suchen in ihren Empfindungen auch das positive, zustimmende Gefühl, die Empathie (s. Glossar), die Würdigung und Dankbarkeit des Ergebnisses, und drücken es aus. **Authentisch bleiben**

Der sorgfältige und wohlwollende Umgang mit sich selbst ist Grundvoraussetzung emotionaler Intelligenz. Wie lernen unsere Klienten Ihre Seelen zu nähren und zu inspirieren? Ihren Gefühlen angemessenen Ausdruck zu verleihen? Andere zu „be-rühren"? **Selbst(er)kenntnis ist Pflicht**

Wegweiser für die Entdeckungsreise zu den Gefühlen der Top-Managerinnen und Top-Manager

- Erforschen Sie Ihre Seele, entdecken Sie Mitgefühl, Freude, Abenteuerlust, Stärke, Stolz, aber auch Konkurrenz, Verletzungen, Angst und Ärger. Schreiben Sie mindestens 20 Stimmungen und Empfindungen der letzten drei Tage auf.

- Veranstalten Sie wöchentlich ein Rendevous mit Ihrer Seele: gönnen Sie sich eine Stunde ganz allein und lassen Sie Ihre Gefühle regieren. Finden Sie heraus, was Sie emotional berührt, Gedichte, Musik, Kunst, Religion...

- Meditieren Sie, so oft Sie können.

- Schreiben Sie Ihre Erfahrungen in ein Tagebuch.

- Sprechen Sie mit Kindern, mit Künstlern, mit Menschen aus dem spirituellen Leben... denn sie haben oft einen leichteren Zugang zu Gefühlen.

- Üben Sie sich darin, über Ihre eigenen Gefühle zu sprechen und sie auszudrücken, lassen Sie andere Personen teilhaben.

---

6 Wenn der Erfolg zum Scheitern führt – und wie der Coaching-Prozess Misserfolge verhindern kann

Wen die Götter vernichten wollen, dem schicken sie sieben Jahre Erfolg – sagt der Volksmund. Wenn Erfolg zum Scheitern führt, dann haben sich Verhaltensweisen und Strategien zu Mustern verfestigt, die der aktuellen Situation nicht mehr angemessen sind.

Scheitern durch den Erfolg

Wir alle haben prominente Managerinnen und Manager erlebt, die nach fulminanten Erfolgen glanzlos gescheitert sind. Sie trugen zum Niedergang ihres Unternehmens bei oder führten in die Mittelmäßigkeit. Als Ursache lässt sich in den meisten Fällen mangelnde Reagibilität auf veränderte Rahmenbedingungen diagnostizieren, die auf der instinktiven Wiederholung der immer gleichen „Erfolgsrezepte" basiert.

Oben sein bedeutet nicht, dort zu bleiben

Die Faktoren, die wichtig sind, an die Spitze zu kommen, sind andere als die, die nötig sind, dort zu bleiben. Es ist wie mit wachsenden Unternehmen: die gleichen Strategien, die man braucht, um zu wachsen – etwa schnelle Rekrutierung von immer neuen Mitarbeiterinnen und Mitarbeitern, geringere Eigenkapitalquote, Vernachlässigung der Neukundenakquise (Kunden kommen von allein), Streben nach Absicherung durch stabile Strukturen und Prozesse – führen in der etablierten Phase zum Scheitern. So müssen jene Führungspersonen, die ihre Karriere ihrer Leistungsbereitschaft und ihrem Fachkönnen verdanken, erkennen, dass genau diese Kompetenzen, wenn sie nach wie vor voll ausgelebt werden, die Entwicklung der nachfolgenden Management-Talente verhindert.

Im folgenden Schaubild habe ich aus meiner jahrelangen Erfahrung als Top-Management Coach einige Erfolgsdimensionen aufgeführt – sinn-voll, wenn die Führungsperson an der Spitze genügend elastisch zu reagieren imstande ist, um sie vor der Erstarrung zu schützen. Diese Er-folgsrezepte können, wenn sie absolut gelten, wenn sie jahrelang und jahrzehntelang praktiziert werden, und vor allem: wenn sie stets von Er-folg gekrönt sind, leicht umschlagen und in grandioses Scheitern münden.

Erfolgs-dimensionen

Wie Erfolge zu...	*...Misserfolgen führen:*
Annehmen der Führungsrolle; selbst Orientierung vermitteln statt sich dem Urteil Anderer (z.B. von Beratern) zu unterwerfen; selbstbewusstes, ent-schiedenes Führungsverhalten	Fehlen unabhängigen Feedbacks
Herstellen einer freundlichen, fördernden Atmo-sphäre in den Teams; Fokus auf dem Erkennen und Entwickeln von Talenten; Fokus auf den Stärken von Individuen	Mangel an Kritik
Weitestgehende Delegation von Verantwortung; Vertrauen auf die Selbstkontrolle und die Eigen-verantwortung des Managements	Mangel an Führung
Ausleben der eigenen Individualität; nach innen statt nach außen blicken; die eigenen Gefühle und Wünsche ernst nehmen	Mangel an Vorbildern
Erleben lustvoller Intensität in der Arbeit („Flow-Erleben"), weil man sich am richtigen Platz im Unternehmen befindet und die eigenen Talente voll einbringen kann	Mangel an Zeit
Arbeit ist das ganze Leben, auch das Hobby; im-mer der Erfolgsspur folgen; „never change a win-ning team"; keine Experimente	Fehlen des Repertoires, mit Scheitern und Misser-folgen im persönlichen Bereich umzugehen, z.B. Trennung vom Unternehmen „ohne Grund"
unbedingter Glaube an den Erfolg der eigenen Strategie; eiserne Entschlusskraft; Entscheidun-gen auf der Basis von Daten- und Fakten-Analyse	Machbarkeitswahn, Rationalitätswahn
Volle Identifikation mit der Aufgabe und dem Unternehmen; flexibel und elastisch auf alle An-forderungen reagieren; Freizeiten für Lernen und Studium nutzen	Mangel an Skills, in die Ruheposition – in die Stille zu gehen und selbst Distanz aufzubauen

Ein Coach von Top-Führungspersonen hat es mit äußerst erfolgreichen und selbstbewussten Klienten und Klientinnen zu tun. Wie vom Scheitern, von Fehlern und Misserfolgen sprechen?

So werden aus guten hervorragende Leader

Coaching hat hier die Funktion, besonders erfolgreiche und mit Recht stolze Personen dabei zu unterstützen, nicht in die Erfolgsfalle zu tappen, dem Scheitern vorzubeugen. Wichtig ist es hier ganz besonders, auf der Basis der Würdigung des Erreichten, die Phantasie anzuregen, kreative Fragen zu stellen und Anti-Erstarrungs-Strategien zu entwickeln.

Dann ist der Top-Management-Coaching-Prozess wirksam, wenn die Klienten erfahren, erleben und erkennen, wie Gefühle und Verstand zusammengehören, dass sich Erfolg und Scheitern ergänzen und dass erst der kluge Umgang mit den eigenen Emotionen aus guten Führungspersonen herausragende Spitzenleader macht.

Literatur

Gallup Poll, Buckingham, M. & Coffman, C. (1999). First, Break all the Rules. *Brand Eins*, 2/2001.

Collins, J. (2001). *Good to Great*. Harper Business.

Goleman, D. (1999). *Emotionale Intelligenz – zum Führen unerläßlich*. Harvard Business Manager 3/1999.

Goleman, D. (2001). *Emotionale Intelligenz*. München. DTV.

Schmidbauer, W. (1999). *Der hysterische Mann – Eine Psychoanalyse*. München. Herbig.

Glossar

Affektiv: Das Gefühl betreffend.

Ambiguitätstoleranz: Fähigkeit, andere Sichtweisen zu akzeptieren sowie Mehrdeutigkeiten und Widersprüche in Situationen und Handlungsweisen zu ertragen, ohne sich unwohl zu fühlen oder aggressiv zu reagieren. Besonders bei Anpassungsprozessen an eine fremdkulturelle Situation kann fehlende Ambiguitätstoleranz zu Unwohlsein und Konfusionen führen.

Autogenes Training: Von Johannes Heinrich Schulz aus der Hypnose (s.u.) entwickelte Methode der körperlichen und psychischen Selbstbeeinflussung, z.B. um Entspannungszustände gewollt herbeizuführen. Im Unterschied zur Hypnose ist für das autogene Training kein schlafähnlicher Zustand notwendig.

Betriebsblindheit: Unangemessene Wahrnehmungs- und Beurteilungstendenzen, die oft durch Routine verursacht sind. Klassisches Merkmal der Betriebsblindheit ist die eingeschränkte Wahrnehmung betrieblicher Abläufe und Zusammenhänge.

Beziehungsebene: Eine von vier Ebenen der Kommunikation nach Friedemann Schulz von Thun. Neben dem Beziehungsaspekt in der Kommunikation finden sich Sachinhalt, Selbstoffenbarung und Appell. Auf der Beziehungsebene ist durch die Art der Kommunikation erkennbar, was Menschen voneinander halten. Im Beratungsprozess ist die Beziehungsebene von entscheidender Bedeutung, da gegenseitige Akzeptanz für die Beratungsbeziehung unumgänglich ist.

Burnout: Syndrom, das den vollständigen und für die Betroffenen zunächst unerklärlichen Motivationsverlust beschreibt. Das „Ausbrennen" geschieht nicht schlagartig, sondern geht schleichend voran. Zentrale Faktoren bei der Entstehung von Burnout sind oft mit großem Ehrgeiz verfolgte Ziele und Bedürfnisse, die nicht oder nur mit großen Opfern erreicht werden können. Daraus können dann bei Nichterreichen der Ziele Verzweiflungsgefühle und bei Erreichen Erschöpfungszustände resultieren. Dies geht meist mit einem Rückzug aus dem gewohnten sozialen Umfeld einher. Das Endstadium des Burnout (Meltdown) ist durch chronische Hilflosigkeitsgefühle und Suizidgedanken geprägt.

Change-Management: Systematische Planung, Steuerung und Kontrolle von Veränderungen in Organisationen. Neben formalen Aspekten der Planung berücksichtigen Change-

Management-Prozesse zunehmend „weiche" Faktoren der Veränderung (Verbesserung interner Kommunikation, Umgang mit Widerständen, Erhalt der Motivation uvm.).

Coachee: Ein analog zum Begriffspaar „Trainer – Trainee" entstandener Begriff, der die gecoachte Person bezeichnen soll. Dieser Begriff hat sich bisher nicht durchsetzen können, da er ein Beziehungsgefälle impliziert, in welchem ein aktiver Coach an dem Coachee eine Dienstleistung vollzieht. Diese Grundkonstellation widerspricht jedoch dem Grundgedanken des Coachings als interaktives Geschehen zwischen gleichberechtigten Parteien.

Coaching: Sammelbegriff für individuelle Formen personenzentrierter Beratung und Betreuung auf der Prozessebene. Zielgruppe sind Personen mit Führungsverantwortung und/oder Managementaufgaben. Generelles Ziel ist immer die Verbesserung der Selbstregulationsfähigkeiten („Hilfe zur Selbsthilfe") durch die Förderung von Selbstreflexion und -wahrnehmung, Bewusstsein und Verantwortung. Coaching arbeitet mit transparenten Interventionen und erlaubt keine manipulativen Techniken, da ein derartiges Vorgehen der Förderung von Bewusstsein und Eigenverantwortung prinzipiell entgegenstehen würde.

Coaching-Konzept: Beratungskonzept eines Coachs, das festlegt, welche Methoden und Techniken in der Beratung verwendet werden, wie diese Methoden eingesetzt werden, wie angestrebte Prozesse ablaufen können und welche Wirkzusammenhänge im Beratungsprozess zu berücksichtigen sind. Zudem gibt das Coaching-Konzept Auskunft über das ihm zugrundeliegende Menschenbild und grundsätzlich verfolgte Absichten und Ziele. Das Coaching-Konzept bildet somit das „Gerüst" für jegliche Maßnahmen des Beraters und sollte für den Klienten transparent sein und von ihm akzeptiert werden.

Coaching-Prozess: Verlauf der gesamten Zusammenarbeit von Coach und Klient(en) von der Herstellung des ersten Kontakts bis zur Beendigung des Coachings. Der Coaching-Prozess kann sich je nach Auftrag über einen Zeitraum von mehreren Tagen bis zu mehreren Jahren erstrecken.

Coaching-Partnerschaft: Form des Coachings, in der sich zwei (gleichgestellte) Personen gegenseitig beraten. Dabei werden je nach Anliegen die Rollen von Klient und Coach getauscht.

Coping: Bewältigungsstrategie, mit der Probleme, Herausforderungen, Belastungen usw. gelöst werden sollen. Mögliche Formen des Coping sind z.B. das Sammeln von Informationen über ein Problem, die genaue Vorbereitung auf eine kommende Herausforderung, das Erlernen von Entspannungstechniken, aber auch das Verdrängen von Belastungen. Generell sind die Bewältigungsstrategien sehr unterschiedlich und ihre Auswahl hängt von den persönlichen Lernerfahrungen des Individuums, seinem Umfeld, seiner Art der Wahrnehmung und Informationsverarbeitung und zahlreichen weiteren Faktoren ab.

Couching: Persiflage des Coaching-Begriffs in Anlehnung auf die Couch des Psychoanalytikers.

Critical Incidents: Typische, sich wiederholende Missverständnisse oder Probleme interpersonaler Interaktionen, die z.B. auf Grund kultureller Unterschiedlichkeit der Interaktionspartner und durch Fehlinterpretationen hervorgerufen werden.

Cyber-Coaching: s. Tele-Coaching.

Echtheit: s. Kongruenz.

E-Mail-Coaching: s. Tele-Coaching.

Emotionale Intelligenz: Intelligenter Umgang mit den eigenen Gefühlen. Zeichen einer mit Intelligenz gepaarten Emotionalität sind der angemessene und wirksame Ausdruck der eigenen Gefühle und das relativ reibungslose, soziale Zusammenwirken von Menschen. Zentrale Fähigkeiten emotionaler Intelligenz sind das Erkennen der eigenen Emotionen, der Umgang mit den Emotionen, die Emotionen für Ziele einsetzen zu können, Empathie und der Umgang mit Beziehungen.

Empathie: Fähigkeit, sich in das Denken und die Einstellungen anderer Menschen hineinzuversetzen, um dadurch die Gedanken, Gefühle und Verhaltensweisen des Gegenübers besser zu verstehen und richtig zu interpretieren.

Einzel-Coaching: Coaching-Variante, bei der ein einzelner Klient gecoacht wird. Das populäre Einzel-Coaching wird (fälschlicherweise) oft gleichgesetzt mit dem Coaching eines Managers durch einen externen Berater. Einzel-Coaching kann aber auch durch interne Linien-Coachs (s.u.) und Vorgesetzte praktiziert werden.

Erstgespräch: Erstes Kennenlernen von Coach und Klient(en), bei dem geklärt wird, ob und unter welchen Bedingungen ein Beratungsauftrag zustande kommen kann. Die gegenseitige Exploration steht im Erstgespräch als Ausgangspunkt für eine mögliche Vertrauensbasis im Vordergrund. Dabei sind die Erwartungen des Klienten und die Möglichkeiten des Coachs zu klären. Am Ende des Erstgesprächs wird das weitere Vorgehen festgelegt. Konnte keine gemeinsame Basis gefunden werden – und ist dies auch nicht mehr zu erwarten –, endet das Coaching nach dem Erstgespräch.

Ethnorelativismus: Gegenteil von Ethnozentrismus. Bereitschaft, die eigenen Normen und Auffassungen zu hinterfragen und zu relativieren und die Normen und Auffassungen anderer Gruppen oder Gesellschaften zu akzeptieren und zu verstehen. Der Ethnorelativismus bildet die Basis für interkulturelle Lernprozesse und produktive interkulturelle Zusammenarbeit.

Ethnozentrismus: Gegenteil von Ethnorelativismus. Haltung, die unreflektiert Normen und Auffassungen der eigenen Gruppe oder Gesellschaft auf andere Gruppen oder Gesellschaften überträgt. Für interkulturelle Lernprozesse ist es von Bedeutung, die Interagierenden aus einer Haltung des Ethnozentrismus in eine Haltung des Ethnorelativismus zu führen.

Evaluation: Überprüfende Beurteilung und Bewertung durchgeführter Maßnahmen. Die wichtigsten Ziele der Evaluation sind die ständige Kontrolle der Zielerreichung (formative Evaluation/Prozessevaluation) und die Schaffung und Sammlung von Grundlagendaten zur Entscheidungshilfe (summative Evaluation).

Existenzanalyse: s. Logotherapie.

Expertenberatung: Inhaltliche Stellungnahme eines Beraters in Form eines konkreten Lösungsvorschlags für vom Klienten delegierte Aufgabenkomplexe (z.B. Entwicklung eines Abrechnungssystems).

Feedback: Verhaltensnahe und konkrete Rückmeldung der Stärken und Schwächen einer Person. Durch die klärende Erläuterung, wie ein Verhalten nach außen wirkt, kann der Empfänger des Feedbacks die Konsequenzen seines Verhaltens besser einschätzen und verändern.

Gesprächspsychotherapie: Von Carl Rogers gegen Ende der 40er Jahre begründete Form der Psychotherapie, die auf Echtheit, Wertschätzung und einfühlendem Verstehen beruht. Rogers vertrat die Ansicht, dass der Mensch nach Selbstverwirklichung, Wachstum und Gesundheit strebt, in diesem Streben jedoch gehindert sein kann; daher ist in der Gesprächspsychotherapie (GT) dafür zu sorgen, dass der Klient sich frei entfalten kann. Die GT nach Rogers ist keine Technik, sondern eine Grundhaltung. Nur wenn der Therapeut „echt" ist, kann der Klient in einer angstfreien Atmosphäre des gemeinsamen Gesprächs seine Gedanken und Gefühle formulieren und reflektieren und so letztlich seine Einstellung und seine Verhaltensweisen verändern.

Gestalttherapie: Psychotherapie, die die Erkenntnisse der Gestaltpsychologie nutzbar gemacht hat. Bedeutsame Vertreter und Entwickler der Gestalttherapie waren Frederick Salomon „Fritz" Perls, Lore Perls und Paul Goodman. Die Gestalttherapie sieht in psychischen Störungen eine Unterbrechung von natürlichen Wachstumsprozessen. Die Therapiearbeit besteht daher in dem Finden von Bedingungen, unter denen wieder natürliches Wachstum und Entwicklung möglich ist.

GP: Gecoachte Person.

Gruppen-Coaching: Coaching-Variante, bei der mehrere Klienten gecoacht werden. Dabei fallen unter den Oberbegriff des Gruppen-Coachings auch die Varianten Team-Coaching bzw. System-Coaching und Projekt-Coaching. Die Gruppengröße übersteigt beim Gruppen-Coaching i.d.R. nicht die Anzahl von 15 Personen.

GT: s. Gesprächspsychotherapie.

Hypnose: Zustand gerichteter Aufmerksamkeit; in der tiefen Hypnose durch folgende Merkmale gekennzeichnet: Verminderung der Eigeninitiative, gesteigerte Zuwendung auf den Hypnotisierer, verringerter Realitätsbezug bzgl. Raum- und Zeitdimensionen, gesteigerte

Beeinflussbarkeit, Bereitschaft, unübliche Rollen anzunehmen sowie Gedächtnisschwund nach der Hypnose (posthypnotische Amnesie), vorwiegend sofern diese Erinnerungslücke suggeriert wurde.

Individualpsychologie: [1] Teilgebiet der Psychologie (auch „Individuelle Psychologie"), das die Unterschiede zwischen Individuen bzgl. verschiedener Merkmale erforscht.
[2] Von Alfred Adler begründete psychotherapeutische Richtung, die die unteilbare Einheit und Einzigartigkeit eines jeden Menschen hervorhebt. Zentrale Konzepte der Individualpsychologie (IP) sind Minderwertigkeitsgefühle und Geltungsstreben sowie Lebensstil und Lebensplan. Ziel der IP ist das Erreichen eines angstreduzierenden Gemeinschaftsgefühls bei gleichzeitiger Berücksichtigung der individuellen, psychischen Strukturen.

Interdependenz: Wechselseitige Abhängigkeit.

Intervision: Gemeinsamer Austausch von Wissen und Erfahrung in einer Gruppe von gleichrangigen Personen.

IP: s. Individualpsychologie.

Kognitiv: Die Erkenntnis betreffend, erkennend.

Kongruenz: Echtheit, auch bekannt als „Selbstkongruenz", „Selbstaufrichtigkeit" oder „Stimmigkeit". Kongruenz setzt in der Humanistischen Psychologie eine gereifte Persönlichkeit voraus, welche sich nicht hinter einer Rolle oder Fassade verstecken muss, sondern sich wahrhaftig in eine Situation einbringen kann. Kongruentes Verhalten zeichnet sich z.B. dadurch aus, dass verbale Äußerungen mit Gestik, Mimik, Tonfall usw. übereinstimmen.
Im Coaching-Prozess ist die Kongruenz von Klient und Coach von zentraler Bedeutung: Erst kongruentes Verhalten von beiden Seiten ermöglicht Vertrauen und Transparenz als Ausgangspunkte für eine tragfähige Beratungsbeziehung.

Kultur: Erlerntes Orientierungs- und Ordnungssystem von Werten und kulturellen Praktiken, das von Angehörigen einer bestimmten Gruppe oder Gesellschaft kollektiv geteilt, gelebt und tradiert wird, und sie von Angehörigen anderer Gruppen und Gesellschaften unterscheidet.

Kulturelle Dimension: Variable bzw. Kategorie, die in bestimmter Kombination auftretende gesellschaftliche Phänomene beschreibt. Kulturelle Dimensionen eignen sich zur vergleichenden Darstellung und Charakterisierung kultureller Systeme.

Lernstil: Bevorzugte und übliche individuelle Art und Weise einer Person, Informationen und Gefühle zu verarbeiten und sie in Wissen und Handeln umzusetzen.

Linien-Coach: s. Vorgesetzten-Coaching.

Logotherapie: Von Viktor E. Frankl entwickelte, sinnorientierte Psychotherapie. Grundannahme der Logotherapie (Frankl verwendete als alternative Bezeichnung auch den Begriff der „Existenzanalyse") ist, dass der Mensch sein Leben in einen Sinnzusammenhang bringen möchte. Gelingt dies nicht, kommt es zu (psychischen) Erkrankungen (z.B. Neurosen, Depressionen, Abhängigkeitserkrankungen). Ziel der Logotherapie ist daher, Menschen zu helfen, einen Sinn im Leben zu finden und in der Folge gesunden zu können. Eine bekannte Methode der Logotherapie ist z.B. die „Paradoxe Intention" (s.u.).

MA: Mitarbeiter.

Machtdistanz: Der erwartete und von den weniger mächtigen Mitgliedern einer Organisation akzeptierte Umfang ungleicher Machtverteilung.

Machteingriff: Vom Vorgesetzten ausgeführte Maßnahme zur Eindämmung von gefährlich eskalierenden Konflikten. Machteingriffe können bis zur völligen Verhaltenskontrolle durch verhaltensregulierende Maßnahmen reichen und sind wegen ihres negativen Einflusses auf die Beziehungen daher nur dann sinnvoll, wenn andere Bemühungen des Konfliktmanagements gescheitert sind.

Mediation: Form der außergerichtlichen Vermittlung in Konflikten. Dabei versuchen die beteiligten Konfliktparteien mit Unterstützung eines oder mehrerer Mediatoren, einvernehmlich eine gemeinsame und tragfähige Lösung des Konflikts zu entwickeln. Wichtige Merkmale des Mediationsverfahrens sind die freiwillige Teilnahme aller, eine zukunftsorientierte Sichtweise, die Übernahme von Verantwortung und Selbstbestimmung durch die Konfliktparteien, das Eingehen auf Interessen und Bedürfnisse der Beteiligten und die Allparteilichkeit der Mediatoren.

Meister-Coaching: Coaching-Variante, die sich speziell an die Zielgruppe der Meister und Schichtleiter richtet. Hauptsächlich wird in dieser noch seltenen Variante des Coachings die Zielgruppe in der Form von Einzel-Coaching beraten.

Mentoring: Innerbetriebliche Form der Mitarbeiterbetreuung. Als Mentor fungieren meist ältere Organisationsmitglieder, die im Vergleich zu ihrem Schützling höher positioniert sind und bereits längere Zeit für die Organisation arbeiten. Ziele des Mentoring sind die rasche und problemlose Einführung neuer Mitarbeiter in eine Organisation, um mit den Gegebenheiten der Organisation und deren Kultur vertraut zu machen und mögliche Anfangsprobleme gering zu halten. Zudem kann das Mentoring auch als langfristige, innerbetriebliche Karriereberatung fungieren und dient – durch die Bindung des Mitarbeiters an die Organisation – der Reduzierung der Fluktuationsrate.

Meta-Ebene: Übergeordnete Position, von der aus Situationen, Verhaltensweisen, Erlebenszustände, Wertungen uvm. mit Abstand betrachtet und analysiert werden können. Durch die Verlagerung der Position auf die Meta-Ebene kann z.B. persönliche Betroffenheit reduziert oder Betriebsblindheit offenbar werden. Daher ist eine Analyse von der Meta-Ebene aus auch ein Standardverfahren der selbstkritischen Reflexion.

Mobbing: Systematische und gezielte Schikanen, die wiederholt und über einen längeren Zeitraum ausgeübt werden. Dabei werden einzelne Personen meist von kleineren Gruppen gemobbt. Durch den prozesshaften Ablauf haben die Opfer in fortgeschrittenen Phasen geringe Aussichten, das Mobbing ohne Hilfe zu unterbinden.

Neurolinguistisches Programmieren: Kommunikationsmodell, das von Richard Bandler und John Grinder in den 70er Jahren in den USA entwickelt wurde. Die Interventionsmethoden des Neurolinguistischen Programmierens (NLP) wurden aus den Vorgehensweisen populärer Vertreter therapeutischer Ansätze entwickelt. Dazu wurde des Verhalten von Milton H. Erickson (Hypnotherapie), Virginia Satir (Familientherapie), Frederick S. Perls (Gestalttherapie) und Gregory Bateson (systemische Ansätze) von Bandler und Grinder analysiert. Ergebnis war das Kommunikationsmodell des NLP, das das erfolgreiche Verhalten der analysierten Therapeuten durch beobachtbare Muster verständlich und somit für andere Personen nachvollziehbar und nutzbar machen soll. NLP wird bis heute u.a. von Robert Dilts (USA) und Thies Stahl (Deutschland) weiterentwickelt.

Neutralität: Unabhängigkeit des Beraters von Zielen jenseits der im Coaching mit dem Klienten klar definierten Absichten. Als Beratung dient das Coaching nicht zur Beeinflussung des Klienten zum Nutzen Dritter oder zum Nutzen des Coachs.

NLP: s. Neurolinguistisches Programmieren.

OE: s. Organisationsentwicklung.

Online-Coaching: s. Tele-Coaching.

Organisationsentwicklung: Gewollt herbeigeführte und systematisch geplante Veränderung von Organisationsstrukturen, -abläufen (Prozessen) und -beziehungen. Organisationsentwicklung (OE) bedeutet einen umfassenden und langfristig ausgerichteten Wandel. Ziel der OE ist die Verbesserung der Effektivität bei Problemlösungen und der Zielereichung.

Paradoxe Intention: Von Viktor E. Frankl (s. Logotherapie) entwickelte Interventionstechnik zur Behandlung von Angst- und Zwangsneurosen. Im Rahmen der paradoxen Intention wird der Patient vorzugsweise humorvoll angewiesen, seine am meisten gefürchteten Symptome herbeizuwünschen bzw. selbst in die Tat umzusetzen. Die paradoxe Intention wird als „Symptomverschreibung" auch in anderen Therapien (z.B. Verhaltenstherapie, Familientherapie) eingesetzt.

PE: s. Personalentwicklung.

Personalentwicklung: Aufbau, Erhalt oder Wiederherstellung eines leistungsfähigen Personals durch Aus-, Fort- und Weiterbildungsmaßnahmen. Die Personalentwicklung (PE) orientiert sich zur Vermittlung einer stellenbezogenen Qualifikation an der Stellenbeschreibung. Ziel ist eine Deckung des Personalbedarfs durch Qualifikation bzw. die Angleichung der Fähigkeits- und Anforderungsprofile. Daneben leistet die PE wesentliche Beiträge zur Motivation der Mitarbeiter.

Projekt-Coaching: Coaching-Variante, bei der ein Projekt-Team gecoacht wird. Das Projekt-Team besteht dabei i.d.R. aus Personen mehrerer Abteilungen und Hierarchieebenen, die zeitlich begrenzt und nur für eine spezielle Aufgabe stark leistungs- und zielorientiert zusammenarbeiten. Projekt-Coaching ist eine Unterform des Team-Coachings.

Prozessberatung: Beratende Unterstützung eines Klienten in dem Vorhaben, seine Aufgabenkomplexe eigenständig zu bewältigen. Der Berater liefert hier keine direkten Lösungsvorschläge, sondern begleitet den Klienten in dem Prozess und regt dabei an, wie eigene Lösungen entwickelt werden können und welche Faktoren dabei zu berücksichtigen sind. Die Verantwortung für die Aufgabenbewältigung verbleibt daher beim Klienten. Eine Form der Prozessberatung ist z.B. das Coaching.

Psychoanalyse: Von Sigmund Freud begründete Lehre der Dynamik des (unbewussten) Seelenlebens bzw. die auf diesen Annahmen basierende Methode zur Behandlung psychischer Krankheiten. Durch Methoden wie z.B. freie Assoziation, Traumdeutung, Übertragung und Gegenübertragung soll es den Patienten ermöglicht werden, ins Unbewusste verdrängte Erlebnisse wieder bewusst zu machen und durchzuarbeiten. Dadurch soll eine Kartharsis – eine „Reinigung" der Seele – erreicht werden. Psychoanalytisch orientierte Therapien können einen Zeitraum von mehreren Jahren umfassen.

Psychodrama: Von Jakob Levy Moreno entwickelte Methode der Gruppentherapie, in der Probleme, Konflikte und traumatische Erlebnisse in Form eines Schauspiels dargestellt werden. Der Klient wird zum Hauptdarsteller, der zwischen den als Bezugspersonen fungierenden Mitspielern („Hilfs-Ichs") agiert und seine Probleme szenisch aufarbeitet. Der Therapeut wird zum Regisseur und leitet das weitgehend improvisierte Schauspiel. Durch die Arbeit in verteilten und vertauschten Rollen und das Verändern von Szenen werden Situationen und Erlebnisse so wiederholt und schauspielerisch dargestellt, dass sich neue Handlungsmöglichkeiten ergeben können.

Psychoynthese: Von Roberto Assagioli entwickeltes Modell zur Entwicklung des menschlichen Potenzials und der „Selbst-Verwirklichung". Die Psychosynthese geht davon aus, dass der Mensch aus vielen Rollen und Verhaltensmustern besteht („Teilpersönlichkeiten") und zielt darauf, die verschiedenen Anteile zu erkunden und zu einem Ganzen zusammenzufassen. Die Psychosynthese nutzt die Methoden anderer therapeutischer Schulen und psychologischer Modelle (u.a. Gesprächspsychotherapie, Gestalttherapie, Logotherapie), aber auch Visualisierungen, freie Assoziationen, Meditation oder freies Malen.

Psychotherapie: Sammelbezeichnung für die Behandlungsmethoden der klinischen Psychologie. Ziel der Methoden ist eine Hilfestellung bei der Bewältigung oder Heilung von psychischen Erkrankungen. Der Begriff „Psychotherapie" wurde ursprünglich von Freud entwickelt und bezeichnete die therapeutische Arbeit der Psychoanalyse.

Qualität: Grad, in dem ein Satz inhärenter Merkmale Anforderungen erfüllt (DIN EN ISO 9000:2000).

Qualitätskontrolle: s. Evaluation.

Rapport: Durch gegenseitige Anerkennung und Vertrauen gekennzeichnete Beziehung zwischen mindestens zwei Personen. Als Kennzeichen eines guten Rapports kann die stabile Tragfähigkeit einer Beziehung angesehen werden. Rapport kann somit als notwendige Grundlage einer Beratungsbeziehung angesehen werden.

Rational-Emotive Therapie: Von Albert Ellis entwickelte Therapieform, die neurotische Erkrankung auf dysfunktionale Glaubenssätze („Ich darf nicht...“; „Ich muss...“; „Immer wenn ich...“) und somit falsche Interpretationen von Umweltereignissen zurückführt. Die Rational-Emotive Therapie (RET) geht davon aus, dass mit der Identifikation dieser dysfunktionalen Glaubensätze und einer anschließenden Einstellungsänderung eine Gesundung möglich ist.

Reflexion: Prüfendes und vergleichendes Nachdenken. Im engeren Sinn das „Zurückbeugen“ des Denkens als (kritisches) Denken des Gedachten.

Reframing: Umdeutung des Verhaltens oder Erlebens. Durch ein Reframing werden festgefahrene Muster in einen anderen Rahmen gesetzt, der neue Sichtweisen ermöglicht. Im NLP versteht man unter Reframing diverse Veränderungsstrategien, denen als Grundmuster eine Umdeutung gleich ist. Das Reframing geht von der Grundannahme aus, dass Erfahrungen von dem Zusammenhang (dem Rahmen) abhängig sind, in dem man sie sieht. Wird dieser Rahmen umgedeutet, so verändert sich auch die Erfahrung. Ziel ist es meist, für ein Verhalten oder Erleben einen nützlichen Rahmen zu finden.

Relativismus: Die Fähigkeit und Bereitschaft, Verhaltensweisen, Auffassungen, Gedankenmodelle und Werte anderer Personen, Gruppen und Gesellschaften als genauso vernünftig zu erachten, wie die eigenen.

RET: s. Rational-Emotive Therapie.

Rückmeldung: s. Feedback.

Selbst-Coaching: Beratung ohne Hilfe von außen. Selbst-Coaching dient der selbstgesteuerten Kompetenzverbesserung durch entsprechende Lernmethoden. Die Fähigkeit zum Selbst-Coaching wird als Ergebnis eines Coachings und als Voraussetzung, um selbst zu coachen, angesehen.

Selbstkongruenz: s. Kongruenz.

Selbstreflexion: Prüfendes und vergleichendes Nachdenken über sich selbst, das eigene Verhalten und Erleben (s.a. Reflexion).

Soziale Kompetenz: Fähigkeiten zur effektiven Umsetzung von Zielen und Absichten in sozialen Interaktionen. Typische Kennzeichen sozialer Kompetenz sind Faktoren wie Selbstreflexionsvermögen, Kommunikationsfähigkeit, Einfühlungsvermögen, Kooperationsbereitschaft und Konfliktfähigkeit.

Stabs-Coaching: Organisationsinternes Coaching durch für diese Aufgabe fest angestellte Stäbe. Diese interne Prozessberatung ergänzt bzw. unterstützt vorhandene Personalentwicklungsmaßnahmen. Stabs-Coaching kann in der Form von Einzel- und von Gruppen-Coaching stattfinden, da die Stabs-Coachs ihrer Tätigkeit meist hauptberuflich nachgehen und entsprechend qualifiziert sind. Stabs-Coaching empfiehlt sich vor allem dann, wenn ein Vorgesetzten-Coaching nicht in Frage kommt und kein externer Berater gewünscht ist. Die Zielgruppe des Stabs-Coachings beschränkt sich i.d.R. auf Organisationsmitglieder, die aus dem mittleren und unteren Management stammen. Die Statushöhe des Stabs-Coachs ist meist nicht für höhere Managementebenen ausreichend.

Supervision: Emotions- und beziehungsorientierte Beratungsform zur Thematisierung beruflicher Zusammenhänge. Historisch begründet lassen sich bei der Supervision folgende Funktionsbereiche erkennen: Administrative Supervision (Führung, Beratung und Kontrolle durch Vorgesetzte) und Clinical Supervision (psychotherapeutische Supervision und Supervision in der Sozialarbeit).

Symptomverschreibung: s. Paradoxe Intention.

System-Coaching: s. Team-Coaching.

Systemische Therapie: Oberbegriff für Therapieformen, die hauptsächlich aus der Familientherapie hervorgegangen sind. In der systemischen Therapie sind Probleme der Patienten nicht primär durch die Eigenschaften einzelner Personen begründet, sondern in den Interaktionen und sozialen Prozessen der Umgebung.

TA: s. Transaktionsanalyse.

Team-Coaching: Coaching-Variante, bei der eine im beruflichen Funktionszusammenhang stehende Personengruppe in ihrem organisationalen Umfeld gecoacht wird. Ziel ist die effektive Teamentwicklung und Verbesserung von Kommunikation, Motivation und Kooperation. Team-Coaching ist eine Unterform des Gruppen-Coachings und wird oft durch Einzel-Coaching für die Team-Mitglieder ergänzt.

Tele-Coaching: Coaching via Telefon, Fax und Internetdiensten (hauptsächlich E-Mail, Diskussionsforum und Chat). Während die Nutzung dieser Medien zunächst nur als Ergänzung zum persönlichen Beratungsgespräch diente, bieten mittlerweile einige Berater entsprechende Dienstleistungen nur auf diesen Wegen an.

Themenzentrierte Interaktion: Modell und Gestaltungsmethode zum Arbeiten und Lernen in Gruppen. Die Themenzentrierte Interaktion (TZI) wurde 1955 von Ruth C. Cohn begründet und in den USA und Europa weiterentwickelt. Das Modell der TZI strebt ein Gleichgewicht der Faktoren „Thema/Aufgabe", „Person" und „Gruppe" an (in Form eines Dreiecks dargestellt), die von dem Umfeld (einem Kreis) umgeben sind. Grundüberlegung ist, dass in Gruppen immer sachlich-fachliche, individuelle, zwischenmenschliche und die Bedingungen der Umwelt gleichermaßen berücksichtigt werden sollten.

Transaktionsanalyse: Theorie der menschlichen Persönlichkeit und eine Richtung der Gesprächspsychotherapie. Die Transaktionsanalyse (TA) wurde in den 60er Jahren von Eric Berne entwickelt und verbindet tiefenpsychologische und verhaltenstherapeutische Konzepte mit den Ideen der Humanistischen Psychologie. Populäre Konzepte der TA sind deren drei Ich-Zustände (das Eltern-Ich, das Erwachsenen-Ich und das Kindheits-Ich und deren Interaktionen), das Lebensskript (Aufarbeitung, wie Kindheitserfahrungen das spätere Erleben und Verhalten beeinflussen) und eine Kommunikationstheorie.

TZI: s. Themenzentrierte Interaktion.

Verhaltenstherapie: Psychotherapeutische Verfahrensweisen, die auf der Annahme basieren, dass psychische Störungen erlernt sind und wieder verlernt bzw. verändert werden können. Bekannte Methoden der Verhaltenstherapie (VT) sind die Konditionierung, Lernen am Modell, systematische Desensibilisierung, Flooding uvm.

Vorgesetzten-Coaching: Coaching von Mitarbeitern durch ihren (meist direkten) Vorgesetzten (zuweilen auch „Linien-Coach" genannt). Auf Grund der – schon aus Zeitgründen – eingeschränkten Möglichkeiten des Vorgesetzten, als Coach zu fungieren, beschränkt sich diese Form der Beratung meist auf fachbezogene Inhalte.

VT: s. Verhaltenstherapie.

Das Glossar ist im Internet unter folgenden Adressen verfügbar:
www.handbuch-coaching.de
www.coaching-report.de

Literaturempfehlungen

Bücher

Bayer, H. (1995). *Coaching-Kompetenz: Persönlichkeit und Führungspsychologie*. München: Reinhardt.

Brinkmann, R. D. (1994). *Mitarbeiter-Coaching. Der Vorgesetzte als Coach seiner Mitarbeiter*. (Arbeitshefte Führungspsychologie, Band 22). Heidelberg: Sauer.

Dehner, U. (2001). *Die alltäglichen Spielchen im Büro. Wie Sie Zeit- und Nervenfresser erkennen und wirksam dagegen vorgehen*. Frankfurt/M.: Campus.

Dehner, U. & Dehner, R. (2001). *Als Chef akzeptiert. Konfliktlösungen für neue Führungskräfte*. Frankfurt/M.: Campus.

Eichhorn, Ch. (2001). *Souverän durch Self-Coaching. Ein Wegweiser nicht nur für Führungskräfte*. Göttingen: Vandenhoeck & Ruprecht.

Fatzer, G. (Hrsg.). (1993). *Supervision und Beratung*. (3. Aufl.). Köln: Ed. Humanist. Psychologie.

Fatzer, G, Rappe-Giesecke, K. & Looss, W. (1999). *Qualität und Leistung von Beratung. Supervision, Coaching, Organisationsentwicklung*. Köln: Edition Humanistische Psychologie.

Fischer, M. & Graf, P. (1998). *Coaching: Ein Fernworkshop*. Alling: Sandmann.

Gnegel, A. & Weinemann, E. (Hrsg.). (1997). *Coaching für Frauen*. Universität Hannover: Weiterbildungsstudium Arbeitswissenschaft.

Heß, T. & Roth, W. L. (2001). *Professionelles Coaching. Eine Expertenbefragung zur Qualitätseinschätzung und -entwicklung*. Heidelberg: Asanger.

Holtbernd, T. & Kochanek, B. (1999). *Coaching: Die zehn Schritte der erfolgreichen Managementbegleitung*. Köln: Wirtschaftsverlag Bachem.

Jäger, R. (2001). *Praxisbuch Coaching. Erfolg durch Business-Coaching*. Offenbach: Gabal.

König, E. & Volmer, G. (2002). *Systemisches Coaching. Handbuch für Führungskräfte, Berater und Trainer*. Weinheim: Beltz.

Looss, W. (1997). *Unter vier Augen*. Landsberg/Lech: Verlag Moderne Industrie.

Petzold, H. G. (1999). *Integrative Supervision, Meta-Consulting & Organisationsenticklung. Modelle und Methoden reflexiver Praxis*. Paderborn: Junfermann.

Radatz, S. (2000). *Beratung ohne Ratschlag. Systemisches Coaching für Führungskräfte und BeraterInnen*. Wien: Institut für systemisches Coaching und Training.

Rauen, Ch. (2001). *Coaching – Innovative Konzepte im Vergleich*. (2. aktual. Aufl.). Göttingen: Verlag für Angewandte Psychologie.

Rauen, Ch. (2001). Coaches und Mentoren. In: L. T. Koch & Ch. Zacharias (Hrsg.), *Gründungsmanagement*. München: Oldenbourg.

Rückle, H. (2000). *Coaching. So spornen Manager sich und andere zu Spitzenleistungen an*. Landsberg/Lech: Verlag Moderne Industrie.

Sauter, W. (1994). *Vom Vorgesetzten zum Coach der Mitarbeiter. Handlungsorientierte Entwicklung von Führungskräften*. Weinheim: Deutscher Studien Verlag.

Schmidt-Tanger, M. (1998). *Veränderungscoaching: Kompetent verändern. NLP im Changemanagement, im Einzel- und Teamcoaching.* Paderborn: Junfermann.

Schreyögg, A. (1995). *Coaching. Eine Einführung für Praxis und Ausbildung.* Frankfurt/M.: Campus.

Tüchthüsen, K., Bando, H.-P. & Krüger, W. (2001). *Ganzheitliches Business-Coaching in der Praxis.* München: C. H. Beck.

Vogelauer, W. (Hrsg.). (2000a). *Coaching Praxis. Führungskräfte professionell begleiten, beraten, unterstützen.* (3. Aufl.). Neuwied: Luchterhand.

Vogelauer, W. (2000b). *Methoden-ABC im Coaching. Praktisches Handwerkszeug für den erfolgreichen Coach.* Neuwied: Luchterhand.

Wehmeier, P. M. (2001). *Selbstmanagement: Organisationsentwicklung und Interaktion.* Sternenfels: Wissenschaft & Praxis.

Whitmore, J. (1994). *Coaching für die Praxis – Eine klare, prägnante und praktische Anleitung für Manager, Trainer, Eltern und Gruppenleiter.* Frankfurt/M.: Campus.

Wrede, B. (2000). *So finden Sie den richtigen Coach.* Frankfurt/M.: Campus.

Aktuelle Literaturempfehlungen und Rezensionen finden sich im Internet unter folgender Adresse: www.coaching-literatur.de

Zeitschriftenartikel

Angermeyer, Ch. (1997). Coaching – eine spezielle Form der Beratung. *Zeitschrift für Führung und Organisation*, 66 (2), S. 105–109.

Barmeyer, Ch. I. (2000). Wege zeigen – Wege gehen. Interkulturelles Coaching als Form beratender Intervention. *Personal* 9/2000, S. 464–468.

Bayer, H. (1996). Aufbau von Coaching-Kompetenz im Betrieb. *Gablers Magazin*, 2, S. 36–38.

Bertram, M. & Weissbach, B. (1999). Team-Coaching – eine eigene und eine gemeinsame Gangart finden. *Organisationsentwicklung*, 18 (2), S. 50–61.

Böning, U. (2000). Bedarf an persönlicher Beratung wächst. *Management & Training*, 4, S. 10–15.

Dietrich, A. (2001). Auf Zeit zu zweit. *Vogue Business*, Sommer 2001, S. 34–42.

Echter, D. (2000). Stichwort Coach. *Handelsblatt* 10./11.03.2000, Karriere und Management, S. K2.

Fischer-Epe, M. (1994). Vom „einsamen Schachspieler" zum Teammoderator. Coaching am Beispiel einer Fallgeschichte. *OSC Organisationsberatung – Supervision – Clinical Management*, 1 (1), S. 69–85.

Gloger, A. (2000). Hilfe für High Potentials. Der Coach kommt! *ManagerSeminare*, 42, S. 70–78.

Grau, U. & Möller, J. (1991a). Konstruktiv(istisch)es Coaching. *Zeitschrift für systemische Therapie*, 9 (2), S. 79–89.

Grau, U. & Möller, J. (1991b). Von Unterschieden, die einen Unterschied machen: Kommentar zum Transkript und zu den Kommentaren zum Transkript. *Zeitschrift für systemische Therapie*, 9 (2), S. 110–115.

Grün, J. & Dorando, M. (1994). In der Werkstatt: Meistercoaching. *Management Zeitschrift IO*, 2, S. 69–72.

Hickey, B.; Schmidt-Tanger, M.; Hamm, W. & Mohr, Y. M. (1998). Titelthema: Zeit für Coaching (Mit 4 Einzelbeiträgen). *MultiMind – NLP aktuell*, 7 (4), S. 6–15 u. S. 18–26.

Klein, K. D. (2000). Quo vadis ... Orientierungshilfen durch Coaching und Karriereberatung. Eine Einzelfallstudie. *OSC Organisationsberatung – Supervision – Clinical Management*, 7 (1), S. 67–80.

Looss, W. (1986). Partner in dünner Luft. *Manager Magazin*, 8, S. 136–140.

Looss, W. (1990). Der Umgang mit Coaches. *Gablers Magazin*, 4, S. 32–33.

Looss, W. (1992). Coaching ist keine Psychotherapie. *Capital*, 10, S. 274.

Möller, J., Grau, U. & Rohwedder, N. (1988). Beratung von Individuen in komplexen Systemen. *Zeitschrift für systemische Therapie*, 6, S. 288–296.

Prochnow, E. (2000). Coaching – Lernen zu leben. *Impulse*, 11/2000, S. 58–63.

Rauen, Ch. (2001). Coaching als Personalentwicklungsinstrument. *Wirtschaftspsychologie*, 1/2001, S. 16–25.

Rückle, H. (2001). Der Coach. Mitwisser geheimer Wünsche. *ManagerSeminare*, 47, 3/2001, S. 86–94.

Schmid, B. & Wengel, K. (2001). Die Theatermetapher: Perspektiven für Coaching, Personal- und Organisationsentwicklung. *Profile*, 1/2001, S. 81–90.

Schmid, B. & Hipp, J. (1999). Individuation und Persönlichkeit als Erzählung. *Zeitschrift für systemische Therapie*, 17 (1), S. 33–42.

Schmid, B. & Hipp, J. (2001). Antreiber-Dynamiken – Persönliche Inszenierungsstile und Coaching. *Zeitschrift für systemische Therapie*, 19 (2), S. 82–92.

Schmid, B., Hipp, J. & Caspari, S. (1999). Intuition in der professionellen Begegnung. *Zeitschrift für systemische Therapie*, 17 (2), S. 101–111.

Schreyögg, A. (1993). Supervision: Der lange Weg in die Wirtschaft. *Wirtschaft & Weiterbildung*, 6, S. 60–62.

Schreyögg, A. (1997). Coaching – Fitting für Führungskräfte. *Report Psychologie*, 22 (4), S. 316–319.

Sies, C. & Löwer-Hirsch, M. (2000). Einzelcoaching aus psychodynamischer Sicht. *Supervision*, 3, S. 31–36.

Stahl, G. & Marlinghaus, R. (2000). Coaching von Führungskräften: Anlässe, Methoden, Erfolg. *Zeitschrift für Führung und Organisation*, 4/2000 S. 199–207.

Tag, J. (2000). Coaching in der Verwaltung. Eine Studie zur Akzeptanz eines neuen Beratungsangebots. *OSC Organisationsberatung – Supervision – Clinical Management*, 7 (1), S. 33–48.

Tinnefeldt, G. (1997). Wer die Wahl hat, hat die Qual! Coaching als Entscheidungshilfe. Eine Fallstudie. *ABOaktuell – Psychologie für die Wirtschaft*, 4 (3), S. 5–8.

Vogelauer, W. (2000). Die fünf Phasen des Entwicklungsprozesses. *Management & Training*, 4, S. 20–27.

Zimmermann, T. (2000). Coaching: Motivationsgekreisch für Manager – oder mehr? *Psychologie Heute*, 7, S. 40–45.

Regelmäßige Beiträge zum Thema Coaching finden sich in der Zeitschrift „*Organisationsberatung – Supervision – Coaching*" (OSC, herausgegeben von A. Schreyögg, Verlag Leske & Budrich, Leverkusen, www.leske-budrich.de)

Wissenschaftliche Arbeiten

Bähre, M. (2001). *Coaching – Das systemische Konfliktgespräch.* – Unveröffentlichte Diplomarbeit am Fachgebiet Arbeits- und Organisationspsychologie der Universität Osnabrück.

Brüning, M. (1994). *Coaching – Möglichkeiten und Grenzen eines individualistischen Personalentwicklungsinstruments.* Unveröffentlichte Diplomarbeit, Universität Trier, Fachbereich Psychologie.

Fuchs, M. (2000). *Coaching als Instrument zur Integration der Human Resources bei Mergers & Aquisitions.* Dissertationsschrift der European Business School, Schloß Reichartshausen.

Geßner, A. (2000). *Coaching – Modelle zur Diffusion einer sozialen Innovation in der Personalentwicklung.* Frankfurt/M.: Peter Lang. (Dissertation, Universität Marburg, 1999)

Heß, T. & Roth, W.L. (2001). *Professionelles Coaching. Eine Expertenbefragung zur Qualitätseinschätzung und -entwicklung.* Heidelberg: Asanger.

Jüster, M., Hildenbrand C.-D. & Petzold, H. G. (2001). *Coaching – Sinnbild und soziale Repräsentationen eines Personalentwicklungsinstrumentes. Sozialwissenschaftliche Untersuchung zum Thema Coaching in der Sicht von Führungskräften.* Kirchberg: Claus-Dieter Hildenbrand, www.cct-institut.com.

Marlinghaus, R. (1995). *Coaching als Instrument der Führungskräfteentwicklung. Eine empirische Untersuchung bei Unternehmen und Coaches.* Unveröffentlichte Diplomarbeit, Universität Bayreuth.

Offermanns. M. (1998). *Das systemische Konfliktgespräch – Ein Personalentwicklungsinstrument für Leiter von Veränderungsprojekten.* – Unveröffentlichte Diplomarbeit am Fachgebiet Arbeits- und Organisationspsychologie der Universität Osnabrück.

Rauen, Ch. (2001). *Marktübersicht von Coaching-Ausbildungs-Einrichtungen.* www.coaching-ausbildungen.de.

Roth, W. L., Brüning, M. & Edler, J. (1995). Coaching – Reflexionen und empirische Daten zu einem neuen Personalentwicklungsinstrument. In F.-W. Wilker (Hrsg), *Supervision und Coaching: Aus der Praxis für die Praxis* (S. 201–224). Bonn: Deutscher Psychologen Verlag.

Voss, D. (1998). *Coaching. Theoretische Grundlagen und praktischer Ansatz am Beispiel der CoachingAcademie Bielefeld.* Unveröffentlichte Diplomarbeit, Universität Bielefeld. (Die Diplomarbeit kann bei Doris Voss, geborene Ostheider, unter folgender Adresse bestellt werden: Huttelweg 15, 33719 Bielefeld, Tel.: 0521-3368229, E-Mail: voss.doris@web.de)

Weßling, M., Barthe, O. & Lubbers, B.-W. (1999). *Coaching von Managern. Konzepte – Praxiseinsatz – Erfahrungsberichte.* Berlin: Berlin Verlag A. Spitz.

Stahl, G. & Marlinghaus, R. (2000). Coaching von Führungskräften: Anlässe, Methoden, Erfolg. *Zeitschrift für Führung und Organisation,* 4/2000 S. 199–207.

Eine Übersicht der wissenschaftlichen Arbeiten und zu aktuellen Forschungsaktivitäten ist im Internet im Coaching-Report in der Rubrik „Forschung & Wissenschaft" verfügbar: www.coaching-report.de

Angaben zu den Autorinnen und Autoren

Dr. Christoph I. **BARMEYER**, geb. 1967, Bankkaufmann, Diplom-Kulturwirt, Studium der Betriebswirtschaftslehre und Kulturwissenschaften in Passau und Montréal. Promotion an der Universität des Saarlandes. Hochschullehrer an der französischen Business School IECS Strasbourg und Leiter des Départements „Ressources Humaines". Seit 1993 im Bereich des interkulturellen Managements in Aus- und Weiterbildung und Beratung tätig. Autor verschiedener Fachbücher und Artikel zum Interkulturellen Management. Lehrbeauftragter an Universitäten und Fachhochschulen in Deutschland, Frankreich und Nordamerika. Vorstandsmitglied von SIETAR (Society for Intercultural Education, Training and Research).

Arbeitsschwerpunkte: Interkulturelles Management (mit Schwerpunkt Frankreich-Deutschland): Persönlichkeitsstruktur und Lernstile, Coaching, Teamentwicklung, Auslandsvorbereitung.

Adresse:
Culture Bridge
Marie-Alexandra-Str.10
D-76135 Karlsruhe
Tel.: 0721-9333756
Fax: 0721-9333784
E-Mail: c.barmeyer@culturebridge.de
Internet: www.culturebridge.de

Dr. sc. pol. Hermann **BAYER**, Diplom-Volkswirt, Geschäftsführer und Studienleiter des Studienganges für Führungskräfte zum Coach der Lehr- und Forschungsgesellschaft „Die Sprache" GmbH, Neuss/München. Lehrberater des Berufsverbandes Individualpsychologischer Berater e.V. (BIB). Trainer für Führungskräfte seit 1980, Coach seit 1985.

Adresse:
„Die Sprache" Lehr- und Forschungsgesellschaft mbH
Nußbaumstr. 16
D-80336 München
Tel.: 089-54379400
Fax: 089-54379402
E-Mail: Die.Sprache@t-online.de
Internet: http://www.die-sprache.de

Uwe **BÖNING**, Dipl.-Psych., seit 1978 als Management-Consultant und Coach tätig. Er gründete 1985 die Unternehmensberatung Böning-Consult in Frankfurt und ist einer der beiden geschäftsführenden Gesellschafter des Unternehmens. Langjährige Coaching-Erfahrung in international tätigen Großunternehmen. Im Laufe seiner Tätigkeit arbeitete er in einer Reihe von interkulturellen Projekten, unter anderem in Großbritannien, Griechenland, Südafrika und in den USA.
Uwe Böning ist Präsident des Q-Pool 100, der Qualitätsgemeinschaft internationaler Wirtschaftstrainer und -berater.

Adresse:
Uwe Böning
Böning-Consult
Lyoner Str. 15
D-60528 Frankfurt/Main
Tel.: 069-6698250
D2: 0172 6716169
Fax: 069-6660961
E-Mail: info@boening-consult.com
Internet: http://www.boening-consult.com

Ulrich **DEHNER**, geb. 1949, Dipl.-Psych. 4 Jahre tätig in neurologischer Rehaklinik. Dann freie Praxis in Konstanz und Leitung von Ausbildungsgruppen in Transaktionsanalyse von 1979–1990. Ausbildung in Hypnotherapie nach M. Erickson und in systemischer Firmenberatung. Fortbildung in systemischer Familientherapie und in Körpertherapie.
Seit 1981 Firmentrainings. 1986 Gründung der Konstanzer Seminare. Bietet Coaching-Ausbildung an. Erfahrung mit Coachings in Großunternehmen der deutschen Wirtschaft.

Adresse
Ulrich Dehner
Konstanzer Seminare
Buchnerstr. 11
D-78464 Konstanz
Tel.: 07531-63158
Fax: 07531-60577
E-Mail: dehner@konstanzer-seminare.de
Internet: http://www.konstanzer-seminare.de

Dorothee **ECHTER** berät als Top Executive Coach weltweit erfolgreiche Spitzenführungskräfte. Nach über 20 Jahren Erfahrung als Managerin in internationalen Konzernen, zuletzt als Mitglied der europäischen Geschäftsleitung eines amerikanischen Unternehmens, ist sie seit 1996 ausschließlich als Coach tätig. Sie ist Gründerin des Executive Coaching Quality Kompetenz Zentrums in München und hat in zahlreichen Büchern und Artikeln sowie in ihrer Kolumne im Handelsblatt zu Themen der Unternehmensführung und der Top Management Beratung veröffentlicht.

Arbeitsschwerpunkte: Coaching im Top-Management, Qualitätssicherung im Management-Coaching.

Adresse:
Dorothee Echter Unternehmensberatung
Vohburger Straße 8
D-80687 München
Tel.: 089-54662100
Fax 089-54662101
E-Mail: DorotheeEchter@t-online.de
Internet: http://www.DorotheeEchter.de

Anke **FINGER-HAMBORG**, geb. 1963; Dipl.-Psych., Studium in Marburg und Osnabrück. Seit 1992 selbstständig als Unternehmensberaterin und Trainerin für Personal- und Organisationsentwicklung in der Industrie und im Dienstleitungssektor tätig; seit 1992 Lehrbeauftragte der Universität Osnabrück und Leipzig.

Arbeitsschwerpunkte: Weiterbildung persönlicher und sozialer Kompetenzen, Seminare zum Selbstorganisierten Lernen (SoL), Konfliktbewältigung in Arbeitsgruppen, Teamentwicklung, Einzel-Coaching für Fach- und Führungskräfte, Potenzialanalysen/Assessment-Center.

Adresse:
Anke Finger-Hamborg
Lieneschweg 34
D-49076 Osnabrück
Tel.: 0541-45218
E-Mail: hamborg@t-online.de

Michael **FROMM**, geb. 1954, kaufmänn. Berufsausbildung, hauptamtlicher Gewerkschafter, seit 1996 selbstständig mit einer Partnerin, Firma „Wachstum & Kreativität".
NLP Practitioner-Ausbildung bei Thomas Kirschner in München, Master-Practitioner-Ausbildung u.a bei Connirae und Steve Andreas, Lara Ewing und Robert McDonald, Trainer-training bei Lara Ewing und Gerry Schmidt, jeweils in Colorado, USA.

Arbeitsschwerpunkte: Einzel-Coaching für Führungskräfte, Management-Seminare (u.a. lernende Organisation)

Adresse:
Wachstum und Kreativität
Zum Hombach 36
D-42553 Velbert
Tel.: 02053-50910
Fax: 02053-50914
E-Mail: info@wachstum-und-kreativitaet.de
Internet: http://www.wachstum-und-kreativitaet.de

Wolfgang **HAMM**, geb. 1952, kaufmännische Berufsausbildung, zweiter Bildungsweg, Pädagoge M.A., NLP-Trainer, seit 1991 selbstständiger Trainer, Coach und Management-Berater, Partner von in.puncto change, Denk-Fabrik am See in Bordesholm.

Arbeitsschwerpunkte: Einzel- und Team-Coaching, Team-Entwicklung, Lernende Organisation, NLP-Ausbildungen, Zeiterleben.

Adresse:
Wolfgang Hamm
my_time
Wilhelminenstr. 29
D-24103 Kiel
Tel.: 0431-5199890
Fax: 0431-5199891
E-Mail: wh@my-com.de
Internet: http://www.my-com.de

Claus-Dieter **HILDENBRAND**, geb. 1956, Betriebswirt, postgraduales Studium an der Freien Universität Amsterdam zum Dipl. Supervisor. Seit 1984 selbstständig. Inhaber und Geschäftsführer der cct, consulting coaching transfer, institute for advancement and performance consulting. Mitglied im Bundesverband Deutscher Unternehmensberater BDU.

Arbeitsschwerpunkte: Training und Coaching in Dienstleistung, Handel und Industrie, Organisationsentwicklung, Beratung, Supervision.

Adresse:
Claus-Dieter Hildenbrand
c/o consulting coaching transfer
Birkenweg 13
D-71737 Kirchberg/Murr
Tel.: 07144-38460
Fax: 07144-34248
E-Mail: cdh@cct-institut.com
Internet: www.cct-institut.com

Dr. phil. Markus **JÜSTER**, geb. 1963, Dipl.Päd., Dipl.Soz.Päd., postgraduales Studium an der Freien Universität Amsterdam zum Dipl. Supervisor. Tätig als Consultant und Supervisor DGSv. Lehrbeauftragter an einer Fachhochschule in Betriebs- und Sozialwirtschaft. Langjährige pädagogische Tätigkeit in einer Bildungseinrichtung.

Arbeitsschwerpunkte: Organisationsdiagnostik, Wissenstransfer, Weiterbildungsstrategien, Konzeptentwicklung. Supervision und Team-Coaching.

Adresse:
Dr. Markus Jüster
Wesselinger Str. 27
D-50999 Köln
Tel.: 02236-379463
Fax: 02236-379464
E-Mail: MJuester@aol.com

Olaf Georg KLEIN, geb. 1955, Studium der Theologie, Philosophie und Psychologie, Abschluss und Universitätsdiplom 1984. 1984–85 Arbeit in der Erwachsenenbildung. Seit 1986 freiberuflicher Trainer und Autor, ab 1990 als Personal Coach tätig. 1991–93 Mitarbeit an einem Forschungsprojekt über Mentalität und Mentalitätswandel. 1997 Gastprofessor in Pennsylvania, USA. Autor mehrerer Aufsätze und Bücher.

Arbeitsschwerpunkte: Coaching von Selbstständigen, Freiberuflern und Führungskräften aus internationalen Unternehmen, Coaching-Ausbildung.

Adresse:
Personal Coaching Berlin – Olaf Georg Klein
Bötzowstr. 17
D-10407 Berlin
Tel.: 030-4491639
Fax: 030-42804400
E-Mail: ogk.berlin@gmx.de

Gunter KÖNIG, geb. 1946, Dipl.-Psych., approbierter Psychotherapeut, Supervisor BDP. 1974–1981 Leiter einer Psychologischen Beratungsstelle, 1981 Gründung einer Psychotherapie- und Supervisionspraxis, seit 1988 Coaching und Supervision. Seit 1991 Fortbildung und Curricula für berufsbegleitende Coaching-Ausbildung, Lehrsupervisor der Akademie für Sozialarbeit Vorarlberg, Weiterbildungsreferent für integrative Methodik in Coaching und Supervision.

Arbeitsschwerpunkte: Coaching, Supervision und systemische Beratung für Einzelne und Teams, Fortbildung.

Adresse:
Gunter König
Klosterstraße 11
D-74523 Schwäbisch Hall
Tel.: 0791-857000
Fax: 0791-857002
E-Mail: info@koenigscoaching.de
Internet: http://www.koenigscoaching.de.de

Dr. Wolfgang **Looss**, geb. 1943, Dipl.-Kfm., Studium der Betriebswirtschaft, Volkswirtschaft, Wirtschaftspädagogik, Aufbaustudium Psychologie. Seit 1981 freiberuflich tätig, 1984–1989 Mitbegründer und geschäftsführender Gesellschafter der Beratungsfirmen Conecta, Conecta Partner und Conecta Care. 1990 Mitbegründer der Beratungssozietät Conecta Consult, die seit 1992 als *Lanzenberger Dr. Looss Stadelmann* firmiert.

Arbeitsschwerpunkte: Einzelberatung von Führungskräften (Coaching), Konzeption und Umsetzung von Personalentwicklungsprogrammen und Maßnahmen der Organisationsentwicklung, Gestaltung von Organisationsstrukturen und multikulturelles Management.

Adresse:
Lanzenberger Dr. Looss Stadelmann
Bessungerstr. 30–32
D-64285 Darmstadt
Tel.: 06151-662010
Fax: 06151-662026
E-Mail: lalosta@t-online.de
Internet: http://www.lalosta.de

Prof. Dr. Dr. Dr. Hilarion G. **Petzold**, geb. 1944, Lehrstuhl für Psychologie, Freie Universität Amsterdam, Wissenschaftlicher Leiter des „Postgradualen Studiengangs zum Diplom-Supervisor" der FU und der „Europäischen Akademie für psychsoziale Gesundheit" (EAG), Hückeswagen und Leiter des Magisterstudiengangs für Supervision am Zentrum für psychosoziale Medizin der Donau-Universität, Krems, Österreich. Seit mehr als 25 Jahren im Bereich von Supervision, Organisationsberatung und Coaching tätig.

Adresse:
Prof. Dr. Dr. Dr. H. G. Petzold
c/o Europäische Akademie für psychosoziale Gesundheit und Kreativitätsförderung (EAG)
Wefelsen 5
D-42499 Hückeswagen
Tel.: 02192-8580
Fax: 02192-85822
E-Mail: Forschung.EAG@t-online.de

Christopher **RAUEN**, geb. 1969, Dipl.-Psych., studierte Psychologie und Volkswirtschaftslehre. Seit 1996 tätig als freiberuflicher Berater; Lehrbeauftragter der Universitäten Hannover und Osnabrück. Autor verschiedener Fachbücher und Artikel, Herausgeber des Coaching-Report (www.coaching-report.de).

Arbeitsschwerpunkt: Einzel-Coaching von Führungs- und Fachkräften.

Adresse:
Christopher Rauen
Rosenstraße 21
D-49424 Goldenstedt
Tel.: 04441-7818
Fax: 04441-7830
Mobil: 0171 2130086
E-Mail: christopher@rauen.de
Internet: http://www.rauen.de
http://www.coaching-osnabrueck.de

Horst **RÜCKLE**, geb. 1939, selbstständiger Trainer, Management-Berater und Coach, seit 1970 Inhaber des Horst Rückle Team und Gesellschafter der Horst Rückle Team GmbH; seit 1998 Berater und stiller Gesellschafter der Horst Rückle Team GmbH; Lehrbeauftragter verschiedener Universitäten und Fachhochschulen in den Bereichen Körpersprache und Mitarbeiterführung; Autor von verschiedenen Fachbüchern und Artikel. Aufsichtsrat in mehreren Unternehmen.

Adresse:
Horst Rückle Team GmbH
Röhrer Weg 7
D-71032 Böblingen
Tel.: 07031-7265-0
Fax: 07031-7265-50
E-Mail: hrteam@hrteam.de
Internet: http://www.hrteam.de

Dr. Astrid **SCHREYÖGG**, Dipl.-Psych., freiberufliche Psychotherapeutin und Supervisorin; lehrt und praktiziert Coaching im In- und Ausland; war tätig in der qualitativen Marktforschung und im sozialen Dienstleistungsbereich; über 10 Jahre Führungserfahrung; zahlreiche Publikationen zu Supervision und Coaching; Herausgeberin der Zeitschrift „Organisationsberatung, Supervision, Coaching" (OSC)

Adresse:
Dr. Astrid Schreyögg
Breisgauer Str. 29
D-14129 Berlin
Tel./Fax: 030-8023302
E-Mail: info@schreyoegg.de
Internet: http://www.schreyoegg.de

Anne Maria **SCHWEPPENHÄUßER**, geb. 1965, Dipl.-Psych., Studium in Gießen und Osnabrück (Schwerpunkt: Arbeits-, Betriebs- und Organisationspsychologie), NLP-Trainerin (DVNLP); seit 1991 selbstständige Veränderungsberaterin und Trainerin für Personal- und Organisationsentwicklung in Industrie, Dienstleistung und Verbänden; seit 1995 Lehrbeauftragte der Fachhochschule und der Universität Osnabrück.

Arbeitsschwerpunkte: Führung und Teamentwicklung, Weiterbildung persönlicher und sozialer Kompetenz, Selbstmanagement, Prozessberatung und -begleitung betrieblicher Veränderungsprozesse aller Art, Einzel-Coaching für Fach- und Führungskräfte.

Adresse:
innovation & training
Anne Schweppenhäußer
Buchsweg 46
D-73547 Lorch-Weitmars
Tel.: 07172-183866
Fax: 07172-183867
E-Mail: innovation.training@t-online.de
Internet: http://www.schweppenhaeusser.de

Heinz-Kurt E. **WAHREN**, Dipl.-Betriebswirt, Banklehre, Studium der Betriebswirtschaft in Stuttgart und München und der (Organisations-)Psychologie in Augsburg. Über zehn Jahre Tätigkeit in der Industrie in verschiedenen leitenden Funktionen, zuletzt als Geschäftsführer zuständig für die Beteiligungen einer mittelständischen Unternehmensgruppe. Seit 1988 Geschäftsführer der ComConsult Unternehmensberatung GmbH. Lehrbeauftragter an der Hochschule für Gestaltung Schwäbisch Gmünd, der Hochschule für Technik und Wirtschaft Aalen und der Universität Augsburg. Autor verschiedener Fachbücher.

Adresse:
ComConsult Unternehmensberatung GmbH
Bahnhofstr. 6
D-73563 Mögglingen
Tel.: 07174-6381
Fax: 07174-6385
E-Mail: info@comconsult-ag.org
Internet: http://www.comconsult-ag.org

Britt A. **WREDE**, geb. 1958, seit 1987 Aus- und Weiterbildung zum Coach und zur Trainingsleiterin bei verschiedenen Coachs und TrainerInnen u.a. in USA (Boston, San Francisco), seit 1990 als Coach und Trainerin tätig; 1991 Gründung des Instituts Management per cura – Britt Wrede & Partner; Fachbuchautorin.

Arbeitsschwerpunkte: Beratung von Unternehmen bei der Einführung und Verbesserung ihres Coachingkonzepts; Aus- und Weiterbildung zum Coach; Trainingsprogramme zum Thema Selbstmanagement; Einzel-Coaching.

Adresse:
Management per cura GbR – Britt Wrede und Partner
Am Gutspark 5
D-21640 Nottensdorf
Tel.: 04163-812899
Fax: 04163-812883
E-Mail: managementpercura@nikocity.de

Autorenverzeichnis

A

Angermeyer, Ch. 42, 445
Assagioli, R. 438

B

Bading, G. 92
Bähre, M. 16, 17, 447
Baisch, H. L. 72, 86, 236
Bandler, R. 355, 358, 437
Bando, H.-P. 444
Barmeyer, Ch. I. 199ff., 211, 213, 216, 229, 230, 445, 449
Barthe, O. 93, 447
Bateson, G. 437
Bayer, H. 66, 68, 84, 88, 92, 240, 248, 309ff., 328, 329, 443, 445, 449
Beavin, J. H. 111
Beck, R. 198
Beckermann, J.. 240
Behn, E.-A. 240, 248
Benker, S. 42, 92
Bennett, M. J. 214, 216, 229
Bergemann, N. 230
Berne, E. 441
Bertram, M. 445
Besser-Siegmund, C. 88, 175, 408
Bhagat, R. S. 212, 230
Birkenbihl, V. 159
Bolten, J. 200, 210, 229
Bonacker, Th. 177, 198

Böning, U. 21ff, 27, 30, 33, 40, 42, 43, 53, 65, 68, 72, 76, 82, 83, 87, 88, 89, 90, 92, 235, 247, 248, 331, 352, 445, 450
Brandau, H. 307
Breuer, J. P. 200, 211, 229
Brinkmann, R. D. 68, 241, 443
Brüning, M. 447
Bryner, A. 389
Buchner, D. 86, 107, 108, 110, 358, 370
Buckingham, M. 414, 428
Butler, T. 66, 93
Buzan, T. 385, 389

C

Cameron, J. 159
Caspari, S. 445
Clement, U. 201, 229
Coffman, C. 414, 428
Cohn, R. C. 441
Collins, J. 110, 415, 428
Covey, S. R. 43, 159, 389
Crozier, M. 190, 198
Czichos, R. 68, 73, 83, 92, 307

D

Daudelin, M.W. 102, 110
Davis, P. 389

Z

Stichwortverzeichnis

A

D

E

F

G

H

I

N

O

P

T

U

V

Suche im Internet

Als Ergänzung zu den Angaben im Handbuch finden Sie im Internet zahlreiche weitere Informationsquellen und Recherchemöglichkeiten:

Adresse	Inhalt
www.handbuch-coaching.de	Übersicht zum Handbuch Coaching mit Aktualisierungen und Hinweisen auf weitere Informationen und Dienstleistungen zum Coaching
www.coach-datenbank.de	Coach-Datenbank mit professionellen Coachs
www.coaching-index.de www.coaching-ausbildungen.de	Coaching-Ausbildungs-Datenbank für Deutschland, Österreich und Schweiz
www.coaching-literatur.de	Übersicht zu deutschsprachiger Coaching-Literatur, inkl. Rezensionen
www.coaching-newsletter.de	Monatlicher Newsletter mit Informationen zum Coaching
www.coaching-board.de	Online-Forum zum Austausch mit anderen, am Coaching interessierten Personen
www.coaching-links.de	Übersicht und Hinweise („Links") zu Coaching-Seiten im Internet
www.coaching-magazin.de	Online-Artikel zum Coaching, die als Word-Dateien verfügbar sind
www.coaching-report.de	Coaching-Wissensbasis mit Hintergrundinformationen zum Coaching

Franz G. Deitering

Selbstgesteuertes Lernen

(Innovatives Management, Band 4)
2., unveränderte Auflage 2001,
159 Seiten, geb.,
€ 32,95 / sFr. 51,–
ISBN 3-8017-0827-6

Eva Bamberg / Antje Ducki
Anne-Marie Metz (Hrsg.)

Handbuch Betriebliche Gesundheitsförderung

Arbeits- und organisationspsycholo-
gische Methoden und Konzepte
(Innovatives Management, Band 5)
1998, 534 Seiten, geb.,
€ 49,95 / sFr. 85,–
ISBN 3-8017-0980-9

Christopher Rauen

Coaching

Innovative Konzepte im Vergleich
(Innovatives Management, Band 6)
2., aktualisierte Auflage 2001,
231 Seiten, geb.,
€ 36,95 / sFr. 63,–
ISBN 3-8017-1433-0

Joachim Freimuth (Hrsg.)

Die Angst der Manager

(Innovatives Management, Band 7)
1999, 312 Seiten, geb.,
€ 39,95 / sFr. 69,–
ISBN 3-8017-0886-1

Annette Kluge

Erfahrungs-management in lernenden Organisationen

(Innovatives Management, Band 8)
1999, XII/265 Seiten, geb.,
€ 39,95 / sFr. 69,–
ISBN 3-8017-1174-9

Uwe D. Wucknitz

Mitarbeiter-Marketing

(Innovatives Management, Band 9)
2000, 225 Seiten, geb.,
€ 36,95 / sFr. 60,–
ISBN 3-8017-1274-5

Christopher Rauen (Hrsg.)

Handbuch Coaching

(Innovatives Management, Band 10)
2., überarbeitete und
erweiterte Auflage 2002,
485 Seiten, geb.,
€ 49,95 / sFr. 86,–
ISBN 3-8017-1477-2

Johannes Kirsch

Verkauf als Dienstleistung

Analyse der Kommunikationsstruktur
zwischen Dienstleister und Kunde
(Innovatives Management, Band 11)
2001, 160 Seiten, geb.,
€ 32,95 / sFr. 51,–
ISBN 3-8017-0839-X

Besuchen Sie uns im Internet:
http://www.hogrefe.de

Hogrefe-Verlag

Hogrefe